U0940961

CHINA CITY STATISTICAL YEARBOOK

中国城市统计年鉴

国家统计局城市社会经济调查司 编

图书在版编目（CIP）数据

中国城市统计年鉴. 2016 : 汉英对照 / 国家统计局城市社会经济调查司编. -- 北京 : 中国统计出版社, 2016.12
ISBN 978-7-5037-8082-0

Ⅰ. ①中… Ⅱ. ①国… Ⅲ. ①城市－统计资料－中国－2016－年鉴－汉、英 Ⅳ. ①C832-54

中国版本图书馆 CIP 数据核字(2016)第 306905 号

中国城市统计年鉴—2016
China City Statistical Yearbook—2016

作　者/国家统计局城市社会经济调查司
责任编辑/许立舫　李　嵩
封面设计/李雪燕　王　芳
出版发行/中国统计出版社
通信地址/北京市丰台区西三环南路甲 6 号　邮政编码/100073
电　话/邮购（010）63376909　书店（010）68783171
网　址/ http://www.zgtjcbs.com/
印　刷/河北鑫宏源印刷包装有限责任公司
经　销/新华书店
开　本/880mm×1230mm　1/16
字　数/840 千字
印　张/27
版　别/2016 年 12 月第 1 版
版　次/2016 年 12 月第 1 次印刷
定　价/358.00 元

中国统计版图书，如有印装错误，本社发行部负责调换。

《中国城市统计年鉴—2016》

编委会与编辑部

China City Statistical Yearbook—2016

EDITORIAL BOARD AND EDITORIAL STAFF

编辑说明

《中国城市统计年鉴》是全面反映中国城市社会经济发展情况的资料性年刊。《中国城市统计年鉴—2016》收录了2015年全国各级城市社会经济发展方面的主要统计数据。

本年鉴内容共分四个部分：第一部分是全国城市行政区划，列有不同区域、不同级别的城市分布情况；第二、三部分分别是地级以上城市统计资料和县级城市统计资料，具体包括人口、劳动力及土地资源、综合经济、工业、交通运输、邮电通信、贸易、外经、固定资产投资、教育、文化、卫生、人民生活、社会保障、市政公用事业和环境保护等方面的数据；第四部分是附录，为主要统计指标解释。需要说明的是，从1997年开始，地级以上城市和县级城市分别采用不同的统计制度，有些指标在两类城市之间不具有可比性，故本年鉴将地级以上城市和县级城市统计资料分为独立的两部分。

本年鉴所涉及的全国或全部城市统计资料，均未包括香港特别行政区、澳门特别行政区和台湾省。年鉴表中所列“全市”为城市的全部行政区域，包括城区、辖县、辖市；“市辖区”包括所有城区，不包括辖县和辖市。武汉市辖区不包含黄陂区、新州区、江夏区和蔡甸区数据。年鉴中一些数据为时点数据，时点为2015年年底。

本年鉴适用于各级政府管理部门、城市规划设计部门、城市社会经济研究机构、市政建设及房地产机构、各种中介服务及信息咨询机构等单位的工作者，也是大专院校师生、工商界人士、境外投资者以及关心中国城市发展的各界人士的重要参考资料。

本年鉴的编辑出版得到了国家统计局农村社会经济调查司、各省（区、市）统计局、国家统计局各调查总队、各市统计局和调查队以及中国统计出版社的鼎力支持，在此表示衷心的感谢。

本年鉴编印工作量大，出版时间紧，难免有不当之处，诚恳欢迎广大读者批评指正。

国家统计局城市社会经济调查司

2016年12月

EDITOR'S NOTES

China City Statistical Yearbook is an annual statistical publication. *China City Statistical Yearbook 2016* reflects comprehensively the economic and social development of Cities in China. It covers the main socio-economic statistical data of cities at all levels for 2015.

The Yearbook contains four parts : Part Ⅰ is the administrative division of all cities, listing city distribution by region and level; Part Ⅱ and Part Ⅲ are the statistical data of cities at prefecture level and above, and county-level respectively on population, labour forces, land resources, general economy, industry, transport, postal and telecommunication services, commerce, foreign trade and economic cooperation, investment in fixed assets, education, culture, public health, people's living conditions, social security, municipal public utilities, and environmental protection; Part Ⅳ is appendix of explanatory notes on main statistical indicators. It is necessary to point out that cities at prefecture level and above and county-level have used different indicator systems of statistics since 1997, and some indicators in two categories of cities are not comparable. So the data of cities at prefecture level and above and the data of cities at county-level are divided into two independent parts in the yearbook.

The national data in this yearbook do not include those of Hong Kong Special Administrative Region, Macao Special Administrative Region and Taiwan Province. "Total City" listed in the data refers to all administrative regions of the city, including the city districts, counties and the city at lower level; "Districts under City" includes all the city districts, not including counties and the city at lower level. The data of districts under Wuhan City do not include those of Huangpi district, Xinzhou district, Jiangxia district and Caidian district. Some indicators of this yearbook are time-point data, the time of them is at the end of 2015.

The Yearbook is compiled for the users working in government departments, city planning departments, institutes of urban socio-economic research, municipal construction and real estate agencies, intermediary services, information consulting agencies and other so on, and it is an important reference book for college teachers and students, businessmen, overseas investors as well as users paying close attention to the development of Chinese cities.

The editing and publishing of the yearbook have been fully supported by the Department of Rural Surveys of NBS, Bureaus of Statistics and Survey Offices of NBS at provincial prefecture and county level, and China Statistics Press. Here we would like to express our heartfelt thanks to them.

Department of Urban Surveys
National Bureau of Statistics of China
December, 2016

目 录

CONTENTS

一、全国城市行政区划

Divisions of Administrative Areas of Cities in China

二、地级以上城市统计资料

Statistical Data of Cities at Prefecture Level and Above

（一）人口、劳动力及土地资源

Population, Labour Forces and Land Resources

（七）教育、文化、卫生

Education, Culture and Public Health

（八）人民生活、社会保障

People's Living Conditions and Social Security

（九）市政公用事业

Municipal Public Utilities

（十）环境保护

Environmental Protection

三、县级城市统计资料
Statistical Data of County-level Cities

一、全国城市行政区划

Divisions of Administrative Areas of Cities in China

1-1 城市行政区划和区域分布
Administrative Division and Regional Distribution of Cities

地 区	Region	城市合计 Total	按行政级别分组 Grouped by Administrative Levels (year-end)			
			直辖市 Municipality Directly under the Central Government	副省级市 Vice-provincial City	地级市 Prefecture-level City	县级市 County-level City
全国总计	**National Total**	**656**	**4**	**15**	**276**	**361**
北 京	Beijing	1	1			
天 津	Tianjin	1	1			
河 北	Hebei	31			11	20
山 西	Shanxi	22			11	11
内 蒙	Inner Mongolia	20			9	11
辽 宁	Liaoning	30		2	12	16
吉 林	Jilin	28		1	7	20
黑 龙 江	Heilongjiang	30		1	11	18
上 海	Shanghai	1	1			
江 苏	Jiangsu	34		1	12	21
浙 江	Zhejiang	31		2	9	20
安 徽	Anhui	22			16	6
福 建	Fujian	22		1	8	13
江 西	Jiangxi	21			11	10
山 东	Shandong	45		2	15	28
河 南	Henan	38			17	21
湖 北	Hubei	36		1	11	24
湖 南	Hunan	29			13	16
广 东	Guangdong	41		2	19	20
广 西	Guangxi	22			14	8
海 南	Hainan	9			4	5
重 庆	Chongqing	1	1			
四 川	Sichuan	34		1	17	16
贵 州	Guizhou	13			6	7
云 南	Yunnan	22			8	14
西 藏	Tibet	4			4	
陕 西	Shaanxi	13		1	9	3
甘 肃	Gansu	16			12	4
青 海	Qinghai	5			2	3
宁 夏	Ningxia	7			5	2
新 疆	Xinjiang	27			3	24

1-2 分地区城市情况一览表
List of City's Basic Conditions by Region

省级单位 Province	地级及以上城市 City at Prefecture Level and above	下辖的县级城市 County-level City	省级单位 Province	地级及以上城市 City at Prefecture Level and above	下辖的县级城市 County-level City
北京 Beijing			**内蒙古**	呼和浩特 Hohhot	
天津 Tianjin			**Inner Mongolia**	包头 Baotou	
河北 Hebei	石家庄 Shijiazhuang	辛集 Xinji		乌海 Wuhai	
		晋州 Jinzhou		赤峰 Chifeng	
		新乐 Xinle		通辽 Tongliao	霍林郭勒 Horgos
	唐山 Tangshan	遵化 Zunhua		呼伦贝尔 Hulunbuir	满洲里 Manzhouli
		迁安 Qian'an			扎兰屯 Zhalantun
	秦皇岛 Qinhuangdao				牙克石 Yakeshi
	邯郸 Handan	武安 Wuan			根河 Genhe
	邢台 Xingtai	南宫 Nangong			额尔古纳 Eerguna
		沙河 Shahe		鄂尔多斯 Erdos	
	保定 Baoding	定州 Dingzhou		乌兰察布 Ulanqab	丰镇 Fengzhen
		涿州 Zhuozhou		巴彦淖尔 Bayannur	
		安国 Anguo			(二连浩特) Erlianhaote
		高碑店 Gaobeidian			(乌兰浩特) Wulanhaote
	张家口 Zhangjiakou				(锡林浩特) Xilinhaote
	承德 Chengde				(阿尔山) Aershan
	沧州 Cangzhou	任丘 Renqiu	**辽宁**	沈阳 Shenyang	新民 Xinmin
		泊头 Botou	**Liaoning**	大连 Dalian	瓦房店 Wafangdian
		黄骅 Huanghua			
		河间 Hejian			庄河 Zhuanghe
	廊坊 Langfang	霸州 Bazhou		鞍山 Anshan	海城 Haicheng
		三河 Sanhe		抚顺 Fushun	
	衡水 Hengshui	冀州 Jizhou		本溪 Benxi	
		深州 Shenzhou		丹东 Dandong	东港 Donggang
山西 Shanxi	太原 Taiyuan	古交 Gujiao			凤城 Fengcheng
	大同 Datong			锦州 Jinzhou	凌海 Linghai
	阳泉 Yangquan				北镇 Beizhen
	长治 Changzhi	潞城 Lucheng		营口 Yingkou	大石桥 Dashiqiao
	晋城 Jincheng	高平 Gaoping			盖州 Gaizhou
	朔州 Shuozhou			阜新 Fuxin	
	晋中 Jinzhong	介休 Jiexiu		辽阳 Liaoyang	灯塔 Dengta
	忻州 Xinzhou	原平 Yuanping		盘锦 Panjin	
	临汾 Linfen	侯马 Houma		铁岭 Tieling	调兵山 Diaobingshan
		霍州 Huozhou			开原 Kaiyuan
	运城 Yuncheng	永济 Yongji		朝阳 Chaoyang	北票 Beipiao
		河津 Hejin			凌源 Lingyuan
	吕梁 Lvliang	孝义 Xiaoyi		葫芦岛 Huludao	兴城 Xingcheng
		汾阳 Fenyang	**吉林**	长春 Changchun	榆树 Yushu
			Jilin		德惠 Dehui

注：加括号的城市为省或自治区直辖县级市。
a) The cities with brackets are county-level cities directly under provinces or autonomous regions.

1-2 续表 1 continued 1

省级单位 Province	地级及以上城市 City at Prefecture Level and above	下辖的县级城市 County-level City
	吉林 Jilin	桦甸 Huadian
		蛟河 Jiaohe
		舒兰 Shulan
		磐石 Panshi
	四平 Siping	公主岭 Gongzhuling
		双辽 Shuangliao
	辽源 Liaoyuan	
	通化 Tonghua	梅河口 Meihekou
		集安 Ji'an
	白山 Baishan	临江 Linjiang
	白城 Baicheng	洮南 Taonan
		大安 Daan
	松原 Songyuan	扶余 Fuyu
		(延吉) Yanji
		(图们) Tumen
		(敦化) Dunhua
		(珲春) Hunchun
		(龙井) Longjing
		(和龙) Helong
黑龙江 Heilongjiang	哈尔滨 Harbin	尚志 Shangzhi
		五常 Wuchang
	齐齐哈尔 Qiqihar	讷河 Nehe
	鸡西 Jixi	密山 Mishan
		虎林 Hulin
	鹤岗 Hegang	
	双鸭山 Shuangyashan	
	大庆 Daqing	
	伊春 Yichun	铁力 Tieli
	佳木斯 Jiamusi	同江 Tongjiang
		富锦 Fujin
	七台河 Qitaihe	
	牡丹江 Mudanjiang	绥芬河 Suifenhe
		海林 Hailin
		宁安 Ning'an
		穆棱 Muling
		东宁 Dongning
	黑河 Heihe	北安 Beian
		五大连池 Wudalianchi
	绥化 Suihua	安达 Anda
		肇东 Zhaodong
		海伦 Hailun

省级单位 Province	地级及以上城市 City at Prefecture Level and above	下辖的县级城市 County-level City
上海 Shanghai		
江苏 Jiangsu	南京 Nanjing	
	无锡 Wuxi	江阴 Jiangyin
		宜兴 Yixing
	徐州 Xuzhou	新沂 Xinyi
		邳州 Pizhou
	常州 Changzhou	溧阳 Liyang
	苏州 Suzhou	常熟 Changshu
		张家港 Zhangjiagang
		昆山 Kunshan
		太仓 Taicang
	南通 Nantong	启东 Qidong
		如皋 Rugao
		海门 Haimen
	连云港 Lianyungang	
	淮安 Huaian	
	盐城 Yancheng	东台 Dongtai
	扬州 Yangzhou	仪征 Yizheng
		高邮 Gaoyou
	镇江 Zhenjiang	丹阳 Danyang
		扬中 Yangzhong
		句容 Jurong
	泰州 Taizhou	兴化 Xinghua
		泰兴 Taixing
		靖江 Jingjiang
	宿迁 Suqian	
浙江 Zhejiang	杭州 Hangzhou	建德 Jiande
		临安 Lin'an
	宁波 Ningbo	余姚 Yuyao
		慈溪 Cixi
		奉化 Fenghua
	温州 Wenzhou	瑞安 Ruian
		乐清 Leqing
	嘉兴 Jiaxing	海宁 Haining

1-2 续表 2 continued 2

省级单位 Province	地级及以上城市 City at Prefecture Level and above	下辖的县级城市 County-level City	省级单位 Province	地级及以上城市 City at Prefecture Level and above	下辖的县级城市 County-level City
		平湖 Pinghu		南平 Nanping	邵武 Shaowu
		桐乡 Tongxiang			武夷山 Wuyishan
	湖州 Huzhou				建瓯 Jian'ou
	绍兴 Shaoxing	诸暨 Zhuji		龙岩 Longyan	漳平 Zhangping
		嵊州 Shengzhou		宁德 Ningde	福安 Fu'an
	金华 Jinhua	兰溪 Lanxi			福鼎 Fuding
		义乌 Yiwu	江西	南昌 Nanchang	
		东阳 Dongyang	Jiangxi	景德镇 Jingdezhen	乐平 Leping
		永康 Yongkang		萍乡 Pingxiang	
	衢州 Quzhou	江山 Jiangshan		九江 Jiujiang	瑞昌 Ruichang
	舟山 Zhoushan				共青城 Gongqingcheng
	台州 Taizhou	临海 Linhai		新余 Xinyu	
		温岭 Wenling		鹰潭 Yingtan	贵溪 Guixi
	丽水 Lishui	龙泉 Longquan		赣州 Ganzhou	瑞金 Ruijin
安徽	合肥 Hefei	巢湖 Chaohu		上饶 Shangrao	德兴 Dexing
Anhui	芜湖 Wuhu			抚州 Fuzhou	
	蚌埠 Bengbu			吉安 Ji'an	井冈山 Jinggangshan
	淮南 Huainan			宜春 Yichun	樟树 Zhangshu
	马鞍山 Maanshan				丰城 Fengcheng
	淮北 Huaibei				高安 Gaoan
	铜陵 Tongling		山东	济南 Jinan	章丘 Zhangqiu
	安庆 Anqing	桐城 Tongcheng	Shandong	青岛 Qingdao	胶州 Jiaozhou
	黄山 Huangshan				即墨 Jimo
	阜阳 Fuyang	界首 Jieshou			平度 Pingdu
	亳州 Bozhou				莱西 Laixi
	宿州 Suzhou			淄博 Zibo	
	滁州 Chuzhou	天长 Tianchang		枣庄 Zaozhuang	滕州 Tengzhou
		明光 Mingguang		东营 Dongying	
	六安 Lu'an			烟台 Yantai	龙口 Longkou
	池州 Chizhou				莱阳 Laiyang
	宣城 Xuancheng	宁国 Ningguo			莱州 Laizhou
福建	福州 Fuzhou	福清 Fuqing			蓬莱 Penglai
Fujian		长乐 Changle			招远 Zhaoyuan
	厦门 Xiamen				栖霞 Qixia
	莆田 Putian				海阳 Haiyang
	三明 Sanming	永安 Yong'an		潍坊 Weifang	青州 Qingzhou
	泉州 Quanzhou	石狮 Shishi			诸城 Zhucheng
		晋江 Jinjiang			寿光 Shouguang
		南安 Nan'an			高密 Gaomi
	漳州 Zhangzhou	龙海 Longhai			昌邑 Changyi

1-2 续表 3 continued 3

省级单位 Province	地级及以上城市 City at Prefecture Level and above	下辖的县级城市 County-level City
		安丘 Anqiu
	济宁 Jining	曲阜 Qufu
		邹城 Zoucheng
	泰安 Tai'an	新泰 Xintai
		肥城 Feicheng
	德州 Dezhou	乐陵 Laoling
		禹城 Yucheng
	威海 Weihai	荣成 Rongcheng
		乳山 Rushan
	聊城 Liaocheng	临清 Linqing
	临沂 Linyi	
	莱芜 Laiwu	
	日照 Rizhao	
	菏泽 Heze	
	滨州 Binzhou	
河南 Henan	郑州 Zhengzhou	巩义 Gongyi
		新密 Xinmi
		荥阳 Xingyang
		新郑 Xinzheng
		登封 Dengfeng
	开封 Kaifeng	
	洛阳 Luoyang	偃师 Yanshi
	平顶山 Pingdingshan	汝州 Ruzhou
		舞钢 Wugang
	安阳 Anyang	林州 Linzhou
	鹤壁 Hebi	
	新乡 Xinxiang	辉县 Huixian
		卫辉 Weihui
	焦作 Jiaozuo	沁阳 Qinyang
		孟州 Mengzhou
	濮阳 Puyang	
	许昌 Xuchang	禹州 Yuzhou
		长葛 Changge
	漯河 Luohe	
	三门峡 Sanmenxia	义马 Yima
		灵宝 Lingbao
	商丘 Shangqiu	永城 Yongcheng
	南阳 Nanyang	邓州 Dengzhou
	信阳 Xinyang	
	周口 Zhoukou	项城 Xiangcheng

省级单位 Province	地级及以上城市 City at Prefecture Level and above	下辖的县级城市 County-level City
	驻马店 Zhumadian	
		(济源) Jiyuan
湖北 Hubei	武汉 Wuhan	
	黄石 Huangshi	大冶 Daye
	十堰 Shiyan	丹江口 Danjiangkou
	荆州 Jingzhou	石首 Shishou
		洪湖 Honghu
		松滋 Songzi
	宜昌 Yichang	宜都 Yidu
		当阳 Dangyang
		枝江 Zhijiang
	襄阳 Xiangyang	老河口 Laohekou
		枣阳 Zaoyang
		宜城 Yicheng
	鄂州 Ezhou	
	荆门 Jingmen	钟祥 Zhongxiang
	孝感 Xiaogan	应城 Yingcheng
		安陆 Anlu
		汉川 Hanchuan
	黄冈 Huanggang	麻城 Macheng
		武穴 Wuxue
	咸宁 Xianning	赤壁 Chibi
	随州 Suizhou	广水 Guangshui
		(利川) Lichuan
		(恩施) Enshi
		(仙桃) Xiantao
		(天门) Tianmen
		(潜江) Qianjiang
湖南 Hunan	长沙 Changsha	浏阳 Liuyang
	株洲 Zhuzhou	醴陵 Liling
	湘潭 Xiangtan	湘乡 Xiangxiang
		韶山 Shaoshan
	衡阳 Hengyang	耒阳 Leiyang
		常宁 Changning
	邵阳 Shaoyang	武冈 Wugang
	岳阳 Yueyang	汨罗 Miluo
		临湘 Linxiang
	益阳 Yiyang	沅江 Yuanjiang
	常德 Changde	津市 Jinshi
	郴州 Chenzhou	资兴 Zixing

1-2 续表 4 continued 4

省级单位 Province	地级及以上城市 City at Prefecture Level and above	下辖的县级城市 County-level City
	永州 Yongzhou	
	怀化 Huaihua	洪江 Hongjiang
	张家界 Zhangjiajie	
	娄底 Loudi	冷水江 Lengshuijiang
		涟源 Lianyuan
		(吉首) Jishou
广东 Guangdong	广州 Guangzhou	
	韶关 Shaoguan	乐昌 Lechang
		南雄 Nanxiong
	深圳 Shenzhen	
	珠海 Zhuhai	
	汕头 Shantou	
	佛山 Foshan	
	江门 Jiangmen	台山 Taishan
		鹤山 Heshan
		开平 Kaiping
		恩平 Enping
	湛江 Zhanjiang	廉江 Lianjiang
		雷州 Leizhou
		吴川 Wuchuan
	惠州 Huizhou	
	茂名 Maoming	高州 Gaozhou
		化州 Huazhou
		信宜 Xinyi
	肇庆 Zhaoqing	
		四会 Sihui
	潮州 Chaozhou	
	梅州 Meizhou	兴宁 Xingning
	中山 Zhongshan	
	东莞 Dongguan	
	汕尾 Shanwei	陆丰 Lufeng
	河源 Heyuan	
	阳江 Yangjiang	阳春 Yangchun
	清远 Qingyuan	连州 Lianzhou
		英德 Yingde
	揭阳 Jieyang	普宁 Puning
	云浮 Yunfu	罗定 Luoding
广西 Guangxi	南宁 Nanning	
	柳州 Liuzhou	
	桂林 Guilin	
	梧州 Wuzhou	岑溪 Cenxi
	北海 Beihai	

省级单位 Province	地级及以上城市 City at Prefecture Level and above	下辖的县级城市 County-level City
	防城港 Fangchenggang	东兴 Dongxing
	钦州 Qinzhou	
	玉林 Yulin	北流 Beiliu
	贵港 Guigang	桂平 Guiping
	百色 Baise	靖西 Jingxi
	来宾 Laibin	合山 Heshan
	崇左 Chongzuo	凭祥 Pingxiang
	贺州 Hezhou	
	河池 Hechi	宜州 Yizhou
海南 Hainan	海口 Haikou	
	三亚 Sanya	
	三沙 Sansha	
		(五指山) Wuzhishan
		(琼海) Qionghai
		(文昌) Wenchang
		(万宁) Wanning
		(东方) Dongfang
重庆 Chongqing		
四川 Sichuan	成都 Chengdu	都江堰 Dujiangyan
		彭州 Pengzhou
		邛崃 Qionglai
		崇州 Chongzhou
	自贡 Zigong	
	攀枝花 Panzhihua	
	泸州 Luzhou	
	德阳 Deyang	广汉 Guanghan
		什邡 Shifang
		绵竹 Mianzhu
	绵阳 Mianyang	江油 Jiangyou
	广元 Guangyuan	
	遂宁 Suining	
	内江 Neijiang	
	资阳 Ziyang	简阳 Jianyang
	乐山 Leshan	峨眉山 Emeishan
	宜宾 Yibin	
	南充 Nanchong	阆中 Langzhong
	达州 Dazhou	万源 Wanyuan
	广安 Guang'an	华蓥 Huaying
	雅安 Yaan	
	眉山 Meishan	
	巴中 Bazhong	

1-2 续表 5 continued 5

省级单位 Province	地级及以上城市 City at Prefecture Level and above	下辖的县级城市 County-level City
		康定 Kangding
		马尔康 Maerkang
		(西昌) Xichang
贵州 Guizhou	贵阳 Guiyang	清镇 Qingzhen
	六盘水 Liupanshui	
	遵义 Zunyi	赤水 Chishui
		仁怀 Renhuai
	安顺 Anshun	
	铜仁 Tongren	
	毕节 Bijie	
		(凯里) Kaili
		(兴义) Xingyi
		(福泉) Fuquan
		(都匀) Duyun
云南 Yunnan	昆明 Kunming	安宁 Anning
	玉溪 Yuxi	
	曲靖 Qujing	宣威 Xuanwei
	昭通 Zhaotong	
	丽江 Lijiang	
	保山 Baoshan	腾冲 Tengchong
	普洱 Puer	
	临沧 Lincang	
		(大理) Dali
		(楚雄) Chuxiong
		(芒市) Mangshi
		(瑞丽) Ruili
		(开远) Kaiyuan
		(个旧) Gejiu
		(景洪) Jinghong
		(文山) Wenshan
		(蒙自) Mengzi
		(弥勒) Mile
		(香格里拉) Shangri-La
西藏 Tibet	拉萨 Lasa	
	日喀则 Xigaze	
	昌都 Qamdo	
陕西 Shaanxi	西安 Xi'an	
	铜川 Tongchuan	
	宝鸡 Baoji	
	咸阳 Xianyang	兴平 Xingping
	延安 Yan'an	
	汉中 Hanzhong	
	渭南 Weinan	韩城 Hancheng
		华阴 Huayin
	榆林 Yulin	
	商洛 Shangluo	
	安康 Ankang	
甘肃 Gansu	兰州 Lanzhou	
	嘉峪关 Jiayuguan	
	金昌 Jinchang	
	白银 Baiyin	
	天水 Tianshui	
	武威 Wuwei	
	张掖 Zhangye	
	平凉 Pingliang	
	酒泉 Jiuquan	玉门 Yumen
		敦煌 Dunhuang
	庆阳 Qingyang	
	定西 Dingxi	
	陇南 Longnan	
		(临夏) Linxia
		(合作) Hezuo
青海 Qinghai	西宁 Xining	
	海东 Haidong	
		(格尔木) Golmud
		(德令哈) Delingha
		(玉树) Yushu
宁夏 Ningxia	银川 Yinchuan	灵武 Lingwu
	石嘴山 Shizuishan	
	吴忠 Wuzhong	青铜峡 Qingtongxia
	固原 Guyuan	
	中卫 Zhongwei	
新疆 Xinjiang	乌鲁木齐 Urumqi	
	克拉玛依 Karamay	
		(石河子) Shihezi
		(可克达拉) Cocodala
		(哈密) Hami
		(昌吉) Changji
		(奎屯) Kuitun
		(伊宁) Yining
		(塔城) Tacheng
		(阿勒泰) Aletai
		(博乐) Bole
		(库尔勒) Korla
		(阿克苏) Akesu
		(阿图什) Atus
		(喀什) Kashi
		(和田) Hetian
		(阜康) Fukang
		(乌苏) Wusu
		(阿拉尔) Alar
		(图木舒克) Tumushuke
		(北屯) beitun
		(阿拉山口) Alashankou
		(铁门关) Tiemenguan
		(霍尔果斯) Horgos
		(五家渠) Wujiaqu
		(双河) Shuanghe

二、地级以上城市统计资料

Statistical Data of Cities at Prefecture Level and Above

(一)人口、劳动力及土地资源
Population, Labour Forces and Land Resources

2-1 人口状况
Population

城 市	City	年末户籍人口(万人) Household Registered Population at Year-end (10 000 persons)		年平均人口(万人) Annual Average Population (10 000 persons)		自然增长率(‰) Natural Growth Rate (‰)	
		全 市 Total City	市辖区 Districts under City	全 市 Total City	市辖区 Districts under City	全 市 Total City	市辖区 Districts under City
城市合计	**Prefecture Cities**	**129194.19**	**44638.53**	**128743.64**	**44392.55**	**7.36**	**6.25**
北京市	**Beijing**	**1345.20**	**1345.20**	**1339.30**	**1339.30**	**3.70**	**3.91**
天津市	**Tianjin**	**1026.90**	**1026.90**	**1021.78**	**1021.78**	**2.94**	**3.59**
河北省	**Hebei**	**7650.83**	**1778.06**	**7524.89**	**1698.92**	**9.10**	**6.75**
石家庄市	Shijiazhuang	1028.84	410.33	1026.89	409.15	11.78	7.58
唐山市	Tangshan	754.96	334.28	754.06	331.87	3.16	2.19
秦皇岛市	Qinhuangdao	295.64	140.53	295.34	115.05	1.77	4.08
邯郸市	Handan	1049.70	175.71	1039.59	168.37	17.92	9.58
邢台市	Xingtai	780.39	88.14	727.54	46.26	13.28	8.35
保定市	Baoding	1202.19	282.25	1152.10	283.03	7.46	17.83
张家口市	Zhangjiakou	469.01	91.24	468.79	90.97	2.58	3.33
承德市	Chengde	382.35	59.65	381.54	59.46	5.49	6.43
沧州市	Cangzhou	774.36	54.97	771.36	54.97	10.92	8.79
廊坊市	Langfang	461.13	85.06	455.27	84.67	10.70	6.19
衡水市	Hengshui	452.26	55.90	452.41	55.12	-0.12	3.32
山西省	**Shanxi**	**3498.02**	**982.58**	**3520.82**	**1005.01**	**3.47**	**3.47**
太原市	Taiyuan	367.39	285.09	368.57	288.91	3.39	3.02
大同市	Datong	316.22	156.98	317.53	157.30	0.63	0.43
阳泉市	Yangquan	132.16	70.02	132.67	70.43	1.45	1.62
长治市	Changzhi	336.85	73.47	341.24	79.39	2.84	4.46
晋城市	Jincheng	219.44	37.75	219.18	37.50	2.80	8.90
朔州市	Shuozhou	161.51	66.77	175.81	72.69	4.72	5.38
晋中市	Jinzhong	329.66	61.23	330.08	61.23	2.26	2.37
运城市	Yuncheng	510.20	68.17	510.20	68.17	4.38	4.84
忻州市	Xinzhou	306.52	54.13	313.49	55.84	1.01	2.19
临汾市	Linfen	430.59	80.93	429.78	80.57	7.10	7.52
吕梁市	Lvliang	387.48	28.04	382.27	32.98	4.89	7.25
内蒙古自治区	**Inner Mongolia**	**2154.12**	**690.15**	**2172.49**	**697.31**	**3.92**	**4.17**
呼和浩特市	Hohhot	238.58	130.10	238.28	128.95	5.35	4.97
包头市	Baotou	223.86	155.62	223.79	153.61	3.21	3.30
乌海市	Wuhai	44.49	44.49	55.50	55.50	3.43	3.43
赤峰市	Chifeng	462.63	125.78	464.22	125.79	4.53	6.05
通辽市	Tongliao	319.37	85.44	319.40	84.90	2.87	0.93
鄂尔多斯市	Erdos	157.32	28.08	156.64	27.75	9.46	11.84
呼伦贝尔市	Hulunbuir	259.30	37.01	262.59	37.05	-0.38	-0.50
巴彦淖尔市	Bayannur	174.70	52.03	176.65	52.14	5.46	5.39
乌兰察布市	Ulanqab	273.87	31.60	275.42	31.62	3.53	4.26
辽宁省	**Liaoning**	**4229.67**	**1913.49**	**4236.95**	**1914.99**	**-0.82**	**-1.43**
沈阳市	Shenyang	730.41	529.86	730.62	529.15	-1.58	-1.38
大连市	Dalian	593.56	304.90	593.93	304.59	0.20	1.23
鞍山市	Anshan	346.05	150.10	347.12	150.63	-3.05	-5.05
抚顺市	Fushun	215.76	141.23	216.57	141.93	-2.04	-3.89
本溪市	Benxi	151.21	92.54	151.62	92.91	-1.71	-4.09
丹东市	Dandong	238.15	78.00	238.81	78.22	-2.06	-2.94
锦州市	Jinzhou	302.56	97.19	303.92	95.44	-3.09	-2.49

2-1 续表 1 continued

城 市	City	年末户籍人口(万人) Household Registered Population at Year-end (10 000 persons)		年平均人口(万人) Annual Average Population (10 000 persons)		自然增长率(‰) Natural Growth Rate (‰)	
		全 市 Total City	市辖区 Districts under City	全 市 Total City	市辖区 Districts under City	全 市 Total City	市辖区 Districts under City
营口市	Yingkou	232.62	92.79	232.95	92.69	0.07	0.94
阜新市	Fuxin	189.47	76.42	190.24	76.82	-4.95	-6.35
辽阳市	Liaoyang	178.96	87.19	179.41	87.39	-1.29	-1.65
盘锦市	Panjin	129.54	64.50	129.39	64.14	1.93	3.02
铁岭市	Tieling	300.38	43.52	301.21	43.67	-0.84	-1.96
朝阳市	Chaoyang	340.90	61.11	340.77	61.01	4.98	1.80
葫芦岛市	Huludao	280.10	94.14	280.39	96.40	0.88	1.15
吉林省	**Jilin**	**2448.49**	**930.43**	**2452.64**	**931.00**	**0.68**	**0.42**
长春市	Changchun	753.83	436.11	754.19	435.76	2.15	2.43
吉林市	Jilin	426.24	181.88	426.95	181.88	-0.39	0.82
四平市	Siping	326.41	58.40	327.26	58.57	-0.15	-2.75
辽源市	Liaoyuan	120.80	46.62	121.30	46.92	-4.44	-10.97
通化市	Tonghua	221.10	44.05	221.65	44.18	0.13	-1.23
白山市	Baishan	125.37	56.76	125.82	57.01	-1.33	-1.63
松原市	Songyuan	278.07	56.89	278.26	56.90	5.54	3.67
白城市	Baicheng	196.67	49.72	197.21	49.78	-2.96	-1.09
黑龙江省	**Heilongjiang**	**3641.33**	**1385.03**	**3696.64**	**1417.40**	**-0.80**	**-1.83**
哈尔滨市	Harbin	961.37	548.72	974.33	551.66	-0.17	-0.26
齐齐哈尔市	Qiqihar	549.39	136.59	551.31	137.41	-0.72	-3.91
鸡西市	Jixi	181.70	83.32	181.70	83.32	-5.01	-7.57
鹤岗市	Hegang	105.61	64.86	106.31	65.45	-3.70	-3.22
双鸭山市	Shuangyashan	147.43	19.44	184.16	49.77	-2.95	-3.99
大庆市	Daqing	275.48	135.87	270.94	129.64	1.80	0.72
伊春市	Yichun	121.19	76.89	121.58	77.46	-5.44	-5.94
佳木斯市	Jiamusi	237.55	77.60	239.50	78.30	-2.12	-2.34
七台河市	Qitaihe	83.11	49.94	85.67	51.90	-0.96	1.28
牡丹江市	Mudanjiang	262.00	88.30	262.80	88.60	-0.25	-2.08
黑河市	Heihe	168.00	20.00	168.00	20.00	-1.89	-1.53
绥化市	Suihua	548.50	83.50	550.34	83.89	0.95	-0.74
上海市	**Shanghai**	**1442.97**	**1375.74**	**1440.83**	**1373.32**	**-1.27**	**-1.06**
江苏省	**Jiangsu**	**7717.59**	**3509.25**	**7701.15**	**3499.13**	**4.99**	**4.83**
南京市	Nanjing	653.40	653.40	651.06	651.06	4.16	4.16
无锡市	Wuxi	480.90	248.50	479.02	247.12	1.43	1.16
徐州市	Xuzhou	1028.70	332.67	1026.11	332.07	9.06	7.43
常州市	Changzhou	370.85	291.25	369.75	290.25	2.66	2.61
苏州市	Suzhou	667.01	341.26	664.04	339.38	3.05	4.10
南通市	Nantong	766.77	213.07	767.20	212.95	-1.38	
连云港市	Lianyungang	530.56	220.73	528.54	219.89	11.08	9.86
淮安市	Huai'an	564.45	293.61	562.35	292.55	8.95	9.04
盐城市	Yancheng	828.03	242.05	828.29	241.95	4.39	7.28
扬州市	Yangzhou	461.12	231.92	461.23	231.89	1.79	1.19
镇江市	Zhenjiang	271.67	103.18	271.87	103.30	1.55	1.87
泰州市	Taizhou	507.85	163.55	508.18	163.69	0.83	-0.16
宿迁市	Suqian	586.28	174.06	583.51	173.03	13.06	13.56
浙江省	**Zhejiang**	**4873.33**	**1798.23**	**4866.25**	**1771.51**	**3.96**	**3.99**
杭州市	Hangzhou	723.55	532.86	719.66	516.08	4.23	5.48

2-1 续表 2 continued

城　市	City	年末户籍人口(万人) Household Registered Population at Year-end (10 000 persons)		年平均人口(万人) Annual Average Population (10 000 persons)		自然增长率(‰) Natural Growth Rate (‰)	
		全　市 Total City	市辖区 Districts under City	全　市 Total City	市辖区 Districts under City	全　市 Total City	市辖区 Districts under City
宁波市	Ningbo	586.57	232.13	585.17	230.88	1.85	3.23
温州市	Wenzhou	811.21	165.93	812.45	159.19	7.04	6.08
嘉兴市	Jiaxing	349.48	87.13	348.81	86.75	0.89	1.70
湖州市	Huzhou	263.71	110.66	263.75	110.66	0.41	-0.25
绍兴市	Shaoxing	443.11	218.44	443.07	218.11	0.43	0.91
金华市	Jinhua	478.09	96.10	476.57	95.59	5.78	4.78
衢州市	Quzhou	256.38	84.59	256.03	84.36	4.65	4.40
舟山市	Zhoushan	97.36	70.96	97.43	70.94	-1.35	-0.51
台州市	Taizhou	597.49	159.29	597.30	158.88	5.83	7.86
丽水市	Lishui	266.38	40.14	266.01	40.07	5.76	4.03
安徽省	**Anhui**	**6949.11**	**2017.21**	**6942.74**	**2012.93**	**10.77**	**10.95**
合肥市	Hefei	717.72	251.04	715.26	248.21	8.12	11.59
芜湖市	Wuhu	384.79	145.92	384.65	145.45	5.61	5.28
蚌埠市	Bengbu	376.35	113.62	373.72	113.01	14.21	10.06
淮南市	Huainan	246.20	184.31	244.78	183.49	13.47	11.54
马鞍山市	Maanshan	228.50	82.25	227.86	82.22	5.04	1.48
淮北市	Huaibei	216.50	104.83	215.90	104.89	10.15	6.78
铜陵市	Tongling	73.80	44.81	73.79	44.84	4.42	3.76
安庆市	Anqing	622.10	73.64	621.88	73.51	7.65	6.25
黄山市	Huangshan	147.69	45.07	147.69	44.67	4.18	4.49
滁州市	Chuzhou	449.06	53.71	449.33	53.96	8.26	6.77
阜阳市	Fuyang	1042.65	222.55	1047.03	223.27	18.39	18.86
宿州市	Suzhou	649.51	188.61	645.92	187.42	14.07	15.27
六安市	Lu'an	717.73	190.32	719.12	189.72	10.32	9.34
亳州市	Bozhou	634.95	163.00	634.65	165.03	12.26	20.71
池州市	Chizhou	161.61	66.78	161.13	66.54	5.50	5.67
宣城市	Xuancheng	279.95	86.75	280.03	86.70	3.65	5.07
福建省	**Fujian**	**3720.58**	**1072.46**	**3708.20**	**1064.65**	**11.47**	**11.93**
福州市	Fuzhou	678.36	199.96	676.65	198.70	10.70	8.54
厦门市	Xiamen	211.15	211.15	207.29	207.29	13.07	13.07
莆田市	Putian	344.26	230.67	342.74	229.55	12.98	13.00
三明市	Sanming	284.12	28.25	284.11	28.27	11.90	5.94
泉州市	Quanzhou	722.45	107.51	719.34	106.94	12.17	11.04
漳州市	Zhangzhou	502.08	59.27	499.70	58.92	11.92	7.65
南平市	Nanping	319.86	85.79	319.53	85.72	8.25	12.77
龙岩市	Longyan	309.38	101.73	308.26	101.23	11.67	23.76
宁德市	Ningde	348.92	48.13	350.58	48.03	10.89	13.43
江西省	**Jiangxi**	**4914.48**	**1197.69**	**4863.16**	**1149.36**	**10.65**	**10.39**
南昌市	Nanchang	520.38	300.51	519.06	265.32	10.07	11.25
景德镇市	Jingdezhen	166.73	45.95	167.29	46.85	8.43	5.70
萍乡市	Pingxiang	198.34	88.29	197.57	87.98	7.74	6.99
九江市	Jiujiang	516.59	66.95	514.86	66.55	10.91	7.80
新余市	Xinyu	123.52	89.49	122.91	88.94	11.11	10.20
鹰潭市	Yingtan	127.26	23.74	126.52	23.63	8.64	6.73
赣州市	Ganzhou	960.63	154.47	957.42	153.03	11.29	8.30
吉安市	Ji'an	530.36	58.17	489.01	54.79	10.35	8.32

2-1 续表 3 continued

城 市	City	年末户籍人口(万人) Household Registered Population at Year-end (10 000 persons)		年平均人口(万人) Annual Average Population (10 000 persons)		自然增长率(‰) Natural Growth Rate (‰)	
		全 市 Total City	市辖区 Districts under City	全 市 Total City	市辖区 Districts under City	全 市 Total City	市辖区 Districts under City
宜春市	Yichun	596.99	113.31	596.30	113.40	9.89	10.28
抚州市	Fuzhou	399.28	118.25	398.47	111.04	17.59	11.13
上饶市	Shangrao	774.40	138.56	773.75	137.83	8.54	33.37
山东省	**Shandong**	**9821.71**	**3231.14**	**9852.99**	**3182.35**	**7.82**	**6.98**
济南市	Jinan	625.73	364.54	623.67	362.77	5.10	5.29
青岛市	Qingdao	783.09	372.84	781.86	371.69		
淄博市	Zibo	429.60	285.80	428.81	285.17	4.20	3.85
枣庄市	Zaozhuang	407.77	237.92	405.55	234.97	7.08	6.66
东营市	Dongying	190.62	85.78	189.86	85.47	7.35	5.86
烟台市	Yantai	653.28	185.14	653.34	184.43	-0.30	2.74
潍坊市	Weifang	893.71	187.34	890.92	186.78	6.33	7.15
济宁市	Jining	867.44	182.52	863.78	149.48	9.62	11.27
泰安市	Tai'an	565.71	162.05	564.02	161.51	7.26	6.59
威海市	Weihai	254.75	132.14	254.75	131.89	-1.04	0.63
日照市	Rizhao	295.95	133.62	294.94	132.87	8.15	7.44
莱芜市	Laiwu	128.32	128.32	128.07	128.07	5.70	5.70
临沂市	Linyi	1124.04	262.04	1186.31	260.28	12.89	17.30
德州市	Dezhou	587.27	122.02	585.24	121.50	8.59	8.22
聊城市	Liaocheng	622.30	123.10	617.20	121.90	17.91	17.53
滨州市	Binzhou	389.07	107.80	387.86	106.70	6.54	6.80
菏泽市	Heze	1003.06	158.17	996.81	156.87	13.64	16.20
河南省	**Henan**	**11103.25**	**2069.67**	**11033.76**	**2055.01**	**9.93**	**8.47**
郑州市	Zhengzhou	810.49	343.70	802.27	339.20	10.39	8.13
开封市	Kaifeng	553.84	87.47	551.32	87.24	12.72	4.68
洛阳市	Luoyang	728.45	201.10	698.26	196.41	11.45	8.95
平顶山市	Pingdingshan	562.29	110.40	559.71	110.18	12.65	11.53
安阳市	Anyang	617.45	115.55	614.41	115.53	12.33	8.81
鹤壁市	Hebi	168.74	63.97	167.82	63.59	11.53	9.73
新乡市	Xinxiang	637.44	105.24	633.99	104.67	9.46	7.82
焦作市	Jiaozuo	371.68	98.47	370.65	98.47	11.60	9.30
濮阳市	Puyang	429.01	70.66	426.74	70.24	13.23	11.18
许昌市	Xuchang	504.77	41.52	502.30	41.47	9.62	10.04
漯河市	Luohe	268.04	134.67	267.35	134.41	3.66	4.28
三门峡市	Sanmenxia	228.27	29.31	228.15	30.14	4.26	3.65
南阳市	Nanyang	1188.50	188.19	1179.66	187.55	4.93	5.21
商丘市	Shangqiu	961.09	181.86	955.36	181.17	6.81	6.80
信阳市	Xinyang	897.96	153.30	867.29	151.57	13.34	13.29
周口市	Zhoukou	1244.35	59.95	1236.62	59.38	10.54	13.75
驻马店市	Zhumadian	930.88	84.31	971.86	83.79	10.18	11.68
湖北省	**Hubei**	**5307.79**	**1585.51**	**5317.19**	**1601.23**	**9.94**	**8.49**
武汉市	Wuhan	829.27	515.82	828.29	515.37	6.95	5.54
黄石市	Huangshi	267.97	84.63	266.60	79.02	13.16	11.37
十堰市	Shiyan	345.94	117.92	337.79	136.08	13.86	10.95
宜昌市	Yichang	398.18	128.28	410.98	128.15	1.24	3.94
襄阳市	Xiangyang	591.58	224.64	595.60	227.20	9.36	9.79
鄂州市	Ezhou	110.29	110.29	105.92	105.92	15.93	15.93

2-1 续表 4 continued

城市	City	年末户籍人口(万人) Household Registered Population at Year-end (10 000 persons)		年平均人口(万人) Annual Average Population (10 000 persons)		自然增长率(‰) Natural Growth Rate (‰)	
		全市 Total City	市辖区 Districts under City	全市 Total City	市辖区 Districts under City	全市 Total City	市辖区 Districts under City
荆门市	Jingmen	299.09	59.83	299.68	60.19	5.54	4.79
孝感市	Xiaogan	526.48	97.34	526.10	97.14	9.00	8.75
荆州市	Jingzhou	643.19	97.89	650.82	104.80	9.96	2.60
黄冈市	Huanggang	744.42	34.82	742.93	34.96	11.29	11.09
咸宁市	Xianning	300.41	61.49	298.44	61.21	22.13	24.23
随州市	Suizhou	250.97	52.56	254.04	51.19	12.26	14.10
湖南省	**Hunan**	**6946.85**	**1391.21**	**6868.71**	**1393.45**	**8.40**	**7.49**
长沙市	Changsha	680.36	318.50	675.89	311.00	9.72	9.96
株洲市	Zhuzhou	402.92	96.43	402.87	96.17	8.97	5.01
湘潭市	Xiangtan	289.29	87.10	290.40	95.67	6.57	2.28
衡阳市	Hengyang	799.27	100.37	790.20	94.08	8.57	6.91
邵阳市	Shaoyang	821.37	70.06	820.18	69.88	9.53	7.17
岳阳市	Yueyang	564.39	108.81	563.84	109.25	10.20	10.32
常德市	Changde	609.18	140.77	608.91	140.41	4.92	5.10
张家界市	Zhangjiajie	169.97	52.47	171.05	52.83	5.08	5.92
益阳市	Yiyang	480.82	136.35	482.02	136.29	8.84	8.05
郴州市	Chenzhou	528.27	76.86	471.41	85.57	6.50	4.37
永州市	Yongzhou	635.28	116.37	631.03	115.79	7.93	8.44
怀化市	Huaihua	518.03	38.11	514.62	37.76	7.61	8.00
娄底市	Loudi	447.70	49.01	446.29	48.75	11.78	12.04
广东省	**Guangdong**	**8993.71**	**4419.29**	**8833.41**	**4389.73**	**12.98**	**12.13**
广州市	Guangzhou	854.19	854.19	848.30	848.30	12.02	14.57
韶关市	Shaoguan	330.21	92.67	329.67	92.68	15.55	12.39
深圳市	Shenzhen	354.99	354.99	343.60	343.60	20.13	20.13
珠海市	Zhuhai	112.45	112.45	111.34	111.34	9.49	9.49
汕头市	Shantou	550.46	542.89	548.52	540.98	7.22	7.27
佛山市	Foshan	388.97	388.97	387.29	387.29	6.72	6.72
江门市	Jiangmen	391.41	140.39	392.40	140.15	5.70	6.96
湛江市	Zhanjiang	822.96	162.76	722.69	166.98	6.01	6.36
茂名市	Maoming	785.84	290.23	779.11	287.61	18.42	18.11
肇庆市	Zhaoqing	438.27	134.45	436.00	133.59	12.06	30.90
惠州市	Huizhou	357.07	145.43	352.80	143.56	9.36	13.56
梅州市	Meizhou	543.79	96.77	536.21	96.26	17.34	13.22
汕尾市	Shanwei	358.96	52.19	359.02	52.28	19.88	13.49
河源市	Heyuan	366.41	31.40	365.85	31.03	16.44	29.32
阳江市	Yangjiang	292.12	120.26	290.77	119.84	26.94	19.50
清远市	Qingyuan	418.51	137.39	415.38	136.39	8.80	7.40
东莞市	Dongguan	195.01	195.01	193.20	193.20	6.48	6.48
中山市	Zhongshan	158.68	158.68	157.37	157.37	11.90	11.90
潮州市	Chaozhou	272.80	165.54	269.39	163.78	17.63	15.27
揭阳市	Jieyang	701.68	209.31	697.92	208.75	13.83	7.66
云浮市	Yunfu	298.93	33.32	296.58	34.75	15.60	22.95
广西壮族自治区	**Guangxi**	**5518.24**	**1529.66**	**5449.29**	**1481.86**	**12.54**	**10.37**
南宁市	Nanning	740.23	290.46	734.94	287.42	6.09	7.57
柳州市	Liuzhou	381.62	119.50	379.78	118.60	10.54	9.61
桂林市	Guilin	528.97	128.07	527.72	126.84	10.37	17.68

2-1 续表 5 continued

城 市	City	年末户籍人口(万人) Household Registered Population at Year-end (10 000 persons)		年平均人口(万人) Annual Average Population (10 000 persons)		自然增长率(‰) Natural Growth Rate (‰)	
		全 市 Total City	市辖区 Districts under City	全 市 Total City	市辖区 Districts under City	全 市 Total City	市辖区 Districts under City
梧州市	Wuzhou	343.92	78.60	342.10	78.23	13.73	10.15
北海市	Beihai	171.96	64.87	171.96	64.87	14.89	13.59
防城港市	Fangchenggang	95.61	56.75	94.93	56.35	17.33	17.36
钦州市	Qinzhou	404.10	147.73	403.05	151.00	15.87	-2.64
贵港市	Guigang	548.94	198.45	546.06	197.93	15.86	12.96
玉林市	Yulin	710.73	108.89	709.34	108.22	15.99	15.06
百色市	Baise	413.19	35.86	412.61	35.61	11.53	10.15
贺州市	Hezhou	239.79	118.05	238.92	90.79	12.89	12.17
河池市	Hechi	424.54	34.13	422.19	33.97	13.76	11.70
来宾市	Laibin	265.84	111.49	217.20	95.04	12.00	13.02
崇左市	Chongzuo	248.80	36.81	248.49	36.99	11.45	12.81
海南省	**Hainan**	**318.77**	**222.58**	**319.51**	**223.22**	**18.02**	**11.44**
海口市	Haikou	164.80	164.80	165.05	165.05	10.70	10.70
三亚市	Sanya	57.78	57.78	58.17	58.17	13.51	13.51
三沙市	Sansa	0.04				16.67	
儋州市	Zhanzhou	96.15		96.29			
重庆市	**Chongqing**	**3371.84**	**2129.09**	**3373.52**	**2126.65**	**4.00**	**4.45**
四川省	**Sichuan**	**8397.47**	**2791.27**	**8422.95**	**2784.05**	**1.57**	**3.17**
成都市	Chengdu	1228.05	698.14	1219.39	693.22	5.46	8.30
自贡市	Zigong	327.46	150.54	328.74	150.90	0.74	1.69
攀枝花市	Panzhihua	110.66	67.74	111.27	68.05	3.32	0.70
泸州市	Luzhou	505.68	150.08	507.28	150.01	2.86	2.52
德阳市	Deyang	389.99	69.19	391.25	69.25	-0.13	0.50
绵阳市	Mianyang	545.48	128.13	547.13	127.50	2.04	3.06
广元市	Guangyuan	305.31	93.08	307.73	93.49	-3.72	-1.48
遂宁市	Suining	378.75	152.09	379.56	152.21	4.14	3.50
内江市	Neijiang	420.43	141.48	423.19	142.26	-1.88	-1.71
乐山市	Leshan	353.79	116.07	354.84	116.14	1.31	0.48
南充市	Nanchong	742.33	194.48	750.67	195.79	-2.96	-0.50
眉山市	Meishan	349.16	87.71	351.09	87.67	-2.65	3.71
宜宾市	Yibin	552.08	127.07	553.18	127.10	4.05	3.38
广安市	Guang'an	467.39	126.60	469.33	126.96	3.22	3.23
达州市	Dazhou	682.80	180.18	685.47	173.64	4.10	3.83
雅安市	Ya'an	154.91	62.21	156.05	62.49	-4.53	-1.91
巴中市	Bazhong	379.52	136.03	381.31	136.87	3.05	3.26
资阳市	Ziyang	503.68	110.45	505.47	110.50	-0.84	2.43
贵州省	**Guizhou**	**3156.06**	**714.57**	**3128.71**	**706.11**	**16.73**	**19.81**
贵阳市	Guiyang	391.79	236.15	387.35	233.43	19.49	15.29
六盘水市	Liupanshui	333.40	46.64	330.87	47.11	6.93	1.57
遵义市	Zunyi	793.35	91.25	790.19	90.47	11.28	13.93
安顺市	Anshun	296.49	131.02	293.24	128.34	27.75	36.06
毕节市	Bijie	904.20	162.13	892.50	159.71	25.12	29.19
铜仁市	Tongren	436.83	47.38	434.56	47.05	7.17	9.45
云南省	**Yunnan**	**2883.97**	**647.91**	**2901.09**	**649.41**	**7.89**	**8.92**
昆明市	Kunming	555.57	279.38	553.03	278.10	7.53	7.27
曲靖市	Qujing	647.85	73.20	647.15	72.91	7.95	7.72

2-1 续表 6 continued

城　市	City	年末户籍人口(万人) Household Registered Population at Year-end (10 000 persons)		年平均人口(万人) Annual Average Population (10 000 persons)		自然增长率(‰) Natural Growth Rate (‰)	
		全　市 Total City	市辖区 Districts under City	全　市 Total City	市辖区 Districts under City	全　市 Total City	市辖区 Districts under City
玉溪市	Yuxi	216.01	43.82	235.65	47.64	4.50	6.07
保山市	Baoshan	259.10	92.40	258.96	92.48	5.56	4.73
昭通市	Zhaotong	599.30	89.14	596.84	88.17	13.01	23.16
丽江市	Lijiang	120.86	15.36	121.02	15.32	4.60	3.77
普洱市	Pu'er	249.97	22.71	251.87	22.68	4.22	7.16
临沧市	Lincang	235.31	31.90	236.57	32.11	6.98	6.87
西藏自治区	**Tibet**	**53.03**	**20.89**	**52.88**	**22.28**	**10.66**	**11.83**
拉萨市	Lasa	53.03	20.89	52.88	22.28	10.66	11.83
陕西省	**Shaanxi**	**3922.13**	**1345.77**	**3918.76**	**1318.20**	**4.74**	**5.70**
西安市	Xi'an	815.66	621.38	815.47	604.27	5.32	5.98
铜川市	Tongchuan	83.64	74.38	83.84	74.57	2.50	2.41
宝鸡市	Baoji	384.54	142.31	384.19	142.26	4.79	4.97
咸阳市	Xianyang	527.59	92.36	527.14	92.20	4.90	7.32
渭南市	Weinan	556.72	96.80	556.00	86.54	2.14	6.60
延安市	Yan'an	235.50	47.23	234.92	46.86	4.11	5.10
汉中市	Hanzhong	385.21	57.52	384.67	57.36	2.16	4.07
榆林市	Yulin	377.46	57.00	375.65	56.27	12.14	17.63
安康市	Ankang	304.80	100.84	305.50	101.70	2.38	-0.08
商洛市	Shangluo	251.01	55.95	251.38	56.17	5.36	5.71
甘肃省	**Gansu**	**2454.44**	**812.94**	**2440.77**	**812.54**	**7.10**	**5.63**
兰州市	Lanzhou	321.90	204.74	321.77	204.81	4.87	3.76
嘉峪关市	Jiayuguan	20.25	20.25	20.21	20.21	5.30	5.30
金昌市	Jinchang	45.69	20.75	47.03	23.28	5.02	5.16
白银市	Baiyin	180.76	49.44	179.33	49.33	13.84	10.86
天水市	Tianshui	367.17	130.59	365.83	130.35	9.18	8.09
武威市	Wuwei	190.04	103.15	181.46	101.12	4.69	4.99
张掖市	Zhangye	130.07	50.82	129.88	50.74	1.91	1.64
平凉市	Pingliang	233.08	51.24	233.38	51.27	4.95	4.62
酒泉市	Jiuquan	111.54	41.50	111.54	40.97	4.43	5.03
庆阳市	Qingyang	267.31	38.16	264.71	38.25	9.53	7.45
定西市	Dingxi	300.87	46.07	301.13	45.99	6.22	4.66
陇南市	Longnan	285.76	56.23	284.50	56.22	9.07	9.35
青海省	**Qinghai**	**371.40**	**135.50**	**372.92**	**165.66**	**4.02**	**0.94**
西宁市	Xining	201.17	94.13	201.91	125.90	0.11	0.71
海东市	Haidong	170.23	41.37	171.01	39.76	8.61	1.70
宁夏回族自治区	**Ningxia**	**664.11**	**278.60**	**662.91**	**284.04**	**4.37**	**-0.94**
银川市	Yinchuan	179.23	108.91	177.62	107.63	2.08	0.52
石嘴山市	Shizuishan	74.53	43.47	78.03	49.90	2.23	3.66
吴忠市	Wuzhong	140.41	40.12	141.96	40.24	9.75	-7.30
固原市	Guyuan	149.77	45.56	151.55	46.10	0.26	-9.30
中卫市	Zhongwei	120.17	40.54	113.75	40.17	8.21	6.06
新疆维吾尔自治区	**Xinjiang**	**296.80**	**290.51**	**306.43**	**300.15**	**6.07**	**5.96**
乌鲁木齐市	Urumqi	266.83	260.54	266.87	260.59	6.08	5.96
克拉玛依市	Karamay	29.97	29.97	39.56	39.56	6.00	6.00

32

2-2 劳动力就业状况
Labour Force and Employment

单位：人 (person)

城　市	City	城镇单位从业人员期末人数 Persons Employed in Urban Units at Year-end		城镇私营和个体从业人员 Persons Employed in Private Enterprises and Self-Employed Individuals in Urban Areas		城镇登记失业人员数 Registered Unemployed Persons in Urban Areas	
		全　市 Total City	市辖区 Districts under City	全　市 Total City	市辖区 Districts under City	全　市 Total City	市辖区 Districts under City
城市合计	**Prefecture Cities**						
北京市	**Beijing**	**7773448**	**7773448**	**9517309**	**9517309**	**91593**	**91593**
天津市	**Tianjin**	**2947801**	**2947801**	**1298569**	**1298569**	**229810**	**229810**
河北省	**Hebei**	**6386615**	**3217873**	**4396170**	**1475279**	**384048**	**149798**
石家庄市	Shijiazhuang	1003184	707322			53409	28225
唐山市	Tangshan	894361	444892	603783	469129	67464	51665
秦皇岛市	Qinhuangdao	328441	274725	179460	124171	24095	20207
邯郸市	Handan	771689	348673	1296879	365648	59229	
邢台市	Xingtai	449741	166120	499567	91900	20654	4393
保定市	Baoding	998300	459131	454436	162667	50019	7289
张家口市	Zhangjiakou	376079	170935	47684	40456	33425	13586
承德市	Chengde	299368	143440	227059	53002	19124	3993
沧州市	Cangzhou	525718	187316	430127	32531	23694	10277
廊坊市	Langfang	444543	213470	444531	97876	10200	3336
衡水市	Hengshui	295191	101849	212644	37899	22735	6827
山西省	**Shanxi**	**4423468**	**2408237**	**2811840**	**1482905**	**204042**	**127156**
太原市	Taiyuan	1050453	998243	852047	852047	48459	43336
大同市	Datong	407480	332434	320996	218735	56404	34863
阳泉市	Yangquan	273026	206257	158548	103493	9734	5250
长治市	Changzhi	427080	145276	321968	79923	13442	8689
晋城市	Jincheng	372995	182350	174099		6124	2996
朔州市	Shuozhou	196976	111710	392949	90118	6512	2915
晋中市	Jinzhong	356406	112293	213463	36043	11445	4875
运城市	Yuncheng	359791	98008			14361	
忻州市	Xinzhou	245764	74910	98236	26175	7142	811
临汾市	Linfen	371749	90027	279534	76371	18219	3621
吕梁市	Lvliang	361748	56729			12200	19800
内蒙古自治区	**Inner Mongolia**	**2565214**	**1411752**	**3541404**	**2091353**	**217756**	**122717**
呼和浩特市	Hohhot	415684	346001	618738	350553	38355	30051
包头市	Baotou	402221	369417	984690	906371	51253	51253
乌海市	Wuhai	94980	94980	225620	225620	7613	7613
赤峰市	Chifeng	339476	144197	345275	193272	28558	9451
通辽市	Tongliao	293299	113230	308627	121586	17554	5447
鄂尔多斯市	Erdos	332304	113703	511708	113884	22831	7628
呼伦贝尔市	Hulunbuir	378066	95737	352636	121548	28885	4952
巴彦淖尔市	Bayannur	149266	73029	139000	42146	14728	3038
乌兰察布市	Ulanqab	159918	61458	55110	16373	7979	3284
辽宁省	**Liaoning**	**6124086**	**4625961**	**6139779**	**1506320**	**461546**	**320452**
沈阳市	Shenyang	1467488	1368013	1593892		104223	97130
大连市	Dalian	1136838	935271	956607		95929	61396
鞍山市	Anshan	559614	399201	223985	195268	30831	26057
抚顺市	Fushun	274466	236051	363181		27997	23951
本溪市	Benxi	276433	223261	204437		27288	23227
丹东市	Dandong	257797	161758	212027		21364	4162
锦州市	Jinzhou	317006	241395	703783	420416	27962	21560

2-2 续表 1 continued

单位：人 (person)

城　市	City	城镇单位从业人员期末人数 Persons Employed in Urban Units at Year-end		城镇私营和个体从业人员 Persons Employed in Private Enterprises and Self-Employed Individuals in Urban Areas		城镇登记失业人员数 Registered Unemployed Persons in Urban Areas	
		全　市 Total City	市辖区 Districts under City	全　市 Total City	市辖区 Districts under City	全　市 Total City	市辖区 Districts under City
营口市	Yingkou	244473	186748	574796	409224	16734	9543
阜新市	Fuxin	192556	146280	242517	218265	17103	15121
辽阳市	Liaoyang	173529	141196	166189		15928	12584
盘锦市	Panjin	464428	243855	245961	164794	17126	17126
铁岭市	Tieling	244774	60022	186656	85848	17857	3687
朝阳市	Chaoyang	266727	110050	218546	12505	18041	4908
葫芦岛市	Huludao	247957	172860	247202		23163	
吉林省	**Jilin**	**2913734**	**2023938**	**4404718**	**2634046**	**168669**	**104990**
长春市	Changchun	1260604	1134231	1777064	1510400	70148	55029
吉林市	Jilin	400216	263917	810737	449511	29267	18754
四平市	Siping	198127	76319	393849	124598	10676	3140
辽源市	Liaoyuan	127528	93573	235208	141893	11867	8448
通化市	Tonghua	280660	150246	354812	99009	8400	2610
白山市	Baishan	178344	96600	288902	121091	12365	6842
松原市	Songyuan	260576	113921	351655	104018	12940	5560
白城市	Baicheng	207679	95131	192491	83526	13006	4607
黑龙江省	**Heilongjiang**	**4177723**	**2611815**	**2436194**	**1506000**	**680930**	**149210**
哈尔滨市	Harbin	1333069	1113273	1156645	939889	95411	77893
齐齐哈尔市	Qiqihar	407438	225116			403054	
鸡西市	Jixi	282753	149379	15127	8296	14766	
鹤岗市	Hegang	198770	101304	93147		17867	14434
双鸭山市	Shuangyashan	137245	88658	155388	51008	11189	7123
大庆市	Daqing	520200	457900			40000	
伊春市	Yichun	173980	131160	154126	108017	21743	15220
佳木斯市	Jiamusi	180105	90091	222378	97593	19161	10729
七台河市	Qitaihe	111673	97435			8169	6340
牡丹江市	Mudanjiang	264769	95070	371041	274665	21007	13434
黑河市	Heihe	306539	35361			9380	2241
绥化市	Suihua	261182	27068	268342	26532	19183	1796
上海市	**Shanghai**	**7228840**	**7102798**	**5868877**	**5508043**	**241000**	**233900**
江苏省	**Jiangsu**	**15478772**	**9388366**	**19693753**	**13126837**	**367265**	**240464**
南京市	Nanjing	2130973	2130973	3199611	3199611	66189	66189
无锡市	Wuxi	1187899	772149	2394738	1486525	40713	29559
徐州市	Xuzhou	1049890	551940	1125795	616388	31611	14677
常州市	Changzhou	698933	639257	1975208	1761175	33620	29076
苏州市	Suzhou	3039299	1575926	3912686	2141650	39813	20621
南通市	Nantong	2098220	782535	969499	584908	34940	16940
连云港市	Lianyungang	476720	331703	447949	314465	12801	7860
淮安市	Huai'an	725160	481128	763275	462157	20782	12689
盐城市	Yancheng	892186	395307	995217	514398	18566	8197
扬州市	Yangzhou	1084246	724033	1252754	858980	26177	16010
镇江市	Zhenjiang	504999	225480	797897	374693	14462	6643
泰州市	Taizhou	1071718	501385	1050777	526702	16160	7401
宿迁市	Suqian	518529	276550	808347	285185	11431	4602
浙江省	**Zhejiang**	**11129191**	**6643285**	**14265156**	**6978017**	**297669**	**174181**
杭州市	Hangzhou	2885605	2676883	2469236	2280432	36709	27920

2-2 续表 2 continued

单位：人 (person)

城　市	City	城镇单位从业人员期末人数 Persons Employed in Urban Units at Year-end		城镇私营和个体从业人员 Persons Employed in Private Enterprises and Self-Employed Individuals in Urban Areas		城镇登记失业人员数 Registered Unemployed Persons in Urban Areas	
		全　市 Total City	市辖区 Districts under City	全　市 Total City	市辖区 Districts under City	全　市 Total City	市辖区 Districts under City
宁波市	Ningbo	1668330	955492	1917900	905400	70135	59881
温州市	Wenzhou	1065635	403758	2412169	1356676	28096	10803
嘉兴市	Jiaxing	809112	260826	766003	216454	27424	9599
湖州市	Huzhou	500579	263165	678874	275870	16751	10727
绍兴市	Shaoxing	1386252	899226	1269589	670686	39940	23462
金华市	Jinhua	944277	172390	2701967	280356	26435	6516
衢州市	Quzhou	207503	119385	434396	218364	12537	5884
舟山市	Zhoushan	466000	357700	139610	109275	7457	5223
台州市	Taizhou	1011098	475964	1001706	463016	22738	8837
丽水市	Lishui	184800	58496	473706	201488	9447	5329
安徽省	**Anhui**	**6482071**	**3142859**	**7269112**	**2376348**	**356180**	**130137**
合肥市	Hefei	1438665	1145089	1703734		103156	
芜湖市	Wuhu	444659	324954	545964	263689	18397	11295
蚌埠市	Bengbu	269355	198142	358229	291635	37435	24153
淮南市	Huainan	330118	242392	174352	123503	26068	18350
马鞍山市	Maanshan	231375	165106	412692	219812	19637	7485
淮北市	Huaibei	232182	191581	380971	333371	24149	20158
铜陵市	Tongling	172622	149734	136659		9887	7594
安庆市	Anqing	334413	117964	331992		11557	
黄山市	Huangshan	113315	71260	224539	129692	6111	3244
滁州市	Chuzhou	237490	92805	735213	195660	22007	3061
阜阳市	Fuyang	322754	157703	867361	312250	5903	2133
宿州市	Suzhou	765000		454577	342635	17809	12041
六安市	Lu'an	1088690	94460	287020	89025	21998	13199
亳州市	Bozhou	233844	90842	266945		14096	
池州市	Chizhou	107161	59403			7569	4568
宣城市	Xuancheng	160428	41424	388864	75076	10401	2856
福建省	**Fujian**	**6593889**	**3703770**	**6732798**	**4119088**	**152996**	**90098**
福州市	Fuzhou	1562770	954958	1228274	889512	33513	22788
厦门市	Xiamen	1367698	1367698	1717601	1717601	25500	25500
莆田市	Putian	497001	412916	593218	426759	7687	5574
三明市	Sanming	245206	84327	406523	117867	10004	2818
泉州市	Quanzhou	1303631	369049	1206027	400888	20947	15055
漳州市	Zhangzhou	551733	169023	368958	194657	11767	1914
南平市	Nanping	248160	103431	384869	86414	16965	6511
龙岩市	Longyan	305614	129930	351266	192019	15162	7963
宁德市	Ningde	310076	112438	476062	93371	11451	1975
江西省	**Jiangxi**	**4691865**	**2242412**	**5520276**	**1453615**	**254472**	**93334**
南昌市	Nanchang	1250580	1002529	750865		64727	24621
景德镇市	Jingdezhen	195067	122326	182300	167891	18169	5593
萍乡市	Pingxiang	206191	150314	415213	234382	17641	15866
九江市	Jiujiang	468092	140993	539779	144784	9130	2108
新余市	Xinyu	142720	122141	209043	203063	13483	11313
鹰潭市	Yingtan	155403	41805	182497	56456	8527	3320
赣州市	Ganzhou	578757	181298	761512	232865	27260	6756
吉安市	Ji'an	383068	77361	702694	78065	20900	6205

2-2 续表 3 continued

单位：人 (person)

城市	City	城镇单位从业人员期末人数 Persons Employed in Urban Units at Year-end		城镇私营和个体从业人员 Persons Employed in Private Enterprises and Self-Employed Individuals in Urban Areas		城镇登记失业人员数 Registered Unemployed Persons in Urban Areas	
		全市 Total City	市辖区 Districts under City	全市 Total City	市辖区 Districts under City	全市 Total City	市辖区 Districts under City
宜春市	Yichun	459122	78996	595866	96460	22027	11569
抚州市	Fuzhou	389575	173510	718607	119678	19913	2966
上饶市	Shangrao	463290	151139	461900	119971	32695	3017
山东省	**Shandong**	**12225094**	**6678469**	**15683797**	**6528822**	**438968**	**234267**
济南市	Jinan	1318963	1077023	1597862	1278289	31531	20874
青岛市	Qingdao	1501168	1025835	2714574	1745061	74988	61514
淄博市	Zibo	871377	577574	499738	444396	30093	23967
枣庄市	Zaozhuang	473136	311979	372430	218699	18562	11715
东营市	Dongying	438594	301396	236061	179793	9992	7850
烟台市	Yantai	1052017	559538	990183	628551	53848	22184
潍坊市	Weifang	870238	348504	5426231	40556	38665	14434
济宁市	Jining	878554	366694	383960	142290	30786	6931
泰安市	Tai'an	731720	248542	874530	368847	24598	9819
威海市	Weihai	576144	372141	318788	227637	8295	5663
日照市	Rizhao	310007	193630	152372	131166	11160	9230
莱芜市	Laiwu	179247	179247	139854	139854	6659	6659
临沂市	Linyi	938813	405876	624682	426122	26430	13384
德州市	Dezhou	563409	199580	321622	115219	19295	3434
聊城市	Liaocheng	476301	152274	273574	120536	24712	8543
滨州市	Binzhou	525433	183836	307697	173239	11738	5371
菏泽市	Heze	519973	174800	449639	148567	17616	2695
河南省	**Henan**	**10994336**	**4905839**	**7862098**	**2885230**	**417121**	**202443**
郑州市	Zhengzhou	1985732	1407466	1222892	778705	43364	27168
开封市	Kaifeng	489413	285647	485791		20478	8545
洛阳市	Luoyang	747762	407351	809693	398295	45997	24731
平顶山市	Pingdingshan	558658	322364	253379	73294	25372	10832
安阳市	Anyang	589509	193958	459842	211863	27899	17444
鹤壁市	Hebi	234716	151639	157883	35073	4865	994
新乡市	Xinxiang	685918	227358	388177	126167	43161	19422
焦作市	Jiaozuo	503370	214505	456052	160172	31538	24941
濮阳市	Puyang	408819	231515	322320	172180	15260	9863
许昌市	Xuchang	452013	122947	342409	114820	30063	14089
漯河市	Luohe	331813	223080	283556	193743	7778	5954
三门峡市	Sanmenxia	273599	68074	143552	35287	8052	3096
南阳市	Nanyang	959404	306082	552771	168259	35876	13646
商丘市	Shangqiu	702036	198021	613515	132380	27010	10475
信阳市	Xinyang	631106	203257	409667	123200	8018	4191
周口市	Zhoukou	703993	127435	498933	58436	36101	6012
驻马店市	Zhumadian	736475	215140	461666	103356	6289	1040
湖北省	**Hubei**	**7817058**	**4119765**	**8001647**	**2503502**	**322529**	**171411**
武汉市	Wuhan	2072768	1607965	2372521		99077	87300
黄石市	Huangshi	320758	193735	362700	288683	19245	9788
十堰市	Shiyan	640976	451937	656535	359359	32541	23871
宜昌市	Yichang	934399	375073	1689300	821900	19430	11973
襄阳市	Xiangyang	992278	386973	344695	158164	35586	17858
鄂州市	Ezhou	215512	215512	108535	108535	3410	3410

2-2 续表 4 continued

单位：人 (person)

城市	City	城镇单位从业人员期末人数 Persons Employed in Urban Units at Year-end 全市 Total City	市辖区 Districts under City	城镇私营和个体从业人员 Persons Employed in Private Enterprises and Self-Employed Individuals in Urban Areas 全市 Total City	市辖区 Districts under City	城镇登记失业人员数 Registered Unemployed Persons in Urban Areas 全市 Total City	市辖区 Districts under City
荆门市	Jingmen	386916	164318	372529	52001	13035	5673
孝感市	Xiaogan	815130	278751	702916	129900	27610	7077
荆州市	Jingzhou	427800	161400	420395	212090	36200	
黄冈市	Huanggang	637671	106591	176850	34050	22817	564
咸宁市	Xianning	232957	92385	251000	102100	9119	2955
随州市	Suizhou	139893	85125	543671	236720	4459	942
湖南省	**Hunan**	**5615492**	**2759386**	**7437889**	**3134431**	**373167**	**172368**
长沙市	Changsha	1304623	907593	1049100	770700	34011	22735
株洲市	Zhuzhou	464740	278495	743100	414700	18962	10719
湘潭市	Xiangtan	436400	270860	131200	62817	26430	22695
衡阳市	Hengyang	540482	213929	1026900	462315	45383	23631
邵阳市	Shaoyang	382330	130530	862500	191500	25855	6277
岳阳市	Yueyang	483506	207026	860600	316900	34453	12262
常德市	Changde	413595	172190	1155829	425579	22215	10802
张家界市	Zhangjiajie	86737	46854	87980	44800	4457	2987
益阳市	Yiyang	265555	137180			12867	5931
郴州市	Chenzhou	359159	145637	555100	234700	34019	10710
永州市	Yongzhou	323000	100900	296400	139800	25323	5572
怀化市	Huaihua	264173	69867	448800		61062	31520
娄底市	Loudi	291192	78325	220380	70620	28130	6527
广东省	**Guangdong**	**19374236**	**16849342**	**18123590**	**15523933**	**603059**	**459414**
广州市	Guangzhou	3203134	3203134	3728859	3728859	251092	251092
韶关市	Shaoguan	339531	188847	348466	156810	48483	6630
深圳市	Shenzhen	4599649	4599649	4462211	4462211	41697	41697
珠海市	Zhuhai	742715	742715	275556	275556	11095	11095
汕头市	Shantou	547136	542213			14788	14788
佛山市	Foshan	1700391	1700391	1367758	1367758	22389	22389
江门市	Jiangmen	582854	323061	760748	417171	63179	32380
湛江市	Zhanjiang	510304	232944			20885	7111
茂名市	Maoming	456620	231126	289565	98452		
肇庆市	Zhaoqing	427813	213192				
惠州市	Huizhou	918574	671312	1205669	584678	19705	12721
梅州市	Meizhou	293176	110867	164273	98637	14013	6103
汕尾市	Shanwei	240091	91711	248841	112061	12621	3022
河源市	Heyuan	270731	135660	358307	117761	9504	1993
阳江市	Yangjiang	236252	137447	239686	158593	12506	6862
清远市	Qingyuan	314989	187662	337580	186758	17432	8898
东莞市	Dongguan	2322753	2322753	2420224	2420224	10143	10143
中山市	Zhongshan	829382	829382	1015557	1015557	9276	9276
潮州市	Chaozhou	197890	164852	144384	126697	9518	7741
揭阳市	Jieyang	418208	169025	539080	191935	9008	4201
云浮市	Yunfu	222043	51399	216826	4215	5725	1272
广西壮族自治区	**Guangxi**	**3990105**	**2465740**	**4397817**	**2221420**	**185069**	**91095**
南宁市	Nanning	959514	800144	896389	493375	28652	23711
柳州市	Liuzhou	616538	509802	700224	486840	28336	19926
桂林市	Guilin	443869	259085	498822	166299	25540	12145

2-2 续表 5 continued

单位：人 (person)

城 市	City	城镇单位从业人员期末人数 Persons Employed in Urban Units at Year-end		城镇私营和个体从业人员 Persons Employed in Private Enterprises and Self-Employed Individuals in Urban Areas		城镇登记失业人员数 Registered Unemployed Persons in Urban Areas	
		全 市 Total City	市辖区 Districts under City	全 市 Total City	市辖区 Districts under City	全 市 Total City	市辖区 Districts under City
梧州市	Wuzhou	193707	101099	227349	64654	12838	7699
北海市	Beihai	146839	109082	297970	231731	8777	5062
防城港市	Fangchenggang	108402	80130	129004	82141	3542	2407
钦州市	Qinzhou	208312	125846	89497	58537	9279	3866
贵港市	Guigang	187053	91565	244496	150374	5131	1119
玉林市	Yulin	345645	110349	262467	108903	22273	5546
百色市	Baise	218154	68149	244324	34453	8225	390
贺州市	Hezhou	99206	45286	196146	154733	7461	3217
河池市	Hechi	187991	50026	221529	29770	12544	1725
来宾市	Laibin	137925	75219	241422	132107	6577	2945
崇左市	Chongzuo	136950	39958	148178	27503	5894	1337
海南省	**Hainan**	**1021027**	**618028**	**1061339**	**1012083**	**4851**	**3389**
海口市	Haikou	491620	491620	806039	806039		
三亚市	Sanya	126408	126408	206044	206044	3389	3389
三沙市	Sansa						
儋州市	Danzhou	402999		49256		1462	
重庆市	**Chongqing**	**9868700**		**5645700**		**142623**	**108220**
四川省	**Sichuan**	**10266234**	**2431416**	**10003356**	**2045036**	**524325**	**163619**
成都市	Chengdu	5360594		2388976		170500	
自贡市	Zigong	209710	156869	305178	189294	24899	14116
攀枝花市	Panzhihua	304748	263273	189527	144860	12376	11049
泸州市	Luzhou	379496	221193	377740	200140	14771	9242
德阳市	Deyang	321366	138317	309725	68067	20645	9474
绵阳市	Mianyang	512583	306205			35097	19951
广元市	Guangyuan	167985	97075	264693	156168	14772	4956
遂宁市	Suining	201295	96276	194367	106786	43711	30245
内江市	Neijiang	298165	100586	346365	34917	18077	6790
乐山市	Leshan	292757	143517	232104	99671	24065	12246
南充市	Nanchong	468678	204064	661729	311013	31152	12044
眉山市	Meishan	203445	56591	553474	185096	13598	4222
宜宾市	Yibin	362062	179217	491830	178697	30691	13857
广安市	Guang'an	157712	59160	2703365	41425	10100	2881
达州市	Dazhou	344985	143514	534616	160114	14990	2994
雅安市	Ya'an	111269	50912	47175	14147		
巴中市	Bazhong	309008	117968	243600	80139	14962	4976
资阳市	Ziyang	260376	96679	158892	74502	29919	4576
贵州省	**Guizhou**	**2411578**	**505415**	**1901994**	**274654**	**113437**	**24753**
贵阳市	Guiyang	1040194		438514		35281	
六盘水市	Liupanshui	240938	97950	145014		15871	7467
遵义市	Zunyi	424087	138320	201352	43897	23721	4634
安顺市	Anshun	183036	127771	194677	62112	7159	5018
毕节市	Bijie	318214	79951	546837	85363	16294	3096
铜仁市	Tongren	205109	61423	375600	83282	15111	4538
云南省	**Yunnan**	**2919427**	**1438635**	**2598895**	**546747**	**116265**	**53907**
昆明市	Kunming	1328261	854916	653057		48018	32159
曲靖市	Qujing	472423	151020	728070	117445	13200	6663

2-2 续表 6 continued

单位：人 (person)

城　　市	City	城镇单位从业人员期末人数 Persons Employed in Urban Units at Year-end		城镇私营和个体从业人员 Persons Employed in Private Enterprises and Self-Employed Individuals in Urban Areas		城镇登记失业人员数 Registered Unemployed Persons in Urban Areas	
		全　市 Total City	市辖区 Districts under City	全　市 Total City	市辖区 Districts under City	全　市 Total City	市辖区 Districts under City
玉溪市	Yuxi	270100	134929	339800	180158	9206	4428
保山市	Baoshan	188989	92445	115919	78008	8206	2114
昭通市	Zhaotong	230913	65195	202519	36315	10649	2016
丽江市	Lijiang	108319	44804	74223	4021	6664	1942
普洱市	Pu'er	172565	57687	249058	91600	11052	2823
临沧市	Lincang	147857	37639	236249	39200	9270	1762
西藏自治区	**Tibet**	**446798**	**33016**	**147732**			
拉萨市	Lasa	446798	33016	147732			
陕西省	**Shaanxi**	**4961184**	**2991666**	**3471755**	**1744433**	**221839**	**145361**
西安市	Xi'an	1984561	1836217	1292728	1189310	107425	97757
铜川市	Tongchuan	120219	112057	76554	69945	7886	6236
宝鸡市	Baoji	410009	237173	405730	95280	19485	15102
咸阳市	Xianyang	548304	212947	179923	53712	20845	6523
渭南市	Weinan	464073	140484	144718	39368	16677	2715
延安市	Yan'an	336201	105975	295464	74056	10310	2167
汉中市	Hanzhong	303249	111577	596000	108644	13592	5723
榆林市	Yulin	416880	96927	140403	44800	9566	2812
安康市	Ankang	180545	79413	248966	40281	8847	4170
商洛市	Shangluo	197143	58896	91269	29037	7206	2156
甘肃省	**Gansu**	**2348880**	**1422633**	**1996742**	**1140076**	**132872**	**61948**
兰州市	Lanzhou	671803	587523	748067	619106	14612	13479
嘉峪关市	Jiayuguan	72874	72874	48700	48700	2832	2832
金昌市	Jinchang	110758	88488	92894	57556	5134	2580
白银市	Baiyin	179179	114229	53262	31947	5457	3144
天水市	Tianshui	227881	145824	138177	84995	13371	7897
武威市	Wuwei	128873	85064			5709	3366
张掖市	Zhangye	132205	63711	95698	42454	47463	17649
平凉市	Pingliang	181987	57832	212560	38040	9795	3346
酒泉市	Jiuquan	144744	52421	103470	58411	4635	2807
庆阳市	Qingyang	180149	80265	128000	101273	14350	2250
定西市	Dingxi	155227	46002	332614	52519	6114	1372
陇南市	Longnan	163200	28400	43300	5075	3400	1226
青海省	**Qinghai**	**415463**	**294646**	**354346**	**231279**	**49970**	**40824**
西宁市	Xining	341614	270142	305521	231279	44346	37251
海东市	Haidong	73849	24504	48825		5624	3573
宁夏回族自治区	**Ningxia**	**1107024**	**793094**	**763850**	**524133**	**38074**	**26963**
银川市	Yinchuan	787188	624196	414763	338623		
石嘴山市	Shizuishan	91370	71749	99057	60587	28432	23240
吴忠市	Wuzhong	96474	37157	134042	71331	3516	956
固原市	Guyuan	66442	27038	72696	33114	3530	1269
中卫市	Zhongwei	65550	32954	43292	20478	2596	1498
新疆维吾尔自治区	**Xinjiang**	**889019**	**884514**	**985858**	**981038**	**24259**	**24174**
乌鲁木齐市	Urumqi	714306	709801	898924	894104	23189	23104
克拉玛依市	Karamay	174713	174713	86934	86934	1070	1070

2-3 按产业划分的年末城镇单位从业人员
Employed Persons in Urban Units by Three Strata of Industry at Year-end

单位：人 (person)

城市	City	第一产业(农、林、牧、渔业) Primary Industry		第二产业 Secondary Industry		第三产业 Tertiary Industry	
		全市 Total City	市辖区 Districts under City	全市 Total City	市辖区 Districts under City	全市 Total City	市辖区 Districts under City
城市合计	**Prefecture Cities**	**2719732**	**549787**	**90020808**	**52900732**	**92847832**	**54985400**
北京市	**Beijing**	**38949**	**38949**	**1510365**	**1510365**	**6224134**	**6224134**
天津市	**Tianjin**	**5303**	**5303**	**1513385**	**1513385**	**1429113**	**1429113**
河北省	**Hebei**	**41712**	**25680**	**2659371**	**1353791**	**3685532**	**1838402**
石家庄市	Shijiazhuang	1976	614	351216	246059	649992	460649
唐山市	Tangshan	19656	17594	429909	145933	444796	281365
秦皇岛市	Qinhuangdao	730	447	115866	109887	211845	164391
邯郸市	Handan	1714	161	359490	192418	410485	156094
邢台市	Xingtai	746	120	184745	75200	264250	90800
保定市	Baoding	1191	556	535122	263227	461987	195348
张家口市	Zhangjiakou	4441	761	107007	55914	264631	114260
承德市	Chengde	3166	43	89165	47580	207037	95817
沧州市	Cangzhou	6123	5282	185102	72603	334493	109431
廊坊市	Langfang	828	76	198495	115315	245220	98079
衡水市	Hengshui	1141	26	103254	29655	190796	72168
山西省	**Shanxi**	**18171**	**4295**	**2058882**	**1143975**	**2346415**	**1259967**
太原市	Taiyuan	1807	791	485661	471525	562985	525927
大同市	Datong	1256	643	210626	192626	195598	139165
阳泉市	Yangquan	327	57	174350	137847	98349	68353
长治市	Changzhi	1392	336	225415	54663	200273	90277
晋城市	Jincheng	1335	120	232038	124648	139622	57582
朔州市	Shuozhou	2202	1350	89235	49420	105539	60940
晋中市	Jinzhong	1174	244	152467	32566	202765	79483
运城市	Yuncheng	2135		122799	29419	234857	68589
忻州市	Xinzhou	2716	489	68622	16044	174426	58377
临汾市	Linfen	3154	229	130246	23897	238349	65901
吕梁市	Lvliang	673	36	167423	11320	193652	45373
内蒙古自治区	**Inner Mongolia**	**200076**	**32303**	**848224**	**557077**	**1516914**	**822372**
呼和浩特市	Hohhot	3385	1684	116066	88531	296233	255786
包头市	Baotou	2642	1698	214426	201267	185153	166452
乌海市	Wuhai	159	159	57376	57376	37445	37445
赤峰市	Chifeng	15303	668	114267	59904	209906	83625
通辽市	Tongliao	55042	10916	84481	38595	153776	63719
鄂尔多斯市	Erdos	2686	651	102139	43937	227479	69115
呼伦贝尔市	Hulunbuir	99177	10679	97122	35279	181767	49779
巴彦淖尔市	Bayannur	19156	5848	33489	19925	96621	47256
乌兰察布市	Ulanqab	2526		28858	12263	128534	49195
辽宁省	**Liaoning**	**224708**	**9659**	**2771702**	**2278516**	**3127676**	**2337786**
沈阳市	Shenyang	2953	1217	656724	619659	807811	747137
大连市	Dalian	4139	1055	550429	426181	582270	508035
鞍山市	Anshan	3046	867	290409	240575	266159	157759
抚顺市	Fushun	4353	1269	144068	132638	126045	102144
本溪市	Benxi	815	36	146144	118476	129474	104749
丹东市	Dandong	5441	91	103183	69190	149173	92477
锦州市	Jinzhou	9893	2184	125899	111873	181214	127338

2-3 续表 1 continued

单位：人 (person)

城市	City	第一产业(农、林、牧、渔业) Primary Industry 全市 Total City	市辖区 Districts under City	第二产业 Secondary Industry 全市 Total City	市辖区 Districts under City	第三产业 Tertiary Industry 全市 Total City	市辖区 Districts under City
营口市	Yingkou	607	467	100735	84180	143131	102101
阜新市	Fuxin	3208	86	87112	78394	102236	67800
辽阳市	Liaoyang	2854	1819	80692	72720	89983	66657
盘锦市	Panjin	165623	96	178129	160769	120676	82990
铁岭市	Tieling	16750	53	101383	19025	126641	40944
朝阳市	Chaoyang	2232	85	83749	34584	180746	75381
葫芦岛市	Huludao	2794	334	123046	110252	122117	62274
吉林省	**Jilin**	**100378**	**20307**	**1314210**	**1041990**	**1499146**	**961641**
长春市	Changchun	12409	4214	608394	576364	639801	553653
吉林市	Jilin	9944	911	185919	136222	204353	126784
四平市	Siping	8047	1294	58688	25706	131392	49319
辽源市	Liaoyuan	2523	226	70575	63661	54430	29686
通化市	Tonghua	4406	124	157410	104786	118844	45336
白山市	Baishan	19604	4445	69820	46248	88920	45907
松原市	Songyuan	20530	671	118845	68289	121201	44961
白城市	Baicheng	22915	8422	44559	20714	140205	65995
黑龙江省	**Heilongjiang**	**573793**	**107937**	**1384358**	**1083355**	**2219572**	**1420523**
哈尔滨市	Harbin	45524	8921	443980	397693	843565	706659
齐齐哈尔市	Qiqihar	68828	395	110545	87912	228065	136809
鸡西市	Jixi	74805	16165	92535	75667	115413	57547
鹤岗市	Hegang	53692	2403	77859	64084	67219	34817
双鸭山市	Shuangyashan	5973	2437	56015	52360	75257	33861
大庆市	Daqing	3400	500	262900	250900	253900	206500
伊春市	Yichun	93347	66582	25578	22122	55055	42456
佳木斯市	Jiamusi	21185	4469	48127	29152	110793	56470
七台河市	Qitaihe	4384	2729	67426	64013	39863	30693
牡丹江市	Mudanjiang	39832	175	82919	26630	142018	68265
黑河市	Heihe	149931	2532	38321	5885	118287	26944
绥化市	Suihua	12892	629	78153	6937	170137	19502
上海市	**Shanghai**	**58452**	**44886**	**2457134**	**2399240**	**4713254**	**4658672**
江苏省	**Jiangsu**	**58330**	**24946**	**10363232**	**5930276**	**5057210**	**3433144**
南京市	Nanjing	1682	1682	988161	988161	1141130	1141130
无锡市	Wuxi	1564	226	779346	493337	406989	278586
徐州市	Xuzhou	13823	5937	619142	323422	416925	222581
常州市	Changzhou	578	231	422139	393393	276216	245633
苏州市	Suzhou	251	167	2283219	1143325	755829	432434
南通市	Nantong	5716	1422	1715809	597903	376695	183210
连云港市	Lianyungang	8442	5580	228416	164061	239862	162062
淮安市	Huai'an	5484	2729	478787	322663	240889	155736
盐城市	Yancheng	17082	5702	558361	245742	316743	143863
扬州市	Yangzhou	566	396	810358	548088	273322	175549
镇江市	Zhenjiang	774	263	308594	112383	195631	112834
泰州市	Taizhou	1865	423	826305	383917	243548	117045
宿迁市	Suqian	503	188	344595	213881	173431	62481
浙江省	**Zhejiang**	**15253**	**11400**	**6783611**	**3733336**	**4330327**	**2898549**
杭州市	Hangzhou	1004	565	1507530	1402544	1377071	1273774

2-3 续表 2 continued

单位：人 (person)

城市	City	第一产业(农、林、牧、渔业) Primary Industry		第二产业 Secondary Industry		第三产业 Tertiary Industry	
		全市 Total City	市辖区 Districts under City	全市 Total City	市辖区 Districts under City	全市 Total City	市辖区 Districts under City
宁波市	Ningbo	446	122	1045843	514327	622041	441043
温州市	Wenzhou	569	8	606610	170514	458456	233236
嘉兴市	Jiaxing	535	171	530538	144366	278039	116289
湖州市	Huzhou	147	128	328600	166412	171832	96625
绍兴市	Shaoxing	167	20	1126749	735490	259336	163716
金华市	Jinhua	440	161	629818	73669	314019	98560
衢州市	Quzhou	262	22	89782	54145	117459	65218
舟山市	Zhoushan	10600	9800	179400	139800	276000	208100
台州市	Taizhou	548	358	694797	323024	315753	152582
丽水市	Lishui	535	45	43944	9045	140321	49406
安徽省	**Anhui**	**83425**	**14094**	**2777229**	**1720667**	**3621417**	**1408098**
合肥市	Hefei	727	96	851377	685617	586561	459376
芜湖市	Wuhu	338	62	243006	183908	201315	140984
蚌埠市	Bengbu	265	32	124280	106253	144810	91857
淮南市	Huainan	5839	1055	177335	137642	146944	103695
马鞍山市	Maanshan	725		128402	101654	102248	63452
淮北市	Huaibei	5	5	156131	140224	76046	51352
铜陵市	Tongling	3396	2189	98830	93171	70396	54374
安庆市	Anqing	14633	7783	137175	61034	182605	49147
黄山市	Huangshan	853	248	34535	25222	77927	45790
滁州市	Chuzhou	6498	711	96137	47617	134855	44477
阜阳市	Fuyang	1961	393	93982	54611	226811	102699
宿州市	Suzhou	23000		258000		484000	
六安市	Lu'an	21990	238	202555	25531	864145	68691
亳州市	Bozhou	214		74195	29257	159435	61585
池州市	Chizhou	872	148	38911	23095	67378	36160
宣城市	Xuancheng	2109	1134	62378	5831	95941	34459
福建省	**Fujian**	**45159**	**8015**	**4098614**	**2168686**	**2450116**	**1527069**
福州市	Fuzhou	2502	122	924965	510822	635303	444014
厦门市	Xiamen	1704	1704	876032	876032	489962	489962
莆田市	Putian	412	231	353848	299157	142741	113528
三明市	Sanming	4100	640	94265	39178	146841	44509
泉州市	Quanzhou	3875	972	1169446	226306	332310	141771
漳州市	Zhangzhou	18342	61	326312	87592	207079	81370
南平市	Nanping	8577	1966	85682	41202	153901	60263
龙岩市	Longyan	3895	1999	117662	29151	184057	98780
宁德市	Ningde	1752	320	150402	59246	157922	52872
江西省	**Jiangxi**	**48465**	**6633**	**2472960**	**1215304**	**2170440**	**1020475**
南昌市	Nanchang	4435	3710	775464	590249	470681	408570
景德镇市	Jingdezhen	6344	1112	92636	60644	96087	60570
萍乡市	Pingxiang	631	207	115216	93102	90344	57005
九江市	Jiujiang	6670	242	231158	56492	230264	84259
新余市	Xinyu	509	153	91689	78678	50522	43310
鹰潭市	Yingtan	354		95527	16941	59522	24864
赣州市	Ganzhou	6878	443	233163	77935	338716	102920
吉安市	Ji'an	9383	325	179784	29137	193901	47899

2-3 续表 3 continued

单位：人 (person)

城市	City	第一产业(农、林、牧、渔业) Primary Industry 全市 Total City	第一产业 市辖区 Districts under City	第二产业 Secondary Industry 全市 Total City	第二产业 市辖区 Districts under City	第三产业 Tertiary Industry 全市 Total City	第三产业 市辖区 Districts under City
宜春市	Yichun	5153	330	237679	17692	216290	60974
抚州市	Fuzhou	2725	111	219584	122136	167266	51263
上饶市	Shangrao	5383		201060	72298	256847	78841
山东省	**Shandong**	**15348**	**4273**	**6672665**	**3463103**	**5537081**	**3211093**
济南市	Jinan	805	452	572870	430808	745288	645763
青岛市	Qingdao	1134	359	828005	505236	672029	520240
淄博市	Zibo	695	530	585145	348954	285537	228090
枣庄市	Zaozhuang	370	115	282481	180980	190285	130884
东营市	Dongying	539		270726	181611	167329	119785
烟台市	Yantai	558	31	576410	302213	475049	257294
潍坊市	Weifang	978	48	449923	192477	419337	155979
济宁市	Jining	1456	686	510308	206200	366790	159808
泰安市	Tai'an	2382	504	447688	113336	281650	134702
威海市	Weihai	631	227	372298	238798	203215	133116
日照市	Rizhao	623	602	171412	100081	137972	92947
莱芜市	Laiwu			119305	119305	59942	59942
临沂市	Linyi	2375	238	484802	220923	451636	184715
德州市	Dezhou	804	167	259730	102600	302875	96813
聊城市	Liaocheng	640	75	213080	40172	262581	112027
滨州市	Binzhou	85	27	340367	106635	184981	77174
菏泽市	Heze	1273	212	188115	72774	330585	101814
河南省	**Henan**	**27302**	**6732**	**5955880**	**2680449**	**5011154**	**2218658**
郑州市	Zhengzhou	1631	228	1102109	762310	881992	644928
开封市	Kaifeng	1391	560	258554	154189	229468	130898
洛阳市	Luoyang	982	142	384964	200464	361816	206745
平顶山市	Pingdingshan	284	34	320801	217300	237573	105030
安阳市	Anyang	730	61	371674	103488	217105	90409
鹤壁市	Hebi	181		163746	107121	70789	44518
新乡市	Xinxiang	476	80	432774	142991	252668	84287
焦作市	Jiaozuo	98	75	299634	118643	203638	95787
濮阳市	Puyang	214	57	249786	165193	158819	66265
许昌市	Xuchang	16	16	260960	68345	191037	54586
漯河市	Luohe	43	10	207781	138701	123989	84369
三门峡市	Sanmenxia	939	80	139003	14613	133657	53381
南阳市	Nanyang	7223	3368	434127	129889	518054	172825
商丘市	Shangqiu	620	170	346185	110733	355231	87118
信阳市	Xinyang	3173	798	277206	86182	350727	116277
周口市	Zhoukou	4066		348656	54420	351271	73015
驻马店市	Zhumadian	5235	1053	357920	105867	373320	108220
湖北省	**Hubei**	**87104**	**14420**	**4117237**	**2071197**	**3612717**	**2034148**
武汉市	Wuhan	3577	2963	1046760	712130	1022431	892872
黄石市	Huangshi	1279	93	196322	118802	123157	74840
十堰市	Shiyan	7125	4224	314013	235766	319838	211947
宜昌市	Yichang	3830	1892	515474	186244	415095	186937
襄阳市	Xiangyang	19321	957	503445	210914	469512	175102
鄂州市	Ezhou	100	100	143301	143301	72111	72111

2-3 续表 4 continued

单位：人 (person)

城 市	City	第一产业(农、林、牧、渔业) Primary Industry		第二产业 Secondary Industry		第三产业 Tertiary Industry	
		全 市 Total City	市辖区 Districts under City	全 市 Total City	市辖区 Districts under City	全 市 Total City	市辖区 Districts under City
荆门市	Jingmen	6918	1020	211153	75128	168845	88170
孝感市	Xiaogan	7647	500	462423	154515	345060	123736
荆州市	Jingzhou	14900	900	190300	79600	222600	80900
黄冈市	Huanggang	21356	1400	372553	66643	243762	38548
咸宁市	Xianning	442	371	94850	37973	137665	54041
随州市	Suizhou	609		66643	50181	72641	34944
湖南省	**Hunan**	**24581**	**4768**	**2452058**	**1187358**	**3138853**	**1567260**
长沙市	Changsha	1062	906	626445	351379	677116	555308
株洲市	Zhuzhou	411	149	258270	148806	206059	129540
湘潭市	Xiangtan	1300	629	181000	125410	254100	144821
衡阳市	Hengyang	641	373	250439	95647	289402	117909
邵阳市	Shaoyang	3617	184	149297	64912	229416	65434
岳阳市	Yueyang	6313	1064	215996	111871	261197	94091
常德市	Changde	638	400	176233	69300	236724	102490
张家界市	Zhangjiajie	740	215	20556	8486	65441	38153
益阳市	Yiyang	1131	437	106895	61279	157529	75464
郴州市	Chenzhou	2188	85	144309	54106	212662	91446
永州市	Yongzhou	3200	300	113900	30580	205900	70020
怀化市	Huaihua	1488	26	66252	12244	196433	57597
娄底市	Loudi	1852		142466	53338	146874	24987
广东省	**Guangdong**	**53012**	**17028**	**11450660**	**10204680**	**7870564**	**6627634**
广州市	Guangzhou	1301	1301	1128765	1128765	2073068	2073068
韶关市	Shaoguan	1725	265	173971	104814	163835	83768
深圳市	Shenzhen	686	686	2805884	2805884	1793079	1793079
珠海市	Zhuhai	6769	6769	461570	461570	274376	274376
汕头市	Shantou	455	439	329225	328547	217456	213227
佛山市	Foshan	189	189	1255619	1255619	444583	444583
江门市	Jiangmen	548	60	355870	195158	226436	127843
湛江市	Zhanjiang	17534	2260	189967	81466	302803	149218
茂名市	Maoming	7915	1348	202178	103550	246527	126228
肇庆市	Zhaoqing	900	138	233615	119585	193298	93469
惠州市	Huizhou	883	207	644674	489679	273017	181426
梅州市	Meizhou	595	45	118472	45795	174109	65027
汕尾市	Shanwei	3985	20	144553	60507	91553	31184
河源市	Heyuan	899	132	136773	85988	133059	49540
阳江市	Yangjiang	4037	2499	111170	63567	121045	71381
清远市	Qingyuan	1445	168	153523	104985	160021	82509
东莞市	Dongguan	272	272	1918705	1918705	403776	403776
中山市	Zhongshan			630749	630749	198633	198633
潮州市	Chaozhou	168	54	111425	102523	86297	62275
揭阳市	Jieyang	2100	135	240866	95840	175242	73050
云浮市	Yunfu	606	41	103086	21384	118351	29974
广西壮族自治区	**Guangxi**	**81392**	**31371**	**1579024**	**1112337**	**2329689**	**1322032**
南宁市	Nanning	12551	6349	395559	344652	551404	449143
柳州市	Liuzhou	4494	2032	346965	316933	265079	190837
桂林市	Guilin	4935	896	176495	112235	262439	145954

2-3 续表 5 continued

单位：人 (person)

城市	City	第一产业(农、林、牧、渔业) Primary Industry		第二产业 Secondary Industry		第三产业 Tertiary Industry	
		全市 Total City	市辖区 Districts under City	全市 Total City	市辖区 Districts under City	全市 Total City	市辖区 Districts under City
梧州市	Wuzhou	376	16	77433	43854	115898	57229
北海市	Beihai	5387	4545	57950	47210	83502	57327
防城港市	Fangchenggang	11925	6947	32401	26725	64076	46458
钦州市	Qinzhou	3011	1418	91371	64756	113930	59672
贵港市	Guigang	1131	328	52228	28413	133694	62824
玉林市	Yulin	7260	153	143262	34519	195123	75677
百色市	Baise	3140	573	60738	22973	154276	44603
贺州市	Hezhou	1504	636	19000	11607	78702	33043
河池市	Hechi	3353		46269	16742	138369	33284
来宾市	Laibin	8960	6305	45686	29943	83279	38971
崇左市	Chongzuo	13365	1173	33667	11775	89918	27010
海南省	**Hainan**	**296731**	**57326**	**152279**	**107734**	**572017**	**452968**
海口市	Haikou	53142	53142	94690	94690	343788	343788
三亚市	Sanya	4184	4184	13044	13044	109180	109180
三沙市	Sansa						
儋州市	Danzhou	239405		44545		119049	
重庆市	**Chongqing**	**350200**		**4291300**		**5227200**	
四川省	**Sichuan**	**46239**	**7765**	**4266030**	**1161888**	**5953965**	**1261763**
成都市	Chengdu	25526		1913654		3421414	
自贡市	Zigong	597	378	96512	75105	112601	81386
攀枝花市	Panzhihua	2697	1906	174642	151363	127409	110004
泸州市	Luzhou	1348	13	209572	128644	168576	92536
德阳市	Deyang	358		164393	69788	156615	68529
绵阳市	Mianyang	901	96	244790	148925	266892	157184
广元市	Guangyuan	444	31	47065	32206	120476	64838
遂宁市	Suining	179		99850	43778	101266	52498
内江市	Neijiang	748	237	172560	50507	124857	49842
乐山市	Leshan	2712	1296	145109	71355	144936	70866
南充市	Nanchong	1298	436	209216	83929	258164	119699
眉山市	Meishan	498		91980	17937	110967	38654
宜宾市	Yibin	2268	1662	180501	92959	179293	84596
广安市	Guang'an	688	30	49230	15078	107794	44052
达州市	Dazhou	2372	562	140789	58092	201824	84860
雅安市	Ya'an	805	93	36124	12863	74340	37956
巴中市	Bazhong	2091	687	170964	63635	135953	53646
资阳市	Ziyang	709	338	119079	45724	140588	50617
贵州省	**Guizhou**	**5806**	**1387**	**960916**	**178588**	**1444856**	**325440**
贵阳市	Guiyang	1512		530957		507725	
六盘水市	Liupanshui	316	25	124834	52073	115788	45852
遵义市	Zunyi	879		134393	48667	288815	89653
安顺市	Anshun	1142	794	66266	54759	115628	72218
毕节市	Bijie	1055	412	68898	12041	248261	67498
铜仁市	Tongren	902	156	35568	11048	168639	50219
云南省	**Yunnan**	**24882**	**4596**	**1211367**	**551114**	**1683178**	**882925**
昆明市	Kunming	2991	1150	548664	298696	776606	555070
曲靖市	Qujing	2221	1020	257334	84300	212868	65700

2-3 续表 6 continued

单位：人 (person)

城市	City	第一产业(农、林、牧、渔业) Primary Industry		第二产业 Secondary Industry		第三产业 Tertiary Industry	
		全市 Total City	市辖区 Districts under City	全市 Total City	市辖区 Districts under City	全市 Total City	市辖区 Districts under City
玉溪市	Yuxi	2300	350	130510	65390	137290	69189
保山市	Baoshan	3189	1532	83248	45548	102552	45365
昭通市	Zhaotong	1921	59	52050	16106	176942	49030
丽江市	Lijiang	596	49	22228	6710	85495	38045
普洱市	Pu'er	1549	40	67482	21977	103534	35670
临沧市	Lincang	10115	396	49851	12387	87891	24856
西藏自治区	**Tibet**	**89346**		**64759**	**695**	**292693**	**32321**
拉萨市	Lasa	89346		64759	695	292693	32321
陕西省	**Shaanxi**	**21946**	**5604**	**2074151**	**1218432**	**2865087**	**1767630**
西安市	Xi'an	2113	1236	783282	743380	1199166	1091601
铜川市	Tongchuan	178	178	56412	54500	63629	57379
宝鸡市	Baoji	2864	344	209053	124913	198092	111916
咸阳市	Xianyang	2206	530	278915	113475	267183	98942
渭南市	Weinan	5648	1240	185946	43934	272479	95310
延安市	Yan'an	2573	269	144602	28348	189026	77358
汉中市	Hanzhong	1235	133	112900	41083	189114	70361
榆林市	Yulin	2699	620	173622	30980	240559	65327
安康市	Ankang	598	124	47351	19710	132596	59579
商洛市	Shangluo	1832	930	82068	18109	113243	39857
甘肃省	**Gansu**	**49384**	**17229**	**955980**	**664687**	**1343516**	**740717**
兰州市	Lanzhou	686	629	305181	264838	365936	322056
嘉峪关市	Jiayuguan	8174	8174	43590	43590	21110	21110
金昌市	Jinchang	1524		77337	68169	31897	20319
白银市	Baiyin	2377		84984	69128	91818	45101
天水市	Tianshui	4643	1843	69406	56281	153832	87700
武威市	Wuwei	2681	1727	47769	35036	78423	48301
张掖市	Zhangye	12006	1856	38332	18040	81867	43815
平凉市	Pingliang	1885	129	78652	22936	101450	34767
酒泉市	Jiuquan	6842	1161	60689	19459	77213	31801
庆阳市	Qingyang	507	10	67915	46668	111727	33587
定西市	Dingxi	1359		45125	16742	108743	29260
陇南市	Longnan	6700	1700	37000	3800	119500	22900
青海省	**Qinghai**	**3072**	**1291**	**160954**	**108328**	**251437**	**185027**
西宁市	Xining	1074	418	142483	102276	198057	167448
海东市	Haidong	1998	873	18471	6052	53380	17579
宁夏回族自治区	**Ningxia**	**19533**	**9987**	**285995**	**184799**	**801496**	**598308**
银川市	Yinchuan	12534	6438	187457	127838	587197	489920
石嘴山市	Shizuishan	404	272	40942	33749	50024	37728
吴忠市	Wuzhong	2075	1602	34779	10681	59620	24874
固原市	Guyuan	1684	823	7892	1657	56866	24558
中卫市	Zhongwei	2836	852	14925	10874	47789	21228
新疆维吾尔自治区	**Xinjiang**	**11680**	**11603**	**356276**	**355380**	**521063**	**517531**
乌鲁木齐市	Urumqi	11123	11046	243007	242111	460176	456644
克拉玛依市	Karamay	557	557	113269	113269	60887	60887

2-4 按产业划分的年末城镇单位从业人员构成
Composition of Employed Persons in Urban Units by Three Strata of Industry at Year-end

单位：% (%)

城　　市	City	第一产业从业人员比重 Primary Industry		第二产业从业人员比重 Secondary Industry		第三产业从业人员比重 Tertiary Industry	
		全　市 Total City	市辖区 Districts under City	全　市 Total City	市辖区 Districts under City	全　市 Total City	市辖区 Districts under City
城市合计	**Prefecture Cities**	**1.47**	**0.51**	**48.51**	**48.79**	**50.03**	**50.71**
北京市	**Beijing**	**0.50**	**0.50**	**19.43**	**19.43**	**80.07**	**80.07**
天津市	**Tianjin**	**0.18**	**0.18**	**51.34**	**51.34**	**48.48**	**48.48**
河北省	**Hebei**	**0.65**	**0.80**	**41.64**	**42.07**	**57.71**	**57.13**
石家庄市	Shijiazhuang	0.20	0.09	35.01	34.79	64.79	65.13
唐山市	Tangshan	2.20	3.95	48.07	32.80	49.73	63.24
秦皇岛市	Qinhuangdao	0.22	0.16	35.28	40.00	64.50	59.84
邯郸市	Handan	0.22	0.05	46.58	55.19	53.19	44.77
邢台市	Xingtai	0.17	0.07	41.08	45.27	58.76	54.66
保定市	Baoding	0.12	0.12	53.60	57.33	46.28	42.55
张家口市	Zhangjiakou	1.18	0.45	28.45	32.71	70.37	66.84
承德市	Chengde	1.06	0.03	29.78	33.17	69.16	66.80
沧州市	Cangzhou	1.16	2.82	35.21	38.76	63.63	58.42
廊坊市	Langfang	0.19	0.04	44.65	54.02	55.16	45.95
衡水市	Hengshui	0.39	0.03	34.98	29.12	64.63	70.86
山西省	**Shanxi**	**0.41**	**0.18**	**46.54**	**47.50**	**53.04**	**52.32**
太原市	Taiyuan	0.17	0.08	46.23	47.24	53.59	52.69
大同市	Datong	0.31	0.19	51.69	57.94	48.00	41.86
阳泉市	Yangquan	0.12	0.03	63.86	66.83	36.02	33.14
长治市	Changzhi	0.33	0.23	52.78	37.63	46.89	62.14
晋城市	Jincheng	0.36	0.07	62.21	68.36	37.43	31.58
朔州市	Shuozhou	1.12	1.21	45.30	44.24	53.58	54.55
晋中市	Jinzhong	0.33	0.22	42.78	29.00	56.89	70.78
运城市	Yuncheng	0.59		34.13	30.02	65.28	69.98
忻州市	Xinzhou	1.11	0.65	27.92	21.42	70.97	77.93
临汾市	Linfen	0.85	0.25	35.04	26.54	64.12	73.20
吕梁市	Lvliang	0.19	0.06	46.28	19.95	53.53	79.98
内蒙古自治区	**Inner Mongolia**	**7.80**	**2.29**	**33.07**	**39.46**	**59.13**	**58.25**
呼和浩特市	Hohhot	0.81	0.49	27.92	25.59	71.26	73.93
包头市	Baotou	0.66	0.46	53.31	54.48	46.03	45.06
乌海市	Wuhai	0.17	0.17	60.41	60.41	39.42	39.42
赤峰市	Chifeng	4.51	0.46	33.66	41.54	61.83	57.99
通辽市	Tongliao	18.77	9.64	28.80	34.09	52.43	56.27
鄂尔多斯市	Erdos	0.81	0.57	30.74	38.64	68.46	60.79
呼伦贝尔市	Hulunbuir	26.23	11.15	25.69	36.85	48.08	52.00
巴彦淖尔市	Bayannur	12.83	8.01	22.44	27.28	64.73	64.71
乌兰察布市	Ulanqab	1.58		18.05	19.95	80.37	80.05
辽宁省	**Liaoning**	**3.67**	**0.21**	**45.26**	**49.25**	**51.07**	**50.54**
沈阳市	Shenyang	0.20	0.09	44.75	45.30	55.05	54.61
大连市	Dalian	0.36	0.11	48.42	45.57	51.22	54.32
鞍山市	Anshan	0.54	0.22	51.89	60.26	47.56	39.52
抚顺市	Fushun	1.59	0.54	52.49	56.19	45.92	43.27
本溪市	Benxi	0.29	0.02	52.87	53.07	46.84	46.92
丹东市	Dandong	2.11	0.06	40.02	42.77	57.86	57.17
锦州市	Jinzhou	3.12	0.90	39.72	46.34	57.16	52.75

2-4 续表 1 continued

单位：% (%)

城市	City	第一产业从业人员比重 Primary Industry 全市 Total City	第一产业从业人员比重 Primary Industry 市辖区 Districts under City	第二产业从业人员比重 Secondary Industry 全市 Total City	第二产业从业人员比重 Secondary Industry 市辖区 Districts under City	第三产业从业人员比重 Tertiary Industry 全市 Total City	第三产业从业人员比重 Tertiary Industry 市辖区 Districts under City
营口市	Yingkou	0.25	0.25	41.20	45.08	58.55	54.67
阜新市	Fuxin	1.67	0.06	45.24	53.59	53.09	46.35
辽阳市	Liaoyang	1.64	1.29	46.50	51.50	51.85	47.21
盘锦市	Panjin	35.66	0.04	38.35	65.93	25.98	34.03
铁岭市	Tieling	6.84	0.09	41.42	31.70	51.74	68.21
朝阳市	Chaoyang	0.84	0.08	31.40	31.43	67.76	68.50
葫芦岛市	Huludao	1.13	0.19	49.62	63.78	49.25	36.03
吉林省	**Jilin**	**3.44**	**1.00**	**45.10**	**51.48**	**51.45**	**47.51**
长春市	Changchun	0.98	0.37	48.26	50.82	50.75	48.81
吉林市	Jilin	2.48	0.35	46.45	51.62	51.06	48.04
四平市	Siping	4.06	1.70	29.62	33.68	66.32	64.62
辽源市	Liaoyuan	1.98	0.24	55.34	68.03	42.68	31.72
通化市	Tonghua	1.57	0.08	56.09	69.74	42.34	30.17
白山市	Baishan	10.99	4.60	39.15	47.88	49.86	47.52
松原市	Songyuan	7.88	0.59	45.61	59.94	46.51	39.47
白城市	Baicheng	11.03	8.85	21.46	21.77	67.51	69.37
黑龙江省	**Heilongjiang**	**13.73**	**4.13**	**33.14**	**41.48**	**53.13**	**54.39**
哈尔滨市	Harbin	3.41	0.80	33.31	35.72	63.28	63.48
齐齐哈尔市	Qiqihar	16.89	0.18	27.13	39.05	55.98	60.77
鸡西市	Jixi	26.46	10.82	32.73	50.65	40.82	38.52
鹤岗市	Hegang	27.01	2.37	39.17	63.26	33.82	34.37
双鸭山市	Shuangyashan	4.35	2.75	40.81	59.06	54.83	38.19
大庆市	Daqing	0.65	0.11	50.54	54.79	48.81	45.10
伊春市	Yichun	53.65	50.76	14.70	16.87	31.64	32.37
佳木斯市	Jiamusi	11.76	4.96	26.72	32.36	61.52	62.68
七台河市	Qitaihe	3.93	2.80	60.38	65.70	35.70	31.50
牡丹江市	Mudanjiang	15.04	0.18	31.32	28.01	53.64	71.80
黑河市	Heihe	48.91	7.16	12.50	16.64	38.59	76.20
绥化市	Suihua	4.94	2.32	29.92	25.63	65.14	72.05
上海市	**Shanghai**	**0.81**	**0.63**	**33.99**	**33.78**	**65.20**	**65.59**
江苏省	**Jiangsu**	**0.38**	**0.27**	**66.95**	**63.17**	**32.67**	**36.57**
南京市	Nanjing	0.08	0.08	46.37	46.37	53.55	53.55
无锡市	Wuxi	0.13	0.03	65.61	63.89	34.26	36.08
徐州市	Xuzhou	1.32	1.08	58.97	58.60	39.71	40.33
常州市	Changzhou	0.08	0.04	60.40	61.54	39.52	38.42
苏州市	Suzhou	0.01	0.01	75.12	72.55	24.87	27.44
南通市	Nantong	0.27	0.18	81.77	76.41	17.95	23.41
连云港市	Lianyungang	1.77	1.68	47.91	49.46	50.32	48.86
淮安市	Huai'an	0.76	0.57	66.03	67.06	33.22	32.37
盐城市	Yancheng	1.91	1.44	62.58	62.16	35.50	36.39
扬州市	Yangzhou	0.05	0.05	74.74	75.70	25.21	24.25
镇江市	Zhenjiang	0.15	0.12	61.11	49.84	38.74	50.04
泰州市	Taizhou	0.17	0.08	77.10	76.57	22.73	23.34
宿迁市	Suqian	0.10	0.07	66.46	77.34	33.45	22.59
浙江省	**Zhejiang**	**0.14**	**0.17**	**60.95**	**56.20**	**38.91**	**43.63**
杭州市	Hangzhou	0.03	0.02	52.24	52.39	47.72	47.58

2-4 续表 2 continued

单位：% (%)

城市	City	第一产业从业人员比重 Primary Industry		第二产业从业人员比重 Secondary Industry		第三产业从业人员比重 Tertiary Industry	
		全市 Total City	市辖区 Districts under City	全市 Total City	市辖区 Districts under City	全市 Total City	市辖区 Districts under City
宁波市	Ningbo	0.03	0.01	62.69	53.83	37.29	46.16
温州市	Wenzhou	0.05		56.92	42.23	43.02	57.77
嘉兴市	Jiaxing	0.07	0.07	65.57	55.35	34.36	44.58
湖州市	Huzhou	0.03	0.05	65.64	63.23	34.33	36.72
绍兴市	Shaoxing	0.01		81.28	81.79	18.71	18.21
金华市	Jinhua	0.05	0.09	66.70	42.73	33.25	57.17
衢州市	Quzhou	0.13	0.02	43.27	45.35	56.61	54.63
舟山市	Zhoushan	2.27	2.74	38.50	39.08	59.23	58.18
台州市	Taizhou	0.05	0.08	68.72	67.87	31.23	32.06
丽水市	Lishui	0.29	0.08	23.78	15.46	75.93	84.46
安徽省	**Anhui**	**1.29**	**0.45**	**42.84**	**54.75**	**55.87**	**44.80**
合肥市	Hefei	0.05	0.01	59.18	59.87	40.77	40.12
芜湖市	Wuhu	0.08	0.02	54.65	56.60	45.27	43.39
蚌埠市	Bengbu	0.10	0.02	46.14	53.62	53.76	46.36
淮南市	Huainan	1.77	0.44	53.72	56.78	44.51	42.78
马鞍山市	Maanshan	0.31		55.50	61.57	44.19	38.43
淮北市	Huaibei			67.25	73.19	32.75	26.80
铜陵市	Tongling	1.97	1.46	57.25	62.22	40.78	36.31
安庆市	Anqing	4.38	6.60	41.02	51.74	54.60	41.66
黄山市	Huangshan	0.75	0.35	30.48	35.39	68.77	64.26
滁州市	Chuzhou	2.74	0.77	40.48	51.31	56.78	47.93
阜阳市	Fuyang	0.61	0.25	29.12	34.63	70.27	65.12
宿州市	Suzhou	3.01		33.73		63.27	
六安市	Lu'an	2.02	0.25	18.61	27.03	79.37	72.72
亳州市	Bozhou	0.09		31.73	32.21	68.18	67.79
池州市	Chizhou	0.81	0.25	36.31	38.88	62.88	60.87
宣城市	Xuancheng	1.31	2.74	38.88	14.08	59.80	83.19
福建省	**Fujian**	**0.68**	**0.22**	**62.16**	**58.55**	**37.16**	**41.23**
福州市	Fuzhou	0.16	0.01	59.19	53.49	40.65	46.50
厦门市	Xiamen	0.12	0.12	64.05	64.05	35.82	35.82
莆田市	Putian	0.08	0.06	71.20	72.45	28.72	27.49
三明市	Sanming	1.67	0.76	38.44	46.46	59.88	52.78
泉州市	Quanzhou	0.26	0.26	77.67	61.32	22.07	38.42
漳州市	Zhangzhou	3.32	0.04	59.14	51.82	37.53	48.14
南平市	Nanping	3.46	1.90	34.53	39.84	62.02	58.26
龙岩市	Longyan	1.27	1.54	38.50	22.44	60.23	76.03
宁德市	Ningde	0.57	0.28	48.50	52.69	50.93	47.02
江西省	**Jiangxi**	**1.03**	**0.30**	**52.71**	**54.20**	**46.26**	**45.51**
南昌市	Nanchang	0.35	0.37	62.01	58.88	37.64	40.75
景德镇市	Jingdezhen	3.25	0.91	47.49	49.58	49.26	49.52
萍乡市	Pingxiang	0.31	0.14	55.88	61.94	43.82	37.92
九江市	Jiujiang	1.42	0.17	49.38	40.07	49.19	59.76
新余市	Xinyu	0.36	0.13	64.24	64.42	35.40	35.46
鹰潭市	Yingtan	0.23		61.47	40.52	38.30	59.48
赣州市	Ganzhou	1.19	0.24	40.29	42.99	58.52	56.77
吉安市	Ji'an	2.45	0.42	46.93	37.66	50.62	61.92

2-4 续表 3 continued

单位：% (%)

城　市	City	第一产业从业人员比重 Primary Industry		第二产业从业人员比重 Secondary Industry		第三产业从业人员比重 Tertiary Industry	
		全　市 Total City	市辖区 Districts under City	全　市 Total City	市辖区 Districts under City	全　市 Total City	市辖区 Districts under City
宜春市	Yichun	1.12	0.42	51.77	22.40	47.11	77.19
抚州市	Fuzhou	0.70	0.06	56.37	70.39	42.94	29.54
上饶市	Shangrao	1.16		43.40	47.84	55.44	52.16
山东省	**Shandong**	**0.13**	**0.06**	**54.58**	**51.85**	**45.29**	**48.08**
济南市	Jinan	0.06	0.04	43.43	40.00	56.51	59.96
青岛市	Qingdao	0.08	0.03	55.16	49.25	44.77	50.71
淄博市	Zibo	0.08	0.09	67.15	60.42	32.77	39.49
枣庄市	Zaozhuang	0.08	0.04	59.70	58.01	40.22	41.95
东营市	Dongying	0.12		61.73	60.26	38.15	39.74
烟台市	Yantai	0.05	0.01	54.79	54.01	45.16	45.98
潍坊市	Weifang	0.11	0.01	51.70	55.23	48.19	44.76
济宁市	Jining	0.17	0.19	58.08	56.23	41.75	43.58
泰安市	Tai'an	0.33	0.20	61.18	45.60	38.49	54.20
威海市	Weihai	0.11	0.06	64.62	64.17	35.27	35.77
日照市	Rizhao	0.20	0.31	55.29	51.69	44.51	48.00
莱芜市	Laiwu			66.56	66.56	33.44	33.44
临沂市	Linyi	0.25	0.06	51.64	54.43	48.11	45.51
德州市	Dezhou	0.14	0.08	46.10	51.41	53.76	48.51
聊城市	Liaocheng	0.13	0.05	44.74	26.38	55.13	73.57
滨州市	Binzhou	0.02	0.01	64.78	58.01	35.21	41.98
菏泽市	Heze	0.24	0.12	36.18	41.63	63.58	58.25
河南省	**Henan**	**0.25**	**0.14**	**54.17**	**54.64**	**45.58**	**45.22**
郑州市	Zhengzhou	0.08	0.02	55.50	54.16	44.42	45.82
开封市	Kaifeng	0.28	0.20	52.83	53.98	46.89	45.83
洛阳市	Luoyang	0.13	0.03	51.48	49.21	48.39	50.75
平顶山市	Pingdingshan	0.05	0.01	57.42	67.41	42.53	32.58
安阳市	Anyang	0.12	0.03	63.05	53.36	36.83	46.61
鹤壁市	Hebi	0.08		69.76	70.64	30.16	29.36
新乡市	Xinxiang	0.07	0.04	63.09	62.89	36.84	37.07
焦作市	Jiaozuo	0.02	0.03	59.53	55.31	40.45	44.65
濮阳市	Puyang	0.05	0.02	61.10	71.35	38.85	28.62
许昌市	Xuchang		0.01	57.73	55.59	42.26	44.40
漯河市	Luohe	0.01		62.62	62.18	37.37	37.82
三门峡市	Sanmenxia	0.34	0.12	50.81	21.47	48.85	78.42
南阳市	Nanyang	0.75	1.10	45.25	42.44	54.00	56.46
商丘市	Shangqiu	0.09	0.09	49.31	55.92	50.60	43.99
信阳市	Xinyang	0.50	0.39	43.92	42.40	55.57	57.21
周口市	Zhoukou	0.58		49.53	42.70	49.90	57.30
驻马店市	Zhumadian	0.71	0.49	48.60	49.21	50.69	50.30
湖北省	**Hubei**	**1.11**	**0.35**	**52.67**	**50.27**	**46.22**	**49.38**
武汉市	Wuhan	0.17	0.18	50.50	44.29	49.33	55.53
黄石市	Huangshi	0.40	0.05	61.21	61.32	38.40	38.63
十堰市	Shiyan	1.11	0.93	48.99	52.17	49.90	46.90
宜昌市	Yichang	0.41	0.50	55.17	49.66	44.42	49.84
襄阳市	Xiangyang	1.95	0.25	50.74	54.50	47.32	45.25
鄂州市	Ezhou	0.05	0.05	66.49	66.49	33.46	33.46

2-4 续表 4 continued

单位：% (%)

城 市	City	第一产业从业人员比重 Primary Industry		第二产业从业人员比重 Secondary Industry		第三产业从业人员比重 Tertiary Industry	
		全 市 Total City	市辖区 Districts under City	全 市 Total City	市辖区 Districts under City	全 市 Total City	市辖区 Districts under City
荆门市	Jingmen	1.79	0.62	54.57	45.72	43.64	53.66
孝感市	Xiaogan	0.94	0.18	56.73	55.43	42.33	44.39
荆州市	Jingzhou	3.48	0.56	44.48	49.32	52.03	50.12
黄冈市	Huanggang	3.35	1.31	58.42	62.52	38.23	36.16
咸宁市	Xianning	0.19	0.40	40.72	41.10	59.09	58.50
随州市	Suizhou	0.44		47.64	58.95	51.93	41.05
湖南省	**Hunan**	**0.44**	**0.17**	**43.67**	**43.03**	**55.90**	**56.80**
长沙市	Changsha	0.08	0.10	48.02	38.72	51.90	61.18
株洲市	Zhuzhou	0.09	0.05	55.57	53.43	44.34	46.51
湘潭市	Xiangtan	0.30	0.23	41.48	46.30	58.23	53.47
衡阳市	Hengyang	0.12	0.17	46.34	44.71	53.55	55.12
邵阳市	Shaoyang	0.95	0.14	39.05	49.73	60.00	50.13
岳阳市	Yueyang	1.31	0.51	44.67	54.04	54.02	45.45
常德市	Changde	0.15	0.23	42.61	40.25	57.24	59.52
张家界市	Zhangjiajie	0.85	0.46	23.70	18.11	75.45	81.43
益阳市	Yiyang	0.43	0.32	40.25	44.67	59.32	55.01
郴州市	Chenzhou	0.61	0.06	40.18	37.15	59.21	62.79
永州市	Yongzhou	0.99	0.30	35.26	30.31	63.75	69.40
怀化市	Huaihua	0.56	0.04	25.08	17.52	74.36	82.44
娄底市	Loudi	0.64		48.93	68.10	50.44	31.90
广东省	**Guangdong**	**0.27**	**0.10**	**59.10**	**60.56**	**40.62**	**39.33**
广州市	Guangzhou	0.04	0.04	35.24	35.24	64.72	64.72
韶关市	Shaoguan	0.51	0.14	51.24	55.50	48.25	44.36
深圳市	Shenzhen	0.01	0.01	61.00	61.00	38.98	38.98
珠海市	Zhuhai	0.91	0.91	62.15	62.15	36.94	36.94
汕头市	Shantou	0.08	0.08	60.17	60.59	39.74	39.33
佛山市	Foshan	0.01	0.01	73.84	73.84	26.15	26.15
江门市	Jiangmen	0.09	0.02	61.06	60.41	38.85	39.57
湛江市	Zhanjiang	3.44	0.97	37.23	34.97	59.34	64.06
茂名市	Maoming	1.73	0.58	44.28	44.80	53.99	54.61
肇庆市	Zhaoqing	0.21	0.06	54.61	56.09	45.18	43.84
惠州市	Huizhou	0.10	0.03	70.18	72.94	29.72	27.03
梅州市	Meizhou	0.20	0.04	40.41	41.31	59.39	58.65
汕尾市	Shanwei	1.66	0.02	60.21	65.98	38.13	34.00
河源市	Heyuan	0.33	0.10	50.52	63.38	49.15	36.52
阳江市	Yangjiang	1.71	1.82	47.06	46.25	51.24	51.93
清远市	Qingyuan	0.46	0.09	48.74	55.94	50.80	43.97
东莞市	Dongguan	0.01	0.01	82.60	82.60	17.38	17.38
中山市	Zhongshan			76.05	76.05	23.95	23.95
潮州市	Chaozhou	0.08	0.03	56.31	62.19	43.61	37.78
揭阳市	Jieyang	0.50	0.08	57.59	56.70	41.90	43.22
云浮市	Yunfu	0.27	0.08	46.43	41.60	53.30	58.32
广西壮族自治区	**Guangxi**	**2.04**	**1.27**	**39.57**	**45.11**	**58.39**	**53.62**
南宁市	Nanning	1.31	0.79	41.22	43.07	57.47	56.13
柳州市	Liuzhou	0.73	0.40	56.28	62.17	42.99	37.43
桂林市	Guilin	1.11	0.35	39.76	43.32	59.13	56.33

2-4 续表 5 continued

单位：% (%)

城　　市	City	第一产业从业人员比重 Primary Industry		第二产业从业人员比重 Secondary Industry		第三产业从业人员比重 Tertiary Industry	
		全　市 Total City	市辖区 Districts under City	全　市 Total City	市辖区 Districts under City	全　市 Total City	市辖区 Districts under City
梧州市	Wuzhou	0.19	0.02	39.97	43.38	59.83	56.61
北海市	Beihai	3.67	4.17	39.46	43.28	56.87	52.55
防城港市	Fangchenggang	11.00	8.67	29.89	33.35	59.11	57.98
钦州市	Qinzhou	1.45	1.13	43.86	51.46	54.69	47.42
贵港市	Guigang	0.60	0.36	27.92	31.03	71.47	68.61
玉林市	Yulin	2.10	0.14	41.45	31.28	56.45	68.58
百色市	Baise	1.44	0.84	27.84	33.71	70.72	65.45
贺州市	Hezhou	1.52	1.40	19.15	25.63	79.33	72.97
河池市	Hechi	1.78		24.61	33.47	73.60	66.53
来宾市	Laibin	6.50	8.38	33.12	39.81	60.38	51.81
崇左市	Chongzuo	9.76	2.94	24.58	29.47	65.66	67.60
海南省	**Hainan**	**29.06**	**9.28**	**14.91**	**17.43**	**56.02**	**73.29**
海口市	Haikou	10.81	10.81	19.26	19.26	69.93	69.93
三亚市	Sanya	3.31	3.31	10.32	10.32	86.37	86.37
三沙市	Sansa						
儋州市	Danzhou	59.41		11.05		29.54	
重庆市	**Chongqing**	**3.55**		**43.48**		**52.97**	
四川省	**Sichuan**	**0.45**	**0.32**	**41.55**	**47.79**	**58.00**	**51.89**
成都市	Chengdu	0.48		35.70		63.83	
自贡市	Zigong	0.28	0.24	46.02	47.88	53.69	51.88
攀枝花市	Panzhihua	0.88	0.72	57.31	57.49	41.81	41.78
泸州市	Luzhou	0.36	0.01	55.22	58.16	44.42	41.83
德阳市	Deyang	0.11		51.15	50.46	48.73	49.54
绵阳市	Mianyang	0.18	0.03	47.76	48.64	52.07	51.33
广元市	Guangyuan	0.26	0.03	28.02	33.18	71.72	66.79
遂宁市	Suining	0.09		49.60	45.47	50.31	54.53
内江市	Neijiang	0.25	0.24	57.87	50.21	41.88	49.55
乐山市	Leshan	0.93	0.90	49.57	49.72	49.51	49.38
南充市	Nanchong	0.28	0.21	44.64	41.13	55.08	58.66
眉山市	Meishan	0.24		45.21	31.70	54.54	68.30
宜宾市	Yibin	0.63	0.93	49.85	51.87	49.52	47.20
广安市	Guang'an	0.44	0.05	31.22	25.49	68.35	74.46
达州市	Dazhou	0.69	0.39	40.81	40.48	58.50	59.13
雅安市	Ya'an	0.72	0.18	32.47	25.27	66.81	74.55
巴中市	Bazhong	0.68	0.58	55.33	53.94	44.00	45.48
资阳市	Ziyang	0.27	0.35	45.73	47.29	53.99	52.36
贵州省	**Guizhou**	**0.24**	**0.27**	**39.85**	**35.33**	**59.91**	**64.39**
贵阳市	Guiyang	0.15		51.04		48.81	
六盘水市	Liupanshui	0.13	0.03	51.81	53.16	48.06	46.81
遵义市	Zunyi	0.21		31.69	35.18	68.10	64.82
安顺市	Anshun	0.62	0.62	36.20	42.86	63.17	56.52
毕节市	Bijie	0.33	0.52	21.65	15.06	78.02	84.42
铜仁市	Tongren	0.44	0.25	17.34	17.99	82.22	81.76
云南省	**Yunnan**	**0.85**	**0.32**	**41.49**	**38.31**	**57.65**	**61.37**
昆明市	Kunming	0.23	0.13	41.31	34.94	58.47	64.93
曲靖市	Qujing	0.47	0.68	54.47	55.82	45.06	43.50

2-4 续表 6 continued

单位：% (%)

城 市	City	第一产业从业人员比重 Primary Industry		第二产业从业人员比重 Secondary Industry		第三产业从业人员比重 Tertiary Industry	
		全 市 Total City	市辖区 Districts under City	全 市 Total City	市辖区 Districts under City	全 市 Total City	市辖区 Districts under City
玉溪市	Yuxi	0.85	0.26	48.32	48.46	50.83	51.28
保山市	Baoshan	1.69	1.66	44.05	49.27	54.26	49.07
昭通市	Zhaotong	0.83	0.09	22.54	24.70	76.63	75.21
丽江市	Lijiang	0.55	0.11	20.52	14.98	78.93	84.91
普洱市	Pu'er	0.90	0.07	39.11	38.10	60.00	61.83
临沧市	Lincang	6.84	1.05	33.72	32.91	59.44	66.04
西藏自治区	**Tibet**	**20.00**		**14.49**	**2.11**	**65.51**	**97.89**
拉萨市	Lasa	20.00		14.49	2.11	65.51	97.89
陕西省	**Shaanxi**	**0.44**	**0.19**	**41.81**	**40.73**	**57.75**	**59.09**
西安市	Xi'an	0.11	0.07	39.47	40.48	60.42	59.45
铜川市	Tongchuan	0.15	0.16	46.92	48.64	52.93	51.21
宝鸡市	Baoji	0.70	0.15	50.99	52.67	48.31	47.19
咸阳市	Xianyang	0.40	0.25	50.87	53.29	48.73	46.46
渭南市	Weinan	1.22	0.88	40.07	31.27	58.71	67.84
延安市	Yan'an	0.77	0.25	43.01	26.75	56.22	73.00
汉中市	Hanzhong	0.41	0.12	37.23	36.82	62.36	63.06
榆林市	Yulin	0.65	0.64	41.65	31.96	57.70	67.40
安康市	Ankang	0.33	0.16	26.23	24.82	73.44	75.02
商洛市	Shangluo	0.93	1.58	41.63	30.75	57.44	67.67
甘肃省	**Gansu**	**2.10**	**1.21**	**40.70**	**46.72**	**57.20**	**52.07**
兰州市	Lanzhou	0.10	0.11	45.43	45.08	54.47	54.82
嘉峪关市	Jiayuguan	11.22	11.22	59.82	59.82	28.97	28.97
金昌市	Jinchang	1.38		69.83	77.04	28.80	22.96
白银市	Baiyin	1.33		47.43	60.52	51.24	39.48
天水市	Tianshui	2.04	1.26	30.46	38.60	67.51	60.14
武威市	Wuwei	2.08	2.03	37.07	41.19	60.85	56.78
张掖市	Zhangye	9.08	2.91	28.99	28.32	61.92	68.77
平凉市	Pingliang	1.04	0.22	43.22	39.66	55.75	60.12
酒泉市	Jiuquan	4.73	2.21	41.93	37.12	53.34	60.66
庆阳市	Qingyang	0.28	0.01	37.70	58.14	62.02	41.85
定西市	Dingxi	0.88		29.07	36.39	70.05	63.61
陇南市	Longnan	4.11	5.99	22.67	13.38	73.22	80.63
青海省	**Qinghai**	**0.74**	**0.44**	**38.74**	**36.77**	**60.52**	**62.80**
西宁市	Xining	0.31	0.15	41.71	37.86	57.98	61.99
海东市	Haidong	2.71	3.56	25.01	24.70	72.28	71.74
宁夏回族自治区	**Ningxia**	**1.76**	**1.26**	**25.83**	**23.30**	**72.40**	**75.44**
银川市	Yinchuan	1.59	1.03	23.81	20.48	74.59	78.49
石嘴山市	Shizuishan	0.44	0.38	44.81	47.04	54.75	52.58
吴忠市	Wuzhong	2.15	4.31	36.05	28.75	61.80	66.94
固原市	Guyuan	2.53	3.04	11.88	6.13	85.59	90.83
中卫市	Zhongwei	4.33	2.59	22.77	33.00	72.90	64.42
新疆维吾尔自治区	**Xinjiang**	**1.31**	**1.31**	**40.08**	**40.18**	**58.61**	**58.51**
乌鲁木齐市	Urumqi	1.56	1.56	34.02	34.11	64.42	64.33
克拉玛依市	Karamay	0.32	0.32	64.83	64.83	34.85	34.85

2-5 按行业分组的城镇单位从业人员(一)
Persons Employed in Urban Units by Sector in Detail(Ⅰ)

单位：人 (person)

城 市	City	第一产业(农、林、牧、渔业) Primary Industry		第二产业(1)采矿业 Secondary Industry: Mining		(2)制造业 Manufacturing	
		全 市 Total City	市辖区 Districts under City	全 市 Total City	市辖区 Districts under City	全 市 Total City	市辖区 Districts under City
城市合计	**Prefecture Cities**	**2719732**	**549787**	**5210241**	**2645436**	**52663450**	**32398996**
北京市	**Beijing**	**38949**	**38949**	**52859**	**52859**	**921913**	**921913**
天津市	**Tianjin**	**5303**	**5303**	**64959**	**64959**	**1107759**	**1107759**
河北省	**Hebei**	**41712**	**25680**	**238300**	**99294**	**1391651**	**735846**
石家庄市	Shijiazhuang	1976	614	3309	3290	239052	158852
唐山市	Tangshan	19656	17594	107520	15038	231585	83515
秦皇岛市	Qinhuangdao	730	447	388		77641	76495
邯郸市	Handan	1714	161	60784	54227	146285	55360
邢台市	Xingtai	746	120	24090	22900	96428	25500
保定市	Baoding	1191	556	318		224416	147564
张家口市	Zhangjiakou	4441	761	17547	3839	52801	35000
承德市	Chengde	3166	43	71		47588	26169
沧州市	Cangzhou	6123	5282	24273		82650	34315
廊坊市	Langfang	828	76			141280	80355
衡水市	Hengshui	1141	26			51925	12721
山西省	**Shanxi**	**18171**	**4295**	**953872**	**420333**	**654492**	**375862**
太原市	Taiyuan	1807	791	94251	91761	194381	186210
大同市	Datong	1256	643	140593	133719	42988	35110
阳泉市	Yangquan	327	57	115620	88208	27824	22809
长治市	Changzhi	1392	336	127759	4222	71230	31727
晋城市	Jincheng	1335	120	145647	63964	61888	42658
朔州市	Shuozhou	2202	1350	51100	25264	11281	4702
晋中市	Jinzhong	1174	244	87796	3613	35085	12943
运城市	Yuncheng	2135		2900		92317	21872
忻州市	Xinzhou	2716	489	31606	349	14215	7926
临汾市	Linfen	3154	229	63789	3091	42079	9288
吕梁市	Lvliang	673	36	92811	6142	61204	617
内蒙古自治区	**Inner Mongolia**	**200076**	**32303**	**91759**	**53315**	**430692**	**276971**
呼和浩特市	Hohhot	3385	1684	245	240	56125	31633
包头市	Baotou	2642	1698	9532	6700	142578	140593
乌海市	Wuhai	159	159	802	802	33751	33751
赤峰市	Chifeng	15303	668	26884	20192	45652	23484
通辽市	Tongliao	55042	10916	11636	808	45448	21781
鄂尔多斯市	Erdos	2686	651	12089	11835	53743	10642
呼伦贝尔市	Hulunbuir	99177	10679	28738	12735	29658	10154
巴彦淖尔市	Bayannur	19156	5848	1329		10696	2331
乌兰察布市	Ulanqab	2526		504	3	13041	2602
辽宁省	**Liaoning**	**224708**	**9659**	**287427**	**219789**	**1506278**	**1259210**
沈阳市	Shenyang	2953	1217	25175	24686	307733	289354
大连市	Dalian	4139	1055	1843	49	431173	334596
鞍山市	Anshan	3046	867	2667	2065	197078	169889
抚顺市	Fushun	4353	1269	33502	28864	61918	59469
本溪市	Benxi	815	36	13008	10259	80081	70070
丹东市	Dandong	5441	91	2697	184	50206	35095
锦州市	Jinzhou	9893	2184	4770	3539	63483	55581

2-5 续表 1 continued

单位：人 (person)

城市	City	第一产业(农、林、牧、渔业) Primary Industry		第二产业(1)采矿业 Secondary Industry: Mining		(2)制造业 Manufacturing	
		全市 Total City	市辖区 Districts under City	全市 Total City	市辖区 Districts under City	全市 Total City	市辖区 Districts under City
营口市	Yingkou	607	467	437	302	68710	57891
阜新市	Fuxin	3208	86	43641	43106	15160	10975
辽阳市	Liaoyang	2854	1819	304	304	54471	50999
盘锦市	Panjin	165623	96	99980	99980	40552	34080
铁岭市	Tieling	16750	53	46250		25162	9479
朝阳市	Chaoyang	2232	85	4295	3	35898	10994
葫芦岛市	Huludao	2794	334	8858	6448	74653	70738
吉林省	**Jilin**	**100378**	**20307**	**129220**	**104984**	**786058**	**632255**
长春市	Changchun	12409	4214	10234	10199	382478	360164
吉林市	Jilin	9944	911	11409	1	121839	97408
四平市	Siping	8047	1294	1178	785	31730	14046
辽源市	Liaoyuan	2523	226	20432	20132	40196	35297
通化市	Tonghua	4406	124	7273	558	117541	92341
白山市	Baishan	19604	4445	28338	25309	24832	10221
松原市	Songyuan	20530	671	49952	47957	43089	11700
白城市	Baicheng	22915	8422	404	43	24353	11078
黑龙江省	**Heilongjiang**	**573793**	**107937**	**317153**	**303998**	**584372**	**432331**
哈尔滨市	Harbin	45524	8921	3875	216	247071	224495
齐齐哈尔市	Qiqihar	68828	395	85	23	78430	64603
鸡西市	Jixi	74805	16165	53851	53643	17649	8125
鹤岗市	Hegang	53692	2403	37434	37182	27612	18777
双鸭山市	Shuangyashan	5973	2437	35303	35303	6724	6167
大庆市	Daqing	3400	500	119700	119600	63600	58000
伊春市	Yichun	93347	66582	766	173	15318	13028
佳木斯市	Jiamusi	21185	4469	333		16649	13283
七台河市	Qitaihe	4384	2729	56528	56520	6900	4542
牡丹江市	Mudanjiang	39832	175	1826		39870	13917
黑河市	Heihe	149931	2532	3980	1335	18931	996
绥化市	Suihua	12892	629	3472	3	45618	6398
上海市	**Shanghai**	**58452**	**44886**	**433**	**433**	**2053066**	**2005723**
江苏省	**Jiangsu**	**58330**	**24946**	**103185**	**70560**	**5951966**	**3516880**
南京市	Nanjing	1682	1682	3361	3361	529900	529900
无锡市	Wuxi	1564	226			671003	447427
徐州市	Xuzhou	13823	5937	73124	44826	231663	146277
常州市	Changzhou	578	231			333549	316864
苏州市	Suzhou	251	167	917	917	2109668	1039007
南通市	Nantong	5716	1422			468990	206133
连云港市	Lianyungang	8442	5580	6330	5784	119448	76847
淮安市	Huai'an	5484	2729	4004	2642	231602	136380
盐城市	Yancheng	17082	5702	1429		250912	105497
扬州市	Yangzhou	566	396	10541	10140	287932	187535
镇江市	Zhenjiang	774	263	1289	998	250791	78896
泰州市	Taizhou	1865	423	15	15	296171	146886
宿迁市	Suqian	503	188	2175	1877	170337	99231
浙江省	**Zhejiang**	**15253**	**11400**	**8322**	**4653**	**3367139**	**1857311**
杭州市	Hangzhou	1004	565	1317	758	680289	601562

2-5 续表 2 continued

单位：人 (person)

城 市	City	第一产业(农、林、牧、渔业) Primary Industry 全 市 Total City	市辖区 Districts under City	第二产业(1)采矿业 Secondary Industry: Mining 全 市 Total City	市辖区 Districts under City	(2)制造业 Manufacturing 全 市 Total City	市辖区 Districts under City
宁波市	Ningbo	446	122			726163	450511
温州市	Wenzhou	569	8	864		307371	79841
嘉兴市	Jiaxing	535	171			462903	127729
湖州市	Huzhou	147	128	1193	658	186873	72578
绍兴市	Shaoxing	167	20	1917	1637	346447	229217
金华市	Jinhua	440	161	378		152293	40159
衢州市	Quzhou	262	22	178		66566	43002
舟山市	Zhoushan	10600	9800	2000	1600	102500	88600
台州市	Taizhou	548	358	92		305691	118025
丽水市	Lishui	535	45	383		30043	6087
安徽省	**Anhui**	**83425**	**14094**	**292648**	**218078**	**1407041**	**788455**
合肥市	Hefei	727	96	940		353563	261259
芜湖市	Wuhu	338	62	124	34	174008	143290
蚌埠市	Bengbu	265	32			58696	49065
淮南市	Huainan	5839	1055	108264	86357	25876	24311
马鞍山市	Maanshan	725		23285	22656	67528	60724
淮北市	Huaibei	5	5	102743	102187	31623	19510
铜陵市	Tongling	3396	2189	1243	1243	62242	60346
安庆市	Anqing	14633	7783	945	59	89550	43047
黄山市	Huangshan	853	248			16139	11228
滁州市	Chuzhou	6498	711	1091	1065	74007	35231
阜阳市	Fuyang	1961	393	9961	3559	44298	22964
宿州市	Suzhou	23000		29000		133000	
六安市	Lu'an	21990	238	8356		156892	17599
亳州市	Bozhou	214		5545		49953	23473
池州市	Chizhou	872	148	1111	918	20907	13498
宣城市	Xuancheng	2109	1134	40		48759	2910
福建省	**Fujian**	**45159**	**8015**	**25034**	**7512**	**2355767**	**1128290**
福州市	Fuzhou	2502	122	1189	965	394177	184686
厦门市	Xiamen	1704	1704	28	28	482983	482983
莆田市	Putian	412	231	1090	1090	218489	185624
三明市	Sanming	4100	640	9563	120	42262	19186
泉州市	Quanzhou	3875	972	4210	1184	801164	142080
漳州市	Zhangzhou	18342	61	1500		215431	50020
南平市	Nanping	8577	1966	1371	67	51227	19317
龙岩市	Longyan	3895	1999	6073	4048	53996	15375
宁德市	Ningde	1752	320	10	10	96038	29019
江西省	**Jiangxi**	**48465**	**6633**	**73519**	**21989**	**1386942**	**553531**
南昌市	Nanchang	4435	3710	276	276	293800	229851
景德镇市	Jingdezhen	6344	1112	5102	243	64015	47485
萍乡市	Pingxiang	631	207	16886	16496	69611	54289
九江市	Jiujiang	6670	242	3877		150910	25043
新余市	Xinyu	509	153	2350	1371	70256	61494
鹰潭市	Yingtan	354		839		64934	13415
赣州市	Ganzhou	6878	443	10438	1569	178295	57668
吉安市	Ji'an	9383	325	3288		134586	17673

2-5 续表 3 continued

单位：人 (person)

城 市	City	第一产业(农、林、牧、渔业) Primary Industry		第二产业(1)采矿业 Secondary Industry: Mining		(2)制造业 Manufacturing	
		全 市 Total City	市辖区 Districts under City	全 市 Total City	市辖区 Districts under City	全 市 Total City	市辖区 Districts under City
宜春市	Yichun	5153	330	23169	1403	166560	11576
抚州市	Fuzhou	2725	111	1916		82852	7763
上饶市	Shangrao	5383		5378	631	111123	27274
山东省	**Shandong**	**15348**	**4273**	**645096**	**308665**	**4167305**	**2188618**
济南市	Jinan	805	452	2981	584	296890	205850
青岛市	Qingdao	1134	359	1082	281	679972	393306
淄博市	Zibo	695	530	32490	29956	297530	215485
枣庄市	Zaozhuang	370	115	83112	74694	105657	62544
东营市	Dongying	539		127586	126959	89062	25018
烟台市	Yantai	558	31	42258	426	447108	269248
潍坊市	Weifang	978	48	3428	2180	338462	140657
济宁市	Jining	1456	686	188079	37613	176416	108468
泰安市	Tai'an	2382	504	105866	882	189755	72639
威海市	Weihai	631	227	437		326781	209918
日照市	Rizhao	623	602	360	300	113206	57096
莱芜市	Laiwu			15805	15805	80784	80784
临沂市	Linyi	2375	238	23949	18799	313952	149557
德州市	Dezhou	804	167	3234		185165	66428
聊城市	Liaocheng	640	75			163641	22316
滨州市	Binzhou	85	27	2693	186	283410	84715
菏泽市	Heze	1273	212	11736		79514	24589
河南省	**Henan**	**27302**	**6732**	**510863**	**303152**	**3445613**	**1354375**
郑州市	Zhengzhou	1631	228	60327	33855	700886	471406
开封市	Kaifeng	1391	560			158438	80637
洛阳市	Luoyang	982	142	20942	2732	257249	122218
平顶山市	Pingdingshan	284	34	125299	109838	122871	49768
安阳市	Anyang	730	61	7899	6522	144474	46367
鹤壁市	Hebi	181		36945	36945	96648	44655
新乡市	Xinxiang	476	80	3378	54	219419	85908
焦作市	Jiaozuo	98	75	39907	38498	216651	53852
濮阳市	Puyang	214	57	51921	51921	91791	25098
许昌市	Xuchang	16	16	10646	451	200367	44682
漯河市	Luohe	43	10	40		177690	114810
三门峡市	Sanmenxia	939	80	75846		39589	2682
南阳市	Nanyang	7223	3368	27722	21093	249117	41695
商丘市	Shangqiu	620	170	42199		193793	70600
信阳市	Xinyang	3173	798	7401	1157	142755	45540
周口市	Zhoukou	4066				224740	12981
驻马店市	Zhumadian	5235	1053	391	86	209135	41476
湖北省	**Hubei**	**87104**	**14420**	**93762**	**22127**	**2498241**	**1267738**
武汉市	Wuhan	3577	2963	666	496	531632	443150
黄石市	Huangshi	1279	93	11797	2648	115378	88377
十堰市	Shiyan	7125	4224	4160	549	228190	187080
宜昌市	Yichang	3830	1892	29632	8737	352395	102905
襄阳市	Xiangyang	19321	957	7777	252	332079	147843
鄂州市	Ezhou	100	100	4840	4840	85317	85317

2-5 续表 4 continued

单位：人 (person)

城 市	City	第一产业(农、林、牧、渔业) Primary Industry 全 市 Total City	市辖区 Districts under City	第二产业(1)采矿业 Secondary Industry: Mining 全 市 Total City	市辖区 Districts under City	(2)制造业 Manufacturing 全 市 Total City	市辖区 Districts under City
荆门市	Jingmen	6918	1020	12306	4100	144803	51811
孝感市	Xiaogan	7647	500	6560		274028	42842
荆州市	Jingzhou	14900	900	200		124300	52700
黄冈市	Huanggang	21356	1400	13399	505	210701	13450
咸宁市	Xianning	442	371	1088		55926	19738
随州市	Suizhou	609		1337		43492	32525
湖南省	**Hunan**	**24581**	**4768**	**100085**	**9383**	**1207301**	**541511**
长沙市	Changsha	1062	906	3804	140	372613	132977
株洲市	Zhuzhou	411	149	11876	383	154113	96559
湘潭市	Xiangtan	1300	629	472	63	78979	58969
衡阳市	Hengyang	641	373	17255	1074	104356	41624
邵阳市	Shaoyang	3617	184	8439	128	51693	20175
岳阳市	Yueyang	6313	1064	2346		116479	62438
常德市	Changde	638	400	3608		72926	28700
张家界市	Zhangjiajie	740	215	1266	332	5068	1262
益阳市	Yiyang	1131	437	1368	135	54145	30414
郴州市	Chenzhou	2188	85	29013	4738	56408	23564
永州市	Yongzhou	3200	300	2500	80	54200	14200
怀化市	Huaihua	1488	26	2447		24908	3249
娄底市	Loudi	1852		15691	2310	61413	27380
广东省	**Guangdong**	**53012**	**17028**	**33197**	**17876**	**9799499**	**8913239**
广州市	Guangzhou	1301	1301			853171	853171
韶关市	Shaoguan	1725	265	6075	1529	94607	57059
深圳市	Shenzhen	686	686	4092	4092	2477456	2477456
珠海市	Zhuhai	6769	6769	471	471	394731	394731
汕头市	Shantou	455	439	579	579	189702	189672
佛山市	Foshan	189	189	376	376	1186026	1186026
江门市	Jiangmen	548	60	45	45	301817	182866
湛江市	Zhanjiang	17534	2260	6433	5118	70498	36449
茂名市	Maoming	7915	1348	2752	802	81776	31995
肇庆市	Zhaoqing	900	138	1557	719	205986	105226
惠州市	Huizhou	883	207	528	168	620079	474385
梅州市	Meizhou	595	45	2132	758	68102	32659
汕尾市	Shanwei	3985	20	306	306	132675	57050
河源市	Heyuan	899	132	951	27	116765	80361
阳江市	Yangjiang	4037	2499	132		61109	36273
清远市	Qingyuan	1445	168	505	214	121665	85166
东莞市	Dongguan	272	272	35	35	1860727	1860727
中山市	Zhongshan					597093	597093
潮州市	Chaozhou	168	54	23	23	85758	79979
揭阳市	Jieyang	2100	135			195735	79501
云浮市	Yunfu	606	41	6205	2614	84021	15394
广西壮族自治区	**Guangxi**	**81392**	**31371**	**30908**	**13524**	**760306**	**466072**
南宁市	Nanning	12551	6349	235	32	128490	90402
柳州市	Liuzhou	4494	2032	604	321	162497	139730
桂林市	Guilin	4935	896	5168	889	98704	58113

2-5 续表 5 continued

单位：人 (person)

城市	City	第一产业(农、林、牧、渔业) Primary Industry 全市 Total City	市辖区 Districts under City	第二产业(1)采矿业 Secondary Industry: Mining 全市 Total City	市辖区 Districts under City	(2)制造业 Manufacturing 全市 Total City	市辖区 Districts under City
梧州市	Wuzhou	376	16	2102		62989	37915
北海市	Beihai	5387	4545	776	526	39761	36012
防城港市	Fangchenggang	11925	6947	117	117	6528	4407
钦州市	Qinzhou	3011	1418	1615	1453	32569	16451
贵港市	Guigang	1131	328			29791	12848
玉林市	Yulin	7260	153	5	5	86766	20565
百色市	Baise	3140	573	10402	6043	27574	7083
贺州市	Hezhou	1504	636	938	53	12081	8483
河池市	Hechi	3353		2215	4	27796	11789
来宾市	Laibin	8960	6305	2312		24439	16468
崇左市	Chongzuo	13365	1173	4419	4081	20321	5806
海南省	**Hainan**	**296731**	**57326**	**213**	**31**	**75697**	**53872**
海口市	Haikou	53142	53142	11	11	49747	49747
三亚市	Sanya	4184	4184	20	20	4125	4125
三沙市	Sansa						
儋州市	Danzhou	239405		182		21825	
重庆市	**Chongqing**	**350200**		**208500**		**2111100**	
四川省	**Sichuan**	**46239**	**7765**	**143514**	**57571**	**2129382**	**589993**
成都市	Chengdu	25526		6111		1083197	
自贡市	Zigong	597	378	4361	3967	42166	30625
攀枝花市	Panzhihua	2697	1906	37082	25253	92225	86821
泸州市	Luzhou	1348	13	1750		60511	41402
德阳市	Deyang	358		4404	1639	114882	43786
绵阳市	Mianyang	901	96	815		129419	86512
广元市	Guangyuan	444	31	8925	6850	13209	10396
遂宁市	Suining	179		907		44170	26323
内江市	Neijiang	748	237	4071		72634	23941
乐山市	Leshan	2712	1296	20105	6441	81306	36557
南充市	Nanchong	1298	436	1964	219	93488	47541
眉山市	Meishan	498		1361		53595	9978
宜宾市	Yibin	2268	1662	14300	161	98415	76857
广安市	Guang'an	688	30	7884	742	7402	4174
达州市	Dazhou	2372	562	20581	12124	34709	12181
雅安市	Ya'an	805	93	2512		14867	9180
巴中市	Bazhong	2091	687	6381	175	38921	15723
资阳市	Ziyang	709	338			54266	27996
贵州省	**Guizhou**	**5806**	**1387**	**137336**	**29911**	**350322**	**99550**
贵阳市	Guiyang	1512		8115		162153	
六盘水市	Liupanshui	316	25	77793	24214	24043	15796
遵义市	Zunyi	879		10452		76799	27071
安顺市	Anshun	1142	794	5849	5051	51209	45172
毕节市	Bijie	1055	412	32307	111	18473	6421
铜仁市	Tongren	902	156	2820	535	17645	5090
云南省	**Yunnan**	**24882**	**4596**	**122852**	**14132**	**475030**	**171042**
昆明市	Kunming	2991	1150	18520	4484	193610	66210
曲靖市	Qujing	2221	1020	71614	7200	87795	32200

2-5 续表 6 continued

单位：人 (person)

城市	City	第一产业(农、林、牧、渔业) Primary Industry		第二产业(1)采矿业 Secondary Industry: Mining		(2)制造业 Manufacturing	
		全市 Total City	市辖区 Districts under City	全市 Total City	市辖区 Districts under City	全市 Total City	市辖区 Districts under City
玉溪市	Yuxi	2300	350	8560	560	76956	38685
保山市	Baoshan	3189	1532	2866	599	32594	9937
昭通市	Zhaotong	1921	59	13405	715	15176	6347
丽江市	Lijiang	596	49	2699		5890	2322
普洱市	Pu'er	1549	40	2527	505	36760	12709
临沧市	Lincang	10115	396	2661	69	26249	2632
西藏自治区	**Tibet**	**89346**		**3912**		**16102**	**493**
拉萨市	Lasa	89346		3912		16102	493
陕西省	**Shaanxi**	**21946**	**5604**	**287094**	**39526**	**1040319**	**678397**
西安市	Xi'an	2113	1236	81	81	454564	438585
铜川市	Tongchuan	178	178	29468	28446	17841	17237
宝鸡市	Baoji	2864	344	9559	55	142568	86591
咸阳市	Xianyang	2206	530	27559		157333	74067
渭南市	Weinan	5648	1240	41473		82323	19881
延安市	Yan'an	2573	269	80592	631	25413	1758
汉中市	Hanzhong	1235	133	10750	214	58849	15104
榆林市	Yulin	2699	620	74354	9652	59286	10347
安康市	Ankang	598	124	4206	261	16914	5129
商洛市	Shangluo	1832	930	9052	186	25228	9698
甘肃省	**Gansu**	**49384**	**17229**	**119881**	**61099**	**350743**	**254138**
兰州市	Lanzhou	686	629	12764	12608	110693	78622
嘉峪关市	Jiayuguan	8174	8174	27	27	36100	36100
金昌市	Jinchang	1524		265		47198	40747
白银市	Baiyin	2377		20189	19989	32500	29360
天水市	Tianshui	4643	1843	761	333	36356	32288
武威市	Wuwei	2681	1727	3340	90	14351	9689
张掖市	Zhangye	12006	1856	4327		12878	5445
平凉市	Pingliang	1885	129	33075	102	5962	4975
酒泉市	Jiuquan	6842	1161	5659	25	28198	9558
庆阳市	Qingyang	507	10	29615	27725	4118	2049
定西市	Dingxi	1359		659		10389	3005
陇南市	Longnan	6700	1700	9200	200	12000	2300
青海省	**Qinghai**	**3072**	**1291**	**5957**	**436**	**76239**	**41062**
西宁市	Xining	1074	418	5398	60	65538	38023
海东市	Haidong	1998	873	559	376	10701	3039
宁夏回族自治区	**Ningxia**	**19533**	**9987**	**36694**	**33711**	**145570**	**77014**
银川市	Yinchuan	12534	6438	31856	31749	84879	41171
石嘴山市	Shizuishan	404	272	1382	1382	29489	22921
吴忠市	Wuzhong	2075	1602	613	578	20046	5380
固原市	Guyuan	1684	823	2841		1849	492
中卫市	Zhongwei	2836	852	2	2	9307	7050
新疆维吾尔自治区	**Xinjiang**	**11680**	**11603**	**91687**	**91536**	**109545**	**109545**
乌鲁木齐市	Urumqi	11123	11046	20066	19915	81083	81083
克拉玛依市	Karamay	557	557	71621	71621	28462	28462

2-6 按行业分组的城镇单位从业人员(二)
Persons Employed in Urban Units by Sector in Detail (Ⅱ)

单位：人 (person)

城 市	City	(3)电力、燃气及水的生产和供应业 Production and Distribution of Electricity, Gas and Water 全 市 Total City	市辖区 Districts under City	(4)建筑业 Construction 全 市 Total City	市辖区 Districts under City	第三产业 (1)批发和零售业 Wholesale and Retail Trades 全 市 Total City	市辖区 Districts under City
城市合计	**Prefecture Cities**	**3304624**	**1841473**	**28842493**	**16014827**	**11592541**	**7078148**
北京市	**Beijing**	**82274**	**82274**	**453319**	**453319**	**770540**	**770540**
天津市	**Tianjin**	**45238**	**45238**	**295429**	**295429**	**178455**	**178455**
河北省	**Hebei**	**186131**	**87432**	**843289**	**431219**	**266599**	**197624**
石家庄市	Shijiazhuang	23550	18625	85305	65292	59204	49304
唐山市	Tangshan	25260	7460	65544	39920	42752	39197
秦皇岛市	Qinhuangdao	12042	10153	25795	23239	10424	9941
邯郸市	Handan	25562	10764	126859	72067	24964	14642
邢台市	Xingtai	18408	4400	45819	22400	17212	11600
保定市	Baoding	20692	7910	289696	107753	32682	22240
张家口市	Zhangjiakou	14506	9715	22153	7360	16977	11679
承德市	Chengde	7963	5869	33543	15542	10731	6928
沧州市	Cangzhou	15651	4227	62528	34061	19967	12584
廊坊市	Langfang	11842	4420	45373	30540	12627	8004
衡水市	Hengshui	10655	3889	40674	13045	19059	11505
山西省	**Shanxi**	**116761**	**76045**	**333757**	**271735**	**174298**	**105093**
太原市	Taiyuan	27134	26018	169895	167536	48934	45676
大同市	Datong	12168	10601	14877	13196	13541	10580
阳泉市	Yangquan	8324	5294	22582	21536	10576	6949
长治市	Changzhi	11901	7504	14525	11210	10111	4857
晋城市	Jincheng	8302	4052	16201	13974	16710	6450
朔州市	Shuozhou	10249	7995	16605	11459	10810	5820
晋中市	Jinzhong	7860	3961	21726	12049	11090	4335
运城市	Yuncheng	7265	3616	20317	3931	13210	6825
忻州市	Xinzhou	7256	916	15545	6853	14415	6359
临汾市	Linfen	10694	5463	13684	6055	8846	3794
吕梁市	Lvliang	5608	625	7800	3936	16055	3448
内蒙古自治区	**Inner Mongolia**	**125185**	**81099**	**200588**	**145692**	**85478**	**68471**
呼和浩特市	Hohhot	24056	22255	35640	34403	24073	23357
包头市	Baotou	18060	16754	44256	37220	15707	15305
乌海市	Wuhai	5994	5994	16829	16829	1353	1353
赤峰市	Chifeng	12583	6175	29148	10053	11183	7390
通辽市	Tongliao	13851	6738	13546	9268	6916	5823
鄂尔多斯市	Erdos	15834	5594	20473	15866	8544	3626
呼伦贝尔市	Hulunbuir	17153	5911	21573	6479	8902	5165
巴彦淖尔市	Bayannur	7205	4888	14259	12706	4651	3330
乌兰察布市	Ulanqab	10449	6790	4864	2868	4149	3122
辽宁省	**Liaoning**	**145850**	**120295**	**832147**	**679222**	**257464**	**213483**
沈阳市	Shenyang	30440	27069	293376	278550	84933	81207
大连市	Dalian	15995	13694	101418	77842	49954	48521
鞍山市	Anshan	13160	10047	77504	58574	34865	12422
抚顺市	Fushun	11083	10399	37565	33906	10075	9449
本溪市	Benxi	7997	7029	45058	31118	5736	4751
丹东市	Dandong	8170	5157	42110	28754	7420	6052
锦州市	Jinzhou	11167	9581	46479	43172	12564	10465

2-6 续表 1 continued

单位：人 (person)

城市	City	(3)电力、燃气及水的生产和供应业 Production and Distribution of Electricity, Gas and Water		(4)建筑业 Construction		第三产业 (1)批发和零售业 Wholesale and Retail Trades	
		全市 Total City	市辖区 Districts under City	全市 Total City	市辖区 Districts under City	全市 Total City	市辖区 Districts under City
营口市	Yingkou	7892	7314	23696	18673	7961	4458
阜新市	Fuxin	7639	6542	20672	17771	5352	4073
辽阳市	Liaoyang	3286	2923	22631	18494	3414	3069
盘锦市	Panjin	4762	3904	32835	22805	9324	7579
铁岭市	Tieling	8465	5835	21506	3711	10003	7775
朝阳市	Chaoyang	9478	6775	34078	16812	10603	9609
葫芦岛市	Huludao	6316	4026	33219	29040	5260	4053
吉林省	**Jilin**	**120759**	**89121**	**278173**	**215630**	**104561**	**78032**
长春市	Changchun	66308	62165	149374	143836	59364	53379
吉林市	Jilin	13714	9208	38957	29605	10840	7816
四平市	Siping	7829	3965	17951	6910	7255	3051
辽源市	Liaoyuan	4292	3564	5655	4668	2522	1431
通化市	Tonghua	7378	3721	25218	8166	7904	3065
白山市	Baishan	6958	3051	9692	7667	3153	2247
松原市	Songyuan	8624	1491	17180	7141	6962	3127
白城市	Baicheng	5656	1956	14146	7637	6561	3916
黑龙江省	**Heilongjiang**	**174097**	**133279**	**308736**	**213747**	**191606**	**132889**
哈尔滨市	Harbin	70480	63852	122554	109130	93947	88419
齐齐哈尔市	Qiqihar	13699	9178	18331	14108	10134	6964
鸡西市	Jixi	6859	3999	14176	9900	9128	4440
鹤岗市	Hegang	3823	2167	8990	5958	7292	2166
双鸭山市	Shuangyashan	7003	4551	6985	6339	3834	2161
大庆市	Daqing	31300	29000	48300	44300	18700	12400
伊春市	Yichun	4933	4864	4561	4057	1792	1714
佳木斯市	Jiamusi	6531	3920	24614	11949	10640	4708
七台河市	Qitaihe	1858	1520	2140	1431	1560	1290
牡丹江市	Mudanjiang	11490	7714	29733	4999	9631	3612
黑河市	Heihe	7422	2430	7988	1124	11383	739
绥化市	Suihua	8699	84	20364	452	13565	4276
上海市	**Shanghai**	**47041**	**44581**	**356594**	**348503**	**941927**	**939487**
江苏省	**Jiangsu**	**134762**	**90091**	**4173319**	**2252745**	**586032**	**424751**
南京市	Nanjing	16913	16913	437987	437987	182374	182374
无锡市	Wuxi	13344	6598	94999	39312	54123	41265
徐州市	Xuzhou	13985	9639	300370	122680	36618	20648
常州市	Changzhou	7658	6905	80932	69624	21461	19583
苏州市	Suzhou	14678	6139	157956	97262	112099	46865
南通市	Nantong	11609	6504	1235210	385266	40320	24525
连云港市	Lianyungang	9356	8405	93282	73025	18219	14680
淮安市	Huai'an	8671	6653	234510	176988	19173	12522
盐城市	Yancheng	10391	6255	295629	133990	27715	14072
扬州市	Yangzhou	7570	5865	504315	344548	17967	12127
镇江市	Zhenjiang	8845	6064	47669	26425	17605	11109
泰州市	Taizhou	7394	3269	522725	233747	25351	16391
宿迁市	Suqian	4348	882	167735	111891	13007	8590
浙江省	**Zhejiang**	**109170**	**55677**	**3298980**	**1815695**	**484224**	**384104**
杭州市	Hangzhou	19159	15586	806765	784638	193475	184992

2-6 续表 2 continued

单位：人 (person)

城市	City	(3)电力、燃气及水的生产和供应业 Production and Distribution of Electricity, Gas and Water		(4)建筑业 Construction		第三产业 (1)批发和零售业 Wholesale and Retail Trades	
		全市 Total City	市辖区 Districts under City	全市 Total City	市辖区 Districts under City	全市 Total City	市辖区 Districts under City
宁波市	Ningbo	14713	6769	304967	57047	68063	56423
温州市	Wenzhou	10320	4169	288055	86504	28093	17354
嘉兴市	Jiaxing	11267	2865	56368	13772	25711	12818
湖州市	Huzhou	7052	2612	133482	90564	19766	12485
绍兴市	Shaoxing	12303	9848	766082	494788	26594	17156
金华市	Jinhua	9334	2553	467813	30957	18105	9237
衢州市	Quzhou	4497	1879	18541	9264	5725	4324
舟山市	Zhoushan	4500	3400	70400	46200	70300	53000
台州市	Taizhou	9611	4274	379403	200725	24479	14369
丽水市	Lishui	6414	1722	7104	1236	3913	1946
安徽省	**Anhui**	**120055**	**54093**	**957485**	**660041**	**588783**	**172353**
合肥市	Hefei	27402	22522	469472	401836	82166	74685
芜湖市	Wuhu	4716	3280	64158	37304	23492	20081
蚌埠市	Bengbu	4039	1809	61545	55379	12418	9849
淮南市	Huainan	19873	8940	23322	18034	10544	8636
马鞍山市	Maanshan	4359	2955	33230	15319	6553	5000
淮北市	Huaibei	2851	2314	18914	16213	2765	1848
铜陵市	Tongling	2247	1908	33098	29674	4546	4303
安庆市	Anqing	8793	2554	37887	15374	13870	5996
黄山市	Huangshan	2084	1139	16312	12855	3684	2694
滁州市	Chuzhou	3074	785	17965	10536	8891	5956
阜阳市	Fuyang	8074	2950	31649	25138	18820	11799
宿州市	Suzhou	8000		88000		189000	
六安市	Lu'an	18721	1356	18586	6576	185718	6288
亳州市	Bozhou	1641	309	17056	5475	14952	8017
池州市	Chizhou	1514	859	15379	7820	3974	3076
宣城市	Xuancheng	2667	413	10912	2508	7390	4125
福建省	**Fujian**	**90304**	**35606**	**1627509**	**997278**	**283680**	**219945**
福州市	Fuzhou	16056	7110	513543	318061	77290	65055
厦门市	Xiamen	7611	7611	385410	385410	77776	77776
莆田市	Putian	4702	3942	129567	108501	22527	19007
三明市	Sanming	9828	1667	32612	18205	7983	5312
泉州市	Quanzhou	15233	2700	348839	80342	41870	22207
漳州市	Zhangzhou	9659	2769	99722	34803	15721	8037
南平市	Nanping	7937	3080	25147	18738	7939	4888
龙岩市	Longyan	7200	3081	50393	6647	18691	10770
宁德市	Ningde	12078	3646	42276	26571	13883	6893
江西省	**Jiangxi**	**85238**	**34315**	**927261**	**605469**	**187477**	**122281**
南昌市	Nanchang	18030	14270	463358	345852	83117	69253
景德镇市	Jingdezhen	4590	2249	18929	10667	12518	11482
萍乡市	Pingxiang	5667	3553	23052	18764	3563	3320
九江市	Jiujiang	11279	4611	65092	26838	13403	6414
新余市	Xinyu	2784	1797	16299	14016	2492	2105
鹰潭市	Yingtan	3245	408	26509	3118	3358	1911
赣州市	Ganzhou	9730	1752	34700	16946	13105	8024
吉安市	Ji'an	8314	1602	33596	9862	9571	4903

2-6 续表 3 continued

单位：人 (person)

城　市	City	(3)电力、燃气及水的生产和供应业 Production and Distribution of Electricity, Gas and Water		(4)建筑业 Construction		第三产业 (1)批发和零售业 Wholesale and Retail Trades	
		全　市 Total City	市辖区 Districts under City	全　市 Total City	市辖区 Districts under City	全　市 Total City	市辖区 Districts under City
宜春市	Yichun	8896	842	39054	3871	17470	4244
抚州市	Fuzhou	4765	999	130051	113374	10733	3422
上饶市	Shangrao	7938	2232	76621	42161	18147	7203
山东省	**Shandong**	**226199**	**115018**	**1634065**	**850802**	**564734**	**403630**
济南市	Jinan	17765	12450	255234	211924	105604	93157
青岛市	Qingdao	22976	16147	123975	95502	83641	71891
淄博市	Zibo	20471	17510	234654	86003	35365	28774
枣庄市	Zaozhuang	8438	6218	85274	37524	16548	9698
东营市	Dongying	3889	726	50189	28908	13630	11153
烟台市	Yantai	18640	8000	68404	24539	37785	24040
潍坊市	Weifang	18192	5649	89841	43991	42772	27802
济宁市	Jining	14587	6060	131226	54059	33966	21106
泰安市	Tai'an	12878	4276	139189	35539	6653	4138
威海市	Weihai	13826	9692	31254	19188	22776	19218
日照市	Rizhao	4666	2333	53180	40352	16192	11277
莱芜市	Laiwu	3701	3701	19015	19015	6769	6769
临沂市	Linyi	15964	4651	130937	47916	59036	28643
德州市	Dezhou	14166	5106	57165	31066	33451	15173
聊城市	Liaocheng	10687	3218	38752	14638	17457	12132
滨州市	Binzhou	12385	4884	41879	16850	16970	8489
菏泽市	Heze	12968	4397	83897	43788	16119	10170
河南省	**Henan**	**226863**	**110038**	**1772541**	**912884**	**560331**	**290055**
郑州市	Zhengzhou	33377	12743	307519	244306	95010	76354
开封市	Kaifeng	8896	5349	91220	68203	33063	19760
洛阳市	Luoyang	15970	8667	90803	66847	36129	27350
平顶山市	Pingdingshan	30463	27395	42168	30299	22936	14270
安阳市	Anyang	9406	5882	209895	44717	17695	6529
鹤壁市	Hebi	3698	2473	26455	23048	6399	4616
新乡市	Xinxiang	12747	3915	197230	53114	21454	11181
焦作市	Jiaozuo	11183	4668	31893	21625	16735	10772
濮阳市	Puyang	21068	17274	85006	70900	14077	7052
许昌市	Xuchang	7545	1692	42402	21520	20322	8823
漯河市	Luohe	3724	2650	26327	21241	13257	8439
三门峡市	Sanmenxia	7056		16512	11931	24202	11068
南阳市	Nanyang	16245	5057	141043	62044	52407	14810
商丘市	Shangqiu	8915	2674	101278	37459	43316	20349
信阳市	Xinyang	13454	3361	113596	36124	44485	22643
周口市	Zhoukou	10882	1563	113034	39876	41214	6902
驻马店市	Zhumadian	12234	4675	136160	59630	57630	19137
湖北省	**Hubei**	**93482**	**44728**	**1431752**	**736604**	**666152**	**392176**
武汉市	Wuhan	17045	13817	497417	254667	167376	157101
黄石市	Huangshi	4043	3014	65104	24763	11529	8008
十堰市	Shiyan	14907	4451	66756	43686	108377	89706
宜昌市	Yichang	14043	6583	119404	68019	99024	43129
襄阳市	Xiangyang	10355	5420	153234	57399	111334	16607
鄂州市	Ezhou	3173	3173	49971	49971	12942	12942

2-6 续表 4 continued

单位：人 (person)

城　市	City	(3)电力、燃气及水的生产和供应业 Production and Distribution of Electricity, Gas and Water		(4)建筑业 Construction		第三产业 (1)批发和零售业 Wholesale and Retail Trades	
		全　市 Total City	市辖区 Districts under City	全　市 Total City	市辖区 Districts under City	全　市 Total City	市辖区 Districts under City
荆门市	Jingmen	6385	4508	47659	14709	35147	11096
孝感市	Xiaogan	6685	984	175150	110689	67564	29367
荆州市	Jingzhou	5900	900	59900	26000	15200	8900
黄冈市	Huanggang	7140	642	141313	52046	22905	6601
咸宁市	Xianning	2745	669	35091	17566	7727	2850
随州市	Suizhou	1061	567	20753	17089	7027	5869
湖南省	**Hunan**	**93189**	**29704**	**1051483**	**606760**	**223520**	**163989**
长沙市	Changsha	8133	6684	241895	211578	79853	70804
株洲市	Zhuzhou	5969	3276	86312	48588	13183	10335
湘潭市	Xiangtan	3900	2949	97649	63429	23900	17836
衡阳市	Hengyang	10961	2144	117867	50805	15051	10726
邵阳市	Shaoyang	10026	1666	79139	42943	11925	3893
岳阳市	Yueyang	6545	2007	90626	47426	20407	8662
常德市	Changde	5848	1400	93851	39200	16301	13200
张家界市	Zhangjiajie	2296	457	11926	6435	2286	2090
益阳市	Yiyang	3528	1397	47854	29333	6321	4472
郴州市	Chenzhou	13210	5017	45678	20787	13867	9810
永州市	Yongzhou	7300	1400	49900	14900	8800	5800
怀化市	Huaihua	11770	691	27127	8304	5326	3632
娄底市	Loudi	3703	616	61659	23032	6300	2729
广东省	**Guangdong**	**206243**	**140937**	**1411721**	**1132628**	**968708**	**880028**
广州市	Guangzhou	28410	28410	247184	247184	267876	267876
韶关市	Shaoguan	11363	4323	61926	41903	11288	8563
深圳市	Shenzhen	17851	17851	306485	306485	268054	268054
珠海市	Zhuhai	5914	5914	60454	60454	31964	31964
汕头市	Shantou	8838	8298	130106	129998	24709	24389
佛山市	Foshan	13313	13313	55904	55904	58077	58077
江门市	Jiangmen	7748	4279	46260	7968	25493	19797
湛江市	Zhanjiang	10389	4823	102647	35076	25947	13791
茂名市	Maoming	10982	6736	106668	64017	25544	17891
肇庆市	Zhaoqing	6921	2099	19151	11541	19037	12030
惠州市	Huizhou	9694	5587	14373	9539	25785	19098
梅州市	Meizhou	11168	3497	37070	8881	10433	5587
汕尾市	Shanwei	4797	1079	6775	2072	6439	3223
河源市	Heyuan	5757	1108	13300	4492	7256	4366
阳江市	Yangjiang	5710	3373	44219	23921	9426	6616
清远市	Qingyuan	8503	1943	22850	17662	10782	7911
东莞市	Dongguan	9427	9427	48516	48516	59912	59912
中山市	Zhongshan	7654	7654	26002	26002	33092	33092
潮州市	Chaozhou	8878	6392	16766	16129	5848	4518
揭阳市	Jieyang	9031	3675	36100	12664	25470	9405
云浮市	Yunfu	3895	1156	8965	2220	16276	3868
广西壮族自治区	**Guangxi**	**138615**	**84580**	**649195**	**548161**	**133969**	**104085**
南宁市	Nanning	56419	51133	210415	203085	45952	44244
柳州市	Liuzhou	8491	4890	175373	171992	18263	16503
桂林市	Guilin	11823	3022	60800	50211	16462	11487

2-6 续表 5 continued

单位：人 (person)

城市	City	(3)电力、燃气及水的生产和供应业 Production and Distribution of Electricity, Gas and Water		(4)建筑业 Construction		第三产业 (1)批发和零售业 Wholesale and Retail Trades	
		全市 Total City	市辖区 Districts under City	全市 Total City	市辖区 Districts under City	全市 Total City	市辖区 Districts under City
梧州市	Wuzhou	6530	2830	5812	3109	4912	3595
北海市	Beihai	2685	1743	14728	8929	3233	2782
防城港市	Fangchenggang	2712	1677	23044	20524	1836	1296
钦州市	Qinzhou	3904	2362	53283	44490	5644	4079
贵港市	Guigang	5297	3010	17140	12555	4833	3730
玉林市	Yulin	7671	3191	48820	10758	10080	5319
百色市	Baise	10044	2646	12718	7201	7480	3636
贺州市	Hezhou	4209	2411	1772	660	1865	1343
河池市	Hechi	7967	1631	8291	3318	5815	2337
来宾市	Laibin	6315	3306	12620	10169	3488	1930
崇左市	Chongzuo	4548	728	4379	1160	4106	1804
海南省	**Hainan**	**8689**	**7190**	**67680**	**46641**	**81461**	**44315**
海口市	Haikou	4780	4780	40152	40152	38468	38468
三亚市	Sanya	2410	2410	6489	6489	5847	5847
三沙市	Sansa						
儋州市	Danzhou	1499		21039		37146	
重庆市	**Chongqing**	**91500**		**1880200**		**1177700**	
四川省	**Sichuan**	**165787**	**56116**	**1827347**	**458208**	**1112059**	**108012**
成都市	Chengdu	34773		789573		949754	
自贡市	Zigong	3591	2527	46394	37986	4879	3956
攀枝花市	Panzhihua	7494	3374	37841	35915	25185	23455
泸州市	Luzhou	5949	2862	141362	84380	12318	8440
德阳市	Deyang	3903	2091	41204	22272	9975	4817
绵阳市	Mianyang	12861	7362	101695	55051	18243	15474
广元市	Guangyuan	4363	1841	20568	13119	4736	3039
遂宁市	Suining	5405	2224	49368	15231	7256	3828
内江市	Neijiang	4027	2190	91828	24376	4945	2781
乐山市	Leshan	10857	4238	32841	24119	9760	6448
南充市	Nanchong	16601	6419	97163	29750	12045	8399
眉山市	Meishan	6219	2501	30805	5458	6158	2949
宜宾市	Yibin	11133	2473	56653	13468	7123	5597
广安市	Guang'an	6204	4022	27740	6140	3236	1784
达州市	Dazhou	15352	6385	70147	27402	13797	8208
雅安市	Ya'an	5954	1817	12791	1866	3432	2513
巴中市	Bazhong	7267	2699	118395	45038	6250	3070
资阳市	Ziyang	3834	1091	60979	16637	12967	3254
贵州省	**Guizhou**	**107202**	**8444**	**366056**	**40683**	**103337**	**31718**
贵阳市	Guiyang	66620		294069		51926	
六盘水市	Liupanshui	8483	2337	14515	9726	6982	4428
遵义市	Zunyi	11158	1169	35984	20427	20357	11973
安顺市	Anshun	4197	1333	5011	3203	6270	5346
毕节市	Bijie	10366	2012	7752	3497	12480	6158
铜仁市	Tongren	6378	1593	8725	3830	5322	3813
云南省	**Yunnan**	**67260**	**25484**	**546225**	**340456**	**190511**	**136595**
昆明市	Kunming	19679	9450	316855	218552	107744	83295
曲靖市	Qujing	15195	3700	82730	41200	22108	11000

2-6 续表 6 continued

单位：人 (person)

城市	City	(3)电力、燃气及水的生产和供应业 Production and Distribution of Electricity, Gas and Water		(4)建筑业 Construction		第三产业 (1)批发和零售业 Wholesale and Retail Trades	
		全市 Total City	市辖区 Districts under City	全市 Total City	市辖区 Districts under City	全市 Total City	市辖区 Districts under City
玉溪市	Yuxi	6500	2800	38494	23345	26200	19825
保山市	Baoshan	3869	3374	43919	31638	8958	6830
昭通市	Zhaotong	8023	1679	15446	7365	7550	5070
丽江市	Lijiang	3936	840	9703	3548	6606	4882
普洱市	Pu'er	6359	2024	21836	6739	5633	3250
临沧市	Lincang	3699	1617	17242	8069	5712	2443
西藏自治区	**Tibet**	**13283**	**104**	**31462**	**98**	**74077**	**424**
拉萨市	Lasa	13283	104	31462	98	74077	424
陕西省	**Shaanxi**	**114848**	**61075**	**631890**	**439434**	**256229**	**203173**
西安市	Xi'an	48961	43152	279676	261562	120879	119658
铜川市	Tongchuan	2177	2111	6926	6706	7585	7366
宝鸡市	Baoji	5855	2831	51071	35436	27394	18818
咸阳市	Xianyang	10791	6203	83232	33205	18960	11108
渭南市	Weinan	10925	767	51225	23286	20974	11818
延安市	Yan'an	10697	3227	27900	22732	14133	10188
汉中市	Hanzhong	3978	477	39323	25288	12707	6965
榆林市	Yulin	17367	1643	22615	9338	18509	8250
安康市	Ankang	2650	372	23581	13948	9552	6246
商洛市	Shangluo	1447	292	46341	7933	5536	2756
甘肃省	**Gansu**	**81167**	**53305**	**404189**	**296145**	**87839**	**64391**
兰州市	Lanzhou	25885	23740	155839	149868	28278	25543
嘉峪关市	Jiayuguan	2428	2428	5035	5035	3233	3233
金昌市	Jinchang	2300	591	27574	26831	2240	1780
白银市	Baiyin	6928	5678	25367	14101	2320	1828
天水市	Tianshui	4580	2605	27709	21055	14035	11303
武威市	Wuwei	4267	2848	25811	22409	3038	2431
张掖市	Zhangye	6644	3931	14483	8664	4293	2908
平凉市	Pingliang	5795	3482	33820	14377	4756	2644
酒泉市	Jiuquan	6118	830	20714	9046	6301	3966
庆阳市	Qingyang	5486	4740	28696	12154	5558	3746
定西市	Dingxi	4236	1232	29841	12505	2387	1209
陇南市	Longnan	6500	1200	9300	100	11400	3800
青海省	**Qinghai**	**15302**	**13631**	**63456**	**53199**	**18885**	**17475**
西宁市	Xining	14717	13397	56830	50796	17360	16664
海东市	Haidong	585	234	6626	2403	1525	811
宁夏回族自治区	**Ningxia**	**35797**	**25729**	**67934**	**48345**	**238558**	**197227**
银川市	Yinchuan	21835	18191	48887	36727	231825	192167
石嘴山市	Shizuishan	4910	4461	5161	4985	2089	1988
吴忠市	Wuzhong	6214	1444	7906	3279	2187	1720
固原市	Guyuan	565	221	2637	944	1499	863
中卫市	Zhongwei	2273	1412	3343	2410	958	489
新疆维吾尔自治区	**Xinjiang**	**36333**	**36244**	**118711**	**118055**	**33347**	**33347**
乌鲁木齐市	Urumqi	35616	35527	106242	105586	31588	31588
克拉玛依市	Karamay	717	717	12469	12469	1759	1759

2-7 按行业分组的城镇单位从业人员(三)
Persons Employed in Urban Units by Sector in Detail (Ⅲ)

单位：人 (person)

城市	City	(2)交通运输、仓储和邮政业 Traffic,Transport, Storage and Post		(3)住宿和餐饮业 Hotels and Catering Services		(4)信息传输、计算机服务和软件业 Information Transmission, Computer Services and Software	
		全市 Total City	市辖区 Districts under City	全市 Total City	市辖区 Districts under City	全市 Total City	市辖区 Districts under City
城市合计	**Prefecture Cities**	**8192653**	**5817770**	**4024311**	**2256571**	**3639210**	**3010481**
北京市	**Beijing**	**600266**	**600266**	**297559**	**297559**	**680070**	**680070**
天津市	**Tianjin**	**150084**	**150084**	**51796**	**51796**	**43541**	**43541**
河北省	**Hebei**	**289833**	**215640**	**60931**	**40105**	**88281**	**75171**
石家庄市	Shijiazhuang	75737	60034	12324	9679	21279	20073
唐山市	Tangshan	51304	39215	5056	2869	7426	3053
秦皇岛市	Qinhuangdao	31665	30084	4591	4362	6055	5696
邯郸市	Handan	30521	20168	5607	2922	6171	5439
邢台市	Xingtai	9572	6800	3589	2000	4440	4200
保定市	Baoding	21401	15885	7069	4065	8943	8304
张家口市	Zhangjiakou	16162	8755	6394	3673	5744	3560
承德市	Chengde	11172	8265	6089	4763	4458	4252
沧州市	Cangzhou	19667	12527	3729	1751	4843	4268
廊坊市	Langfang	9640	5727	4071	2647	14490	13305
衡水市	Hengshui	12992	8180	2412	1374	4432	3021
山西省	**Shanxi**	**261150**	**204394**	**42146**	**31178**	**55418**	**51528**
太原市	Taiyuan	134007	133370	17268	16247	20244	20102
大同市	Datong	16080	15221	5654	5367	4123	3988
阳泉市	Yangquan	8644	7750	1778	832	1777	1722
长治市	Changzhi	13039	9159	2454	1099	3288	2993
晋城市	Jincheng	13159	8783	2539	1025	2584	1991
朔州市	Shuozhou	5423	3508	1182	1132	2220	2114
晋中市	Jinzhong	10277	7426	1699	828	4029	3671
运城市	Yuncheng	10205	4879	1928	843	4829	3952
忻州市	Xinzhou	10181	7190	3703	2108	3400	2949
临汾市	Linfen	30437	5076	1162	567	5020	4457
吕梁市	Lvliang	9698	2032	2779	1130	3904	3589
内蒙古自治区	**Inner Mongolia**	**113093**	**70499**	**112219**	**36464**	**44002**	**38463**
呼和浩特市	Hohhot	29350	28251	10097	9223	12412	12132
包头市	Baotou	11225	10266	7520	7510	4870	4759
乌海市	Wuhai	2598	2598	287	287	1422	1422
赤峰市	Chifeng	11337	6975	3389	1787	5821	4289
通辽市	Tongliao	9020	4434	2519	1464	5127	3726
鄂尔多斯市	Erdos	12970	6634	80749	12836	3710	2870
呼伦贝尔市	Hulunbuir	24464	2637	4334	1599	5208	4478
巴彦淖尔市	Bayannur	4150	2366	671	391	2270	2115
乌兰察布市	Ulanqab	7979	6338	2653	1367	3162	2672
辽宁省	**Liaoning**	**307905**	**254077**	**67039**	**60748**	**132887**	**127789**
沈阳市	Shenyang	99386	95091	27902	27637	25491	25183
大连市	Dalian	71507	67783	18532	17503	62504	62407
鞍山市	Anshan	27364	11051	4301	3173	3695	3508
抚顺市	Fushun	9704	7535	1364	1115	2534	2345
本溪市	Benxi	13721	12816	1408	1047	4344	3603
丹东市	Dandong	8586	6156	2613	2504	4182	3261
锦州市	Jinzhou	14514	9871	1503	963	6670	5950

2-7 续表 1 continued

单位：人 (person)

城市	City	(2)交通运输、仓储和邮政业 Traffic,Transport, Storage and Post		(3)住宿和餐饮业 Hotels and Catering Services		(4)信息传输、计算机服务和软件业 Information Transmission, Computer Services and Software	
		全市 Total City	市辖区 Districts under City	全市 Total City	市辖区 Districts under City	全市 Total City	市辖区 Districts under City
营口市	Yingkou	24109	21463	2295	2091	3920	3332
阜新市	Fuxin	4983	3503	664	544	5254	4822
辽阳市	Liaoyang	4445	4219	735	724	2197	2197
盘锦市	Panjin	6963	3641	2515	1882	2150	2087
铁岭市	Tieling	6632	2725	408	100	3032	2491
朝阳市	Chaoyang	8391	3844	1043	693	3501	3206
葫芦岛市	Huludao	7600	4379	1756	772	3413	3397
吉林省	**Jilin**	**94143**	**68627**	**26219**	**22366**	**61828**	**54037**
长春市	Changchun	51605	47551	17564	17343	36084	34614
吉林市	Jilin	10645	6925	2208	1976	5833	5407
四平市	Siping	6920	3007	853	544	5199	3374
辽源市	Liaoyuan	3051	2160	341	215	1769	1441
通化市	Tonghua	6186	3547	1227	489	4644	2836
白山市	Baishan	3809	2511	625	483	2356	2002
松原市	Songyuan	6633	1625	2158	614	2954	2685
白城市	Baicheng	5294	1301	1243	702	2989	1678
黑龙江省	**Heilongjiang**	**235662**	**171688**	**44608**	**33329**	**74706**	**62981**
哈尔滨市	Harbin	99472	89721	28242	27787	37010	35405
齐齐哈尔市	Qiqihar	47175	42423	551	375	5148	4621
鸡西市	Jixi	12100	4588	1354	200	5714	2414
鹤岗市	Hegang	4900	2064	2542	199	1448	1006
双鸭山市	Shuangyashan	6899	2249	348	109	1757	1482
大庆市	Daqing	14700	13200	2300	1500	7200	7100
伊春市	Yichun	3877	2781	548	487	2430	2415
佳木斯市	Jiamusi	8295	3754	996	684	3284	2978
七台河市	Qitaihe	3064	2435	99	99	1093	992
牡丹江市	Mudanjiang	8092	3431	2181	1282	3296	2546
黑河市	Heihe	14963	4210	4851	331	2399	2022
绥化市	Suihua	12125	832	596	276	3927	
上海市	**Shanghai**	**628655**	**625715**	**242592**	**240666**	**278195**	**277912**
江苏省	**Jiangsu**	**492318**	**369444**	**173429**	**144478**	**282653**	**253490**
南京市	Nanjing	145333	145333	46986	46986	145909	145909
无锡市	Wuxi	31777	23210	22721	18871	26976	25087
徐州市	Xuzhou	46861	33087	5224	4093	7489	5487
常州市	Changzhou	19860	18283	16698	15705	6523	6078
苏州市	Suzhou	68256	37226	38415	31034	42453	32372
南通市	Nantong	28796	18944	5634	1972	9589	5827
连云港市	Lianyungang	30366	25631	2506	2113	5578	4348
淮安市	Huai'an	19975	12835	5737	3402	6147	4845
盐城市	Yancheng	27373	11618	8599	4352	6677	4836
扬州市	Yangzhou	24487	17231	9226	7647	10294	8836
镇江市	Zhenjiang	13392	9661	5319	4369	4251	2442
泰州市	Taizhou	26521	11037	4163	2469	6483	4721
宿迁市	Suqian	9321	5348	2201	1465	4284	2702
浙江省	**Zhejiang**	**338657**	**266379**	**178944**	**122866**	**179160**	**159776**
杭州市	Hangzhou	109141	103318	63751	59414	115793	114363

2-7 续表 2 continued

单位：人 (person)

城　市	City	(2)交通运输、仓储和邮政业 Traffic,Transport, Storage and Post		(3)住宿和餐饮业 Hotels and Catering Services		(4)信息传输、计算机服务和软件业 Information Transmission, Computer Services and Software	
		全　市 Total City	市辖区 Districts under City	全　市 Total City	市辖区 Districts under City	全　市 Total City	市辖区 Districts under City
宁波市	Ningbo	65227	54175	15646	11901	13575	11573
温州市	Wenzhou	34183	23686	11000	6644	6308	4975
嘉兴市	Jiaxing	18394	9467	8314	3809	4930	3623
湖州市	Huzhou	8481	6210	7557	4869	4164	3564
绍兴市	Shaoxing	16535	12715	6826	4983	4776	4238
金华市	Jinhua	23624	10814	7478	1064	7639	4857
衢州市	Quzhou	5604	4348	1889	771	2766	2542
舟山市	Zhoushan	35600	30700	47800	25700	10800	3400
台州市	Taizhou	15970	8620	6486	2589	5617	4789
丽水市	Lishui	5898	2326	2197	1122	2792	1852
安徽省	**Anhui**	**396907**	**160911**	**154522**	**45916**	**92760**	**60842**
合肥市	Hefei	71397	63453	24849	22691	33085	30966
芜湖市	Wuhu	28067	25085	6412	5539	3758	3361
蚌埠市	Bengbu	13970	11928	1840	1368	2611	1957
淮南市	Huainan	9493	7780	1505	1368	1410	1335
马鞍山市	Maanshan	7052	5774	566	566	2852	2539
淮北市	Huaibei	5212	4241	580	545	2108	2016
铜陵市	Tongling	6216	5502	1325	1301	1141	926
安庆市	Anqing	10209	4252	4123	1910	5740	2436
黄山市	Huangshan	4077	2989	5816	4975	1956	1659
滁州市	Chuzhou	9329	5585	1494	994	3742	3536
阜阳市	Fuyang	18379	12620	1476	988	3399	2797
宿州市	Suzhou	15000		17000		13000	
六安市	Lu'an	174342	3416	81820	806	11277	3755
亳州市	Bozhou	15302	3877	2571	1236	2292	1397
池州市	Chizhou	4330	2845	2215	1137	1520	1162
宣城市	Xuancheng	4532	1564	930	492	2869	1000
福建省	**Fujian**	**207920**	**161389**	**97841**	**72339**	**90149**	**82903**
福州市	Fuzhou	50703	38495	23912	18907	28178	27041
厦门市	Xiamen	67654	67654	35274	35274	27861	27861
莆田市	Putian	7692	6683	4951	4343	3628	3552
三明市	Sanming	9825	4695	1436	471	3368	3014
泉州市	Quanzhou	24536	15260	15376	6620	10274	7550
漳州市	Zhangzhou	10705	6815	5073	2016	3686	3094
南平市	Nanping	13255	7472	3843	531	5694	5078
龙岩市	Longyan	12029	9047	4763	2408	3087	2483
宁德市	Ningde	11521	5268	3213	1769	4373	3230
江西省	**Jiangxi**	**151474**	**90476**	**44146**	**29325**	**59069**	**49862**
南昌市	Nanchang	34153	32779	15033	14371	24943	24753
景德镇市	Jingdezhen	8872	5201	2300	1904	2543	2369
萍乡市	Pingxiang	4848	4213	444	408	1573	1427
九江市	Jiujiang	16908	9763	5466	2294	4899	3439
新余市	Xinyu	3529	3028	2081	1959	1163	1163
鹰潭市	Yingtan	8144	4135	1890	1158	1512	1129
赣州市	Ganzhou	16728	8984	4732	2651	6665	5044
吉安市	Ji'an	18230	7272	3055	926	4084	2907

2-7 续表 3 continued

单位：人 (person)

城 市	City	(2)交通运输、仓储和邮政业 Traffic,Transport, Storage and Post		(3)住宿和餐饮业 Hotels and Catering Services		(4)信息传输、计算机服务和软件业 Information Transmission, Computer Services and Software	
		全 市 Total City	市辖区 Districts under City	全 市 Total City	市辖区 Districts under City	全 市 Total City	市辖区 Districts under City
宜春市	Yichun	17833	7997	3396	1419	3867	1914
抚州市	Fuzhou	12972	2974	1659	1041	2524	2196
上饶市	Shangrao	9257	4130	4090	1194	5296	3521
山东省	**Shandong**	**424353**	**303134**	**138427**	**102356**	**183194**	**164030**
济南市	Jinan	45733	42455	26177	24570	82885	82804
青岛市	Qingdao	76336	71907	22372	19679	14452	14272
淄博市	Zibo	13901	11291	6602	5784	4093	4093
枣庄市	Zaozhuang	10206	6651	2906	1810	1999	1947
东营市	Dongying	5616	3798	6956	5558	3913	2692
烟台市	Yantai	48709	34259	11389	5796	10027	8055
潍坊市	Weifang	24954	15581	10546	5317	11127	9532
济宁市	Jining	21187	12860	8693	4732	4700	3818
泰安市	Tai'an	40054	15870	6350	5920	17620	9583
威海市	Weihai	15859	12056	7264	4642	3413	3001
日照市	Rizhao	25198	23142	3268	2800	2189	2114
莱芜市	Laiwu	7012	7012	1584	1584	1156	1156
临沂市	Linyi	25491	10994	6629	4033	9480	8646
德州市	Dezhou	17135	7688	6731	3709	5266	3248
聊城市	Liaocheng	20868	11203	4599	2582	3425	2580
滨州市	Binzhou	10036	4408	3006	1600	3717	3041
菏泽市	Heze	16058	11959	3355	2240	3732	3448
河南省	**Henan**	**337976**	**203193**	**112225**	**72654**	**102372**	**85607**
郑州市	Zhengzhou	76964	64116	32210	27925	31101	30136
开封市	Kaifeng	11206	7259	6890	6230	4813	3537
洛阳市	Luoyang	18968	12845	8581	6416	5357	5226
平顶山市	Pingdingshan	14260	6952	5577	4172	2626	2241
安阳市	Anyang	14638	10075	3795	2453	5083	3899
鹤壁市	Hebi	3496	1833	1616	1497	1247	1182
新乡市	Xinxiang	15180	9632	5224	2274	5187	4036
焦作市	Jiaozuo	29899	15598	2865	1659	2437	1649
濮阳市	Puyang	9646	5044	1781	1311	3617	2534
许昌市	Xuchang	8167	2488	4886	2606	2918	2750
漯河市	Luohe	9746	8929	1465	1075	1307	1205
三门峡市	Sanmenxia	8335	5249	2090	652	2551	2486
南阳市	Nanyang	30211	14925	9688	4637	5531	4759
商丘市	Shangqiu	22245	9551	5891	2046	6282	3381
信阳市	Xinyang	22935	10802	7340	4105	9349	5688
周口市	Zhoukou	16259	6887	2867	950	8087	6729
驻马店市	Zhumadian	25821	11008	9459	2646	4879	4169
湖北省	**Hubei**	**282076**	**170031**	**163260**	**110231**	**86000**	**61790**
武汉市	Wuhan	102399	88210	51195	48186	33130	32259
黄石市	Huangshi	9405	6426	3691	3058	1828	1546
十堰市	Shiyan	13821	9566	9886	4445	7442	6112
宜昌市	Yichang	53078	16688	24653	17179	7445	5015
襄阳市	Xiangyang	31535	13379	19071	5598	6611	4116
鄂州市	Ezhou	4995	4995	4032	4032	1676	1676

2-7 续表 4 continued

单位：人 (person)

城 市	City	(2)交通运输、仓储和邮政业 Traffic,Transport, Storage and Post		(3)住宿和餐饮业 Hotels and Catering Services		(4)信息传输、计算机服务和软件业 Information Transmission, Computer Services and Software	
		全 市 Total City	市辖区 Districts under City	全 市 Total City	市辖区 Districts under City	全 市 Total City	市辖区 Districts under City
荆门市	Jingmen	14218	7157	6578	3641	5703	916
孝感市	Xiaogan	16753	8500	32045	18008	6449	1123
荆州市	Jingzhou	14000	7500	3900	1600	5600	3200
黄冈市	Huanggang	9691	2771	3836	1392	5680	2705
咸宁市	Xianning	8575	2710	2425	1572	3497	2455
随州市	Suizhou	3606	2129	1948	1520	939	667
湖南省	**Hunan**	**253927**	**149796**	**84438**	**60781**	**71386**	**59071**
长沙市	Changsha	49916	36078	35210	31396	22901	22172
株洲市	Zhuzhou	8940	7345	5196	3777	3983	3305
湘潭市	Xiangtan	97379	45850	6691	4562	3648	2945
衡阳市	Hengyang	14544	9441	6634	5095	4935	3870
邵阳市	Shaoyang	13001	7870	1730	355	4255	2408
岳阳市	Yueyang	10344	6324	6415	2468	6614	5224
常德市	Changde	11433	6400	5647	2200	5292	3900
张家界市	Zhangjiajie	2923	2488	4496	3761	1809	1784
益阳市	Yiyang	5357	4665	1636	1377	3226	2586
郴州市	Chenzhou	8711	6112	5414	3431	4182	2897
永州市	Yongzhou	9700	5500	1700	600	4100	2900
怀化市	Huaihua	12855	8031	1784	604	3945	2983
娄底市	Loudi	8824	3692	1885	1155	2496	2097
广东省	**Guangdong**	**827132**	**779474**	**371064**	**342034**	**353120**	**335336**
广州市	Guangzhou	298277	298277	101923	101923	100529	100529
韶关市	Shaoguan	9313	6376	5439	2766	3144	2876
深圳市	Shenzhen	260093	260093	105604	105604	134808	134808
珠海市	Zhuhai	25026	25026	23801	23801	21386	21386
汕头市	Shantou	13802	13544	5901	5780	5916	5791
佛山市	Foshan	41219	41219	19388	19388	12395	12395
江门市	Jiangmen	16301	11699	11148	6778	6655	5427
湛江市	Zhanjiang	25405	18034	9514	6389	7056	1946
茂名市	Maoming	11743	6291	4487	2995	4053	2341
肇庆市	Zhaoqing	10348	6966	6031	3599	4141	3333
惠州市	Huizhou	21672	18045	8497	4795	8165	7262
梅州市	Meizhou	8236	4655	2696	1182	4856	3593
汕尾市	Shanwei	3998	2164	1896	1117	3920	2622
河源市	Heyuan	7164	4043	3648	2028	3181	2913
阳江市	Yangjiang	8037	5088	2879	1605	2739	2086
清远市	Qingyuan	6167	3431	6085	4272	3412	2325
东莞市	Dongguan	31581	31581	29201	29201	8756	8756
中山市	Zhongshan	15794	15794	13545	13545	6390	6390
潮州市	Chaozhou	3946	2729	1836	1525	3427	2979
揭阳市	Jieyang	5567	3328	4632	2352	5606	3787
云浮市	Yunfu	3443	1091	2913	1389	2585	1791
广西壮族自治区	**Guangxi**	**143420**	**113597**	**49335**	**40647**	**43528**	**40088**
南宁市	Nanning	44863	42686	18383	17903	16055	15673
柳州市	Liuzhou	17355	15969	4251	3770	3196	3052
桂林市	Guilin	12942	8759	9088	7594	3721	3539

2-7 续表 5 continued

单位：人 (person)

城市	City	(2)交通运输、仓储和邮政业 Traffic,Transport, Storage and Post		(3)住宿和餐饮业 Hotels and Catering Services		(4)信息传输、计算机服务和软件业 Information Transmission, Computer Services and Software	
		全市 Total City	市辖区 Districts under City	全市 Total City	市辖区 Districts under City	全市 Total City	市辖区 Districts under City
梧州市	Wuzhou	6360	4629	1003	791	1912	1299
北海市	Beihai	4216	3684	2892	2678	1659	1520
防城港市	Fangchenggang	10266	9798	1099	1044	1271	1236
钦州市	Qinzhou	5631	3702	1375	1176	1312	1304
贵港市	Guigang	7176	4235	1190	753	1771	1337
玉林市	Yulin	10162	5919	1971	1325	3400	3345
百色市	Baise	9249	6720	1691	580	1504	1227
贺州市	Hezhou	2025	1180	722	210	1407	1032
河池市	Hechi	7545	3729	1419	617	3213	2997
来宾市	Laibin	2791	1238	2880	1800	1682	1148
崇左市	Chongzuo	2839	1349	1371	406	1425	1379
海南省	**Hainan**	**68274**	**52728**	**67681**	**48709**	**15817**	**13611**
海口市	Haikou	47358	47358	16491	16491	13329	13329
三亚市	Sanya	5370	5370	32218	32218	282	282
三沙市	Sansa						
儋州市	Danzhou	15546		18972		2206	
重庆市	**Chongqing**	**435400**		**646200**		**160400**	
四川省	**Sichuan**	**407666**	**100753**	**446946**	**32775**	**229761**	**48114**
成都市	Chengdu	248544		395074		169835	
自贡市	Zigong	13196	10921	4398	4261	3656	3217
攀枝花市	Panzhihua	11180	10346	9443	8558	2552	2487
泸州市	Luzhou	14334	9698	1718	1445	2900	2302
德阳市	Deyang	10724	5450	3098	1783	4910	4689
绵阳市	Mianyang	13368	9866	4609	3117	7992	7077
广元市	Guangyuan	6475	3989	1354	829	3967	3581
遂宁市	Suining	3331	1989	2321	1039	2704	2335
内江市	Neijiang	9172	4381	1879	797	1871	1640
乐山市	Leshan	10317	5838	1989	1478	2384	2239
南充市	Nanchong	13767	8451	3646	1908	5227	2549
眉山市	Meishan	5120	3070	2052	545	2113	1951
宜宾市	Yibin	11194	8327	1435	812	2432	2241
广安市	Guang'an	5269	2365	770	527	2070	1759
达州市	Dazhou	11888	6532	1645	666	4730	3244
雅安市	Ya'an	3180	2147	930	520	2349	1989
巴中市	Bazhong	8178	4103	9240	4375	5033	2245
资阳市	Ziyang	8429	3280	1345	115	3036	2569
贵州省	**Guizhou**	**103415**	**19489**	**24189**	**4672**	**25967**	**9879**
贵阳市	Guiyang	75937		14378		15412	
六盘水市	Liupanshui	2782	2340	1070	939	1548	1490
遵义市	Zunyi	10446	7617	3279	1103	3199	2924
安顺市	Anshun	4404	3838	1609	989	1679	1625
毕节市	Bijie	5681	3359	2194	1046	2253	2117
铜仁市	Tongren	4165	2335	1659	595	1876	1723
云南省	**Yunnan**	**140192**	**111668**	**64537**	**40872**	**35045**	**23425**
昆明市	Kunming	108080	92676	39679	26980	22947	13255
曲靖市	Qujing	9079	2500	6994	2800	2838	1900

2-7 续表 6 continued

单位：人 (person)

城市	City	(2)交通运输、仓储和邮政业 Traffic,Transport, Storage and Post 全市 Total City	市辖区 Districts under City	(3)住宿和餐饮业 Hotels and Catering Services 全市 Total City	市辖区 Districts under City	(4)信息传输、计算机服务和软件业 Information Transmission, Computer Services and Software 全市 Total City	市辖区 Districts under City
玉溪市	Yuxi	4700	3206	3900	1852	1800	1605
保山市	Baoshan	3395	2230	2896	944	1183	1110
昭通市	Zhaotong	4111	3291	2631	1486	2017	1909
丽江市	Lijiang	3397	2404	6459	5895	1133	923
普洱市	Pu'er	3969	2836	875	312	1595	1453
临沧市	Lincang	3461	2525	1103	603	1532	1270
西藏自治区	**Tibet**	**20712**	**1463**	**37746**	**18**	**4913**	**191**
拉萨市	Lasa	20712	1463	37746	18	4913	191
陕西省	**Shaanxi**	**243668**	**197956**	**109822**	**84256**	**102021**	**94417**
西安市	Xi'an	155017	149525	59452	58232	76335	71256
铜川市	Tongchuan	2643	2611	1301	1252	1141	1141
宝鸡市	Baoji	9153	6421	9039	5656	3505	2893
咸阳市	Xianyang	11385	7667	7890	3970	4305	3770
渭南市	Weinan	12290	5959	7737	1933	3202	3064
延安市	Yan'an	11306	7509	7050	4997	2621	2569
汉中市	Hanzhong	9371	7304	3655	1877	2878	2671
榆林市	Yulin	20025	4579	6844	2686	3335	2860
安康市	Ankang	5172	2860	4620	2825	2641	2332
商洛市	Shangluo	7306	3521	2234	828	2058	1861
甘肃省	**Gansu**	**68121**	**45185**	**37700**	**22041**	**25850**	**20973**
兰州市	Lanzhou	22081	18894	13367	12444	8907	8827
嘉峪关市	Jiayuguan	999	999	1691	1691	403	403
金昌市	Jinchang	2269	1597	617	482	1051	996
白银市	Baiyin	3938	1948	170	42	1242	1242
天水市	Tianshui	6105	4706	3512	2756	2948	2287
武威市	Wuwei	2609	2047	889	634	1390	1347
张掖市	Zhangye	4638	3583	1069	792	1383	1045
平凉市	Pingliang	5945	3196	2043	1133	1918	1484
酒泉市	Jiuquan	4266	1424	3222	513	1329	798
庆阳市	Qingyang	3798	1762	1919	818	1751	1316
定西市	Dingxi	3673	2429	1801	636	1028	1028
陇南市	Longnan	7800	2600	7400	100	2500	200
青海省	**Qinghai**	**37160**	**35455**	**4317**	**3924**	**7983**	**7841**
西宁市	Xining	35528	34479	3804	3756	7784	7747
海东市	Haidong	1632	976	513	168	199	94
宁夏回族自治区	**Ningxia**	**27308**	**20484**	**60116**	**49149**	**18368**	**16977**
银川市	Yinchuan	18359	14198	55880	46480	14994	13818
石嘴山市	Shizuishan	1606	1303	2119	1771	886	821
吴忠市	Wuzhong	1573	542	1051	346	970	930
固原市	Guyuan	3417	2614	679	165	810	700
中卫市	Zhongwei	2353	1827	387	387	708	708
新疆维吾尔自治区	**Xinjiang**	**103786**	**103775**	**12317**	**12317**	**10766**	**10766**
乌鲁木齐市	Urumqi	101203	101192	11582	11582	9465	9465
克拉玛依市	Karamay	2583	2583	735	735	1301	1301

2-8 按行业分组的城镇单位从业人员(四)
Persons Employed in Urban Units by Sector in Detail (Ⅳ)

单位：人 (person)

城　　市	City	(5)金融业 Financial Intermediation		(6)房地产业 Real Estate		(7)租赁和商业服务业 Leasing and Business Services	
		全　市 Total City	市辖区 Districts under City	全　市 Total City	市辖区 Districts under City	全　市 Total City	市辖区 Districts under City
城市合计	**Prefecture Cities**	**5909938**	**4552274**	**4358970**	**3143027**	**5194947**	**3918342**
北京市	**Beijing**	**471636**	**471636**	**421574**	**421574**	**800887**	**800887**
天津市	**Tianjin**	**121349**	**121349**	**73436**	**73436**	**82003**	**82003**
河北省	**Hebei**	**298111**	**222651**	**109159**	**73362**	**134060**	**84366**
石家庄市	Shijiazhuang	54692	45300	16553	14579	32850	30321
唐山市	Tangshan	39078	35865	16097	13201	15440	12676
秦皇岛市	Qinhuangdao	18263	16558	8146	7806	5533	4793
邯郸市	Handan	28725	17842	10181	4917	15839	10834
邢台市	Xingtai	17829	7100	7615	5000	3659	2900
保定市	Baoding	38019	27567	11454	6656	8317	6600
张家口市	Zhangjiakou	17002	9548	9958	5819	6301	4578
承德市	Chengde	24999	21098	3252	1543	4464	2258
沧州市	Cangzhou	28065	23994	6526	4008	29385	3743
廊坊市	Langfang	15250	8456	15135	7086	9869	3832
衡水市	Hengshui	16189	9323	4242	2747	2403	1831
山西省	**Shanxi**	**168182**	**119033**	**36108**	**28167**	**88852**	**65503**
太原市	Taiyuan	30588	30167	12402	11981	33663	31962
大同市	Datong	11452	11266	4432	4293	6604	5703
阳泉市	Yangquan	6734	4970	3184	2656	5665	4766
长治市	Changzhi	17159	12652	3254	1922	7079	5150
晋城市	Jincheng	13401	7963	3337	2885	6952	3482
朔州市	Shuozhou	6815	6788	2767	1579	2414	2252
晋中市	Jinzhong	29563	21690	1380	569	6802	4375
运城市	Yuncheng	16216	7680	1246	599	9796	1518
忻州市	Xinzhou	9708	5777	1075	695	4274	2906
临汾市	Linfen	15782	6080	1725	666	4644	3259
吕梁市	Lvliang	10764	4000	1306	322	959	130
内蒙古自治区	**Inner Mongolia**	**100591**	**68848**	**49542**	**39233**	**39272**	**27476**
呼和浩特市	Hohhot	22635	20118	13541	12967	10397	9906
包头市	Baotou	17324	16012	11757	11347	11347	11228
乌海市	Wuhai	3793	3793	1749	1749	615	615
赤峰市	Chifeng	12420	6332	4532	2940	1320	945
通辽市	Tongliao	9108	4702	3531	2505	2765	1317
鄂尔多斯市	Erdos	9311	5168	6049	2976	4102	573
呼伦贝尔市	Hulunbuir	11177	3880	4613	2310	4378	799
巴彦淖尔市	Bayannur	7290	4824	2492	1888	1611	1274
乌兰察布市	Ulanqab	7533	4019	1278	551	2737	819
辽宁省	**Liaoning**	**260117**	**229199**	**132833**	**116674**	**117936**	**98117**
沈阳市	Shenyang	57684	57684	27607	26741	29575	27107
大连市	Dalian	64334	58050	44505	43127	26306	23448
鞍山市	Anshan	17100	14742	9514	7253	10429	6464
抚顺市	Fushun	10755	9390	4119	3568	7691	7161
本溪市	Benxi	11244	10699	3367	2670	6934	6629
丹东市	Dandong	9746	6578	11494	9941	2128	1204
锦州市	Jinzhou	16400	16386	6032	5207	6515	4537

2-8 续表 1 continued

单位：人 (person)

城市	City	(5)金融业 Financial Intermediation 全市 Total City	市辖区 Districts under City	(6)房地产业 Real Estate 全市 Total City	市辖区 Districts under City	(7)租赁和商业服务业 Leasing and Business Services 全市 Total City	市辖区 Districts under City
营口市	Yingkou	13283	13279	3077	2662	4092	2817
阜新市	Fuxin	9226	7655	2630	2450	1383	1190
辽阳市	Liaoyang	6875	5837	3622	3325	2113	1783
盘锦市	Panjin	9928	9303	5719	4904	10643	9797
铁岭市	Tieling	6763	1196	4100	813	2521	887
朝阳市	Chaoyang	15395	9363	4482	2261	3083	2150
葫芦岛市	Huludao	11384	9037	2565	1752	4523	2943
吉林省	**Jilin**	**104050**	**77403**	**56471**	**45437**	**46923**	**39870**
长春市	Changchun	46226	41611	33810	32452	32227	31515
吉林市	Jilin	11813	8862	7213	5356	3241	2348
四平市	Siping	8468	3634	2958	1227	307	95
辽源市	Liaoyuan	4793	3311	1957	1367	574	547
通化市	Tonghua	9882	5988	4302	1890	2597	1052
白山市	Baishan	6142	4342	1595	1006	4963	2780
松原市	Songyuan	7827	4498	2481	1042	1484	837
白城市	Baicheng	8899	5157	2155	1097	1530	696
黑龙江省	**Heilongjiang**	**185906**	**139970**	**62893**	**51460**	**58471**	**36077**
哈尔滨市	Harbin	68441	61042	31977	30421	35582	26267
齐齐哈尔市	Qiqihar	19748	12599	4972	3857	5265	4761
鸡西市	Jixi	9920	8800	1611	809	414	200
鹤岗市	Hegang	4636	3221	1059	981	267	18
双鸭山市	Shuangyashan	5647	3071	1498	832	2825	354
大庆市	Daqing	22400	20700	9600	8900	800	600
伊春市	Yichun	4839	3699	1062	969	656	616
佳木斯市	Jiamusi	8362	6332	1642	1213	976	702
七台河市	Qitaihe	4305	3894	596	470	492	454
牡丹江市	Mudanjiang	21407	14302	3642	2320	7447	1678
黑河市	Heihe	7132	2310	1322	503	2291	390
绥化市	Suihua	9069		3912	185	1456	37
上海市	**Shanghai**	**337446**	**337395**	**285794**	**283551**	**634370**	**623222**
江苏省	**Jiangsu**	**350513**	**255242**	**226451**	**177464**	**313002**	**223056**
南京市	Nanjing	42418	42418	54294	54294	87463	87463
无锡市	Wuxi	32614	23604	21084	16651	15617	12152
徐州市	Xuzhou	25062	15885	12521	8759	15344	9603
常州市	Changzhou	23337	22249	10100	9180	20071	17702
苏州市	Suzhou	61894	43115	57220	42298	50252	31594
南通市	Nantong	39057	26411	11405	5830	33062	13185
连云港市	Lianyungang	20867	15348	4794	3870	16734	13668
淮安市	Huai'an	18015	15226	10147	6999	13765	8931
盐城市	Yancheng	27145	17311	10474	6424	15127	4707
扬州市	Yangzhou	16572	10239	9651	6872	17961	12507
镇江市	Zhenjiang	17685	10529	10786	7272	9804	6659
泰州市	Taizhou	19612	9924	8538	5929	13695	3972
宿迁市	Suqian	6235	2983	5437	3086	4107	913
浙江省	**Zhejiang**	**423430**	**360230**	**204110**	**166158**	**286821**	**214638**
杭州市	Hangzhou	106693	101440	101681	97634	104589	99637

2-8 续表 2 continued

单位：人 (person)

城 市	City	(5)金融业 Financial Intermediation		(6)房地产业 Real Estate		(7)租赁和商业服务业 Leasing and Business Services	
		全 市 Total City	市辖区 Districts under City	全 市 Total City	市辖区 Districts under City	全 市 Total City	市辖区 Districts under City
宁波市	Ningbo	74506	64992	24877	21300	62225	51634
温州市	Wenzhou	49574	43773	17348	11093	27450	16748
嘉兴市	Jiaxing	23258	19700	17132	8911	24284	6942
湖州市	Huzhou	19057	16147	7216	4928	6388	4466
绍兴市	Shaoxing	25104	22503	7442	5138	10450	8486
金华市	Jinhua	32965	13459	6433	2615	17473	5382
衢州市	Quzhou	17531	15661	747	391	2928	1590
舟山市	Zhoushan	9600	9500	9000	7900	15500	12000
台州市	Taizhou	47656	40960	11103	5874	11577	6129
丽水市	Lishui	17486	12095	1131	374	3957	1624
安徽省	**Anhui**	**202761**	**127264**	**120408**	**72475**	**102159**	**43761**
合肥市	Hefei	33767	28469	33141	28279	22618	19504
芜湖市	Wuhu	14185	11692	7581	6267	4128	3454
蚌埠市	Bengbu	13349	10496	6964	5265	3844	2051
淮南市	Huainan	12806	11043	10460	9714	5689	2122
马鞍山市	Maanshan	10834	9137	2764	1736	4258	3842
淮北市	Huaibei	6004	5505	1673	1445	2173	1892
铜陵市	Tongling	4740	3967	4215	3945	2610	2601
安庆市	Anqing	11032	2775	7579	3525	3073	508
黄山市	Huangshan	7532	4652	2476	1726	1035	768
滁州市	Chuzhou	8867	4962	3150	1458	1702	1488
阜阳市	Fuyang	23161	14912	4185	2384	1899	1474
宿州市	Suzhou	15000		18000		11000	
六安市	Lu'an	14818	3021	8044	2138	33022	833
亳州市	Bozhou	13392	8709	5465	2566	1996	1192
池州市	Chizhou	5971	4059	1821	1063	1832	1327
宣城市	Xuancheng	7303	3865	2890	964	1280	705
福建省	**Fujian**	**178833**	**129737**	**152842**	**115509**	**125628**	**96472**
福州市	Fuzhou	35062	27441	42280	33013	42804	35144
厦门市	Xiamen	33034	33034	49543	49543	32670	32670
莆田市	Putian	10755	9925	6606	5227	4671	4459
三明市	Sanming	14661	8435	3002	957	3172	909
泉州市	Quanzhou	22222	12855	18655	10536	10630	5283
漳州市	Zhangzhou	15493	9980	15537	7694	7303	5940
南平市	Nanping	13597	6750	5192	1864	8054	2878
龙岩市	Longyan	19353	13771	6862	4640	11063	7614
宁德市	Ningde	14656	7546	5165	2035	5261	1575
江西省	**Jiangxi**	**125516**	**81304**	**63423**	**34846**	**51606**	**30003**
南昌市	Nanchang	29823	29823	18681	15011	19070	17805
景德镇市	Jingdezhen	4120	3378	1889	1278	1136	354
萍乡市	Pingxiang	7900	7327	1931	1423	83	63
九江市	Jiujiang	12223	5991	6724	2296	9500	5632
新余市	Xinyu	4206	3519	1358	1161	1106	819
鹰潭市	Yingtan	3385	2008	1570	773	686	372
赣州市	Ganzhou	18452	7309	9774	5244	6217	2624
吉安市	Ji'an	9048	1976	4293	1789	3338	193

2-8 续表 3 continued

单位：人 (person)

城 市	City	(5)金融业 Financial Intermediation		(6)房地产业 Real Estate		(7)租赁和商业服务业 Leasing and Business Services	
		全 市 Total City	市辖区 Districts under City	全 市 Total City	市辖区 Districts under City	全 市 Total City	市辖区 Districts under City
宜春市	Yichun	14943	9446	4420	589	2064	371
抚州市	Fuzhou	7842	3650	6095	2759	2111	316
上饶市	Shangrao	13574	6877	6688	2523	6295	1454
山东省	**Shandong**	**415604**	**308892**	**260797**	**182863**	**209694**	**163513**
济南市	Jinan	76796	76725	41883	37760	35385	33035
青岛市	Qingdao	58349	49174	37436	31015	26520	24772
淄博市	Zibo	20165	16977	12455	10687	16799	15922
枣庄市	Zaozhuang	8701	7655	8217	4465	4152	2816
东营市	Dongying	9600	6898	4972	2308	38854	38329
烟台市	Yantai	30862	16561	35595	26754	13771	9614
潍坊市	Weifang	17663	7042	16467	10080	6685	4195
济宁市	Jining	40337	32907	10773	4837	7212	2327
泰安市	Tai'an	18820	12338	12876	4893	11509	9028
威海市	Weihai	13540	10232	17941	12527	5477	4064
日照市	Rizhao	8830	6979	5276	3655	2374	2190
莱芜市	Laiwu	3394	3394	7210	7210	713	713
临沂市	Linyi	28795	15540	16207	7898	12007	8621
德州市	Dezhou	19139	7379	11615	6529	7616	1918
聊城市	Liaocheng	31180	22094	6694	3599	3160	2318
滨州市	Binzhou	11388	8005	7232	5056	14332	2526
菏泽市	Heze	18045	8992	7948	3590	3128	1125
河南省	**Henan**	**241320**	**170446**	**211065**	**131673**	**160630**	**96770**
郑州市	Zhengzhou	50241	46345	58124	47565	43222	32679
开封市	Kaifeng	6484	4945	9249	5569	8122	5337
洛阳市	Luoyang	23216	17889	15216	13142	8359	5337
平顶山市	Pingdingshan	15925	10805	7982	6178	8114	5355
安阳市	Anyang	11996	6406	8180	4798	10664	2777
鹤壁市	Hebi	3473	2492	3119	2289	1096	707
新乡市	Xinxiang	10581	5388	9384	3957	7130	2473
焦作市	Jiaozuo	16181	12454	4794	3254	2453	1355
濮阳市	Puyang	6283	3358	6509	5001	13650	12802
许昌市	Xuchang	6902	4717	12521	5414	4939	1164
漯河市	Luohe	5765	4882	3597	3238	4655	4328
三门峡市	Sanmenxia	11841	8422	1957	784	3215	1409
南阳市	Nanyang	20868	15243	10158	4514	15327	9855
商丘市	Shangqiu	10114	3781	21005	7141	4831	1550
信阳市	Xinyang	14108	6962	12174	3798	9834	4472
周口市	Zhoukou	16228	11653	9912	5573	5866	286
驻马店市	Zhumadian	11114	4704	17184	9458	9153	4884
湖北省	**Hubei**	**179065**	**134738**	**152266**	**91768**	**130099**	**84570**
武汉市	Wuhan	72906	72773	49490	40908	36222	33844
黄石市	Huangshi	5066	3744	4107	3121	3465	2453
十堰市	Shiyan	16778	13333	17324	9920	8839	6332
宜昌市	Yichang	12760	7257	19651	12583	28655	14913
襄阳市	Xiangyang	13032	7085	20722	7459	16654	4016
鄂州市	Ezhou	2949	2949	3390	3390	3788	3788

2-8 续表 4 continued

单位：人 (person)

城市	City	(5)金融业 Financial Intermediation 全市 Total City	(5)金融业 市辖区 Districts under City	(6)房地产业 Real Estate 全市 Total City	(6)房地产业 市辖区 Districts under City	(7)租赁和商业服务业 Leasing and Business Services 全市 Total City	(7)租赁和商业服务业 市辖区 Districts under City
荆门市	Jingmen	7956	6610	4136	2081	2746	1361
孝感市	Xiaogan	10419	5886	18266	5627	21050	13307
荆州市	Jingzhou	12700	7100	4300	2700	2700	1400
黄冈市	Huanggang	14960	1414	6426	1093	1708	205
咸宁市	Xianning	5976	3935	3100	1735	2997	1869
随州市	Suizhou	3563	2652	1354	1151	1275	1082
湖南省	**Hunan**	**232877**	**189163**	**123051**	**88589**	**98807**	**72936**
长沙市	Changsha	64388	61538	48848	41308	28772	26966
株洲市	Zhuzhou	16839	14920	16700	14379	10902	8231
湘潭市	Xiangtan	12892	11743	5304	3245	7515	4963
衡阳市	Hengyang	19490	14592	10108	6754	7404	5025
邵阳市	Shaoyang	20911	13873	4824	2187	2664	155
岳阳市	Yueyang	18068	15396	5949	3561	6364	2947
常德市	Changde	11446	8800	6638	4300	10841	9100
张家界市	Zhangjiajie	3751	2464	1002	862	2113	2000
益阳市	Yiyang	19799	17708	2757	1916	3407	2873
郴州市	Chenzhou	17518	14766	9062	5417	6382	3285
永州市	Yongzhou	12000	6800	3400	1500	4100	2000
怀化市	Huaihua	8945	6261	5497	1919	2570	691
娄底市	Loudi	6830	302	2962	1241	5773	4700
广东省	**Guangdong**	**460716**	**410516**	**597142**	**554545**	**646611**	**624312**
广州市	Guangzhou	83341	83341	189781	189781	199268	199268
韶关市	Shaoguan	10510	6579	7172	4266	5341	2598
深圳市	Shenzhen	99129	99129	194350	194350	289945	289945
珠海市	Zhuhai	18761	18761	29583	29583	19017	19017
汕头市	Shantou	19498	19228	8430	8086	3940	3869
佛山市	Foshan	28192	28192	33440	33440	21794	21794
江门市	Jiangmen	20297	13418	9805	4350	5812	3730
湛江市	Zhanjiang	20439	15400	8794	5427	13397	8985
茂名市	Maoming	14245	8827	8357	6054	5031	3174
肇庆市	Zhaoqing	10926	6394	7589	3817	3904	3010
惠州市	Huizhou	30706	26660	15977	11900	7830	5627
梅州市	Meizhou	9215	4920	3680	1074	1704	1110
汕尾市	Shanwei	3577	1637	1362	852	2304	1464
河源市	Heyuan	8241	6196	6093	3791	3182	1560
阳江市	Yangjiang	6431	4641	4462	2604	1948	557
清远市	Qingyuan	11901	9107	9539	7086	2583	1908
东莞市	Dongguan	32586	32586	23937	23937	41568	41568
中山市	Zhongshan	15082	15082	19027	19027	12080	12080
潮州市	Chaozhou	5216	4374	2987	2422	1829	1684
揭阳市	Jieyang	7654	3975	3310	1602	2779	847
云浮市	Yunfu	4769	2069	9467	1096	1355	517
广西壮族自治区	**Guangxi**	**132063**	**98723**	**79154**	**62942**	**111680**	**87346**
南宁市	Nanning	40423	35758	26330	24504	41795	39364
柳州市	Liuzhou	10203	8579	15407	13729	22707	19747
桂林市	Guilin	17610	13678	10246	8067	15704	12737

2-8 续表 5 continued

单位：人 (person)

城市	City	(5)金融业 Financial Intermediation		(6)房地产业 Real Estate		(7)租赁和商业服务业 Leasing and Business Services	
		全市 Total City	市辖区 Districts under City	全市 Total City	市辖区 Districts under City	全市 Total City	市辖区 Districts under City
梧州市	Wuzhou	7407	4133	3337	2045	1651	939
北海市	Beihai	8354	7308	3274	2803	1826	1126
防城港市	Fangchenggang	1936	1936	2556	1540	1775	1406
钦州市	Qinzhou	3979	1860	2801	1799	2078	1257
贵港市	Guigang	7885	5546	1688	849	2123	680
玉林市	Yulin	8646	5601	4510	3219	5732	3582
百色市	Baise	5006	2486	2029	768	5158	892
贺州市	Hezhou	5543	3638	701	284	1645	1270
河池市	Hechi	6268	2126	2042	1026	2681	707
来宾市	Laibin	3930	1956	2658	1804	3566	2186
崇左市	Chongzuo	4873	4118	1575	505	3239	1453
海南省	**Hainan**	**32495**	**32022**	**54307**	**51761**	**18281**	**14546**
海口市	Haikou	21919	21919	41824	41824	12879	12879
三亚市	Sanya	10103	10103	9937	9937	1667	1667
三沙市	Sansa						
儋州市	Danzhou	473		2546		3735	
重庆市	**Chongqing**	**151900**		**267300**		**239800**	
四川省	**Sichuan**	**265185**	**118730**	**251426**	**47705**	**326492**	**43202**
成都市	Chengdu	88852		169978		260720	
自贡市	Zigong	10218	8885	3675	3520	1833	1679
攀枝花市	Panzhihua	8422	8420	6015	5888	5998	5361
泸州市	Luzhou	9900	7031	6587	4187	5406	3929
德阳市	Deyang	14007	9256	5025	2840	4260	2808
绵阳市	Mianyang	17665	11212	9733	7095	5038	2323
广元市	Guangyuan	8505	6068	1865	1442	1626	923
遂宁市	Suining	6212	3804	6624	3643	2044	1402
内江市	Neijiang	10038	2533	3243	1244	1974	1434
乐山市	Leshan	8221	5372	4443	2600	2888	2352
南充市	Nanchong	19227	13678	8443	2858	18067	11322
眉山市	Meishan	3027	1537	3663	975	723	653
宜宾市	Yibin	16476	12389	4895	2371	4106	2543
广安市	Guang'an	9976	6238	1207	688	1349	844
达州市	Dazhou	12323	6655	3336	1813	2740	2606
雅安市	Ya'an	4671	3335	936	588	1026	853
巴中市	Bazhong	5241	2431	6180	2991	2823	1101
资阳市	Ziyang	12204	9886	5578	2962	3871	1069
贵州省	**Guizhou**	**65860**	**28620**	**73620**	**9066**	**40382**	**8241**
贵阳市	Guiyang	26148		50769		24015	
六盘水市	Liupanshui	5890	4354	2382	1292	1704	962
遵义市	Zunyi	10575	6780	8834	2668	6412	3790
安顺市	Anshun	6795	5763	4207	3163	3283	1720
毕节市	Bijie	8057	5331	4874	735	4521	1413
铜仁市	Tongren	8395	6392	2554	1208	447	356
云南省	**Yunnan**	**66244**	**48832**	**81987**	**55560**	**70187**	**54029**
昆明市	Kunming	35094	31459	45714	35864	45540	35905
曲靖市	Qujing	6806	3100	8708	4700	9978	6700

2-8 续表 6 continued

单位：人 (person)

城 市	City	(5)金融业 Financial Intermediation 全 市 Total City	市辖区 Districts under City	(6)房地产业 Real Estate 全 市 Total City	市辖区 Districts under City	(7)租赁和商业服务业 Leasing and Business Services 全 市 Total City	市辖区 Districts under City
玉溪市	Yuxi	7000	4251	8300	7315	3700	2560
保山市	Baoshan	3505	2415	6173	2698	1963	1661
昭通市	Zhaotong	3961	1718	2877	1548	2275	1560
丽江市	Lijiang	3335	2100	3819	1500	2616	2486
普洱市	Pu'er	3851	2522	1931	1286	3317	3051
临沧市	Lincang	2692	1267	4465	649	798	106
西藏自治区	**Tibet**	**9235**	**120**	**2278**	**29**	**19490**	
拉萨市	Lasa	9235	120	2278	29	19490	
陕西省	**Shaanxi**	**179430**	**148721**	**110277**	**83139**	**108995**	**86938**
西安市	Xi'an	78303	69521	71475	59125	84733	73685
铜川市	Tongchuan	3771	3771	2421	2352	1792	1785
宝鸡市	Baoji	10958	7487	5501	4521	3279	2513
咸阳市	Xianyang	18116	14772	7777	4117	4191	2897
渭南市	Weinan	20867	18975	5894	2965	4914	1322
延安市	Yan'an	4180	2302	4124	3557	2419	1794
汉中市	Hanzhong	18152	15124	4550	2188	1848	562
榆林市	Yulin	9192	5628	3862	2013	3770	1209
安康市	Ankang	8909	6854	2900	1608	664	339
商洛市	Shangluo	6982	4287	1773	693	1385	832
甘肃省	**Gansu**	**68788**	**51663**	**45614**	**34802**	**32724**	**26957**
兰州市	Lanzhou	23658	21597	24203	22798	20889	20058
嘉峪关市	Jiayuguan	987	987	1371	1371	3398	3398
金昌市	Jinchang	1908	1665	649	519	831	169
白银市	Baiyin	6733	5931	1711	1092	590	263
天水市	Tianshui	4743	2515	3015	2315	781	359
武威市	Wuwei	4139	4139	1364	1134	416	389
张掖市	Zhangye	4112	3083	2085	1414	668	484
平凉市	Pingliang	4424	1987	2854	2534	375	291
酒泉市	Jiuquan	6153	4183	1226	459	2380	870
庆阳市	Qingyang	4852	1804	751	506	344	208
定西市	Dingxi	3679	2372	2385	560	752	68
陇南市	Longnan	3400	1400	4000	100	1300	400
青海省	**Qinghai**	**16948**	**14498**	**7921**	**7174**	**6487**	**5066**
西宁市	Xining	14592	13853	7108	6897	5769	4847
海东市	Haidong	2356	645	813	277	718	219
宁夏回族自治区	**Ningxia**	**39186**	**30958**	**20830**	**17181**	**51272**	**43342**
银川市	Yinchuan	27599	24244	17652	14688	43515	38135
石嘴山市	Shizuishan	3132	2393	1573	1380	3160	2241
吴忠市	Wuzhong	3675	1628	741	611	2542	1215
固原市	Guyuan	2235	1066	316	38	1824	1559
中卫市	Zhongwei	2545	1627	548	464	231	192
新疆维吾尔自治区	**Xinjiang**	**24581**	**24371**	**24891**	**24884**	**41326**	**41123**
乌鲁木齐市	Urumqi	21258	21048	17317	17310	26045	25842
克拉玛依市	Karamay	3323	3323	7574	7574	15281	15281

2-9 按行业分组的城镇单位从业人员(五)
Persons Employed in Urban Units by Sector in Detail (Ⅴ)

单位：人 (person)

城 市	City	(8)科学研究、技术服务和地质勘查业 Scientific Research, Technical Service and Geologic Prospecting		(9)水利、环境和公共设施管理业 Management of Water Conservancy, Environment		(10)居民服务、修理和其他服务业 Services to Households and Other Services	
		全 市 Total City	市辖区 Districts under City	全 市 Total City	市辖区 Districts under City	全 市 Total City	市辖区 Districts under City
城市合计	**Prefecture Cities**	**4099011**	**3181979**	**2618475**	**1476814**	**2221051**	**675058**
北京市	**Beijing**	**593471**	**593471**	**101949**	**101949**	**90237**	**90237**
天津市	**Tianjin**	**113175**	**113175**	**41349**	**41349**	**109868**	**109868**
河北省	**Hebei**	**147792**	**89373**	**116920**	**66201**	**22235**	**13602**
石家庄市	Shijiazhuang	39047	36745	20678	13711	3408	2212
唐山市	Tangshan	8184	5940	17023	8111	1744	1074
秦皇岛市	Qinhuangdao	5802	5069	7237	6721	686	662
邯郸市	Handan	10941	8917	16000	8313	1756	505
邢台市	Xingtai	5383	4700	9170	5700	559	400
保定市	Baoding	44843	6513	8312	5111	1966	1218
张家口市	Zhangjiakou	8343	5753	11678	4742	4307	3952
承德市	Chengde	6181	3239	7116	3180	5396	2087
沧州市	Cangzhou	4079	2592	9385	4205	1333	1030
廊坊市	Langfang	12136	7746	5806	3872	870	376
衡水市	Hengshui	2853	2159	4515	2535	210	86
山西省	**Shanxi**	**75243**	**62433**	**95480**	**47646**	**6497**	**4241**
太原市	Taiyuan	41274	40718	18837	15649	2725	2363
大同市	Datong	5388	4158	10630	8851	339	321
阳泉市	Yangquan	3392	2433	3239	2527	211	129
长治市	Changzhi	4098	2845	12088	4740	90	66
晋城市	Jincheng	2374	1616	5534	2846	551	221
朔州市	Shuozhou	1671	1181	4937	2082	541	527
晋中市	Jinzhong	5212	3704	9783	3612	81	30
运城市	Yuncheng	4121	2108	6285	1141	559	315
忻州市	Xinzhou	2749	1799	7710	2303	785	175
临汾市	Linfen	3833	1566	9809	2678	360	71
吕梁市	Lvliang	1131	305	6628	1217	255	23
内蒙古自治区	**Inner Mongolia**	**56097**	**46029**	**71450**	**41654**	**7501**	**2984**
呼和浩特市	Hohhot	21103	20334	18364	14441	2226	726
包头市	Baotou	8790	8450	7791	6450	1332	1203
乌海市	Wuhai	1400	1400	3287	3287	81	81
赤峰市	Chifeng	5042	4256	8143	5532	435	178
通辽市	Tongliao	4344	2266	5826	1463	741	82
鄂尔多斯市	Erdos	3984	3216	9354	5646	265	58
呼伦贝尔市	Hulunbuir	5780	2848	6201	923	1711	424
巴彦淖尔市	Bayannur	2905	1666	5730	1719	101	48
乌兰察布市	Ulanqab	2749	1593	6754	2193	609	184
辽宁省	**Liaoning**	**158973**	**132012**	**158973**	**118734**	**25620**	**20911**
沈阳市	Shenyang	62355	60520	42587	38376	8030	7274
大连市	Dalian	20863	19260	14791	13401	2819	2678
鞍山市	Anshan	18205	14365	15901	11399	3143	2596
抚顺市	Fushun	5052	4413	8307	6972	666	563
本溪市	Benxi	2875	2384	6859	4652	468	423
丹东市	Dandong	9259	5048	10834	7348	813	652
锦州市	Jinzhou	10440	8421	6036	3502	1466	640

2-9 续表 1 continued

单位：人 (person)

城市	City	(8)科学研究、技术服务和地质勘查业 Scientific Research, Technical Service and Geologic Prospecting 全市 Total City	市辖区 Districts under City	(9)水利、环境和公共设施管理业 Management of Water Conservancy, Environment 全市 Total City	市辖区 Districts under City	(10)居民服务、修理和其他服务业 Services to Households and Other Services 全市 Total City	市辖区 Districts under City
营口市	Yingkou	3549	2485	7928	5360	639	440
阜新市	Fuxin	2684	2058	6129	3945	394	137
辽阳市	Liaoyang	2897	2335	7995	6152	604	488
盘锦市	Panjin	4856	3686	8944	6347	761	563
铁岭市	Tieling	6128	2337	7330	3152	429	49
朝阳市	Chaoyang	5283	2395	9361	5638	4436	4014
葫芦岛市	Huludao	4527	2305	5971	2490	952	394
吉林省	**Jilin**	**71093**	**56471**	**74804**	**46971**	**20491**	**18756**
长春市	Changchun	42932	41081	28230	23926	12238	12091
吉林市	Jilin	6908	4830	12150	7626	396	240
四平市	Siping	5234	1977	7132	3681	399	51
辽源市	Liaoyuan	1455	925	2256	1265	188	95
通化市	Tonghua	3791	1257	5383	1397	1570	1054
白山市	Baishan	2001	1205	2770	1996	269	231
松原市	Songyuan	3030	945	6315	2945	1199	952
白城市	Baicheng	5742	4251	10568	4135	4232	4042
黑龙江省	**Heilongjiang**	**110292**	**97268**	**98937**	**52311**	**44150**	**33589**
哈尔滨市	Harbin	40843	39061	32604	26232	7205	6941
齐齐哈尔市	Qiqihar	5851	3710	12165	7249	633	331
鸡西市	Jixi	1121	711	15049	4117	2635	1079
鹤岗市	Hegang	645	312	4424	1948	1531	102
双鸭山市	Shuangyashan	1227	757	4132	1698	241	96
大庆市	Daqing	46400	45800	4800	3900	23700	23600
伊春市	Yichun	1703	1538	2361	1955	117	99
佳木斯市	Jiamusi	2898	1721	4506	1327	590	189
七台河市	Qitaihe	1363	1109	2119	1497	167	105
牡丹江市	Mudanjiang	2874	1708	4921	1424	797	281
黑河市	Heihe	2230	662	5210	473	5883	766
绥化市	Suihua	3137	179	6646	491	651	
上海市	**Shanghai**	**255330**	**253816**	**90623**	**88098**	**83446**	**79552**
江苏省	**Jiangsu**	**217701**	**174030**	**154618**	**92377**	**33472**	**17439**
南京市	Nanjing	81089	81089	20086	20086	6719	6719
无锡市	Wuxi	15614	12692	11028	7654	7589	1269
徐州市	Xuzhou	11877	7688	15328	6457	1011	218
常州市	Changzhou	12363	11841	11776	9744	593	546
苏州市	Suzhou	24759	17176	21830	10899	6096	3881
南通市	Nantong	19292	6757	10940	4053	1998	1150
连云港市	Lianyungang	8205	6524	9549	6657	1875	249
淮安市	Huai'an	5942	4657	10682	7541	1613	527
盐城市	Yancheng	7459	3717	10639	4334	2522	1405
扬州市	Yangzhou	12930	10849	8160	4654	1762	509
镇江市	Zhenjiang	9589	6699	8825	4282	543	208
泰州市	Taizhou	6554	3364	7093	3243	979	674
宿迁市	Suqian	2028	977	8682	2773	172	84
浙江省	**Zhejiang**	**163895**	**136418**	**115959**	**58743**	**34615**	**29636**
杭州市	Hangzhou	86886	84849	29531	24424	13923	13700

2-9 续表 2 continued

单位：人 (person)

城 市	City	(8)科学研究、技术服务和地质勘查业 Scientific Research, Technical Service and Geologic Prospecting		(9)水利、环境和公共设施管理业 Management of Water Conservancy, Environment		(10)居民服务、修理和其他服务业 Services to Households and Other Services	
		全 市 Total City	市辖区 Districts under City	全 市 Total City	市辖区 Districts under City	全 市 Total City	市辖区 Districts under City
宁波市	Ningbo	19881	15619	16024	9410	4233	3408
温州市	Wenzhou	9914	6670	7144	2453	1062	427
嘉兴市	Jiaxing	9267	5630	10326	1916	636	315
湖州市	Huzhou	4384	3141	5918	2786	457	188
绍兴市	Shaoxing	8309	6783	10411	5415	748	331
金华市	Jinhua	5289	2282	15361	2321	1580	770
衢州市	Quzhou	2543	1574	1996	1029	202	75
舟山市	Zhoushan	4700	4200	5400	4500	10200	10000
台州市	Taizhou	8882	3750	9487	3789	1243	370
丽水市	Lishui	3840	1920	4361	700	331	52
安徽省	**Anhui**	**108734**	**67636**	**96666**	**42595**	**140821**	**5630**
合肥市	Hefei	37854	35938	9885	6819	1713	1351
芜湖市	Wuhu	7250	5979	4747	3114	847	702
蚌埠市	Bengbu	5978	5300	6301	4647	258	192
淮南市	Huainan	4063	3579	9972	7038	371	302
马鞍山市	Maanshan	4398	3709	3102	1073	1755	1509
淮北市	Huaibei	1666	1220	1158	809	115	91
铜陵市	Tongling	2079	1693	2539	2253	594	470
安庆市	Anqing	4653	1008	5400	2020	1140	348
黄山市	Huangshan	1675	1349	3740	3105	53	29
滁州市	Chuzhou	4487	1259	5641	776	185	
阜阳市	Fuyang	2825	1534	4085	1586	200	40
宿州市	Suzhou	12000		6000		24000	
六安市	Lu'an	12793	2340	20296	4313	108882	239
亳州市	Bozhou	2635	943	6518	2403	435	200
池州市	Chizhou	2219	1108	4002	1110	156	125
宣城市	Xuancheng	2159	677	3280	1529	117	32
福建省	**Fujian**	**86296**	**73666**	**55336**	**32282**	**17816**	**14260**
福州市	Fuzhou	42913	41545	15470	11669	3647	2907
厦门市	Xiamen	18195	18195	13054	13054	9556	9556
莆田市	Putian	2567	2151	2056	1739	435	370
三明市	Sanming	2888	1275	5368	996	324	105
泉州市	Quanzhou	3568	2952	2971	1165	1317	619
漳州市	Zhangzhou	5276	1795	5319	689	910	212
南平市	Nanping	4174	1115	4227	1112	545	120
龙岩市	Longyan	3918	3166	4003	1199	521	336
宁德市	Ningde	2797	1472	2868	659	561	35
江西省	**Jiangxi**	**56905**	**45357**	**76591**	**35301**	**9953**	**3885**
南昌市	Nanchang	24326	24184	22806	19005	1418	1065
景德镇市	Jingdezhen	3802	3621	3732	1590	602	103
萍乡市	Pingxiang	2285	1963	2647	2005	331	331
九江市	Jiujiang	7088	4891	7225	3698	1190	375
新余市	Xinyu	1231	600	952	378	243	172
鹰潭市	Yingtan	1897	1144	2393	185		
赣州市	Ganzhou	6048	4880	9748	3586	2301	1200
吉安市	Ji'an	4652	1469	8816	964	880	16

2-9 续表 3 continued

单位：人 (person)

城 市	City	(8)科学研究、技术服务和地质勘查业 Scientific Research, Technical Service and Geologic Prospecting		(9)水利、环境和公共设施管理业 Management of Water Conservancy, Environment		(10)居民服务、修理和其他服务业 Services to Households and Other Services	
		全 市 Total City	市辖区 Districts under City	全 市 Total City	市辖区 Districts under City	全 市 Total City	市辖区 Districts under City
宜春市	Yichun	2190	1005	6892	1582	503	43
抚州市	Fuzhou	2012	1123	5328	1063	1608	401
上饶市	Shangrao	1374	477	6052	1245	877	179
山东省	**Shandong**	**171099**	**114311**	**182523**	**77407**	**31009**	**20824**
济南市	Jinan	32116	30664	14291	11350	2876	2367
青岛市	Qingdao	26645	23924	19970	16141	9517	8196
淄博市	Zibo	5981	4667	10863	8440	1131	1075
枣庄市	Zaozhuang	2739	1836	5992	3931	1076	901
东营市	Dongying	8301	7610	4122	3357	797	299
烟台市	Yantai	21976	15113	14241	7361	1587	860
潍坊市	Weifang	8790	4189	40858	1616	761	386
济宁市	Jining	5920	3783	8291	1757	1148	413
泰安市	Tai'an	8816	5621	4858	1824	2800	1124
威海市	Weihai	14195	4554	11962	2480	1584	1177
日照市	Rizhao	1735	992	1885	1056	134	103
莱芜市	Laiwu	529	529	789	789	799	799
临沂市	Linyi	12612	4517	15314	5939	1960	278
德州市	Dezhou	8648	1257	7860	2916	2190	1404
聊城市	Liaocheng	3055	1960	6599	4022	383	232
滨州市	Binzhou	3027	1389	3172	1068	1360	1072
菏泽市	Heze	6014	1706	11456	3360	906	138
河南省	**Henan**	**170460**	**114009**	**133834**	**54922**	**29610**	**13324**
郑州市	Zhengzhou	60589	55842	20409	12592	3791	2579
开封市	Kaifeng	6186	3737	6090	4364	2421	895
洛阳市	Luoyang	26527	24066	9574	2919	1430	528
平顶山市	Pingdingshan	6550	3219	10562	5012	1643	864
安阳市	Anyang	2767	1922	6384	4404	858	400
鹤壁市	Hebi	1298	692	4532	3779	191	181
新乡市	Xinxiang	8554	3467	6789	1600	741	421
焦作市	Jiaozuo	3135	2083	6199	2322	1906	1570
濮阳市	Puyang	2813	2389	3479	1329	1893	1282
许昌市	Xuchang	4939	975	5790	830	1646	780
漯河市	Luohe	1100	875	3608	3263	110	69
三门峡市	Sanmenxia	2133	1425	2667	1418	333	181
南阳市	Nanyang	17481	6540	16741	5295	2711	1206
商丘市	Shangqiu	3365	383	9457	1786	1255	87
信阳市	Xinyang	11017	2865	9352	2795	2326	1134
周口市	Zhoukou	4527	1207	4086	406	1162	214
驻马店市	Zhumadian	7479	2322	8115	808	5193	933
湖北省	**Hubei**	**161054**	**120186**	**103874**	**58327**	**43396**	**23924**
武汉市	Wuhan	77783	75169	32985	28981	6658	5831
黄石市	Huangshi	4786	3573	2513	1519	508	371
十堰市	Shiyan	4797	2163	5335	2851	9836	9364
宜昌市	Yichang	23181	10180	9129	3479	7155	2656
襄阳市	Xiangyang	24698	15944	16135	8521	7060	1384
鄂州市	Ezhou	1577	1577	3032	3032	1372	1372

2-9 续表 4 continued

单位：人 (person)

城 市	City	(8)科学研究、技术服务和地质勘查业 Scientific Research, Technical Service and Geologic Prospecting		(9)水利、环境和公共设施管理业 Management of Water Conservancy, Environment		(10)居民服务、修理和其他服务业 Services to Households and Other Services	
		全 市 Total City	市辖区 Districts under City	全 市 Total City	市辖区 Districts under City	全 市 Total City	市辖区 Districts under City
荆门市	Jingmen	4601	3415	5163	2022	575	541
孝感市	Xiaogan	6524	3147	8659	1839	8368	2049
荆州市	Jingzhou	5600	2000	7300	2500	700	100
黄冈市	Huanggang	4010	1409	6659	423	925	139
咸宁市	Xianning	2215	956	2641	788	133	40
随州市	Suizhou	1282	653	4323	2372	106	77
湖南省	**Hunan**	**113880**	**73184**	**79979**	**32814**	**21640**	**11852**
长沙市	Changsha	45681	44389	10618	7798	5447	5107
株洲市	Zhuzhou	8291	7216	4774	1893	1985	624
湘潭市	Xiangtan	4734	3570	5363	3492	5179	2923
衡阳市	Hengyang	7032	2925	8012	2801	1204	922
邵阳市	Shaoyang	2542	1151	4471	661	1235	287
岳阳市	Yueyang	15612	2704	9821	3751	2043	527
常德市	Changde	10647	3100	5587	1700	1562	190
张家界市	Zhangjiajie	710	529	2632	2400	22	20
益阳市	Yiyang	1746	1174	4426	1410	125	47
郴州市	Chenzhou	7008	3028	6626	2067	740	560
永州市	Yongzhou	4500	1400	5000	1800	300	100
怀化市	Huaihua	3174	1698	6931	2822	601	505
娄底市	Loudi	2203	300	5718	219	1197	40
广东省	**Guangdong**	**347639**	**333372**	**174054**	**135350**	**74418**	**70641**
广州市	Guangzhou	172514	172514	56263	56263	24009	24009
韶关市	Shaoguan	3559	2850	6697	3879	676	413
深圳市	Shenzhen	87034	87034	13365	13365	20815	20815
珠海市	Zhuhai	10744	10744	8979	8979	2570	2570
汕头市	Shantou	3899	3866	5028	4812	339	323
佛山市	Foshan	15558	15558	12757	12757	5480	5480
江门市	Jiangmen	4681	2546	6084	1490	1378	360
湛江市	Zhanjiang	5839	4174	12799	7018	996	786
茂名市	Maoming	3712	2684	6118	3069	447	307
肇庆市	Zhaoqing	3106	1938	4989	2936	708	367
惠州市	Huizhou	5064	3465	7993	4754	685	323
梅州市	Meizhou	3455	2179	6750	2160	275	98
汕尾市	Shanwei	740	300	1610	263	135	28
河源市	Heyuan	1604	969	2890	715	604	199
阳江市	Yangjiang	1643	567	4011	2683	314	129
清远市	Qingyuan	2212	1604	3428	854	1017	776
东莞市	Dongguan	14034	14034	3004	3004	12589	12589
中山市	Zhongshan	3880	3880	3138	3138	396	396
潮州市	Chaozhou	1695	1304	2646	1968	303	303
揭阳市	Jieyang	1452	982	3517	1123	560	340
云浮市	Yunfu	1214	180	1988	120	122	30
广西壮族自治区	**Guangxi**	**95076**	**69838**	**93822**	**57217**	**6897**	**5961**
南宁市	Nanning	36941	34732	22054	17224	1965	1790
柳州市	Liuzhou	14947	11940	17101	14220	1194	1140
桂林市	Guilin	8524	6397	13940	7340	1536	1412

2-9 续表 5 continued

单位：人 (person)

城市	City	(8)科学研究、技术服务和地质勘查业 Scientific Research, Technical Service and Geologic Prospecting		(9)水利、环境和公共设施管理业 Management of Water Conservancy, Environment		(10)居民服务、修理和其他服务业 Services to Households and Other Services	
		全 市 Total City	市辖区 Districts under City	全 市 Total City	市辖区 Districts under City	全 市 Total City	市辖区 Districts under City
梧州市	Wuzhou	3444	2352	3365	1973	56	
北海市	Beihai	3090	2111	4055	2804	258	227
防城港市	Fangchenggang	1316	948	3613	2163	57	57
钦州市	Qinzhou	2784	1148	3040	2116	402	326
贵港市	Guigang	2193	1380	2571	351	488	385
玉林市	Yulin	5186	2255	6881	2734	400	285
百色市	Baise	3952	2188	5596	2306	183	114
贺州市	Hezhou	2358	1472	1974	1466	69	69
河池市	Hechi	3428	1121	4063	697	148	92
来宾市	Laibin	2991	1375	2504	969	77	44
崇左市	Chongzuo	3922	419	3065	854	64	20
海南省	**Hainan**	**18559**	**16106**	**18457**	**16102**	**9182**	**4500**
海口市	Haikou	14798	14798	9095	9095	2343	2343
三亚市	Sanya	1308	1308	7007	7007	2157	2157
三沙市	Sansa						
儋州市	Danzhou	2453		2355		4682	
重庆市	**Chongqing**	**108900**		**78100**		**927600**	
四川省	**Sichuan**	**232572**	**67210**	**129009**	**44328**	**318945**	**11821**
成都市	Chengdu	144379		43507		301897	
自贡市	Zigong	3055	2151	3104	2448	324	228
攀枝花市	Panzhihua	5588	5444	2741	2375	5910	5714
泸州市	Luzhou	2982	2274	5233	3439	488	343
德阳市	Deyang	5535	4083	6650	3460	568	343
绵阳市	Mianyang	38143	36938	8639	4449	3575	2792
广元市	Guangyuan	1678	543	6985	5520	225	172
遂宁市	Suining	991	354	2504	483	138	10
内江市	Neijiang	1463	849	1885	483	370	98
乐山市	Leshan	5635	2564	7672	2590	1328	1005
南充市	Nanchong	4998	1692	10671	5690	1599	347
眉山市	Meishan	2806	1271	4738	2410	101	
宜宾市	Yibin	2490	1708	3740	2628	550	104
广安市	Guang'an	1447	549	3495	386	41	13
达州市	Dazhou	5365	3597	6437	3595	925	185
雅安市	Ya'an	688	607	2358	1499	231	160
巴中市	Bazhong	2059	1189	3238	762	505	269
资阳市	Ziyang	3270	1397	5412	2111	170	38
贵州省	**Guizhou**	**65659**	**11023**	**35202**	**12907**	**11192**	**1487**
贵阳市	Guiyang	30703		6693		8747	
六盘水市	Liupanshui	2243	1086	4192	3464	290	162
遵义市	Zunyi	10229	2996	11815	3435	721	380
安顺市	Anshun	2843	1771	3088	1812	370	243
毕节市	Bijie	15326	3664	5134	2299	867	652
铜仁市	Tongren	4315	1506	4280	1897	197	50
云南省	**Yunnan**	**76385**	**54238**	**46870**	**19013**	**10706**	**6644**
昆明市	Kunming	51688	44881	16185	8917	7482	5515
曲靖市	Qujing	3625	1700	5262	2400	1321	300

2-9 续表 6 continued

单位：人 (person)

城市	City	(8)科学研究、技术服务和地质勘查业 Scientific Research, Technical Service and Geologic Prospecting		(9)水利、环境和公共设施管理业 Management of Water Conservancy, Environment		(10)居民服务、修理和其他服务业 Services to Households and Other Services	
		全市 Total City	市辖区 Districts under City	全市 Total City	市辖区 Districts under City	全市 Total City	市辖区 Districts under City
玉溪市	Yuxi	3500	2105	3300	720	700	410
保山市	Baoshan	2295	1134	3446	942	162	58
昭通市	Zhaotong	4281	1381	5241	1268	115	41
丽江市	Lijiang	3211	750	7231	2570	177	47
普洱市	Pu'er	6537	1861	4399	1598	332	203
临沧市	Lincang	1248	426	1806	598	417	70
西藏自治区	**Tibet**	**7941**	**444**	**1231**	**837**	**16542**	**11**
拉萨市	Lasa	7941	444	1231	837	16542	11
陕西省	**Shaanxi**	**182423**	**149605**	**95594**	**47321**	**23671**	**18255**
西安市	Xi'an	132113	124561	24721	23256	11939	10525
铜川市	Tongchuan	2152	2075	1570	1388	80	80
宝鸡市	Baoji	6216	4263	8711	5124	455	301
咸阳市	Xianyang	8123	4584	13633	3907	681	320
渭南市	Weinan	9527	3066	14239	4095	7780	5542
延安市	Yan'an	4899	2475	5799	1449	1230	890
汉中市	Hanzhong	6763	2874	9044	1927	618	341
榆林市	Yulin	6899	3214	12823	3498	574	23
安康市	Ankang	2830	1541	1791	903	129	87
商洛市	Shangluo	2901	952	3263	1774	185	146
甘肃省	**Gansu**	**65444**	**57004**	**57127**	**25805**	**6451**	**3990**
兰州市	Lanzhou	36154	35219	16811	12909	935	935
嘉峪关市	Jiayuguan	382	382	409	409	2000	2000
金昌市	Jinchang	910	711	2372	1016	81	81
白银市	Baiyin	1590	1190	3874	983	116	22
天水市	Tianshui	7525	7076	2687	1000	261	261
武威市	Wuwei	2555	1776	5579	3031	228	228
张掖市	Zhangye	5329	4857	4802	1343	201	144
平凉市	Pingliang	2840	1578	3099	1409	449	45
酒泉市	Jiuquan	2793	2001	5591	1496	42	42
庆阳市	Qingyang	2140	1109	2798	1091	34	28
定西市	Dingxi	1826	705	4105	718	104	104
陇南市	Longnan	1400	400	5000	400	2000	100
青海省	**Qinghai**	**17799**	**14537**	**7874**	**5057**	**634**	**556**
西宁市	Xining	15792	13718	5073	3481	607	556
海东市	Haidong	2007	819	2801	1576	27	
宁夏回族自治区	**Ningxia**	**20916**	**17620**	**23283**	**15209**	**39295**	**33537**
银川市	Yinchuan	15437	14162	9183	8305	39029	33284
石嘴山市	Shizuishan	1483	1181	4363	3566	183	183
吴忠市	Wuzhong	1306	651	3917	1407	42	42
固原市	Guyuan	1643	618	2131	511	25	12
中卫市	Zhongwei	1047	1008	3689	1420	16	16
新疆维吾尔自治区	**Xinjiang**	**28208**	**28137**	**7987**	**7987**	**3141**	**3141**
乌鲁木齐市	Urumqi	26157	26086	6872	6872	1348	1348
克拉玛依市	Karamay	2051	2051	1115	1115	1793	1793

2-10 按行业分组的城镇单位从业人员(六)
Persons Employed in Urban Units by Sector in Detail(Ⅵ)

单位：人 (person)

	City	(11)教育 Education		(12)卫生、社会保障和社会福利业 Health, Social Security and Social Welfare		(13)文化、体育、娱乐用房屋 Culture, Sports and Entertainment		(14)公共管理和社会组织 Public Management and Social Organization	
		全 市 Total City	市辖区 Districts under City	全 市 Total City	市辖区 Districts under City	全 市 Total City	市辖区 Districts under City	全 市 Total City	市辖区 Districts under City
城市合计	**Prefecture Cities**	**16340101**	**7381077**	**8075192**	**4337559**	**1554644**	**1061787**	**14981169**	**7094513**
北京市	**Beijing**	**473218**	**473218**	**272740**	**272740**	**182639**	**182639**	**467348**	**467348**
天津市	**Tianjin**	**179695**	**179695**	**97125**	**97125**	**22085**	**22085**	**165152**	**165152**
河北省	**Hebei**	**879044**	**280341**	**361218**	**163613**	**54731**	**35842**	**856618**	**280511**
石家庄市	Shijiazhuang	130876	67845	56332	36121	16046	13644	110966	61081
唐山市	Tangshan	92675	43097	43783	23455	6032	3921	98202	49691
秦皇岛市	Qinhuangdao	40194	24172	21282	14665	5196	4485	46771	29377
邯郸市	Handan	112656	24814	43707	16986	5101	1921	98316	17874
邢台市	Xingtai	74993	16000	29618	8300	2262	900	78349	15200
保定市	Baoding	122852	39081	45208	19745	4209	2334	106712	30029
张家口市	Zhangjiakou	57518	19314	25346	11243	3604	2171	75297	19473
承德市	Chengde	45576	10658	21789	7776	3706	2591	52108	17179
沧州市	Cangzhou	88380	11377	34093	11625	4497	1724	80544	14003
廊坊市	Langfang	57433	13180	20497	6319	1919	920	65477	16609
衡水市	Hengshui	55891	10803	19563	7378	2159	1231	43876	9995
山西省	**Shanxi**	**517284**	**195776**	**200349**	**100321**	**45828**	**29846**	**579580**	**214808**
太原市	Taiyuan	81590	70095	41923	38932	16012	15304	63518	53361
大同市	Datong	45558	26323	15692	10751	4048	3257	52057	29086
阳泉市	Yangquan	18389	10393	7730	5165	1335	1007	25695	17054
长治市	Changzhi	50624	15909	21839	10352	3751	2017	51399	16516
晋城市	Jincheng	27448	7102	11318	3867	1899	1203	31816	8148
朔州市	Shuozhou	22941	12345	7702	3798	1784	874	34332	16940
晋中市	Jinzhong	48784	10670	18441	5163	3454	985	52170	12425
运城市	Yuncheng	65326	12438	24944	7312	4499	2099	71693	16880
忻州市	Xinzhou	45364	10002	16256	4867	1769	814	53037	10433
临汾市	Linfen	55020	13074	20476	7505	4026	1088	77209	16020
吕梁市	Lvliang	56240	7425	14028	2609	3251	1198	66654	17945
内蒙古自治区	**Inner Mongolia**	**307444**	**134627**	**132135**	**69982**	**30072**	**21833**	**368018**	**155809**
呼和浩特市	Hohhot	50939	38958	20151	17696	10541	10113	50404	37564
包头市	Baotou	31543	26580	18081	16477	3014	2600	34852	28265
乌海市	Wuhai	6699	6699	3413	3413	507	507	10241	10241
赤峰市	Chifeng	64878	19709	22778	5259	2531	1350	56097	16683
通辽市	Tongliao	44225	13552	16656	8034	2506	1319	40492	13032
鄂尔多斯市	Erdos	27580	6234	10816	4200	2796	1624	47249	13454
呼伦贝尔市	Hulunbuir	35464	7047	20138	5538	4229	2216	45168	9915
巴彦淖尔市	Bayannur	19593	8196	10854	5699	1721	881	32582	12859
乌兰察布市	Ulanqab	26523	7652	9248	3666	2227	1223	50933	13796
辽宁省	**Liaoning**	**579638**	**354159**	**336306**	**243795**	**50967**	**42996**	**541018**	**325092**
沈阳市	Shenyang	146932	129832	89208	80634	15706	14932	90415	74919
大连市	Dalian	84987	62222	46751	34612	10872	10056	63545	44967
鞍山市	Anshan	49322	27291	25480	17546	4037	3196	42803	22753
抚顺市	Fushun	23596	16591	14099	11306	2432	2321	25651	19415
本溪市	Benxi	19512	12839	28478	24875	1766	1362	22762	15999
丹东市	Dandong	31341	13926	21580	14481	2125	1348	27052	13978
锦州市	Jinzhou	39695	23043	20125	14028	3258	2630	35996	21695

2-10 续表 1 continued

单位：人 (person)

	City	(11)教育 Education		(12)卫生、社会保障和社会福利业 Health, Social Security and Social Welfare		(13)文化、体育、娱乐用房屋 Culture, Sports and Entertainment		(14)公共管理和社会组织 Public Management and Social Organization	
		全市 Total City	市辖区 Districts under City	全市 Total City	市辖区 Districts under City	全市 Total City	市辖区 Districts under City	全市 Total City	市辖区 Districts under City
营口市	Yingkou	21826	11266	12351	7403	1638	1315	36463	23730
阜新市	Fuxin	24822	13886	12964	8824	1579	1188	24172	13525
辽阳市	Liaoyang	17908	10873	11339	8392	1487	1274	24352	15989
盘锦市	Panjin	18142	8216	8803	5728	1916	1255	30012	18002
铁岭市	Tieling	29085	5167	14468	4985	1498	975	34244	8292
朝阳市	Chaoyang	45616	9372	17846	5703	1697	766	50009	16367
葫芦岛市	Huludao	26854	9635	12814	5278	956	378	33542	15461
吉林省	**Jilin**	**331360**	**168256**	**166229**	**98695**	**31663**	**22235**	**309311**	**164485**
长春市	Changchun	124530	90863	59110	49652	16855	15441	79026	62134
吉林市	Jilin	50443	25558	28158	16620	2818	2176	51687	31044
四平市	Siping	36500	9845	21159	8818	2419	572	26589	9443
辽源市	Liaoyuan	13390	5078	6949	3329	1008	570	14177	7952
通化市	Tonghua	24784	6786	13108	4774	2349	1050	31117	10151
白山市	Baishan	17004	7019	8946	4446	2744	654	32543	14985
松原市	Songyuan	31493	8576	14005	3852	1951	1042	32709	12221
白城市	Baicheng	33216	14531	14794	7204	1519	730	41463	16555
黑龙江省	**Heilongjiang**	**429076**	**230273**	**212925**	**136038**	**40011**	**29608**	**430329**	**213042**
哈尔滨市	Harbin	153195	113631	72089	58686	16872	15539	126086	87507
齐齐哈尔市	Qiqihar	44939	17079	26790	16093	3378	2006	41316	14741
鸡西市	Jixi	20037	10025	8513	3929	1752	1152	26065	15083
鹤岗市	Hegang	11497	6066	10711	7296	1345	879	14922	8559
双鸭山市	Shuangyashan	13783	5496	5598	2020	1497	868	25971	12668
大庆市	Daqing	40800	25500	21800	17000	4500	3900	36200	22400
伊春市	Yichun	12585	9801	7118	5888	1067	960	14900	9534
佳木斯市	Jiamusi	24663	11988	12662	7350	1567	1016	29712	12508
七台河市	Qitaihe	7599	5371	4922	3781	695	475	11789	8721
牡丹江市	Mudanjiang	28090	12971	17346	10589	2434	1601	29860	10520
黑河市	Heihe	21399	4299	8990	1796	2601	933	27633	7510
绥化市	Suihua	50489	8046	16386	1610	2303	279	45875	3291
上海市	**Shanghai**	**341124**	**333383**	**217650**	**210926**	**64170**	**63342**	**311932**	**301607**
江苏省	**Jiangsu**	**959780**	**540097**	**479324**	**286864**	**77700**	**61718**	**710217**	**412694**
南京市	Nanjing	147483	147483	63314	63314	25530	25530	92132	92132
无锡市	Wuxi	65441	34388	42164	25018	6613	4646	53628	32079
徐州市	Xuzhou	105308	42239	54371	28114	4465	3314	75446	36989
常州市	Changzhou	54763	47504	31380	27386	7255	6731	40036	33101
苏州市	Suzhou	102545	54676	63794	31149	9122	5287	97094	44862
南通市	Nantong	77421	31036	39392	18616	4286	1783	55503	23121
连云港市	Lianyungang	51210	26681	24654	14739	1998	1650	43307	25904
淮安市	Huai'an	62573	36299	23392	16633	2592	1703	41136	23616
盐城市	Yancheng	73223	28380	36342	15254	4919	3218	58529	24235
扬州市	Yangzhou	68251	38245	28942	16242	3639	2927	43480	26664
镇江市	Zhenjiang	38904	19248	21564	11542	2867	2128	34497	16686
泰州市	Taizhou	50820	21116	28323	11738	3080	2110	42336	20357
宿迁市	Suqian	61838	12802	21692	7119	1334	691	33093	12948
浙江省	**Zhejiang**	**709761**	**360150**	**437019**	**245950**	**77336**	**49726**	**696396**	**343775**
杭州市	Hangzhou	178314	154475	111965	97560	23138	21931	138191	116037

2-10 续表 2 continued

单位：人 (person)

	City	(11)教育 Education		(12)卫生、社会保障和社会福利业 Health, Social Security and Social Welfare		(13)文化、体育、娱乐用房屋 Culture, Sports and Entertainment		(14)公共管理和社会组织 Public Management and Social Organization	
		全 市 Total City	市辖区 Districts under City	全 市 Total City	市辖区 Districts under City	全 市 Total City	市辖区 Districts under City	全 市 Total City	市辖区 Districts under City
宁波市	Ningbo	89636	47284	61974	36257	10553	6939	95621	50128
温州市	Wenzhou	99765	33604	54689	25903	8785	4393	103141	35513
嘉兴市	Jiaxing	54595	16197	31833	11796	5179	1986	44180	13179
湖州市	Huzhou	32015	14382	20140	9963	3408	802	32881	12694
绍兴市	Shaoxing	57515	29937	33718	18807	6718	2629	44190	24595
金华市	Jinhua	62318	17160	40702	11658	5248	1723	69804	15218
衢州市	Quzhou	24556	10347	14031	6440	1834	888	35107	15238
舟山市	Zhoushan	15000	9500	11100	7200	5400	5300	25600	25200
台州市	Taizhou	63569	19666	38488	13173	4216	2032	66980	26472
丽水市	Lishui	32478	7598	18379	7193	2857	1103	40701	9501
安徽省	**Anhui**	**682626**	**243271**	**351042**	**139787**	**59339**	**21747**	**523889**	**203910**
合肥市	Hefei	102832	60335	50054	36105	10625	9776	72575	41005
芜湖市	Wuhu	45021	22785	22527	14760	1731	1179	31569	16986
蚌埠市	Bengbu	36351	16332	16818	9811	1522	1223	22586	11438
淮南市	Huainan	36490	22406	17448	12304	1712	1091	24981	14977
马鞍山市	Maanshan	22744	9540	10696	6505	1152	698	23522	11824
淮北市	Huaibei	21736	12494	13389	7701	516	429	16951	11116
铜陵市	Tongling	15995	8540	8147	5818	979	781	15270	12274
安庆市	Anqing	51703	8800	20512	5490	2598	655	40973	9424
黄山市	Huangshan	13974	5866	8518	4598	1466	656	21925	10724
滁州市	Chuzhou	40302	7937	16078	3538	605	132	30382	6856
阜阳市	Fuyang	70171	21976	29286	10799	1619	867	47306	18923
宿州市	Suzhou	58000		57000		15000		34000	
六安市	Lu'an	81215	18405	44093	9884	14458	754	73367	12499
亳州市	Bozhou	49621	14635	17241	5736	1579	707	25436	9967
池州市	Chizhou	13714	5873	6770	3356	2472	2337	16382	7582
宣城市	Xuancheng	22757	7347	12465	3382	1305	462	26664	8315
福建省	**Fujian**	**503513**	**200660**	**215371**	**117374**	**43100**	**30457**	**391791**	**180076**
福州市	Fuzhou	111556	43458	53259	37515	16115	12751	92114	49073
厦门市	Xiamen	56049	56049	26299	26299	8578	8578	34419	34419
莆田市	Putian	39437	26776	13319	9961	1852	1599	22245	17736
三明市	Sanming	37240	5676	16048	3926	1915	851	39611	7887
泉州市	Quanzhou	93058	23435	27370	10518	4610	2787	55853	19984
漳州市	Zhangzhou	53827	12547	22981	8503	2748	1260	42500	12788
南平市	Nanping	34161	9370	17849	6542	2650	555	32721	11988
龙岩市	Longyan	39709	15881	20562	9651	2556	1474	36940	16340
宁德市	Ningde	38476	7468	17684	4459	2076	602	35388	9861
江西省	**Jiangxi**	**552928**	**181455**	**246129**	**104033**	**37797**	**27499**	**507426**	**184848**
南昌市	Nanchang	76411	60788	39080	32247	17088	16656	64732	50830
景德镇市	Jingdezhen	18307	8360	9954	6195	2367	2233	23945	12502
萍乡市	Pingxiang	23774	10848	11672	7867	1018	911	28275	14899
九江市	Jiujiang	57147	12525	27750	9481	3374	1782	57367	15678
新余市	Xinyu	12182	9734	5258	4118	857	690	13864	13864
鹰潭市	Yingtan	12439	2693	5320	1753	1127	437	15801	7166
赣州市	Ganzhou	108469	20391	49467	14912	3721	1611	83289	16460
吉安市	Ji'an	52508	10286	24982	5273	2324	616	48120	9309

2-10 续表 3 continued

单位：人 (person)

	City	(11)教育 Education		(12)卫生、社会保障和社会福利业 Health, Social Security and Social Welfare		(13)文化、体育、娱乐用房屋 Culture, Sports and Entertainment		(14)公共管理和社会组织 Public Management and Social Organization	
		全 市 Total City	市辖区 Districts under City	全 市 Total City	市辖区 Districts under City	全 市 Total City	市辖区 Districts under City	全 市 Total City	市辖区 Districts under City
宜春市	Yichun	57347	12231	28159	7107	1555	635	55651	12391
抚州市	Fuzhou	50780	16533	15677	5324	1782	795	46143	9666
上饶市	Shangrao	83564	17066	28810	9756	2584	1133	70239	22083
山东省	**Shandong**	**1171569**	**499354**	**606636**	**310948**	**69531**	**50967**	**1107911**	**508864**
济南市	Jinan	104776	76070	63375	51043	16413	15922	96978	67841
青岛市	Qingdao	125224	76901	61646	42759	11357	9312	98564	60297
淄博市	Zibo	65934	46282	34488	27675	7133	6893	50627	39530
枣庄市	Zaozhuang	45104	27300	24020	15724	1605	1294	57020	44856
东营市	Dongying	25302	12273	11427	6544	961	506	32878	18460
烟台市	Yantai	112888	50969	54894	23769	6527	3006	74798	31137
潍坊市	Weifang	100555	23779	51958	14039	2802	1023	83399	31398
济宁市	Jining	82677	20640	46344	21051	3360	1101	92182	28476
泰安市	Tai'an	65590	23808	32282	15475	2366	1816	51056	23264
威海市	Weihai	33541	22220	23385	15806	2018	1821	30260	19318
日照市	Rizhao	28437	14142	15247	7665	1329	977	25878	15855
莱芜市	Laiwu	10284	10284	7030	7030	269	269	12404	12404
临沂市	Linyi	112201	34052	54851	21083	3762	1896	93291	32575
德州市	Dezhou	67548	16016	28452	7921	1913	1012	85311	20643
聊城市	Liaocheng	61282	16952	32866	13619	2785	1345	68228	17389
滨州市	Binzhou	37591	9688	20973	8658	1871	1426	50306	20748
菏泽市	Heze	92635	17978	43398	11087	3060	1348	104731	24673
河南省	**Henan**	**1240659**	**349575**	**546962**	**213624**	**77794**	**44628**	**1085916**	**378178**
郑州市	Zhengzhou	161538	86232	92232	63919	23676	21051	132885	77593
开封市	Kaifeng	47871	23319	28632	14559	3869	2931	54572	28456
洛阳市	Luoyang	73556	27798	41969	21230	6644	4273	86290	37726
平顶山市	Pingdingshan	51909	16692	25402	7442	3761	1423	60326	20405
安阳市	Anyang	54653	15458	24686	10919	4639	1476	51067	18893
鹤壁市	Hebi	16354	8512	8064	4253	646	397	19258	12088
新乡市	Xinxiang	66127	17834	28259	6363	2593	995	65465	14666
焦作市	Jiaozuo	42175	12598	20413	7357	2149	1273	52297	21843
濮阳市	Puyang	36172	6468	12559	4498	1761	708	44579	12489
许昌市	Xuchang	50697	6569	20085	6493	2965	902	44260	10075
漯河市	Luohe	32202	18932	13911	9107	1873	1137	31393	18890
三门峡市	Sanmenxia	27132	6123	14258	4926	1827	584	31116	8654
南阳市	Nanyang	169314	41074	66360	22631	6374	3160	94883	24176
商丘市	Shangqiu	100055	13945	44141	5754	2601	814	80673	16550
信阳市	Xinyang	102005	21236	31602	9426	3989	962	70211	19389
周口市	Zhoukou	109579	10317	35750	5665	2958	1173	92776	15053
驻马店市	Zhumadian	99320	16468	38639	9082	5469	1369	73865	21232
湖北省	**Hubei**	**661679**	**307555**	**365897**	**189204**	**68670**	**43722**	**549229**	**245926**
武汉市	Wuhan	180669	133918	88281	73896	25269	24279	98068	77517
黄石市	Huangshi	28427	13268	17888	11860	2460	1590	27484	14303
十堰市	Shiyan	41281	19095	30090	17863	3913	2380	42119	18817
宜昌市	Yichang	48250	21027	27707	12368	10095	4248	44312	16215
襄阳市	Xiangyang	82473	34272	43925	18864	7118	2718	69144	35139
鄂州市	Ezhou	12959	12959	7342	7342	1137	1137	10920	10920

2-10 续表 4 continued

单位：人 (person)

	City	(11)教育 Education		(12)卫生、社会保障和社会福利业 Health, Social Security and Social Welfare		(13)文化、体育、娱乐用房屋 Culture, Sports and Entertainment		(14)公共管理和社会组织 Public Management and Social Organization	
		全市 Total City	市辖区 Districts under City	全市 Total City	市辖区 Districts under City	全市 Total City	市辖区 Districts under City	全市 Total City	市辖区 Districts under City
荆门市	Jingmen	29282	17100	18966	8426	2790	2614	30984	21190
孝感市	Xiaogan	60664	14084	30547	7266	6964	977	50788	12556
荆州市	Jingzhou	53700	15700	31800	11100	3700	2000	61400	15100
黄冈市	Huanggang	68593	7142	35740	4505	2679	607	59950	8142
咸宁市	Xianning	36374	12982	22579	11385	1756	792	37670	9972
随州市	Suizhou	19007	6008	11032	4329	789	380	16390	6055
湖南省	**Hunan**	**641477**	**219619**	**360646**	**154318**	**53915**	**35864**	**779310**	**255284**
长沙市	Changsha	101389	71125	68254	50919	22307	20984	93532	64724
株洲市	Zhuzhou	38734	22689	22419	11868	3083	2138	51030	20820
湘潭市	Xiangtan	30501	17648	17836	10527	2626	1710	30532	13807
衡阳市	Hengyang	73945	17335	37467	15400	4206	2149	79370	20874
邵阳市	Shaoyang	58296	8629	32018	8402	1553	526	69991	15037
岳阳市	Yueyang	52693	14356	27449	9453	4000	370	75418	18348
常德市	Changde	52572	13500	28859	9200	3736	1900	66163	25000
张家界市	Zhangjiajie	12954	6214	6236	3201	1094	826	23413	9514
益阳市	Yiyang	40173	12922	22755	8391	2263	1366	43538	14557
郴州市	Chenzhou	44907	11611	25859	9628	2754	1545	59632	17289
永州市	Yongzhou	52200	12500	24700	8500	2500	800	72900	19820
怀化市	Huaihua	48442	7791	27370	7840	2369	1157	66624	11663
娄底市	Loudi	34671	3299	19424	989	1424	393	47167	3831
广东省	**Guangdong**	**1255092**	**823202**	**613293**	**463641**	**116093**	**105307**	**1065482**	**769876**
广州市	Guangzhou	240958	240958	122988	122988	43101	43101	172240	172240
韶关市	Shaoguan	38992	14991	19770	9561	1878	1050	40056	17000
深圳市	Shenzhen	96007	96007	59847	59847	24612	24612	139416	139416
珠海市	Zhuhai	30261	30261	15653	15653	3037	3037	33594	33594
汕头市	Shantou	62740	61904	23470	23200	2836	2816	36948	35619
佛山市	Foshan	82997	82997	46975	46975	5875	5875	60436	60436
江门市	Jiangmen	42121	19304	27224	14155	2526	1249	46911	23540
湛江市	Zhanjiang	89042	28833	32820	15414	2616	1748	48139	21273
茂名市	Maoming	89497	37469	28256	12441	2130	1317	42907	21368
肇庆市	Zhaoqing	51094	18538	26155	12146	1868	1201	43402	17194
惠州市	Huizhou	50343	25125	27169	17131	4162	3017	58969	34224
梅州市	Meizhou	56067	13232	21482	9083	1963	1257	43297	14897
汕尾市	Shanwei	30935	6062	8631	2739	905	271	25101	8442
河源市	Heyuan	37746	6476	14186	4081	1836	820	35428	11383
阳江市	Yangjiang	30615	15575	14114	7584	1138	532	33288	21114
清远市	Qingyuan	37086	12865	19367	8165	1590	1017	44852	21188
东莞市	Dongguan	35698	35698	46383	46383	6969	6969	57558	57558
中山市	Zhongshan	30843	30843	19031	19031	2655	2655	23680	23680
潮州市	Chaozhou	27838	18154	11067	7989	1519	1400	16140	10926
揭阳市	Jieyang	62255	22234	16282	6138	1881	1147	34277	15790
云浮市	Yunfu	31957	5676	12423	2937	996	216	28843	8994
广西壮族自治区	**Guangxi**	**619577**	**258561**	**306934**	**152701**	**33803**	**25017**	**480431**	**205309**
南宁市	Nanning	108473	69979	58328	40796	13318	12632	76524	51858
柳州市	Liuzhou	59578	36517	35546	23455	2468	2003	42863	20213
桂林市	Guilin	62955	27903	31649	14686	5863	3535	52199	18820

2-10 续表 5 continued

单位：人 (person)

	City	(11)教育 Education		(12)卫生、社会保障和社会福利业 Health, Social Security and Social Welfare		(13)文化、体育、娱乐用房屋 Culture, Sports and Entertainment		(14)公共管理和社会组织 Public Management and Social Organization	
		全 市 Total City	市辖区 Districts under City	全 市 Total City	市辖区 Districts under City	全 市 Total City	市辖区 Districts under City	全 市 Total City	市辖区 Districts under City
梧州市	Wuzhou	36363	11673	18862	10101	1421	1139	25805	12560
北海市	Beihai	21431	10884	10292	5894	1199	979	17723	12527
防城港市	Fangchenggang	14318	9147	7333	5069	584	423	16116	10395
钦州市	Qinzhou	40969	16299	19460	9684	741	480	23714	14442
贵港市	Guigang	51731	18543	19004	8571	534	326	30507	16138
玉林市	Yulin	72048	17763	28978	11128	1922	982	35207	12220
百色市	Baise	40878	7901	21457	5516	1190	572	48903	9697
贺州市	Hezhou	24124	12287	10625	5630	905	636	24739	2526
河池市	Hechi	39888	4897	21939	4634	1792	666	38128	7638
来宾市	Laibin	22496	9480	11568	5084	1053	355	21595	9602
崇左市	Chongzuo	24325	5288	11893	2453	813	289	26408	6673
海南省	**Hainan**	**65617**	**55563**	**35826**	**31301**	**9686**	**8576**	**68986**	**63128**
海口市	Haikou	46056	46056	25867	25867	6672	6672	46689	46689
三亚市	Sanya	9507	9507	5434	5434	1904	1904	16439	16439
三沙市	Sansa								
儋州市	Danzhou	10054		4525		1110		5858	
四川省	**Sichuan**	**891701**	**230614**	**464017**	**127191**	**91585**	**19079**	**786601**	**262229**
成都市	Chengdu	241756		164923		61681		180514	
自贡市	Zigong	24869	14168	16601	11186	1611	1379	21182	13387
攀枝花市	Panzhihua	15330	10637	8743	6691	1653	1539	18649	13089
泸州市	Luzhou	47921	18741	20977	11104	2021	1553	35791	18050
德阳市	Deyang	37206	11100	20253	6599	1240	410	33164	10891
绵阳市	Mianyang	62002	24962	26586	10617	2752	1997	48547	19265
广元市	Guangyuan	29461	10285	15109	7334	983	752	37507	20361
遂宁市	Suining	28412	12432	12467	6351	1343	732	24919	14096
内江市	Neijiang	35137	12758	16909	4217	1327	802	34644	15825
乐山市	Leshan	32015	12159	16338	7499	1435	1163	40511	17559
南充市	Nanchong	71670	26014	25982	11450	3875	2147	58947	23194
眉山市	Meishan	36077	7644	14694	5439	942	660	28753	9550
宜宾市	Yibin	50165	15347	22863	10076	2457	996	49367	19457
广安市	Guang'an	31847	9188	13739	5010	1144	947	32204	13754
达州市	Dazhou	59993	17721	24276	7811	1865	1163	52504	21064
雅安市	Ya'an	18355	8744	10168	5133	616	384	25400	9484
巴中市	Bazhong	35570	11831	13877	4836	2989	1477	34770	12966
资阳市	Ziyang	33915	6883	19512	5838	1651	978	29228	10237
贵州省	**Guizhou**	**388264**	**70664**	**142510**	**31547**	**16304**	**3977**	**348955**	**82150**
贵阳市	Guiyang	71926		40673		8985		81413	
六盘水市	Liupanshui	37532	8845	10628	3521	1099	519	37446	12450
遵义市	Zunyi	88507	14650	38278	12013	2377	1392	73786	17932
安顺市	Anshun	32926	16785	11147	6821	847	611	36160	21731
毕节市	Bijie	94510	19899	24581	4999	1502	678	66281	15148
铜仁市	Tongren	62863	10485	17203	4193	1494	777	53869	14889
云南省	**Yunnan**	**393330**	**127384**	**163871**	**80551**	**23245**	**14670**	**320068**	**109444**
昆明市	Kunming	124651	69358	67502	50692	12934	10097	91366	46176
曲靖市	Qujing	73231	12800	17774	4700	1601	800	43543	10300

2-10 续表 6 continued

单位：人 (person)

City		(11)教育 Education		(12)卫生、社会保障和社会福利业 Health, Social Security and Social Welfare		(13)文化、体育、娱乐用房屋 Culture, Sports and Entertainment		(14)公共管理和社会组织 Public Management and Social Organization	
		全 市 Total City	市辖区 Districts under City	全 市 Total City	市辖区 Districts under City	全 市 Total City	市辖区 Districts under City	全 市 Total City	市辖区 Districts under City
玉溪市	Yuxi	28700	8235	15690	6405	1500	1200	28300	9500
保山市	Baoshan	29608	9899	12911	5222	926	367	25131	9855
昭通市	Zhaotong	66768	12173	21361	5775	1667	677	52087	11133
丽江市	Lijiang	17859	4550	5802	1338	2396	736	21454	7864
普洱市	Pu'er	26744	5321	12812	3724	1531	565	30008	7688
临沧市	Lincang	25769	5048	10019	2695	690	228	28179	6928
西藏自治区	**Tibet**	**14012**	**8763**	**6859**	**2062**	**6445**	**504**	**32981**	**17455**
拉萨市	Lasa	14012	8763	6859	2062	6445	504	32981	17455
陕西省	**Shaanxi**	**567626**	**282035**	**259902**	**131639**	**49332**	**21860**	**576097**	**218315**
西安市	Xi'an	170846	168585	78252	59854	22481	11256	112620	92562
铜川市	Tongchuan	11392	9355	6745	5882	855	784	20181	17537
宝鸡市	Baoji	45771	20772	26297	13640	3194	1645	38619	17862
咸阳市	Xianyang	73259	15299	27805	10507	4980	1289	66078	14735
渭南市	Weinan	68852	17368	26666	6689	3962	1048	65575	11466
延安市	Yan'an	36326	8520	20834	9894	3659	2025	70446	19189
汉中市	Hanzhong	42804	8715	23753	8452	2612	953	50359	10408
榆林市	Yulin	50379	11609	20145	5621	3927	1376	80275	12761
安康市	Ankang	33953	11906	16007	6648	1655	898	41773	14532
商洛市	Shangluo	34044	9906	13398	4452	2007	586	30171	7263
甘肃省	**Gansu**	**345679**	**145305**	**129770**	**66207**	**23359**	**14277**	**349050**	**162117**
兰州市	Lanzhou	66992	55370	31104	27147	9429	8995	63128	51320
嘉峪关市	Jiayuguan	4000	4000	1290	1290	447	447	500	500
金昌市	Jinchang	5771	2972	3339	2134	242	234	9617	5963
白银市	Baiyin	28626	7847	8305	3473	622	254	31981	18986
天水市	Tianshui	43671	18840	16113	9138	1717	996	46719	24148
武威市	Wuwei	24694	13198	10130	6125	611	415	20781	11407
张掖市	Zhangye	22153	10746	8121	3393	1472	849	21541	9174
平凉市	Pingliang	33062	7026	10892	3222	1351	536	27442	7682
酒泉市	Jiuquan	15208	5988	7003	2674	2345	479	19354	6908
庆阳市	Qingyang	36662	7609	10148	3456	1671	560	39301	9574
定西市	Dingxi	37740	6209	12825	2755	1352	412	35086	10055
陇南市	Longnan	27100	5500	10500	1400	2100	100	33600	6400
青海省	**Qinghai**	**46750**	**23042**	**26675**	**19589**	**5857**	**4958**	**46147**	**25855**
西宁市	Xining	28741	17414	21460	18308	5164	4667	29275	21061
海东市	Haidong	18009	5628	5215	1281	693	291	16872	4794
宁夏回族自治区	**Ningxia**	**93282**	**44990**	**50071**	**35661**	**15868**	**13689**	**103143**	**62284**
银川市	Yinchuan	32215	23471	26140	23197	11785	10707	43584	33064
石嘴山市	Shizuishan	9127	5869	6238	4523	1174	1097	12891	9412
吴忠市	Wuzhong	14699	4344	5617	2108	861	421	20439	8909
固原市	Guyuan	20785	6455	6406	3046	767	407	14329	6504
中卫市	Zhongwei	16456	4851	5670	2787	1281	1057	11900	4395
新疆维吾尔自治区	**Xinjiang**	**60196**	**59490**	**40161**	**40132**	**13119**	**13119**	**117237**	**114942**
乌鲁木齐市	Urumqi	53012	52306	36802	36773	12461	12461	105066	102771
克拉玛依市	Karamay	7184	7184	3359	3359	658	658	12171	12171

2-11 行政区域土地面积及人口密度
Total Land Area and Population Density of Administrative Region

城　市	City	行政区域土地面积（平方公里）Total Land Area of Administrative region (sq.km)		建成区面积 Area of Built Districts	人口密度（人/平方公里）Population Density (person/sq.km)	
		全　市 Total City	市辖区 Districts under City	市辖区 Districts under City	全　市 Total City	市辖区 Districts under City
城市合计	**Prefecture Cities**	**4790130**	**733490**	**40941**	**269.71**	**608.58**
北京市	**Beijing**	**16411**	**16411**	**1401**	**819.57**	**819.57**
天津市	**Tianjin**	**11917**	**11917**	**870**	**861.79**	**861.79**
河北省	**Hebei**	**186535**	**15675**	**1488**	**410.16**	**1134.29**
石家庄市	Shijiazhuang	13056	2194	278	788.14	1868.73
唐山市	Tangshan	13472	4574	249	560.42	730.21
秦皇岛市	Qinhuangdao	7802	2132	131	379.39	661.35
邯郸市	Handan	12065	564	127	870.29	3120.57
邢台市	Xingtai	12433	425	90	627.36	2070.59
保定市	Baoding	22185	2565	227	541.81	1099.42
张家口市	Zhangjiakou	36797	890	86	127.46	1022.47
承德市	Chengde	39493	1253	117	96.73	478.85
沧州市	Cangzhou	14035	183	71	551.48	3005.46
廊坊市	Langfang	6382	292	66	722.34	2910.96
衡水市	Hengshui	8815	603	46	512.76	928.69
山西省	**Shanxi**	**156921**	**15981**	**900**	**222.91**	**615.11**
太原市	Taiyuan	6988	1500	340	525.19	1900.00
大同市	Datong	14176	2080	125	222.91	754.81
阳泉市	Yangquan	4570	652	54	288.84	1073.62
长治市	Changzhi	13896	334	59	242.52	2185.63
晋城市	Jincheng	9425	143	45	232.36	2657.34
朔州市	Shuozhou	10625	4107	42	152.47	163.14
晋中市	Jinzhong	16392	1318	72	201.32	462.82
运城市	Yuncheng	14183	1205	46	359.59	564.32
忻州市	Xinzhou	25152	1987	37	122.06	271.77
临汾市	Linfen	20275	1316	54	212.58	615.50
吕梁市	Lvliang	21239	1339	26	182.21	209.11
内蒙古自治区	**Inner Mongolia**	**656579**	**24129**	**1063**	**32.81**	**285.96**
呼和浩特市	Hohhot	17186	2065	260	139.07	629.54
包头市	Baotou	27768	2965	196	80.67	526.14
乌海市	Wuhai	1669	1669	62	263.63	263.63
赤峰市	Chifeng	90021	7076	105	51.43	178.07
通辽市	Tongliao	59629	3212	61	53.50	264.63
鄂尔多斯市	Erdos	86752	2530	154	18.10	110.67
呼伦贝尔市	Hulunbuir	252777	1752	114	10.25	211.19
巴彦淖尔市	Bayannur	66277	2333	51	26.40	222.89
乌兰察布市	Ulanqab	54500	527	60	50.28	607.21
辽宁省	**Liaoning**	**147256**	**18228**	**1951**	**287.25**	**1049.48**
沈阳市	Shenyang	12860	3471	465	567.65	1526.94
大连市	Dalian	12574	2567	396	472.40	1188.16

2-11 续表 1 continued

城 市	City	行政区域土地面积（平方公里）Total Land Area of Administrative region (sq.km)		建成区面积 Area of Built Districts	人口密度（人/平方公里）Population Density (person/sq.km)	
		全 市 Total City	市辖区 Districts under City	市辖区 Districts under City	全 市 Total City	市辖区 Districts under City
鞍山市	Anshan	9255	792	171	373.85	1893.94
抚顺市	Fushun	11272	1416	138	191.63	995.76
本溪市	Benxi	8411	1518	109	179.53	612.65
丹东市	Dandong	15290	941		155.66	828.91
锦州市	Jinzhou	10047	825	88	301.58	1175.76
营口市	Yingkou	5242	702	110	444.49	1324.79
阜新市	Fuxin	10355	490	77	182.52	1551.02
辽阳市	Liaoyang	4788	1111	105	373.85	783.08
盘锦市	Panjin	4065	251	75	319.80	2589.64
铁岭市	Tieling	12985	659	50	231.04	667.68
朝阳市	Chaoyang	19698	1138	75	173.11	536.03
葫芦岛市	Huludao	10414	2347	92	268.87	400.51
吉林省	**Jilin**	**147792**	**17381**	**1062**	**165.64**	**535.07**
长春市	Changchun	20594	4789	506	366.13	910.42
吉林市	Jilin	27711	3774	259	153.73	482.25
四平市	Siping	14382	1076	58	226.67	539.03
辽源市	Liaoyuan	5140	432	46	235.41	1087.96
通化市	Tonghua	15612	746	53	141.56	589.81
白山市	Baishan	17505	2736	47	71.41	208.33
松原市	Songyuan	21089	1250	50	131.82	456.00
白城市	Baicheng	25759	2578	43	76.48	193.95
黑龙江省	**Heilongjiang**	**390382**	**72970**	**1477**	**93.27**	**189.80**
哈尔滨市	Harbin	53100	10198	428	180.98	538.34
齐齐哈尔市	Qiqihar	42469	4365	140	129.27	313.86
鸡西市	Jixi	22531	2300	81	80.78	360.87
鹤岗市	Hegang	14679	4551	53	72.21	142.83
双鸭山市	Shuangyashan	22619	1760	58	64.99	107.95
大庆市	Daqing	21219	5107	245	129.60	266.30
伊春市	Yichun	32800	19608	171	36.89	39.27
佳木斯市	Jiamusi	32704	1875	97	72.77	416.00
七台河市	Qitaihe	6221	3646	68	133.42	137.14
牡丹江市	Mudanjiang	38827	2360	82	67.48	372.88
黑河市	Heihe	68340	14444	19	24.58	13.85
绥化市	Suihua	34873	2756	35	157.43	304.79
上海市	**Shanghai**	**6341**			**2275.67**	
江苏省	**Jiangsu**	**105875**	**39385**	**3223**	**728.97**	**890.95**
南京市	Nanjing	6587	6587	755	991.35	991.35
无锡市	Wuxi	4627	1644	329	1039.55	1514.60
徐州市	Xuzhou	11765	3063	255	874.63	1087.17
常州市	Changzhou	4372	2838	250	848.58	1025.37

2-11 续表 2 continued

城　市	City	行政区域土地面积(平方公里) Total Land Area of Administrative region (sq.km)		建成区面积 Area of Built Districts	人口密度(人/平方公里) Population Density (person/sq.km)	
		全　市 Total City	市辖区 Districts under City	市辖区 Districts under City	全　市 Total City	市辖区 Districts under City
苏州市	Suzhou	8657	4653	458	770.47	732.86
南通市	Nantong	10549	2140	205	727.08	995.33
连云港市	Lianyungang	7615	3012	206	697.31	733.73
淮安市	Huai'an	10030	3203	155	562.31	917.89
盐城市	Yancheng	16931	5131	142	489.04	471.64
扬州市	Yangzhou	6591	2306	140	699.44	1006.07
镇江市	Zhenjiang	3840	1088	138	708.33	946.69
泰州市	Taizhou	5787	1567	105	877.83	1046.59
宿迁市	Suqian	8524	2153	85	687.47	808.17
浙江省	**Zhejiang**	**104460**	**22622**	**1855**	**466.49**	**794.80**
杭州市	Hangzhou	16596	4876	506	436.25	1093.11
宁波市	Ningbo	9816	2462	322	598.00	942.32
温州市	Wenzhou	12083	1311	238	671.19	1266.21
嘉兴市	Jiaxing	3915	968	99	891.44	898.76
湖州市	Huzhou	5820	1565	103	453.61	709.27
绍兴市	Shaoxing	8279	2965	199	535.09	735.24
金华市	Jinhua	10942	2049	80	436.85	468.52
衢州市	Quzhou	8845	2354	71	289.43	361.09
舟山市	Zhoushan	1455	1034	62	666.67	686.65
台州市	Taizhou	9411	1536	140	634.36	1035.16
丽水市	Lishui	17298	1502	35	153.78	266.31
安徽省	**Anhui**	**140282**	**27068**	**1731**	**495.36**	**745.16**
合肥市	Hefei	11445	1127	416	627.35	2227.15
芜湖市	Wuhu	6026	1491	165	638.90	979.21
蚌埠市	Bengbu	5951	611	138	631.83	1865.79
淮南市	Huainan	2584	1736	108	952.01	1059.91
马鞍山市	Maanshan	4049	733	93	565.57	1118.69
淮北市	Huaibei	2741	760	85	791.68	1381.58
铜陵市	Tongling	1201	355	76	616.15	1267.61
安庆市	Anqing	15402	810	85	403.84	913.58
黄山市	Huangshan	9678	2358	65	152.92	190.84
滁州市	Chuzhou	13516	1406	84	332.20	384.07
阜阳市	Fuyang	10118	1957	122	1030.84	1139.50
宿州市	Suzhou	9939	2907	75	653.99	650.15
六安市	Lu'an	18399	3576	74	390.24	531.32
亳州市	Bozhou	8521	2263	56	745.22	720.28
池州市	Chizhou	8399	2357	37	192.88	284.26
宣城市	Xuancheng	12313	2621	52	227.40	331.93
福建省	**Fujian**	**124160**	**20659**	**1113**	**299.69**	**518.90**
福州市	Fuzhou	12675	1786	260	534.91	1119.82

2-11 续表 3 continued

城 市	City	行政区域土地面积（平方公里）Total Land Area of Administrative region (sq.km)		建成区面积 Area of Built Districts	人口密度（人/平方公里）Population Density (person/sq.km)	
		全 市 Total City	市辖区 Districts under City	市辖区 Districts under City	全 市 Total City	市辖区 Districts under City
厦门市	Xiamen	1699	1699	317	1241.91	1241.91
莆田市	Putian	4131	2290	87	832.73	1008.73
三明市	Sanming	22965	1151	37	123.67	243.27
泉州市	Quanzhou	11015	855	217	655.47	1263.16
漳州市	Zhangzhou	12880	401	66	389.75	1471.32
南平市	Nanping	26280	6039	41	121.77	142.41
龙岩市	Longyan	19063	4901	58	162.09	208.12
宁德市	Ningde	13452	1537	30	259.44	312.30
江西省	**Jiangxi**	**168025**	**15969**	**1053**	**292.46**	**750.20**
南昌市	Nanchang	7402	3095	307	702.51	972.54
景德镇市	Jingdezhen	5261	430	79	317.43	1069.77
萍乡市	Pingxiang	3831	1070	51	516.84	822.43
九江市	Jiujiang	19798	699	106	261.14	958.51
新余市	Xinyu	3178	1789	76	390.18	497.48
鹰潭市	Yingtan	3560	136	34	356.74	1764.71
赣州市	Ganzhou	39363	2334	141	244.14	659.81
吉安市	Ji'an	25373	1382	55	208.88	419.68
宜春市	Yichun	18669	2539	68	319.78	445.06
抚州市	Fuzhou	18799	2125	59	212.25	555.29
上饶市	Shangrao	22791	370	77	339.61	3756.76
山东省	**Shandong**	**158971**	**42533**	**3398**	**617.85**	**759.65**
济南市	Jinan	7998	3303	393	782.70	1105.06
青岛市	Qingdao	11282	3293	566	694.03	1132.71
淄博市	Zibo	5965	2989	267	720.87	956.84
枣庄市	Zaozhuang	4564	3069	149	893.95	775.50
东营市	Dongying	8243	3445	119	231.71	249.64
烟台市	Yantai	13852	2738	324	471.41	675.68
潍坊市	Weifang	16143	2638	178	553.80	708.87
济宁市	Jining	11311	1648	194	766.51	1110.44
泰安市	Tai'an	7762	2087	131	729.19	776.23
威海市	Weihai	5797	2606	193	439.88	506.52
日照市	Rizhao	5359	2043	101	552.34	655.90
莱芜市	Laiwu	2246	2246	120	569.90	569.90
临沂市	Linyi	17191	2294	202	653.83	1142.11
德州市	Dezhou	10358	1751	149	566.71	696.74
聊城市	Liaocheng	8984	1710	99	692.34	719.30
滨州市	Binzhou	9660	3258	113	402.69	331.49
菏泽市	Heze	12256	1415	100	818.37	1116.61
河南省	**Henan**	**164696**	**15914**	**1913**	**674.15**	**1300.74**
郑州市	Zhengzhou	7446	1010	438	1087.83	3405.94

2-11 续表 4 continued

城 市	City	行政区域土地面积(平方公里) Total Land Area of Administrative region (sq.km)		建成区面积 Area of Built Districts	人口密度(人/平方公里) Population Density (person/sq.km)	
		全 市 Total City	市辖区 Districts under City	市辖区 Districts under City	全 市 Total City	市辖区 Districts under City
开封市	Kaifeng	6444	565	129	859.71	1539.82
洛阳市	Luoyang	15236	879	209	477.82	2286.69
平顶山市	Pingdingshan	7882	443	73	713.02	2483.07
安阳市	Anyang	7352	534	81	839.23	2172.28
鹤壁市	Hebi	2182	679	64	774.52	942.56
新乡市	Xinxiang	8666	431	115	735.06	2436.19
焦作市	Jiaozuo	4071	578	115	913.78	1695.50
濮阳市	Puyang	4188	263	56	1024.36	2699.62
许昌市	Xuchang	4997	97	90	1010.61	4329.90
漯河市	Luohe	2692	1116	66	995.54	1209.68
三门峡市	Sanmenxia	10496	185	33	217.23	1567.57
南阳市	Nanyang	26509	2135	149	448.53	880.56
商丘市	Shangqiu	10704	1697	63	897.80	1072.48
信阳市	Xinyang	18787	3604	89	477.99	424.53
周口市	Zhoukou	11961	333	68	1040.05	1801.80
驻马店市	Zhumadian	15083	1365	75	617.25	615.38
湖北省	**Hubei**	**151799**	**24701**	**1441**	**349.67**	**642.08**
武汉市	Wuhan	8569	1738	455	967.44	2968.93
黄石市	Huangshi	4583	237	88	584.77	3586.50
十堰市	Shiyan	23694	5053	105	146.03	233.52
宜昌市	Yichang	21230	4234	165	187.47	302.31
襄阳市	Xiangyang	19728	3671	188	300.08	612.91
鄂州市	Ezhou	1594	1594	64	690.09	690.09
荆门市	Jingmen	12404	2391	58	241.05	250.94
孝感市	Xiaogan	8910	1020	74	590.35	950.98
荆州市	Jingzhou	14243	1576	82	451.45	621.83
黄冈市	Huanggang	17457	362	47	426.19	966.85
咸宁市	Xianning	9751	1503	66	307.66	405.85
随州市	Suizhou	9636	1322	49	260.48	400.91
湖南省	**Hunan**	**197622**	**19593**	**1352**	**351.53**	**709.95**
长沙市	Changsha	11816	1909	364	575.49	1671.03
株洲市	Zhuzhou	11272	863	138	357.52	1112.40
湘潭市	Xiangtan	5008	658	80	577.08	1322.19
衡阳市	Hengyang	15303	697	159	522.12	1434.72
邵阳市	Shaoyang	20830	436	65	394.14	1605.50
岳阳市	Yueyang	14858	1413	97	379.59	771.41
常德市	Changde	18910	2510	90	322.05	561.75
张家界市	Zhangjiajie	9516	2735	34	178.65	190.13
益阳市	Yiyang	12320	1851	75	390.42	734.74
郴州市	Chenzhou	19654	2246	77	268.65	342.83

2-11 续表 5 continued

城 市	City	行政区域土地面积(平方公里) Total Land Area of Administrative region (sq.km)		建成区面积 Area of Built Districts	人口密度(人/平方公里) Population Density (person/sq.km)	
		全 市 Total City	市辖区 Districts under City	市辖区 Districts under City	全 市 Total City	市辖区 Districts under City
永州市	Yongzhou	22260	3181	62	285.27	364.67
怀化市	Huaihua	27756	666	64	186.63	570.57
娄底市	Loudi	8119	428	47	551.79	1144.86
广东省	**Guangdong**	**179749**	**49140**	**5063**	**500.36**	**899.27**
广州市	Guangzhou	7434	7434	1237	1148.78	1148.78
韶关市	Shaoguan	18412	2871	99	179.23	323.93
深圳市	Shenzhen	1997	1997	900	1777.67	1777.67
珠海市	Zhuhai	1732	1732	124	646.65	646.65
汕头市	Shantou	2199	2085	254	2501.14	2604.32
佛山市	Foshan	3798	3798		1024.22	1024.22
江门市	Jiangmen	9505	1786	150	411.36	783.87
湛江市	Zhanjiang	13261	1703	109	620.62	957.13
茂名市	Maoming	11429	2716	120	687.72	1067.75
肇庆市	Zhaoqing	14891	2892	117	294.14	463.35
惠州市	Huizhou	11346	2697	217	314.65	537.63
梅州市	Meizhou	15819	3047	54	343.89	318.35
汕尾市	Shanwei	4865	421	17	737.92	1235.15
河源市	Heyuan	15654	362		233.81	856.35
阳江市	Yangjiang	7956	2483	64	367.02	483.29
清远市	Qingyuan	19036	3650	383	220.11	375.34
东莞市	Dongguan	2460	2460	929	792.68	792.68
中山市	Zhongshan	1784	1784	139	891.26	891.26
潮州市	Chaozhou	3146	1414		867.77	1173.97
揭阳市	Jieyang	5240	1031	129	1339.69	2027.16
云浮市	Yunfu	7785	777	21	384.07	424.71
广西壮族自治区	**Guangxi**	**238576**	**44426**	**1130**	**231.29**	**344.39**
南宁市	Nanning	22235	6559	287	332.81	442.14
柳州市	Liuzhou	18597	1017	184	205.41	1179.94
桂林市	Guilin	27809	2767	99	190.23	462.59
梧州市	Wuzhou	12588	1793	56	273.28	440.60
北海市	Beihai	3337	957	73	515.43	679.21
防城港市	Fangchenggang	6238	2836	38	153.90	200.99
钦州市	Qinzhou	12162	4836	93	332.18	306.04
贵港市	Guigang	10602	3548	71	517.83	558.06
玉林市	Yulin	12835	1251	68	553.95	871.30
百色市	Baise	36201	3718	45	114.09	96.83
贺州市	Hezhou	11753	5517	24	204.20	213.88
河池市	Hechi	33476	2346	23	126.96	144.93
来宾市	Laibin	13411	4363	41	198.34	254.41
崇左市	Chongzuo	17332	2918	28	143.66	126.80

2-11 续表 6 continued

城 市	City	行政区域土地面积(平方公里) Total Land Area of Administrative region (sq.km)		建成区面积 Area of Built Districts	人口密度(人/平方公里) Population Density (person/sq.km)	
		全 市 Total City	市辖区 Districts under City	市辖区 Districts under City	全 市 Total City	市辖区 Districts under City
海南省	**Hainan**	**7632**	**4238**	**212**	**417.98**	**526.19**
海口市	Haikou	2304	2304	144	716.15	716.15
三亚市	Sanya	1921	1921	68	301.93	301.93
三沙市	Sansa	13	13			
儋州市	Danzhou	3394			282.85	
重庆市	**Chongqing**	**82374**	**34505**	**1329**	**409.35**	**617.01**
四川省	**Sichuan**	**193156**	**37805**	**1922**	**434.73**	**738.26**
成都市	Chengdu	12121	3240	616	1013.12	2154.32
自贡市	Zigong	4381	1434	112	746.40	1053.00
攀枝花市	Panzhihua	7401	2018	74	149.98	336.97
泸州市	Luzhou	12236	2133	120	413.53	703.23
德阳市	Deyang	5911	648	75	659.79	1064.81
绵阳市	Mianyang	20248	1570	125	269.16	815.29
广元市	Guangyuan	16311	4580	56	186.99	203.06
遂宁市	Suining	5322	1874	76	712.14	811.10
内江市	Neijiang	5386	1569	72	779.80	898.66
乐山市	Leshan	12723	2506	74	278.24	462.89
南充市	Nanchong	12477	2526	115	594.69	768.01
眉山市	Meishan	7140	1330	47	488.80	661.65
宜宾市	Yibin	13271	1835	87	415.94	692.10
广安市	Guang'an	6341	1534	50	736.48	827.90
达州市	Dazhou	16588	3134	108	411.74	574.35
雅安市	Ya'an	15046	1681	33	103.02	368.83
巴中市	Bazhong	12293	2560	37	309.12	531.25
资阳市	Ziyang	7960	1633	45	633.17	673.61
贵州省	**Guizhou**	**102838**	**12284**	**547**	**306.89**	**582.06**
贵阳市	Guiyang	8043	2525	235	487.38	934.65
六盘水市	Liupanshui	9914	476	72	335.89	987.39
遵义市	Zunyi	30762	1316	86	257.79	691.49
安顺市	Anshun	9267	2703	66	319.41	484.65
毕节市	Bijie	26849	3411	43	336.70	474.93
铜仁市	Tongren	18003	1853	45	242.74	253.64
云南省	**Yunnan**	**194910**	**21478**	**660**	**147.97**	**301.70**
昆明市	Kunming	18419	3842	409	301.86	726.18
曲靖市	Qujing	28905	1553	68	224.18	470.06
玉溪市	Yuxi	15285	1004	30	141.32	438.25
保山市	Baoshan	19637	5011	34	131.89	183.60
昭通市	Zhaotong	22440	2163	41	266.93	411.47
丽江市	Lijiang	21219	1255	29	57.02	119.52
普洱市	Pu'er	45385	4093	27	55.08	56.19
临沧市	Lincang	23620	2557	22	99.49	125.15

2-11 续表 7 continued

城 市	City	行政区域土地面积（平方公里）Total Land Area of Administrative region (sq.km)		建成区面积 Area of Built Districts	人口密度（人/平方公里）Population Density (person/sq.km)	
		全 市 Total City	市辖区 Districts under City	市辖区 Districts under City	全 市 Total City	市辖区 Districts under City
西藏自治区	**Tibet**	**29518**			**17.96**	
拉萨市	Lasa	29518			17.96	
陕西省	**Shaanxi**	**206196**	**29163**	**1006**	**190.21**	**461.54**
西安市	Xi'an	10097	3874	501	808.16	1602.99
铜川市	Tongchuan	3882	2406	44	216.38	307.56
宝鸡市	Baoji	18162	3625	89	211.98	391.72
咸阳市	Xianyang	10189	528	90	518.21	1742.42
渭南市	Weinan	13134	1264	74	424.09	767.41
延安市	Yan'an	37031	3539	36	63.73	132.81
汉中市	Hanzhong	27246	556	42	141.31	1043.17
榆林市	Yulin	43627	7053	64	86.41	80.82
安康市	Ankang	23536	3646	40	129.59	277.02
商洛市	Shangluo	19292	2672	26	130.11	209.58
甘肃省	**Gansu**	**415225**	**40890**	**703**	**59.10**	**198.83**
兰州市	Lanzhou	13086	1632	226	246.06	1256.13
嘉峪关市	Jiayuguan	2935	2935	70	68.14	68.14
金昌市	Jinchang	8896	3019	42	51.71	69.56
白银市	Baiyin	21158	3478	62	85.55	140.89
天水市	Tianshui	14277	5858	56	257.06	223.63
武威市	Wuwei	33238	5081	32	57.16	202.72
张掖市	Zhangye	41924	4240	64	31.01	120.28
平凉市	Pingliang	11170	1936	36	208.59	263.43
酒泉市	Jiuquan	193974	3386	52	5.77	124.04
庆阳市	Qingyang	27119	996	24	98.45	381.53
定西市	Dingxi	19609	3646	25	153.50	126.17
陇南市	Longnan	27839	4683	14	102.73	119.58
青海省	**Qinghai**	**20821**	**4048**	**124**	**178.19**	**335.97**
西宁市	Xining	7660	477	90	262.40	1970.65
海东市	Haidong	13161	3571	34	129.17	114.81
宁夏回族自治区	**Ningxia**	**61588**	**17046**	**452**	**107.81**	**163.67**
银川市	Yinchuan	9025	2311	167	198.34	471.66
石嘴山市	Shizuishan	5310	2262	103	141.24	190.10
吴忠市	Wuzhong	16758	1107	98	83.54	361.34
固原市	Guyuan	13047	4489	52	114.97	102.47
中卫市	Zhongwei	17448	6877	32	68.78	59.62
新疆维吾尔自治区	**Xinjiang**	**21523**	**17331**	**502**	**137.99**	**167.91**
乌鲁木齐市	Urumqi	13788	9596	430	193.65	271.99
克拉玛依市	Karamay	7735	7735	72	38.78	38.78

2-12 城市建设用地状况(市辖区)
Land Used for Urban Construction(Districts under City)

城　市	City	城市建设用地面积(平方公里) Area of Land Used for Urban Construction (sq.km)	居住用地面积 Area of Land Used for Living	城市建设用地占市区面积比重(%) Land Used for Urban Construction as Percentage to Urban Area (%)
城市合计	**Prefecture Cities**	**38488**	**11542**	**5.25**
北京市	**Beijing**	**1597**	**417**	**9.73**
天津市	**Tianjin**	**902**	**222**	**7.57**
河北省	**Hebei**	**1380**	**471**	**8.80**
石家庄市	Shijiazhuang	264	96	12.03
唐山市	Tangshan	210	71	4.59
秦皇岛市	Qinhuangdao	132	39	6.19
邯郸市	Handan	127	50	22.52
邢台市	Xingtai	95	35	22.35
保定市	Baoding	219	82	8.54
张家口市	Zhangjiakou	86	21	9.66
承德市	Chengde	67	20	5.35
沧州市	Cangzhou	71	26	38.80
廊坊市	Langfang	66	23	22.60
衡水市	Hengshui	43	10	7.13
山西省	**Shanxi**	**864**	**243**	**5.41**
太原市	Taiyuan	331	68	22.07
大同市	Datong	125	43	6.01
阳泉市	Yangquan	45	16	6.90
长治市	Changzhi	59	17	17.66
晋城市	Jincheng	45	12	31.47
朔州市	Shuozhou	40	13	0.97
晋中市	Jinzhong	63	19	4.78
运城市	Yuncheng	42	18	3.49
忻州市	Xinzhou	37	14	1.86
临汾市	Linfen	52	16	3.95
吕梁市	Lvliang	25	8	1.87
内蒙古自治区	**Inner Mongolia**	**1015**	**280**	**4.21**
呼和浩特市	Hohhot	260	74	12.59
包头市	Baotou	197	59	6.64
乌海市	Wuhai	42	10	2.52
赤峰市	Chifeng	83	18	1.17
通辽市	Tongliao	61	14	1.91
鄂尔多斯市	Erdos	154	33	6.09
呼伦贝尔市	Hulunbuir	97	33	5.54
巴彦淖尔市	Bayannur	61	21	2.61
乌兰察布市	Ulanqab	60	18	11.39
辽宁省	**Liaoning**	**2083**	**637**	**11.43**
沈阳市	Shenyang	550	165	15.85
大连市	Dalian	383	109	14.92
鞍山市	Anshan	171	59	21.59
抚顺市	Fushun	138	35	9.75
本溪市	Benxi	92	28	6.06
丹东市	Dandong			
锦州市	Jinzhou	107	42	12.97

2-12 续表 1 continued

城　市	City	城市建设用地面积 (平方公里) Area of Land Used for Urban Construction (sq.km)	居住用地面积 Area of Land Used for Living	城市建设用地占市区面积比重 (%) Land Used for Urban Construction as Percentage to Urban Area (%)
营口市	Yingkou	110	33	15.67
阜新市	Fuxin	160	43	32.65
辽阳市	Liaoyang	105	37	9.45
盘锦市	Panjin	86	27	34.26
铁岭市	Tieling	43	18	6.53
朝阳市	Chaoyang	57	18	5.01
葫芦岛市	Huludao	81	24	3.45
吉林省	**Jilin**	**1016**	**319**	**5.85**
长春市	Changchun	471	144	9.84
吉林市	Jilin	251	58	6.65
四平市	Siping	60	23	5.58
辽源市	Liaoyuan	46	28	10.65
通化市	Tonghua	53	18	7.10
白山市	Baishan	42	20	1.54
松原市	Songyuan	50	16	4.00
白城市	Baicheng	43	12	1.67
黑龙江省	**Heilongjiang**	**1526**	**456**	**2.09**
哈尔滨市	Harbin	428	133	4.20
齐齐哈尔市	Qiqihar	140	44	3.21
鸡西市	Jixi	79	48	3.43
鹤岗市	Hegang	53	19	1.16
双鸭山市	Shuangyashan	57	30	3.24
大庆市	Daqing	320		6.27
伊春市	Yichun	161	65	0.82
佳木斯市	Jiamusi	83	27	4.43
七台河市	Qitaihe	68	41	1.87
牡丹江市	Mudanjiang	82	33	3.47
黑河市	Heihe	28	6	0.19
绥化市	Suihua	27	11	0.98
上海市	**Shanghai**			
江苏省	**Jiangsu**	**3283**	**959**	**8.34**
南京市	Nanjing	735	204	11.16
无锡市	Wuxi	287	88	17.46
徐州市	Xuzhou	239	58	7.80
常州市	Changzhou	250	64	8.81
苏州市	Suzhou	455	129	9.78
南通市	Nantong	237	73	11.07
连云港市	Lianyungang	232	92	7.70
淮安市	Huai'an	194	57	6.06
盐城市	Yancheng	140	41	2.73
扬州市	Yangzhou	139	45	6.03
镇江市	Zhenjiang	138	40	12.68
泰州市	Taizhou	153	47	9.76
宿迁市	Suqian	84	21	3.90
浙江省	**Zhejiang**	**1734**	**470**	**7.66**
杭州市	Hangzhou	459	126	9.42

2-12 续表 2 continued

城市	City	城市建设用地面积(平方公里) Area of Land Used for Urban Construction (sq.km)	居住用地面积 Area of Land Used for Living	城市建设用地占市区面积比重(%) Land Used for Urban Construction as Percentage to Urban Area (%)
宁波市	Ningbo	297	67	12.08
温州市	Wenzhou	182	44	13.90
嘉兴市	Jiaxing	99	28	10.20
湖州市	Huzhou	102	29	6.52
绍兴市	Shaoxing	220	65	7.42
金华市	Jinhua	80	21	3.90
衢州市	Quzhou	70	15	2.97
舟山市	Zhoushan	58	21	5.60
台州市	Taizhou	129	41	8.38
丽水市	Lishui	37	11	2.48
安徽省	**Anhui**	**1753**	**552**	**6.48**
合肥市	Hefei	420	115	37.27
芜湖市	Wuhu	159	36	10.66
蚌埠市	Bengbu	138	48	22.59
淮南市	Huainan	107	47	6.16
马鞍山市	Maanshan	90	22	12.28
淮北市	Huaibei	90	32	11.84
铜陵市	Tongling	73	20	20.56
安庆市	Anqing	94	32	11.60
黄山市	Huangshan	49	17	2.08
滁州市	Chuzhou	116	35	8.25
阜阳市	Fuyang	117	56	5.98
宿州市	Suzhou	75	26	2.58
六安市	Lu'an	74	23	2.07
亳州市	Bozhou	63	17	2.78
池州市	Chizhou	37	14	1.57
宣城市	Xuancheng	51	13	1.95
福建省	**Fujian**	**1083**	**377**	**5.24**
福州市	Fuzhou	239	101	13.38
厦门市	Xiamen	317	86	18.66
莆田市	Putian	123	64	5.37
三明市	Sanming	34	11	2.95
泉州市	Quanzhou	184	60	21.52
漳州市	Zhangzhou	65	18	16.21
南平市	Nanping	38	10	0.63
龙岩市	Longyan	55	16	1.12
宁德市	Ningde	28	12	1.82
江西省	**Jiangxi**	**1004**	**303**	**6.29**
南昌市	Nanchang	268	88	8.66
景德镇市	Jingdezhen	61	17	14.19
萍乡市	Pingxiang	71	23	6.64
九江市	Jiujiang	104	33	14.88
新余市	Xinyu	70	26	3.91
鹰潭市	Yingtan	49	7	36.03
赣州市	Ganzhou	129	37	5.53
吉安市	Ji'an	51	11	3.69

2-12 续表 3 continued

城 市	City	城市建设用地面积（平方公里）Area of Land Used for Urban Construction (sq.km)	居住用地面积 Area of Land Used for Living	城市建设用地占市区面积比重(%) Land Used for Urban Construction as Percentage to Urban Area (%)
宜春市	Yichun	68	16	2.68
抚州市	Fuzhou	59	16	2.78
上饶市	Shangrao	74	29	20.00
山东省	**Shandong**	**3186**	**944**	**7.49**
济南市	Jinan	393	106	11.90
青岛市	Qingdao	470	133	14.27
淄博市	Zibo	262	91	8.77
枣庄市	Zaozhuang	137	54	4.46
东营市	Dongying	120	38	3.48
烟台市	Yantai	275	61	10.04
潍坊市	Weifang	178	61	6.75
济宁市	Jining	185	51	11.23
泰安市	Tai'an	132	45	6.32
威海市	Weihai	189	48	7.25
日照市	Rizhao	101	30	4.94
莱芜市	Laiwu	105	37	4.67
临沂市	Linyi	191	54	8.33
德州市	Dezhou	147	40	8.40
聊城市	Liaocheng	93	29	5.44
滨州市	Binzhou	109	33	3.35
菏泽市	Heze	99	33	7.00
河南省	**Henan**	**1821**	**529**	**11.44**
郑州市	Zhengzhou	393	101	38.91
开封市	Kaifeng	126	41	22.30
洛阳市	Luoyang	209	70	23.78
平顶山市	Pingdingshan	73	29	16.48
安阳市	Anyang	81	26	15.17
鹤壁市	Hebi	64	15	9.43
新乡市	Xinxiang	107	31	24.83
焦作市	Jiaozuo	111	40	19.20
濮阳市	Puyang	86	24	32.70
许昌市	Xuchang	75	20	77.32
漯河市	Luohe	65	16	5.82
三门峡市	Sanmenxia	30	9	16.22
南阳市	Nanyang	141	42	6.60
商丘市	Shangqiu	63	11	3.71
信阳市	Xinyang	76	24	2.11
周口市	Zhoukou	50	14	15.02
驻马店市	Zhumadian	71	17	5.20
湖北省	**Hubei**	**1399**	**416**	**5.66**
武汉市	Wuhan	506	154	29.11
黄石市	Huangshi	81	22	34.18
十堰市	Shiyan	105	32	2.08
宜昌市	Yichang	158	44	3.73
襄阳市	Xiangyang	163	45	4.44
鄂州市	Ezhou	32	8	2.01

2-12 续表 4 continued

城　市	City	城市建设用地面积（平方公里）Area of Land Used for Urban Construction (sq.km)	居住用地面积 Area of Land Used for Living	城市建设用地占市区面积比重(%) Land Used for Urban Construction as Percentage to Urban Area (%)
荆门市	Jingmen	58	13	2.43
孝感市	Xiaogan	38	10	3.73
荆州市	Jingzhou	82	20	5.20
黄冈市	Huanggang	52	16	14.36
咸宁市	Xianning	51	24	3.39
随州市	Suizhou	73	28	5.52
湖南省	**Hunan**	**1247**	**407**	**6.37**
长沙市	Changsha	331	124	17.34
株洲市	Zhuzhou	125	46	14.48
湘潭市	Xiangtan	80	27	12.16
衡阳市	Hengyang	113	30	16.21
邵阳市	Shaoyang	60	22	13.67
岳阳市	Yueyang	93	25	6.56
常德市	Changde	90	23	3.59
张家界市	Zhangjiajie	34	11	1.24
益阳市	Yiyang	69	28	3.73
郴州市	Chenzhou	73	26	3.25
永州市	Yongzhou	62	16	1.95
怀化市	Huaihua	71	14	10.66
娄底市	Loudi	47	16	11.02
广东省	**Guangdong**	**3597**	**1097**	**7.32**
广州市	Guangzhou			
韶关市	Shaoguan	99	35	3.46
深圳市	Shenzhen	895	242	44.83
珠海市	Zhuhai	124	44	7.16
汕头市	Shantou	249	98	11.94
佛山市	Foshan			
江门市	Jiangmen	38	9	2.14
湛江市	Zhanjiang	108	34	6.34
茂名市	Maoming	121	57	4.46
肇庆市	Zhaoqing	110	37	3.80
惠州市	Huizhou	214	70	7.93
梅州市	Meizhou	53	21	1.74
汕尾市	Shanwei	17	7	4.04
河源市	Heyuan			
阳江市	Yangjiang	76	22	3.06
清远市	Qingyuan	133	35	3.64
东莞市	Dongguan	1045	283	42.48
中山市	Zhongshan	116	39	6.50
潮州市	Chaozhou	76	29	5.37
揭阳市	Jieyang	105	33	10.18
云浮市	Yunfu	18	3	2.31
广西壮族自治区	**Guangxi**	**1128**	**345**	**2.54**
南宁市	Nanning	285	86	4.35
柳州市	Liuzhou	184	48	18.09
桂林市	Guilin	98	29	3.54

2-12 续表 5 continued

城市	City	城市建设用地面积(平方公里) Area of Land Used for Urban Construction (sq.km)	居住用地面积 Area of Land Used for Living	城市建设用地占市区面积比重(%) Land Used for Urban Construction as Percentage to Urban Area (%)
梧州市	Wuzhou	54	19	3.01
北海市	Beihai	71	26	7.42
防城港市	Fangchenggang	36	5	1.27
钦州市	Qinzhou	86	29	1.78
贵港市	Guigang	68	22	1.92
玉林市	Yulin	68	26	5.44
百色市	Baise	42	15	1.13
贺州市	Hezhou	53	16	0.96
河池市	Hechi	23	7	0.98
来宾市	Laibin	41	11	0.94
崇左市	Chongzuo	19	6	0.65
海南省	**Hainan**	**285**	**61**	**6.72**
海口市	Haikou	138	38	5.99
三亚市	Sanya	147	23	7.65
三沙市	Sansa			
儋州市	Danzhou			
重庆市	**Chongqing**	**1116**	**351**	**3.23**
四川省	**Sichuan**	**1843**	**598**	**4.88**
成都市	Chengdu	604	217	18.64
自贡市	Zigong	112	36	7.81
攀枝花市	Panzhihua	73	21	3.62
泸州市	Luzhou	115	32	5.39
德阳市	Deyang	76	21	11.73
绵阳市	Mianyang	125	35	7.96
广元市	Guangyuan	54	13	1.18
遂宁市	Suining	75	24	4.00
内江市	Neijiang	72	26	4.59
乐山市	Leshan	69	22	2.75
南充市	Nanchong	115	43	4.55
眉山市	Meishan	45	16	3.38
宜宾市	Yibin	75	21	4.09
广安市	Guang'an	48	16	3.13
达州市	Dazhou	79	24	2.52
雅安市	Ya'an	30	8	1.78
巴中市	Bazhong	32	12	1.25
资阳市	Ziyang	44	11	2.69
贵州省	**Guizhou**	**286**	**106**	**2.32**
贵阳市	Guiyang			
六盘水市	Liupanshui	61	19	12.72
遵义市	Zunyi	86	36	6.53
安顺市	Anshun	59	19	2.18
毕节市	Bijie	41	12	1.20
铜仁市	Tongren	39	20	2.10
云南省	**Yunnan**	**656**	**244**	**3.05**
昆明市	Kunming	414	175	10.78
曲靖市	Qujing	68	25	4.38

2-12 续表 6 continued

城　市	City	城市建设用地面积 (平方公里) Area of Land Used for Urban Construction (sq.km)	居住用地面积 Area of Land Used for Living	城市建设用地占市区面积比重 (%) Land Used for Urban Construction as Percentage to Urban Area (%)
玉溪市	Yuxi	27	5	2.69
保山市	Baoshan	24	14	0.48
昭通市	Zhaotong	29	8	1.34
丽江市	Lijiang	21	4	1.67
普洱市	Pu'er	24	5	0.59
临沧市	Lincang	49	8	1.92
西藏自治区	**Tibet**			
拉萨市	Lasa			
陕西省	**Shaanxi**	**962**	**228**	**3.30**
西安市	Xi'an	497	119	12.83
铜川市	Tongchuan	37	15	1.54
宝鸡市	Baoji	88	10	2.43
咸阳市	Xianyang	91	23	17.23
渭南市	Weinan	69	27	5.46
延安市	Yan'an	29		0.82
汉中市	Hanzhong	38	6	6.83
榆林市	Yulin	55	11	0.78
安康市	Ankang	40	13	1.10
商洛市	Shangluo	18	3	0.67
甘肃省	**Gansu**	**670**	**179**	**1.64**
兰州市	Lanzhou	214	55	13.11
嘉峪关市	Jiayuguan	69	14	2.35
金昌市	Jinchang	42	8	1.39
白银市	Baiyin	61	18	1.75
天水市	Tianshui	48	10	0.82
武威市	Wuwei	31	14	0.61
张掖市	Zhangye	38	16	0.90
平凉市	Pingliang	39	13	2.01
酒泉市	Jiuquan	55	10	1.62
庆阳市	Qingyang	26	8	2.61
定西市	Dingxi	33	5	0.91
陇南市	Longnan	14	7	0.30
青海省	**Qinghai**	**215**	**51**	**5.31**
西宁市	Xining	88	44	18.45
海东市	Haidong	127	7	3.56
宁夏回族自治区	**Ningxia**	**339**	**110**	**1.99**
银川市	Yinchuan	167	51	7.23
石嘴山市	Shizuishan	52	22	2.30
吴忠市	Wuzhong	49	16	4.43
固原市	Guyuan	43	13	0.96
中卫市	Zhongwei	28	9	0.41
新疆维吾尔自治区	**Xinjiang**	**498**	**170**	**2.87**
乌鲁木齐市	Urumqi	430	147	4.48
克拉玛依市	Karamay	68	24	0.88

(二)综合经济
General Economy

2-13 地区生产总值
Gross Regional Product

城　市	City	地区生产总值(当年价格)(万元) Gross Regional Product (Current Prices) (100 000 yuan)		人均地区生产总值(元) Per Capita GRP (yuan)		地区生产总值增长率(%) GRP Growth Rate (%)	
		全　市 Total City	市辖区 Districts under City	全　市 Total City	市辖区 Districts under City	全　市 Total City	市辖区 Districts under City
城市合计	**Prefecture Cities**						
北京市	**Beijing**	230145900	230145900	106497	106497	6.90	6.90
天津市	**Tianjin**	165381900	165381900	107960	107960	9.30	9.30
河北省	**Hebei**						
石家庄市	Shijiazhuang	54405988	29098110	51043	61795	7.50	8.20
唐山市	Tangshan	61030601	31653208	78398	89144	5.60	4.60
秦皇岛市	Qinhuangdao	12504439	8546085	40746	53060	5.50	3.20
邯郸市	Handan	31454319	8077260	33450	46034	6.76	6.09
邢台市	Xingtai	17647323	2809714	24256	30186	6.00	3.70
保定市	Baoding	30003400	10144199	29067	35841	7.00	6.72
张家口市	Zhangjiakou	13635443	5345487	30840	42448	5.80	5.00
承德市	Chengde	13587278	2830610	38505	43202	5.54	4.50
沧州市	Cangzhou	33206328	6503098	44819	95188	7.70	8.10
廊坊市	Langfang	24738649	7892526	54460	86266	8.80	14.70
衡水市	Hengshui	12200080	2847740	27543	48341	7.60	7.12
山西省	**Shanxi**						
太原市	Taiyuan	27353442	25524222	63483	72571	8.90	9.60
大同市	Datong	10533703	8586193	30989	48172	9.00	11.36
阳泉市	Yangquan	5957009	3866581	42688	52594	1.10	0.42
长治市	Changzhi	11953423	3561913	35029	44867	-2.90	2.70
晋城市	Jincheng	10402416	2399429	44994	49001	3.00	5.80
朔州市	Shuozhou	9011301	4449132	51256	54706	-2.30	
晋中市	Jinzhong	10461155	2087919	31434	31940	6.40	7.60
运城市	Yuncheng	11740143	2105483	22304	30256	1.80	4.20
忻州市	Xinzhou	6812356	1140552	21731	20425	2.40	3.80
临汾市	Linfen	11611090	2492097	26239	25729	0.30	-1.00
吕梁市	Lvliang	9558013	679132	25003	20595	-4.70	-0.10
内蒙古自治区	**Inner Mongolia**						
呼和浩特市	Hohhot	30905200	23039200	101492	107426	8.30	7.70
包头市	Baotou	37219300	33418500	132253	148086	8.14	8.29
乌海市	Wuhai	5598322	5598322	100871	100871	7.50	7.50
赤峰市	Chifeng	18612749	7907185	43269	56702	8.10	8.60
通辽市	Tongliao	18772700	5213300	60123	64259	7.80	8.32
鄂尔多斯市	Erdos	42261300	9625700	207163	151753	7.70	7.20
呼伦贝尔市	Hulunbuir	15989500	3496144	63131	87063	8.10	8.50
巴彦淖尔市	Bayannur	8874300	2870800	53000	52135	7.50	8.00
乌兰察布市	Ulanqab	9137748	1816327	43221		8.00	8.60
辽宁省	**Liaoning**						
沈阳市	Shenyang	72723051	58912469	87734	90999	3.35	3.36
大连市	Dalian	77316363	35318955	110682	136293	4.20	2.58
鞍山市	Anshan	23369966	10987311	64710	66735	3.20	2.60
抚顺市	Fushun	12164773	8583088	58597	59280	2.00	-0.70
本溪市	Benxi	11646927	8119867	67656	71857	3.60	2.78
丹东市	Dandong	9849006	2330584	40850	29803	-3.00	2.10
锦州市	Jinzhou	13273292	6104593	43207	62642	1.14	0.19

2-13 续表 1 continued

城 市	City	地区生产总值(当年价格)(万元) Gross Regional Product (Current Prices) (100 000 yuan)		人均地区生产总值(元) Per Capita GRP (yuan)		地区生产总值增长率(%) GRP Growth Rate (%)	
		全 市 Total City	市辖区 Districts under City	全 市 Total City	市辖区 Districts under City	全 市 Total City	市辖区 Districts under City
营口市	Yingkou	15137503	9408636	61925	85692	4.50	5.20
阜新市	Fuxin	5255376	2727499	29491	35171	-6.00	-7.20
辽阳市	Liaoyang	10285818	5082729	55674	58181	3.90	3.82
盘锦市	Panjin	12565377	7829379	87351	104881	4.00	3.20
铁岭市	Tieling	7409003	1431155	27885	32770	-6.20	-7.10
朝阳市	Chaoyang	8547329	1940511	28852	29087	-6.40	-9.98
葫芦岛市	Huludao	7201673	3522882	28176	37318	0.10	5.00
吉林省	**Jilin**						
长春市	Changchun	55300345	43139431	73324	100633	6.50	6.30
吉林市	Jilin	23941860	14137909	56076	77724	6.40	6.70
四平市	Siping	12332487	2309060	37714	39137	6.40	7.65
辽源市	Liaoyuan	7266404	4095533	59855	87858	7.00	6.53
通化市	Tonghua	10012129	3451108	45171	78119	7.20	6.80
白山市	Baishan	6685521	3441615	53136	60369	7.14	6.85
松原市	Songyuan	16373003	5150738	58841	78041	6.30	4.50
白城市	Baicheng	6996822	1791953	35571	34858	7.30	8.10
黑龙江省	**Heilongjiang**						
哈尔滨市	Harbin	57512119	42116813	59027	76346	7.10	7.70
齐齐哈尔市	Qiqihar	12703250	5970360	24430	43721	6.50	3.90
鸡西市	Jixi	5146868	1625515	28222	19363	4.10	2.00
鹤岗市	Hegang	2655736	1312757	24981	20024	4.00	3.80
双鸭山市	Shuangyashan	4333342	1174841	29237	23605	3.00	-1.20
大庆市	Daqing	29834587	24475853	110113	188797	-2.30	1.70
伊春市	Yichun	2481966	1474588	20414	19037	-1.90	-6.10
佳木斯市	Jiamusi	8101676	4063243	35069	51877	6.50	6.20
七台河市	Qitaihe	2126515	1600799	24823	30844	4.10	4.90
牡丹江市	Mudanjiang	13107000	3261282	47356	33666	6.00	5.80
黑河市	Heihe	4478252	301706	26575	25486	7.10	1.50
绥化市	Suihua	12722076	1548001	23095	26736	6.50	7.60
上海市	**Shanghai**	251234500	248383700	103796	105669	6.90	6.90
江苏省	**Jiangsu**						
南京市	Nanjing	97207700	97207700	118171	118171	9.30	9.00
无锡市	Wuxi	85182600	43517400	130938	120302	7.10	7.00
徐州市	Xuzhou	53198804	29104800	61511	90287	9.50	7.00
常州市	Changzhou	52731500	45350000	112221	115494	9.20	10.00
苏州市	Suzhou	145040700	74935800	136702	136556	7.50	8.00
南通市	Nantong	61483955	22646336	84236	96862	9.60	10.00
连云港市	Lianyungang	21606400	11853400	48416	57212	10.80	11.00
淮安市	Huai'an	27450900	16367500	56460	60706	10.30	10.00
盐城市	Yancheng	42125000	17348087	58299	74385	10.50	11.00
扬州市	Yangzhou	40168400	26398178	89647	109000	10.30	10.00
镇江市	Zhenjiang	35024800	15737400	110351	128165	9.60	10.00
泰州市	Taizhou	36879000	15314100	79479	94438	10.20	11.00
宿迁市	Suqian	21261900	7724975	43853	49345	10.00	10.00
浙江省	**Zhejiang**						
杭州市	Hangzhou	100502079	87219983	112230	121681	10.15	10.35

2-13 续表 2 continued

城 市	City	地区生产总值(当年价格)(万元) Gross Regional Product (Current Prices) (100 000 yuan)		人均地区生产总值(元) Per Capita GRP (yuan)		地区生产总值增长率(%) GRP Growth Rate (%)	
		全 市 Total City	市辖区 Districts under City	全 市 Total City	市辖区 Districts under City	全 市 Total City	市辖区 Districts under City
宁波市	Ningbo	80036103	48771791	102374	135760	8.00	8.30
温州市	Wenzhou	46180766	18794804	50790		8.29	8.29
嘉兴市	Jiaxing	35178068	8708699	76850	71051	7.00	6.30
湖州市	Huzhou	20842666	9277807	70894	70614	8.32	8.85
绍兴市	Shaoxing	44659653	26486597	90003		7.13	7.41
金华市	Jinhua	34023399	6457450	62480	58504	7.76	7.89
衢州市	Quzhou	11461322	4893907	53847	60516	6.50	6.90
舟山市	Zhoushan	10928459	8012264	95113	91726	9.22	9.21
台州市	Taizhou	35538533	12959715	58917		6.44	6.39
丽水市	Lishui	11032922	2840802	51676	61119	6.37	6.54
安徽省	**Anhui**						
合肥市	Hefei	56602700	37669637	73102	101099	10.50	10.80
芜湖市	Wuhu	24573234	14913586	67592	91270	10.26	10.49
蚌埠市	Bengbu	12530550	6797239	38267	60148	10.21	10.71
淮南市	Huainan	9010822	5515775	26398	30248	3.74	3.58
马鞍山市	Maanshan	13653044	8358788	60802	88546	7.87	6.86
淮北市	Huaibei	7603904	5271612	35057	46784	4.40	2.17
铜陵市	Tongling	9116000	7169364	57387		9.40	10.80
安庆市	Anqing	14174300	4218637	31101	57347	7.40	6.10
黄山市	Huangshan	5309000	2447222	38794	52236	6.10	5.90
滁州市	Chuzhou	13056964	3389840	32634	58445	9.90	10.10
阜阳市	Fuyang	12674505	4422779	16121	19808	9.50	7.40
宿州市	Suzhou	12358259	5192362	22415	27704	8.89	8.94
六安市	Lu'an	10164885	3776675	21524	19909	6.93	8.60
亳州市	Bozhou	9426090	3318489	18771	20094	9.10	9.86
池州市	Chizhou	5447404	2911557	38014	47458	8.50	8.00
宣城市	Xuancheng	9714569	2670028	37610	31267	8.20	7.60
福建省	**Fujian**						
福州市	Fuzhou	56180844	28293712	75259	92042	9.60	10.10
厦门市	Xiamen	34660288	34660288	90379	90379	7.20	7.20
莆田市	Putian	16551618	13454194	57873	64930	10.50	10.50
三明市	Sanming	17130478	3489967	67978	92040	8.47	6.79
泉州市	Quanzhou	61377139	13320225	72421	87460	8.90	8.50
漳州市	Zhangzhou	27673767	6290977	55570	81447	11.00	11.40
南平市	Nanping	13395148	4294087	50932	55695	9.10	7.20
龙岩市	Longyan	17384535	8378366	66863	78327	8.86	7.30
宁德市	Ningde	14873590	2671617	52006	60410	8.64	9.17
江西省	**Jiangxi**						
南昌市	Nanchang	40000140	30258586	75879	86384	9.60	9.70
景德镇市	Jingdezhen	7720557	4068771	47216	82841	8.60	8.60
萍乡市	Pingxiang	9123871	5621216	48133	61089	8.90	8.60
九江市	Jiujiang	19026783	7898183	39505	109189	9.65	9.23
新余市	Xinyu	9467964	7397643	81354	86441	8.50	9.20
鹰潭市	Yingtan	6392614	1881573	55568	85995	8.50	9.00
赣州市	Ganzhou	19738688	6292772	23148	42818	9.60	10.70
吉安市	Ji'an	13285198	2099379	27168	38317	9.20	9.50

2-13 续表 3 continued

城 市	City	地区生产总值(当年价格)(万元) Gross Regional Product (Current Prices) (100 000 yuan)		人均地区生产总值(元) Per Capita GRP (yuan)		地区生产总值增长率(%) GRP Growth Rate (%)	
		全 市 Total City	市辖区 Districts under City	全 市 Total City	市辖区 Districts under City	全 市 Total City	市辖区 Districts under City
宜春市	Yichun	16210204	2258110	29457	21216	9.50	9.20
抚州市	Fuzhou	11051377	3418246	27735	30766	9.20	9.10
上饶市	Shangrao	16508064	4814842	24633	40418	9.50	10.30
山东省	**Shandong**						
济南市	Jinan	61002320	45604277	85919	100042	8.06	7.84
青岛市	Qingdao	93000700	59771000	102519	122251	8.10	9.90
淄博市	Zibo	41302400	31892910	89235	99057	7.06	6.99
枣庄市	Zaozhuang	20310028	10259544	52692	47498	7.07	6.90
东营市	Dongying	34506400	20343722	163938	195792	6.90	6.10
烟台市	Yantai	64460800	27333805	91979	165727	8.37	8.52
潍坊市	Weifang	51705000	14950000	55824	71190	8.30	10.70
济宁市	Jining	40131243	11503100	48529	70158	8.38	9.30
泰安市	Tai'an	31583900	9494100	56490	53705	8.10	8.95
威海市	Weihai	30015700	15150932	106922	114877	8.50	9.12
日照市	Rizhao	16708000	12548800	58110	89223	7.50	5.30
莱芜市	Laiwu	6658300	6658300	49377	49377	6.60	6.60
临沂市	Linyi	37631700	15494532	36656	57521	7.10	7.61
德州市	Dezhou	27509400	7775854	48062	60339	7.56	8.04
聊城市	Liaocheng	26636200	4884800	44743	38152	8.80	8.40
滨州市	Binzhou	23553298	7346680	61189	69355	7.08	7.46
菏泽市	Heze	24009600	5337578	28350	38606	9.30	9.40
河南省	**Henan**						
郑州市	Zhengzhou	73115210	40803609	77179	74357	10.00	10.90
开封市	Kaifeng	16058404	5807531	35326	36283	9.42	9.01
洛阳市	Luoyang	34690273	13231407	51692	67366	9.00	5.90
平顶山市	Pingdingshan	17057781	4707019	33984	43538	6.66	2.21
安阳市	Anyang	18844808	5117034	36828	41181	7.40	6.40
鹤壁市	Hebi	7172528	3438344	44778	52472	8.00	7.70
新乡市	Xinxiang	19750287	6521051	34340	58451	6.10	7.40
焦作市	Jiaozuo	19260785	4318547	54590	42813	8.65	6.53
濮阳市	Puyang	13283410	3642976	36842	51411	9.40	-4.60
许昌市	Xuchang	21711562	2581189	50162	50741	9.00	6.70
漯河市	Luohe	9928496	5938200	37987	42129	9.10	9.30
三门峡市	Sanmenxia	12510383	1851188	55681	57580	3.30	7.80
南阳市	Nanyang	28668156	6669124	28653	36210	9.00	6.00
商丘市	Shangqiu	18121623	3843943	24940	22427	8.80	8.70
信阳市	Xinyang	18777440	4960111	30157	35977	8.97	9.20
周口市	Zhoukou	20896975	1957776	23728	27391	8.80	7.70
驻马店市	Zhumadian	18070960	3042587	27001	32434	9.00	8.70
湖北省	**Hubei**						
武汉市	Wuhan	109056000	88060399	104132	116760	8.80	8.20
黄石市	Huangshi	12281000	5801200	50053	65587	5.30	4.40
十堰市	Shiyan	13001200	7605899	38431	55610	9.50	6.50
宜昌市	Yichang	33848000	14431424	82360	99008	8.90	7.60
襄阳市	Xiangyang	33821200	16895624	60319	73589	8.93	8.18
鄂州市	Ezhou	7300100	7300100	68921	68921	8.00	8.00

2-13 续表 4 continued

城 市	City	地区生产总值(当年价格)(万元) Gross Regional Product (Current Prices) (100 000 yuan)		人均地区生产总值(元) Per Capita GRP (yuan)		地区生产总值增长率(%) GRP Growth Rate (%)	
		全 市 Total City	市辖区 Districts under City	全 市 Total City	市辖区 Districts under City	全 市 Total City	市辖区 Districts under City
荆门市	Jingmen	13884600	4697200	48000	69562	9.20	9.27
孝感市	Xiaogan	14572000	2685575	29924	29196	8.90	9.50
荆州市	Jingzhou	15905000	5253800	27875	42714	8.50	8.10
黄冈市	Huanggang	15892400	1886894	25262	50077	8.90	8.60
咸宁市	Xianning	10300700	2419400	41234	46366	8.00	8.70
随州市	Suizhou	7852600	3609100	35900	57538	8.90	8.90
湖南省	**Hunan**						
长沙市	Changsha	85101328	53885323	115443	136956	9.90	10.40
株洲市	Zhuzhou	23351075	11281076	58661	91925	9.50	9.10
湘潭市	Xiangtan	17030972	10454415	60430	98081	9.60	9.50
衡阳市	Hengyang	26015749	7525966	35538	68077	8.72	10.95
邵阳市	Shaoyang	13869988	2868701	19156	37558	9.60	10.00
岳阳市	Yueyang	28862800	12146806	51429	95977	8.70	8.90
常德市	Changde	27090169	13569843	46408	87457	8.70	8.40
张家界市	Zhangjiajie	4477004	2275306	29425	43697	8.50	8.50
益阳市	Yiyang	13544119	5537286	30776	43647	8.40	8.80
郴州市	Chenzhou	20120654	5966477	42682	69726	8.54	9.52
永州市	Yongzhou	14181762	4091134	26222	38022	9.00	8.89
怀化市	Huaihua	12732479	2864889	26060	47190	8.50	8.50
娄底市	Loudi	12916626	3708645	33444	72804	7.59	7.12
广东省	**Guangdong**						
广州市	Guangzhou	181004136	181004136	136188	136188	8.40	8.40
韶关市	Shaoguan	11499806	5464968	39380	53361	6.24	3.31
深圳市	Shenzhen	175028634	175028634	157985	157985	8.90	8.90
珠海市	Zhuhai	20254111	20254111	124706	124706	10.00	10.00
汕头市	Shantou	18680251	18522561	33732	33825	8.40	8.40
佛山市	Foshan	80039186	80039186	108299	108299	8.50	8.50
江门市	Jiangmen	22400243	12138715	49608	65346	8.40	9.60
湛江市	Zhanjiang	23800243	10805357	32933	64710	8.50	7.80
茂名市	Maoming	24456300	12193931	40324	48632	8.00	8.20
肇庆市	Zhaoqing	19700100	10684174	48670	69952	8.20	7.60
惠州市	Huizhou	31400306	19627380	66231	80779	9.00	6.50
梅州市	Meizhou	9597781	3769883	22155	39382	8.63	8.26
汕尾市	Shanwei	7620631	2107054	25283	40365	8.10	0.50
河源市	Heyuan	8100793	3024181	26401	62535	8.10	11.90
阳江市	Yangjiang	12500077	6748714	49894	57879	7.80	8.00
清远市	Qingyuan	12778570	6876542	33392	43994	8.20	8.41
东莞市	Dongguan	62750737	62750737	75616	75616	8.00	8.00
中山市	Zhongshan	30100326	30100326	94030	94030	8.42	8.42
潮州市	Chaozhou	9101099	7211912	33954	40189	8.30	8.30
揭阳市	Jieyang	18900144	8653390	31255	44340	8.00	8.60
云浮市	Yunfu	7131416	1403329	29078	40389	8.50	11.30
广西壮族自治区	**Guangxi**						
南宁市	Nanning	34100859	25370118	49066	69918	8.60	9.40
柳州市	Liuzhou	22986169	16890061	58869	106203	7.20	6.70
桂林市	Guilin	19429668	7826658	39329	51486	7.95	7.95

2-13 续表 5 continued

城　市	City	地区生产总值(当年价格)(万元) Gross Regional Product (Current Prices) (100 000 yuan)		人均地区生产总值(元) Per Capita GRP (yuan)		地区生产总值增长率(%) GRP Growth Rate (%)	
		全　市 Total City	市辖区 Districts under City	全　市 Total City	市辖区 Districts under City	全　市 Total City	市辖区 Districts under City
梧州市	Wuzhou	10785858	5398235	36104	67626	8.30	8.90
北海市	Beihai	8920837	6818709	55248	97146	11.40	11.80
防城港市	Fangchenggang	6207242	4734747	67972	86141	10.20	11.48
钦州市	Qinzhou	9444242	4453553	29560	35601	8.40	12.80
贵港市	Guigang	8652035	3587143	20240	23066	7.50	5.83
玉林市	Yulin	14461253	3960027	25444	35958	8.95	9.13
百色市	Baise	9803511	2055139	27363	52393	8.06	8.05
贺州市	Hezhou	4681077	2665798	23178	25804	6.90	8.95
河池市	Hechi	6180346	1140979	17841	33416	4.50	2.40
来宾市	Laibin	5576985	2463451	25667	25920	3.42	1.03
崇左市	Chongzuo	6828231	1401284	33355	41879	8.02	6.07
海南省	**Hainan**						
海口市	Haikou	11619648	11619648	52534	52534	7.50	7.50
三亚市	Sanya	4358202	4358202	58486	58486	8.10	8.10
三沙市	Sansa						
儋州市	Danzhou	2317313		25813		8.40	
重庆市	**Chongqing**	157172700	132062600	52321	62269	11.00	11.00
四川省	**Sichuan**						
成都市	Chengdu	108011633	84600156	74273	91953	7.90	7.50
自贡市	Zigong	11431113	7351531	41447	54948	8.42	8.09
攀枝花市	Panzhihua	9251839	6808503	75078	84788	8.14	7.82
泸州市	Luzhou	13534133	7145578	31714	50210	11.00	11.90
德阳市	Deyang	16050640	4560114	45701	61177	8.20	6.80
绵阳市	Mianyang	17003318	8156824	35754	58822	8.60	9.10
广元市	Guangyuan	6054300	2837535	23263	31027	8.60	8.20
遂宁市	Suining	9158112	3734386	27868	28444	13.21	14.26
内江市	Neijiang	11985784	4349851	32080	33552	8.00	7.90
乐山市	Leshan	13012326	6279989	39973	51111	9.14	9.08
南充市	Nanchong	15162016	5428472	23881	28176	7.60	7.22
眉山市	Meishan	10298632	3517313	34379	41968	10.24	10.00
宜宾市	Yibin	15259043	6193677	34060	52000	8.45	6.91
广安市	Guang'an	10056146	2954296	31046	33903	10.60	10.71
达州市	Dazhou	13507623	4240603	24342	27399	3.10	4.70
雅安市	Ya'an	5025788	2012040	32523	32200	9.00	7.60
巴中市	Bazhong	5013438	1776140	15076	15356	8.60	9.70
资阳市	Ziyang	12703811	4103578	35702	46893	8.80	8.90
贵州省	**Guizhou**						
贵阳市	Guiyang	28911600	22275776	63003	68264	12.50	9.90
六盘水市	Liupanshui	12010800	3846859	41618	63949	11.80	13.30
遵义市	Zunyi	21683400	5752000	35123	50526	13.20	14.20
安顺市	Anshun	6254100	3504413	27065	32575	13.60	15.30
毕节市	Bijie	14613476	2905620	22230	25440	12.90	13.80
铜仁市	Tongren	7708924	1667900	24712	39208	12.73	14.70
云南省	**Yunnan**						
昆明市	Kunming	39680051	30728876	59656	77559	8.00	8.80
曲靖市	Qujing	16502574	5315216	27045	69489	4.25	6.10

2-13 续表 6 continued

城 市	City	地区生产总值(当年价格)(万元) Gross Regional Product (Current Prices) (100 000 yuan)		人均地区生产总值(元) Per Capita GRP (yuan)		地区生产总值增长率(%) GRP Growth Rate (%)	
		全 市 Total City	市辖区 Districts under City	全 市 Total City	市辖区 Districts under City	全 市 Total City	市辖区 Districts under City
玉溪市	Yuxi	12445230	6157729	52812	121622	8.50	4.10
保山市	Baoshan	5519581	2101937	21444	21865	11.50	12.40
昭通市	Zhaotong	7083761	2161418	13097	26346	8.00	8.50
丽江市	Lijiang	2896117	1090893	20724	45277	9.00	7.80
普洱市	Pu'er	5140121	1199477	19789	38469	9.20	9.80
临沧市	Lincang	5021223	921084	20077	27627	10.00	11.30
西藏自治区	**Tibet**						
拉萨市	Lasa	3767300	1969334	59223	106108	11.20	6.50
陕西省	**Shaanxi**						
西安市	Xi'an	58012000	51364300	66938	68852	8.20	8.00
铜川市	Tongchuan	3245390	2920110	38378	38790	8.80	8.70
宝鸡市	Baoji	17876280	9219041	47565	63411	10.40	10.60
咸阳市	Xianyang	21559100	7796360	43426	81467	8.70	10.20
渭南市	Weinan	14690806	3068115	27452	34373	8.70	9.80
延安市	Yan'an	11986300	2694000	53924	55939	1.70	6.00
汉中市	Hanzhong	10648300	2302546	31001	42640	9.60	11.70
榆林市	Yulin	26212900	5431049	77267	83683	4.30	6.00
安康市	Ankang	7724590	2337171	29193	26698	12.30	11.60
商洛市	Shangluo	6218310	1228990	26415	22995	11.20	10.90
甘肃省	**Gansu**						
兰州市	Lanzhou	20959920	17415468	56972	65662	9.10	8.30
嘉峪关市	Jiayuguan	1900441	1900441	78336	78336	9.00	9.00
金昌市	Jinchang	2245163	1607042	47739	69046	3.20	3.80
白银市	Baiyin	4342749	2640805	25410	53425	6.80	6.60
天水市	Tianshui	5537728	3285135	16743	26976	9.20	9.80
武威市	Wuwei	4161872	2611600	22931	25819	8.70	8.50
张掖市	Zhangye	3735300	1567485	30704	30537	7.50	7.80
平凉市	Pingliang	3476994	1200136	18490	23223	7.60	9.20
酒泉市	Jiuquan	5447963	1609850	48920	36792	5.30	6.20
庆阳市	Qingyang	6094314	1547638	27366	40387	9.00	3.80
定西市	Dingxi	3049178	702111	10987	16525	8.70	9.10
陇南市	Longnan	3151353	935524	12172	16637	9.20	9.60
青海省	**Qinghai**						
西宁市	Xining	11316193	8592329	49197	68264	10.90	10.00
海东市	Haidong	3843963	1418477	26531	87033	11.20	11.41
宁夏回族自治区	**Ningxia**						
银川市	Yinchuan	14938590	8933199	69594	64687	8.30	7.70
石嘴山市	Shizuishan	4823793	3418178	61845	68500	6.90	6.40
吴忠市	Wuzhong	4048073	1467316	29698	36506	7.40	12.60
固原市	Guyuan	2170391	931431	17796	22405	8.50	8.20
中卫市	Zhongwei	3168907	1462079	27857	36394	6.20	5.60
新疆维吾尔自治区	**Xinjiang**						
乌鲁木齐市	Urumqi	26316398	26101197	74340	75183	10.50	10.54
克拉玛依市	Karamay	6294299	6294299	131014	131014	0.50	0.50

2-14 地区生产总值构成
Composition of Gross Regional Product

单位：% (%)

城　市	City	第一产业占GRP的比重 Primary Industry as Percentage to GRP		第二产业占GRP的比重 Secondary Industry as Percentage to GRP		第三产业占GRP的比重 Tertiary Industry as Percentage to GRP	
		全　市 Total City	市辖区 Districts under City	全　市 Total City	市辖区 Districts under City	全　市 Total City	市辖区 Districts under City
城市合计	**Prefecture Cities**	**7.74**	**2.97**	**45.53**	**43.78**	**46.72**	**53.26**
北京市	**Beijing**	**0.61**	**0.61**	**19.74**	**19.74**	**79.65**	**79.65**
天津市	**Tianjin**	**1.26**	**1.26**	**46.58**	**46.58**	**52.15**	**52.15**
河北省	**Hebei**	**11.32**	**4.86**	**47.74**	**46.90**	**40.93**	**48.25**
石家庄市	Shijiazhuang	9.09	4.65	45.08	37.89	45.84	57.47
唐山市	Tangshan	9.32	5.36	55.13	55.83	35.55	38.81
秦皇岛市	Qinhuangdao	14.21	7.29	35.59	38.00	50.20	54.71
邯郸市	Handan	12.81	1.02	47.16	49.22	40.03	49.76
邢台市	Xingtai	15.62	2.10	44.97	39.36	39.41	58.54
保定市	Baoding	11.78	9.03	50.02	56.11	38.20	34.86
张家口市	Zhangjiakou	17.87	6.69	40.01	44.75	42.12	48.56
承德市	Chengde	17.34	1.80	46.84	51.41	35.82	46.78
沧州市	Cangzhou	9.62	1.20	49.58	46.43	40.80	52.37
廊坊市	Langfang	8.33	3.50	44.56	37.90	47.10	58.60
衡水市	Hengshui	13.84	4.62	46.15	59.96	40.00	35.42
山西省	**Shanxi**	**6.17**	**1.79**	**45.15**	**38.02**	**48.68**	**60.19**
太原市	Taiyuan	1.37	0.61	37.30	36.55	61.34	62.85
大同市	Datong	5.38	1.40	41.77	45.09	52.85	53.51
阳泉市	Yangquan	1.68	0.57	49.83	45.54	48.50	53.89
长治市	Changzhi	4.87	1.00	51.13	43.27	44.01	55.73
晋城市	Jincheng	4.73	0.37	55.40	34.80	39.87	64.83
朔州市	Shuozhou	6.16	3.57	45.09	44.38	48.75	52.04
晋中市	Jinzhong	10.12	9.31	43.79	31.39	46.09	59.30
运城市	Yuncheng	16.40	6.01	37.52	29.44	46.08	64.56
忻州市	Xinzhou	9.35	7.57	44.70	26.58	45.95	65.85
临汾市	Linfen	7.84	3.67	48.53	22.34	43.64	73.99
吕梁市	Lvliang	5.65	2.76	56.92	27.25	37.43	69.99
内蒙古自治区	**Inner Mongolia**	**7.68**	**2.61**	**47.09**	**39.52**	**45.23**	**57.87**
呼和浩特市	Hohhot	4.08	1.16	28.06	20.73	67.86	78.11
包头市	Baotou	2.71	0.94	48.38	45.81	48.91	53.25
乌海市	Wuhai	0.85	0.85	57.01	57.01	42.15	42.15
赤峰市	Chifeng	14.88	8.37	47.42	46.54	37.70	45.09
通辽市	Tongliao	14.37	10.58	50.54	49.81	35.10	39.60
鄂尔多斯市	Erdos	2.34	0.14	56.79	35.87	40.87	63.99
呼伦贝尔市	Hulunbuir	16.49	2.80	44.45	45.72	39.06	51.48
巴彦淖尔市	Bayannur	18.67	15.08	50.77	47.05	30.56	37.88
乌兰察布市	Ulanqab	14.49	2.36	48.57	43.63	36.94	54.01
辽宁省	**Liaoning**	**8.43**	**2.22**	**45.51**	**48.12**	**46.06**	**49.66**
沈阳市	Shenyang	4.69	1.55	47.77	45.37	47.53	53.07
大连市	Dalian	5.86	2.38	43.31	50.56	50.83	47.06
鞍山市	Anshan	5.84	0.77	47.19	46.84	46.97	52.39
抚顺市	Fushun	8.06	3.02	48.87	50.58	43.07	46.40
本溪市	Benxi	5.75	2.14	51.43	51.81	42.81	46.06
丹东市	Dandong	15.91	4.49	40.91	36.61	43.18	58.90
锦州市	Jinzhou	15.92	3.25	42.85	43.09	41.23	53.66

2-14 续表 1 continued

单位：% (%)

城市	City	第一产业占GRP的比重 Primary Industry as Percentage to GRP		第二产业占GRP的比重 Secondary Industry as Percentage to GRP		第三产业占GRP的比重 Tertiary Industry as Percentage to GRP	
		全市 Total City	市辖区 Districts under City	全市 Total City	市辖区 Districts under City	全市 Total City	市辖区 Districts under City
营口市	Yingkou	7.32	2.90	48.05	52.89	44.63	44.21
阜新市	Fuxin	22.51	2.01	38.21	55.37	39.28	42.62
辽阳市	Liaoyang	7.06	3.17	55.27	52.33	37.67	44.51
盘锦市	Panjin	9.64	0.46	53.48	54.34	36.89	45.20
铁岭市	Tieling	27.68	5.47	31.79	37.09	40.53	57.44
朝阳市	Chaoyang	25.81	9.66	30.37	32.19	43.82	58.14
葫芦岛市	Huludao	14.49	6.63	41.14	50.55	44.37	42.82
吉林省	**Jilin**	**11.03**	**2.56**	**48.53**	**54.62**	**40.44**	**42.81**
长春市	Changchun	6.21	1.66	50.11	55.26	43.69	43.08
吉林市	Jilin	10.55	3.46	45.42	46.71	44.03	49.83
四平市	Siping	25.73	4.54	43.34	67.63	30.93	27.83
辽源市	Liaoyuan	8.38	0.91	57.43	58.49	34.19	40.60
通化市	Tonghua	9.23	1.40	51.14	67.73	39.63	30.86
白山市	Baishan	9.33	5.24	56.71	57.97	33.96	36.79
松原市	Songyuan	17.41	3.62	44.07	63.24	38.52	33.14
白城市	Baicheng	16.89	12.47	45.53	19.78	37.58	67.75
黑龙江省	**Heilongjiang**	**19.17**	**6.46**	**36.59**	**43.09**	**44.24**	**50.45**
哈尔滨市	Harbin	11.69	6.32	32.39	33.84	55.92	59.84
齐齐哈尔市	Qiqihar	24.13	4.09	31.04	31.24	44.83	64.67
鸡西市	Jixi	36.43	8.99	25.96	42.02	37.61	48.99
鹤岗市	Hegang	35.19	9.66	29.88	48.58	34.93	41.76
双鸭山市	Shuangyashan	38.22	3.66	22.77	30.50	39.01	65.84
大庆市	Daqing	6.53	2.44	64.88	68.51	28.59	29.06
伊春市	Yichun	42.93	35.59	18.67	20.94	38.40	43.47
佳木斯市	Jiamusi	33.07	6.36	22.01	27.68	44.92	65.96
七台河市	Qitaihe	16.09	10.84	36.78	41.36	47.13	47.81
牡丹江市	Mudanjiang	17.08	4.85	35.81	35.69	47.11	59.45
黑河市	Heihe	48.32	31.07	15.17	28.18	36.51	40.75
绥化市	Suihua	39.77	46.47	26.26	26.39	33.97	27.14
上海市	**Shanghai**	**0.44**	**0.34**	**31.81**	**31.84**	**67.76**	**67.82**
江苏省	**Jiangsu**	**4.94**	**2.96**	**46.78**	**46.09**	**48.29**	**50.95**
南京市	Nanjing	2.39	2.39	40.29	40.29	57.32	57.32
无锡市	Wuxi	1.62	0.94	49.28	44.90	49.11	54.15
徐州市	Xuzhou	9.49	3.56	44.27	49.31	46.24	47.14
常州市	Changzhou	2.78	2.21	47.71	47.39	49.51	50.40
苏州市	Suzhou	1.49	1.05	48.57	47.63	49.94	51.32
南通市	Nantong	5.77	2.58	48.43	47.57	45.80	49.85
连云港市	Lianyungang	13.08	9.51	44.38	43.44	42.53	47.05
淮安市	Huai'an	11.21	8.56	42.86	45.02	45.93	46.43
盐城市	Yancheng	12.26	8.98	45.66	51.04	42.08	39.98
扬州市	Yangzhou	6.02	3.32	50.09	50.08	43.89	46.60
镇江市	Zhenjiang	3.79	1.83	49.31	49.46	46.90	48.71
泰州市	Taizhou	5.94	3.63	49.11	52.27	44.96	44.09
宿迁市	Suqian	12.14	7.65	48.51	49.27	39.35	43.07
浙江省	**Zhejiang**	**4.23**	**2.50**	**45.92**	**43.24**	**49.85**	**54.26**
杭州市	Hangzhou	2.87	1.87	38.89	37.14	58.24	60.99

2-14 续表 2 continued

单位：% (%)

城市	City	第一产业占GRP的比重 Primary Industry as Percentage to GRP		第二产业占GRP的比重 Secondary Industry as Percentage to GRP		第三产业占GRP的比重 Tertiary Industry as Percentage to GRP	
		全市 Total City	市辖区 Districts under City	全市 Total City	市辖区 Districts under City	全市 Total City	市辖区 Districts under City
宁波市	Ningbo	3.56	1.25	51.20	49.65	45.24	49.10
温州市	Wenzhou	2.81	0.85	43.80	46.42	53.40	52.73
嘉兴市	Jiaxing	3.95	3.51	52.61	44.73	43.44	51.76
湖州市	Huzhou	5.87	4.73	49.26	47.32	44.87	47.96
绍兴市	Shaoxing	4.45	3.37	50.45	49.63	45.10	47.00
金华市	Jinhua	4.15	5.08	45.53	37.93	50.32	56.99
衢州市	Quzhou	7.37	5.95	46.66	44.00	45.97	50.05
舟山市	Zhoushan	10.16	7.03	41.14	41.26	48.70	51.71
台州市	Taizhou	6.46	3.55	44.11	43.55	49.42	52.90
丽水市	Lishui	8.28	6.15	45.67	37.15	46.05	56.70
安徽省	**Anhui**	**10.89**	**4.33**	**50.41**	**52.90**	**38.70**	**42.77**
合肥市	Hefei	4.65	0.46	52.60	51.16	42.75	48.38
芜湖市	Wuhu	4.88	1.76	57.19	61.57	37.92	36.68
蚌埠市	Bengbu	15.05	3.42	47.96	61.75	36.99	34.83
淮南市	Huainan	12.38	7.31	48.09	47.98	39.53	44.71
马鞍山市	Maanshan	5.82	1.39	56.66	55.53	37.52	43.08
淮北市	Huaibei	7.80	3.50	58.10	60.89	34.10	35.61
铜陵市	Tongling	5.18	1.84	61.75	63.60	33.07	34.56
安庆市	Anqing	13.12	3.21	50.36	44.57	36.53	52.22
黄山市	Huangshan	10.38	6.59	39.89	33.86	49.73	59.54
滁州市	Chuzhou	16.97	5.84	53.22	65.25	29.81	28.91
阜阳市	Fuyang	22.59	13.30	40.74	38.05	36.67	48.65
宿州市	Suzhou	21.71	12.05	37.94	46.79	40.35	41.16
六安市	Lu'an	17.75	16.93	46.08	46.25	36.17	36.82
亳州市	Bozhou	20.69	17.68	39.27	42.37	40.04	39.95
池州市	Chizhou	12.96	10.44	46.14	49.49	40.91	40.08
宣城市	Xuancheng	12.49	13.55	48.72	41.68	38.79	44.78
福建省	**Fujian**	**8.17**	**2.80**	**50.38**	**46.21**	**41.44**	**50.99**
福州市	Fuzhou	7.74	0.42	43.60	34.50	48.66	65.09
厦门市	Xiamen	0.69	0.69	43.60	43.60	55.71	55.71
莆田市	Putian	6.96	6.28	57.35	58.74	35.69	34.98
三明市	Sanming	14.72	4.70	51.09	51.50	34.20	43.80
泉州市	Quanzhou	2.91	1.20	59.95	55.45	37.14	43.35
漳州市	Zhangzhou	13.40	2.02	48.53	46.53	38.06	51.44
南平市	Nanping	21.59	15.81	43.16	49.82	35.25	34.37
龙岩市	Longyan	11.54	6.56	52.62	57.59	35.84	35.85
宁德市	Ningde	17.02	12.38	51.09	45.81	31.89	41.80
江西省	**Jiangxi**	**10.03**	**3.69**	**52.07**	**51.25**	**37.89**	**45.06**
南昌市	Nanchang	4.28	2.04	54.50	51.47	41.22	46.49
景德镇市	Jingdezhen	7.41	1.66	56.68	57.73	35.91	40.61
萍乡市	Pingxiang	6.89	4.02	56.70	56.95	36.42	39.02
九江市	Jiujiang	7.40	0.91	53.32	47.02	39.28	52.08
新余市	Xinyu	5.91	5.05	55.76	56.40	38.33	38.55
鹰潭市	Yingtan	7.73	0.66	59.38	45.91	32.90	53.43
赣州市	Ganzhou	14.97	4.78	44.10	51.97	40.93	43.25
吉安市	Ji'an	16.36	8.55	49.47	46.73	34.16	44.72

2-14 续表 3 continued

单位：% (%)

城市	City	第一产业占GRP的比重 Primary Industry as Percentage to GRP		第二产业占GRP的比重 Secondary Industry as Percentage to GRP		第三产业占GRP的比重 Tertiary Industry as Percentage to GRP	
		全市 Total City	市辖区 Districts under City	全市 Total City	市辖区 Districts under City	全市 Total City	市辖区 Districts under City
宜春市	Yichun	14.56	12.63	51.73	38.48	33.71	48.88
抚州市	Fuzhou	16.45	11.57	49.70	55.50	33.84	32.93
上饶市	Shangrao	13.50	5.72	48.67	42.85	37.84	51.43
山东省	**Shandong**	**7.21**	**3.47**	**48.26**	**46.71**	**44.53**	**49.83**
济南市	Jinan	5.01	2.05	37.82	31.80	57.18	66.16
青岛市	Qingdao	3.91	1.39	43.29	38.96	52.79	59.65
淄博市	Zibo	3.51	2.16	53.96	53.75	42.53	44.10
枣庄市	Zaozhuang	7.59	8.06	52.69	54.28	39.72	37.66
东营市	Dongying	3.41	1.42	64.64	66.20	31.94	32.38
烟台市	Yantai	6.84	2.83	51.56	52.07	41.60	45.09
潍坊市	Weifang	8.80	3.17	48.17	51.67	43.02	45.16
济宁市	Jining	11.32	6.34	47.25	47.78	41.43	45.88
泰安市	Tai'an	8.53	7.09	46.28	41.39	45.19	51.52
威海市	Weihai	7.23	6.23	47.38	48.49	45.38	45.28
日照市	Rizhao	8.42	5.95	48.66	53.42	42.92	40.63
莱芜市	Laiwu	7.92	7.92	51.69	51.69	40.39	40.39
临沂市	Linyi	9.21	2.05	44.83	53.01	45.96	44.94
德州市	Dezhou	10.31	5.51	49.36	49.27	40.32	45.23
聊城市	Liaocheng	11.88	10.27	51.07	46.61	37.05	43.11
滨州市	Binzhou	9.24	8.35	48.83	45.85	41.93	45.81
菏泽市	Heze	11.25	5.98	52.79	48.00	35.96	46.03
河南省	**Henan**	**11.43**	**3.89**	**49.60**	**45.67**	**38.96**	**50.44**
郑州市	Zhengzhou	2.06	0.74	49.29	43.39	48.64	55.87
开封市	Kaifeng	17.68	11.90	40.94	36.50	41.38	51.59
洛阳市	Luoyang	6.81	1.49	48.86	43.71	44.32	54.80
平顶山市	Pingdingshan	9.80	1.41	52.19	54.85	38.02	43.74
安阳市	Anyang	10.86	1.75	50.55	48.04	38.59	50.21
鹤壁市	Hebi	8.62	3.52	65.28	64.06	26.09	32.43
新乡市	Xinxiang	11.28	1.39	49.76	44.40	38.96	54.22
焦作市	Jiaozuo	7.12	1.57	59.76	44.98	33.13	53.45
濮阳市	Puyang	11.86	5.06	56.55	45.59	31.59	49.35
许昌市	Xuchang	7.81	0.46	59.00	47.45	33.19	52.09
漯河市	Luohe	10.73	8.32	62.92	63.33	26.34	28.36
三门峡市	Sanmenxia	9.47	2.52	58.18	43.83	32.35	53.64
南阳市	Nanyang	17.50	7.42	44.26	39.31	38.25	53.27
商丘市	Shangqiu	20.80	17.27	41.79	41.96	37.41	40.78
信阳市	Xinyang	24.17	14.71	40.18	45.99	35.65	39.30
周口市	Zhoukou	21.73	4.38	45.92	49.40	32.35	46.23
驻马店市	Zhumadian	22.27	8.88	40.08	47.93	37.65	43.19
湖北省	**Hubei**	**10.38**	**3.22**	**49.55**	**49.84**	**40.07**	**46.94**
武汉市	Wuhan	3.30	0.31	45.68	43.11	51.02	56.58
黄石市	Huangshi	8.84	0.92	55.36	58.16	35.80	40.91
十堰市	Shiyan	12.11	3.67	48.93	55.42	38.96	40.92
宜昌市	Yichang	10.94	5.17	58.69	64.41	30.37	30.42
襄阳市	Xiangyang	11.89	7.26	56.86	61.97	31.25	30.77
鄂州市	Ezhou	11.60	11.60	57.87	57.87	30.54	30.54

2-14 续表 4 continued

单位：% (%)

城　市	City	第一产业占GRP的比重 Primary Industry as Percentage to GRP		第二产业占GRP的比重 Secondary Industry as Percentage to GRP		第三产业占GRP的比重 Tertiary Industry as Percentage to GRP	
		全　市 Total City	市辖区 Districts under City	全　市 Total City	市辖区 Districts under City	全　市 Total City	市辖区 Districts under City
荆门市	Jingmen	14.47	6.14	52.55	54.31	32.98	39.55
孝感市	Xiaogan	17.80	11.21	48.43	47.53	33.76	41.26
荆州市	Jingzhou	22.19	9.80	43.70	51.75	34.10	38.45
黄冈市	Huanggang	23.89	7.56	38.91	46.32	37.20	46.12
咸宁市	Xianning	17.34	11.61	48.59	55.11	34.08	33.27
随州市	Suizhou	16.85	6.16	47.91	49.05	35.24	44.80
湖南省	**Hunan**	**10.73**	**3.35**	**48.22**	**47.59**	**41.05**	**49.06**
长沙市	Changsha	4.02	1.32	50.92	42.20	45.06	56.48
株洲市	Zhuzhou	7.69	2.17	57.26	58.33	35.05	39.50
湘潭市	Xiangtan	8.26	2.01	54.83	58.35	36.91	39.64
衡阳市	Hengyang	15.22	2.70	44.63	56.09	40.16	41.21
邵阳市	Shaoyang	21.58	4.86	36.63	48.29	41.79	46.85
岳阳市	Yueyang	10.99	3.49	50.13	48.53	38.88	47.98
常德市	Changde	13.11	5.09	45.68	52.54	41.21	42.37
张家界市	Zhangjiajie	11.58	7.69	22.76	17.07	65.66	75.24
益阳市	Yiyang	18.56	11.10	42.11	52.21	39.33	36.69
郴州市	Chenzhou	9.77	4.06	54.65	46.28	35.58	49.66
永州市	Yongzhou	21.76	16.89	36.53	42.21	41.71	40.90
怀化市	Huaihua	14.48	3.33	41.84	28.17	43.68	68.50
娄底市	Loudi	14.65	3.17	50.33	58.65	35.02	38.18
广东省	**Guangdong**	**4.30**	**1.92**	**43.82**	**44.46**	**51.88**	**53.62**
广州市	Guangzhou	1.25	1.25	31.64	31.64	67.11	67.11
韶关市	Shaoguan	13.19	5.24	37.48	36.54	49.33	58.21
深圳市	Shenzhen	0.04	0.04	41.18	41.18	58.78	58.78
珠海市	Zhuhai	2.23	2.23	49.73	49.73	48.04	48.04
汕头市	Shantou	5.18	5.01	51.48	51.64	43.34	43.36
佛山市	Foshan	1.70	1.70	60.46	60.46	37.83	37.83
江门市	Jiangmen	7.79	4.16	48.42	53.95	43.79	41.89
湛江市	Zhanjiang	19.10	6.50	38.15	46.59	42.74	46.92
茂名市	Maoming	15.74	10.25	41.22	50.39	43.04	39.37
肇庆市	Zhaoqing	14.63	7.55	50.27	57.25	35.10	35.20
惠州市	Huizhou	4.83	2.08	54.97	58.50	40.20	39.43
梅州市	Meizhou	19.64	13.83	36.66	44.99	43.70	41.18
汕尾市	Shanwei	15.49	10.84	45.76	53.30	38.75	35.86
河源市	Heyuan	11.61	0.90	45.71	55.78	42.68	43.32
阳江市	Yangjiang	16.43	12.76	45.13	51.66	38.45	35.58
清远市	Qingyuan	15.07	8.56	37.94	44.12	47.00	47.33
东莞市	Dongguan	0.34	0.34	46.57	46.57	53.10	53.10
中山市	Zhongshan	2.21	2.21	54.24	54.24	43.55	43.55
潮州市	Chaozhou	7.06	3.39	53.21	58.45	39.73	38.15
揭阳市	Jieyang	8.87	5.42	59.60	63.32	31.52	31.26
云浮市	Yunfu	20.91	11.05	42.56	48.27	36.53	40.68
广西壮族自治区	**Guangxi**	**15.35**	**7.70**	**46.01**	**47.48**	**38.64**	**44.82**
南宁市	Nanning	10.86	4.31	39.46	38.85	49.68	56.84
柳州市	Liuzhou	7.33	0.90	56.56	62.30	36.11	36.80
桂林市	Guilin	17.47	6.22	46.37	44.84	36.16	48.94

2-14 续表 5 continued

单位：% (%)

城市	City	第一产业占GRP的比重 Primary Industry as Percentage to GRP		第二产业占GRP的比重 Secondary Industry as Percentage to GRP		第三产业占GRP的比重 Tertiary Industry as Percentage to GRP	
		全市 Total City	市辖区 Districts under City	全市 Total City	市辖区 Districts under City	全市 Total City	市辖区 Districts under City
梧州市	Wuzhou	11.35	2.91	57.85	59.28	30.80	37.81
北海市	Beihai	17.87	11.84	50.46	58.01	31.67	30.15
防城港市	Fangchenggang	12.20	8.79	56.87	60.86	30.93	30.35
钦州市	Qinzhou	21.73	23.64	40.42	33.52	37.85	42.85
贵港市	Guigang	20.11	17.54	40.28	35.10	39.61	47.36
玉林市	Yulin	17.90	9.78	43.97	37.12	38.13	53.10
百色市	Baise	17.27	12.39	52.19	46.69	30.54	40.92
贺州市	Hezhou	22.03	17.74	40.31	43.19	37.66	39.07
河池市	Hechi	22.78	10.20	32.36	33.71	44.85	56.10
来宾市	Laibin	24.49	23.07	39.10	36.33	36.41	40.60
崇左市	Chongzuo	22.74	17.34	40.22	43.03	37.05	39.63
海南省	**Hainan**	**12.09**	**7.32**	**18.73**	**19.60**	**69.18**	**73.08**
海口市	Haikou	4.91	4.91	19.25	19.25	75.84	75.84
三亚市	Sanya	13.73	13.73	20.54	20.54	65.72	65.72
三沙市	Sansa						
儋州市	Danzhou	44.98		12.73		42.29	
重庆市	**Chongqing**	**7.32**	**5.61**	**44.98**	**45.22**	**47.70**	**49.16**
四川省	**Sichuan**	**10.96**	**5.23**	**51.26**	**51.36**	**37.78**	**43.41**
成都市	Chengdu	3.45	1.37	43.73	43.95	52.81	54.68
自贡市	Zigong	11.19	6.53	58.12	61.57	30.68	31.90
攀枝花市	Panzhihua	3.38	1.53	71.45	71.86	25.17	26.61
泸州市	Luzhou	12.40	6.81	59.61	65.68	27.99	27.51
德阳市	Deyang	12.97	6.00	56.28	57.88	30.75	36.12
绵阳市	Mianyang	15.29	5.81	50.52	59.64	34.19	34.55
广元市	Guangyuan	16.48	9.42	47.16	52.42	36.36	38.16
遂宁市	Suining	15.47	14.89	56.16	50.70	28.37	34.41
内江市	Neijiang	15.95	13.70	59.89	59.41	24.17	26.89
乐山市	Leshan	10.95	6.44	58.95	64.08	30.10	29.48
南充市	Nanchong	22.12	14.84	48.88	50.54	29.00	34.61
眉山市	Meishan	15.50	12.39	56.14	56.74	28.36	30.87
宜宾市	Yibin	14.18	6.95	58.32	62.36	27.50	30.69
广安市	Guang'an	16.24	13.01	51.73	52.09	32.03	34.90
达州市	Dazhou	21.53	15.94	48.68	51.29	29.79	32.76
雅安市	Ya'an	14.41	16.13	55.90	43.30	29.69	40.57
巴中市	Bazhong	16.75	15.92	46.64	37.78	36.61	46.30
资阳市	Ziyang	19.75	13.20	55.33	64.44	24.92	22.36
贵州省	**Guizhou**	**13.41**	**5.09**	**40.46**	**36.80**	**46.14**	**58.11**
贵阳市	Guiyang	4.49	2.00	38.34	34.42	57.17	63.58
六盘水市	Liupanshui	9.53	1.56	51.13	47.94	39.33	50.50
遵义市	Zunyi	16.11	4.41	44.77	38.08	39.12	57.51
安顺市	Anshun	18.08	13.12	33.20	38.69	48.72	48.18
毕节市	Bijie	22.22	20.77	38.77	34.29	39.01	44.94
铜仁市	Tongren	24.79	12.57	28.70	38.92	46.52	48.52
云南省	**Yunnan**	**13.23**	**3.43**	**43.45**	**45.70**	**43.32**	**50.86**
昆明市	Kunming	4.74	0.95	39.98	40.71	55.28	58.34
曲靖市	Qujing	19.22	4.28	51.04	50.37	29.75	45.35

2-14 续表 6 continued

单位：% (%)

城 市	City	第一产业占GRP的比重 Primary Industry as Percentage to GRP		第二产业占GRP的比重 Secondary Industry as Percentage to GRP		第三产业占GRP的比重 Tertiary Industry as Percentage to GRP	
		全 市 Total City	市辖区 Districts under City	全 市 Total City	市辖区 Districts under City	全 市 Total City	市辖区 Districts under City
玉溪市	Yuxi	10.17	2.30	56.56	74.45	33.27	23.25
保山市	Baoshan	25.72	21.85	34.80	33.73	39.48	44.42
昭通市	Zhaotong	19.86	11.90	43.50	50.86	36.65	37.24
丽江市	Lijiang	15.39	4.75	39.78	31.25	44.83	64.01
普洱市	Pu'er	27.84	10.76	34.80	38.97	37.35	50.28
临沧市	Lincang	28.95	15.96	33.82	34.49	37.24	49.54
西藏自治区	**Tibet**	**3.66**	**0.47**	**37.41**	**24.97**	**58.92**	**74.57**
拉萨市	Lasa	3.66	0.47	37.41	24.97	58.92	74.57
陕西省	**Shaanxi**	**8.89**	**3.84**	**50.72**	**47.12**	**40.39**	**49.04**
西安市	Xi'an	3.80	2.67	36.65	39.01	59.55	58.32
铜川市	Tongchuan	7.01	5.73	59.32	59.22	33.67	35.05
宝鸡市	Baoji	9.24	3.40	63.85	68.36	26.91	28.24
咸阳市	Xianyang	15.25	3.72	57.54	68.32	27.21	27.96
渭南市	Weinan	14.56	11.44	50.18	46.09	35.26	42.47
延安市	Yan'an	9.25	4.56	61.97	40.87	28.78	54.57
汉中市	Hanzhong	17.99	7.37	44.03	44.17	37.98	48.46
榆林市	Yulin	5.48	4.62	62.46	57.26	32.06	38.12
安康市	Ankang	12.44	9.72	55.24	44.98	32.32	45.30
商洛市	Shangluo	14.76	10.74	52.01	44.13	33.23	45.13
甘肃省	**Gansu**	**12.98**	**6.40**	**37.81**	**38.36**	**49.21**	**55.24**
兰州市	Lanzhou	2.68	1.18	37.34	34.66	59.98	64.15
嘉峪关市	Jiayuguan	2.20	2.20	57.12	57.12	40.68	40.68
金昌市	Jinchang	8.01	2.39	58.21	69.37	33.78	28.25
白银市	Baiyin	13.59	3.20	44.73	57.02	41.68	39.78
天水市	Tianshui	17.60	7.68	33.51	41.94	48.89	50.38
武威市	Wuwei	23.98	21.89	36.65	37.63	39.37	40.47
张掖市	Zhangye	25.44	22.70	29.41	24.20	45.16	53.10
平凉市	Pingliang	27.09	14.29	27.88	24.90	45.02	60.81
酒泉市	Jiuquan	14.43	15.64	37.08	27.69	48.49	56.66
庆阳市	Qingyang	13.50	6.59	52.71	41.60	33.79	51.81
定西市	Dingxi	25.24	18.65	21.81	28.13	52.95	53.21
陇南市	Longnan	22.31	17.45	23.14	14.33	54.55	68.22
青海省	**Qinghai**	**5.98**	**1.81**	**48.57**	**42.34**	**45.45**	**55.85**
西宁市	Xining	3.31	0.31	48.03	41.21	48.66	58.49
海东市	Haidong	13.85	10.92	50.17	49.23	35.99	39.85
宁夏回族自治区	**Ningxia**	**8.12**	**4.74**	**52.02**	**45.35**	**39.87**	**49.91**
银川市	Yinchuan	3.92	1.97	52.27	38.26	43.81	59.77
石嘴山市	Shizuishan	5.37	1.98	63.92	66.40	30.71	31.62
吴忠市	Wuzhong	13.37	10.76	56.06	58.39	30.57	30.85
固原市	Guyuan	20.84	14.41	27.20	26.69	51.96	58.90
中卫市	Zhongwei	16.64	15.91	44.53	38.27	38.83	45.82
新疆维吾尔自治区	**Xinjiang**	**1.13**	**0.91**	**36.73**	**36.84**	**62.14**	**62.25**
乌鲁木齐市	Urumqi	1.20	0.93	29.92	30.00	68.88	69.08
克拉玛依市	Karamay	0.82	0.82	65.22	65.22	33.96	33.96

2-15 地方公共财政收支状况(全市)
Public Finance Income and Expenditure (Total City)

单位：万元 (10 000yuan)

城市	City	公共财政收入 Public Finance Income	公共财政支出 Public Finance Expenditure	科学技术支出 Expenditure for Science and Technology	教育支出 Expenditure for Education
城市合计	**Prefecture Cities**	**713955526**	**1209842502**	**28391353**	**202825027**
北京市	**Beijing**	**47238597**	**57377011**	**2877956**	**8556654**
天津市	**Tianjin**	**26671100**	**32323500**	**1208200**	**5074400**
河北省	**Hebei**	**22378881**	**48775485**	**337207**	**9438248**
石家庄市	Shijiazhuang	3750529	6823857	90482	1361602
唐山市	Tangshan	3349797	5922620	64203	1232266
秦皇岛市	Qinhuangdao	1143620	2282969	9195	424258
邯郸市	Handan	1906215	5156300	41304	1006026
邢台市	Xingtai	1765066	3736715	13815	764423
保定市	Baoding	2128605	5668009	22274	1221166
张家口市	Zhangjiakou	1334334	3902617	11801	647303
承德市	Chengde	972646	2925360	15566	570380
沧州市	Cangzhou	2109070	4848296	18456	1034550
廊坊市	Langfang	3033844	4819446	41606	741790
衡水市	Hengshui	885155	2689296	8505	434484
山西省	**Shanxi**	**10644935**	**26931368**	**252922**	**5136002**
太原市	Taiyuan	2742403	4199913	128030	620878
大同市	Datong	923963	2908030	7813	561838
阳泉市	Yangquan	441645	1007101	5815	213056
长治市	Changzhi	964350	2415636	16194	457758
晋城市	Jincheng	939026	1801145	22428	372241
朔州市	Shuozhou	543000	1382931	9247	260394
晋中市	Jinzhong	1002430	2411647	19036	520349
运城市	Yuncheng	562961	2769475	15455	594444
忻州市	Xinzhou	736546	2420102	9208	421544
临汾市	Linfen	881813	2875251	9008	515273
吕梁市	Lvliang	906798	2740137	10688	598227
内蒙古自治区	**Inner Mongolia**	**14753842**	**31392598**	**224930**	**4111695**
呼和浩特市	Hohhot	2474021	3606450	25504	492723
包头市	Baotou	2523021	3932680	53969	500593
乌海市	Wuhai	804757	1062908	19522	121031
赤峰市	Chifeng	1045777	4150346	14338	790760
通辽市	Tongliao	1204800	3632000	19700	537300
鄂尔多斯市	Erdos	4458999	5783920	37109	546996
呼伦贝尔市	Hulunbuir	1033323	3745392	39814	476649
巴彦淖尔市	Bayannur	657634	2294897	6902	282329
乌兰察布市	Ulanqab	551510	3184005	8072	363314
辽宁省	**Liaoning**	**20507311**	**38782954**	**546822**	**5103523**
沈阳市	Shenyang	6062411	8085751	234542	1075909
大连市	Dalian	5799130	9106922	182829	1094058
鞍山市	Anshan	1290742	2444766	23040	299048
抚顺市	Fushun	737669	1677499	15075	175915
本溪市	Benxi	537680	1322787	12273	193262
丹东市	Dandong	663424	2132196	14620	281582
锦州市	Jinzhou	755188	2095553	8827	295806

2-15 续表 1 continued

单位：万元 (10 000yuan)

城市	City	公共财政收入 Public Finance Income	公共财政支出 Public Finance Expenditure	科学技术支出 Expenditure for Science and Technology	教育支出 Expenditure for Education
营口市	Yingkou	1040689	1720004	8490	203930
阜新市	Fuxin	371524	1299934	3969	213963
辽阳市	Liaoyang	676847	1482810	9107	187956
盘锦市	Panjin	950464	1732799	11933	191571
铁岭市	Tieling	502848	2083146	10511	297144
朝阳市	Chaoyang	547334	1940641	5144	310194
葫芦岛市	Huludao	571361	1658146	6462	283185
吉林省	**Jilin**	**8247791**	**22378557**	**204986**	**3372446**
长春市	Changchun	3882213	7657246	89975	1067720
吉林市	Jilin	1328429	3665378	34798	562400
四平市	Siping	622849	2211062	5799	398671
辽源市	Liaoyuan	281179	1107002	7856	174272
通化市	Tonghua	781264	2302612	47010	348004
白山市	Baishan	447965	1575478	8006	207268
松原市	Songyuan	502083	1829262	2099	325241
白城市	Baicheng	401809	2030517	9443	288870
黑龙江省	**Heilongjiang**	**8994023**	**28629957**	**192165**	**4194160**
哈尔滨市	Harbin	4077328	8248444	90855	1246338
齐齐哈尔市	Qiqihar	789712	3885834	21961	617430
鸡西市	Jixi	345430	787165	5423	158134
鹤岗市	Hegang	155867	898358	3787	127221
双鸭山市	Shuangyashan	237097	1168033	3718	178613
大庆市	Daqing	1272318	1966371	5049	377156
伊春市	Yichun	142563	1441862	4047	92242
佳木斯市	Jiamusi	359846	2120733	9615	246833
七台河市	Qitaihe	172494	724605	1415	87098
牡丹江市	Mudanjiang	589788	2422337	14678	331645
黑河市	Heihe	289440	1635623	11406	167741
绥化市	Suihua	562140	3330592	20211	563709
上海市	**Shanghai**	**55194964**	**61915601**	**2718505**	**7673169**
江苏省	**Jiangsu**	**73448000**	**86932500**	**3398500**	**15023400**
南京市	Nanjing	10200300	10455700	520300	1781700
无锡市	Wuxi	8300000	8218600	359700	1264600
徐州市	Xuzhou	5306800	7524600	191900	1523500
常州市	Changzhou	4662800	4853300	227500	792100
苏州市	Suzhou	15607600	15271700	883300	2305600
南通市	Nantong	6256400	7489700	242700	1643600
连云港市	Lianyungang	2917700	4259200	110400	744600
淮安市	Huai'an	3503100	5124700	120500	787600
盐城市	Yancheng	4775000	7463100	289100	1273700
扬州市	Yangzhou	3367500	4427800	131900	752900
镇江市	Zhenjiang	3028500	3487300	122700	644400
泰州市	Taizhou	3165600	4299000	112100	689500
宿迁市	Suqian	2356700	4057800	86400	819600
浙江省	**Zhejiang**	**44568612**	**58180682**	**2253184**	**11185708**
杭州市	Hangzhou	12338820	12054777	701490	2234425

2-15 续表 2 continued

单位：万元 (10 000yuan)

城　市	City	公共财政收入 Public Finance Income	公共财政支出 Public Finance Expenditure	科学技术支出 Expenditure for Science and Technology	教育支出 Expenditure for Education
宁波市	Ningbo	10064065	12526362	473092	1906754
温州市	Wenzhou	4030735	5694294	119951	1478788
嘉兴市	Jiaxing	3503450	4241331	163574	888079
湖州市	Huzhou	1913116	2737406	83942	533475
绍兴市	Shaoxing	3628935	4214117	209746	935338
金华市	Jinhua	3096885	4643797	160920	1013020
衢州市	Quzhou	940151	2306709	67922	423542
舟山市	Zhoushan	1127221	2396523	51012	263345
台州市	Taizhou	2980170	4572105	167047	986283
丽水市	Lishui	945064	2793261	54488	522659
安徽省	**Anhui**	**23102615**	**45645007**	**1412526**	**7524385**
合肥市	Hefei	5715440	7726647	372666	1192865
芜湖市	Wuhu	2634682	3936758	357319	577511
蚌埠市	Bengbu	1196801	2447171	112203	457466
淮南市	Huainan	773133	1534525	23365	234068
马鞍山市	Maanshan	2100023	2022307	66451	323886
淮北市	Huaibei	602313	1314355	13449	222318
铜陵市	Tongling	668092	1108225	77820	155222
安庆市	Anqing	1065708	3369012	71738	628321
黄山市	Huangshan	715955	1598195	36897	157823
滁州市	Chuzhou	1437304	3026067	62250	481953
阜阳市	Fuyang	1200425	4315957	38852	826714
宿州市	Suzhou	860152	2946019	22463	559896
六安市	Lu'an	1033345	3613614	32549	696511
亳州市	Bozhou	825881	2778388	28524	448896
池州市	Chizhou	957790	1475708	19072	197459
宣城市	Xuancheng	1315571	2432059	76908	363476
福建省	**Fujian**	**22587180**	**34482237**	**617500**	**6746066**
福州市	Fuzhou	5604635	7259345	100554	1351744
厦门市	Xiamen	6060967	6511705	185764	1018751
莆田市	Putian	1156473	1887983	27503	530348
三明市	Sanming	936821	2406724	44556	497170
泉州市	Quanzhou	3883036	5398893	123785	1228361
漳州市	Zhangzhou	1791025	3558161	44655	626027
南平市	Nanping	864266	2399707	19266	436642
龙岩市	Longyan	1246063	2579654	57886	550361
宁德市	Ningde	1043894	2480065	13531	506662
江西省	**Jiangxi**	**19864743**	**37540557**	**596915**	**6785442**
南昌市	Nanchang	3893412	5431789	82004	854606
景德镇市	Jingdezhen	905885	1729617	26071	249324
萍乡市	Pingxiang	1060654	1858015	38294	266272
九江市	Jiujiang	2472022	4428680	51819	823120
新余市	Xinyu	988040	1521476	26284	197964
鹰潭市	Yingtan	830110	1277407	28968	179553
赣州市	Ganzhou	2455124	6149655	83384	1176181
吉安市	Ji'an	1617237	3596439	75203	766135

2-15 续表 3 continued

单位：万元 (10 000yuan)

城市	City	公共财政收入 Public Finance Income	公共财政支出 Public Finance Expenditure	科学技术支出 Expenditure for Science and Technology	教育支出 Expenditure for Education
宜春市	Yichun	2150377	4035079	82657	787469
抚州市	Fuzhou	1268195	2942955	49486	560038
上饶市	Shangrao	2223687	4569445	52745	924780
山东省	**Shandong**	**53550330**	**73912278**	**1369216**	**15120999**
济南市	Jinan	6143172	6581813	114769	1163590
青岛市	Qingdao	10063220	12228664	285793	2340929
淄博市	Zibo	3179275	3828905	99933	849080
枣庄市	Zaozhuang	1493149	2364093	12482	460601
东营市	Dongying	2200829	2576377	26737	494462
烟台市	Yantai	5426570	6435311	186406	1226863
潍坊市	Weifang	4845057	6121550	138059	1599313
济宁市	Jining	3686166	5150877	80339	1140273
泰安市	Tai'an	2053136	3268776	41214	650584
威海市	Weihai	2497470	3383797	122039	692775
日照市	Rizhao	1216512	1853745	22793	409078
莱芜市	Laiwu	501717	838437	18827	190043
临沂市	Linyi	2838887	5335871	48327	1282424
德州市	Dezhou	1827800	3378202	75073	609782
聊城市	Liaocheng	1759318	3468357	19775	623317
滨州市	Binzhou	2041481	3093104	52655	581816
菏泽市	Heze	1776571	4004399	23995	806069
河南省	**Henan**	**28129141**	**59180963**	**666957**	**10882251**
郑州市	Zhengzhou	9428968	11060158	178600	1476043
开封市	Kaifeng	1082750	2643683	25394	469561
洛阳市	Luoyang	2866887	4777578	88889	857003
平顶山市	Pingdingshan	1178762	2594179	21980	494027
安阳市	Anyang	1096434	2735650	38643	557649
鹤壁市	Hebi	528608	1149368	10150	181553
新乡市	Xinxiang	1445666	3109500	31776	656518
焦作市	Jiaozuo	1151098	2163159	33380	360572
濮阳市	Puyang	789989	2186590	21348	450357
许昌市	Xuchang	1385496	2495564	27905	540860
漯河市	Luohe	682831	1639014	8975	264346
三门峡市	Sanmenxia	939398	1728331	18905	351137
南阳市	Nanyang	1570828	5158350	61702	1000570
商丘市	Shangqiu	1107127	3817032	19306	705502
信阳市	Xinyang	910323	3748133	19989	817863
周口市	Zhoukou	1004186	4337433	27009	932117
驻马店市	Zhumadian	959790	3837241	33006	766573
湖北省	**Hubei**	**27084000**	**46009382**	**1386786**	**6730362**
武汉市	Wuhan	12456338	13380508	681890	1842041
黄石市	Huangshi	1005800	2257574	24380	314446
十堰市	Shiyan	933829	3076464	35058	411622
宜昌市	Yichang	3391000	5375291	137161	629170
襄阳市	Xiangyang	3391000	5845031	201511	798672
鄂州市	Ezhou	471713	848701	8081	138685

2-15 续表 4 continued

单位：万元 (10 000yuan)

城 市	City	公共财政收入 Public Finance Income	公共财政支出 Public Finance Expenditure	科学技术支出 Expenditure for Science and Technology	教育支出 Expenditure for Education
荆门市	Jingmen	804269	2258968	48062	298798
孝感市	Xiaogan	1227715	2903771	77996	485906
荆州市	Jingzhou	1039499	2587351	52915	449517
黄冈市	Huanggang	1128244	4034407	68115	834205
咸宁市	Xianning	801200	1910300	30200	330400
随州市	Suizhou	433393	1531016	21417	196900
湖南省	**Hunan**	**25578928**	**49550364**	**558030**	**7648512**
长沙市	Changsha	7189468	9249992	241731	1444932
株洲市	Zhuzhou	2904336	3501060	76422	424953
湘潭市	Xiangtan	1739190	2298943	26433	294956
衡阳市	Hengyang	1946416	4918783	21044	757336
邵阳市	Shaoyang	1307821	4321331	18425	756362
岳阳市	Yueyang	3027781	3758048	36602	527649
常德市	Changde	1486445	4265226	23461	587114
张家界市	Zhangjiajie	457025	1443320	3049	196555
益阳市	Yiyang	685818	2750128	19574	442843
郴州市	Chenzhou	2202690	3788178	45807	651424
永州市	Yongzhou	924799	3532357	21665	623193
怀化市	Huaihua	1107921	3345277	12700	574213
娄底市	Loudi	599218	2377721	11117	366982
广东省	**Guangdong**	**74034333**	**116380201**	**4774196**	**18468706**
广州市	Guangzhou	13494742	17277176	886688	2870733
韶关市	Shaoguan	852266	2815130	53657	459055
深圳市	Shenzhen	27268543	35216708	2143182	2885520
珠海市	Zhuhai	2699634	3887661	286324	528762
汕头市	Shantou	1312614	2809762	34155	737062
佛山市	Foshan	5575469	7999307	302739	1280022
江门市	Jiangmen	1990104	2928957	79850	641516
湛江市	Zhanjiang	1218571	4123572	23094	996666
茂名市	Maoming	1139190	3399019	8024	886632
肇庆市	Zhaoqing	1433604	2677067	49802	552246
惠州市	Huizhou	3400183	4860668	197946	949383
梅州市	Meizhou	1035910	3763738	40733	683927
汕尾市	Shanwei	288275	2129482	22498	397032
河源市	Heyuan	674801	2683846	45390	456155
阳江市	Yangjiang	679307	1709079	17828	278528
清远市	Qingyuan	1083805	2925944	28613	545837
东莞市	Dongguan	5179682	5812410	308338	1309337
中山市	Zhongshan	2874655	3541653	165573	644391
潮州市	Chaozhou	471928	1476025	28884	351181
揭阳市	Jieyang	774045	2768790	14482	689495
云浮市	Yunfu	587005	1574207	36396	325226
广西壮族自治区	**Guangxi**	**11923296**	**33825038**	**287114**	**6786462**
南宁市	Nanning	2970501	5267231	58220	923758
柳州市	Liuzhou	1466765	3097184	36043	669697
桂林市	Guilin	1345258	3576008	33405	656968

2-15 续表 5 continued

单位：万元 (10 000yuan)

城　市	City	公共财政收入 Public Finance Income	公共财政支出 Public Finance Expenditure	科学技术支出 Expenditure for Science and Technology	教育支出 Expenditure for Education
梧州市	Wuzhou	923727	2147277	15257	430373
北海市	Beihai	476136	1301770	4341	247285
防城港市	Fangchenggang	520496	1317182	6689	139966
钦州市	Qinzhou	503447	1908619	24150	420165
贵港市	Guigang	425671	1863795	11643	509442
玉林市	Yulin	971599	2842615	22538	727493
百色市	Baise	729817	3109853	24454	601634
贺州市	Hezhou	471378	1547478	11581	294266
河池市	Hechi	314475	2601691	15162	538245
来宾市	Laibin	302863	1393202	6799	287280
崇左市	Chongzuo	501163	1851133	16832	339890
海南省	**Hainan**	**2164550**	**3462846**	**45967**	**674456**
海口市	Haikou	1115041	1709331	8284	337138
三亚市	Sanya	889178	1183162	37164	189276
三沙市	Sansa				
儋州市	Danzhou	160331	570353	519	148042
重庆市	**Chongqing**	**21548276**	**37919973**	**456689**	**5362416**
四川省	**Sichuan**	**23529276**	**55176212**	**734487**	**9719101**
成都市	Chengdu	11576393	14684242	390170	2283411
自贡市	Zigong	448256	1733530	34485	301428
攀枝花市	Panzhihua	533412	1126499	16906	260016
泸州市	Luzhou	1282653	3039880	35197	607605
德阳市	Deyang	886148	2194747	26227	364014
绵阳市	Mianyang	1041308	3042238	46651	535846
广元市	Guangyuan	408176	2096211	10435	350965
遂宁市	Suining	493162	1828440	8382	336096
内江市	Neijiang	502682	1924370	16721	395454
乐山市	Leshan	855322	2321550	18482	384160
南充市	Nanchong	850746	3696431	17761	718249
眉山市	Meishan	831491	2071373	7504	344228
宜宾市	Yibin	1149677	3078287	31253	679031
广安市	Guang'an	566985	2251678	9731	451266
达州市	Dazhou	791548	3243334	16078	696644
雅安市	Ya'an	303082	2222395	24489	177587
巴中市	Bazhong	390502	2460191	8153	431274
资阳市	Ziyang	617733	2160816	15862	401827
贵州省	**Guizhou**	**9161110**	**21386115**	**287397**	**4858985**
贵阳市	Guiyang	3741476	5035189	145535	986633
六盘水市	Liupanshui	1302641	2571669	33087	501062
遵义市	Zunyi	1776105	4734095	37871	1113734
安顺市	Anshun	698639	1969941	17741	419246
毕节市	Bijie	1076178	4062200	24599	1117134
铜仁市	Tongren	566071	3013021	28564	721176
云南省	**Yunnan**	**9859507**	**23648915**	**242440**	**4098301**
昆明市	Kunming	5022161	6154909	144691	927118
曲靖市	Qujing	1180929	3630497	23858	868348

2-15 续表 6 continued

单位：万元 (10 000yuan)

城　市	City	公共财政收入 Public Finance Income	公共财政支出 Public Finance Expenditure	科学技术支出 Expenditure for Science and Technology	教育支出 Expenditure for Education
玉溪市	Yuxi	1248167	2232989	28172	368087
保山市	Baoshan	522364	1921314	9515	328693
昭通市	Zhaotong	552695	4052878	7542	695024
丽江市	Lijiang	477693	1440421	9035	209663
普洱市	Pu'er	474890	2190952	13067	345193
临沧市	Lincang	380608	2024955	6560	356175
西藏自治区	**Tibet**	**890277**	**6400649**	**39149**	**563519**
拉萨市	Lasa	890277	6400649	39149	563519
陕西省	**Shaanxi**	**14801317**	**33514323**	**391933**	**5513904**
西安市	Xi'an	6509853	9172400	254413	1183865
铜川市	Tongchuan	231147	898623	7002	180958
宝鸡市	Baoji	844747	2640740	20000	569644
咸阳市	Xianyang	854441	3001911	11712	647314
渭南市	Weinan	720568	3350421	26117	677448
延安市	Yan'an	1611673	3156024	22408	533504
汉中市	Hanzhong	446693	2586474	15346	542477
榆林市	Yulin	2955900	4646400	19932	224686
安康市	Ankang	308395	2246024	6670	536881
商洛市	Shangluo	317900	1815306	8333	417127
甘肃省	**Gansu**	**5224753**	**19454599**	**115728**	**3688923**
兰州市	Lanzhou	1851917	3440019	41362	671067
嘉峪关市	Jiayuguan	151300	250995	1824	35925
金昌市	Jinchang	184743	521734	2031	71390
白银市	Baiyin	254908	1308566	6358	260036
天水市	Tianshui	366939	2239238	10415	465357
武威市	Wuwei	268422	1718832	5952	269953
张掖市	Zhangye	241363	1234755	5302	197495
平凉市	Pingliang	247157	1613904	5143	362770
酒泉市	Jiuquan	345580	1101950	9487	207213
庆阳市	Qingyang	553993	2075730	13496	408253
定西市	Dingxi	243489	1978548	8521	402559
陇南市	Longnan	514942	1970328	5837	336905
青海省	**Qinghai**	**1165208**	**4884344**	**26564**	**696213**
西宁市	Xining	947861	2800252	19770	407928
海东市	Haidong	217347	2084092	6794	288285
宁夏回族自治区	**Ningxia**	**2672041**	**8485027**	**63207**	**1163127**
银川市	Yinchuan	1712788	3092658	32510	296120
石嘴山市	Shizuishan	267545	801685	6582	134698
吴忠市	Wuzhong	319659	1568074	8679	240148
固原市	Guyuan	159094	1835195	4815	290734
中卫市	Zhongwei	212955	1187415	10621	201427
新疆维吾尔自治区	**Xinjiang**	**4436589**	**5363259**	**103175**	**923492**
乌鲁木齐市	Urumqi	3686663	4466619	88119	704187
克拉玛依市	Karamay	749926	896640	15056	219305

2-16 地方公共财政收支状况(市辖区)
Public Finance Income and Expenditure (Districts under City)

单位: 万元 (10 000yuan)

城　市	City	公共财政收入 Public Finance Income	公共财政支出 Public Finance Expenditure	科学技术支出 Expenditure for Science and Technology	教育支出 Expenditure for Education
城市合计	**Prefecture Cities**	**496709181**	**668506535**	**21761128**	**100767273**
北京市	**Beijing**	**47238597**	**57377011**	**2877956**	**8556654**
天津市	**Tianjin**	**26671100**	**32323500**	**1208200**	**5074400**
河北省	**Hebei**	**11702624**	**18504628**	**189730**	**3238605**
石家庄市	Shijiazhuang	2862385	4104037	65954	733198
唐山市	Tangshan	2364004	3679108	45511	750805
秦皇岛市	Qinhuangdao	984284	1637574	8620	280594
邯郸市	Handan	841857	1530854	18443	234419
邢台市	Xingtai	577113	262363	1541	54943
保定市	Baoding	1052769	1958793	17127	356808
张家口市	Zhangjiakou	710424	1410843	5373	202688
承德市	Chengde	485933	1048333	7556	158543
沧州市	Cangzhou	997229	1616820	10919	258833
廊坊市	Langfang	439450	545118	5139	101296
衡水市	Hengshui	387176	710785	3547	106478
山西省	**Shanxi**	**5391149**	**9290963**	**161570**	**1563517**
太原市	Taiyuan	2541035	3682917	125485	497218
大同市	Datong	797831	1701948	4923	315009
阳泉市	Yangquan	319163	631242	4152	127297
长治市	Changzhi	419093	678495	3995	110146
晋城市	Jincheng	470821	616937	11590	119828
朔州市	Shuozhou	378358	750909	6314	126115
晋中市	Jinzhong	118558	263442	1317	64300
运城市	Yuncheng	95437	271762	1815	50406
忻州市	Xinzhou	50446	186453	1060	49602
临汾市	Linfen	116179	329557	505	65300
吕梁市	Lvliang	84228	177301	414	38296
内蒙古自治区	**Inner Mongolia**	**7267403**	**9800243**	**110852**	**1466780**
呼和浩特市	Hohhot	1218439	902804	10919	255143
包头市	Baotou	2132000	3187747	51534	427655
乌海市	Wuhai	804757	1062908	19522	121031
赤峰市	Chifeng	434066	890964	3313	208642
通辽市	Tongliao	424397	632540	2175	90220
鄂尔多斯市	Erdos	1709515	1938288	16886	181909
呼伦贝尔市	Hulunbuir	190266	365314	5070	64940
巴彦淖尔市	Bayannur	182400	413960	404	70525
乌兰察布市	Ulanqab	171563	405718	1029	46715
辽宁省	**Liaoning**	**15451071**	**20967624**	**320004**	**2595887**
沈阳市	Shenyang	5046348	3424882	62927	648940
大连市	Dalian	4925173	7566817	178653	750923
鞍山市	Anshan	933563	1624036	20561	166034
抚顺市	Fushun	608012	1195082	14644	111175
本溪市	Benxi	421890	953654	6968	122311
丹东市	Dandong	178674	213594	634	40702
锦州市	Jinzhou	523137	994016	6594	126159

2-16 续表 1 continued

单位：万元 (10 000yuan)

城市	City	公共财政收入 Public Finance Income	公共财政支出 Public Finance Expenditure	科学技术支出 Expenditure for Science and Technology	教育支出 Expenditure for Education
营口市	Yingkou	791694	1139674	8102	119256
阜新市	Fuxin	265748	684506	3383	94975
辽阳市	Liaoyang	478541	1020244	5869	106547
盘锦市	Panjin	611351	977595	6988	112977
铁岭市	Tieling	119949	176052	1150	26383
朝阳市	Chaoyang	252945	608718	3149	84227
葫芦岛市	Huludao	294046	388754	382	85278
吉林省	**Jilin**	**5640077**	**12241873**	**151640**	**1536840**
长春市	Changchun	3562944	6092326	88647	762622
吉林市	Jilin	909899	2188535	26442	263555
四平市	Siping	270596	728245	2643	111708
辽源市	Liaoyuan	184755	621314	6929	70547
通化市	Tonghua	155447	695870	17665	86456
白山市	Baishan	190554	651358	3692	81795
松原市	Songyuan	221798	627147	875	88660
白城市	Baicheng	144084	637078	4747	71497
黑龙江省	**Heilongjiang**	**6595000**	**14823915**	**105112**	**1985676**
哈尔滨市	Harbin	3661865	5901283	74480	856186
齐齐哈尔市	Qiqihar	486291	1500671	9005	216664
鸡西市	Jixi	234897	422801	888	62235
鹤岗市	Hegang	107424	579735	1053	81077
双鸭山市	Shuangyashan	116775	551644	1054	70393
大庆市	Daqing	1101808	1563978	3922	264672
伊春市	Yichun	101548	1160180	1892	54296
佳木斯市	Jiamusi	206516	890188	1965	89402
七台河市	Qitaihe	150157	530160	804	54848
牡丹江市	Mudanjiang	277657	950477	4301	125477
黑河市	Heihe	103586	430770	1749	36642
绥化市	Suihua	46476	342028	3999	73784
上海市	**Shanghai**	**54645164**	**60281711**	**2687220**	**7466934**
江苏省	**Jiangsu**	**45969841**	**51156734**	**2149250**	**8247523**
南京市	Nanjing	10200300	10455700	520300	1781700
无锡市	Wuxi	5085849	5073970	269550	714813
徐州市	Xuzhou	2708848	3205677	110892	620087
常州市	Changzhou	4100932	4239511	197312	679714
苏州市	Suzhou	8295463	8361405	439704	1194911
南通市	Nantong	2726746	2979467	107964	599180
连云港市	Lianyungang	1725825	2344945	55517	426180
淮安市	Huai'an	2328918	3031817	83461	437959
盐城市	Yancheng	2244187	3097965	133327	500074
扬州市	Yangzhou	2335678	2893168	83600	445110
镇江市	Zhenjiang	1617449	1806427	59737	267138
泰州市	Taizhou	1613083	2100010	51715	312089
宿迁市	Suqian	986563	1566672	36171	268568
浙江省	**Zhejiang**	**28317278**	**32750538**	**1446867**	**5501107**
杭州市	Hangzhou	11360166	10235061	635515	1854997

2-16 续表 2 continued

单位：万元 (10 000yuan)

城市	City	公共财政收入 Public Finance Income	公共财政支出 Public Finance Expenditure	科学技术支出 Expenditure for Science and Technology	教育支出 Expenditure for Education
宁波市	Ningbo	7057098	8523700	325312	1134178
温州市	Wenzhou	1877417	2069777	58385	523865
嘉兴市	Jiaxing	1084650	1467438	46463	210146
湖州市	Huzhou	778149	1208260	30523	200440
绍兴市	Shaoxing	2341268	2608111	117758	527582
金华市	Jinhua	740418	1332114	36271	224682
衢州市	Quzhou	504451	962472	29752	165350
舟山市	Zhoushan	932174	1830572	39528	199548
台州市	Taizhou	1283947	1799424	107328	336342
丽水市	Lishui	357540	713609	20032	123977
安徽省	**Anhui**	**14272553**	**22313772**	**1016878**	**3004507**
合肥市	Hefei	4463600	5213701	315732	712752
芜湖市	Wuhu	1665512	2357995	334615	308021
蚌埠市	Bengbu	804631	1270313	70291	153814
淮南市	Huainan	598152	1192837	18198	176362
马鞍山市	Maanshan	1422524	1012068	38559	131089
淮北市	Huaibei	440719	843239	7788	134528
铜陵市	Tongling	522844	846984	68598	110478
安庆市	Anqing	461599	971016	24643	110741
黄山市	Huangshan	445546	846179	17998	60894
滁州市	Chuzhou	553603	903333	32117	123935
阜阳市	Fuyang	612844	1622896	19030	247711
宿州市	Suzhou	532600	1417849	14982	200489
六安市	Lu'an	474739	1452736	16790	231696
亳州市	Bozhou	427096	1095140	19038	149746
池州市	Chizhou	606642	837520	10162	89885
宣城市	Xuancheng	239902	429966	8337	62366
福建省	**Fujian**	**13871455**	**16542297**	**369760**	**3043729**
福州市	Fuzhou	3378849	3260059	59746	559259
厦门市	Xiamen	6060967	6511705	185764	1018751
莆田市	Putian	972772	1460517	23195	399355
三明市	Sanming	290968	614846	9070	109212
泉州市	Quanzhou	1176123	1426459	39105	332208
漳州市	Zhangzhou	559865	714810	13904	127439
南平市	Nanping	338678	798760	8168	143001
龙岩市	Longyan	799923	1167702	25833	241306
宁德市	Ningde	293310	587439	4975	113198
江西省	**Jiangxi**	**7858793**	**12148840**	**186968**	**1642051**
南昌市	Nanchang	3075974	4072790	66887	567465
景德镇市	Jingdezhen	505924	1006455	12278	93213
萍乡市	Pingxiang	734344	1168114	25198	137698
九江市	Jiujiang	837838	1308696	14482	212201
新余市	Xinyu	734177	1150460	18862	155967
鹰潭市	Yingtan	322119	489432	8866	55393
赣州市	Ganzhou	614674	1082185	11200	177051
吉安市	Ji'an	174060	349432	6992	74635

2-16 续表 3 continued

单位：万元 (10 000yuan)

城市	City	公共财政收入 Public Finance Income	公共财政支出 Public Finance Expenditure	科学技术支出 Expenditure for Science and Technology	教育支出 Expenditure for Education
宜春市	Yichun	172106	421089	8571	85946
抚州市	Fuzhou	236269	393769	8212	42255
上饶市	Shangrao	451308	706418	5420	40227
山东省	**Shandong**	**31487259**	**38774752**	**907794**	**6809336**
济南市	Jinan	5258712	5119203	100056	827793
青岛市	Qingdao	7406175	8634389	212355	1409151
淄博市	Zibo	2565595	2988539	86025	623134
枣庄市	Zaozhuang	788121	1510609	9462	276654
东营市	Dongying	1441607	1573854	14095	266153
烟台市	Yantai	2630229	3088639	120041	440780
潍坊市	Weifang	1554296	2154665	70376	431202
济宁市	Jining	1714539	2006863	63226	409643
泰安市	Tai'an	984556	1406759	17326	228971
威海市	Weihai	1514323	1971584	85021	342148
日照市	Rizhao	986640	1245096	16511	243882
莱芜市	Laiwu	501717	838437	18827	190043
临沂市	Linyi	1487227	2075089	28157	414508
德州市	Dezhou	577835	611668	23209	132635
聊城市	Liaocheng	712956	1304892	10272	175989
滨州市	Binzhou	795040	1202339	23925	195019
菏泽市	Heze	567691	1042127	8910	201631
河南省	**Henan**	**16418383**	**24501277**	**360498**	**3682702**
郑州市	Zhengzhou	7238803	7966244	150793	974089
开封市	Kaifeng	605788	1194052	13628	189088
洛阳市	Luoyang	1754254	2344947	50959	301540
平顶山市	Pingdingshan	589069	957558	11415	177437
安阳市	Anyang	593578	1055531	28693	184707
鹤壁市	Hebi	392523	703656	7342	102642
新乡市	Xinxiang	688067	1088268	11445	231266
焦作市	Jiaozuo	577978	920136	17110	158374
濮阳市	Puyang	500158	849295	11140	180781
许昌市	Xuchang	530864	761158	7796	131740
漯河市	Luohe	498693	1077497	7076	158874
三门峡市	Sanmenxia	244926	503126	2186	75299
南阳市	Nanyang	681324	1434594	17700	230018
商丘市	Shangqiu	391742	1102150	5383	164428
信阳市	Xinyang	474524	1063869	7694	190668
周口市	Zhoukou	256313	677687	2347	90469
驻马店市	Zhumadian	399779	801509	7791	141282
湖北省	**Hubei**	**18049670**	**22669555**	**994266**	**2930469**
武汉市	Wuhan	10838243	10801972	640067	1384190
黄石市	Huangshi	501378	1037257	9217	127717
十堰市	Shiyan	249549	583913	6323	91424
宜昌市	Yichang	1843705	2420733	99033	249204
襄阳市	Xiangyang	2013684	2881364	129738	338072
鄂州市	Ezhou	471713	848701	8081	138685

2-16 续表 4 continued

单位：万元 (10 000yuan)

城市	City	公共财政收入 Public Finance Income	公共财政支出 Public Finance Expenditure	科学技术支出 Expenditure for Science and Technology	教育支出 Expenditure for Education
荆门市	Jingmen	413577	903542	21997	117696
孝感市	Xiaogan	459619	897269	30758	125943
荆州市	Jingzhou	552821	897751	24210	143113
黄冈市	Huanggang	73674	188218	3685	31190
咸宁市	Xianning	356301	595753	11792	106748
随州市	Suizhou	275406	613082	9365	76487
湖南省	**Hunan**	**15764955**	**20467638**	**333596**	**2589469**
长沙市	Changsha	5522641	6428872	201506	998544
株洲市	Zhuzhou	1858736	2165824	19146	95214
湘潭市	Xiangtan	1253980	1370761	13099	121587
衡阳市	Hengyang	1191315	2022757	12877	229960
邵阳市	Shaoyang	371666	722662	1621	58490
岳阳市	Yueyang	2388143	1550482	26729	179251
常德市	Changde	1040505	1811596	15488	234533
张家界市	Zhangjiajie	146873	380182	1279	69396
益阳市	Yiyang	411771	1132951	11639	143371
郴州市	Chenzhou	665106	1107203	12378	182318
永州市	Yongzhou	189954	573883	3642	105812
怀化市	Huaihua	419760	600197	12547	91794
娄底市	Loudi	304505	600268	1645	79199
广东省	**Guangdong**	**68463314**	**95304714**	**4618077**	**13533977**
广州市	Guangzhou	13494742	17277176	886688	2870733
韶关市	Shaoguan	501704	1271003	33114	169240
深圳市	Shenzhen	27268543	35216708	2143182	2885520
珠海市	Zhuhai	2699634	3887661	286324	528762
汕头市	Shantou	1291206	2720125	33942	725178
佛山市	Foshan	5575469	7999307	302739	1280022
江门市	Jiangmen	1185722	1606465	61317	320583
湛江市	Zhanjiang	866102	2004956	16696	342149
茂名市	Maoming	793138	1615408	7054	429835
肇庆市	Zhaoqing	895368	1372411	34169	234864
惠州市	Huizhou	2569674	3163004	178244	531590
梅州市	Meizhou	588625	1463641	27135	200037
汕尾市	Shanwei	123927	703161	14277	77623
河源市	Heyuan	355040	818160	34435	104261
阳江市	Yangjiang	479817	927144	12973	138747
清远市	Qingyuan	662125	1288852	13762	227696
东莞市	Dongguan	5179682	5812410	308338	1309337
中山市	Zhongshan	2874655	3541653	165573	644391
潮州市	Chaozhou	395766	1030497	25362	233866
揭阳市	Jieyang	447850	1168975	8079	219377
云浮市	Yunfu	214525	415997	24674	60166
广西壮族自治区	**Guangxi**	**7229151**	**13434654**	**143359**	**2334702**
南宁市	Nanning	2510329	3410569	40916	541584
柳州市	Liuzhou	1186137	1761495	25628	379859
桂林市	Guilin	626689	1030468	17678	158263

2-16 续表 5 continued

单位：万元 (10 000yuan)

城市	City	公共财政收入 Public Finance Income	公共财政支出 Public Finance Expenditure	科学技术支出 Expenditure for Science and Technology	教育支出 Expenditure for Education
梧州市	Wuzhou	573931	967395	7601	132033
北海市	Beihai	408787	899258	3711	141353
防城港市	Fangchenggang	342836	875482	3509	78529
钦州市	Qinzhou	386209	1159302	18478	211665
贵港市	Guigang	234630	848445	5493	207996
玉林市	Yulin	453671	900661	9163	174419
百色市	Baise	58320	186115	1886	48497
贺州市	Hezhou	130432	573647	3912	120561
河池市	Hechi	29417	163558	1177	43971
来宾市	Laibin	173230	245310	912	35271
崇左市	Chongzuo	114533	412949	3295	60701
海南省	**Hainan**	**2004219**	**2892493**	**45448**	**526414**
海口市	Haikou	1115041	1709331	8284	337138
三亚市	Sanya	889178	1183162	37164	189276
三沙市	Sansa				
儋州市	Danzhou				
重庆市	**Chongqing**	**11498132**	**19728609**	**271810**	**2927730**
四川省	**Sichuan**	**12518002**	**22837616**	**464696**	**3861376**
成都市	Chengdu	6549096	7855173	261715	1301512
自贡市	Zigong	327541	1031552	33657	158702
攀枝花市	Panzhihua	405096	835524	15843	195578
泸州市	Luzhou	851920	1449015	24234	235379
德阳市	Deyang	369346	722332	12103	97020
绵阳市	Mianyang	624474	1216470	38703	196656
广元市	Guangyuan	267841	989566	4596	138344
遂宁市	Suining	175110	592852	1605	125584
内江市	Neijiang	270081	899772	14350	155873
乐山市	Leshan	494916	1051096	13238	149062
南充市	Nanchong	477656	1328108	11705	244257
眉山市	Meishan	165442	377757	3249	87165
宜宾市	Yibin	650444	1169753	15350	208187
广安市	Guang'an	328094	801535	3376	137253
达州市	Dazhou	178896	743046	3151	158758
雅安市	Ya'an	32500	376638	1070	44480
巴中市	Bazhong	101903	656241	1610	132986
资阳市	Ziyang	247646	741186	5141	94580
贵州省	**Guizhou**	**3323824**	**5496755**	**126842**	**1180553**
贵阳市	Guiyang	2028043	2624723	90755	506192
六盘水市	Liupanshui	200120	342246	6205	77171
遵义市	Zunyi	392258	695490	8252	160738
安顺市	Anshun	341312	821106	8888	178981
毕节市	Bijie	228699	571722	5413	166322
铜仁市	Tongren	133392	441468	7329	91149
云南省	**Yunnan**	**2633555**	**4427364**	**48690**	**784532**
昆明市	Kunming	1695282	2020814	34147	339125
曲靖市	Qujing	195207	409941	2225	92721

2-16 续表 6 continued

单位：万元 (10 000yuan)

城市	City	公共财政收入 Public Finance Income	公共财政支出 Public Finance Expenditure	科学技术支出 Expenditure for Science and Technology	教育支出 Expenditure for Education
玉溪市	Yuxi	200127	310626	4311	52235
保山市	Baoshan	153484	481831	2841	86751
昭通市	Zhaotong	114621	511219	641	82463
丽江市	Lijiang	133255	244400	2587	46176
普洱市	Pu'er	75316	182077	1380	35815
临沧市	Lincang	66263	266456	558	49246
西藏自治区	**Tibet**	**81023**	**243315**	**56**	**68658**
拉萨市	Lasa	81023	243315	56	68658
陕西省	**Shaanxi**	**6918654**	**9497439**	**249885**	**1754208**
西安市	Xi'an	5362806	5248942	207371	729020
铜川市	Tongchuan	113317	483677	4924	133793
宝鸡市	Baoji	580298	1259646	11386	218937
咸阳市	Xianyang	183338	357158	745	89823
渭南市	Weinan	75456	459921	14122	114235
延安市	Yan'an	143825	249721	2046	77894
汉中市	Hanzhong	107394	264497	607	65514
榆林市	Yulin	243348	409384	7105	129362
安康市	Ankang	58546	492532	524	127522
商洛市	Shangluo	50326	271961	1055	68108
甘肃省	**Gansu**	**2973737**	**7395947**	**66186**	**1307484**
兰州市	Lanzhou	1727959	2879576	39073	512248
嘉峪关市	Jiayuguan	151300	250995	1824	35925
金昌市	Jinchang	40672	107839	548	12310
白银市	Baiyin	180617	562711	5554	81668
天水市	Tianshui	266230	1102840	8140	169978
武威市	Wuwei	172848	635802	2477	129090
张掖市	Zhangye	117999	493541	3451	70789
平凉市	Pingliang	49695	269092	327	65086
酒泉市	Jiuquan	52485	207907	2181	47361
庆阳市	Qingyang	77244	261666	1457	65921
定西市	Dingxi	38175	307451	910	58273
陇南市	Longnan	98513	316527	244	58835
青海省	**Qinghai**	**406229**	**1186497**	**10680**	**192236**
西宁市	Xining	348953	633387	6371	115554
海东市	Haidong	57276	553110	4309	76682
宁夏回族自治区	**Ningxia**	**1668904**	**3931590**	**35762**	**459975**
银川市	Yinchuan	1225340	2137474	19037	182362
石嘴山市	Shizuishan	181382	516370	5593	91604
吴忠市	Wuzhong	135697	500245	4724	64274
固原市	Guyuan	25071	309841	393	54627
中卫市	Zhongwei	101414	467660	6015	67108
新疆维吾尔自治区	**Xinjiang**	**4378065**	**5192671**	**101476**	**899242**
乌鲁木齐市	Urumqi	3628139	4296031	86420	679937
克拉玛依市	Karamay	749926	896640	15056	219305

2-17 年末金融机构存贷款余额
Deposits and Loans of National Banking System at Year-end

单位：万元 (10 000yuan)

城市	City	年末金融机构人民币各项存款余额 Deposits of National Banking System at Year-end 全市 Total City	市辖区 Districts under City	居民人民币储蓄存款余额 Household Saving Deposits at Year-end 全市 Total City	市辖区 Districts under City	年末金融机构人民币各项贷款余额 Loans of National Banking System at Year-end 全市 Total City	市辖区 Districts under City
城市合计	**Prefecture Cities**	**12891395260**	**9949397164**	**5188349889**	**3248070512**	**8754925850**	**6827004741**
北京市	**Beijing**	**1222842876**	**1222842876**	**239139670**	**239139670**	**488531687**	**488531687**
天津市	**Tianjin**	**271459275**	**271459275**	**87437889**	**87437889**	**245009122**	**245009122**
河北省	**Hebei**	**476763486**	**252284348**	**290566617**	**119449446**	**284755535**	**162748852**
石家庄市	Shijiazhuang	98001484	74957487	48689313	25402326	51241043	38863730
唐山市	Tangshan	74568073	50385142	44661842	26175416	47794427	35145548
秦皇岛市	Qinhuangdao	23908190	18829934	15588828	11355895	15004102	13018932
邯郸市	Handan	41395294	20206609	27072108	11300215	28037521	17683486
邢台市	Xingtai	29369093	8792500	21100425	5569214	17592290	7680200
保定市	Baoding	54952983	23399997	37437790	13359689	25909000	11204078
张家口市	Zhangjiakou	23459537	7897178	15948766	4767943	16797723	6947807
承德市	Chengde	19329261	8166846	12744585	4562019	14959502	7589814
沧州市	Cangzhou	38237852	10719097	26413681	5394019	21324418	8463892
廊坊市	Langfang	49183756	20521966	23774250	7069664	33253993	10748370
衡水市	Hengshui	24357963	8407592	17135029	4493046	12841516	5402995
山西省	**Shanxi**	**283575406**	**190268535**	**154559979**	**83508684**	**182592824**	**140241802**
太原市	Taiyuan	105939149	102122884	34321200	31523059	90275923	88208652
大同市	Datong	24269501	19376343	16609792	12839214	11816279	10297159
阳泉市	Yangquan	13479570	9812044	7549000	4752802	7213308	5390604
长治市	Changzhi	20441683	11141040	13281726	6302205	11320114	6455871
晋城市	Jincheng	17763065	11448151	9751819	5548782	9957204	7488089
朔州市	Shuozhou	11897145	6204599	8301894	4296769	3586016	2250490
晋中市	Jinzhong	20465441	7983760	14365324	4294354	12035038	6117196
运城市	Yuncheng	17170118	5402535	12531474	3131935	9544028	4110616
忻州市	Xinzhou	16384669	4915401	12137684	3641305	7149453	2144836
临汾市	Linfen	19620656	8281914	13702372	5035159	10791984	5502444
吕梁市	Lvliang	16144409	3579864	12007694	2143100	8903477	2275845
内蒙古自治区	**Inner Mongolia**	**166814011**	**121093167**	**82183950**	**52333272**	**157330044**	**122875566**
呼和浩特市	Hohhot	53646617	50242839	16839561	15113858	60738870	57524707
包头市	Baotou	27096992	25338302	13079941	11829982	21925210	20519760
乌海市	Wuhai	6740311	6740311	3263396	3263396	5538095	5538095
赤峰市	Chifeng	14947718	8221173	10498501	5509868	11631370	7132260
通辽市	Tongliao	8141870	5127521	5278502	3103694	9236819	5843608
鄂尔多斯市	Erdos	27009000	13277400	14164000	5754300	27002000	16887000
呼伦贝尔市	Hulunbuir	12688462	4611800	7780692	2355831	9207625	3293300
巴彦淖尔市	Bayannur	7824421	4339300	5321286	2437000	6890343	4003900
乌兰察布市	Ulanqab	8718620	3194521	5958071	2965343	5159712	2132936
辽宁省	**Liaoning**	**468731217**	**384207230**	**235947362**	**167261853**	**347663507**	**295244311**
沈阳市	Shenyang	138678978	133293274	57692954	53070219	113438488	110300720
大连市	Dalian	133387085	118100362	51078913	39098265	106960603	97656776
鞍山市	Anshan	30834096	22176429	19567729	11804994	19495414	15489104
抚顺市	Fushun	15062810	12947738	10777801	9075888	7387010	6397437
本溪市	Benxi	11428895	8871898	7563193	5610964	8819583	7664714
丹东市	Dandong	16538427	8565589	12301498	5696598	10262166	5609496
锦州市	Jinzhou	20668317	14429224	11952999	6678923	12785038	9653105

2-17 续表 1 continued

单位：万元 (10 000yuan)

城市	City	年末金融机构人民币各项存款余额 Deposits of National Banking System at Year-end		居民人民币储蓄存款余额 Household Saving Deposits at Year-end		年末金融机构人民币各项贷款余额 Loans of National Banking System at Year-end	
		全市 Total City	市辖区 Districts under City	全市 Total City	市辖区 Districts under City	全市 Total City	市辖区 Districts under City
营口市	Yingkou	23130817	16764930	11701516	7238968	16324999	13008296
阜新市	Fuxin	9086087	6786202	6179205	4268117	7759789	5987568
辽阳市	Liaoyang	16290031	12287855	8795402	5776541	10270080	7814115
盘锦市	Panjin	14665557	11906889	9534401	7356868	8365506	6410783
铁岭市	Tieling	11148287	5193870	8759332	3847785	8094245	3800370
朝阳市	Chaoyang	13744362	6611062	10325372	4432888	9174052	5451827
葫芦岛市	Huludao	14067468	6271908	9717047	3304835	8526534	
吉林省	**Jilin**	**170875822**	**131923732**	**86140052**	**56039380**	**144236079**	**109191632**
长春市	Changchun	98486300	91259403	37927800	32148083	89351400	82569264
吉林市	Jilin	24688234	20758842	15825757	10788700	16984912	11960793
四平市	Siping	10644422	3915041	7885183	2833512	9314965	3380773
辽源市	Liaoyuan	4581614	2843509	3386635	1943788	3537426	2130154
通化市	Tonghua	10403324	3661680	7212460	2192458	6616889	2507276
白山市	Baishan	6217593	3134578	4159864	2127985	4280433	2696118
松原市	Songyuan	9355695	3706381	5903139	2385838	8090108	2037960
白城市	Baicheng	6498640	2644298	3839214	1619016	6059946	1909294
黑龙江省	**Heilongjiang**	**210404389**	**152981771**	**122854081**	**78962573**	**162258303**	**115132388**
哈尔滨市	Harbin	96885883	87820969	43704197	36645883	84923120	79317894
齐齐哈尔市	Qiqihar	15901134	9690549	11148850	6529083	14076792	8300250
鸡西市	Jixi	9358993	4219226	6871849	2930854	5831619	2916106
鹤岗市	Hegang	5644316	3459259	4043255	2529015	4535869	1551938
双鸭山市	Shuangyashan	7304937	3532860	5239787	2168232	7497841	4892889
大庆市	Daqing	22096019	19402803	13797563	11724258	9338207	6610983
伊春市	Yichun	5961490	4336168	4068991	2856493	1474257	925422
佳木斯市	Jiamusi	11671147	5436972	8401702	4045820	12072021	1680384
七台河市	Qitaihe	3729591	2934103	2539315	1949198	2314769	1583902
牡丹江市	Mudanjiang	14089388	6829602	9706632	4158383	7535364	4144952
黑河市	Heihe	6746691	1870106	4648240	1144633	5005244	839828
绥化市	Suihua	11014800	3449154	8683700	2280721	7653200	2367840
上海市	**Shanghai**	**1037605977**	**1037605977**	**233847295**	**233847295**	**533872070**	**533872070**
江苏省	**Jiangsu**	**1078730253**	**764830999**	**405629649**	**239233771**	**788663429**	**557957602**
南京市	Nanjing	258877744	258877744	55355266	55355266	182177952	182177952
无锡市	Wuxi	127104456	79341929	46396649	27023306	93322700	55630416
徐州市	Xuzhou	47470104	30631822	27805980	15196592	30699020	20009860
常州市	Changzhou	74386754	65723071	31937707	27311226	53545775	46558600
苏州市	Suzhou	236590970	145367244	73580383	37621561	192001015	121305057
南通市	Nantong	96591504	44878164	51155079	18720166	59972430	28888191
连云港市	Lianyungang	21282237	14946741	10482745	6353500	17810469	12881424
淮安市	Huai'an	23286329	14684036	11839222	6895346	18647566	11949279
盐城市	Yancheng	43639950	23469839	23975234	9619170	30454991	16947902
扬州市	Yangzhou	47194018	33576254	23766844	15310188	30957674	22516133
镇江市	Zhenjiang	39691108	21387736	17414800	7073608	29825974	13685492
泰州市	Taizhou	44416961	22829371	22424641	9494213	32280817	17177532
宿迁市	Suqian	18198118	9117048	9495099	3259629	16967046	8229764
浙江省	**Zhejiang**	**873933042**	**584232987**	**341452329**	**180568485**	**740701973**	**475053290**
杭州市	Hangzhou	290030714	267330849	75070901	63643407	223952892	203212318

2-17 续表 2 continued

单位：万元 (10 000yuan)

城 市	City	年末金融机构人民币各项存款余额 Deposits of National Banking System at Year-end		居民人民币储蓄存款余额 Household Saving Deposits at Year-end		年末金融机构人民币各项贷款余额 Loans of National Banking System at Year-end	
		全 市 Total City	市辖区 Districts under City	全 市 Total City	市辖区 Districts under City	全 市 Total City	市辖区 Districts under City
宁波市	Ningbo	154002364	109960931	53028406	29530015	149669245	101184045
温州市	Wenzhou	91270180	52787109	44870392	20585291	75271635	37690196
嘉兴市	Jiaxing	57754133	20095177	29492383	8413328	47183455	16153806
湖州市	Huzhou	30346398	15557744	15481478	8164744	25098339	11798124
绍兴市	Shaoxing	68209613	46719809	31130334	19370649	59472120	39874451
金华市	Jinhua	67887576	14235534	35092075	6311556	60416183	12884720
衢州市	Quzhou	17221366	7993222	8931568	3570488	15840154	7976575
舟山市	Zhoushan	16942588	14289334	6616103	5259792	14583839	13087486
台州市	Taizhou	61886513	29364829	31454786	13158165	54296010	25635228
丽水市	Lishui	18381597	5898449	10283903	2561050	14918101	5556341
安徽省	**Anhui**	**342232187**	**213708361**	**169103041**	**79172306**	**253789702**	**184064907**
合肥市	Hefei	109679060	93098760	30185366	19997966	96365681	85579381
芜湖市	Wuhu	25486808	16343617	13127522	6603328	24915660	18709372
蚌埠市	Bengbu	16165375	10763070	8033115	4393019	11915005	8686319
淮南市	Huainan	14016457	11775362	7713493	6296933	9705443	8355121
马鞍山市	Maanshan	16097100	10488569	8870400	4754685	11842000	8738132
淮北市	Huaibei	10358130	7369683	5835277	3650033	7017378	5430169
铜陵市	Tongling	8099467	6485659	3767113	2641975	7667159	6644098
安庆市	Anqing	25328437	8392569	16675730	3964857	14283519	6385101
黄山市	Huangshan	9162573	4740800	5699535	2416883	5663107	3027936
滁州市	Chuzhou	16662359	5926000	9716056	2493527	12023440	4960040
阜阳市	Fuyang	24527395	9744243	16557892	5596325	11869559	6354346
宿州市	Suzhou	14879758	6997950	10182292	4167055	8084415	5142875
六安市	Lu'an	19595657	8411077	12001377	4558474	10819621	5175828
亳州市	Bozhou	12601006	5357318	8662510	3045060	7830104	4349066
池州市	Chizhou	7482701	3951770	4916863	2277586	4784477	2932941
宣城市	Xuancheng	12089904	3861914	7158500	2314600	9003134	3594182
福建省	**Fujian**	**355374103**	**232164867**	**136906576**	**67159793**	**318786548**	**217697192**
福州市	Fuzhou	108756176	75638057	36852348	19381117	106384435	80064148
厦门市	Xiamen	88762527	88762527	20502746	20502746	75670022	75670022
莆田市	Putian	16081951	13118002	9151961	6998378	14661730	12355740
三明市	Sanming	13337535	4076229	6758402	1493777	12071004	4301900
泉州市	Quanzhou	63525571	23700594	31032166	7438058	52849831	18941017
漳州市	Zhangzhou	23113647	9045397	11833827	3448240	18708561	8801472
南平市	Nanping	14107781	4079737	7687282	2652762	10911447	4081713
龙岩市	Longyan	15628488	9497856	7270055	4014779	13606547	9122231
宁德市	Ningde	12060427	4246468	5817789	1229936	13922971	4358949
江西省	**Jiangxi**	**247348436**	**142068542**	**123773612**	**52511581**	**179339918**	**119328573**
南昌市	Nanchang	83426277	74570753	24913925	19552428	73760542	67888409
景德镇市	Jingdezhen	8109230	5213863	5085311	2813011	4990812	3463509
萍乡市	Pingxiang	7903354	5751047	4585636	3040367	5392867	4226344
九江市	Jiujiang	21733427	8184468	11931756	3846373	14518954	7181785
新余市	Xinyu	9027073	7871815	4027836	3299168	6645868	5662253
鹰潭市	Yingtan	5893503	2966779	3271036	1340636	4517116	2245366
赣州市	Ganzhou	33559106	13903109	20141429	6580813	22975519	11309903
吉安市	Ji'an	19386350	5086783	12760476	2604482	10553550	3703786

2-17 续表 3 continued

单位：万元 (10 000yuan)

城市	City	年末金融机构人民币各项存款余额 Deposits of National Banking System at Year-end		居民人民币储蓄存款余额 Household Saving Deposits at Year-end		年末金融机构人民币各项贷款余额 Loans of National Banking System at Year-end	
		全市 Total City	市辖区 Districts under City	全市 Total City	市辖区 Districts under City	全市 Total City	市辖区 Districts under City
宜春市	Yichun	21405885	5558591	13244212	2452555	13185992	3429123
抚州市	Fuzhou	14320084	5252289	9426320	3353735	8055807	3620054
上饶市	Shangrao	22584147	7709045	14385675	3628013	14742891	6598041
山东省	**Shandong**	**743288845**	**380419712**	**366295607**	**157337611**	**550676740**	**275990765**
济南市	Jinan	135529851	125914427	39514181	32603912	96742203	91290133
青岛市	Qingdao	125330268		50235905		107718528	
淄博市	Zibo	37712979	31161222	22597709	18619490	26289750	20063543
枣庄市	Zaozhuang	14309935	9254177	9797691	5902609	10777866	6622866
东营市	Dongying	35684911	25035649	13200246	8741890	29415302	15681259
烟台市	Yantai	66721881	35200851	36733455	15266356	42228857	23059142
潍坊市	Weifang	60707312	22012321	31954967	9580780	45194701	17205210
济宁市	Jining	40282808	18021493	24515795	9172648	26411288	13559978
泰安市	Tai'an	27049507	13519635	17320847	7395455	18005578	9176190
威海市	Weihai	26609691	17833369	15135940	9137410	17709642	11774154
日照市	Rizhao	18338313	12814765	9641538	5681674	19505472	15090912
莱芜市	Laiwu	8293481	8293481	4894442	4894442	6196001	6196001
临沂市	Linyi	47342172	25019283	26629075	11193755	33626291	20304390
德州市	Dezhou	24703076	10113532	17275032	5980072	15460007	6653206
聊城市	Liaocheng	25719300	10045700	16512000	4943800	18456500	7548400
滨州市	Binzhou	23448662	8684450	11214165	3872753	20584503	6402137
菏泽市	Heze	25504698	7495357	19122619	4350565	16354251	5363244
河南省	**Henan**	**469834086**	**282255946**	**258311505**	**115774464**	**306968705**	**212977438**
郑州市	Zhengzhou	166964909	146017165	56954874	43231921	126594807	115001090
开封市	Kaifeng	14521799	7564063	9962966	4316825	10180592	6568974
洛阳市	Luoyang	41829778	28066013	20640743	11957015	26356827	19566592
平顶山市	Pingdingshan	20104793	11263410	12596238	5636129	14052642	8790973
安阳市	Anyang	19949519	8806296	13738136	4831911	10122554	5671085
鹤壁市	Hebi	5367750	3325334	3398572	1938507	4845979	2806224
新乡市	Xinxiang	21123408	9476595	14115419	4970113	12761465	6819619
焦作市	Jiaozuo	14439640	7691847	9352109	3973597	9445780	5382904
濮阳市	Puyang	11653128	6218258	8417410	4064469	5433502	3164400
许昌市	Xuchang	17330953	6894798	11179209	3117118	13570202	6264897
漯河市	Luohe	8461121	5864239	5797568	3715591	5041791	4053044
三门峡市	Sanmenxia	10375926	3384144	6553077	1744569	6717644	2356526
南阳市	Nanyang	30723108	12853318	20530950	7070490	17231570	7887848
商丘市	Shangqiu	19780716	6961875	14592002	4589600	11377461	4828111
信阳市	Xinyang	23753590	8140961	17061930	5056132	12909441	5620492
周口市	Zhoukou	21099224	3520654	17318038	2266449	9179701	3189995
驻马店市	Zhumadian	22354724	6206976	16102264	3294028	11146747	5004664
湖北省	**Hubei**	**384440879**	**270423629**	**179290770**	**98237262**	**281042092**	**227910898**
武汉市	Wuhan	193931600	180953031	60590300	52615962	171357900	163745878
黄石市	Huangshi	13418074	7747747	7318756	3918034	9266650	5779563
十堰市	Shiyan	18318100	10787898	10101300	3469120	10309200	6734379
宜昌市	Yichang	28224926	16715930	14744387	7165010	21331900	14654608
襄阳市	Xiangyang	26954089	15878918	17391292	9000008	16836027	11274271
鄂州市	Ezhou	5097800	5097800	2988400	2988400	3370900	3370900

2-17 续表 4 continued

单位：万元 (10 000yuan)

城 市	City	年末金融机构人民币各项存款余额 Deposits of National Banking System at Year-end		居民人民币储蓄存款余额 Household Saving Deposits at Year-end		年末金融机构人民币各项贷款余额 Loans of National Banking System at Year-end	
		全 市 Total City	市辖区 Districts under City	全 市 Total City	市辖区 Districts under City	全 市 Total City	市辖区 Districts under City
荆门市	Jingmen	14305600	6089100	9602600	3388700	7939000	4882300
孝感市	Xiaogan	18566048	6038924	12384281	3514871	9152764	3316214
荆州市	Jingzhou	22340742	8639990	15380686	5272494	10706251	5722551
黄冈市	Huanggang	23238700	3321100	16106100	1644500	9913100	1984900
咸宁市	Xianning	10354400	4009191	5929168	1772663	6289700	2937634
随州市	Suizhou	9690800	5144000	6753500	3487500	4568700	3507700
湖南省	**Hunan**	**349296874**	**213686373**	**178392571**	**79363291**	**229925382**	**152863912**
长沙市	Changsha	140288068	117886512	43485503	29321120	122681116	94403925
株洲市	Zhuzhou	21565892	13956425	11856925	6985247	11625831	7710958
湘潭市	Xiangtan	17711256	11675350	10437463	5493255	12560666	9110893
衡阳市	Hengyang	27599952	12673145	16910194	6053515	11008484	6422483
邵阳市	Shaoyang	20584600	5582700	14441200	3050900	8914600	3072100
岳阳市	Yueyang	17334702	9057519	10913863	4866323	8944779	4953264
常德市	Changde	22474965	10844806	14435464	5225044	10804564	6274479
张家界市	Zhangjiajie	5404989	2807899	3518618	1588353	3712207	2361037
益阳市	Yiyang	13605691	6109963	9613859	3923134	6167748	3406645
郴州市	Chenzhou	19390165	8106213	12328427	4188692	9457076	4516509
永州市	Yongzhou	15731001	5187633	11188344	3127389	7936205	3280379
怀化市	Huaihua	14783765	4970346	10327371	2766609	8325445	3631320
娄底市	Loudi	12821828	4827862	8935340	2773710	7786661	3719920
广东省	**Guangdong**	**1596607943**	**1489727014**	**550336888**	**470167537**	**951778092**	**901048563**
广州市	Guangzhou	428436731	428436731	136023823	136023823	272961603	272961603
韶关市	Shaoguan	15329114	8392921	9251814	4429226	7318429	4240582
深圳市	Shenzhen	577789000	577789000	96802400	96802400	324490400	324490400
珠海市	Zhuhai	51459256	51459256	13023148	13023148	28603253	28603253
汕头市	Shantou	28572039	28224993	19180457	18982872	11989963	11861680
佛山市	Foshan	118676708	118676708	62322014	62322014	79505348	79505348
江门市	Jiangmen	37668100	22359200	22705200	11525700	22180100	14569000
湛江市	Zhanjiang	26750604	15842489	16708855	8047017	15564084	11130998
茂名市	Maoming	19747500	10185254	14136400	6494831	8583300	4685504
肇庆市	Zhaoqing	17850075	10963032	11609429	6399151	12815202	8289676
惠州市	Huizhou	36125234	27619876	17175953	9262139	24643503	20213598
梅州市	Meizhou	15652774	6866637	10611988	4086157	7364125	3898416
汕尾市	Shanwei	6310300	2322645	3889285	963133	3061368	1338241
河源市	Heyuan	9888954	3888100	5910920	1768282	8010819	4582434
阳江市	Yangjiang	10113368	6132641	6632611	3899183	7497712	5585372
清远市	Qingyuan	16998173	9686847	10138665	4990697	10612335	7090266
东莞市	Dongguan	99687961	99687961	46306942	46306942	59808985	59808985
中山市	Zhongshan	41295729	41295729	21944716	21944716	27849300	27849300
潮州市	Chaozhou	10761856	8717036	7386938	5899706	3690437	3085799
揭阳市	Jieyang	18335653	7850231	12482286	5286013	9247282	4691909
云浮市	Yunfu	9158814	3329727	6093044	1710387	5980544	2566199
广西壮族自治区	**Guangxi**	**225669631**	**152656524**	**113921685**	**58894908**	**176567598**	**132696963**
南宁市	Nanning	82577730	74357513	27003678	20811700	82286621	77739229
柳州市	Liuzhou	28071181	22043369	12075887	7969846	20320764	16237381
桂林市	Guilin	25889935	16013521	15550248	7811080	15748899	9188837

2-17 续表 5 continued

单位：万元 (10 000yuan)

城市	City	年末金融机构人民币各项存款余额 Deposits of National Banking System at Year-end		居民人民币储蓄存款余额 Household Saving Deposits at Year-end		年末金融机构人民币各项贷款余额 Loans of National Banking System at Year-end	
		全市 Total City	市辖区 Districts under City	全市 Total City	市辖区 Districts under City	全市 Total City	市辖区 Districts under City
梧州市	Wuzhou	9182282	4148268	5948734	2187378	6656068	3282624
北海市	Beihai	7484895	5483526	4834537	3121878	4841339	3712741
防城港市	Fangchenggang	5082712	3394851	2891109	1665511	4253362	3232440
钦州市	Qinzhou	8183984	4954431	5291011	2635907	5471264	3954739
贵港市	Guigang	9729487	4550291	7333662	3095756	5967096	3268133
玉林市	Yulin	14452608	5427907	11270855	3461452	8436827	3425486
百色市	Baise	9481094	2757470	5833565	1382104	7116581	1948295
贺州市	Hezhou	5353236	3315180	3280383	1717794	3101284	1965499
河池市	Hechi	8831839	2156963	5517102	1159166	5051840	1257678
来宾市	Laibin	5280851	2552260	3078340	1225623	3585048	2184187
崇左市	Chongzuo	6067797	1500974	4012574	649713	3730605	1299694
海南省	**Hainan**	**54119520**	**51744101**	**18144542**	**16726972**	**46722451**	**45272164**
海口市	Haikou	39628231	39628231	12620625	12620625	36560306	36560306
三亚市	Sanya	12094229	12094229	4106347	4106347	8711858	8711858
三沙市	Sansa	21641	21641				
儋州市	Danzhou	2375419		1417570		1450287	
重庆市	**Chongqing**	**280943699**	**246842920**	**122072838**	**98595579**	**223939285**	**206306843**
四川省	**Sichuan**	**564146724**	**398638764**	**274180136**	**149903832**	**364315719**	**283302347**
成都市	Chengdu	294749203	261864035	99221841	77476166	219706426	202863579
自贡市	Zigong	13216646	8661149	8145517	4357812	6155500	4232874
攀枝花市	Panzhihua	8568143	7458978	4624428	3845667	6971458	6012460
泸州市	Luzhou	18347276	11433174	11418163	6009659	10929592	7294111
德阳市	Deyang	20662963	7766491	12924677	3872037	10759170	4535846
绵阳市	Mianyang	28829061	16669219	16408606	7314772	15328512	9174807
广元市	Guangyuan	11353714	5647890	7338095	3180713	5507885	3134992
遂宁市	Suining	11871230	6363964	7880790	3666360	7408089	4371131
内江市	Neijiang	12021951	5411160	9356721	3589051	6881471	3328457
乐山市	Leshan	17276116	9265592	11636894	5139677	12382999	7629821
南充市	Nanchong	25614296	12293405	17231316	6976831	12938906	7368777
眉山市	Meishan	14320822	5701036	10203791	3351494	6837568	2909894
宜宾市	Yibin	19112501	10895303	10101657	4091923	10544828	5382056
广安市	Guang'an	14253268	5524317	10622828	3699713	5821894	2460967
达州市	Dazhou	20864187	9554199	15058974	5454438	9293223	4685570
雅安市	Ya'an	10089505	5136211	5052851	2427642	5100928	2672722
巴中市	Bazhong	9217329	4453779	6340587	2670159	4578262	2376784
资阳市	Ziyang	13778513	4538862	10612400	2779718	7169008	2867499
贵州省	**Guizhou**	**161432051**	**117736082**	**57542321**	**35985250**	**127923072**	**97877215**
贵阳市	Guiyang	87722178	83423791	22506008	21403214	78755785	75211775
六盘水市	Liupanshui	9767962	5874149	4592109	2392889	7797383	4919266
遵义市	Zunyi	33064600	14375900	14779500	6425863	19254800	8539900
安顺市	Anshun	8527945	5814226	3829489	2318139	6102740	3903567
毕节市	Bijie	12546271	4727219	6624442	2068929	8844643	2971916
铜仁市	Tongren	9803095	3520797	5210773	1376216	7167721	2330791
云南省	**Yunnan**	**188433673**	**134208041**	**69987772**	**40095946**	**166476151**	**126376223**
昆明市	Kunming	118796692	105069164	34295319	27957954	119764860	104407826
曲靖市	Qujing	18333300	7743281	9540200	3131827	12625700	5754431

2-17 续表 6 continued

单位：万元 (10 000yuan)

城 市	City	年末金融机构人民币各项存款余额 Deposits of National Banking System at Year-end		居民人民币储蓄存款余额 Household Saving Deposits at Year-end		年末金融机构人民币各项贷款余额 Loans of National Banking System at Year-end	
		全 市 Total City	市辖区 Districts under City	全 市 Total City	市辖区 Districts under City	全 市 Total City	市辖区 Districts under City
玉溪市	Yuxi	13223266	6696280	6834512	2755890	8462349	4033479
保山市	Baoshan	7750258	3452571	4295173	1663608	5508894	2475798
昭通市	Zhaotong	12090288	4210113	5588814	1537861	6167260	2307848
丽江市	Lijiang	5528823	2801704	3008750	1300625	4143069	2735878
普洱市	Pu'er	7605467	2641885	3794093	1093075	5483025	2658708
临沧市	Lincang	5105579	1593043	2630911	655106	4320994	2002255
西藏自治区	**Tibet**	**21231003**	**20017850**	**3411873**	**3112531**	**12054484**	**11539132**
拉萨市	Lasa	21231003	20017850	3411873	3112531	12054484	11539132
陕西省	**Shaanxi**	**320103621**	**232048051**	**152096294**	**93128222**	**212276627**	**172643782**
西安市	Xi'an	177963839	172133622	65711826	61636500	137140236	135471846
铜川市	Tongchuan	4517828	3770605	2632505	2084791	1458461	1135966
宝鸡市	Baoji	20920999	11252081	13092691	5894328	10399150	6897068
咸阳市	Xianyang	22517837	11077995	14561800	5837200	10286500	5828464
渭南市	Weinan	18373666	5420834	12796438	2975926	9205946	2213242
延安市	Yan'an	13609456	5755771	7012424	2891407	8308390	4927409
汉中市	Hanzhong	15919200	5468750	10791700	3240674	6300054	2451592
榆林市	Yulin	27938700	9489400	13875658	4209000	20328900	9378100
安康市	Ankang	10327096	4614699	6374352	2657651	5471990	2745250
商洛市	Shangluo	8015000	3064294	5246900	1700745	3377000	1594845
甘肃省	**Gansu**	**153686068**	**103887734**	**72947393**	**42786073**	**127381662**	**77656648**
兰州市	Lanzhou	78031226	65830142	26085399	23025748	68920175	45123292
嘉峪关市	Jiayuguan	3219500	3219500	1466300	1466300	4254500	4254500
金昌市	Jinchang	3245880	2351300	1783194	1399300	3343966	3098800
白银市	Baiyin	6320441	3777675	3781662	2089360	5119192	2989308
天水市	Tianshui	10323960	6388704	7193404	4221396	6423446	4217311
武威市	Wuwei	8155317	5090486	5376376	1143210	6962008	4213379
张掖市	Zhangye	5639377	3140200	3394950	1722600	4855300	2556300
平凉市	Pingliang	7021931	2826200	4620100	1591000	4703811	2028600
酒泉市	Jiuquan	9382700	4161444	5021900	2196139	6596600	3075667
庆阳市	Qingyang	8146661	3043839	5519102	1801304	5850422	2866982
定西市	Dingxi	6969440	2072744	4278371	1112795	5565666	1547998
陇南市	Longnan	7229635	1985500	4426635	1016921	4786576	1684511
青海省	**Qinghai**	**40704821**	**35262527**	**14137589**	**11124243**	**43497208**	**40822781**
西宁市	Xining	35484270	32702036	11603297	10006459	40959278	39256769
海东市	Haidong	5220551	2560491	2534292	1117784	2537930	1566012
宁夏回族自治区	**Ningxia**	**48051503**	**35958572**	**23464585**	**16139862**	**51178182**	**40392877**
银川市	Yinchuan	30177702	26093663	13049710	10298755	36539817	31951713
石嘴山市	Shizuishan	4957183	3710701	3379763	2401375	4245889	3183525
吴忠市	Wuzhong	5325113	2544434	3031637	1539442	4609742	2270343
固原市	Guyuan	3461528	1567015	1810265	811333	2062249	1206797
中卫市	Zhongwei	4129977	2042759	2193210	1088957	3720485	1780499
新疆维吾尔自治区	**Xinjiang**	**82713839**	**82210657**	**24273418**	**24070931**	**54671659**	**54377196**
乌鲁木齐市	Urumqi	69846043	69342861	21573093	21370606	49574320	49279857
克拉玛依市	Karamay	12867796	12867796	2700325	2700325	5097339	5097339

(三)工业
Industry

2-18 规模以上工业企业数
Number of Industrial Enterprises above Designated Size

单位：个 (unit)

城市	City	工业企业数 Number of Industrial Enterprises 全市 Total City	市辖区 Districts under City	内资企业 Domestic Funded 全市 Total City	市辖区 Districts under City	港、澳、台商投资企业 Enterprises with Funds from Hong Kong, Macao and Taiwan 全市 Total City	市辖区 Districts under City	外商投资企业 Foreign Funded Enterprises 全市 Total City	市辖区 Districts under City
城市合计	**Prefecture Cities**	**373251**	**173063**	**320783**	**137095**	**24369**	**16330**	**28099**	**19638**
北京市	**Beijing**	**3548**	**3548**	**2745**	**2745**	**195**	**195**	**608**	**608**
天津市	**Tianjin**	**5525**	**5525**	**4018**	**4018**	**304**	**304**	**1203**	**1203**
河北省	**Hebei**	**15076**	**3790**	**14269**	**3407**	**252**	**107**	**555**	**276**
石家庄市	Shijiazhuang	2752	1047	2655	996	39	17	58	34
唐山市	Tangshan	1595	790	1497	729	30	14	68	47
秦皇岛市	Qinhuangdao	395	300	315	228	17	16	63	56
邯郸市	Handan	1378	224	1339	204	21	9	18	11
邢台市	Xingtai	1309	94	1267	90	16	1	26	3
保定市	Baoding	1665	468	1573	434	23	10	69	24
张家口市	Zhangjiakou	564	160	535	154	7	1	22	5
承德市	Chengde	549	102	540	100	3		6	2
沧州市	Cangzhou	2380	202	2280	178	40	13	60	11
廊坊市	Langfang	1255	226	1083	128	39	20	133	78
衡水市	Hengshui	1234	177	1185	166	17	6	32	5
山西省	**Shanxi**	**3843**	**888**	**3702**	**833**	**50**	**14**	**91**	**41**
太原市	Taiyuan	408	301	384	279	3	3	21	19
大同市	Datong	177	85	167	79	3		7	6
阳泉市	Yangquan	134	53	127	48	2	2	5	3
长治市	Changzhi	352	62	341	59	5	2	6	1
晋城市	Jincheng	251	42	237	38	4	1	10	3
朔州市	Shuozhou	258	69	253	66	1	1	4	2
晋中市	Jinzhong	515	83	487	75	14	4	14	4
运城市	Yuncheng	491	87	475	85	3		13	2
忻州市	Xinzhou	368	33	367	33			1	
临汾市	Linfen	366	47	354	45	9	1	3	1
吕梁市	Lvliang	523	26	510	26	6		7	
内蒙古自治区	**Inner Mongolia**	**3683**	**1408**	**3535**	**1342**	**57**	**24**	**91**	**42**
呼和浩特市	Hohhot	277	87	249	80	13	4	15	3
包头市	Baotou	662	526	633	501	9	7	20	18
乌海市	Wuhai	147	147	144	144	1	1	2	2
赤峰市	Chifeng	556	186	545	177	4	3	7	6
通辽市	Tongliao	609	202	590	191	6	4	13	7
鄂尔多斯市	Erdos	387	66	370	64	8	1	9	1
呼伦贝尔市	Hulunbuir	419	81	400	77	7	1	12	3
巴彦淖尔市	Bayannur	287	77	277	74	3	2	7	1
乌兰察布市	Ulanqab	339	36	327	34	6	1	6	1
辽宁省	**Liaoning**	**12303**	**5665**	**10790**	**4557**	**380**	**271**	**1133**	**837**
沈阳市	Shenyang	3284	1887	2916	1541	99	96	269	250
大连市	Dalian	2486	1143	1838	660	111	75	537	408
鞍山市	Anshan	914	258	861	237	18	8	35	13
抚顺市	Fushun	545	284	511	253	14	13	20	18
本溪市	Benxi	525	345	494	328	16	12	15	5
丹东市	Dandong	509	92	451	74	9	6	49	12
锦州市	Jinzhou	686	174	627	127	23	18	36	29

2-18 续表 1 continued

单位：个 (unit)

城市	City	工业企业数 Number of Industrial Enterprises		内资企业 Domestic Funded		港、澳、台商投资企业 Enterprises with Funds from Hong Kong, Macao and Taiwan		外商投资企业 Foreign Funded Enterprises	
		全市 Total City	市辖区 Districts under City	全市 Total City	市辖区 Districts under City	全市 Total City	市辖区 Districts under City	全市 Total City	市辖区 Districts under City
营口市	Yingkou	1005	622	880	540	32	22	93	60
阜新市	Fuxin	357	211	336	199	11	4	10	8
辽阳市	Liaoyang	430	220	400	202	13	5	17	13
盘锦市	Panjin	497	188	464	170	11	6	22	12
铁岭市	Tieling	328	90	306	81	9	3	13	6
朝阳市	Chaoyang	445	80	426	77	12	2	7	1
葫芦岛市	Huludao	292	71	280	68	2	1	10	2
吉林省	**Jilin**	**5207**	**2323**	**4926**	**2114**	**66**	**45**	**215**	**164**
长春市	Changchun	1340	912	1180	760	24	23	136	129
吉林市	Jilin	1073	485	1042	463	11	7	20	15
四平市	Siping	564	223	548	214	9	7	7	2
辽源市	Liaoyuan	316	163	309	157	3	2	4	4
通化市	Tonghua	596	138	574	134	5	1	17	3
白山市	Baishan	382	133	364	129	6	1	12	3
松原市	Songyuan	615	166	607	161	3	1	5	4
白城市	Baicheng	321	103	302	96	5	3	14	4
黑龙江省	**Heilongjiang**	**4085**	**1752**	**3890**	**1631**	**60**	**35**	**135**	**86**
哈尔滨市	Harbin	1379	720	1295	647	21	18	63	55
齐齐哈尔市	Qiqihar	369	183	353	177	6	3	10	3
鸡西市	Jixi	187	65	177	62	7	3	3	
鹤岗市	Hegang	114	73	111	73	1		2	
双鸭山市	Shuangyashan	122	40	118	39	4	1		
大庆市	Daqing	391	243	371	230	8	4	12	9
伊春市	Yichun	109	76	103	71			6	5
佳木斯市	Jiamusi	357	139	345	129	3	3	9	7
七台河市	Qitaihe	90	52	89	51			1	1
牡丹江市	Mudanjiang	490	98	466	91	6	2	18	5
黑河市	Heihe	99	27	95	26	1		3	1
绥化市	Suihua	378	36	367	35	3	1	8	
上海市	**Shanghai**	**8994**	**8870**	**5177**	**5065**	**1081**	**1077**	**2736**	**2728**
江苏省	**Jiangsu**	**48502**	**23579**	**37920**	**17586**	**3786**	**2004**	**6796**	**3989**
南京市	Nanjing	2714	2714	2097	2097	198	198	419	419
无锡市	Wuxi	4988	2723	3756	1892	469	284	763	547
徐州市	Xuzhou	2875	764	2698	684	83	33	94	47
常州市	Changzhou	4244	3852	3435	3093	294	276	515	483
苏州市	Suzhou	10062	4573	5672	2425	1327	649	3063	1499
南通市	Nantong	5066	1566	3906	1156	448	108	712	302
连云港市	Lianyungang	1701	772	1495	643	70	35	136	94
淮安市	Huai'an	2647	1162	2439	1042	105	55	103	65
盐城市	Yancheng	3156	1207	2794	998	132	68	230	141
扬州市	Yangzhou	2774	1466	2386	1221	189	117	199	128
镇江市	Zhenjiang	2843	1014	2289	790	266	97	288	127
泰州市	Taizhou	2867	1135	2519	972	141	59	207	104
宿迁市	Suqian	2565	631	2434	573	64	25	67	33
浙江省	**Zhejiang**	**41177**	**16827**	**35374**	**13705**	**2956**	**1526**	**2847**	**1596**
杭州市	Hangzhou	6073	4604	5019	3656	470	398	584	550

2-18 续表 2 continued

单位：个 (unit)

城市	City	工业企业数 Number of Industrial Enterprises		内资企业 Domestic Funded		港、澳、台商投资企业 Enterprises with Funds from Hong Kong, Macao and Taiwan		外商投资企业 Foreign Funded Enterprises	
		全市 Total City	市辖区 Districts under City	全市 Total City	市辖区 Districts under City	全市 Total City	市辖区 Districts under City	全市 Total City	市辖区 Districts under City
宁波市	Ningbo	7509	3417	5748	2373	937	549	824	495
温州市	Wenzhou	5013	1658	4817	1553	82	39	114	66
嘉兴市	Jiaxing	5154	1003	4081	755	522	100	551	148
湖州市	Huzhou	2752	996	2300	849	232	70	220	77
绍兴市	Shaoxing	4352	2467	3641	2019	449	283	262	165
金华市	Jinhua	4144	699	3896	620	130	44	118	35
衢州市	Quzhou	1003	329	952	306	19	5	32	18
舟山市	Zhoushan	390	313	367	298	8	6	15	9
台州市	Taizhou	3672	1140	3471	1081	90	28	111	31
丽水市	Lishui	1115	201	1082	195	17	4	16	2
安徽省	**Anhui**	**19079**	**6720**	**18295**	**6248**	**306**	**185**	**478**	**287**
合肥市	Hefei	2474	897	2285	766	64	44	125	87
芜湖市	Wuhu	2101	766	1958	659	53	37	90	70
蚌埠市	Bengbu	1056	499	1016	476	23	11	17	12
淮南市	Huainan	621	361	604	348	8	6	9	7
马鞍山市	Maanshan	1150	456	1086	417	26	16	38	23
淮北市	Huaibei	779	510	762	497	6	5	11	8
铜陵市	Tongling	491	273	466	250	15	13	10	10
安庆市	Anqing	1667	262	1625	244	15	4	27	14
黄山市	Huangshan	539	219	521	206	9	7	9	6
滁州市	Chuzhou	1503	390	1422	351	29	17	52	22
阜阳市	Fuyang	1549	466	1528	459	11	5	10	2
宿州市	Suzhou	1257	483	1230	471	14	7	13	5
六安市	Lu'an	997	380	973	368	11	6	13	6
亳州市	Bozhou	901	275	894	270	1	1	6	4
池州市	Chizhou	575	243	553	231	7	5	15	7
宣城市	Xuancheng	1419	240	1372	235	14	1	33	4
福建省	**Fujian**	**17240**	**5670**	**13286**	**4030**	**2566**	**990**	**1388**	**650**
福州市	Fuzhou	2302	742	1665	494	346	141	291	107
厦门市	Xiamen	1766	1766	996	996	411	411	359	359
莆田市	Putian	1248	922	1049	747	144	126	55	49
三明市	Sanming	1785	270	1705	259	61	9	19	2
泉州市	Quanzhou	4420	651	2874	367	1126	218	420	66
漳州市	Zhangzhou	2147	343	1638	258	351	51	158	34
南平市	Nanping	1109	287	1050	271	26	5	33	11
龙岩市	Longyan	1095	531	982	489	79	24	34	18
宁德市	Ningde	1368	158	1327	149	22	5	19	4
江西省	**Jiangxi**	**9760**	**3039**	**8917**	**2741**	**526**	**154**	**317**	**144**
南昌市	Nanchang	1300	795	1157	695	67	43	76	57
景德镇市	Jingdezhen	320	123	297	112	10	5	13	6
萍乡市	Pingxiang	652	346	627	330	20	13	5	3
九江市	Jiujiang	1259	220	1151	190	72	16	36	14
新余市	Xinyu	387	300	359	274	15	13	13	13
鹰潭市	Yingtan	260	90	246	82	6	4	8	4
赣州市	Ganzhou	1288	375	1060	319	158	30	70	26
吉安市	Ji'an	1168	144	1066	134	63	5	39	5

2-18 续表 3 continued

单位：个 (unit)

城市	City	工业企业数 Number of Industrial Enterprises 全市 Total City	市辖区 Districts under City	内资企业 Domestic Funded 全市 Total City	市辖区 Districts under City	港、澳、台商投资企业 Enterprises with Funds from Hong Kong, Macao and Taiwan 全市 Total City	市辖区 Districts under City	外商投资企业 Foreign Funded Enterprises 全市 Total City	市辖区 Districts under City
宜春市	Yichun	1254	183	1179	170	46	7	29	6
抚州市	Fuzhou	901	240	839	224	45	8	17	8
上饶市	Shangrao	971	223	936	211	24	10	11	2
山东省	**Shandong**	**41389**	**13928**	**37373**	**12021**	**1024**	**469**	**2992**	**1438**
济南市	Jinan	2022	839	1855	756	50	20	117	63
青岛市	Qingdao	4876	1690	3515	1113	249	110	1112	467
淄博市	Zibo	2981	2397	2799	2253	76	61	106	83
枣庄市	Zaozhuang	1468	991	1398	935	29	23	41	33
东营市	Dongying	996	376	949	346	19	14	28	16
烟台市	Yantai	2657	797	2009	473	177	68	471	256
潍坊市	Weifang	4050	698	3723	603	108	35	219	60
济宁市	Jining	2631	770	2508	718	47	18	76	34
泰安市	Tai'an	2003	426	1922	392	25	8	56	26
威海市	Weihai	1817	873	1352	624	57	26	408	223
日照市	Rizhao	668	258	588	196	19	16	61	46
莱芜市	Laiwu	635	635	611	611	10	10	14	14
临沂市	Linyi	4053	1437	3852	1349	79	33	122	55
德州市	Dezhou	3156	555	3069	517	24	9	63	29
聊城市	Liaocheng	2852	394	2812	380	11	3	29	11
滨州市	Binzhou	1379	328	1331	307	19	10	29	11
菏泽市	Heze	3145	464	3080	448	25	5	40	11
河南省	**Henan**	**22682**	**4890**	**22145**	**4612**	**254**	**118**	**283**	**160**
郑州市	Zhengzhou	2820	641	2704	564	51	35	65	42
开封市	Kaifeng	1322	374	1290	350	14	9	18	15
洛阳市	Luoyang	1858	533	1807	510	25	9	26	14
平顶山市	Pingdingshan	862	202	840	192	9	3	13	7
安阳市	Anyang	1067	159	1051	153	7	3	9	3
鹤壁市	Hebi	568	304	559	297	5	3	4	4
新乡市	Xinxiang	1285	279	1229	253	16	10	40	16
焦作市	Jiaozuo	1213	199	1187	191	13	3	13	5
濮阳市	Puyang	1006	200	988	195	13	2	5	3
许昌市	Xuchang	1632	175	1606	164	11	4	15	7
漯河市	Luohe	700	427	683	413	8	6	9	8
三门峡市	Sanmenxia	646	97	637	95	3	1	6	1
南阳市	Nanyang	2262	312	2212	290	33	13	17	9
商丘市	Shangqiu	1284	375	1267	364	7	2	10	9
信阳市	Xinyang	1286	339	1269	327	7	6	10	6
周口市	Zhoukou	1277	76	1253	69	13	4	11	3
驻马店市	Zhumadian	1594	198	1563	185	19	5	12	8
湖北省	**Hubei**	**14851**	**5430**	**14082**	**4922**	**328**	**180**	**441**	**328**
武汉市	Wuhan	2545	1453	2210	1176	78	66	257	211
黄石市	Huangshi	760	285	723	264	23	11	14	10
十堰市	Shiyan	976	593	953	576	10	7	13	10
宜昌市	Yichang	1511	410	1447	376	42	22	22	12
襄阳市	Xiangyang	1764	684	1700	640	28	15	36	29
鄂州市	Ezhou	525	525	504	504	9	9	12	12

2-18 续表 4 continued

单位：个 (unit)

城市	City	工业企业数 Number of Industrial Enterprises		内资企业 Domestic Funded		港、澳、台商投资企业 Enterprises with Funds from Hong Kong, Macao and Taiwan		外商投资企业 Foreign Funded Enterprises	
		全市 Total City	市辖区 Districts under City	全市 Total City	市辖区 Districts under City	全市 Total City	市辖区 Districts under City	全市 Total City	市辖区 Districts under City
荆门市	Jingmen	1132	300	1101	286	21	10	10	4
孝感市	Xiaogan	1306	232	1253	211	27	7	26	14
荆州市	Jingzhou	1256	473	1223	449	17	14	16	10
黄冈市	Huanggang	1493	132	1445	120	33	8	15	4
咸宁市	Xianning	867	246	833	238	24	4	10	4
随州市	Suizhou	716	97	690	82	16	7	10	8
湖南省	**Hunan**	**13720**	**4061**	**13160**	**3831**	**321**	**123**	**239**	**107**
长沙市	Changsha	2708	967	2557	913	68	28	83	26
株洲市	Zhuzhou	1540	398	1486	373	22	8	32	17
湘潭市	Xiangtan	908	424	874	397	16	12	18	15
衡阳市	Hengyang	953	277	909	256	27	7	17	14
邵阳市	Shaoyang	1060	187	1034	175	14	8	12	4
岳阳市	Yueyang	1285	330	1245	310	19	12	21	8
常德市	Changde	993	306	956	290	29	12	8	4
张家界市	Zhangjiajie	161	60	156	59			5	1
益阳市	Yiyang	971	450	936	431	24	14	11	5
郴州市	Chenzhou	1095	202	1042	187	44	12	9	3
永州市	Yongzhou	795	232	741	221	43	7	11	4
怀化市	Huaihua	575	59	562	57	6		7	2
娄底市	Loudi	676	169	662	162	9	3	5	4
广东省	**Guangdong**	**42143**	**35300**	**28762**	**23257**	**9005**	**7954**	**4376**	**4089**
广州市	Guangzhou	4650	4650	3081	3081	867	867	702	702
韶关市	Shaoguan	628	171	553	144	58	19	17	8
深圳市	Shenzhen	6539	6539	3860	3860	1990	1990	689	689
珠海市	Zhuhai	1023	1023	510	510	311	311	202	202
汕头市	Shantou	1771	1766	1526	1525	161	159	84	82
佛山市	Foshan	5787	5787	4547	4547	778	778	462	462
江门市	Jiangmen	2036	1100	1289	700	546	299	201	101
湛江市	Zhanjiang	828	252	754	206	40	21	34	25
茂名市	Maoming	957	361	886	348	57	7	14	6
肇庆市	Zhaoqing	1110	639	826	439	191	131	93	69
惠州市	Huizhou	1893	1064	1005	495	649	388	239	181
梅州市	Meizhou	440	139	372	117	46	12	22	10
汕尾市	Shanwei	238	50	173	28	60	21	5	1
河源市	Heyuan	575	202	405	111	137	70	33	21
阳江市	Yangjiang	574	384	485	324	63	42	26	18
清远市	Qingyuan	611	349	430	244	141	75	40	30
东莞市	Dongguan	5688	5688	2713	2713	1918	1918	1057	1057
中山市	Zhongshan	3045	3045	2061	2061	633	633	351	351
潮州市	Chaozhou	890	775	731	630	113	101	46	44
揭阳市	Jieyang	2030	1055	1834	950	152	80	44	25
云浮市	Yunfu	830	261	721	224	94	32	15	5
广西壮族自治区	**Guangxi**	**5532**	**2520**	**5071**	**2247**	**272**	**148**	**189**	**125**
南宁市	Nanning	920	694	841	626	36	32	43	36
柳州市	Liuzhou	818	532	786	503	13	13	19	16
桂林市	Guilin	641	128	607	112	11	5	23	11

2-18 续表 5 continued

单位：个 (unit)

城　市	City	工业企业数 Number of Industrial Enterprises		内资企业 Domestic Funded		港、澳、台商投资企业 Enterprises with Funds from Hong Kong, Macao and Taiwan		外商投资企业 Foreign Funded Enterprises	
		全　市 Total City	市辖区 Districts under City	全　市 Total City	市辖区 Districts under City	全　市 Total City	市辖区 Districts under City	全　市 Total City	市辖区 Districts under City
梧州市	Wuzhou	400	181	349	147	38	25	13	9
北海市	Beihai	194	132	157	103	25	20	12	9
防城港市	Fangchenggang	164	112	146	96	7	6	11	10
钦州市	Qinzhou	304	135	275	114	17	11	12	10
贵港市	Guigang	411	204	377	187	21	11	13	6
玉林市	Yulin	609	111	535	100	57	7	17	4
百色市	Baise	307	50	294	46	12	4	1	
贺州市	Hezhou	186	106	166	96	16	8	4	2
河池市	Hechi	191	33	184	32	5		2	1
来宾市	Laibin	228	68	213	61	8	3	7	4
崇左市	Chongzuo	159	34	141	24	6	3	12	7
海南省	**Hainan**	**196**	**174**	**149**	**131**	**17**	**15**	**30**	**28**
海口市	Haikou	151	151	112	112	14	14	25	25
三亚市	Sanya	23	23	19	19	1	1	3	3
三沙市	Sansa								
儋州市	Danzhou	22		18		2		2	
重庆市	**Chongqing**	**6608**	**5705**	**6217**	**5333**	**155**	**143**	**236**	**229**
四川省	**Sichuan**	**13009**	**5556**	**12418**	**5170**	**201**	**125**	**390**	**261**
成都市	Chengdu	3356	1922	3022	1666	100	75	234	181
自贡市	Zigong	537	342	526	333	1		10	9
攀枝花市	Panzhihua	330	252	324	247	3	2	3	3
泸州市	Luzhou	628	333	613	324	5	4	10	5
德阳市	Deyang	1337	364	1291	352	15	2	31	10
绵阳市	Mianyang	837	328	797	301	20	13	20	14
广元市	Guangyuan	426	215	417	209	2		7	6
遂宁市	Suining	500	235	480	221	6	5	14	9
内江市	Neijiang	402	139	386	132	7	3	9	4
乐山市	Leshan	629	247	613	241	8	2	8	4
南充市	Nanchong	645	249	634	243	5	3	6	3
眉山市	Meishan	604	198	584	189	3	2	17	7
宜宾市	Yibin	626	157	619	155	3	2	4	
广安市	Guang'an	492	119	483	114	6	4	3	1
达州市	Dazhou	493	118	488	116	5	2		
雅安市	Ya'an	324	81	317	79	5	2	2	
巴中市	Bazhong	240	106	236	105	2	1	2	
资阳市	Ziyang	603	151	588	143	5	3	10	5
贵州省	**Guizhou**	**2981**	**905**	**2916**	**866**	**32**	**20**	**33**	**19**
贵阳市	Guiyang	580	347	541	319	18	14	21	14
六盘水市	Liupanshui	360	77	356	75			4	2
遵义市	Zunyi	812	98	802	94	4	2	6	2
安顺市	Anshun	311	221	305	217	5	3	1	1
毕节市	Bijie	401	57	398	57	2		1	
铜仁市	Tongren	517	105	514	104	3	1		
云南省	**Yunnan**	**2658**	**821**	**2518**	**739**	**61**	**36**	**79**	**46**
昆明市	Kunming	978	461	889	404	39	26	50	31
曲靖市	Qujing	569	94	557	90	5	3	7	1

2-18 续表 6 continued

单位：个 (unit)

城市	City	工业企业数 Number of Industrial Enterprises		内资企业 Domestic Funded		港、澳、台商投资企业 Enterprises with Funds from Hong Kong, Macao and Taiwan		外商投资企业 Foreign Funded Enterprises	
		全市 Total City	市辖区 Districts under City	全市 Total City	市辖区 Districts under City	全市 Total City	市辖区 Districts under City	全市 Total City	市辖区 Districts under City
玉溪市	Yuxi	334	87	316	76	9	4	9	7
保山市	Baoshan	216	76	211	74	1		4	2
昭通市	Zhaotong	163	25	159	22	4	3		
丽江市	Lijiang	78	12	75	12	1		2	
普洱市	Pu'er	157	34	151	31	2		4	3
临沧市	Lincang	163	32	160	30			3	2
西藏自治区	**Tibet**	**71**	**15**	**69**	**14**			**2**	**1**
拉萨市	Lasa	71	15	69	14			2	1
陕西省	**Shaanxi**	**5272**	**2128**	**5063**	**1985**	**65**	**39**	**144**	**104**
西安市	Xi'an	1150	998	1033	889	27	26	90	83
铜川市	Tongchuan	173	161	170	158			3	3
宝鸡市	Baoji	595	229	581	222	7	1	7	6
咸阳市	Xianyang	874	283	833	269	18	8	23	6
渭南市	Weinan	447	104	434	101	2		11	3
延安市	Yan'an	140	25	137	24	2	1	1	
汉中市	Hanzhong	446	94	438	92	5	1	3	1
榆林市	Yulin	712	106	707	103	1	1	4	2
安康市	Ankang	505	109	501	108	2	1	2	
商洛市	Shangluo	230	19	229	19	1			
甘肃省	**Gansu**	**2026**	**842**	**1980**	**818**	**22**	**11**	**24**	**13**
兰州市	Lanzhou	369	217	353	208	8	3	8	6
嘉峪关市	Jiayuguan	47	47	47	47				
金昌市	Jinchang	89	38	89	38				
白银市	Baiyin	168	87	161	81	4	3	3	3
天水市	Tianshui	153	88	150	85			3	3
武威市	Wuwei	232	117	231	116	1	1		
张掖市	Zhangye	211	71	206	68	5	3		
平凉市	Pingliang	120	27	120	27				
酒泉市	Jiuquan	295	62	282	60	4	1	9	1
庆阳市	Qingyang	113	28	113	28				
定西市	Dingxi	141	47	140	47			1	
陇南市	Longnan	88	13	88	13				
青海省	**Qinghai**	**362**	**203**	**347**	**192**	**4**	**2**	**11**	**9**
西宁市	Xining	255	166	241	155	3	2	11	9
海东市	Haidong	107	37	106	37	1			
宁夏回族自治区	**Ningxia**	**1251**	**506**	**1210**	**479**	**17**	**10**	**24**	**17**
银川市	Yinchuan	486	148	456	126	13	8	17	14
石嘴山市	Shizuishan	243	141	235	137	2	1	6	3
吴忠市	Wuzhong	351	126	350	125	1	1		
固原市	Guyuan	50	22	50	22				
中卫市	Zhongwei	121	69	119	69	1		1	
新疆维吾尔自治区	**Xinjiang**	**478**	**475**	**459**	**456**	**6**	**6**	**13**	**13**
乌鲁木齐市	Urumqi	396	393	379	376	5	5	12	12
克拉玛依市	Karamay	82	82	80	80	1	1	1	1

2-19 规模以上工业总产值(全市)
Gross Industrial Output Value above Designated Size(Total City)

单位：万元 (10 000yuan)

城　市	City	工业总产值(当年价格) Gross Industrial Output Value (current price)	内资企业 Domestic Funded	港、澳、台商投资企业 Enterprises with Funds from Hong Kong, Macao and Taiwan	外商投资企业 Foreign Funded Enterprises
城市合计	**Prefecture Cities**	**10993010796**	**8491966317**	**999058281**	**1501986198**
北京市	**Beijing**	**174496269**	**103904167**	**18669714**	**51922388**
天津市	**Tianjin**	**282421305**	**179518583**	**31393841**	**71508881**
河北省	**Hebei**	**460464486**	**415533897**	**16115134**	**28815455**
石家庄市	Shijiazhuang	94104745	88455161	3302041	2347543
唐山市	Tangshan	93263153	82653441	2105701	8504011
秦皇岛市	Qinhuangdao	14091638	8478303	2265883	3347452
邯郸市	Handan	47651527	43451665	2436997	1762865
邢台市	Xingtai	27029340	24481287	1645108	902945
保定市	Baoding	41202379	38505629	660787	2035963
张家口市	Zhangjiakou	13463322	12102318	188450	1172554
承德市	Chengde	16958010	16774898	117463	65649
沧州市	Cangzhou	57891827	52394110	1777373	3720344
廊坊市	Langfang	36933003	31446482	1205023	4281498
衡水市	Hengshui	17875542	16790603	410308	674631
山西省	**Shanxi**	**125458417**	**113456921**	**7595841**	**4405655**
太原市	Taiyuan	21592702	15671064	4197850	1723788
大同市	Datong	10542257	10304400	50084	187773
阳泉市	Yangquan	5389954	5248677	39560	101717
长治市	Changzhi	14281885	13621628	66669	593588
晋城市	Jincheng	8730082	6705165	1260401	764516
朔州市	Shuozhou	7623929	7371082	80548	172299
晋中市	Jinzhong	10892131	10090023	427271	374837
运城市	Yuncheng	13237526	12927962	120020	189544
忻州市	Xinzhou	6986002	6973336		12666
临汾市	Linfen	12896730	12562454	289632	44644
吕梁市	Lvliang	13285219	11981130	1063806	240283
内蒙古自治区	**Inner Mongolia**	**176412074**	**165371039**	**3428851**	**7612184**
呼和浩特市	Hohhot	16675793	13053024	1244477	2378292
包头市	Baotou	31812078	30718877	372128	721073
乌海市	Wuhai	9273914	9170707	51145	52062
赤峰市	Chifeng	20756396	20219621	163568	373207
通辽市	Tongliao	22733917	21553585	326428	853904
鄂尔多斯市	Erdos	43383033	40626983	375158	2380892
呼伦贝尔市	Hulunbuir	13059947	12569446	225565	264936
巴彦淖尔市	Bayannur	8734244	7629695	620050	484499
乌兰察布市	Ulanqab	9982752	9829101	50332	103319
辽宁省	**Liaoning**	**325944309**	**255430767**	**15939449**	**54574093**
沈阳市	Shenyang	92393377	65535939	3311946	23545492
大连市	Dalian	69984059	43998531	4403046	21582482
鞍山市	Anshan	23914876	22574580	446857	893439
抚顺市	Fushun	8602342	8141673	226078	234591
本溪市	Benxi	17958602	15633271	2053069	272262
丹东市	Dandong	4284943	3667958	65281	551704
锦州市	Jinzhou	23410266	20675983	1214371	1519912

2-19 续表 1 continued

单位：万元 (10 000yuan)

城市	City	工业总产值（当年价格）Gross Industrial Output Value (current price)	内资企业 Domestic Funded	港、澳、台商投资企业 Enterprises with Funds from Hong Kong, Macao and Taiwan	外商投资企业 Foreign Funded Enterprises
营口市	Yingkou	22231466	17947041	1074593	3209832
阜新市	Fuxin	4936827	4451727	180380	304720
辽阳市	Liaoyang	13993696	11380049	1964909	648738
盘锦市	Panjin	26022892	24226272	554075	1242545
铁岭市	Tieling	4535831	3960048	304555	271228
朝阳市	Chaoyang	5753135	5564334	125576	63225
葫芦岛市	Huludao	7921997	7673361	14713	233923
吉林省	**Jilin**	**216499153**	**196105272**	**6566594**	**13827287**
长春市	Changchun	85963907	72753059	3569723	9641125
吉林市	Jilin	31009923	28955331	988542	1066050
四平市	Siping	22054588	20826661	831532	396395
辽源市	Liaoyuan	14526333	14023038	289625	213670
通化市	Tonghua	21450859	20231772	363204	855883
白山市	Baishan	14073646	13158068	419815	495763
松原市	Songyuan	20823379	20484343	51748	287288
白城市	Baicheng	6596518	5673000	52405	871113
黑龙江省	**Heilongjiang**	**115136357**	**104110349**	**2715238**	**8310770**
哈尔滨市	Harbin	38260082	33343765	711843	4204474
齐齐哈尔市	Qiqihar	10394028	8900182	324964	1168882
鸡西市	Jixi	2373170	2189409	144394	39367
鹤岗市	Hegang	1825412	1817140		8272
双鸭山市	Shuangyashan	2515042	2420364	94678	
大庆市	Daqing	30517471	27753965	1189870	1573636
伊春市	Yichun	958394	911262		47132
佳木斯市	Jiamusi	5897642	5489387	17624	390631
七台河市	Qitaihe	1549028	1546095		2933
牡丹江市	Mudanjiang	9914295	9298537	133333	482425
黑河市	Heihe	1316582	1257165	17508	41909
绥化市	Suihua	9615211	9183078	81024	351109
上海市	**Shanghai**	**313226240**	**122959204**	**45611506**	**144655530**
江苏省	**Jiangsu**	**1473088600**	**954782900**	**168444800**	**349860900**
南京市	Nanjing	129051300	74750100	9707100	44594100
无锡市	Wuxi	145498700	94878800	18330800	32289100
徐州市	Xuzhou	122159100	110782700	6847700	4528700
常州市	Changzhou	111016400	73991600	17807400	19217400
苏州市	Suzhou	302492500	108267900	49788300	144436300
南通市	Nantong	135153300	91232400	16249500	27671400
连云港市	Lianyungang	54331400	42408900	2131300	9791200
淮安市	Huai'an	65605000	50947400	11395900	3261700
盐城市	Yancheng	82536200	63208900	3509600	15817700
扬州市	Yangzhou	91941900	66263200	10908700	14770000
镇江市	Zhenjiang	84038200	55847100	12647400	15543700
泰州市	Taizhou	110631400	87029700	6878600	16723100
宿迁市	Suqian	38633200	35174200	2242500	1216500
浙江省	**Zhejiang**	**664318763**	**514536958**	**76497353**	**73284452**
杭州市	Hangzhou	124156802	89970594	15604779	18581429

2-19 续表 2 continued

单位：万元 (10 000yuan)

城 市	City	工业总产值（当年价格）Gross Industrial Output Value (current price)	内资企业 Domestic Funded	港、澳、台商投资企业 Enterprises with Funds from Hong Kong, Macao and Taiwan	外商投资企业 Foreign Funded Enterprises
宁波市	Ningbo	138694578	91229153	29078542	18386883
温州市	Wenzhou	49442299	45659551	1308546	2474202
嘉兴市	Jiaxing	75693085	52217795	8676180	14799110
湖州市	Huzhou	44131008	33898167	5409075	4823766
绍兴市	Shaoxing	97463846	77785605	11989118	7689123
金华市	Jinhua	47208427	43491922	2361941	1354564
衢州市	Quzhou	15628991	14364217	167437	1097337
舟山市	Zhoushan	16333676	14974366	120426	1238884
台州市	Taizhou	38522436	34429888	1399207	2693341
丽水市	Lishui	17043615	16515700	382102	145813
安徽省	**Anhui**	**398095355**	**347001134**	**24382710**	**26711511**
合肥市	Hefei	93455945	71595365	10576954	11283626
芜湖市	Wuhu	58290073	48040661	2609142	7640270
蚌埠市	Bengbu	25968159	23890008	1733620	344531
淮南市	Huainan	9713871	9016141	618252	79478
马鞍山市	Maanshan	25407504	23013374	544649	1849481
淮北市	Huaibei	17858695	17459580	91903	307212
铜陵市	Tongling	22690067	17846146	4355928	487993
安庆市	Anqing	27231650	25919534	801474	510642
黄山市	Huangshan	5679529	5571330	73420	34779
滁州市	Chuzhou	25287539	22325058	1523290	1439191
阜阳市	Fuyang	19896923	19218302	454685	223936
宿州市	Suzhou	16232505	15460877	605246	166382
六安市	Lu'an	15420985	13978732	170646	1271607
亳州市	Bozhou	9593864	9528602	4500	60762
池州市	Chizhou	7404254	7082541	102925	218788
宣城市	Xuancheng	17963792	17054883	116076	792833
福建省	**Fujian**	**412514918**	**266108047**	**88501884**	**57904987**
福州市	Fuzhou	78450045	49796464	16737558	11916023
厦门市	Xiamen	50286788	15698806	15130855	19457127
莆田市	Putian	26134178	19122815	4121683	2889680
三明市	Sanming	32740802	31069456	1181075	490271
泉州市	Quanzhou	113981233	61733355	35697233	16550645
漳州市	Zhangzhou	45369386	28441008	12902062	4026316
南平市	Nanping	17222409	15654117	520310	1047982
龙岩市	Longyan	18569089	16116836	1325666	1126587
宁德市	Ningde	29760988	28475190	885442	400356
江西省	**Jiangxi**	**309962899**	**266034878**	**25441411**	**18486610**
南昌市	Nanchang	54852003	44371212	4382116	6098675
景德镇市	Jingdezhen	10976166	10452978	226038	297150
萍乡市	Pingxiang	16773808	15944458	483472	345878
九江市	Jiujiang	48751142	42161681	4631384	1958077
新余市	Xinyu	14940900	11813800	928900	2198200
鹰潭市	Yingtan	20917543	20615476	49821	252246
赣州市	Ganzhou	31998206	24652934	4363025	2982247
吉安市	Ji'an	30143500	25012600	2781500	2349400

2-19 续表 3 continued

单位：万元 (10 000yuan)

城 市	City	工业总产值（当年价格） Gross Industrial Output Value (current price)	内资企业 Domestic Funded	港、澳、台商投资企业 Enterprises with Funds from Hong Kong, Macao and Taiwan	外商投资企业 Foreign Funded Enterprises
宜春市	Yichun	36348968	32055194	2692614	1601160
抚州市	Fuzhou	15705685	14798722	703299	203664
上饶市	Shangrao	28554978	24155823	4199242	199913
山东省	**Shandong**	**1440531120**	**1248233892**	**42975229**	**149321999**
济南市	Jinan	53407532	48689064	1231479	3486989
青岛市	Qingdao	168118299	124264904	9097271	34756124
淄博市	Zibo	111355829	99413743	2906934	9035152
枣庄市	Zaozhuang	34310602	32109801	974132	1226669
东营市	Dongying	131890514	122901575	3803040	5185899
烟台市	Yantai	152975567	97722348	8769904	46483315
潍坊市	Weifang	127575940	116754540	4577031	6244369
济宁市	Jining	54720650	52108475	994504	1617671
泰安市	Tai'an	61999153	59273383	700422	2025348
威海市	Weihai	69325617	49965449	1426359	17933809
日照市	Rizhao	25398800	19776015	224228	5398557
莱芜市	Laiwu	17088470	16758912	103415	226143
临沂市	Linyi	101394329	90441744	3615044	7337541
德州市	Dezhou	97895933	93012780	729065	4154088
聊城市	Liaocheng	89297058	87659678	478746	1158634
滨州市	Binzhou	71885627	69739060	733420	1413147
菏泽市	Heze	71891200	67642421	2610235	1638544
河南省	**Henan**	**727199488**	**666607337**	**41288841**	**19303310**
郑州市	Zhengzhou	136533271	102346771	28490510	5695990
开封市	Kaifeng	27233084	26317308	329642	586134
洛阳市	Luoyang	67500302	65349088	1071670	1079544
平顶山市	Pingdingshan	25273297	24152057	606239	515001
安阳市	Anyang	36066714	35421161	434656	210897
鹤壁市	Hebi	19147792	18659645	312453	175694
新乡市	Xinxiang	40895039	37747099	757966	2389974
焦作市	Jiaozuo	52808372	50607061	1650055	551256
濮阳市	Puyang	34288355	32930046	927068	431241
许昌市	Xuchang	55758490	53815609	277935	1664946
漯河市	Luohe	27805249	23767204	2272093	1765952
三门峡市	Sanmenxia	33861792	31580262	1044129	1237401
南阳市	Nanyang	44550373	42834273	1091139	624961
商丘市	Shangqiu	30566732	29796662	617852	152218
信阳市	Xinyang	25493864	24682240	609621	202003
周口市	Zhoukou	40987976	39444105	322635	1221236
驻马店市	Zhumadian	28428786	27156746	473178	798862
湖北省	**Hubei**	**421688138**	**357195845**	**19129634**	**45362659**
武汉市	Wuhan	125792700	88363000	7438400	29991300
黄石市	Huangshi	19970400	16127100	1937700	1905600
十堰市	Shiyan	18225443	14254521	45982	3924940
宜昌市	Yichang	55096769	51174698	2983517	938554
襄阳市	Xiangyang	58352500	52883162	1437733	4031605
鄂州市	Ezhou	13698088	12520959	660618	516511

2-19 续表 4 continued

单位：万元 (10 000yuan)

城市	City	工业总产值(当年价格) Gross Industrial Output Value (current price)	内资企业 Domestic Funded	港、澳、台商投资企业 Enterprises with Funds from Hong Kong, Macao and Taiwan	外商投资企业 Foreign Funded Enterprises
荆门市	Jingmen	30895970	29199360	680632	1015978
孝感市	Xiaogan	26714000	24636273	1000573	1077154
荆州市	Jingzhou	23629424	22185063	720528	723833
黄冈市	Huanggang	18529200	17349000	721800	458400
咸宁市	Xianning	17348600	15914700	846900	587000
随州市	Suizhou	13435044	12588009	655251	191784
湖南省	**Hunan**	**374486685**	**343914789**	**18096669**	**12475227**
长沙市	Changsha	105459223	91594062	8712449	5152712
株洲市	Zhuzhou	33057541	31415441	703300	938800
湘潭市	Xiangtan	30536494	27834678	803596	1898220
衡阳市	Hengyang	20509746	18562635	727077	1220034
邵阳市	Shaoyang	19391600	18739500	371200	280900
岳阳市	Yueyang	49221392	47182212	763632	1275548
常德市	Changde	25331575	23473724	1471308	386543
张家界市	Zhangjiajie	1278889	1220672		58217
益阳市	Yiyang	20349492	19199105	853456	296931
郴州市	Chenzhou	32351939	29899529	2260630	191780
永州市	Yongzhou	11293895	10467235	639109	187551
怀化市	Huaihua	9068500	8628720	49180	390600
娄底市	Loudi	16636399	15697276	741732	197391
广东省	**Guangdong**	**1249126499**	**711284570**	**278243769**	**259598160**
广州市	Guangzhou	186842162	75370333	30931622	80540207
韶关市	Shaoguan	12217761	10427769	1248242	541750
深圳市	Shenzhen	255424444	141240674	72528066	41655704
珠海市	Zhuhai	39660233	20193180	7349803	12117250
汕头市	Shantou	29688010	24559256	2513583	2615171
佛山市	Foshan	195449485	134010120	34322385	27116980
江门市	Jiangmen	39987586	19795225	14982724	5209637
湛江市	Zhanjiang	22723958	16721127	5182047	820784
茂名市	Maoming	23320507	22281009	759005	280493
肇庆市	Zhaoqing	40343694	25846000	8740412	5757282
惠州市	Huizhou	70447292	27175392	20688325	22583575
梅州市	Meizhou	7047619	5692164	885719	469736
汕尾市	Shanwei	11660826	7365605	3196806	1098415
河源市	Heyuan	14430203	9518750	3045777	1865676
阳江市	Yangjiang	19900442	15121614	2432686	2346142
清远市	Qingyuan	16801251	11130843	4424331	1246077
东莞市	Dongguan	127444179	56332151	41863635	29248393
中山市	Zhongshan	63452777	29253700	13544146	20654931
潮州市	Chaozhou	13258012	10592150	1736735	929127
揭阳市	Jieyang	48031173	40337378	5598525	2095270
云浮市	Yunfu	10994885	8320130	2269195	405560
广西壮族自治区	**Guangxi**	**224021480**	**183872476**	**15483949**	**24665055**
南宁市	Nanning	32370606	26080962	4631046	1658598
柳州市	Liuzhou	44552506	33213966	668783	10669757
桂林市	Guilin	23747109	21862827	324572	1559710

2-19 续表 5 continued

单位：万元 (10 000yuan)

城　市	City	工业总产值（当年价格） Gross Industrial Output Value (current price)	内资企业 Domestic Funded	港、澳、台商投资企业 Enterprises with Funds from Hong Kong, Macao and Taiwan	外商投资企业 Foreign Funded Enterprises
梧州市	Wuzhou	21298715	19220448	1333599	744668
北海市	Beihai	18448694	13830859	4030158	587677
防城港市	Fangchenggang	13008998	8677819	452969	3878210
钦州市	Qinzhou	13584674	11978147	375750	1230777
贵港市	Guigang	8558786	7211283	899670	447833
玉林市	Yulin	15877831	12698240	1139782	2039809
百色市	Baise	12873168	12220478	650234	2456
贺州市	Hezhou	4243587	3722296	455736	65555
河池市	Hechi	3800369	3660642	51435	88292
来宾市	Laibin	5108679	4496187	304989	307503
崇左市	Chongzuo	6547758	4998322	165226	1384210
海南省	**Hainan**	**6008649**	**5070445**	**213637**	**724567**
海口市	Haikou	5014319	4205883	199954	608482
三亚市	Sanya	548530	498361	7651	42518
三沙市	Sansa				
儋州市	Danzhou	445800	366201	6032	73567
重庆市	**Chongqing**	**214000119**	**163191372**	**17946085**	**32862662**
四川省	**Sichuan**	**378890720**	**326546924**	**22840172**	**29503624**
成都市	Chengdu	112359309	70288119	17847731	24223459
自贡市	Zigong	17035392	16543417	16705	475270
攀枝花市	Panzhihua	15459158	15340278	12113	106767
泸州市	Luzhou	18036422	17711654	135064	189704
德阳市	Deyang	31613352	28962584	1695570	955198
绵阳市	Mianyang	24394856	22750157	1062109	582590
广元市	Guangyuan	7432172	6991215	27254	413703
遂宁市	Suining	11784452	11115399	252090	416963
内江市	Neijiang	16484900	15936000	166200	382700
乐山市	Leshan	15659754	15202401	271539	185814
南充市	Nanchong	21799208	21276287	232947	289974
眉山市	Meishan	13715433	12954038	76457	684938
宜宾市	Yibin	19559869	19041039	412364	106466
广安市	Guang'an	14417231	14127054	236189	53988
达州市	Dazhou	9881092	9731795	149297	
雅安市	Ya'an	4990000	4796700	164200	29100
巴中市	Bazhong	5465701	5432703	21287	11711
资阳市	Ziyang	18802419	18346084	61056	395279
贵州省	**Guizhou**	**80078635**	**76702482**	**2055819**	**1320334**
贵阳市	Guiyang	25811299	23245162	1608413	957724
六盘水市	Liupanshui	14153109	14066572		86537
遵义市	Zunyi	20517572	20176669	69019	271884
安顺市	Anshun	5482377	5229597	249687	3093
毕节市	Bijie	8101183	8038463	61624	1096
铜仁市	Tongren	6013095	5946019	67076	
云南省	**Yunnan**	**74162892**	**70307666**	**1703343**	**2151883**
昆明市	Kunming	29806350	27132511	1055542	1618297
曲靖市	Qujing	15191504	14817177	309263	65064

2-19 续表 6 continued

单位：万元 (10 000yuan)

城市	City	工业总产值(当年价格) Gross Industrial Output Value (current price)	内资企业 Domestic Funded	港、澳、台商投资企业 Enterprises with Funds from Hong Kong, Macao and Taiwan	外商投资企业 Foreign Funded Enterprises
玉溪市	Yuxi	15645564	15240452	165658	239454
保山市	Baoshan	3633828	3535330	34735	63763
昭通市	Zhaotong	3765405	3689528	75877	
丽江市	Lijiang	1294651	1263486	2414	28751
普洱市	Pu'er	2206286	2046379	59854	100053
临沧市	Lincang	2619304	2582803		36501
西藏自治区	**Tibet**	**971152**	**921586**		**49566**
拉萨市	Lasa	971152	921586		49566
陕西省	**Shaanxi**	**198649025**	**183816573**	**4551381**	**10281071**
西安市	Xi'an	49245721	40261709	2733793	6250219
铜川市	Tongchuan	5652345	5437641		214704
宝鸡市	Baoji	25994285	23977705	772552	1244028
咸阳市	Xianyang	32376687	29866310	706246	1804131
渭南市	Weinan	19789364	19365485	24624	399255
延安市	Yan'an	13459190	13443362	8473	7355
汉中市	Hanzhong	10638587	10425811	138975	73801
榆林市	Yulin	24482000	24270900	30300	180800
安康市	Ankang	9077146	8965550	4818	106778
商洛市	Shangluo	7933700	7802100	131600	
甘肃省	**Gansu**	**68998309**	**67643578**	**397955**	**956776**
兰州市	Lanzhou	21847600	20971200	240000	636400
嘉峪关市	Jiayuguan	8390965	8390965		
金昌市	Jinchang	7880486	7880486		
白银市	Baiyin	6472119	6295946	27649	148524
天水市	Tianshui	3319396	3233508		85888
武威市	Wuwei	3923748	3919157	4591	
张掖市	Zhangye	3311145	3218831	92314	
平凉市	Pingliang	1794609	1794609		
酒泉市	Jiuquan	4689743	4575796	33401	80546
庆阳市	Qingyang	4218471	4218471		
定西市	Dingxi	1521679	1516261		5418
陇南市	Longnan	1628318	1628318		
青海省	**Qinghai**	**17153052**	**16156177**	**546102**	**450773**
西宁市	Xining	13918862	13315477	152612	450773
海东市	Haidong	3234190	2840700	393490	
宁夏回族自治区	**Ningxia**	**37758114**	**34927170**	**2119744**	**711200**
银川市	Yinchuan	18623219	16115189	1927515	580515
石嘴山市	Shizuishan	8091865	7940969	30063	120833
吴忠市	Wuzhong	5800998	5642042	158956	
固原市	Guyuan	525906	525906		
中卫市	Zhongwei	4716126	4703064	3210	9852
新疆维吾尔自治区	**Xinjiang**	**31247574**	**30719319**	**161626**	**366629**
乌鲁木齐市	Urumqi	20627515	20112922	157817	356776
克拉玛依市	Karamay	10620059	10606397	3809	9853

2-20 规模以上工业总产值(市辖区)
Gross Industrial Output Value above Designated Size(Districts under City)

单位：万元 (10 000yuan)

城　市	City	工业总产值(当年价格) Gross Industrial Output Value (current price)	内资企业 Domestic Funded	港、澳、台商投资企业 Enterprises with Funds from Hong Kong, Macao and Taiwan	外商投资企业 Foreign Funded Enterprises
城市合计	**Prefecture Cities**	**6117540597**	**4229526034**	**709417326**	**1178597237**
北京市	**Beijing**	**174496269**	**103904167**	**18669714**	**51922388**
天津市	**Tianjin**	**282421305**	**179518583**	**31393841**	**71508881**
河北省	**Hebei**	**179176158**	**155988002**	**7897647**	**15290509**
石家庄市	Shijiazhuang	40974847	37177485	2183046	1614316
唐山市	Tangshan	51842999	49233071	709763	1900165
秦皇岛市	Qinhuangdao	10760795	5232716	2263188	3264891
邯郸市	Handan	13354719	11860354	193511	1300854
邢台市	Xingtai	4598856	3965117	555378	78361
保定市	Baoding	20387574	19150179	185704	1051691
张家口市	Zhangjiakou	6665161	6392124	3993	269044
承德市	Chengde	4607918	4586736		21182
沧州市	Cangzhou	13749734	10362841	620271	2766622
廊坊市	Langfang	6852047	3055311	878127	2918609
衡水市	Hengshui	5381508	4972068	304666	104774
山西省	**Shanxi**	**48892536**	**41098716**	**5491627**	**2302193**
太原市	Taiyuan	19264845	13490357	4197850	1576638
大同市	Datong	9703293	9522524		180769
阳泉市	Yangquan	2962296	2844806	39560	77930
长治市	Changzhi	3733646	3682575	33567	17504
晋城市	Jincheng	3420181	2322941	995561	101679
朔州市	Shuozhou	3585875	3360314	80548	145013
晋中市	Jinzhong	2143934	1874422	125063	144449
运城市	Yuncheng	1799287	1771503		27784
忻州市	Xinzhou	905589	905589		
临汾市	Linfen	962236	912331	19478	30427
吕梁市	Lvliang	411354	411354		
内蒙古自治区	**Inner Mongolia**	**68035397**	**64121632**	**1364091**	**2549674**
呼和浩特市	Hohhot	5831129	5431125	332214	67790
包头市	Baotou	24637105	23608566	331223	697316
乌海市	Wuhai	9273914	9170707	51145	52062
赤峰市	Chifeng	8032338	7579355	92808	360175
通辽市	Tongliao	8408031	7556759	175146	676126
鄂尔多斯市	Erdos	5477957	4966413	4104	507440
呼伦贝尔市	Hulunbuir	2172544	2107058	3083	62403
巴彦淖尔市	Bayannur	2993821	2523738	364742	105341
乌兰察布市	Ulanqab	1208558	1177911	9626	21021
辽宁省	**Liaoning**	**192484858**	**132512045**	**13233554**	**46739259**
沈阳市	Shenyang	64171027	37914708	3190362	23065957
大连市	Dalian	43059061	21129585	3517114	18412362
鞍山市	Anshan	9417504	9023385	138518	255601
抚顺市	Fushun	8139799	7692253	215963	231583
本溪市	Benxi	13331740	11344653	1975753	11334
丹东市	Dandong	951147	775552	52855	122740
锦州市	Jinzhou	8609463	6513670	1088169	1007624

2-20 续表 1 continued

单位：万元 (10 000yuan)

城　市	City	工业总产值（当年价格）Gross Industrial Output Value (current price)	内资企业 Domestic Funded	港、澳、台商投资企业 Enterprises with Funds from Hong Kong, Macao and Taiwan	外商投资企业 Foreign Funded Enterprises
营口市	Yingkou	13869920	10979563	799830	2090527
阜新市	Fuxin	3301010	2938891	94187	267932
辽阳市	Liaoyang	6885107	4578689	1691678	614740
盘锦市	Panjin	13013748	12314270	166133	533345
铁岭市	Tieling	1014502	691381	268316	54805
朝阳市	Chaoyang	1788596	1762835	23701	2060
葫芦岛市	Huludao	4932234	4852610	10975	68649
吉林省	**Jilin**	**136403245**	**120419936**	**5065445**	**10917864**
长春市	Changchun	76430173	63758874	3529033	9142266
吉林市	Jilin	18901813	17647548	793805	460460
四平市	Siping	7819913	7553626	236128	30159
辽源市	Liaoyuan	9185718	8700310	271738	213670
通化市	Tonghua	9933905	9791579	108731	33595
白山市	Baishan	6110781	5918778	97053	94950
松原市	Songyuan	6085885	5825892	3267	256726
白城市	Baicheng	1935057	1223329	25690	686038
黑龙江省	**Heilongjiang**	**65595181**	**58740531**	**988210**	**5866440**
哈尔滨市	Harbin	25824604	21531412	642252	3650940
齐齐哈尔市	Qiqihar	5105057	4800372	81011	223674
鸡西市	Jixi	1200924	1133343	67581	
鹤岗市	Hegang	1215993	1215993		
双鸭山市	Shuangyashan	1440520	1411187	29333	
大庆市	Daqing	24150379	22779631	67025	1303723
伊春市	Yichun	676260	632398		43862
佳木斯市	Jiamusi	2234495	1853659	17624	363212
七台河市	Qitaihe	1307314	1304381		2933
牡丹江市	Mudanjiang	1469729	1125744	70630	273355
黑河市	Heihe	359000	354259		4741
绥化市	Suihua	610906	598152	12754	
上海市	**Shanghai**	**309810497**	**119910038**	**45334787**	**144565672**
江苏省	**Jiangsu**	**761337085**	**447279201**	**89518345**	**224539539**
南京市	Nanjing	129051300	74750100	9707100	44594100
无锡市	Wuxi	60257230	27334632	7498714	25423884
徐州市	Xuzhou	53307661	46304688	4299218	2703755
常州市	Changzhou	98889027	65558309	12671669	20659049
苏州市	Suzhou	118869131	32665205	23037739	63166187
南通市	Nantong	44008192	24240999	4391752	15375441
连云港市	Lianyungang	32472890	21882053	1408018	9182819
淮安市	Huai'an	37950901	25837514	9564362	2549025
盐城市	Yancheng	36090313	22284986	1042170	12763157
扬州市	Yangzhou	56181798	40078304	7355119	8748375
镇江市	Zhenjiang	32744884	17546455	4330688	10867741
泰州市	Taizhou	49121177	38485567	2780128	7855482
宿迁市	Suqian	12392581	10310389	1431668	650524
浙江省	**Zhejiang**	**353423293**	**256628980**	**51742120**	**45052193**
杭州市	Hangzhou	105641719	73406639	14540526	17694554

2-20 续表 2 continued

单位：万元 (10 000yuan)

城市	City	工业总产值（当年价格） Gross Industrial Output Value (current price)	内资企业 Domestic Funded	港、澳、台商投资企业 Enterprises with Funds from Hong Kong, Macao and Taiwan	外商投资企业 Foreign Funded Enterprises
宁波市	Ningbo	87870089	52343934	22824532	12701623
温州市	Wenzhou	17695987	16374140	414713	907134
嘉兴市	Jiaxing	17290911	11288111	1666060	4336740
湖州市	Huzhou	16139898	13072341	1380473	1687084
绍兴市	Shaoxing	64139915	49557827	9242233	5339855
金华市	Jinhua	7150777	5738704	1045541	366532
衢州市	Quzhou	7223126	6447146	34996	740984
舟山市	Zhoushan	12772191	12310443	112876	348872
台州市	Taizhou	13803483	12429854	465438	908191
丽水市	Lishui	3695197	3659841	14732	20624
安徽省	**Anhui**	**206804530**	**169051666**	**16741454**	**21011410**
合肥市	Hefei	59954820	44493428	5200454	10260938
芜湖市	Wuhu	34274743	24927808	2274160	7072775
蚌埠市	Bengbu	13968305	12387967	1370374	209964
淮南市	Huainan	7382583	6704563	613653	64367
马鞍山市	Maanshan	12846592	11524243	435032	887317
淮北市	Huaibei	12632522	12293321	90142	249059
铜陵市	Tongling	19140396	14313540	4338863	487993
安庆市	Anqing	7281617	6852970	66376	362271
黄山市	Huangshan	2372419	2284268	57772	30379
滁州市	Chuzhou	8395843	6029528	1336791	1029524
阜阳市	Fuyang	5830148	5544285	246021	39842
宿州市	Suzhou	6196863	5657467	512108	27288
六安市	Lu'an	5822682	5584162	112837	125683
亳州市	Bozhou	4367120	4309422	4500	53198
池州市	Chizhou	3850046	3689995	79274	80777
宣城市	Xuancheng	2487831	2454699	3097	30035
福建省	**Fujian**	**156449252**	**82666553**	**38060154**	**35722545**
福州市	Fuzhou	24976106	16530631	4605766	3839709
厦门市	Xiamen	50286788	15698806	15130855	19457127
莆田市	Putian	21586655	14880322	3905018	2801315
三明市	Sanming	6544835	6356867	172565	15403
泉州市	Quanzhou	25583889	9056026	8799277	7728586
漳州市	Zhangzhou	9222188	4385744	4227382	609062
南平市	Nanping	5506104	4999339	70112	436653
龙岩市	Longyan	9069808	7919878	477980	671950
宁德市	Ningde	3672879	2838940	671199	162740
江西省	**Jiangxi**	**117994660**	**98172082**	**8407760**	**11414818**
南昌市	Nanchang	39914460	31195593	3277441	5441426
景德镇市	Jingdezhen	5053062	4892521	30623	129918
萍乡市	Pingxiang	10600002	9941724	427914	230364
九江市	Jiujiang	12482305	10141166	1507044	834095
新余市	Xinyu	12608000	9716046	693754	2198200
鹰潭市	Yingtan	5028010	4967032	18451	42527
赣州市	Ganzhou	11880892	8832822	1310419	1737651
吉安市	Ji'an	4537480	3833170	91770	612540

2-20 续表 3 continued

单位：万元 (10 000yuan)

城 市	City	工业总产值（当年价格）Gross Industrial Output Value (current price)	内资企业 Domestic Funded	港、澳、台商投资企业 Enterprises with Funds from Hong Kong, Macao and Taiwan	外商投资企业 Foreign Funded Enterprises
宜春市	Yichun	3303682	3122602	119077	62003
抚州市	Fuzhou	5785026	5486700	221628	76698
上饶市	Shangrao	6801741	6042706	709639	49396
山东省	**Shandong**	**568000843**	**453434428**	**22465272**	**92101143**
济南市	Jinan	28682158	26597963	562443	1521752
青岛市	Qingdao	83844504	61873676	4457463	17513365
淄博市	Zibo	85247258	79298585	1896377	4052296
枣庄市	Zaozhuang	21090699	19477387	770615	842697
东营市	Dongying	49665192	41674285	3719951	4270956
烟台市	Yantai	61335451	19125215	4259971	37950265
潍坊市	Weifang	25401893	22667878	701454	2032561
济宁市	Jining	28545237	27065203	480810	999224
泰安市	Tai'an	10990751	10050874	62778	877099
威海市	Weihai	32398486	24254683	820488	7323315
日照市	Rizhao	15226779	10060083	141203	5025493
莱芜市	Laiwu	17088470	16758912	103415	226143
临沂市	Linyi	46116741	38309076	2019557	5788108
德州市	Dezhou	23839369	21843134	406299	1589936
聊城市	Liaocheng	10099663	9403602	64838	631223
滨州市	Binzhou	12710963	11819323	255799	635841
菏泽市	Heze	15717229	13154549	1741811	820869
河南省	**Henan**	**198928304**	**155415284**	**33427262**	**10085758**
郑州市	Zhengzhou	55132957	24515775	28126224	2490958
开封市	Kaifeng	8047343	7422231	182666	442446
洛阳市	Luoyang	22765758	21869391	249144	647223
平顶山市	Pingdingshan	7906893	7271923	391028	243942
安阳市	Anyang	8527650	8234730	188610	104310
鹤壁市	Hebi	7822513	7472593	174226	175694
新乡市	Xinxiang	12264212	10139813	579721	1544678
焦作市	Jiaozuo	9197087	8871142	217149	108796
濮阳市	Puyang	6566744	6495362	6541	64841
许昌市	Xuchang	7333072	6988391	54052	290629
漯河市	Luohe	15733658	12026835	2082940	1623883
三门峡市	Sanmenxia	4972468	4866086	106382	
南阳市	Nanyang	8238797	7368179	348142	522476
商丘市	Shangqiu	6653495	6453136	55651	144708
信阳市	Xinyang	8430175	7800048	464136	165991
周口市	Zhoukou	3578482	2772832	59659	745991
驻马店市	Zhumadian	5757000	4846817	140991	769192
湖北省	**Hubei**	**212407466**	**161724475**	**11597385**	**39085606**
武汉市	Wuhan	96885500	65361900	5482400	26041200
黄石市	Huangshi	9796800	6310500	1710800	1775500
十堰市	Shiyan	13565431	9626455	36372	3902604
宜昌市	Yichang	19607922	17828370	1063691	715861
襄阳市	Xiangyang	26783000	22214511	695968	3872521
鄂州市	Ezhou	13698088	12520959	660618	516511

2-20 续表 4 continued

单位：万元 (10 000yuan)

城市	City	工业总产值(当年价格) Gross Industrial Output Value (current price)	内资企业 Domestic Funded	港、澳、台商投资企业 Enterprises with Funds from Hong Kong, Macao and Taiwan	外商投资企业 Foreign Funded Enterprises
荆门市	Jingmen	8952662	8239105	455332	258225
孝感市	Xiaogan	2913287	2182705	83235	647347
荆州市	Jingzhou	8487840	7247881	596156	643803
黄冈市	Huanggang	1425500	1125900	257700	41900
咸宁市	Xianning	5136600	4402600	234500	499500
随州市	Suizhou	5154836	4663589	320613	170634
湖南省	**Hunan**	**151349666**	**138291752**	**6630895**	**6427019**
长沙市	Changsha	45382370	42263857	2069159	1049354
株洲市	Zhuzhou	15776941	14993941	229600	553400
湘潭市	Xiangtan	17387594	14903613	663308	1820673
衡阳市	Hengyang	7683970	6210004	305676	1168290
邵阳市	Shaoyang	4704000	4310400	241900	151700
岳阳市	Yueyang	17677830	16557798	378062	741970
常德市	Changde	11996016	11034201	676115	285700
张家界市	Zhangjiajie	482013	481892		121
益阳市	Yiyang	10813829	9983289	624376	206164
郴州市	Chenzhou	8562433	7593363	889182	79888
永州市	Yongzhou	3647798	3409559	124877	113362
怀化市	Huaihua	927100	863300		63800
娄底市	Loudi	6307772	5686535	428640	192597
广东省	**Guangdong**	**1106977167**	**610237454**	**247053523**	**249686190**
广州市	Guangzhou	186842162	75370333	30931622	80540207
韶关市	Shaoguan	5966204	5207847	640746	117611
深圳市	Shenzhen	255424444	141240674	72528066	41655704
珠海市	Zhuhai	39660233	20193180	7349803	12117250
汕头市	Shantou	29661323	24552536	2505126	2603661
佛山市	Foshan	195449485	134010120	34322385	27116980
江门市	Jiangmen	23643180	11756356	9137848	2748976
湛江市	Zhanjiang	11702467	6793213	4315973	593281
茂名市	Maoming	15972214	15651325	63011	257878
肇庆市	Zhaoqing	25753671	14948074	6090753	4714844
惠州市	Huizhou	50001210	15650958	13338395	21011857
梅州市	Meizhou	3506645	2731214	395579	379852
汕尾市	Shanwei	4027076	2399636	1511660	115780
河源市	Heyuan	7569884	4161056	1735306	1673522
阳江市	Yangjiang	13611628	10352226	1469240	1790162
清远市	Qingyuan	11557383	9056606	1586425	914352
东莞市	Dongguan	127444179	56332151	41863635	29248393
中山市	Zhongshan	63452777	29253700	13544146	20654931
潮州市	Chaozhou	10551680	8474387	1576499	500794
揭阳市	Jieyang	22685665	20045117	1776189	864359
云浮市	Yunfu	2493657	2056745	371116	65796
广西壮族自治区	**Guangxi**	**137487862**	**105060293**	**11539455**	**20888114**
南宁市	Nanning	27452258	21588565	4476020	1387673
柳州市	Liuzhou	38415919	27111481	668783	10635655
桂林市	Guilin	5470999	5012985	189973	268041

2-20 续表 5 continued

单位：万元 (10 000yuan)

城 市	City	工业总产值(当年价格) Gross Industrial Output Value (current price)	内资企业 Domestic Funded	港、澳、台商投资企业 Enterprises with Funds from Hong Kong, Macao and Taiwan	外商投资企业 Foreign Funded Enterprises
梧州市	Wuzhou	12611725	11276680	778290	556755
北海市	Beihai	17085781	12764573	3892326	428882
防城港市	Fangchenggang	10686573	6653810	183781	3848982
钦州市	Qinzhou	8969532	7565874	207820	1195838
贵港市	Guigang	3404938	2672549	697627	34762
玉林市	Yulin	3560706	1846363	78071	1636272
百色市	Baise	2297761	2143241	154520	
贺州市	Hezhou	2700783	2631262	42486	27035
河池市	Hechi	900713	877004		23709
来宾市	Laibin	2285003	2021439	12566	250998
崇左市	Chongzuo	1645171	894467	157192	593512
海南省	**Hainan**	**5562849**	**4704244**	**207605**	**651000**
海口市	Haikou	5014319	4205883	199954	608482
三亚市	Sanya	548530	498361	7651	42518
三沙市	Sansa				
儋州市	Danzhou				
重庆市	**Chongqing**	**199573435**	**149231660**	**17752834**	**32588941**
四川省	**Sichuan**	**206647587**	**161684832**	**19301709**	**25661046**
成都市	Chengdu	84443320	44821488	17105548	22516284
自贡市	Zigong	12459269	11991549		467720
攀枝花市	Panzhihua	12248634	12134143	7724	106767
泸州市	Luzhou	11756501	11532712	84407	139382
德阳市	Deyang	8294627	8060686	81714	152227
绵阳市	Mianyang	15419064	13912308	982263	524493
广元市	Guangyuan	4356078	3959286		396792
遂宁市	Suining	5250495	4739629	247352	263514
内江市	Neijiang	5129600	4798200	132500	198900
乐山市	Leshan	7433376	7344527	9976	78873
南充市	Nanchong	9576503	9282116	144221	150166
眉山市	Meishan	4684776	4265038	72248	347490
宜宾市	Yibin	8909120	8746599	162521	
广安市	Guang'an	3928956	3749242	151208	28506
达州市	Dazhou	2990866	2974354	16512	
雅安市	Ya'an	1543200	1479500	63700	
巴中市	Bazhong	1822674	1806891	15783	
资阳市	Ziyang	6400528	6086564	24032	289932
贵州省	**Guizhou**	**33149171**	**31817055**	**587417**	**744699**
贵阳市	Guiyang	17541632	16515481	340931	685220
六盘水市	Liupanshui	4252900	4227400		25500
遵义市	Zunyi	4403421	4363485	9050	30886
安顺市	Anshun	4254511	4018021	233397	3093
毕节市	Bijie	1594071	1594071		
铜仁市	Tongren	1102636	1098597	4039	
云南省	**Yunnan**	**37704760**	**35241802**	**1016258**	**1446700**
昆明市	Kunming	20164662	18329763	778746	1056153
曲靖市	Qujing	5449646	5324493	68833	56320

2-20 续表 6 continued

单位：万元 (10 000yuan)

城市	City	工业总产值（当年价格） Gross Industrial Output Value (current price)	内资企业 Domestic Funded	港、澳、台商投资企业 Enterprises with Funds from Hong Kong, Macao and Taiwan	外商投资企业 Foreign Funded Enterprises
玉溪市	Yuxi	8704749	8406090	113850	184809
保山市	Baoshan	1261450	1229175		32275
昭通市	Zhaotong	1100729	1045900	54829	
丽江市	Lijiang	202895	202895		
普洱市	Pu'er	348917	254098		94819
临沧市	Lincang	471712	449388		22324
西藏自治区	**Tibet**	**446690**	**412266**		**34424**
拉萨市	Lasa	446690	412266		34424
陕西省	**Shaanxi**	**103826906**	**92937825**	**3214850**	**7674231**
西安市	Xi'an	47435221	38665455	2731249	6038517
铜川市	Tongchuan	5266419	5051715		214704
宝鸡市	Baoji	13168537	11975236	553	1192748
咸阳市	Xianyang	13987173	13405027	442947	139199
渭南市	Weinan	2694010	2631313		62697
延安市	Yan'an	11329896	11325186	4710	
汉中市	Hanzhong	1867226	1861862	2798	2566
榆林市	Yulin	4852600	4798500	30300	23800
安康市	Ankang	1782324	1780031	2293	
商洛市	Shangluo	1443500	1443500		
甘肃省	**Gansu**	**46856109**	**45985258**	**117706**	**753145**
兰州市	Lanzhou	15974200	15397000	60600	516600
嘉峪关市	Jiayuguan	8390965	8390965		
金昌市	Jinchang	6970551	6970551		
白银市	Baiyin	5583307	5412437	22346	148524
天水市	Tianshui	2702148	2616260		85888
武威市	Wuwei	2659813	2655222	4591	
张掖市	Zhangye	1032443	1005910	26533	
平凉市	Pingliang	326941	326941		
酒泉市	Jiuquan	933302	927533	3636	2133
庆阳市	Qingyang	1624748	1624748		
定西市	Dingxi	555011	555011		
陇南市	Longnan	102680	102680		
青海省	**Qinghai**	**9443715**	**8859589**	**142485**	**441641**
西宁市	Xining	7880061	7295935	142485	441641
海东市	Haidong	1563654	1563654		
宁夏回族自治区	**Ningxia**	**14640717**	**13790856**	**292295**	**557566**
银川市	Yinchuan	5418472	4813273	109819	495380
石嘴山市	Shizuishan	4889592	4803886	23520	62186
吴忠市	Wuzhong	2079862	1920906	158956	
固原市	Guyuan	244363	244363		
中卫市	Zhongwei	2008428	2008428		
新疆维吾尔自治区	**Xinjiang**	**31213084**	**30684829**	**161626**	**366629**
乌鲁木齐市	Urumqi	20593025	20078432	157817	356776
克拉玛依市	Karamay	10620059	10606397	3809	9853

2-21 规模以上工业企业资产状况
Assets of Industrial Enterprises above Designated Size

单位：万元 (10 000yuan)

城市	City	流动资产合计 Total Current Assets		固定资产合计 Total Fixed Assets	
		全市 Total City	市辖区 Districts under City	全市 Total City	市辖区 Districts under City
城市合计	**Prefecture Cities**	**4554740689**	**2984023581**	**3493749656**	**1983495167**
北京市	**Beijing**	**152214302**	**152214302**	**66601836**	**66601836**
天津市	**Tianjin**	**130682062**	**130682062**	**84525655**	**84525655**
河北省	**Hebei**	**164820466**	**84318519**	**196280982**	**89371329**
石家庄市	Shijiazhuang	22400172	15617917	27271529	14420706
唐山市	Tangshan	34310626	19740907	53302449	31148283
秦皇岛市	Qinhuangdao	8367646	7112745	5924466	4668267
邯郸市	Handan	21472137	9293524	23275997	12518747
邢台市	Xingtai	10848349	2650280	9231181	2425557
保定市	Baoding	18891476	12304971	11108617	6145189
张家口市	Zhangjiakou	7467020	3197375	10127331	3624472
承德市	Chengde	8169184	2614121	9889908	4065395
沧州市	Cangzhou	12683031	4341336	28825739	5810845
廊坊市	Langfang	12530751	4098639	12458066	2786035
衡水市	Hengshui	7680074	3346704	4865699	1757833
山西省	**Shanxi**	**126880259**	**56700019**	**120362624**	**49345954**
太原市	Taiyuan	19599144	17189127	17099872	15097178
大同市	Datong	10847170	9912601	14157900	12232219
阳泉市	Yangquan	13985188	12489114	5041739	3182443
长治市	Changzhi	13475485	1959489	12225567	2428186
晋城市	Jincheng	11118604	5865976	9179993	2748317
朔州市	Shuozhou	6902071	2912133	12636376	8935870
晋中市	Jinzhong	9806688	1091913	10321677	1173500
运城市	Yuncheng	9100915	1624500	7350771	1114319
忻州市	Xinzhou	5606461	537134	7206331	405827
临汾市	Linfen	9605910	1200994	9131833	1307677
吕梁市	Lvliang	16832623	1917038	16010565	720418
内蒙古自治区	**Inner Mongolia**	**85737118**	**38630490**	**106264180**	**37060114**
呼和浩特市	Hohhot	10061610	2304946	9270747	3417878
包头市	Baotou	20437583	18228500	13893670	10875783
乌海市	Wuhai	6426931	6426931	5145299	5145299
赤峰市	Chifeng	5297978	2724126	8810319	3771845
通辽市	Tongliao	3610363	1214612	9839333	3301366
鄂尔多斯市	Erdos	27571309	5123630	35713027	5233523
呼伦贝尔市	Hulunbuir	4878472	1114885	9840395	2577729
巴彦淖尔市	Bayannur	3987314	1029292	6228967	1973452
乌兰察布市	Ulanqab	3465558	463568	7522423	763239
辽宁省	**Liaoning**	**175923740**	**128167101**	**135544686**	**88351876**
沈阳市	Shenyang	40569208	38733553	31354411	23934386
大连市	Dalian	54767052	35541020	30309914	16128902
鞍山市	Anshan	16451057	12381803	9858608	6213857
抚顺市	Fushun	4391261	3889824	5876155	5353597
本溪市	Benxi	7268979	6248456	8979987	8108531
丹东市	Dandong	4029722	967526	2276055	679554
锦州市	Jinzhou	5452685	3296583	5488787	2161782

2-21 续表 1 continued

单位：万元 (10 000yuan)

城　市	City	流动资产合计 Total Current Assets		固定资产合计 Total Fixed Assets	
		全　市 Total City	市辖区 Districts under City	全　市 Total City	市辖区 Districts under City
营口市	Yingkou	10889743	7644613	8659454	6904605
阜新市	Fuxin	3239467	2362281	3279920	2508906
辽阳市	Liaoyang	8849324	7139855	5233723	3128414
盘锦市	Panjin	8914436	5646784	12078927	9185943
铁岭市	Tieling	3277905	714115	4098509	889995
朝阳市	Chaoyang	3752679	863273	4411654	1159018
葫芦岛市	Huludao	4070222	2737415	3638582	1994386
吉林省	**Jilin**	**74650425**	**58353232**	**69566239**	**48610625**
长春市	Changchun	44530097	42771286	24140689	22144541
吉林市	Jilin	9468418	4374752	13022049	8645233
四平市	Siping	3520867	1452434	4768639	1100091
辽源市	Liaoyuan	2855835	2021026	4520679	3216004
通化市	Tonghua	6183300	3250877	4116989	2562905
白山市	Baishan	2319307	1129958	3716688	2267737
松原市	Songyuan	3767023	2510180	12872180	7938023
白城市	Baicheng	2005578	842719	2408326	736091
黑龙江省	**Heilongjiang**	**61704592**	**48901765**	**70559561**	**52486653**
哈尔滨市	Harbin	24150332	21469266	17233531	13610636
齐齐哈尔市	Qiqihar	7748577	5981070	5468936	3700397
鸡西市	Jixi	1977008	1043670	1570699	1088673
鹤岗市	Hegang	1253004	976844	2104030	1748815
双鸭山市	Shuangyashan	1742057	1225333	2391800	1975668
大庆市	Daqing	14292392	13131768	26383708	24785257
伊春市	Yichun	1137284	961882	1737157	1332118
佳木斯市	Jiamusi	1999590	1113815	2954000	1313500
七台河市	Qitaihe	1801326	1475590	1647258	1431934
牡丹江市	Mudanjiang	2414258	1211210	4560799	905923
黑河市	Heihe	748254	196807	1060502	368252
绥化市	Suihua	2440510	114510	3447141	225480
上海市	**Shanghai**	**213744406**	**209951993**	**86806305**	**85001716**
江苏省	**Jiangsu**	**556181181**	**310348547**	**348006818**	**191691754**
南京市	Nanjing	55310642	55310642	32751668	32751668
无锡市	Wuxi	88825064	36193577	37041894	17121057
徐州市	Xuzhou	25381935	18853140	30334818	18920374
常州市	Changzhou	48469994	43507785	25157006	22412838
苏州市	Suzhou	160603014	71786554	76533704	29551622
南通市	Nantong	38983455	15761426	29084769	11445625
连云港市	Lianyungang	12655884	9468762	13493864	9380525
淮安市	Huai'an	11756139	6575546	14046652	8580803
盐城市	Yancheng	19304541	10326024	23243024	9287636
扬州市	Yangzhou	22366745	13604619	17488549	11436404
镇江市	Zhenjiang	27824839	10414758	19474255	9658489
泰州市	Taizhou	29974272	12164635	17004944	6223278
宿迁市	Suqian	14724657	6381079	12351671	4921435
浙江省	**Zhejiang**	**367393639**	**200262467**	**178895398**	**93582858**
杭州市	Hangzhou	83067772	73295347	33174295	29050646

2-21 续表 2 continued

单位：万元 (10 000yuan)

城市	City	流动资产合计 Total Current Assets		固定资产合计 Total Fixed Assets	
		全市 Total City	市辖区 Districts under City	全市 Total City	市辖区 Districts under City
宁波市	Ningbo	72467212	42498430	36368085	23831350
温州市	Wenzhou	26652889	8027823	10409608	3180288
嘉兴市	Jiaxing	40128223	9236795	29080491	5372659
湖州市	Huzhou	18883502	8173897	10414073	3844567
绍兴市	Shaoxing	51408276	31186488	19869956	14253541
金华市	Jinhua	26791347	5084560	12591216	1898134
衢州市	Quzhou	8832260	4783482	5892803	3212177
舟山市	Zhoushan	7976061	5588156	5523840	4112015
台州市	Taizhou	23830595	9738433	11647019	3859139
丽水市	Lishui	7355502	2649056	3924012	968342
安徽省	**Anhui**	**139871201**	**88269398**	**126178744**	**85403772**
合肥市	Hefei	37375768	26016962	22908211	17508736
芜湖市	Wuhu	23800635	17396637	16428092	10297703
蚌埠市	Bengbu	6907435	5330417	4718968	3698873
淮南市	Huainan	5067193	4596744	15458957	14976369
马鞍山市	Maanshan	9283984	6840198	9908127	7583781
淮北市	Huaibei	7268575	5898824	10562788	9506659
铜陵市	Tongling	7718792	7296193	6093114	5540190
安庆市	Anqing	7395708	2266873	6564009	3160368
黄山市	Huangshan	2096248	955012	1195871	535540
滁州市	Chuzhou	8398607	2614438	9584778	2597433
阜阳市	Fuyang	5412765	2119784	4724878	2368204
宿州市	Suzhou	2938875	1466002	3526541	1925673
六安市	Lu'an	4869586	1687972	4564846	1781586
亳州市	Bozhou	3042387	1920628	2803971	1001405
池州市	Chizhou	2092828	1186614	2789978	2051728
宣城市	Xuancheng	6201815	676100	4345615	869524
福建省	**Fujian**	**147676283**	**64579741**	**96570073**	**37129315**
福州市	Fuzhou	28080337	9103011	20819615	4940961
厦门市	Xiamen	28926348	28926348	11736311	11736311
莆田市	Putian	7096768	5604633	4807638	4055399
三明市	Sanming	6171509	1690812	6364042	1955103
泉州市	Quanzhou	39144000	7734569	24505886	6438415
漳州市	Zhangzhou	16318205	3114414	9122887	1786824
南平市	Nanping	4769551	1917558	4114465	1714940
龙岩市	Longyan	8830368	4618738	5923307	3093143
宁德市	Ningde	8339197	1869658	9175922	1408219
江西省	**Jiangxi**	**80133244**	**36499086**	**87377167**	**39542762**
南昌市	Nanchang	20028478	15823684	15325915	12274791
景德镇市	Jingdezhen	3098281	2526608	3710132	2379667
萍乡市	Pingxiang	2255425	1270121	7404334	5427381
九江市	Jiujiang	7625793	2386913	16222547	4660792
新余市	Xinyu	6242500	5232600	6852800	6125300
鹰潭市	Yingtan	10115232	961939	8618240	2370210
赣州市	Ganzhou	7841461	3185516	5826974	2033478
吉安市	Ji'an	4418800	736676	6331100	1117958

2-21 续表 3 continued

单位：万元 (10 000yuan)

城市	City	流动资产合计 Total Current Assets 全市 Total City	流动资产合计 Total Current Assets 市辖区 Districts under City	固定资产合计 Total Fixed Assets 全市 Total City	固定资产合计 Total Fixed Assets 市辖区 Districts under City
宜春市	Yichun	8226543	1256301	8219532	704455
抚州市	Fuzhou	3301986	1521196	3578914	1289937
上饶市	Shangrao	6978745	1597532	5286679	1158793
山东省	**Shandong**	**449561126**	**222529365**	**362895906**	**147844458**
济南市	Jinan	28875416	22472232	12118779	10773070
青岛市	Qingdao	62885521	48756567	33714645	15904864
淄博市	Zibo	29164532	21103870	27959156	21978713
枣庄市	Zaozhuang	8700582	6217174	10278103	5390228
东营市	Dongying	43532219	18520324	43638815	21714781
烟台市	Yantai	41875610	23065074	33952908	10703827
潍坊市	Weifang	43478880	11874766	37411486	7473273
济宁市	Jining	31121580	11857695	23839843	8376530
泰安市	Tai'an	19273243	5985703	15186597	3931702
威海市	Weihai	19487125	11596136	20516640	11570234
日照市	Rizhao	15776473	11728899	11335592	8497376
莱芜市	Laiwu	5498613	5498613	5716921	5716921
临沂市	Linyi	22556275	10294589		
德州市	Dezhou	14701320	3951385	25853794	4946191
聊城市	Liaocheng	20062196	3236907	20206098	2842928
滨州市	Binzhou	28760834	4043666	23235807	4459473
菏泽市	Heze	13810707	2325765	17930722	3564347
河南省	**Henan**	**246156005**	**95811071**	**234772169**	**68068446**
郑州市	Zhengzhou	65204100	36293000	36339566	10849904
开封市	Kaifeng	7797225	3537955	11449443	3402434
洛阳市	Luoyang	26344936	10090063	24389179	7925369
平顶山市	Pingdingshan	14130188	5501366	12242605	5558061
安阳市	Anyang	9881950	3867868	12251418	4800403
鹤壁市	Hebi	4392206	1997335	7432110	3450073
新乡市	Xinxiang	13164706	4940667	11931583	4230458
焦作市	Jiaozuo	12164335	3648095	14834217	4143889
濮阳市	Puyang	7949272	2720272	8889790	3066809
许昌市	Xuchang	18219758	6097551	17566007	2009753
漯河市	Luohe	6627540	3921800	6844734	4212097
三门峡市	Sanmenxia	12551442	1619626	11772617	1552527
南阳市	Nanyang	17430977	4775628	16586876	4899595
商丘市	Shangqiu	8748506	1748896	7493517	1354729
信阳市	Xinyang	4967889	1791650	9017773	2510208
周口市	Zhoukou	10036089	1299767	13618562	1024145
驻马店市	Zhumadian	6544886	1959532	12112172	3077992
湖北省	**Hubei**	**143832346**	**98394819**	**133306924**	**83178517**
武汉市	Wuhan	61198600	52839900	39259000	33951800
黄石市	Huangshi	9037300	5073000	6872600	4895800
十堰市	Shiyan	12881691	11238613	5306234	3041488
宜昌市	Yichang	14327482	7273018	25794571	17892965
襄阳市	Xiangyang	14737663	9142442	13837895	7033737
鄂州市	Ezhou	2191351	2191351	3635585	3635585

2-21 续表 4 continued

单位：万元 (10 000yuan)

城　市	City	流动资产合计 Total Current Assets 全　市 Total City	流动资产合计 Total Current Assets 市辖区 Districts under City	固定资产合计 Total Fixed Assets 全　市 Total City	固定资产合计 Total Fixed Assets 市辖区 Districts under City
荆门市	Jingmen	5329873	2239086	6245801	2606647
孝感市	Xiaogan	5970165	1284754	6036265	774863
荆州市	Jingzhou	7128556	2779142	6150639	2307640
黄冈市	Huanggang	4573700	717800	4977300	668700
咸宁市	Xianning	3659965	1780713	8647034	2866292
随州市	Suizhou	2796000	1835000	6544000	3503000
湖南省	**Hunan**	**105130956**	**65241206**	**100868935**	**47083866**
长沙市	Changsha	44827621	25020156	24152862	13332570
株洲市	Zhuzhou	12593200	10302500	9583700	4185600
湘潭市	Xiangtan	8670710	7908031	6389686	5319569
衡阳市	Hengyang	4898566	3068828	7505110	2955314
邵阳市	Shaoyang	2192200	1071400	4091600	1485000
岳阳市	Yueyang	5515800	3019121	12959200	6668815
常德市	Changde	9017209	6141585	5907374	2796020
张家界市	Zhangjiajie	317892	119619	576000	183300
益阳市	Yiyang	3366900	1382700	4864500	1833600
郴州市	Chenzhou	6153500	3655000	8064300	2537200
永州市	Yongzhou	2212396	1232513	6057329	2448411
怀化市	Huaihua	1529000	276700	4584000	142000
娄底市	Loudi	3835962	2043053	6133274	3196467
广东省	**Guangdong**	**550983101**	**512590292**	**292921097**	**260447111**
广州市	Guangzhou	80408497	80408497	76523257	76523257
韶关市	Shaoguan	4607014	2703425	6172508	3740021
深圳市	Shenzhen	178753490	178753490	38128878	38128878
珠海市	Zhuhai	31710895	31710895	12427797	12427797
汕头市	Shantou	10123812	10107064	9123952	9040220
佛山市	Foshan	58456279	58456279	35727653	35727653
江门市	Jiangmen	17169990	11565493	9124143	5332241
湛江市	Zhanjiang	10913238	4377408	6135821	4774240
茂名市	Maoming	3397283	2551353	5766543	3567200
肇庆市	Zhaoqing	7669927	5191418	10687978	7272642
惠州市	Huizhou	24951738	20684932	15962761	12418147
梅州市	Meizhou	3411673	2142331	2601288	1623049
汕尾市	Shanwei	2016734	1077840	3131741	1703753
河源市	Heyuan	3968362	2007753	4278266	2422491
阳江市	Yangjiang	3771861	2154386	8613401	5586604
清远市	Qingyuan	7315322	4618281	4937050	3294251
东莞市	Dongguan	61892638	61892638	22538217	22538217
中山市	Zhongshan	25367081	25367081	8493176	8493176
潮州市	Chaozhou	3351465	2866434	2892484	1900797
揭阳市	Jieyang	8468663	3443632	6474859	2505164
云浮市	Yunfu	3257139	509662	3179324	1427313
广西壮族自治区	**Guangxi**	**68366383**	**46202335**	**57115934**	**33093475**
南宁市	Nanning	9776199	8002711	7482873	5680701
柳州市	Liuzhou	17730394	15856472	9444883	7762818
桂林市	Guilin	5934314	2364108	5316590	1637535

2-21 续表 5 continued

单位：万元 (10 000yuan)

城　市	City	流动资产合计 Total Current Assets 全　市 Total City	流动资产合计 Total Current Assets 市辖区 Districts under City	固定资产合计 Total Fixed Assets 全　市 Total City	固定资产合计 Total Fixed Assets 市辖区 Districts under City
梧州市	Wuzhou	3301125	2160343	3379995	1954353
北海市	Beihai	3440951	2969327	2445897	2194858
防城港市	Fangchenggang	3704093	3270803	2957682	2609274
钦州市	Qinzhou	3360365	2606666	3808591	3409639
贵港市	Guigang	3541031	2114148	2327781	1474021
玉林市	Yulin	3424018	1734902	2826306	1003581
百色市	Baise	4523570	802661	6271426	1157647
贺州市	Hezhou	1409219	851974	1600967	695525
河池市	Hechi	3318736	1345966	4051785	735892
来宾市	Laibin	2278216	1404958	2799350	1779711
崇左市	Chongzuo	2624152	717296	2401808	997920
海南省	**Hainan**	**4351071**	**4174451**	**3176808**	**2820654**
海口市	Haikou	3725067	3725067	2315278	2315278
三亚市	Sanya	449384	449384	505376	505376
三沙市	Sansa				
儋州市	Danzhou	176620		356154	
重庆市	**Chongqing**	**80949784**	**76530845**	**70925296**	**62730570**
四川省	**Sichuan**	**147552218**	**97478792**	**119582949**	**57181970**
成都市	Chengdu	55825750	44592976	31622630	21245558
自贡市	Zigong	6433526	5189232	2465341	1923730
攀枝花市	Panzhihua	7229562	5657417	7039402	4303171
泸州市	Luzhou	5065087	3007886	4004299	2367837
德阳市	Deyang	14257269	5786330	6478528	2407628
绵阳市	Mianyang	11544857	9042500	5980372	2602866
广元市	Guangyuan	1644100	990619	3911236	1489524
遂宁市	Suining	2928646	879070	3060814	1445277
内江市	Neijiang	3859929	836482	4099570	1236233
乐山市	Leshan	7247309	4037073	8680614	5166835
南充市	Nanchong	4911944	2996064	6954867	3269663
眉山市	Meishan	3518910	1251316	3628546	1115137
宜宾市	Yibin	11828688	8645778	11186680	3454302
广安市	Guang'an	2149521	830410	3041442	1621817
达州市	Dazhou	2217772	990402	5858677	1310220
雅安市	Ya'an	2003700	748000	7787700	876000
巴中市	Bazhong	731287	284486	900995	261143
资阳市	Ziyang	4154361	1712751	2881236	1085029
贵州省	**Guizhou**	**45530700**	**16977573**	**41360736**	**11002148**
贵阳市	Guiyang	14475100	9505325	14475101	4327444
六盘水市	Liupanshui	9983770	2155431	9599888	3028263
遵义市	Zunyi	12911458	1679009	7237234	914445
安顺市	Anshun	3285540	2729229	2888674	1902778
毕节市	Bijie	3462882	538777	5824934	477232
铜仁市	Tongren	1411950	369802	1334905	351986
云南省	**Yunnan**	**42712303**	**22903692**	**58860213**	**21986928**
昆明市	Kunming	22467813	15339087	17694796	12242525
曲靖市	Qujing	7757517	3014716	8748522	3994170

2-21 续表 6 continued

单位：万元 (10 000yuan)

城市	City	流动资产合计 Total Current Assets		固定资产合计 Total Fixed Assets	
		全市 Total City	市辖区 Districts under City	全市 Total City	市辖区 Districts under City
玉溪市	Yuxi	3727191	1788651	3194043	1418204
保山市	Baoshan	1922860	1028308	2472236	1115627
昭通市	Zhaotong	2353767	822995	11758787	1250859
丽江市	Lijiang	1431531	391022	4374855	709433
普洱市	Pu'er	1477481	353775	7059735	790170
临沧市	Lincang	1574143	165138	3557239	465940
西藏自治区	**Tibet**	**1354063**	**721196**	**3133420**	**2607469**
拉萨市	Lasa	1354063	721196	3133420	2607469
陕西省	**Shaanxi**	**95607201**	**56914028**	**101627418**	**49266852**
西安市	Xi'an	34104930	32988023	21056202	20202953
铜川市	Tongchuan	1901591	1793635	1991038	1877917
宝鸡市	Baoji	9167911	5403119	7707290	3244290
咸阳市	Xianyang	9535349	3397352	13280180	5298539
渭南市	Weinan	8598364	1101581	9746414	921806
延安市	Yan'an	9862356	8089788	13951634	11416933
汉中市	Hanzhong	4633249	842380	4237939	744670
榆林市	Yulin	13835000	1963500	25171200	4555200
安康市	Ankang	1529551	373750	2482921	412144
商洛市	Shangluo	2438900	960900	2002600	592400
甘肃省	**Gansu**	**39902164**	**27544762**	**64743688**	**38767034**
兰州市	Lanzhou	9879800	6485700	8338600	4724600
嘉峪关市	Jiayuguan	3830066	3830066	7731112	7731112
金昌市	Jinchang	7935955	7334886	17712024	15817399
白银市	Baiyin	5262935	4770067	5047852	4087037
天水市	Tianshui	1746146	1556592	1843229	1505605
武威市	Wuwei	1770861	1094053	2730289	1532061
张掖市	Zhangye	1574927	470327	1914911	761681
平凉市	Pingliang	1054451	245018	2617137	797592
酒泉市	Jiuquan	3736837	944680	7705069	674820
庆阳市	Qingyang	1138450	433478	6063205	524136
定西市	Dingxi	937056	314601	1260646	316922
陇南市	Longnan	1034680	65294	1779614	294069
青海省	**Qinghai**	**7946589**	**3626490**	**11431306**	**6265618**
西宁市	Xining	6349752	3301806	10646698	5940076
海东市	Haidong	1596837	324684	784608	325542
宁夏回族自治区	**Ningxia**	**29010481**	**10451094**	**31794943**	**11034328**
银川市	Yinchuan	12111805	3844369	16395169	3419094
石嘴山市	Shizuishan	4980640	3182272	6001013	4246349
吴忠市	Wuzhong	3519134	1328570	4739522	1401719
固原市	Guyuan	302772	142507	935758	185817
中卫市	Zhongwei	8096130	1953376	3723481	1781349
新疆维吾尔自治区	**Xinjiang**	**18181280**	**18052848**	**31691646**	**31409504**
乌鲁木齐市	Urumqi	12952672	12824240	18304669	18022527
克拉玛依市	Karamay	5228608	5228608	13386977	13386977

2-22 规模以上工业企业主要财务指标
Main Financial Indicators of Industrial Enterprises above Designated Size

单位：万元 (10 000yuan)

城市	city	主营业务税金及附加 Tax and Extra Charges from Principal Business		本年应交增值税 Value-added Tax Payable		利润总额 Total Profits	
		全市 Total City	市辖区 Districts under City	全市 Total City	市辖区 Districts under City	全市 Total City	市辖区 Districts under City
城市合计	**Prefecture Cities**						
北京市	**Beijing**	**3318066**	**3318066**	**5693787**	**5693787**	**15977122**	**15977122**
天津市	**Tianjin**	**3571124**	**3571124**	**9361562**	**9361562**	**22218230**	**22218230**
河北省	**Hebei**	**4474403**	**2745743**	**7378733**	**3105340**		
石家庄市	Shijiazhuang	1506606	1267874	2315089	1224868	8159119	3456739
唐山市	Tangshan					2454430	-53710
秦皇岛市	Qinhuangdao					192433	140637
邯郸市	Handan	143871	42612	916554	336160	1652636	72705
邢台市	Xingtai					1254544	124622
保定市	Baoding	580078	464072	1052177	562297	2491426	562297
张家口市	Zhangjiakou	446568	403529	326418	185069	525078	252296
承德市	Chengde	137651	18643	429131	125765	579540	102611
沧州市	Cangzhou	1365188	456660	1173723	293454	3206653	1080466
廊坊市	Langfang	187163	41274	819102	217067	1728511	450405
衡水市	Hengshui	107278	51079	346539	160660	1045399	512741
山西省	**Shanxi**	**2117809**	**847057**	**4452088**	**1559283**		
太原市	Taiyuan	388930	375183	602874	550009	-388203	-272428
大同市	Datong	136321	125969	380024	364242	161656	214843
阳泉市	Yangquan	155254	120436	190677	142272	-15118	15506
长治市	Changzhi	252910	20349	497455	84551	73225	39688
晋城市	Jincheng	257268	121024	499473	203607	506429	316508
朔州市	Shuozhou	136831	40447	344377	87110	-304425	-508082
晋中市	Jinzhong	175051	9450	353416	37203	-423666	-31913
运城市	Yuncheng	46851	9725	247416	25296	152276	-13318
忻州市	Xinzhou	92585	1084	294540	13686	123347	89638
临汾市	Linfen	143676	8233	414211	26251	-335572	-145799
吕梁市	Lvliang	332132	15157	627625	25056	-89498	-93102
内蒙古自治区	**Inner Mongolia**	**2582424**	**1343807**	**5614018**	**1411812**		
呼和浩特市	Hohhot	1003308	943737	443110	115846	1024475	-93602
包头市	Baotou	205031	139613	682919	411173	431568	-255273
乌海市	Wuhai	39513	39513	179090	179090	-136298	-136298
赤峰市	Chifeng					720448	122064
通辽市	Tongliao	230799	83418	524002	138457	1428356	498591
鄂尔多斯市	Erdos	847856	88482	2938976	452041	51612906	517503
呼伦贝尔市	Hulunbuir	174883	40124	530308	76934	1752318	34520
巴彦淖尔市	Bayannur	46045	5879	117079	25486	334229	67065
乌兰察布市	Ulanqab	34989	3041	198534	12785	243995	21598
辽宁省	**Liaoning**	**8742134**	**7790947**	**7450559**	**5387033**		
沈阳市	Shenyang	1383590	1235401	1657495	1325926	4466270	2945821
大连市	Dalian	2742205	2604690	1785038	1376723	2550615	1768581
鞍山市	Anshan	276399	166171	459627	283090	518651	59842
抚顺市	Fushun	733032	724768	407499	382255	-5796	-7125
本溪市	Benxi	181954	116744	420068	244422	59355	-345695
丹东市	Dandong	22109	6150	87952	27148	134903	70225
锦州市	Jinzhou	871173	685825	272920	209562	1390644	337917

2-22 续表 1 continued

单位: 万元 (10 000yuan)

城市	city	主营业务税金及附加 Tax and Extra Charges from Principal Business		本年应交增值税 Value-added Tax Payable		利润总额 Total Profits	
		全市 Total City	市辖区 Districts under City	全市 Total City	市辖区 Districts under City	全市 Total City	市辖区 Districts under City
营口市	Yingkou	427920	346122	680328	380356	1214879	557617
阜新市	Fuxin	30907	26163	134570	114416	105021	38864
辽阳市	Liaoyang	518640	482394	362104	285848	580100	119370
盘锦市	Panjin	786327	719847	667030	532192	-458501	-591315
铁岭市	Tieling	40052	6893	123852	14040	17446	11662
朝阳市	Chaoyang	52347	4931	143786	28260	-31480	-15743
葫芦岛市	Huludao	675479	664848	248290	182795	20562	-105479
吉林省	**Jilin**	**4316399**	**3727074**	**5290930**	**4214782**		
长春市	Changchun	2417287	2307677	3163731	3113782	7654240	7242880
吉林市	Jilin	1055535	968455	942610	570701	437891	149430
四平市	Siping	165375	138631	178863	79742	513967	189371
辽源市	Liaoyuan	43121	24415	91716	66134	289999	173859
通化市	Tonghua	163076	25206	454435	82261	1366729	413720
白山市	Baishan	92413	32987	122018	80600	227841	50948
松原市	Songyuan	344111	224175	261059	186598	686717	-176658
白城市	Baicheng	35481	5528	76498	34964	166752	90132
黑龙江省	**Heilongjiang**	**3278333**	**3177740**	**3142495**	**2868600**		
哈尔滨市	Harbin	1042186	999136	1039264	892216	1736210	919570
齐齐哈尔市	Qiqihar					291236	-103393
鸡西市	Jixi	18260	15279	92527	73494	-65340	-131543
鹤岗市	Hegang	15515	13602	72820	60652	-79456	-123995
双鸭山市	Shuangyashan	20846	12960	70521	52890	-7712	-8532
大庆市	Daqing	2135982	2111237	1739492	1697914	1588928	1226159
伊春市	Yichun	12041	3375	6117	-366	-99849	-74595
佳木斯市	Jiamusi					163032	-35325
七台河市	Qitaihe	15151	13282	85727	78413	-84788	-69823
牡丹江市	Mudanjiang					545257	88427
黑河市	Heihe	18352	8869	36027	13387	61610	28304
绥化市	Suihua					635858	25092
上海市	**Shanghai**	**10967853**	**10964495**	**9849179**	**9805742**	**26805310**	**26854655**
江苏省	**Jiangsu**	**14184704**	**10397287**	**45196714**	**23785620**		
南京市	Nanjing	4492056	4492056	4086676	4086676	8373900	8373900
无锡市	Wuxi	596088	275804	2897936	1214392	8950900	4241452
徐州市	Xuzhou	2279736	1736447	5699856	2489649	9785300	4395455
常州市	Changzhou	445044	373881	3451051	3029423	6422700	5690288
苏州市	Suzhou	997912	422745	4453440	1573438	15290400	6899714
南通市	Nantong	596693	192400	5255601	1482514	10152500	3189464
连云港市	Lianyungang	480986	295825	2115942	1433523	4346400	2872756
淮安市	Huai'an	1206225	1023362	1547088	906560	3743600	2429461
盐城市	Yancheng	819791	506961	3685536	1870845	5643400	2724695
扬州市	Yangzhou	812691	456007	3683678	2385531	6056400	3708985
镇江市	Zhenjiang	305871	112344	2507730	980694	5567300	2482072
泰州市	Taizhou	878732	434908	4631622	1943635	8400000	3657743
宿迁市	Suqian	272879	74547	1180558	388740	3748500	1484036
浙江省	**Zhejiang**	**8178469**	**6542193**	**18749214**	**9781462**		
杭州市	Hangzhou	2547936	2452115	4045860	3446033	8911224	7757642

2-22 续表 2 continued

单位：万元 (10 000yuan)

城 市	city	主营业务税金及附加 Tax and Extra Charges from Principal Business		本年应交增值税 Value-added Tax Payable		利润总额 Total Profits	
		全 市 Total City	市辖区 Districts under City	全 市 Total City	市辖区 Districts under City	全 市 Total City	市辖区 Districts under City
宁波市	Ningbo	3698722	3325148	3737407	2250306	7762821	4941021
温州市	Wenzhou	250865	105396	1502594	520046	2768184	745722
嘉兴市	Jiaxing	356545	79675	2174541	371437	4028971	701100
湖州市	Huzhou	268600	102673	1187580	409810	2642504	870366
绍兴市	Shaoxing	407649	278914	2278643	1501311	5452213	3540317
金华市	Jinhua	242134	34214	1380229	186035	2440200	204805
衢州市	Quzhou	76668	35038	547446	323225	745086	246499
舟山市	Zhoushan	40119	34949	161878	146047	137591	198946
台州市	Taizhou	209549	73491	1250295	434338	2131978	702855
丽水市	Lishui	79682	20580	482741	192874	1309270	352583
安徽省	**Anhui**	**5219594**	**4181685**	**9593754**	**5338503**		
合肥市	Hefei	963549	831807	2097413	1435747	5033556	3182496
芜湖市	Wuhu	899231	767504	1498962	912154	3367248	2057604
蚌埠市	Bengbu	608060	561328	306873	248166	723371	404747
淮南市	Huainan	80995	74786	420435	395734	145668	62249
马鞍山市	Maanshan	102809	55394	700602	376525	664784	43699
淮北市	Huaibei	193206	134130	467432	396403	322019	64470
铜陵市	Tongling	78201	48668	261086	205249	385747	175853
安庆市	Anqing	1074450	973734	691579	303085	1802935	328257
黄山市	Huangshan	24221	9344	89818	34762	223852	106906
滁州市	Chuzhou	339088	259886	865155	336328	2577371	887926
阜阳市	Fuyang	371236	242581	562323	132826	823355	240578
宿州市	Suzhou	94306	42366	231183	125341	746665	385219
六安市	Lu'an	123550	40971	206286	67138	680616	286653
亳州市	Bozhou	136806	98401	199872	145893	716196	376001
池州市	Chizhou	36635	18396	199774	139926	530398	228647
宣城市	Xuancheng	93251	22389	794961	83226	1842861	144062
福建省	**Fujian**	**5729789**	**3486608**	**10372044**	**3864209**		
福州市	Fuzhou	490665	244008	1670570	571276	3844269	917340
厦门市	Xiamen	825415	825415	842709	842709	1851249	1851249
莆田市	Putian	181128	162237	562732	478968	2041535	1764745
三明市	Sanming	170715	55733	489694	131922	652423	102779
泉州市	Quanzhou	2604073	1139062	2972216	783050	8129166	1764252
漳州市	Zhangzhou	228176	72159	2199932	458758	3721101	828630
南平市	Nanping	117277	42613	442034	119490	768679	204399
龙岩市	Longyan	979871	908612	610954	395883	900480	380733
宁德市	Ningde	132469	36769	581203	82153	1689334	423454
江西省	**Jiangxi**	**3763833**	**2465822**	**10022371**	**3402397**		
南昌市	Nanchang	1274256	1174681	1386484	1083235	3097572	2340884
景德镇市	Jingdezhen	129416	68542	338039	162975	485013	157535
萍乡市	Pingxiang	205806	82253	572748	335111	1999970	1221078
九江市	Jiujiang	903713	796422	1308707	324495	3488268	594960
新余市	Xinyu	82900	72500	299500	252800	499900	416200
鹰潭市	Yingtan	126848	25453	541007	96759	877778	292035
赣州市	Ganzhou	207024	71098	1203794	385022	1986925	694600
吉安市	Ji'an	249500	36600	1119500	176049	2436100	337343

2-22 续表 3 continued

单位：万元 (10 000yuan)

城市	city	主营业务税金及附加 Tax and Extra Charges from Principal Business		本年应交增值税 Value-added Tax Payable		利润总额 Total Profits	
		全市 Total City	市辖区 Districts under City	全市 Total City	市辖区 Districts under City	全市 Total City	市辖区 Districts under City
宜春市	Yichun	279860	13258	1204394	147872	4514050	201395
抚州市	Fuzhou	84669	27615	663874	260011	923479	339965
上饶市	Shangrao	219841	97400	1384324	178068	2484867	658852
山东省	**Shandong**	**14498954**	**7808149**	**29547203**	**11417048**		
济南市	Jinan	1917179	1644270	1755488	790034	3496617	1521413
青岛市	Qingdao	2971243	1945892			9365604	4268643
淄博市	Zibo	1575495	1389290	3215226	2774430	7054333	5489716
枣庄市	Zaozhuang	274212	193458	973339	169682	1615113	961637
东营市	Dongying	1304631	753649	2848762	1429789	8620564	1496487
烟台市	Yantai	667696	373920	2818452	1242157	10997631	4165655
潍坊市	Weifang	652873	180424	2874275	582914	6970492	1622511
济宁市	Jining	475218	133050	1681036	644420	3106930	1199973
泰安市	Tai'an	687142	92524	1597747	289124	4272091	878253
威海市	Weihai	440717	181793	1398484	640249	3718224	1862314
日照市	Rizhao	113955	78003	414062	196921	621139	281306
莱芜市	Laiwu	51923	51923	179714	179714	164732	164732
临沂市	Linyi	619806	206960	2144212	845647	5076164	1890272
德州市	Dezhou	1091252	281072	2539317	683764	5624549	1418826
聊城市	Liaocheng	501713	26016	1884776	168653	5904648	527896
滨州市	Binzhou	414785	131354	904717	279796	2600713	493407
菏泽市	Heze	739114	144551	2317596	499754	5478650	1784974
河南省	**Henan**	**6826661**	**3470672**	**14760040**	**3838772**		
郑州市	Zhengzhou	1400309	907313	3540784	955327	10442526	2894944
开封市	Kaifeng	196378	51341	606181	132127	2327626	454893
洛阳市	Luoyang	926404	719427	987329	428354	2184713	460136
平顶山市	Pingdingshan	155939	37680	755928	247401	1369630	169364
安阳市	Anyang	483873	349075	823010	207623	1770915	44511
鹤壁市	Hebi	109310	45598	329384	107289	1023312	103660
新乡市	Xinxiang	157180	31769	583034	183194	2306509	656652
焦作市	Jiaozuo	340272	45688	1003654	193399	3406391	219209
濮阳市	Puyang	265224	82511	614030	212239	2387692	-91664
许昌市	Xuchang	1065353	568811	1602241	246181	4440195	509278
漯河市	Luohe	267354	222112	430142	307624	3065284	1528711
三门峡市	Sanmenxia	143631	6549	460985	83871	2171852	142901
南阳市	Nanyang	429463	271927	983607	220851	2014560	-26132
商丘市	Shangqiu	180085	27375	483847	56926	1424345	152691
信阳市	Xinyang	193874	47779	390178	125451	1577286	369701
周口市	Zhoukou	269614	31693	630511	41917	4419746	337052
驻马店市	Zhumadian	242398	24024	535195	88998	1885207	204821
湖北省	**Hubei**	**8636685**	**6995125**	**11139672**	**6950777**		
武汉市	Wuhan	5760200	5552000	4629900	4226500	4806500	3475300
黄石市	Huangshi	147100	51700	460300	246000	609600	482500
十堰市	Shiyan	163864	132258	716027	539420	1598314	1369052
宜昌市	Yichang	455184	155019	1741780	611868	3785912	2057424
襄阳市	Xiangyang	384372	221782	969503	444927	2823881	1509266
鄂州市	Ezhou	84313	84313	232120	232120	303833	303833

2-22 续表 4 continued

单位：万元 (10 000yuan)

城市	city	主营业务税金及附加 Tax and Extra Charges from Principal Business		本年应交增值税 Value-added Tax Payable		利润总额 Total Profits	
		全市 Total City	市辖区 Districts under City	全市 Total City	市辖区 Districts under City	全市 Total City	市辖区 Districts under City
荆门市	Jingmen	824374	700939	574321	303828	1498558	551497
孝感市	Xiaogan	350689	9810	478562	43907	1263000	149144
荆州市	Jingzhou	140649	33057	471469	154187	1289876	423265
黄冈市	Huanggang	124000	5000	318900	32500	727100	16200
咸宁市	Xianning	124940	35247	310790	75520	1311705	320174
随州市	Suizhou	77000	14000	236000	40000	1166000	192000
湖南省	**Hunan**	**14455041**	**11670971**	**11827347**	**5330519**		
长沙市	Changsha	6377474	5545243	3944615	2034781	6754329	2806741
株洲市	Zhuzhou	371400	79700	1151900	422500	1599200	835200
湘潭市	Xiangtan	216569	134218	632747	330401	1192600	355608
衡阳市	Hengyang	161859	49026	651929	200830	1836488	480010
邵阳市	Shaoyang	208700	90600	343300	103700	944600	202900
岳阳市	Yueyang	1882300	1396328	1353100	595644	1415000	515324
常德市	Changde	3466070	3362893	1234251	879313	1601254	960693
张家界市	Zhangjiajie	130400	5704	25550	10720	96262	42695
益阳市	Yiyang	208500	110400	389600	209200	774100	338800
郴州市	Chenzhou	752100	426700	793900	225000	1751400	282200
永州市	Yongzhou	481261	430605	315405	138918	348686	148351
怀化市	Huaihua	73000	13400	261000	4500	381000	22600
娄底市	Loudi	125408	26154	730050	175012	626420	64774
广东省	**Guangdong**	**11507526**	**10671446**	**26971323**	**23048666**		
广州市	Guangzhou	3865985	3865985	5386846	5386846	10985732	10985732
韶关市	Shaoguan	397015	339169	438790	212972	422062	-30931
深圳市	Shenzhen					18314948	18314948
珠海市	Zhuhai	263532	263532	955440	955440	2795406	2795406
汕头市	Shantou					2108940	2104928
佛山市	Foshan	940482	940482	4963954	4963954	14503979	14503979
江门市	Jiangmen	180614	120133	1097655	710314	2262352	2186882
湛江市	Zhanjiang	966223	904862	326013	160951	856059	699929
茂名市	Maoming	1870382	1766909	2375259	2011410	2533827	1674790
肇庆市	Zhaoqing	280520	165262	1345574	814449	2352720	1429726
惠州市	Huizhou	963461	899851	2425103	1829637	3731316	2061078
梅州市	Meizhou	428108	409145	294641	183320	458117	358479
汕尾市	Shanwei	33782	283	21267	4051	409923	221210
河源市	Heyuan	81316	38244	320020	144076	756045	291539
阳江市	Yangjiang	63205	44516	577090	452788	1573842	1174250
清远市	Qingyuan	56747	40026	480241	315380	923450	697058
东莞市	Dongguan	438546	438546	1954368	1954368	4075012	4075012
中山市	Zhongshan	221505	221505	2064697	2064697	3228305	3228305
潮州市	Chaozhou	78913	66247	446595	353431	1314125	971162
揭阳市	Jieyang	297785	128972	1169011	436949	2835671	965336
云浮市	Yunfu	79405	17777	328759	93633	721498	197793
广西壮族自治区	**Guangxi**	**4144019**	**3606430**	**6086103**	**3672457**		
南宁市	Nanning	692093	669577	871423	714220	2208405	1862902
柳州市	Liuzhou	1094352	1063101	960616	832208	964884	821655
桂林市	Guilin	165036	53750	632557	112001	1838980	255532

2-22 续表 5 continued

单位：万元 (10 000yuan)

城市	city	主营业务税金及附加 Tax and Extra Charges from Principal Business		本年应交增值税 Value-added Tax Payable		利润总额 Total Profits	
		全市 Total City	市辖区 Districts under City	全市 Total City	市辖区 Districts under City	全市 Total City	市辖区 Districts under City
梧州市	Wuzhou	127178	67269	862341	497591	2028206	976918
北海市	Beihai	739306	721772	613032	586218	1284040	1329548
防城港市	Fangchenggang	26599	20208	122254	91207	299625	194759
钦州市	Qinzhou	1006218	946598	514228	421614	392038	179537
贵港市	Guigang	64344	8968	174065	61135	583480	88815
玉林市	Yulin	83240	21024	397327	92516	910128	170023
百色市	Baise	33169	8207	240494	49930	342795	29986
贺州市	Hezhou	17878	8783	114880	64822	338957	190198
河池市	Hechi	30942	1313	222028	27420	351280	-88334
来宾市	Laibin	31690	8059	166971	76507	42096	-42986
崇左市	Chongzuo	31974	7801	193887	45068	1146747	228995
海南省	**Hainan**	**190925**	**189441**	**251991**	**238678**		
海口市	Haikou	186360	186360	210848	210848	331119	331119
三亚市	Sanya	3081	3081	27830	27830	24651	24651
三沙市	Sansa						
儋州市	Danzhou	1484		13313		156644	
重庆市	**Chongqing**	**2936474**	**2810023**	**7409210**	**6776973**	**14118589**	**13161162**
四川省	**Sichuan**	**6199709**	**3564051**	**9971327**	**5145168**		
成都市	Chengdu	2971434	2083623	2940621	2201284	4692199	3619958
自贡市	Zigong	127383	93046			760796	551603
攀枝花市	Panzhihua	92384	58340	358548	241756	194366	-38051
泸州市	Luzhou	498940	355614	455390	333693	1033203	713390
德阳市	Deyang	587265	69530	965174	296269	1811602	346976
绵阳市	Mianyang	267067	215891	732004	397523	1015870	607744
广元市	Guangyuan	56150	34489	134026	69748	348870	218946
遂宁市	Suining	106140	39351	402181	215143	690098	336094
内江市	Neijiang	128834	44197	497490	210580	719831	267248
乐山市	Leshan	71121	25263	304004	117499	517506	180066
南充市	Nanchong	325017	159166	552672	276741	1565841	705029
眉山市	Meishan	81601	15064	449793	64257	807604	116052
宜宾市	Yibin	417185	250549	720203	378859	2027506	1093554
广安市	Guang'an	88487	21115	225927	45228	522434	100024
达州市	Dazhou	112430	18744	305506	59470	560799	78631
雅安市	Ya'an	28300	7100	209600	56900	322400	85700
巴中市	Bazhong	93123	18274	122192	23083	169536	84919
资阳市	Ziyang	146848	54695	595996	157135	1252372	351221
贵州省	**Guizhou**	**2210422**	**1222603**	**2754716**	**905740**		
贵阳市	Guiyang	1190700	1088568	876580	575464	2351000	675464
六盘水市	Liupanshui	139926	34027	350208	83145	130688	84741
遵义市	Zunyi	622733	24738	998375	73992	3009786	99292
安顺市	Anshun	55561	43482	137147	86485	328352	244396
毕节市	Bijie	167792	25654	247087	66336	363950	44918
铜仁市	Tongren	33710	6134	145319	20318	200848	56141
云南省	**Yunnan**	**3712546**	**3103036**	**2698838**	**1508887**		
昆明市	Kunming	1943781	1867769	1172104	967829	1536913	1426957
曲靖市	Qujing	1187267	802215	520825	273255	260004	165861

2-22 续表 6 continued

单位：万元 (10 000yuan)

城市	city	主营业务税金及附加 Tax and Extra Charges from Principal Business		本年应交增值税 Value-added Tax Payable		利润总额 Total Profits	
		全市 Total City	市辖区 Districts under City	全市 Total City	市辖区 Districts under City	全市 Total City	市辖区 Districts under City
玉溪市	Yuxi	49921	6533	205212	74565	296555	61610
保山市	Baoshan	27212	8695	125333	36738	266558	73871
昭通市	Zhaotong	449286	410575	375441	116478	574431	132246
丽江市	Lijiang	17092	3674	95246	17700	106054	17850
普洱市	Pu'er	21303	1643	141286	14150	59591	16088
临沧市	Lincang	16684	1932	63391	8172	90354	6944
西藏自治区	**Tibet**	**7945**	**2959**	**29449**	**14589**		
拉萨市	Lasa	7945	2959	29449	14589	-20406	-79730
陕西省	**Shaanxi**	**6434624**	**4448615**	**6321954**	**2894186**		
西安市	Xi'an	242896	232374	1087695	1032978	2068829	1971429
铜川市	Tongchuan	70894	63486	156082	144328	5757	213
宝鸡市	Baoji	623462	50542	594767	170440	1146437	336816
咸阳市	Xianyang	1193778	846240	1452946	494886	3442787	865527
渭南市	Weinan	67135	3656	276727	12958	-9886	50581
延安市	Yan'an	3175418	3092870	762989	664936	-40060	-88038
汉中市	Hanzhong	320087	12774	266906	86119	369976	126958
榆林市	Yulin	605100	131800	1053500	226700	4004200	516600
安康市	Ankang	82154	13373	441442	53341	1084882	168998
商洛市	Shangluo	53700	1500	228900	7500	415400	188800
甘肃省	**Gansu**	**3369079**	**2867804**	**1936593**	**1473744**		
兰州市	Lanzhou	2332200	2311500	819800	785600	-26100	86500
嘉峪关市	Jiayuguan	41372	41372	152275	152275	-1008060	-1008060
金昌市	Jinchang	30457	29269	198023	181534	-538246	-513157
白银市	Baiyin	38502	34827	158432	158377	-20785	-40878
天水市	Tianshui	9826	6183	54253	38726	75693	97989
武威市	Wuwei	13322	9113			47776	39960
张掖市	Zhangye	11571	1480	34506	9915	18292	756
平凉市	Pingliang	24606	4200	100680	14988	-87450	-62021
酒泉市	Jiuquan	306103	6091	58661	14795	-238185	35002
庆阳市	Qingyang	522155	421758	270236	105929	498622	44712
定西市	Dingxi	3899	1422	22232	8287	26549	7537
陇南市	Longnan	35066	589	67495	3318	67701	27700
青海省	**Qinghai**	**44978**	**17334**	**293482**	**121813**		
西宁市	Xining	22301	15066	251067	117762	-364823	-57603
海东市	Haidong	22677	2268	42415	4051	151380	-13890
宁夏回族自治区	**Ningxia**	**1033627**	**885105**	**529981**	**290627**		
银川市	Yinchuan	871186	755464	293945	188313	596398	137107
石嘴山市	Shizuishan	57292	49888	107250	65869	503610	187710
吴忠市	Wuzhong	90124	75863	67306	21414	110581	99338
固原市	Guyuan	7136	427	8815	-3781	29618	13086
中卫市	Zhongwei	7889	3463	52665	18812	68601	9606
新疆维吾尔自治区	**Xinjiang**	**2681787**	**2681481**	**1313899**	**1311498**		
乌鲁木齐市	Urumqi	1279400	1279094	565394	562993	160660	151948
克拉玛依市	Karamay	1402387	1402387	748505	748505	-249663	-249663

(四)交通运输、邮电通信
Transport, Postal and Telecommunication Services

2-23 按运输方式分类的客运量(全市)
Passenger Traffic by Mode of Transport (Total City)

单位：万人　　　　(10 000 persons)

城　市	City	公路客运量 Highway Passenger Traffic	水运客运量 Waterway Passenger Traffic	民用航空客运量 Civil Aviation Passenger Traffic
城市合计	**Prefecture Cities**			
北京市	**Beijing**	49931		7172
天津市	**Tianjin**	14218		1503
河北省	**Hebei**			
石家庄市	Shijiazhuang	5976		308
唐山市	Tangshan	2656		25
秦皇岛市	Qinhuangdao	1924	5	16
邯郸市	Handan	7129		25
邢台市	Xingtai	3495		
保定市	Baoding	10792		
张家口市	Zhangjiakou	2081		21
承德市	Chengde	1163		
沧州市	Cangzhou	5473		
廊坊市	Langfang	3832		
衡水市	Hengshui	1920		
山西省	**Shanxi**			
太原市	Taiyuan	1085		884
大同市	Datong	1635		47
阳泉市	Yangquan	1514		
长治市	Changzhi	3537	14	62
晋城市	Jincheng	1657		
朔州市	Shuozhou	3324		
晋中市	Jinzhong	2289		
运城市	Yuncheng	3129		81
忻州市	Xinzhou	1613		
临汾市	Linfen	1794		
吕梁市	Lvliang	1816	6	14
内蒙古自治区	**Inner Mongolia**			
呼和浩特市	Hohhot	649		745
包头市	Baotou	581		96
乌海市	Wuhai	174		38
赤峰市	Chifeng	3187		99
通辽市	Tongliao	1859		87
鄂尔多斯市	Erdos	840		153
呼伦贝尔市	Hulunbuir	3773		226
巴彦淖尔市	Bayannur	1728		23
乌兰察布市	Ulanqab	399		
辽宁省	**Liaoning**			
沈阳市	Shenyang	15554		662
大连市	Dalian	7730	395	693
鞍山市	Anshan	5929		
抚顺市	Fushun	2174		
本溪市	Benxi	2169		
丹东市	Dandong	5451	52	
锦州市	Jinzhou	4531		

2-23 续表 1 continued

单位：万人 (10 000 persons)

城 市	City	公路客运量 Highway Passenger Traffic	水运客运量 Waterway Passenger Traffic	民用航空客运量 Civil Aviation Passenger Traffic
营口市	Yingkou	2864		
阜新市	Fuxin	1169		
辽阳市	Liaoyang	3137		
盘锦市	Panjin	2534		
铁岭市	Tieling	4857		
朝阳市	Chaoyang	3059		12
葫芦岛市	Huludao	3215	56	
吉林省	**Jilin**			
长春市	Changchun	8594	30	433
吉林市	Jilin	4096	88	
四平市	Siping	3554	12	
辽源市	Liaoyuan	1006		
通化市	Tonghua	2673	25	4
白山市	Baishan	1852	9	25
松原市	Songyuan	3020	15	
白城市	Baicheng	1581	1	
黑龙江省	**Heilongjiang**			
哈尔滨市	Harbin	8316		710
齐齐哈尔市	Qiqihar	4117		19
鸡西市	Jixi	3704		19
鹤岗市	Hegang	692	22	
双鸭山市	Shuangyashan	1601		
大庆市	Daqing	1178	5	53
伊春市	Yichun	972		9
佳木斯市	Jiamusi	2269	163	50
七台河市	Qitaihe	704		
牡丹江市	Mudanjiang	2913	25	
黑河市	Heihe	655	25	13
绥化市	Suihua	4350		
上海市	**Shanghai**	3766	386	8497
江苏省	**Jiangsu**			
南京市	Nanjing	9166	20	1916
无锡市	Wuxi	6247	536	461
徐州市	Xuzhou	13347		132
常州市	Changzhou	5856	388	181
苏州市	Suzhou	34110	589	
南通市	Nantong	8859	497	116
连云港市	Lianyungang	4700	12	71
淮安市	Huai'an	7297	3	50
盐城市	Yancheng	8364		85
扬州市	Yangzhou	4146	12	87
镇江市	Zhenjiang	3859		
泰州市	Taizhou	7882	335	
宿迁市	Suqian	5967		
浙江省	**Zhejiang**			
杭州市	Hangzhou	16591	597	1472

2-23 续表 2 continued

单位：万人 (10 000 persons)

城 市	City	公路客运量 Highway Passenger Traffic	水运客运量 Waterway Passenger Traffic	民用航空客运量 Civil Aviation Passenger Traffic
宁波市	Ningbo	9430	160	686
温州市	Wenzhou	19198	54	389
嘉兴市	Jiaxing	8822	38	
湖州市	Huzhou	5976	71	
绍兴市	Shaoxing	9899	121	
金华市	Jinhua	12908		120
衢州市	Quzhou	4687	4	21
舟山市	Zhoushan	2916	2515	64
台州市	Taizhou	12064	208	30
丽水市	Lishui	4017	66	
安徽省	**Anhui**			
合肥市	Hefei	11211	25	356
芜湖市	Wuhu	4290	1	
蚌埠市	Bengbu	3337		
淮南市	Huainan	4424		
马鞍山市	Maanshan	5173		
淮北市	Huaibei	3603		
铜陵市	Tongling	1708	476	
安庆市	Anqing	5854	41	23
黄山市	Huangshan	3962	92	59
滁州市	Chuzhou	8707		
阜阳市	Fuyang	13221		45
宿州市	Suzhou	5571		
六安市	Lu'an	15526	22	
亳州市	Bozhou	5643		
池州市	Chizhou	4024		27
宣城市	Xuancheng	6915	4	
福建省	**Fujian**			
福州市	Fuzhou	12729	196	1089
厦门市	Xiamen	3627	779	2181
莆田市	Putian	2716	264	
三明市	Sanming	2270	35	
泉州市	Quanzhou	7116	13	364
漳州市	Zhangzhou	3089	271	
南平市	Nanping	2128	1	30
龙岩市	Longyan	2095		8
宁德市	Ningde	6891	388	
江西省	**Jiangxi**			
南昌市	Nanchang	3914		749
景德镇市	Jingdezhen	1901		49
萍乡市	Pingxiang	6361		
九江市	Jiujiang	9863	45	3
新余市	Xinyu	1253	39	
鹰潭市	Yingtan	1968	56	
赣州市	Ganzhou	8454	129	93
吉安市	Ji'an	4771	15	51

2-23 续表 3 continued

单位：万人 (10 000 persons)

城　市	City	公路客运量 Highway Passenger Traffic	水运客运量 Waterway Passenger Traffic	民用航空客运量 Civil Aviation Passenger Traffic
宜春市	Yichun	4189		41
抚州市	Fuzhou	4656		
上饶市	Shangrao	8207	45	
山东省	**Shandong**			
济南市	Jinan	3663	25	533
青岛市	Qingdao	4372	288	1820
淄博市	Zibo	708		
枣庄市	Zaozhuang	2368	63	
东营市	Dongying	700	26	32
烟台市	Yantai	5973	640	196
潍坊市	Weifang	5754	1	47
济宁市	Jining	4424	218	49
泰安市	Tai'an	2816	41	
威海市	Weihai	3176	485	132
日照市	Rizhao	2291	105	0
莱芜市	Laiwu	156		
临沂市	Linyi	4734	31	104
德州市	Dezhou	1850	26	
聊城市	Liaocheng	1728	11	
滨州市	Binzhou	1430		
菏泽市	Heze	4705		
河南省	**Henan**			
郑州市	Zhengzhou	13914		462
开封市	Kaifeng	3923	8	
洛阳市	Luoyang	12855	26	72
平顶山市	Pingdingshan	11642		
安阳市	Anyang	3784		
鹤壁市	Hebi	1398		
新乡市	Xinxiang	5968		
焦作市	Jiaozuo	4082		
濮阳市	Puyang	4294	58	
许昌市	Xuchang	2801		
漯河市	Luohe	2240	2	
三门峡市	Sanmenxia	3230		
南阳市	Nanyang	13341	63	57
商丘市	Shangqiu	11159		
信阳市	Xinyang	9646	21	
周口市	Zhoukou	7523	50	
驻马店市	Zhumadian	18363	12	
湖北省	**Hubei**			
武汉市	Wuhan	11381		1164
黄石市	Huangshi	3405		
十堰市	Shiyan	3215	25	
宜昌市	Yichang	10187	246	125
襄阳市	Xiangyang	10260	26	79
鄂州市	Ezhou	2123	83	

2-23 续表 4 continued

单位：万人 (10 000 persons)

城 市	City	公路客运量 Highway Passenger Traffic	水运客运量 Waterway Passenger Traffic	民用航空客运量 Civil Aviation Passenger Traffic
荆门市	Jingmen	4116	8	
孝感市	Xiaogan	6942		
荆州市	Jingzhou	7095	38	
黄冈市	Huanggang	10200		
咸宁市	Xianning	5827	80	
随州市	Suizhou	3277	23	
湖南省	**Hunan**			
长沙市	Changsha	8606		839
株洲市	Zhuzhou	16110	5	
湘潭市	Xiangtan	3041	12	
衡阳市	Hengyang	16955		12
邵阳市	Shaoyang	15785	52	
岳阳市	Yueyang	10985	9	
常德市	Changde	9162		38
张家界市	Zhangjiajie	6400	158	141
益阳市	Yiyang	10690	77	
郴州市	Chenzhou	8721	232	
永州市	Yongzhou	9081	235	6
怀化市	Huaihua	11717	590	18
娄底市	Loudi	6854	24	
广东省	**Guangdong**			
广州市	Guangzhou	85108	281	7045
韶关市	Shaoguan	5515		
深圳市	Shenzhen	6574	466	3930
珠海市	Zhuhai	3348	669	167
汕头市	Shantou	1582		292
佛山市	Foshan	5320	67	30
江门市	Jiangmen	9047	192	
湛江市	Zhanjiang	8295	731	121
茂名市	Maoming	6303	63	
肇庆市	Zhaoqing	3119		
惠州市	Huizhou	6799		
梅州市	Meizhou	2545	12	
汕尾市	Shanwei	1123		
河源市	Heyuan	3257	33	
阳江市	Yangjiang	1467	4	
清远市	Qingyuan	2861	227	
东莞市	Dongguan	4928	33	
中山市	Zhongshan	1665	157	
潮州市	Chaozhou	2243	12	
揭阳市	Jieyang	2041		320
云浮市	Yunfu	2775		
广西壮族自治区	**Guangxi**			
南宁市	Nanning	5973		548
柳州市	Liuzhou	2591	22	53
桂林市	Guilin	8042	227	343

2-23 续表 5 continued

单位：万人 (10 000 persons)

城　市	City	公路客运量 Highway Passenger Traffic	水运客运量 Waterway Passenger Traffic	民用航空客运量 Civil Aviation Passenger Traffic
梧州市	Wuzhou	1923		3
北海市	Beihai	2322	238	55
防城港市	Fangchenggang	899	22	
钦州市	Qinzhou	1659	7	
贵港市	Guigang	2959	2	
玉林市	Yulin	3267		
百色市	Baise	4241	1	
贺州市	Hezhou	1250	2	
河池市	Hechi	3837	12	3
来宾市	Laibin	1905		
崇左市	Chongzuo	1362	1	1
海南省	**Hainan**			
海口市	Haikou	2170	929	2310
三亚市	Sanya	991	455	389
三沙市	Sansa		5	
儋州市	Danzhou	954		
重庆市	**Chongqing**	57556	732	1882
四川省	**Sichuan**			
成都市	Chengdu	14124		2104
自贡市	Zigong	5904	102	
攀枝花市	Panzhihua	2622	34	16
泸州市	Luzhou	8741	35	84
德阳市	Deyang	6728		
绵阳市	Mianyang	6175	16	155
广元市	Guangyuan	2007	88	22
遂宁市	Suining	4107	93	
内江市	Neijiang	11183	215	
乐山市	Leshan	5156	235	
南充市	Nanchong	8510	731	55
眉山市	Meishan	5993	426	
宜宾市	Yibin	6422	175	72
广安市	Guang'an	156957	288	
达州市	Dazhou	6623	378	37
雅安市	Ya'an	2765		
巴中市	Bazhong	3319	177	
资阳市	Ziyang	6727	93	
贵州省	**Guizhou**			
贵阳市	Guiyang	63580	46	1325
六盘水市	Liupanshui		53	6
遵义市	Zunyi	95805	137	84
安顺市	Anshun	8223	206	15
毕节市	Bijie		163	56
铜仁市	Tongren	2679	671	
云南省	**Yunnan**			
昆明市	Kunming	8025	138	3752
曲靖市	Qujing	6845		

2-23 续表 6 continued

单位：万人 (10 000 persons)

城 市	City	公路客运量 Highway Passenger Traffic	水运客运量 Waterway Passenger Traffic	民用航空客运量 Civil Aviation Passenger Traffic
玉溪市	Yuxi	2027		
保山市	Baoshan	2180		97
昭通市	Zhaotong	2179		21
丽江市	Lijiang	3459		563
普洱市	Pu'er	3377	97	33
临沧市	Lincang	995		32
西藏自治区	**Tibet**			
拉萨市	Lasa	880		
陕西省	**Shaanxi**			
西安市	Xi'an	19625		3297
铜川市	Tongchuan	1875		
宝鸡市	Baoji	9525		
咸阳市	Xianyang	8455		
渭南市	Weinan	9340	15	
延安市	Yan'an	2987		21
汉中市	Hanzhong	4390		13
榆林市	Yulin	3187		149
安康市	Ankang	5009	307	
商洛市	Shangluo	4255		
甘肃省	**Gansu**			
兰州市	Lanzhou	4067	46	801
嘉峪关市	Jiayuguan	69651		35
金昌市	Jinchang	779		10
白银市	Baiyin	1974		
天水市	Tianshui	2840		6
武威市	Wuwei	4895		
张掖市	Zhangye	4700		8
平凉市	Pingliang	3593		
酒泉市	Jiuquan	8096		40
庆阳市	Qingyang	2720		23
定西市	Dingxi	1947		
陇南市	Longnan	3094		
青海省	**Qinghai**			
西宁市	Xining	1709		212
海东市	Haidong	1826		
宁夏回族自治区	**Ningxia**			
银川市	Yinchuan	3602		256
石嘴山市	Shizuishan	1226		
吴忠市	Wuzhong	1228		
固原市	Guyuan	1286		6
中卫市	Zhongwei	2967	100	9
新疆维吾尔自治区	**Xinjiang**			
乌鲁木齐市	Urumqi	2012		956
克拉玛依市	Karamay	104		14

2-24 按运输方式分类的货运量(全市)
Freight Traffic by Mode of Transport (Total City)

城市	City	公路货运量(万吨) Highway Freight Traffic(10 000 tons)	水运货运量(万吨) waterway Freight Traffic (10 000 tons)	民用航空货邮运量(吨) Civil Aviation Freight Traffic (ton)
城市合计	**Prefecture Cities**			
北京市	**Beijing**	19044		1582358
天津市	**Tianjin**	33724	9910	80000
河北省	**Hebei**			
石家庄市	Shijiazhuang	36954		25341
唐山市	Tangshan	36358	1182	734
秦皇岛市	Qinhuangdao	5276	470	330
邯郸市	Handan	38704		397
邢台市	Xingtai	18711		
保定市	Baoding	10331		
张家口市	Zhangjiakou	11218		64
承德市	Chengde	4152		
沧州市	Cangzhou	19942	1214	
廊坊市	Langfang	9918		
衡水市	Hengshui	6454		
山西省	**Shanxi**			
太原市	Taiyuan	14286		45500
大同市	Datong	8603		4058
阳泉市	Yangquan	4417		
长治市	Changzhi	7959		2800
晋城市	Jincheng	5385		
朔州市	Shuozhou	2990		
晋中市	Jinzhong	10363		
运城市	Yuncheng	8572		2500
忻州市	Xinzhou	7573		
临汾市	Linfen	12586		
吕梁市	Lvliang	6540	1	14
内蒙古自治区	**Inner Mongolia**			
呼和浩特市	Hohhot	18381		36078
包头市	Baotou	27255		3764
乌海市	Wuhai	6409		1385
赤峰市	Chifeng	12391		2589
通辽市	Tongliao	10105		3395
鄂尔多斯市	Erdos	18951		11000
呼伦贝尔市	Hulunbuir	10953		14700
巴彦淖尔市	Bayannur	9666		1401
乌兰察布市	Ulanqab	5842		
辽宁省	**Liaoning**			
沈阳市	Shenyang	20873		65200
大连市	Dalian	26283	12523	70056
鞍山市	Anshan	18669		
抚顺市	Fushun	8524		
本溪市	Benxi	7593		
丹东市	Dandong	7740	427	
锦州市	Jinzhou	15836	150	

2-24 续表 1 continued

城 市	City	公路货运量 (万吨) Highway Freight Traffic(10 000 tons)	水运货运量 (万吨) waterway Freight Traffic (10 000 tons)	民用航空货邮运量 (吨) Civil Aviation Freight Traffic (ton)
营口市	Yingkou	14982	270	
阜新市	Fuxin	4441		
辽阳市	Liaoyang	13071		
盘锦市	Panjin	12552	23	
铁岭市	Tieling	8127		
朝阳市	Chaoyang	5539		196
葫芦岛市	Huludao	15883	46	
吉林省	**Jilin**			
长春市	Changchun	10300	71	52902
吉林市	Jilin	5167		
四平市	Siping	7600		
辽源市	Liaoyuan	1673		
通化市	Tonghua	2084		249
白山市	Baishan	1009		1720
松原市	Songyuan	5811	91	
白城市	Baicheng	1446	26	
黑龙江省	**Heilongjiang**			
哈尔滨市	Harbin	7567	487	43000
齐齐哈尔市	Qiqihar	10403		77
鸡西市	Jixi	3672		388
鹤岗市	Hegang	1560	64	
双鸭山市	Shuangyashan	1185		
大庆市	Daqing	3855	156	1725
伊春市	Yichun	868		
佳木斯市	Jiamusi	4452	435	1041
七台河市	Qitaihe	1157		
牡丹江市	Mudanjiang	2749		
黑河市	Heihe	1065	17	394
绥化市	Suihua	3889		
上海市	**Shanghai**	40627	49770	1449300
江苏省	**Jiangsu**			
南京市	Nanjing	11985	15188	326026
无锡市	Wuxi	12716	2556	89062
徐州市	Xuzhou	16909	5656	7039
常州市	Changzhou	10668	2178	17619
苏州市	Suzhou	11814	1191	
南通市	Nantong	11091	8104	31345
连云港市	Lianyungang	8215	1826	1436
淮安市	Huai'an	5553	6509	3754
盐城市	Yancheng	4977	11009	3005
扬州市	Yangzhou	6419	5743	6169
镇江市	Zhenjiang	6815	1478	
泰州市	Taizhou	2478	16636	
宿迁市	Suqian	3711	2269	
浙江省	**Zhejiang**			
杭州市	Hangzhou	23800	5251	424933

2-24 续表 2 continued

城 市	City	公路货运量 (万吨) Highway Freight Traffic(10 000 tons)	水运货运量 (万吨) waterway Freight Traffic (10 000 tons)	民用航空货邮运量 (吨) Civil Aviation Freight Traffic (ton)
宁波市	Ningbo	22906	16771	117000
温州市	Wenzhou	8566	3243	42485
嘉兴市	Jiaxing	9933	8522	
湖州市	Huzhou	7819	5746	
绍兴市	Shaoxing	10866	1405	
金华市	Jinhua	8233	15	13099
衢州市	Quzhou	8936	2	800
舟山市	Zhoushan	6519	18548	320
台州市	Taizhou	9990	11200	3229
丽水市	Lishui	4982	223	
安徽省	**Anhui**			
合肥市	Hefei	27578	4907	27723
芜湖市	Wuhu	6464	19586	
蚌埠市	Bengbu	19448	15018	
淮南市	Huainan	12522	3917	
马鞍山市	Maanshan	8514	6957	
淮北市	Huaibei	14686		
铜陵市	Tongling	3563	2425	
安庆市	Anqing	11498	5310	846
黄山市	Huangshan	4491	17	2102
滁州市	Chuzhou	26063	2596	
阜阳市	Fuyang	54526	1391	567
宿州市	Suzhou	20791	1317	
六安市	Lu'an	28855	11897	
亳州市	Bozhou	24519	3965	
池州市	Chizhou	4468	5169	
宣城市	Xuancheng	11017	11043	
福建省	**Fujian**			
福州市	Fuzhou	16971	8925	116497
厦门市	Xiamen	18680	7372	310600
莆田市	Putian	4443	643	
三明市	Sanming	8544		
泉州市	Quanzhou	13524	9341	43000
漳州市	Zhangzhou	10403	2040	
南平市	Nanping	3089	94	2372
龙岩市	Longyan	10805	50	448
宁德市	Ningde	3276	920	
江西省	**Jiangxi**			
南昌市	Nanchang	12593	1050	51000
景德镇市	Jingdezhen	2144	20	2000
萍乡市	Pingxiang	3069		
九江市	Jiujiang	12250	1262	112
新余市	Xinyu	15603	38	
鹰潭市	Yingtan	3565	491	
赣州市	Ganzhou	18338	1606	6059
吉安市	Ji'an	9685	1841	3006

2-24 续表 3 continued

城 市	City	公路货运量 (万吨) Highway Freight Traffic(10 000 tons)	水运货运量 (万吨) waterway Freight Traffic (10 000 tons)	民用航空货邮运量 (吨) Civil Aviation Freight Traffic (ton)
宜春市	Yichun	17628	2474	233
抚州市	Fuzhou	15899	155	
上饶市	Shangrao	20354	808	
山东省	**Shandong**			
济南市	Jinan	20419	173	41460
青岛市	Qingdao	18900	1406	208064
淄博市	Zibo	16796		
枣庄市	Zaozhuang	4804	976	
东营市	Dongying	4958	230	410
烟台市	Yantai	17033	3739	20000
潍坊市	Weifang	21631	1475	20501
济宁市	Jining	24019	3851	1171
泰安市	Tai'an	6114	36	
威海市	Weihai	6333	1668	5251
日照市	Rizhao	6942	885	
莱芜市	Laiwu	6919		
临沂市	Linyi	26843		5009
德州市	Dezhou	12231		
聊城市	Liaocheng	15578		
滨州市	Binzhou	11950	203	
菏泽市	Heze	13066	188	
河南省	**Henan**			
郑州市	Zhengzhou	21813		103000
开封市	Kaifeng	2762	3	
洛阳市	Luoyang	17524	57	1510
平顶山市	Pingdingshan	9705		
安阳市	Anyang	12199		
鹤壁市	Hebi	5434		
新乡市	Xinxiang	16656		
焦作市	Jiaozuo	15566		
濮阳市	Puyang	3365	245	
许昌市	Xuchang	6438		
漯河市	Luohe	5762	402	
三门峡市	Sanmenxia	4463		
南阳市	Nanyang	17765	778	4200
商丘市	Shangqiu	16000	401	
信阳市	Xinyang	6723	3999	
周口市	Zhoukou	15842	2377	
驻马店市	Zhumadian	9758	3078	
湖北省	**Hubei**			
武汉市	Wuhan	28496	13100	108900
黄石市	Huangshi	5603	1427	
十堰市	Shiyan	5145	394	
宜昌市	Yichang	8843	4870	9395
襄阳市	Xiangyang	25632	1172	2379
鄂州市	Ezhou	1435	629	

2-24 续表 4 continued

城　市	City	公路货运量 (万吨) Highway Freight Traffic(10 000 tons)	水运货运量 (万吨) waterway Freight Traffic (10 000 tons)	民用航空货邮运量 (吨) Civil Aviation Freight Traffic (ton)
荆门市	Jingmen	7167	65	
孝感市	Xiaogan	3103	335	
荆州市	Jingzhou	7361	6686	
黄冈市	Huanggang	7160	3409	
咸宁市	Xianning	8304	10	
随州市	Suizhou	6202	26	
湖南省	**Hunan**			
长沙市	Changsha	30412	3007	59774
株洲市	Zhuzhou	14110	802	
湘潭市	Xiangtan	5268	967	
衡阳市	Hengyang	17659	1221	355
邵阳市	Shaoyang	25012	637	
岳阳市	Yueyang	17665	9480	
常德市	Changde	11808	2436	190
张家界市	Zhangjiajie	2033	433	914
益阳市	Yiyang	9439	2992	
郴州市	Chenzhou	20353	192	
永州市	Yongzhou	6419	587	48
怀化市	Huaihua	5701	332	25
娄底市	Loudi	10751	543	
广东省	**Guangdong**			
广州市	Guangzhou	71284	23007	1163981
韶关市	Shaoguan	14356	4662	
深圳市	Shenzhen	24774	7557	771100
珠海市	Zhuhai	9918	1709	12300
汕头市	Shantou	4819	937	21800
佛山市	Foshan	25318	4110	2042
江门市	Jiangmen	9471	3706	
湛江市	Zhanjiang	12962	3566	4200
茂名市	Maoming	9353	542	
肇庆市	Zhaoqing	5723	1580	
惠州市	Huizhou	11016	12419	
梅州市	Meizhou	7177	49	
汕尾市	Shanwei	2333	11	
河源市	Heyuan	6495	15	
阳江市	Yangjiang	9025	1010	
清远市	Qingyuan	13635	2632	
东莞市	Dongguan	10469	4916	
中山市	Zhongshan	14758	3205	
潮州市	Chaozhou	4072	856	
揭阳市	Jieyang	3870	28	40070
云浮市	Yunfu	4292	1026	
广西壮族自治区	**Guangxi**			
南宁市	Nanning	26650	3263	50000
柳州市	Liuzhou	14650	809	1735
桂林市	Guilin	7983	181	17200

2-24 续表 5 continued

城　市	City	公路货运量 (万吨) Highway Freight Traffic(10 000 tons)	水运货运量 (万吨) waterway Freight Traffic (10 000 tons)	民用航空货邮运量 (吨) Civil Aviation Freight Traffic (ton)
梧州市	Wuzhou	5229	2371	15
北海市	Beihai	6435	696	3012
防城港市	Fangchenggang	3449	1302	
钦州市	Qinzhou	9722	2361	
贵港市	Guigang	7961	12918	
玉林市	Yulin	18766	133	
百色市	Baise	8053	300	
贺州市	Hezhou	3800	141	
河池市	Hechi	5743	16	62
来宾市	Laibin	2041	769	
崇左市	Chongzuo	3787	28	
海南省	**Hainan**			
海口市	Haikou	3558	6929	298600
三亚市	Sanya	1625	11	26900
三沙市	Sansa		3	
儋州市	Danzhou	488		
重庆市	**Chongqing**	86931	15040	121796
四川省	**Sichuan**			
成都市	Chengdu	25563		268323
自贡市	Zigong	4795	224	
攀枝花市	Panzhihua	9232	17	420
泸州市	Luzhou	6503	1984	2868
德阳市	Deyang	9093		
绵阳市	Mianyang	5029		12632
广元市	Guangyuan	4600	1086	1367
遂宁市	Suining	3997	220	
内江市	Neijiang	2790	321	
乐山市	Leshan	11279	308	
南充市	Nanchong	5646	1519	2930
眉山市	Meishan	6620		
宜宾市	Yibin	5071	832	2881
广安市	Guang'an	284873	365	
达州市	Dazhou	11841	451	1800
雅安市	Ya'an	4987		
巴中市	Bazhong	2251	332	
资阳市	Ziyang	5468	750	
贵州省	**Guizhou**			
贵阳市	Guiyang	30915	4	87200
六盘水市	Liupanshui		80	213
遵义市	Zunyi	35954	783	176
安顺市	Anshun	6068	3	1156
毕节市	Bijie		5	814
铜仁市	Tongren	2998	37	
云南省	**Yunnan**			
昆明市	Kunming	26528	51	355000
曲靖市	Qujing	1352		

2-24 续表 6 continued

城 市	City	公路货运量(万吨) Highway Freight Traffic(10 000 tons)	水运货运量(万吨) waterway Freight Traffic (10 000 tons)	民用航空货邮运量(吨) Civil Aviation Freight Traffic (ton)
玉溪市	Yuxi	10300		
保山市	Baoshan	3762		1619
昭通市	Zhaotong	4009	316	196
丽江市	Lijiang	2647		8292
普洱市	Pu'er	3887	10	771
临沧市	Lincang	3278		
西藏自治区	**Tibet**			
拉萨市	Lasa	990		
陕西省	**Shaanxi**			
西安市	Xi'an	45401		211589
铜川市	Tongchuan	5036		
宝鸡市	Baoji	11234		
咸阳市	Xianyang	11416		
渭南市	Weinan	14970	76	
延安市	Yan'an	6187		181
汉中市	Hanzhong	7608		132
榆林市	Yulin	16694		3415
安康市	Ankang	7198	181	
商洛市	Shangluo	3784		
甘肃省	**Gansu**			
兰州市	Lanzhou	10915	14	50094
嘉峪关市	Jiayuguan	4468		1673
金昌市	Jinchang	2501		115
白银市	Baiyin	7834		
天水市	Tianshui	2896		25
武威市	Wuwei	4680		
张掖市	Zhangye	2666		103
平凉市	Pingliang	4446		
酒泉市	Jiuquan	3204		508
庆阳市	Qingyang	3391		30
定西市	Dingxi	3487		
陇南市	Longnan	1756		
青海省	**Qinghai**			
西宁市	Xining	6583		8600
海东市	Haidong	2749		
宁夏回族自治区	**Ningxia**			
银川市	Yinchuan	10656		12600
石嘴山市	Shizuishan	4318		
吴忠市	Wuzhong	8469		
固原市	Guyuan	5730		
中卫市	Zhongwei	2178	40	72
新疆维吾尔自治区	**Xinjiang**			
乌鲁木齐市	Urumqi	14793		72100
克拉玛依市	Karamay	3406		235

2-25 邮政局(所)数及邮政、电信业务收入(全市)
Number of Post Offices and Revenue from Postal and Telecommunication Services (Total City)

城市	City	年末邮政局(所)数(处) Number of Post Offices at Year-end (unit)	邮政业务收入(万元) Revenue from Postal Services (10 000 yuan)	电信业务收入(万元) Revenue from Telecommunication Services (10 000 yuan)
城市合计	**Prefecture Cities**	**48904**	**29469144**	**133484765**
北京市	**Beijing**	**949**	**678365**	**9233637**
天津市	**Tianjin**	**421**	**600467**	**2617627**
河北省	**Hebei**	**2444**	**909097**	**4558191**
石家庄市	Shijiazhuang	294	271942	835497
唐山市	Tangshan	240	96897	529455
秦皇岛市	Qinhuangdao	111	27291	239557
邯郸市	Handan	270	67481	435850
邢台市	Xingtai	215	24968	330448
保定市	Baoding	347	177248	669914
张家口市	Zhangjiakou	257	37996	251208
承德市	Chengde	223	33314	211022
沧州市	Cangzhou	219	89592	409328
廊坊市	Langfang	136	32269	441963
衡水市	Hengshui	132	50099	203949
山西省	**Shanxi**	**1608**	**296676**	**3194565**
太原市	Taiyuan	155	65356	569164
大同市	Datong	141	31020	209995
阳泉市	Yangquan	67	11920	173506
长治市	Changzhi	167	21130	207138
晋城市	Jincheng	112	11880	231344
朔州市	Shuozhou	85	12385	82490
晋中市	Jinzhong	157	22010	218067
运城市	Yuncheng	172	46000	480000
忻州市	Xinzhou	208	29830	169902
临汾市	Linfen	164	25175	478778
吕梁市	Lvliang	180	19970	374181
内蒙古自治区	**Inner Mongolia**	**1279**	**237006**	**2170020**
呼和浩特市	Hohhot	118	86491	565564
包头市	Baotou	106	16000	261186
乌海市	Wuhai	37	8671	62685
赤峰市	Chifeng	296	35400	263035
通辽市	Tongliao	128	20296	211072
鄂尔多斯市	Erdos	118	19000	182000
呼伦贝尔市	Hulunbuir	180	16373	236178
巴彦淖尔市	Bayannur	129	16375	126000
乌兰察布市	Ulanqab	167	18400	262300
辽宁省	**Liaoning**	**1776**	**754816**	**3683369**
沈阳市	Shenyang	229	226418	1006456
大连市	Dalian	241	197200	817487
鞍山市	Anshan	102	44600	261281
抚顺市	Fushun	86	22600	141707
本溪市	Benxi	69	14938	106752
丹东市	Dandong	104	30669	166472
锦州市	Jinzhou	121	29000	181270

2-25 续表 1 continued

城市	City	年末邮政局(所)数(处) Number of Post Offices at Year-end (unit)	邮政业务收入(万元) Revenue from Postal Services (10 000 yuan)	电信业务收入(万元) Revenue from Telecommunication Services (10 000 yuan)
营口市	Yingkou	78	25728	191367
阜新市	Fuxin	97	11598	105625
辽阳市	Liaoyang	104	24511	120209
盘锦市	Panjin	77	35100	118955
铁岭市	Tieling	143	29000	147345
朝阳市	Chaoyang	182	29800	168504
葫芦岛市	Huludao	143	33654	149939
吉林省	**Jilin**	**864**	**377869**	**1598400**
长春市	Changchun	205	166501	688551
吉林市	Jilin	143	59997	261254
四平市	Siping	108	35793	159827
辽源市	Liaoyuan	49	14609	62004
通化市	Tonghua	114	34442	120237
白山市	Baishan	62	23691	70591
松原市	Songyuan	96	23336	135536
白城市	Baicheng	87	19500	100400
黑龙江省	**Heilongjiang**	**1974**	**367272**	**2696511**
哈尔滨市	Harbin	368	120029	896363
齐齐哈尔市	Qiqihar	253	30500	471800
鸡西市	Jixi	123	24078	130114
鹤岗市	Hegang	72	9917	63058
双鸭山市	Shuangyashan	116	17618	113473
大庆市	Daqing	181	40868	310947
伊春市	Yichun	84	12781	68215
佳木斯市	Jiamusi	183	22491	189000
七台河市	Qitaihe	41	6566	52203
牡丹江市	Mudanjiang	187	28834	167473
黑河市	Heihe	120	17666	179865
绥化市	Suihua	246	35924	54000
上海市	**Shanghai**	**537**	**574487**	**5317909**
江苏省	**Jiangsu**	**2385**	**4072211**	**8287755**
南京市	Nanjing	180	771433	1239380
无锡市	Wuxi	141	419208	945682
徐州市	Xuzhou	235	173335	568207
常州市	Changzhou	150	259463	598187
苏州市	Suzhou	240	1085329	1935033
南通市	Nantong	312	285598	614753
连云港市	Lianyungang	132	94405	292505
淮安市	Huai'an	171	103864	290903
盐城市	Yancheng	227	123941	453986
扬州市	Yangzhou	184	165024	405147
镇江市	Zhenjiang	105	97408	297486
泰州市	Taizhou	174	123968	349608
宿迁市	Suqian	134	369235	296878
浙江省	**Zhejiang**	**1864**	**2530120**	**7598234**
杭州市	Hangzhou	288	1596884	1736600

2-25 续表 2 continued

城市	City	年末邮政局(所)数(处) Number of Post Offices at Year-end (unit)	邮政业务收入(万元) Revenue from Postal Services (10 000 yuan)	电信业务收入(万元) Revenue from Telecommunication Services (10 000 yuan)
宁波市	Ningbo	271	97208	1172103
温州市	Wenzhou	206	432565	1173347
嘉兴市	Jiaxing	148	44866	779187
湖州市	Huzhou	82	26224	312966
绍兴市	Shaoxing	157	51478	519632
金华市	Jinhua	208	126568	737681
衢州市	Quzhou	110	15084	183351
舟山市	Zhoushan	54	12282	136218
台州市	Taizhou	144	52670	674120
丽水市	Lishui	196	74291	173029
安徽省	**Anhui**	**1967**	**527659**	**3784898**
合肥市	Hefei	187	60576	844214
芜湖市	Wuhu	120	86800	348961
蚌埠市	Bengbu	89	22065	199561
淮南市	Huainan	87	17219	155854
马鞍山市	Maanshan	69	15109	18796
淮北市	Huaibei	48	12851	121079
铜陵市	Tongling	35	7790	69075
安庆市	Anqing	207	54470	308689
黄山市	Huangshan	123	11039	89963
滁州市	Chuzhou	164	17889	329819
阜阳市	Fuyang	196	52956	154491
宿州市	Suzhou	115	42629	261519
六安市	Lu'an	211	35990	249752
亳州市	Bozhou	102	54100	370389
池州市	Chizhou	73	7601	88511
宣城市	Xuancheng	141	28575	174225
福建省	**Fujian**	**1401**	**1358857**	**5496433**
福州市	Fuzhou	238	315315	1113262
厦门市	Xiamen	91	351500	1422600
莆田市	Putian	66	27003	313583
三明市	Sanming	175	49163	188734
泉州市	Quanzhou	220	394800	979231
漳州市	Zhangzhou	142	90144	395833
南平市	Nanping	192	36350	410054
龙岩市	Longyan	141	40029	418100
宁德市	Ningde	136	54553	255036
江西省	**Jiangxi**	**1887**	**521754**	**2731103**
南昌市	Nanchang	161	208600	694700
景德镇市	Jingdezhen	95	11492	105816
萍乡市	Pingxiang	68	14006	115348
九江市	Jiujiang	227	26708	271703
新余市	Xinyu	49	14900	170000
鹰潭市	Yingtan	46	16501	65340
赣州市	Ganzhou	362	53263	435928
吉安市	Ji'an	244	51032	194256

2-25 续表 3 continued

城市	City	年末邮政局(所)数(处) Number of Post Offices at Year-end (unit)	邮政业务收入(万元) Revenue from Postal Services (10 000 yuan)	电信业务收入(万元) Revenue from Telecommunication Services (10 000 yuan)
宜春市	Yichun	200	48371	216800
抚州市	Fuzhou	191	24881	169812
上饶市	Shangrao	244	52000	291400
山东省	**Shandong**	**2882**	**1462994**	**13749677**
济南市	Jinan	204	300300	729421
青岛市	Qingdao	271	370904	965792
淄博市	Zibo	142	82326	534452
枣庄市	Zaozhuang	100	38400	574622
东营市	Dongying	85	19228	201524
烟台市	Yantai	268	51500	699200
潍坊市	Weifang	267	48257	7257410
济宁市	Jining	210	50100	408800
泰安市	Tai'an	137	81045	229769
威海市	Weihai	100	70657	229687
日照市	Rizhao	76	29417	200518
莱芜市	Laiwu	45	18643	63476
临沂市	Linyi	252	60954	564842
德州市	Dezhou	235	60156	181676
聊城市	Liaocheng	176	56441	244784
滨州市	Binzhou	127	44900	160149
菏泽市	Heze	187	79766	503555
河南省	**Henan**	**2603**	**1351607**	**7694263**
郑州市	Zhengzhou	247	637061	2341056
开封市	Kaifeng	140	31138	636494
洛阳市	Luoyang	190	54554	419079
平顶山市	Pingdingshan	132	44808	243758
安阳市	Anyang	118	47696	412828
鹤壁市	Hebi	31	8328	80327
新乡市	Xinxiang	171	83019	569954
焦作市	Jiaozuo	112	29588	198517
濮阳市	Puyang	99	31012	346812
许昌市	Xuchang	102	28889	225754
漯河市	Luohe	59	17978	34189
三门峡市	Sanmenxia	84	23267	253998
南阳市	Nanyang	272	59169	604104
商丘市	Shangqiu	209	73175	358736
信阳市	Xinyang	226	50647	288782
周口市	Zhoukou	200	70330	373807
驻马店市	Zhumadian	211	60948	306068
湖北省	**Hubei**	**1498**	**961689**	**3806078**
武汉市	Wuhan	259	545600	1391110
黄石市	Huangshi	66	41600	196800
十堰市	Shiyan	150	32400	238708
宜昌市	Yichang	135	29451	284683
襄阳市	Xiangyang	166	39663	394349
鄂州市	Ezhou	38	26990	75150

2-25 续表 4 continued

城市	City	年末邮政局(所)数(处) Number of Post Offices at Year-end (unit)	邮政业务收入(万元) Revenue from Postal Services (10 000 yuan)	电信业务收入(万元) Revenue from Telecommunication Services (10 000 yuan)
荆门市	Jingmen	86	37175	183420
孝感市	Xiaogan	134	49693	220085
荆州市	Jingzhou	166	54978	313331
黄冈市	Huanggang	152	55000	277000
咸宁市	Xianning	87	28817	123787
随州市	Suizhou	59	20322	107655
湖南省	**Hunan**	**2296**	**733899**	**5466392**
长沙市	Changsha	230	269113	995652
株洲市	Zhuzhou	99	26960	392568
湘潭市	Xiangtan	97	19600	365200
衡阳市	Hengyang	212	56388	593100
邵阳市	Shaoyang	243	46366	530392
岳阳市	Yueyang	182	51700	573000
常德市	Changde	237	40379	305405
张家界市	Zhangjiajie	62	13100	198500
益阳市	Yiyang	124	44150	206170
郴州市	Chenzhou	262	74000	430900
永州市	Yongzhou	232	34164	197754
怀化市	Huaihua	216	34256	463379
娄底市	Loudi	100	23723	214372
广东省	**Guangdong**	**3954**	**7590506**	**15136891**
广州市	Guangzhou	243	2222763	3177319
韶关市	Shaoguan	139	28875	179963
深圳市	Shenzhen	678	2472700	3352000
珠海市	Zhuhai	69		
汕头市	Shantou	68	30026	482265
佛山市	Foshan		345432	
江门市	Jiangmen	121	126977	894802
湛江市	Zhanjiang	141	47617	1147991
茂名市	Maoming		63488	804683
肇庆市	Zhaoqing	135	698069	
惠州市	Huizhou	164	29108	579562
梅州市	Meizhou	159	53958	204875
汕尾市	Shanwei	60	29585	350887
河源市	Heyuan	116	17134	231971
阳江市	Yangjiang	57	28725	176329
清远市	Qingyuan	46	37689	265377
东莞市	Dongguan	797	992490	1497315
中山市	Zhongshan	557	322409	1244021
潮州市	Chaozhou		15380	197966
揭阳市	Jieyang	312		
云浮市	Yunfu	92	28081	349565
广西壮族自治区	**Guangxi**	**1488**	**369065**	**2913696**
南宁市	Nanning	197	55204	729944
柳州市	Liuzhou	118	37884	288537
桂林市	Guilin	183	46888	308800

2-25 续表 5 continued

城市	City	年末邮政局(所)数(处) Number of Post Offices at Year-end (unit)	邮政业务收入(万元) Revenue from Postal Services (10 000 yuan)	电信业务收入(万元) Revenue from Telecommunication Services (10 000 yuan)
梧州市	Wuzhou	73	27790	138841
北海市	Beihai	34	15608	136271
防城港市	Fangchenggang	32	5597	77898
钦州市	Qinzhou	73	16523	150021
贵港市	Guigang	83	37945	172017
玉林市	Yulin	112	44728	253708
百色市	Baise	173	23255	186403
贺州市	Hezhou	71	10000	87759
河池市	Hechi	174	19075	166091
来宾市	Laibin	79	9657	102343
崇左市	Chongzuo	86	18911	115063
海南省	**Hainan**	**92**	**33371**	**547667**
海口市	Haikou	58	26493	414246
三亚市	Sanya	33	6878	133365
三沙市	Sansa	1		56
儋州市	Danzhou			
重庆市	**Chongqing**	**1756**	**603910**	**2220727**
四川省	**Sichuan**	**4938**	**1119717**	**7345051**
成都市	Chengdu	480	574900	4040200
自贡市	Zigong	172	31167	45659
攀枝花市	Panzhihua	67	16254	99200
泸州市	Luzhou	254	50564	249204
德阳市	Deyang	185	24894	210499
绵阳市	Mianyang	447	39230	319459
广元市	Guangyuan	287	26487	153428
遂宁市	Suining	135	20878	120359
内江市	Neijiang	214	31701	158127
乐山市	Leshan	251	31482	234324
南充市	Nanchong	519	53596	301949
眉山市	Meishan	238	29330	162941
宜宾市	Yibin	253	36775	251328
广安市	Guang'an	204	35132	187207
达州市	Dazhou	427	40359	232056
雅安市	Ya'an	157	8315	98727
巴中市	Bazhong	294	32022	326955
资阳市	Ziyang	354	36631	153429
贵州省	**Guizhou**	**903**	**359385**	**1882918**
贵阳市	Guiyang	187	38556	575072
六盘水市	Liupanshui	114	18726	322200
遵义市	Zunyi	310	67500	401900
安顺市	Anshun	109	16036	129341
毕节市	Bijie	88	19767	281005
铜仁市	Tongren	95	198800	173400
云南省	**Yunnan**	**1048**	**270536**	**2553797**
昆明市	Kunming	281	200937	978000
曲靖市	Qujing	148	20668	713732

2-25 续表 6 continued

城市	City	年末邮政局(所)数(处) Number of Post Offices at Year-end (unit)	邮政业务收入(万元) Revenue from Postal Services (10 000 yuan)	电信业务收入(万元) Revenue from Telecommunication Services (10 000 yuan)
玉溪市	Yuxi	83	7430	339300
保山市	Baoshan	98	7881	58106
昭通市	Zhaotong	163	15034	220092
丽江市	Lijiang	70	5724	79401
普洱市	Pu'er	125	6100	41700
临沧市	Lincang	80	6762	123466
西藏自治区	**Tibet**	**44**	**7158**	**286855**
拉萨市	Lasa	44	7158	286855
陕西省	**Shaanxi**	**2090**	**560543**	**3171813**
西安市	Xi'an	299	307008	1338203
铜川市	Tongchuan	47	6535	15709
宝鸡市	Baoji	174	40700	231400
咸阳市	Xianyang	121	33736	278066
渭南市	Weinan	186	37320	315900
延安市	Yan'an	135	16351	289123
汉中市	Hanzhong	233	49600	203220
榆林市	Yulin	165	29500	247400
安康市	Ankang	648	22793	157492
商洛市	Shangluo	82	17000	95300
甘肃省	**Gansu**	**1277**	**122770**	**1682666**
兰州市	Lanzhou	156	29413	487241
嘉峪关市	Jiayuguan	13	5313	35259
金昌市	Jinchang	18	2589	61224
白银市	Baiyin	109	7731	123900
天水市	Tianshui	154	24174	156321
武威市	Wuwei	121	6883	127658
张掖市	Zhangye	93	6007	83361
平凉市	Pingliang	135	6313	210000
酒泉市	Jiuquan	83	8000	34562
庆阳市	Qingyang	124	10661	74884
定西市	Dingxi	151	10562	118900
陇南市	Longnan	120	5124	169356
青海省	**Qinghai**	**133**	**26606**	**503221**
西宁市	Xining	105	22500	437714
海东市	Haidong	28	4106	65507
宁夏回族自治区	**Ningxia**	**324**	**32863**	**906316**
银川市	Yinchuan	106	13454	447429
石嘴山市	Shizuishan	29	5129	63665
吴忠市	Wuzhong	49	6411	273511
固原市	Guyuan	90	4888	20220
中卫市	Zhongwei	50	2981	101491
新疆维吾尔自治区	**Xinjiang**	**222**	**55869**	**648085**
乌鲁木齐市	Urumqi	188	48700	590100
克拉玛依市	Karamay	34	7169	57985

2-26 电话及互联网用户数(全市)
Number of Subscribers of Telephone and Internet Services (Total City)

单位：万户 (10 000 households)

城　市	City	固定电话年末用户数 Number of Subscribers of Local Telephones at Year-end	移动电话年末用户数 Number of Subscribers of Mobile Telephones at Year-end	互联网宽带接入用户数 Number of Subscribers of Internet Services
城市合计	**Prefecture Cities**			
北京市	**Beijing**	785	4052	492
天津市	**Tianjin**	344	1406	1205
河北省	**Hebei**			
石家庄市	Shijiazhuang	142	1071	233
唐山市	Tangshan	126	891	139
秦皇岛市	Qinhuangdao	42	344	64
邯郸市	Handan	67	711	113
邢台市	Xingtai	79	539	102
保定市	Baoding	140	946	195
张家口市	Zhangjiakou	46	351	58
承德市	Chengde	33	281	49
沧州市	Cangzhou	114	597	103
廊坊市	Langfang	85	469	101
衡水市	Hengshui	74	354	72
山西省	**Shanxi**			
太原市	Taiyuan	103	741	129
大同市	Datong	31	309	53
阳泉市	Yangquan	15	150	32
长治市	Changzhi	33	298	55
晋城市	Jincheng	36	229	44
朔州市	Shuozhou	18	156	21
晋中市	Jinzhong	49	302	59
运城市	Yuncheng	47	442	85
忻州市	Xinzhou	60	271	39
临汾市	Linfen	34	396	65
吕梁市	Lvliang	30	313	47
内蒙古自治区	**Inner Mongolia**			
呼和浩特市	Hohhot	71	336	45
包头市	Baotou	37	310	37
乌海市	Wuhai	24	76	13
赤峰市	Chifeng	36	433	51
通辽市	Tongliao	26	360	37
鄂尔多斯市	Erdos	22	138	24
呼伦贝尔市	Hulunbuir	44	359	42
巴彦淖尔市	Bayannur	24	202	21
乌兰察布市	Ulanqab	26	232	23
辽宁省	**Liaoning**			
沈阳市	Shenyang	229	1349	178
大连市	Dalian	229	726	131
鞍山市	Anshan	73	334	71
抚顺市	Fushun	46	199	44
本溪市	Benxi	25	170	34
丹东市	Dandong	65	196	46
锦州市	Jinzhou	75	263	60

2-26 续表 1 continued

单位: 万户 (10 000 households)

城 市	City	固定电话年末用户数 Number of Subscribers of Local Telephones at Year-end	移动电话年末用户数 Number of Subscribers of Mobile Telephones at Year-end	互联网宽带接入用户数 Number of Subscribers of Internet Services
营口市	Yingkou	50	203	48
阜新市	Fuxin	39	140	39
辽阳市	Liaoyang	36	185	38
盘锦市	Panjin	35	142	29
铁岭市	Tieling	35	205	38
朝阳市	Chaoyang	61	205	45
葫芦岛市	Huludao	50	200	45
吉林省	**Jilin**			
长春市	Changchun	122	1081	106
吉林市	Jilin	90	398	73
四平市	Siping	43	283	36
辽源市	Liaoyuan	27	117	18
通化市	Tonghua	53	185	35
白山市	Baishan	38	112	20
松原市	Songyuan	38	263	29
白城市	Baicheng	37	176	27
黑龙江省	**Heilongjiang**			
哈尔滨市	Harbin	222	1289	163
齐齐哈尔市	Qiqihar	61	401	58
鸡西市	Jixi	29	172	22
鹤岗市	Hegang	8	107	15
双鸭山市	Shuangyashan	25	177	24
大庆市	Daqing	47	366	54
伊春市	Yichun	15	110	19
佳木斯市	Jiamusi	33	243	34
七台河市	Qitaihe	8	83	9
牡丹江市	Mudanjiang	47	263	48
黑河市	Heihe	19	139	24
绥化市	Suihua	63	329	39
上海市	**Shanghai**	797	3260	695
江苏省	**Jiangsu**			
南京市	Nanjing	280	1082	242
无锡市	Wuxi	195	844	163
徐州市	Xuzhou	139	736	116
常州市	Changzhou	140	535	124
苏州市	Suzhou	341	1447	320
南通市	Nantong	209	682	135
连云港市	Lianyungang	84	368	73
淮安市	Huai'an	77	383	64
盐城市	Yancheng	125	589	98
扬州市	Yangzhou	119	441	88
镇江市	Zhenjiang	87	310	66
泰州市	Taizhou	120	407	79
宿迁市	Suqian	59	383	58
浙江省	**Zhejiang**			
杭州市	Hangzhou	293	1727	295

2-26 续表 2 continued

单位：万户 (10 000 households)

城　市	City	固定电话年末用户数 Number of Subscribers of Local Telephones at Year-end	移动电话年末用户数 Number of Subscribers of Mobile Telephones at Year-end	互联网宽带接入用户数 Number of Subscribers of Internet Services
宁波市	Ningbo	269	1257	302
温州市	Wenzhou	179	1122	288
嘉兴市	Jiaxing	124	602	148
湖州市	Huzhou	89	450	104
绍兴市	Shaoxing	144	705	165
金华市	Jinhua	111	921	196
衢州市	Quzhou	43	288	57
舟山市	Zhoushan	36	168	145
台州市	Taizhou	120	740	179
丽水市	Lishui	41	294	57
安徽省	**Anhui**			
合肥市	Hefei	156	822	187
芜湖市	Wuhu	55	324	72
蚌埠市	Bengbu	40	223	49
淮南市	Huainan	28	168	45
马鞍山市	Maanshan	39	190	43
淮北市	Huaibei	24	153	37
铜陵市	Tongling	14	74	21
安庆市	Anqing	68	356	55
黄山市	Huangshan	24	109	24
滁州市	Chuzhou	48	303	64
阜阳市	Fuyang	47	441	68
宿州市	Suzhou	51	476	113
六安市	Lu'an	46	340	52
亳州市	Bozhou	31	291	41
池州市	Chizhou	21	104	23
宣城市	Xuancheng	40	198	43
福建省	**Fujian**			
福州市	Fuzhou	184	908	207
厦门市	Xiamen	131	584	144
莆田市	Putian	65	259	253
三明市	Sanming	50	252	54
泉州市	Quanzhou	215	922	230
漳州市	Zhangzhou	90	460	86
南平市	Nanping	51	260	55
龙岩市	Longyan	50	253	64
宁德市	Ningde	50	282	55
江西省	**Jiangxi**			
南昌市	Nanchang	107	609	128
景德镇市	Jingdezhen	21	122	24
萍乡市	Pingxiang	28	145	27
九江市	Jiujiang	72	374	78
新余市	Xinyu	15	115	24
鹰潭市	Yingtan	14	82	22
赣州市	Ganzhou	88	673	150
吉安市	Ji'an	47	280	55

2-26 续表 3 continued

单位：万户 (10 000 households)

城 市	City	固定电话年末用户数 Number of Subscribers of Local Telephones at Year-end	移动电话年末用户数 Number of Subscribers of Mobile Telephones at Year-end	互联网宽带接入用户数 Number of Subscribers of Internet Services
宜春市	Yichun	54	376	62
抚州市	Fuzhou	23	231	49
上饶市	Shangrao	85	505	93
山东省	**Shandong**			
济南市	Jinan	166	1090	232
青岛市	Qingdao	215	1336	249
淄博市	Zibo	81	496	77
枣庄市	Zaozhuang	40	311	54
东营市	Dongying	35	242	56
烟台市	Yantai	84	839	167
潍坊市	Weifang	111	966	132
济宁市	Jining	36	695	112
泰安市	Tai'an	64	467	77
威海市	Weihai	56	361	73
日照市	Rizhao	28	258	52
莱芜市	Laiwu	18	131	25
临沂市	Linyi	62	848	132
德州市	Dezhou	44	437	71
聊城市	Liaocheng	38	464	73
滨州市	Binzhou	36	366	52
菏泽市	Heze	21	638	88
河南省	**Henan**			
郑州市	Zhengzhou	204	1345	240
开封市	Kaifeng	34	382	53
洛阳市	Luoyang	102	642	157
平顶山市	Pingdingshan	40	359	46
安阳市	Anyang	61	497	93
鹤壁市	Hebi	18	138	29
新乡市	Xinxiang	74	539	104
焦作市	Jiaozuo	43	353	79
濮阳市	Puyang	28	321	68
许昌市	Xuchang	47	342	62
漯河市	Luohe	18	53	21
三门峡市	Sanmenxia	21	181	123
南阳市	Nanyang	70	674	83
商丘市	Shangqiu	54	629	99
信阳市	Xinyang	43	436	46
周口市	Zhoukou	40	574	82
驻马店市	Zhumadian	33	467	61
湖北省	**Hubei**			
武汉市	Wuhan	249	1585	463
黄石市	Huangshi	39	227	44
十堰市	Shiyan	214	263	58
宜昌市	Yichang	61	365	79
襄阳市	Xiangyang	63	451	84
鄂州市	Ezhou	19	96	18

2-26 续表 4 continued

单位：万户 (10 000 households)

城　市	City	固定电话年末用户数 Number of Subscribers of Local Telephones at Year-end	移动电话年末用户数 Number of Subscribers of Mobile Telephones at Year-end	互联网宽带接入用户数 Number of Subscribers of Internet Services
荆门市	Jingmen	33	212	40
孝感市	Xiaogan	56	319	49
荆州市	Jingzhou	60	391	112
黄冈市	Huanggang	79	383	78
咸宁市	Xianning	41	248	43
随州市	Suizhou	50	174	34
湖南省	**Hunan**			
长沙市	Changsha	182	1123	180
株洲市	Zhuzhou	60	337	62
湘潭市	Xiangtan	24	265	38
衡阳市	Hengyang	74	417	73
邵阳市	Shaoyang	56	424	52
岳阳市	Yueyang	73	403	72
常德市	Changde	56	449	83
张家界市	Zhangjiajie	15	104	24
益阳市	Yiyang	33	272	42
郴州市	Chenzhou	53	355	62
永州市	Yongzhou	28	272	48
怀化市	Huaihua	37	336	49
娄底市	Loudi	30	272	45
广东省	**Guangdong**			
广州市	Guangzhou	468	3219	425
韶关市	Shaoguan	48	274	166
深圳市	Shenzhen	754	2621	671
珠海市	Zhuhai	74	370	84
汕头市	Shantou	128	607	107
佛山市	Foshan	258	1349	244
江门市	Jiangmen	138	557	108
湛江市	Zhanjiang	66	647	85
茂名市	Maoming	64	361	108
肇庆市	Zhaoqing			
惠州市	Huizhou	109	669	133
梅州市	Meizhou	54	357	59
汕尾市	Shanwei	37	187	29
河源市	Heyuan	42	231	45
阳江市	Yangjiang	43	233	48
清远市	Qingyuan	38	316	54
东莞市	Dongguan	298	1757	196
中山市	Zhongshan	108	611	115
潮州市	Chaozhou	51	261	35
揭阳市	Jieyang	84	503	58
云浮市	Yunfu	35	200	99
广西壮族自治区	**Guangxi**			
南宁市	Nanning	86	759	194
柳州市	Liuzhou	41	366	82
桂林市	Guilin	58	457	85

2-26 续表 5 continued

单位：万户 (10 000 households)

城 市	City	固定电话年末用户数 Number of Subscribers of Local Telephones at Year-end	移动电话年末用户数 Number of Subscribers of Mobile Telephones at Year-end	互联网宽带接入用户数 Number of Subscribers of Internet Services
梧州市	Wuzhou	18	186	47
北海市	Beihai	22	172	37
防城港市	Fangchenggang	12	88	16
钦州市	Qinzhou	28	197	34
贵港市	Guigang	35	242	42
玉林市	Yulin	56	350	60
百色市	Baise	27	245	36
贺州市	Hezhou	12	127	21
河池市	Hechi	22	227	35
来宾市	Laibin	12	143	23
崇左市	Chongzuo	13	155	21
海南省	**Hainan**			
海口市	Haikou	53	322	56
三亚市	Sanya	26	123	18
三沙市	Sansa	0		0
儋州市	Danzhou	10	73	9
重庆市	**Chongqing**	565	2789	697
四川省	**Sichuan**			
成都市	Chengdu	488	2221	474
自贡市	Zigong	34	208	43
攀枝花市	Panzhihua	30	116	30
泸州市	Luzhou	53	343	66
德阳市	Deyang	52	366	74
绵阳市	Mianyang	78	424	100
广元市	Guangyuan	35	219	39
遂宁市	Suining	31	214	38
内江市	Neijiang	51	267	50
乐山市	Leshan	60	327	50
南充市	Nanchong	73	414	63
眉山市	Meishan	39	221	46
宜宾市	Yibin	54	374	68
广安市	Guang'an	32	242	41
达州市	Dazhou	54	355	58
雅安市	Ya'an	24	140	30
巴中市	Bazhong	27	239	35
资阳市	Ziyang	34	249	41
贵州省	**Guizhou**			
贵阳市	Guiyang	97	857	116
六盘水市	Liupanshui	29	273	26
遵义市	Zunyi	69	553	61
安顺市	Anshun	17	180	23
毕节市	Bijie	25	344	292
铜仁市	Tongren	17	247	28
云南省	**Yunnan**			
昆明市	Kunming	128	967	135
曲靖市	Qujing	30	432	54

2-26 续表 6 continued

单位：万户 (10 000 households)

城　市	City	固定电话年末用户数 Number of Subscribers of Local Telephones at Year-end	移动电话年末用户数 Number of Subscribers of Mobile Telephones at Year-end	互联网宽带接入用户数 Number of Subscribers of Internet Services
玉溪市	Yuxi	13	205	36
保山市	Baoshan	12	189	22
昭通市	Zhaotong	15	303	26
丽江市	Lijiang	7	94	15
普洱市	Pu'er	20	214	20
临沧市	Lincang	16	179	23
西藏自治区	**Tibet**			
拉萨市	Lasa	21	96	
陕西省	**Shaanxi**			
西安市	Xi'an	292	1767	290
铜川市	Tongchuan	12	88	13
宝鸡市	Baoji	58	360	64
咸阳市	Xianyang	48	453	67
渭南市	Weinan	78	444	70
延安市	Yan'an	33	252	29
汉中市	Hanzhong	50	283	35
榆林市	Yulin	49	377	37
安康市	Ankang	35	226	30
商洛市	Shangluo	25	166	23
甘肃省	**Gansu**			
兰州市	Lanzhou	67	450	75
嘉峪关市	Jiayuguan	11	43	8
金昌市	Jinchang	7	51	9
白银市	Baiyin	20	156	18
天水市	Tianshui	32	262	53
武威市	Wuwei	15	137	18
张掖市	Zhangye	27	145	30
平凉市	Pingliang	19	164	17
酒泉市	Jiuquan	21	119	18
庆阳市	Qingyang	20	217	15
定西市	Dingxi	12	193	15
陇南市	Longnan	17	200	13
青海省	**Qinghai**			
西宁市	Xining	67	277	45
海东市	Haidong	11	112	6
宁夏回族自治区	**Ningxia**			
银川市	Yinchuan	50	438	48
石嘴山市	Shizuishan	10	88	12
吴忠市	Wuzhong	9	113	12
固原市	Guyuan	6	96	22
中卫市	Zhongwei	11	99	10
新疆维吾尔自治区	**Xinjiang**			
乌鲁木齐市	Urumqi	135	457	97
克拉玛依市	Karamay	16	56	15

(五)贸易、外经

Trade, Foreign Trade and Economic Cooperation

2-27 社会消费品零售总额及批发零售贸易业情况

Total Retail Sales of Consumer Goods and Basic Conditions

城市	City	限额以上批发零售贸易业商品销售总额(万元) Total Sales of Commodities of Enterprises above Designated Size in Wholesale and Retail Trades (10 000 yuan)		社会消费品零售总额(万元) Total Retail Sales of Consumer Goods (10 000 yuan)		限额以上批发零售贸易企业数(法人数)(个) Number of Enterprises above Designated Size of Wholesale and Retail Trades (Number of Legal Entities) (unit)	
		全市 Total City	市辖区 Districts under City	全市 Total City	市辖区 Districts under City	全市 Total City	市辖区 Districts under City
城市合计	**Prefecture Cities**	**5103462465**	**4416629881**	**2912171557**	**1903775053**	**177101**	**112829**
北京市	**Beijing**	**518112598**	**518112598**	**103380064**	**103380064**	**6216**	**6216**
天津市	**Tianjin**	**331562939**	**331562939**	**52572834**	**52572834**	**5158**	**5158**
河北省	**Hebei**	**98428259**	**80187424**	**128473034**	**54249564**	**3908**	**1869**
石家庄市	Shijiazhuang	19917300	18625225	26930343	15185000	432	321
唐山市	Tangshan	14361818	9577287	21478806	10892354	476	303
秦皇岛市	Qinhuangdao	7294877	6577916	6338190	4974166	239	209
邯郸市	Handan	16713321	13778796	13644978	4337623	401	120
邢台市	Xingtai	3687667	2841056	8753169	2130855	343	117
保定市	Baoding	14929253	13341024	15093077	6292862	461	187
张家口市	Zhangjiakou	2498025	1689224	6181190	2899859	203	96
承德市	Chengde	2317172	1595917	4907935	1455021	166	73
沧州市	Cangzhou	7700704	5587446	11091272	2139814	472	177
廊坊市	Langfang	5188507	4002443	7963816	2135581	298	121
衡水市	Hengshui	3819615	2571090	6090258	1806429	417	145
山西省	**Shanxi**	**106994201**	**79859420**	**60299616**	**34070503**	**2994**	**1388**
太原市	Taiyuan	42688709	42116520	15407962	14298033	646	579
大同市	Datong	19142788	17525710	5676817	4218082	202	139
阳泉市	Yangquan	8809839	8504904	2882987	2098307	141	112
长治市	Changzhi	11752880	2189166	5244137	3463178	337	173
晋城市	Jincheng	2388132	1515686	3587551	1897564	276	119
朔州市	Shuozhou	4182525	924218	2701455	1314128	180	
晋中市	Jinzhong	3992677	1407020	5297436	911994	256	35
运城市	Yuncheng	4230981	1891216	6609928	2151890	289	56
忻州市	Xinzhou	2496334	439925	3111835	828163	233	47
临汾市	Linfen	5215077	2368731	5719814	2259381	241	90
吕梁市	Lvliang	2094259	976324	4059694	629783	193	38
内蒙古自治区	**Inner Mongolia**	**30949121**	**25154700**	**56066568**	**37396000**	**1817**	**1185**
呼和浩特市	Hohhot	11237368	10248928	13535272	12180383	385	334
包头市	Baotou	6427816	5733578	12765735	11926874	287	262
乌海市	Wuhai	1341268	1341268	1390583	1390583	128	128
赤峰市	Chifeng	2226529	1866418	6370823	3166004	162	85
通辽市	Tongliao	2266634	1105053	4693171	2331001	248	141
鄂尔多斯市	Erdos	3597469	2742346	6603243	2717889	253	104
呼伦贝尔市	Hulunbuir	2634174	1171377	5458753	1797592	240	66
巴彦淖尔市	Bayannur	1217863	945732	2344851	1102098	74	34
乌兰察布市	Ulanqab			2904137	783576	40	31
辽宁省	**Liaoning**	**150647548**	**130388509**	**127820449**	**93212018**	**5963**	**4266**
沈阳市	Shenyang	75708616	72761989	38832398	35308833	1833	1565
大连市	Dalian	32646216	28475244	30874997	24869362	1430	1113

2-27 续表 1 continued

城 市	City	限额以上批发零售贸易业商品销售总额（万元）Total Sales of Commodities of Enterprises above Designated Size in Wholesale and Retail Trades (10 000 yuan)		社会消费品零售总额（万元）Total Retail Sales of Consumer Goods (10 000 yuan)		限额以上批发零售贸易企业数(法人数)（个）Number of Enterprises above Designated Size of Wholesale and Retail Trades (Number of Legal Entities) (unit)	
		全 市 Total City	市辖区 Districts under City	全 市 Total City	市辖区 Districts under City	全 市 Total City	市辖区 Districts under City
鞍山市	Anshan	11399611	5228426	9687239	4962322	648	332
抚顺市	Fushun	2694767	2533943	6246531	5392421	149	118
本溪市	Benxi	1522335	1410527	3614209	2626067	251	209
丹东市	Dandong	1231282	793920	5055718	2213946	160	77
锦州市	Jinzhou	3781509	2959419	5983736	3580124	245	149
营口市	Yingkou	3512358	2497047	4715093	2701581	268	147
阜新市	Fuxin	2272764	1919661	2743189	2111782	176	128
辽阳市	Liaoyang	4970140	4824493	3887611	2328894	102	75
盘锦市	Panjin	4932219	3216950	3469981	2628672	216	163
铁岭市	Tieling	1390113	912933	4079156	863643	117	40
朝阳市	Chaoyang	2316709	1209916	4279423	1157742	190	63
葫芦岛市	Huludao	2268909	1644041	4351168	2466629	178	87
吉林省	**Jilin**	**33006384**	**26979024**	**61507519**	**38167344**	**1562**	**944**
长春市	Changchun	15551721	15199606	24092939	20130268	540	477
吉林市	Jilin	6974017	6184632	13132308	9303790	414	224
四平市	Siping	2808296	857695	5514838	1668039	171	58
辽源市	Liaoyuan	604937	375241	2067431	1342454	64	45
通化市	Tonghua	3029156	1931172	4832797	1335938	189	70
白山市	Baishan	591802	479022	2661915	1091354	53	25
松原市	Songyuan	2187451	888921	6100348	1559298	81	28
白城市	Baicheng	1259004	1062735	3104943	1736203	50	17
黑龙江省	**Heilongjiang**	**47638477**	**35585545**	**73223840**	**48321045**	**1909**	**1105**
哈尔滨市	Harbin	21239243	18880605	33945383	28388681	841	635
齐齐哈尔市	Qiqihar	2985443		6184202		117	
鸡西市	Jixi	1525641	839348	2898103	1558295	97	39
鹤岗市	Hegang	365832	343438	1161810	940882	55	42
双鸭山市	Shuangyashan	618011	292749	1191970	609196	42	15
大庆市	Daqing	12086341	11452721	10376135	9572729	258	231
伊春市	Yichun	440520	342943	1076607	782152	28	21
佳木斯市	Jiamusi	1293709	1076441	4011144	2107562	52	25
七台河市	Qitaihe	319193	292969	948247	740237	18	15
牡丹江市	Mudanjiang	4509668	1256220	5278534	2705729	270	53
黑河市	Heihe	620153	308743	1038166	63963	48	15
绥化市	Suihua	1634723	499368	5113539	851619	83	14
上海市	**Shanghai**	**640350900**	**638460916**	**101315014**	**100342614**	**5796**	**5725**
江苏省	**Jiangsu**	**425696537**	**292972133**	**258767660**	**165613495**	**19043**	**11636**
南京市	Nanjing	98801492	98801492	45901650	45901650	2552	2552
无锡市	Wuxi	59415754	32261524	28476145	16354893	1515	888
徐州市	Xuzhou	28764854	19651348	23584483	14720569	2136	925
常州市	Changzhou	32150686	29957082	19904510	17151528	1895	1709

2-27 续表 2 continued

城市	City	限额以上批发零售贸易业商品销售总额(万元) Total Sales of Commodities of Enterprises above Designated Size in Wholesale and Retail Trades (10 000 yuan)		社会消费品零售总额(万元) Total Retail Sales of Consumer Goods (10 000 yuan)		限额以上批发零售贸易企业数(法人数)(个) Number of Enterprises above Designated Size of Wholesale and Retail Trades (Number of Legal Entities) (unit)	
		全市 Total City	市辖区 Districts under City	全市 Total City	市辖区 Districts under City	全市 Total City	市辖区 Districts under City
苏州市	Suzhou	105008153	46879185	44616214	23117215	3299	1767
南通市	Nantong	28409206	17232081	23794579	9314412	2132	822
连云港市	Lianyungang	7739561	6121885	8307149	4844217	529	314
淮安市	Huai'an	8876999	6000531	9707368	5767018	1032	777
盐城市	Yancheng	13017885	7174258	14685970	6573108	1406	558
扬州市	Yangzhou	11701870	7313416	12369601	8480855	709	451
镇江市	Zhenjiang	12117985	8325807	11137148	5738443	603	315
泰州市	Taizhou	12481004	8814954	10016394	4960945	755	409
宿迁市	Suqian	7211088	4438570	6266449	2688642	480	149
浙江省	**Zhejiang**	**425595332**	**352609896**	**198997114**	**114684229**	**16570**	**10630**
杭州市	Hangzhou	153776073	150499219	46972280	42300676	3980	3572
宁波市	Ningbo	124136209	110758581	33496292	20637798	3402	2651
温州市	Wenzhou	27545152	19901753	26777315	14129894	2103	1157
嘉兴市	Jiaxing	19946961	8598159	14945749	4098518	1558	455
湖州市	Huzhou	23224675	10241150	9639221	4933986	666	314
绍兴市	Shaoxing	25165212	18419814	16210630	8969785	1825	1187
金华市	Jinhua	15031957	6066316	17831028	5094044	1153	318
衢州市	Quzhou	3993927	2603904	5509843	2136671	325	160
舟山市	Zhoushan	12730404	12446337	4155181	3230003	334	289
台州市	Taizhou	14813092	10109153	18266783	7386063	967	442
丽水市	Lishui	5231670	2965510	5192792	1766791	257	85
安徽省	**Anhui**	**90899496**	**73367943**	**89080156**	**52864646**	**6581**	**3378**
合肥市	Hefei	37644708	35608252	21836501	17967996	1195	860
芜湖市	Wuhu	8939073	7697574	7330353	4838831	779	475
蚌埠市	Bengbu	4057012	3263764	5706475	3582056	414	226
淮南市	Huainan	2492758	2138125	4591704	3180883	310	200
马鞍山市	Maanshan	4090238	3417336	4185510	2533136	254	141
淮北市	Huaibei	2010632	1532342	2833546	2055592	230	134
铜陵市	Tongling	696605	524800	2723184	2088102	206	164
安庆市	Anqing	3349197	2076834	6083766	2523088	435	136
黄山市	Huangshan	1430748	1057089	2811440	1567400	175	86
滁州市	Chuzhou	3713994	1717958	4569999	1164218	463	121
阜阳市	Fuyang	10053865	6051792	6747084	2798140	557	198
宿州市	Suzhou	2478972	1364197	4244984	1990349	414	172
六安市	Lu'an	2978757	2329844	4846985	2277873	256	119
亳州市	Bozhou	3013273	2001915	4363789	1581670	413	159
池州市	Chizhou	1038664	788328	1979836	1110908	181	97
宣城市	Xuancheng	2911000	1797793	4225000	1604404	299	90
福建省	**Fujian**	**202946020**	**163556445**	**105059344**	**57083578**	**10446**	**6033**
福州市	Fuzhou	53133176	45652184	34887426	24722321	1910	1390

2-27 续表 3 continued

城市	City	限额以上批发零售贸易业商品销售总额(万元) Total Sales of Commodities of Enterprises above Designated Size in Wholesale and Retail Trades (10 000 yuan)		社会消费品零售总额(万元) Total Retail Sales of Consumer Goods (10 000 yuan)		限额以上批发零售贸易企业数(法人数)(个) Number of Enterprises above Designated Size of Wholesale and Retail Trades (Number of Legal Entities) (unit)	
		全市 Total City	市辖区 Districts under City	全市 Total City	市辖区 Districts under City	全市 Total City	市辖区 Districts under City
厦门市	Xiamen	82977234	82977234	11684228	11684228	1812	1812
莆田市	Putian	9263815	8100670	5588501	4747729	863	774
三明市	Sanming	5964567	3463605	4444655	1060368	561	221
泉州市	Quanzhou	31025254	9802164	24595881	6442231	2165	498
漳州市	Zhangzhou	8375527	5794898	7769894	2658115	681	282
南平市	Nanping	558433	390661	5038466	1177410	350	132
龙岩市	Longyan	8632629	5775772	6395822	3473225	1629	789
宁德市	Ningde	3015385	1599257	4654471	1117951	475	135
江西省	**Jiangxi**	**38751020**	**29253312**	**59119288**	**31694510**	**2430**	**1133**
南昌市	Nanchang	18329949	16044098	16628661	14434614	580	506
景德镇市	Jingdezhen	815388	716453	2696072	1766796	68	42
萍乡市	Pingxiang	933157	832818	3030576	1994043	81	53
九江市	Jiujiang	3030226	1933067	5814539	2563345	262	72
新余市	Xinyu	951841	884331	2137475	1673994	70	54
鹰潭市	Yingtan	1094259	603497	1725733	793823	131	46
赣州市	Ganzhou	3306216	2580332	7087338	2696443	284	88
吉安市	Ji'an	1855131	1282714	3984653	746085	204	42
宜春市	Yichun	4002181	1851215	5306585	1718885	255	98
抚州市	Fuzhou	1563947	1189746	4303478	1563113	164	38
上饶市	Shangrao	2868725	1335041	6404178	1743369	331	94
山东省	**Shandong**	**298091658**	**196051547**	**277614112**	**145195907**	**17062**	**7689**
济南市	Jinan	37389036	34985066	34103088	27787878	1616	1215
青岛市	Qingdao	46262140	40739995	37136940	23812884	1717	1131
淄博市	Zibo	16248292	13970062	19497247	15532371	817	663
枣庄市	Zaozhuang	7542682	3881195	8053820	4409224	731	450
东营市	Dongying	12268992	4942608	7280508	4609323	484	217
烟台市	Yantai	25568136	15224300	26794537	11194964	1271	682
潍坊市	Weifang	23552475	9688635	22774509	8074421	1682	273
济宁市	Jining	17814645	6422156	19109849	7889122	1544	403
泰安市	Tai'an	20950376	8439896	13316052	4833782	1202	461
威海市	Weihai	11787175	8618334	13116598	7709139	570	371
日照市	Rizhao	12856397	11055275	6038729	3675243	223	131
莱芜市	Laiwu	3354866	3354866	3208765	3208765	274	274
临沂市	Linyi	25795307	14920210	22349843	9485971	1294	586
德州市	Dezhou	11876477	3808544	12574087	3792536	1234	271
聊城市	Liaocheng	8442159	10760850	10602159	3425574	659	170
滨州市	Binzhou	6144637	2089696	8136296	2985535	409	143
菏泽市	Heze	10237866	3149859	13521085	2769175	1335	248
河南省	**Henan**	**131394838**	**83360901**	**154509690**	**66276843**	**10170**	**3805**
郑州市	Zhengzhou	45884539	34367464	32947107	20954111	1735	1147

2-27 续表 4 continued

城 市	City	限额以上批发零售贸易业商品销售总额(万元) Total Sales of Commodities of Enterprises above Designated Size in Wholesale and Retail Trades (10 000 yuan)		社会消费品零售总额(万元) Total Retail Sales of Consumer Goods (10 000 yuan)		限额以上批发零售贸易企业数(法人数)(个) Number of Enterprises above Designated Size of Wholesale and Retail Trades (Number of Legal Entities) (unit)	
		全 市 Total City	市辖区 Districts under City	全 市 Total City	市辖区 Districts under City	全 市 Total City	市辖区 Districts under City
开封市	Kaifeng	3201018	1308888	7471440	3406263	818	239
洛阳市	Luoyang	11218230	8829629	16050799	8345797	795	488
平顶山市	Pingdingshan	6430620	3922697	6901531	3296973	647	184
安阳市	Anyang	5036259	3438709	6755184	3249814	379	134
鹤壁市	Hebi	2217857	891166	1836674	982379	138	81
新乡市	Xinxiang	4626708	3579063	7775070	3835334	490	186
焦作市	Jiaozuo	3031543	1779468	6247205	2110169	258	108
濮阳市	Puyang	4060862	2107864	4706843	1235415	410	105
许昌市	Xuchang	5833830	1938208	7071931	1724001	730	93
漯河市	Luohe	3760807	2388746	4374125	2713406	249	155
三门峡市	Sanmenxia	3261733	1432251	3968605	954097	278	77
南阳市	Nanyang	8589700	4702439	15701903	4532211	1295	290
商丘市	Shangqiu	8470840	5002009	8131750	3345629	512	171
信阳市	Xinyang	5645399	3277981	7271080	2618438	446	146
周口市	Zhoukou	4207848	1638506	9747342	1417915	380	74
驻马店市	Zhumadian	5917045	2755813	7551101	1554891	610	127
湖北省	**Hubei**	**162604991**	**133245650**	**128067464**	**76883186**	**7558**	**3615**
武汉市	Wuhan	108399714	102024245	51022366	44526969	1775	1449
黄石市	Huangshi	7265852	5642736	5823600	3104600	411	213
十堰市	Shiyan	6265972	5402287	6394098	4102011	464	265
宜昌市	Yichang	11145831	4955029	10894748	5883164	1070	410
襄阳市	Xiangyang	3952728	1932540	11650952	5724068	927	368
鄂州市	Ezhou	1688003	1688003	2619471	2619471	87	87
荆门市	Jingmen	4754110	3229596	5414269	2076416	541	225
孝感市	Xiaogan	3421254	1690585	7971360	1496379	366	81
荆州市	Jingzhou	4288156	2344916	9461414	3284812	780	274
黄冈市	Huanggang	4438800	1781300	8809100	1173400	588	70
咸宁市	Xianning	3758133	994245	4010414	1050216	303	72
随州市	Suizhou	3226438	1560168	3995672	1841680	246	101
湖南省	**Hunan**	**83698243**	**58361922**	**117768636**	**63926705**	**5641**	**2596**
长沙市	Changsha	36729594	29743951	36905930	28377521	1326	913
株洲市	Zhuzhou	6148372	3389735	8396623	4516242	434	155
湘潭市	Xiangtan	2612170	2236801	5206045	3369416	295	196
衡阳市	Hengyang	5411012	4714372	9891027	4402229	547	313
邵阳市	Shaoyang	3475241	1979368	7454922	1705211	503	86
岳阳市	Yueyang	6804820	3323662	10206439	5562987	444	215
常德市	Changde	3714637	2906915	9454853	3784258	506	162
张家界市	Zhangjiajie	647740	543190	1773651	983245	61	28
益阳市	Yiyang	2883846	2115569	5739478	2428903	302	97
郴州市	Chenzhou	7566489	3914410	8095547	4237233	505	199

2-27 续表 5 continued

城　市	City	限额以上批发零售贸易业商品销售总额（万元）Total Sales of Commodities of Enterprises above Designated Size in Wholesale and Retail Trades (10 000 yuan)		社会消费品零售总额（万元）Total Retail Sales of Consumer Goods (10 000 yuan)		限额以上批发零售贸易企业数(法人数)（个）Number of Enterprises above Designated Size of Wholesale and Retail Trades (Number of Legal Entities) (unit)	
		全　市 Total City	市辖区 Districts under City	全　市 Total City	市辖区 Districts under City	全　市 Total City	市辖区 Districts under City
永州市	Yongzhou	2889481	1000402	5278340	1831242	252	63
怀化市	Huaihua	2074466	1820872	5027559	1740011	132	73
娄底市	Loudi	2740375	672675	4338222	988207	334	96
广东省	**Guangdong**	**705390275**	**677419054**	**313818261**	**264258850**	**21071**	**18685**
广州市	Guangzhou	261935245	261935245	79879595	79879595	6217	6217
韶关市	Shaoguan	3390901	1976740	5807869	3611325	358	160
深圳市	Shenzhen	211247486	211247486	50178375	50178375	3592	3592
珠海市	Zhuhai	26720149	26720149	9132008	9132008	856	856
汕头市	Shantou	12168580	12125966	13393405	13194200	668	661
佛山市	Foshan	54559003	54559003	27052173	27052173	1848	1848
江门市	Jiangmen	10215030	8035311	10343090	4654058	733	444
湛江市	Zhanjiang	10824928	9146623	13089464	7557880	589	353
茂名市	Maoming	15563703	13851158	12143765	6767452	852	600
肇庆市	Zhaoqing	6321621	3775458	6323636	3348183	282	238
惠州市	Huizhou	18118202	11502778	10707243	6560979	524	297
梅州市	Meizhou	2482981	1857820	5555035	2439095	147	91
汕尾市	Shanwei	868193	703163	4896135	1031648	60	24
河源市	Heyuan	1458508	1257046	4829869	1485193	184	84
阳江市	Yangjiang	1639004	1231741	5844596	3268478	157	91
清远市	Qingyuan	2974435	1901718	5714896	3334306	269	166
东莞市	Dongguan	32191772	32191772	21846996	21846996	1338	1338
中山市	Zhongshan	15191904	15191904	10867357	10867357	927	927
潮州市	Chaozhou	2224136	1600685	4441480	3496394	150	124
揭阳市	Jieyang	12355542	5771919	8724208	3607646	1006	470
云浮市	Yunfu	2938952	835369	3047066	945509	314	104
广西壮族自治区	**Guangxi**	**55897440**	**49646197**	**63505887**	**40394003**	**2919**	**1990**
南宁市	Nanning	25410343	24939719	17866839	14810442	808	704
柳州市	Liuzhou	10307586	9888943	9441089	7695245	470	397
桂林市	Guilin	3728978	2868243	7519624	4271931	276	137
梧州市	Wuzhou	1155548	1105952	3649268	1904444	176	107
北海市	Beihai	1345976	1274930	2029859	1309297	143	119
防城港市	Fangchenggang	1577520	835261	1010265	604060	75	46
钦州市	Qinzhou	1990518	1826671	3334972	1780461	166	114
贵港市	Guigang	1242827	1093929	3890570	2261986	96	65
玉林市	Yulin	2844434	2194448	6003356	2782514	232	128
百色市	Baise	1881448	1224016	2211842	690723	156	48
贺州市	Hezhou	738848	701944	1469419	793702	56	40
河池市	Hechi	993072	722959	2433821	604713	94	32
来宾市	Laibin	588635	510959	1451078	635596	66	35
崇左市	Chongzuo	2091707	458223	1193885	248889	105	18

2-27 续表 6 continued

城　市	City	限额以上批发零售贸易业商品销售总额(万元) Total Sales of Commodities of Enterprises above Designated Size in Wholesale and Retail Trades (10 000 yuan)		社会消费品零售总额(万元) Total Retail Sales of Consumer Goods (10 000 yuan)		限额以上批发零售贸易企业数(法人数)(个) Number of Enterprises above Designated Size of Wholesale and Retail Trades (Number of Legal Entities) (unit)	
		全　市 Total City	市辖区 Districts under City	全　市 Total City	市辖区 Districts under City	全　市 Total City	市辖区 Districts under City
海南省	**Hainan**	**17654325**	**17642441**	**8469635**	**7774872**	**263**	**256**
海口市	Haikou	14671959	14671959	5955307	5955307	215	215
三亚市	Sanya	2970482	2970482	1817202	1817202	41	41
三沙市	Sansa			2363	2363		
儋州市	Danzhou	11884		694763		7	
重庆市	**Chongqing**	**102752499**	**93402876**	**64240226**	**54400489**	**5554**	**4276**
四川省	**Sichuan**	**119262887**	**93907042**	**132302811**	**78443186**	**6327**	**3415**
成都市	Chengdu	66010600	59840528	49461930	41776530	1750	1407
自贡市	Zigong	3227544	2696946	5016314	3323210	212	125
攀枝花市	Panzhihua	2512059	2142660	2861953	2412028	208	181
泸州市	Luzhou	6234618	4198567	5596625	2797865	476	228
德阳市	Deyang	3839891	1677944	6159572	1781416	322	97
绵阳市	Mianyang	8286551	6479698	8791555	4240699	466	229
广元市	Guangyuan	1490567	1343892	2966232	1547448	151	98
遂宁市	Suining	2080494	1221698	4154086	1958706	222	112
内江市	Neijiang	2502820	1430952	4085847	1739188	282	100
乐山市	Leshan	2365866	1699127	5520094	2513489	252	111
南充市	Nanchong	3102949	2227959	6988210	2982925	383	171
眉山市	Meishan	2311723	1509087	3887558	1348670	218	81
宜宾市	Yibin	3790634	2046565	6760076	2858621	363	114
广安市	Guang'an	2258021	1124186	4135312	1506451	233	78
达州市	Dazhou	4211489	2227617	6724721	2493760	298	102
雅安市	Ya'an	1021843	924047	2001515	964610	62	31
巴中市	Bazhong	1493060	676740	2544679	1033728	231	102
资阳市	Ziyang	2522158	438829	4646532	1163842	198	48
贵州省	**Guizhou**	**40080586**	**25803767**	**26162258**	**17606990**	**1788**	**940**
贵阳市	Guiyang	18439332	16764737	10601690	10304647	547	463
六盘水市	Liupanshui	2914294	128545	2927205	1626210	189	84
遵义市	Zunyi	13477043	4564046	6399252	2967077	542	191
安顺市	Anshun	1357980	1311030	1558197	845511	129	88
毕节市	Bijie	2522287	1959102	3019505	1358594	181	60
铜仁市	Tongren	1369650	1076307	1656409	504951	200	54
云南省	**Yunnan**	**57294743**	**51436662**	**35151320**	**22586047**	**1895**	**1006**
昆明市	Kunming	40681688	39461237	19370004	16411417	840	644
曲靖市	Qujing	5115440	3367858	5023989	1516469	273	75
玉溪市	Yuxi	3532424	2450542	2913652	1388690	208	100
保山市	Baoshan	1811329	1567219	1784913	1019550	140	49
昭通市	Zhaotong	2029402	1607382	2120744	859624	114	32
丽江市	Lijiang	846597	700978	935991	449493	73	33
普洱市	Pu'er	1725331	1253198	1456378	483579	101	38
临沧市	Lincang	1552532	1028248	1545649	457225	146	35

2-27 续表 7 continued

城　市	City	限额以上批发零售贸易业商品销售总额(万元) Total Sales of Commodities of Enterprises above Designated Size in Wholesale and Retail Trades (10 000 yuan)		社会消费品零售总额(万元) Total Retail Sales of Consumer Goods (10 000 yuan)		限额以上批发零售贸易企业数(法人数)(个) Number of Enterprises above Designated Size of Wholesale and Retail Trades (Number of Legal Entities) (unit)	
		全　市 Total City	市辖区 Districts under City	全　市 Total City	市辖区 Districts under City	全　市 Total City	市辖区 Districts under City
西藏自治区	**Tibet**	**1377238**		**2057960**		**61**	
拉萨市	Lasa	1377238		2057960		61	
陕西省	**Shaanxi**	**71200687**	**57078744**	**59506343**	**41762107**	**3173**	**1538**
西安市	Xi'an	44444074	44272061	34053800	32150800	855	810
铜川市	Tongchuan	883793	796103	1100536	1031575	115	106
宝鸡市	Baoji						
咸阳市	Xianyang	3446690	1510749	6015875	2210925	447	144
渭南市	Weinan	3087700	2409693	5032507	1361381	344	75
延安市	Yan'an	2151331	1502198	2410879	1121350	256	104
汉中市	Hanzhong	2771587	2024222	3190013	1273379	281	77
榆林市	Yulin	12174557	3113372	3964100	1185171	394	97
安康市	Ankang	1879026	1251930	2192032	1008981	373	97
商洛市	Shangluo	361929	198416	1546601	418545	108	28
甘肃省	**Gansu**	**49616489**	**40114620**	**27895713**	**19017387**	**1673**	**981**
兰州市	Lanzhou	30804931	29626438	11521498	10503946	541	465
嘉峪关市	Jiayuguan	1961742	1961742	549472	549472	77	77
金昌市	Jinchang	497148	425868	760077	522078	54	37
白银市	Baiyin	1022566	772484	1776490	1133028	109	43
天水市	Tianshui	5471185	3090567	2624183	1706995	143	97
武威市	Wuwei	2558156	1256214	1625758	958433	177	43
张掖市	Zhangye	576848	403830	1476181	804043	94	43
平凉市	Pingliang	632804	449290	1774973	746278	88	39
酒泉市	Jiuquan	3955433	899117	1765598	747230	163	64
庆阳市	Qingyang	745009	588236	2039560	634620	100	37
定西市	Dingxi	813081	245657	1073779	352834	71	17
陇南市	Longnan	577586	395177	908144	358430	56	19
青海省	**Qinghai**	**10755295**	**9445813**	**5419909**	**4501872**	**259**	**250**
西宁市	Xining	10512332	9208366	4619377	4204282	250	244
海东市	Haidong	242963	237447	800532	297590	9	6
宁夏回族自治区	**Ningxia**	**10582852**	**7433254**	**7895686**	**5072127**	**443**	**270**
银川市	Yinchuan	8032715	6222530	4776287	3226296	270	154
石嘴山市	Shizuishan	423911	407248	960633	737342	38	32
吴忠市	Wuzhong	754175	133616	953101	481113	69	44
固原市	Guyuan	349333	320573	599720	293659	20	13
中卫市	Zhongwei	1022718	349287	605945	333717	46	27
新疆维吾尔自治区	**Xinjiang**	**44228587**	**44228587**	**12103146**	**12022038**	**851**	**851**
乌鲁木齐市	Urumqi	43202031	43202031	11515000	11433892	769	769
克拉玛依市	Karamay	1026556	1026556	588146	588146	82	82

2-28 利用外资情况
Utilization of Foreign Capital

城 市	City	外商直接投资合同项目（个）Number of Projects for Contracted Foreign Direct Investment (unit)		当年实际使用外资金额（万美元）Amount of Foreign Capital Actually Utilized (USD 10000)	
		全 市 Total City	市辖区 Districts under City	全 市 Total City	市辖区 Districts under City
城市合计	**Prefecture Cities**				
北京市	**Beijing**	**1386**	**1386**	**1299635**	**1299635**
天津市	**Tianjin**	**1035**	**1035**	**2113444**	**2113444**
河北省	**Hebei**	**683**	**307**	**658938**	**390153**
石家庄市	Shijiazhuang	34	26	114013	102767
唐山市	Tangshan	23	20	124376	78585
秦皇岛市	Qinhuangdao	11	10	86122	79003
邯郸市	Handan	36	4	82027	14447
邢台市	Xingtai	17	2	21968	3010
保定市	Baoding	13	4	41592	31759
张家口市	Zhangjiakou	8	2	33262	8413
承德市	Chengde	6	4	15959	2956
沧州市	Cangzhou	27	14	47296	24654
廊坊市	Langfang	501	220	75593	43486
衡水市	Hengshui	7	1	16730	1073
山西省	**Shanxi**	**39**	**25**	**271438**	**185186**
太原市	Taiyuan	13	13	85049	85049
大同市	Datong	4	2	19100	7162
阳泉市	Yangquan	1		30500	30500
长治市	Changzhi	4	1	45118	10567
晋城市	Jincheng	1	1	25675	25675
朔州市	Shuozhou	1	1	7234	7234
晋中市	Jinzhong	8	3	37077	17254
运城市	Yuncheng	3	3	1745	1745
忻州市	Xinzhou	2		4280	
临汾市	Linfen	1		15660	
吕梁市	Lvliang	1	1		
内蒙古自治区	**Inner Mongolia**	**57**	**29**	**334380**	**129941**
呼和浩特市	Hohhot	13		44610	
包头市	Baotou	21	20	82417	77415
乌海市	Wuhai			805	805
赤峰市	Chifeng	7	4	8560	
通辽市	Tongliao	1		2139	
鄂尔多斯市	Erdos	4	1	173000	43274
呼伦贝尔市	Hulunbuir	2		3568	
巴彦淖尔市	Bayannur	6	4	15289	8447
乌兰察布市	Ulanqab	3		3992	
辽宁省	**Liaoning**	**476**	**414**	**518516**	**418227**
沈阳市	Shenyang	137	131	106116	96428
大连市	Dalian	222	214	270302	243313
鞍山市	Anshan	14	6	9575	8523
抚顺市	Fushun	9	7	2606	2585
本溪市	Benxi	6	4	9887	9887
丹东市	Dandong	21		25077	
锦州市	Jinzhou	9	7	8781	5706

2-28 续表 1 continued

城 市	City	外商直接投资合同项目（个）Number of Projects for Contracted Foreign Direct Investment (unit)		当年实际使用外资金额（万美元）Amount of Foreign Capital Actually Utilized (USD 10000)	
		全 市 Total City	市辖区 Districts under City	全 市 Total City	市辖区 Districts under City
营口市	Yingkou	18	17	5096	3453
阜新市	Fuxin	4	4	1669	768
辽阳市	Liaoyang	4	4	36477	36477
盘锦市	Panjin	12	9	23246	8020
铁岭市	Tieling	9	2	16617	
朝阳市	Chaoyang	7	7	1387	1387
葫芦岛市	Huludao	4	2	1680	1680
吉林省	**Jilin**	**51**	**8**	**801790**	**118302**
长春市	Changchun	30		520520	
吉林市	Jilin	2	1	104830	36356
四平市	Siping			26000	12650
辽源市	Liaoyuan	2	1	29500	20000
通化市	Tonghua	3		43085	14137
白山市	Baishan	3		26840	7387
松原市	Songyuan	3	1	35108	17345
白城市	Baicheng	8	5	15907	10427
黑龙江省	**Heilongjiang**	**276**	**59**	**553171**	**298126**
哈尔滨市	Harbin	53	44	299426	263435
齐齐哈尔市	Qiqihar			47282	
鸡西市	Jixi	11	5	14040	3614
鹤岗市	Hegang	1	1	7700	7000
双鸭山市	Shuangyashan			200	
大庆市	Daqing	2	2	73456	
伊春市	Yichun			1050	1050
佳木斯市	Jiamusi	43	4	24000	2687
七台河市	Qitaihe			770	770
牡丹江市	Mudanjiang	4	3	46271	19570
黑河市	Heihe	160		13255	
绥化市	Suihua	2		25721	
上海市	**Shanghai**	**6007**	**6007**	**1845923**	**1845923**
江苏省	**Jiangsu**	**2689**	**1713**	**2432872**	**1761554**
南京市	Nanjing	250	250	333459	333459
无锡市	Wuxi	212	146	320219	201443
徐州市	Xuzhou	109	53	142788	99317
常州市	Changzhou	255	241	172065	238080
苏州市	Suzhou	860	476	600023	396265
南通市	Nantong	315	119	231559	112293
连云港市	Lianyungang	91	77	80108	67512
淮安市	Huai'an	167	101	121386	72027
盐城市	Yancheng	146	90	79519	47693
扬州市	Yangzhou	81	51	84841	75151
镇江市	Zhenjiang	93	50	130516	56356
泰州市	Taizhou	83	48	106550	43601
宿迁市	Suqian	27	11	29839	18357
浙江省	**Zhejiang**	**1857**	**1113**	**1696268**	**1222759**
杭州市	Hangzhou	475	420	711253	656589

2-28 续表 2 continued

城 市	City	外商直接投资合同项目（个）Number of Projects for Contracted Foreign Direct Investment (unit)		当年实际使用外资金额（万美元）Amount of Foreign Capital Actually Utilized (USD 10000)	
		全 市 Total City	市辖区 Districts under City	全 市 Total City	市辖区 Districts under City
宁波市	Ningbo	444	299	423375	320698
温州市	Wenzhou	44	29	30123	21131
嘉兴市	Jiaxing	249	69	268427	82297
湖州市	Huzhou	185	82	94188	42825
绍兴市	Shaoxing	196	155	94152	64290
金华市	Jinhua	190	17	27431	13006
衢州市	Quzhou	11	6	6006	3686
舟山市	Zhoushan	19	18	7792	7765
台州市	Taizhou	17	7	11635	3190
丽水市	Lishui	27	11	21886	7282
安徽省	**Anhui**	**325**	**246**	**1361945**	**761326**
合肥市	Hefei	116	104	250678	202028
芜湖市	Wuhu	59	54	230062	149762
蚌埠市	Bengbu	14	11	139197	95439
淮南市	Huainan	4	3	20797	17615
马鞍山市	Maanshan	26	14	194002	141052
淮北市	Huaibei	9	7	59979	39793
铜陵市	Tongling	3	3	22324	17141
安庆市	Anqing	11	5	18253	13882
黄山市	Huangshan	5	5	15996	8922
滁州市	Chuzhou	16	8	105886	10113
阜阳市	Fuyang	7	3	18463	9374
宿州市	Suzhou	10	5	67623	35994
六安市	Lu'an	13	9	38720	9762
亳州市	Bozhou	8	5	65656	
池州市	Chizhou	8	5	34703	
宣城市	Xuancheng	16	5	79606	10449
福建省	**Fujian**	**1424**	**1108**	**758683**	**419392**
福州市	Fuzhou	339	287	167852	94007
厦门市	Xiamen	726	726	209373	209373
莆田市	Putian	41	31	37749	33144
三明市	Sanming	27	3	15636	2707
泉州市	Quanzhou	102	27	158036	38680
漳州市	Zhangzhou	126	17	108500	15962
南平市	Nanping	20	3	14531	5209
龙岩市	Longyan	25	8	26000	10151
宁德市	Ningde	18	6	21006	10159
江西省	**Jiangxi**	**646**	**212**	**966626**	**400436**
南昌市	Nanchang	82	56	270607	213931
景德镇市	Jingdezhen	16	10	17621	7526
萍乡市	Pingxiang	32	15	30758	16225
九江市	Jiujiang	79	20	163019	43685
新余市	Xinyu	19	16	36562	28000
鹰潭市	Yingtan	62	21	24011	8018
赣州市	Ganzhou	104	22	137013	40305
吉安市	Ji'an	113	17	88322	11352

2-28 续表 3 continued

城市	City	外商直接投资合同项目（个）Number of Projects for Contracted Foreign Direct Investment (unit)		当年实际使用外资金额（万美元）Amount of Foreign Capital Actually Utilized (USD 10000)	
		全市 Total City	市辖区 Districts under City	全市 Total City	市辖区 Districts under City
宜春市	Yichun	16	1	65440	5308
抚州市	Fuzhou	42	13	39162	9145
上饶市	Shangrao	81	21	94111	16941
山东省	**Shandong**	**1509**	**1088**	**1628882**	**1001087**
济南市	Jinan	104	96	157851	121901
青岛市	Qingdao	763	593	669062	441546
淄博市	Zibo	29	24	58790	39076
枣庄市	Zaozhuang	9	8	9975	5309
东营市	Dongying	10	9	22194	17413
烟台市	Yantai	224	136	191638	104930
潍坊市	Weifang	38	16	100116	33254
济宁市	Jining	13	7	91698	45299
泰安市	Tai'an	72	25	49564	17547
威海市	Weihai	163	125	112018	87396
日照市	Rizhao	15	12	57849	49699
莱芜市	Laiwu	5	5	13471	13471
临沂市	Linyi	21	13	14230	4171
德州市	Dezhou	13	4	11875	5774
聊城市	Liaocheng	8	3	5680	13
滨州市	Binzhou	9	6	41023	4188
菏泽市	Heze	13	6	21848	10100
河南省	**Henan**	**294**	**132**	**1579866**	**714156**
郑州市	Zhengzhou	58	50	382661	291435
开封市	Kaifeng	3		60956	
洛阳市	Luoyang	21	16	255371	135145
平顶山市	Pingdingshan	1	1	40633	5867
安阳市	Anyang	23	12	49050	28061
鹤壁市	Hebi	12	9	77067	57463
新乡市	Xinxiang	7	3	95072	40148
焦作市	Jiaozuo	8	4	78735	17995
濮阳市	Puyang	12	3	57544	18815
许昌市	Xuchang	10	3	68090	15900
漯河市	Luohe	19	12	85574	59643
三门峡市	Sanmenxia	14	5	100817	8190
南阳市	Nanyang	21	5	62060	14166
商丘市	Shangqiu	54	3	33346	11459
信阳市	Xinyang	3		46908	
周口市	Zhoukou	14	6	49052	9869
驻马店市	Zhumadian	14		36930	
湖北省	**Hubei**	**272**	**187**	**1013506**	**788152**
武汉市	Wuhan	143	131	734303	643049
黄石市	Huangshi	11	10	12693	11843
十堰市	Shiyan	7	4	23805	12855
宜昌市	Yichang	10	4	35450	21209
襄阳市	Xiangyang	12	9	72780	46263
鄂州市	Ezhou	5	5	24450	24450

2-28 续表 4 continued

城市	City	外商直接投资合同项目（个）Number of Projects for Contracted Foreign Direct Investment (unit)		当年实际使用外资金额（万美元）Amount of Foreign Capital Actually Utilized (USD 10000)	
		全市 Total City	市辖区 Districts under City	全市 Total City	市辖区 Districts under City
荆门市	Jingmen	21	8	34000	12126
孝感市	Xiaogan	24	4	34501	7958
荆州市	Jingzhou	14	4	13295	695
黄冈市	Huanggang	13	4	10357	1360
咸宁市	Xianning	10	3	6474	543
随州市	Suizhou	2	1	11398	5801
湖南省	**Hunan**	**559**	**240**	**1155825**	**654677**
长沙市	Changsha	118	97	440574	331131
株洲市	Zhuzhou	88	44	94175	65648
湘潭市	Xiangtan	21	19	92000	73518
衡阳市	Hengyang	114	18	103603	15218
邵阳市	Shaoyang	23	7	19200	4020
岳阳市	Yueyang	13	8	36307	20740
常德市	Changde	43	11	74116	28163
张家界市	Zhangjiajie	7	5	9250	9250
益阳市	Yiyang	7	3	22132	13848
郴州市	Chenzhou	41	15	135413	60066
永州市	Yongzhou	56	9	83160	16500
怀化市	Huaihua	16	4	11394	1050
娄底市	Loudi	12		34501	15525
广东省	**Guangdong**	**7032**	**6746**	**2687547**	**2528715**
广州市	Guangzhou	1429	1429	541634	541634
韶关市	Shaoguan	21	8	4807	1533
深圳市	Shenzhen	3359	3359	649733	649733
珠海市	Zhuhai	651	651	217789	217789
汕头市	Shantou	22	22	21766	21766
佛山市	Foshan	238	238	237728	237728
江门市	Jiangmen	141	88	87941	42629
湛江市	Zhanjiang	4	3	15716	13604
茂名市	Maoming	44	10	17191	9909
肇庆市	Zhaoqing	98	63	139447	93848
惠州市	Huizhou	234	146	110499	82967
梅州市	Meizhou	31	15	7131	3237
汕尾市	Shanwei	10	6	9958	8268
河源市	Heyuan	26	15	14424	8559
阳江市	Yangjiang	27	21	8497	6139
清远市	Qingyuan	17	12	14198	8063
东莞市	Dongguan	440	440	531982	531982
中山市	Zhongshan	192	192	45682	45682
潮州市	Chaozhou	7	7	2044	1265
揭阳市	Jieyang	14	9	3929	1665
云浮市	Yunfu	27	12	5451	715
广西壮族自治区	**Guangxi**	**147**	**105**	**172208**	**72676**
南宁市	Nanning	69	61	31014	21901
柳州市	Liuzhou	5	4	1614	1614
桂林市	Guilin	15	11	65252	18209

2-28 续表 5 continued

城 市	City	外商直接投资合同项目(个) Number of Projects for Contracted Foreign Direct Investment (unit)		当年实际使用外资金额(万美元) Amount of Foreign Capital Actually Utilized (USD 10000)	
		全 市 Total City	市辖区 Districts under City	全 市 Total City	市辖区 Districts under City
梧州市	Wuzhou	6	5	1437	1264
北海市	Beihai	11	11	18611	18611
防城港市	Fangchenggang	4	4	2860	2860
钦州市	Qinzhou	12		32350	
贵港市	Guigang	1		2530	1700
玉林市	Yulin	4	1	3421	569
百色市	Baise	3	1	1501	4
贺州市	Hezhou	4		790	476
河池市	Hechi	1		489	
来宾市	Laibin	4	4	2966	2966
崇左市	Chongzuo	8	3	7373	2502
海南省	**Hainan**	**46**	**46**	**44108**	**44108**
海口市	Haikou	35	35	29127	29127
三亚市	Sanya	11	11	14981	14981
三沙市	Sansa				
儋州市	Danzhou				
重庆市	**Chongqing**	**242**	**233**	**1076505**	**1074902**
四川省	**Sichuan**	**340**	**49**	**901846**	**92705**
成都市	Chengdu	256		752000	
自贡市	Zigong	1	1	2234	2234
攀枝花市	Panzhihua	2	2	10012	4812
泸州市	Luzhou	9	5	7040	4000
德阳市	Deyang	11	4	20251	8552
绵阳市	Mianyang	14	12	23221	18709
广元市	Guangyuan	3	2	3776	1676
遂宁市	Suining	4	4	7261	6818
内江市	Neijiang	4	2	7109	5171
乐山市	Leshan	3	1	11558	6291
南充市	Nanchong	4	4	7238	7238
眉山市	Meishan	3		14052	5657
宜宾市	Yibin	2	1	5501	4471
广安市	Guang'an	10	2	5484	2170
达州市	Dazhou	1	1	8050	632
雅安市	Ya'an	1	1	2000	2000
巴中市	Bazhong	6	2	2476	471
资阳市	Ziyang	6	5	12583	11803
贵州省	**Guizhou**	**980**	**23**	**167747**	**68738**
贵阳市	Guiyang	30	14	92740	59673
六盘水市	Liupanshui	3		21198	
遵义市	Zunyi	931		15605	3121
安顺市	Anshun	16	9	12141	5944
毕节市	Bijie			17963	
铜仁市	Tongren			8100	
云南省	**Yunnan**	**97**	**75**	**259659**	**115302**
昆明市	Kunming	75	69	226146	107875
曲靖市	Qujing	7	1	6536	1400

2-28 续表 6 continued

城 市	City	外商直接投资合同项目(个) Number of Projects for Contracted Foreign Direct Investment (unit)		当年实际使用外资金额(万美元) Amount of Foreign Capital Actually Utilized (USD 10000)	
		全 市 Total City	市辖区 Districts under City	全 市 Total City	市辖区 Districts under City
玉溪市	Yuxi	3		7603	4000
保山市	Baoshan	1	1	11509	249
昭通市	Zhaotong			477	477
丽江市	Lijiang	2	2	329	329
普洱市	Pu'er			148	148
临沧市	Lincang	9	2	6911	824
西藏自治区	**Tibet**				
拉萨市	Lasa				
陕西省	**Shaanxi**	**438**	**99**	**427972**	**385719**
西安市	Xi'an	73	73	400833	367636
铜川市	Tongchuan				
宝鸡市	Baoji	3	2	560	342
咸阳市	Xianyang	3	2	13443	11460
渭南市	Weinan	322	19	1179	436
延安市	Yan'an	1			
汉中市	Hanzhong	31	1	1054	695
榆林市	Yulin	3	1	10650	5000
安康市	Ankang	1		103	
商洛市	Shangluo	1	1	150	150
甘肃省	**Gansu**	**20**	**8**	**18739**	**5910**
兰州市	Lanzhou	11	5	13600	4760
嘉峪关市	Jiayuguan				
金昌市	Jinchang				
白银市	Baiyin				
天水市	Tianshui				
武威市	Wuwei	2	2	350	350
张掖市	Zhangye	2	1	800	800
平凉市	Pingliang				
酒泉市	Jiuquan	5		3989	
庆阳市	Qingyang				
定西市	Dingxi				
陇南市	Longnan				
青海省	**Qinghai**	**7**		**6057**	
西宁市	Xining	7		6057	
海东市	Haidong				
宁夏回族自治区	**Ningxia**	**20**	**2**	**16733**	
银川市	Yinchuan	17		16733	
石嘴山市	Shizuishan				
吴忠市	Wuzhong	3	2		
固原市	Guyuan				
中卫市	Zhongwei				
新疆维吾尔自治区	**Xinjiang**	**22**	**22**	**28700**	**28700**
乌鲁木齐市	Urumqi	22	22	28700	28700
克拉玛依市	Karamay				

(六)固定资产投资
Investment in Fixed Assets

2-29 固定资产投资情况
Basic Conditions of Investment in Fixed Assets

单位：万元 (10 000 yuan)

城市	City	固定资产投资(不含农户) Investment in Fixed Assets (Excluding Rural Households)		房地产开发投资 Investment in Real Estate Development		住宅 Residential Buildings	
		全市 Total City	市辖区 Districts under City	全市 Total City	市辖区 Districts under City	全市 Total City	市辖区 Districts under City
城市合计	**Prefecture Cities**	**5199007644**	**2764855344**	**928667173**	**713762455**	**622613185**	**465158158**
北京市	**Beijing**	**79409699**	**79409699**	**42363473**	**42363473**	**19626850**	**19626850**
天津市	**Tianjin**	**130480000**	**130480000**	**18715500**	**18715500**	**12505300**	**12505300**
河北省	**Hebei**	**281907744**	**103652009**	**41910553**	**26856068**	**30917797**	**15748981**
石家庄市	Shijiazhuang	56898536	32689206	9862702	8787785	6542655	3012750
唐山市	Tangshan	45438766	24924065	5686799	4875675	4079936	3418072
秦皇岛市	Qinhuangdao	8743325	5901702	2572302	2182522	1914990	1623197
邯郸市	Handan	34433153	6252538	3412519	2360547	1977486	1165450
邢台市	Xingtai	18258871	3044108	1819795	1258122	1422533	963186
保定市	Baoding	24247278	8651371	4446244	1665039	3698483	1355445
张家口市	Zhangjiakou	15542319	3704481	2116708	902783	1541045	569024
承德市	Chengde	15119742	2485921	1314865	618112	1020365	502524
沧州市	Cangzhou	31032564	9779499	2380975	1603885	1853568	1215193
廊坊市	Langfang	21338117	3747696	6708679	1687615	5584425	1231914
衡水市	Hengshui	10855073	2471422	1588965	913983	1282311	692226
山西省	**Shanxi**	**136707323**	**48094892**	**14948719**	**11133092**	**10983146**	**8314084**
太原市	Taiyuan	20256080	17912485	6042152	5850566	4430249	4308210
大同市	Datong	11453535	5084013	1391671	1366271	1023954	1002797
阳泉市	Yangquan	6006718	2616149	466396	287954	374710	246831
长治市	Changzhi	14415118	3603945	875323	502803	620006	357827
晋城市	Jincheng	11501476	3818245	745974	484885	602771	390791
朔州市	Shuozhou	9370608	4695433	676628	553108	560594	455949
晋中市	Jinzhong	13124532	2690002	1188919	315209	759398	231603
运城市	Yuncheng	13706705	2827890	1236447	704902	933309	501480
忻州市	Xinzhou	11196334	1115774	523895	148902	330962	115711
临汾市	Linfen	14012204	2546938	1126002	781129	836114	587123
吕梁市	Lvliang	11664013	1184018	675312	137363	511079	115762
内蒙古自治区	**Inner Mongolia**	**122169796**	**50482241**	**10352358**	**8502784**	**7245717**	**6021352**
呼和浩特市	Hohhot	16186355	5714528	5090452	4444957	3563527	3177782
包头市	Baotou	25829135	20171821	1973219	1851359	1397706	1328394
乌海市	Wuhai	3986441	3986441	370117	370117	212694	212694
赤峰市	Chifeng	12721048	5126014	857116	544990	612529	359898
通辽市	Tongliao	12886569	5276910	315686	190362	214240	121936
鄂尔多斯市	Erdos	27371694	4927909	588280	513829	447650	404793
呼伦贝尔市	Hulunbuir	9955403	2305852	669427	260399	457058	176917
巴彦淖尔市	Bayannur	6644995	1585712	257637	211923	191713	163813
乌兰察布市	Ulanqab	6588156	1387054	230424	114848	148600	75125
辽宁省	**Liaoning**	**176403698**	**106885940**	**35586421**	**29165408**	**26033152**	**21306426**
沈阳市	Shenyang	53260443	42227237	13376632	12811103	9349724	8917427
大连市	Dalian	45592792	29525563	8974595	8076168	6821807	6132736
鞍山市	Anshan	15680652	6415602	2060841	1382014	1642639	1136960
抚顺市	Fushun	5973980	4082827	774384	654443	531212	424588
本溪市	Benxi	5845316	4102725	763966	498942	577531	388008
丹东市	Dandong	5834554	2746306	855324	588013	725641	517765
锦州市	Jinzhou	7821466	2258069	1140306	930031	893908	734815

2-29 续表 1 continued

单位: 万元 (10 000 yuan)

城市	City	固定资产投资(不含农户) Investment in Fixed Assets (Excluding Rural Households) 全市 Total City	市辖区 Districts under City	房地产开发投资 Investment in Real Estate Development 全市 Total City	市辖区 Districts under City	住宅 Residential Buildings 全市 Total City	市辖区 Districts under City
营口市	Yingkou	9062156	6192993	1049299	764191	812800	578352
阜新市	Fuxin	2077740	931950	432686	277162	236762	166312
辽阳市	Liaoyang	4543208	2618724	688119	515043	485989	358468
盘锦市	Panjin	9830605	3273706	2395411	1494883	1759969	1089282
铁岭市	Tieling	3974859	876537	1217544	310773	867519	283615
朝阳市	Chaoyang	5001466	644864	885871	242332	662716	173296
葫芦岛市	Huludao	1904461	988837	971443	620310	664935	404802
吉林省	**Jilin**	**118104329**	**68545176**	**8420144**	**6887426**	**5932998**	**4858180**
长春市	Changchun	43274731	35778611	5060231	4812288	3590549	3430197
吉林市	Jilin	25429349	16217042	1393617	1147472	891520	720875
四平市	Siping	7998139	2673922	246936	39920	218991	31528
辽源市	Liaoyuan	5983300	3240994	163608	119770	137826	98656
通化市	Tonghua	9640251	1919501	632000	165631	437860	126390
白山市	Baishan	6314605	2709264	145226	66131	104094	47981
松原市	Songyuan	12864514	4424241	502647	308016	382932	261872
白城市	Baicheng	6599440	1581601	275879	228198	169226	140681
黑龙江省	**Heilongjiang**	**92260840**	**54030218**	**9795076**	**7867426**	**6771119**	**5454517**
哈尔滨市	Harbin	45956910	36924474	5817879	5370784	4095424	3783092
齐齐哈尔市	Qiqihar	8316968	2776588	973364	712509	619124	423939
鸡西市	Jixi	2402682	1267174	191078	159995	152788	126357
鹤岗市	Hegang	900561	652474	51317	44898	22305	18786
双鸭山市	Shuangyashan	1218325	524017	166186	33200	112219	23967
大庆市	Daqing	5540883	4589696	453738	372888	330610	276150
伊春市	Yichun	1010069	723239	100497	78252	66011	46176
佳木斯市	Jiamusi	5338913	1723437	634117	472833	399393	308718
七台河市	Qitaihe	957854	713550	27234	25634	21345	19945
牡丹江市	Mudanjiang	11103906	2703975	762743	439609	539736	313679
黑河市	Heihe	2544381	604635	229341	35505	130085	22720
绥化市	Suihua	6969388	826959	387582	121319	282079	90988
上海市	**Shanghai**	**63493886**	**63493886**	**34689415**	**34689415**	**18133187**	**18133187**
江苏省	**Jiangsu**	**459051694**	**276884498**	**81536814**	**55942151**	**60802054**	**41022800**
南京市	Nanjing	54259756	54259756	14290194	14290194	10809699	10809699
无锡市	Wuxi	48885546	31090546	9916634	5980291	6871532	4015797
徐州市	Xuzhou	42661166	21670386	4702244	2863281	3387992	1967515
常州市	Changzhou	33989667	29565715	5080400	4677391	3595833	3224373
苏州市	Suzhou	59654418	33265562	18649472	10733528	14190902	7928504
南通市	Nantong	43760257	17715091	6909400	4478717	5140215	3183121
连云港市	Lianyungang	20773537	12400503	2054236	1445091	1739843	1223293
淮安市	Huai'an	22032424	12645285	2836904	1908749	2001406	1406217
盐城市	Yancheng	33728896	14582110	3676848	2247126	2742635	1690846
扬州市	Yangzhou	28568211	14474597	3781753	2791783	2985088	2136387
镇江市	Zhenjiang	25410669	15206963	3557794	1867821	2697984	1405103
泰州市	Taizhou	26937463	12895562	2455676	1299958	1975374	1065016
宿迁市	Suqian	18389684	7112422	3625259	1358221	2663551	966929
浙江省	**Zhejiang**	**266190881**	**144784092**	**71119284**	**48190248**	**44507263**	**28965756**
杭州市	Hangzhou	55563183	47507571	24720743	22981761	14416811	13185809

2-29 续表 2 continued

单位：万元 (10 000 yuan)

城市	City	固定资产投资(不含农户) Investment in Fixed Assets (Excluding Rural Households) 全市 Total City	市辖区 Districts under City	房地产开发投资 Investment in Real Estate Development 全市 Total City	市辖区 Districts under City	住宅 Residential Buildings 全市 Total City	市辖区 Districts under City
宁波市	Ningbo	45065771	26139767	12288427	8067218	7475489	4671218
温州市	Wenzhou	34563858	12550601	7662865	2960114	5185054	2051506
嘉兴市	Jiaxing	25138180	6635254	4584133	1892758	2800729	1027027
湖州市	Huzhou	14026428	6109758	3233875	1662118	2280386	1108887
绍兴市	Shaoxing	25828403	15625218	6226472	3774207	4276397	2643525
金华市	Jinhua	18361601	4023588	3502163	1251584	2375282	906990
衢州市	Quzhou	8820434	8820434	995114	517972	644050	325213
舟山市	Zhoushan	11347553	9146029	1935938	1882832	1259046	1232253
台州市	Taizhou	19960258	6257563	4386861	2453762	2727785	1345989
丽水市	Lishui	7515212	1968309	1582693	745922	1066234	467339
安徽省	**Anhui**	**235369526**	**124134113**	**44248584**	**29952497**	**28579176**	**18705886**
合肥市	Hefei	58519010	38079838	12591353	9710667	7787292	5753476
芜湖市	Wuhu	27091936	16539465	4528413	3605271	2805012	2119204
蚌埠市	Bengbu	10293725	5641433	4285989	3036053	2791223	1850467
淮南市	Huainan	9197254	5976396	1158611	778468	788472	507074
马鞍山市	Maanshan	18598354	10540125	2012824	1170604	1459757	838315
淮北市	Huaibei	9252996	6801195	1478323	1343817	919816	837310
铜陵市	Tongling	10629256	8710402	1222041	972758	674610	500161
安庆市	Anqing	13855788	3984117	1217211	592991	878437	393191
黄山市	Huangshan	5524751	2793881	1012254	721070	690616	519098
滁州市	Chuzhou	14576039	1762045	3344286	1266809	2144349	859055
阜阳市	Fuyang	10049810	4481092	2647769	1607663	1830824	1047048
宿州市	Suzhou	11333940	5550061	2198068	1597881	1375117	902937
六安市	Lu'an	9934653	3809396	1822913	1224358	1359244	1108640
亳州市	Bozhou	7673005	3308402	2051833	992475	1162612	475388
池州市	Chizhou	6005372	3655276	828224	598018	618236	478852
宣城市	Xuancheng	12833637	2500989	1848472	733594	1293559	515670
福建省	**Fujian**	**212426978**	**87054726**	**44396073**	**26113411**	**28649524**	**16187656**
福州市	Fuzhou	48536112	21163340	13811248	7294470	8566533	4214773
厦门市	Xiamen	18876528	18876528	7440727	7440727	4586958	4586958
莆田市	Putian	17335974	14537953	4159449	3474368	2468637	2138570
三明市	Sanming	19120197	4128343	1302150	365503	910127	260955
泉州市	Quanzhou	34062486	6885988	6815890	2639792	4362853	1404268
漳州市	Zhangzhou	25160808	4235920	5025111	1645319	3676189	1202510
南平市	Nanping	17749466	5148976	1528150	619897	967512	437847
龙岩市	Longyan	19000647	8481416	1933005	1547827	1357478	1129494
宁德市	Ningde	12584760	3596262	2380343	1085508	1753237	812281
江西省	**Jiangxi**	**168189589**	**71570899**	**15200985**	**9079414**	**11131784**	**6552543**
南昌市	Nanchang	40000719	30970329	4853714	4040503	3605633	3002481
景德镇市	Jingdezhen	6908760	2966370	274370	183383	238465	147328
萍乡市	Pingxiang	10267407	6333978	454646	349297	323008	234503
九江市	Jiujiang	21199205	6536527	1329104	691798	951650	530217
新余市	Xinyu	8225962	6546151	263328	233717	213490	193602
鹰潭市	Yingtan	5315555	1056665	577610	381628	426009	294866
赣州市	Ganzhou	18922071	6995209	2743545	1467053	1795804	868422
吉安市	Ji'an	14869517	1908885	820018	374339	587034	259500

2-29 续表 3 continued

单位：万元 (10 000 yuan)

城市	City	固定资产投资(不含农户) Investment in Fixed Assets (Excluding Rural Households) 全市 Total City	市辖区 Districts under City	房地产开发投资 Investment in Real Estate Development 全市 Total City	市辖区 Districts under City	住宅 Residential Buildings 全市 Total City	市辖区 Districts under City
宜春市	Yichun	15881419	2332371	1490782	618940	1134413	461395
抚州市	Fuzhou	10996711	2437108	1100013	443591	884754	358639
上饶市	Shangrao	15602263	3487306	1293855	295165	971524	201590
山东省	**Shandong**	**473814559**	**222445668**	**58916954**	**42555068**	**43989775**	**31007741**
济南市	Jinan	34984158	22393928	10141433	9059673	7254184	6415013
青岛市	Qingdao	65556685	34701681	11223458	9803290	7569123	6495657
淄博市	Zibo	27315788	20197802	2276877	2000756	1797767	1582153
枣庄市	Zaozhuang	16259257	10242171	1866378	1121462	1391185	858686
东营市	Dongying	30846750	17062622	1939439	1379877	1551309	1133411
烟台市	Yantai	46671376	21324001	6070567	4731082	4581221	3526962
潍坊市	Weifang	45167037	12798020	4679130	2222287	3560902	1632975
济宁市	Jining	28910052	9966572	3084754	1537699	2240961	1075261
泰安市	Tai'an	26182397	8488151	1451549	982789	1164706	784088
威海市	Weihai	25437242	13350859	3131931	2409344	2566220	1931259
日照市	Rizhao	14078065	10434064	1088536	871118	848697	661043
莱芜市	Laiwu	6190739	6190739	318505	318505	192258	192258
临沂市	Linyi	32191857	14587992	3924634	2417116	2943083	1727331
德州市	Dezhou	22379062	6344200	2145748	1086589	1774160	879221
聊城市	Liaocheng	21008238	4615427	1904201	1142104	1466665	843904
滨州市	Binzhou	19902379	7130887	1084975	532781	913829	439309
菏泽市	Heze	10733477	2616552	2584839	938596	2173505	829210
河南省	**Henan**	**344762641**	**113587795**	**47999451**	**33507928**	**34911520**	**24255440**
郑州市	Zhengzhou	62880031	36699051	20001954	17337356	13381631	11269961
开封市	Kaifeng	13245172	6116093	1682054	1229669	1458508	1040163
洛阳市	Luoyang	35369646	10526304	3338907	2679418	2324509	1867775
平顶山市	Pingdingshan	16031338	2979346	1062106	839148	811565	629537
安阳市	Anyang	18309845	4608235	2236642	1555801	1720718	1251774
鹤壁市	Hebi	6924256	4206701	689784	494292	559691	379129
新乡市	Xinxiang	19272118	6946430	2575378	1826315	2168393	1514607
焦作市	Jiaozuo	18799513	4658242	989234	773340	758406	582732
濮阳市	Puyang	13052767	3787924	951181	602054	806066	537374
许昌市	Xuchang	19310816	3981222	1516666	678956	1215122	583738
漯河市	Luohe	9085333	5481545	481088	358423	109088	279859
三门峡市	Sanmenxia	15387698	3020296	1067155	683204	530432	299147
南阳市	Nanyang	29111971	5517267	1608267	1027523	1288415	1024254
商丘市	Shangqiu	17172466	4699189	2624727	909727	1861262	678953
信阳市	Xinyang	20238833	5352878	2925001	898176	2382114	856856
周口市	Zhoukou	16072996	1756100	1922889	836862	1677392	804764
驻马店市	Zhumadian	14497842	3250972	2326418	777664	1858208	654817
湖北省	**Hubei**	**261442180**	**125903047**	**40843407**	**31343901**	**29061402**	**22572785**
武汉市	Wuhan	76808855	56506103	25817857	22519515	17779333	15803735
黄石市	Huangshi	13519279	5734396	1301434	912493	958174	697157
十堰市	Shiyan	12255078	5711043	830147	599155	633411	484121
宜昌市	Yichang	29213819	10107995	2418924	1884706	1907703	1542661
襄阳市	Xiangyang	29217800	13446675	3345836	2006804	2308900	1316004
鄂州市	Ezhou	8062140	8062140	210867	210867	179142	179142

2-29 续表 4 continued

单位：万元 (10 000 yuan)

城市	City	固定资产投资(不含农户) Investment in Fixed Assets (Excluding Rural Households) 全市 Total City	市辖区 Districts under City	房地产开发投资 Investment in Real Estate Development 全市 Total City	市辖区 Districts under City	住宅 Residential Buildings 全市 Total City	市辖区 Districts under City
荆门市	Jingmen	14045815	5280045	1181124	503937	809114	350802
孝感市	Xiaogan	17623514	3807386	1715832	1225530	1396508	993676
荆州市	Jingzhou	18538888	7696726	1133279	582801	869639	481466
黄冈市	Huanggang	19584000	2548300	2001000	413700	1538000	364900
咸宁市	Xianning	13496167	3342112	599378	237352	468195	176934
随州市	Suizhou	9076825	3660126	287729	247041	213283	182187
湖南省	**Hunan**	**248765510**	**105978727**	**25616211**	**17838333**	**16644226**	**11089780**
长沙市	Changsha	63632944	36933099	9966008	8294279	6391805	5191912
株洲市	Zhuzhou	19421056	10256984	2258608	1533804	1543062	1106159
湘潭市	Xiangtan	18053990	13259190	1454435	1114084	1041600	779256
衡阳市	Hengyang	21259283	6780198	1408786	992392	1188378	744021
邵阳市	Shaoyang	15225968	2307424	1356365	585971	1006281	370147
岳阳市	Yueyang	21547095	6377586	1514489	1128685	1162046	898468
常德市	Changde	17365009	6332039	1214123	710355	897275	486941
张家界市	Zhangjiajie	2649767	1507493	314491	176113	237168	129570
益阳市	Yiyang	12238012	6036561	1039023	692583	717627	440892
郴州市	Chenzhou	21689817	6377910	1943553	1208507	236201	36523
永州市	Yongzhou	14518671	3949722	894822	269545	725963	212155
怀化市	Huaihua	10080045	1643930	1172099	625433	807318	370161
娄底市	Loudi	11083853	4216591	1079409	506582	689502	323575
广东省	**Guangdong**	**294044165**	**224463505**	**85378666**	**77274339**	**57954425**	**52628015**
广州市	Guangzhou	54059522	54059522	21375891	21375891	13310260	13310260
韶关市	Shaoguan	7016692	2597340	1312939	837977	923626	605764
深圳市	Shenzhen	32983076	32983076	13310333	13310333	8971331	8971331
珠海市	Zhuhai	7810227	7810227	5241185	5241185	3853749	3853749
汕头市	Shantou	12743177	12600541	2455121	2333653	1692614	1606870
佛山市	Foshan	30355217	30355217	9453688	9453688	6445650	6445650
江门市	Jiangmen	13078743	6055385	3110122	1825322	2226536	1248199
湛江市	Zhanjiang	13136856	4915077	1790510	1387999	1132136	807080
茂名市	Maoming	10128306	4281745	1026670	690472	811405	514854
肇庆市	Zhaoqing	13300331	6955546	1597686	1042230	164623	780435
惠州市	Huizhou	18639306	11169986	6104497	4131850	4829063	3175754
梅州市	Meizhou	5680620	2185923	1683950	953429	1199195	699889
汕尾市	Shanwei	5851981	847396	261016	111938	174028	75045
河源市	Heyuan	5641350	1950952	1285928	720745	939242	537271
阳江市	Yangjiang	6911268	4725430	1048642	704956	890004	576520
清远市	Qingyuan	6206305	3962228	2135798	1692709	1674885	1316104
东莞市	Dongguan	14465180	14465180	5752145	5752145	4016931	4016931
中山市	Zhongshan	10554086	10554086	4810127	4810127	3461211	3461211
潮州市	Chaozhou	3919450	3229809	508032	448460	297273	245007
揭阳市	Jieyang	13620998	6344349	486718	249597	445719	223140
云浮市	Yunfu	7941474	2414490	627668	199633	494944	156951
广西壮族自治区	**Guangxi**	**157629997**	**79678261**	**18901105**	**13834063**	**13953224**	**9867634**
南宁市	Nanning	33668913	24641211	6571897	5946277	4650354	4140801
柳州市	Liuzhou	20505482	13235999	3016449	2500522	2179616	1764155
桂林市	Guilin	18373233	4069095	1911434	770371	1505926	544591

2-29 续表 5 continued

单位：万元 (10 000 yuan)

城市	City	固定资产投资(不含农户) Investment in Fixed Assets (Excluding Rural Households) 全市 Total City	市辖区 Districts under City	房地产开发投资 Investment in Real Estate Development 全市 Total City	市辖区 Districts under City	住宅 Residential Buildings 全市 Total City	市辖区 Districts under City
梧州市	Wuzhou	10455146	4856715	689731	304186	545509	245497
北海市	Beihai	9203663	7370376	1339774	1159187	1053279	889490
防城港市	Fangchenggang	5261496	3617205	801959	633237	584793	455029
钦州市	Qinzhou	8100991	4680667	453265	453265	338829	338829
贵港市	Guigang	6896683	3554758	657893	385163	536015	306067
玉林市	Yulin	13321231	4384890	959571	507215	764695	366787
百色市	Baise	10220531	1408547	729966	319702	508631	219643
贺州市	Hezhou	6259305	3664017	203291	119573	155485	100583
河池市	Hechi	3956938	893911	378984	168494	272788	117822
来宾市	Laibin	4490735	2204142	738581	479978	517431	315841
崇左市	Chongzuo	6915650	1096728	448310	86893	339873	62499
海南省	**Hainan**	**18483389**	**17180125**	**9498584**	**9230401**	**6070823**	**5875572**
海口市	Haikou	10120455	10120455	4563949	4563949	2761388	2761388
三亚市	Sanya	7059670	7059670	4666452	4666452	3114184	3114184
三沙市	Sansa						
儋州市	Danzhou	1303264		268183		195251	
重庆市	**Chongqing**	**153679690**	**124132552**	**37512812**	**34067106**	**23904910**	**21378524**
四川省	**Sichuan**	**228335056**	**111203618**	**47654499**	**32500166**	**29106869**	**20178248**
成都市	Chengdu	69469660	44548723	24419542	20592014	14781679	12147103
自贡市	Zigong	6089534	4096011	1258074	563021	801539	538225
攀枝花市	Panzhihua	6115121	4062141	589447	447858	320516	223877
泸州市	Luzhou	14387121	7085146	1968690	1247921	1411345	909392
德阳市	Deyang	9551143	2803944	1153816	750538	752942	506395
绵阳市	Mianyang	11140858	5661450	1983475	1151856	1272491	738994
广元市	Guangyuan	5482278	2767116	867997	613148	550054	371658
遂宁市	Suining	9866098	5215218	1119066	612405	829895	405331
内江市	Neijiang	7787649	3228812	1238771	518286	953294	421492
乐山市	Leshan	9498096	5024599	1528610	917427	926808	595165
南充市	Nanchong	13539782	5026027	2132198	935579	1438473	649965
眉山市	Meishan	8122215	3219723	1951527	652497	134266	448120
宜宾市	Yibin	12675114	3623469	1504210	650333	1016877	435810
广安市	Guang'an	9227126	3688686	1842551	795107	1298548	468646
达州市	Dazhou	12141014	3972101	825762	304804	513152	155296
雅安市	Ya'an	4884117	1304450	274498	157013	155263	85398
巴中市	Bazhong	10202954	3830149	1044901	545892	749055	425616
资阳市	Ziyang	8155176	2045853	1951364	1044467	1200672	651765
贵州省	**Guizhou**	**86413506**	**35833876**	**17629337**	**12061760**	**11023019**	**6801948**
贵阳市	Guiyang	28044458	18865914	10050001	9606089	6285507	5602963
六盘水市	Liupanshui	11124819	4062826	768456	312553	445100	183200
遵义市	Zunyi	16937364	4107812	3417167	814002	2320152	213071
安顺市	Anshun	5354275	3553784	760306	498232	417562	260651
毕节市	Bijie	13449343	2603157	1524359	546825	906360	340449
铜仁市	Tongren	11503247	2640383	1109048	284059	648338	201614
云南省	**Yunnan**	**78279349**	**34179677**	**20101633**	**15348968**	**12256203**	**9255223**
昆明市	Kunming	34978793	22365743	14513067	12528489	8758730	7601960
曲靖市	Qujing	12059120	4067165	1442978	520628	1077051	448166

2-29 续表 6 continued

单位：万元 (10 000 yuan)

城市	City	固定资产投资(不含农户) Investment in Fixed Assets (Excluding Rural Households) 全市 Total City	市辖区 Districts under City	房地产开发投资 Investment in Real Estate Development 全市 Total City	市辖区 Districts under City	住宅 Residential Buildings 全市 Total City	市辖区 Districts under City
玉溪市	Yuxi	6675854	2263757	655881	295880	391338	147465
保山市	Baoshan	5018302	1723197	660679	270605	543024	211384
昭通市	Zhaotong	6129810	1504163	633428	310293	430261	209699
丽江市	Lijiang	2728969	653892	490077	258714	119912	
普洱市	Pu'er	4497526	855627	604632	474797	315724	241668
临沧市	Lincang	6190975	746133	1100891	689562	620163	394881
西藏自治区	**Tibet**	**4999117**	**1975623**	**461309**	**90681**	**367879**	**68737**
拉萨市	Lasa	4999117	1975623	461309	90681	367879	68737
陕西省	**Shaanxi**	**152646896**	**80939190**	**23801404**	**21774692**	**17466221**	**15934600**
西安市	Xi'an	50869319	46040100	18316688	18006031	13121540	12909925
铜川市	Tongchuan	3805186	3414765	283040	258643	170945	148378
宝鸡市	Baoji						
咸阳市	Xianyang	30140885	14248949	1818166	1611845	1629984	1460928
渭南市	Weinan	19782196	4639475	873288	491542	562050	312761
延安市	Yan'an	13941054	3208315	509824	400775	424563	345413
汉中市	Hanzhong	8780621	2190884	681975	211116	509723	158001
榆林市	Yulin	11336739	3378600	469903	309100	354218	216637
安康市	Ankang	6677596	2340277	655020	399251	538336	326763
商洛市	Shangluo	7313300	1477825	193500	86389	154862	55794
甘肃省	**Gansu**	**82821228**	**31901961**	**7263565**	**4884745**	**5061537**	**3303170**
兰州市	Lanzhou	18037526	10967257	3390149	2306613	2212969	1475398
嘉峪关市	Jiayuguan	1441639	1441639	259847	259847	177700	177700
金昌市	Jinchang	2485887	1744874	190636	162768	131447	107847
白银市	Baiyin	4744632	2518361	299381	187250	289599	178038
天水市	Tianshui	6027908	2915789	359867	230329	257802	150339
武威市	Wuwei	6201041	3171812	283251	254571	184133	156858
张掖市	Zhangye	3128052	1099615	535330	170044	406255	120139
平凉市	Pingliang	6029530	771928	665935	482712	433920	295436
酒泉市	Jiuquan	11104702	2366365	420959	281313	348031	240892
庆阳市	Qingyang	12160694	2664466	418317	320078	311060	232774
定西市	Dingxi	5553545	1213788	311153	134728	204848	91569
陇南市	Longnan	5906072	1026067	128740	94492	103773	76180
青海省	**Qinghai**	**18360173**	**10931029**	**3238195**	**2928828**	**2219606**	**1601666**
西宁市	Xining	12680173	8599706	2804295	2735513	1891406	1563419
海东市	Haidong	5680000	2331323	433900	193315	328200	38247
宁夏回族自治区	**Ningxia**	**32224473**	**15386247**	**6336378**	**4856632**	**3966814**	**3123625**
银川市	Yinchuan	15280187	6687745	4091711	3359346	2541048	2122131
石嘴山市	Shizuishan	3989545	3392514	537376	397213	347217	268166
吴忠市	Wuzhong	6689797	2595372	447868	259827	271474	165475
固原市	Guyuan	3188703	1360235	682988	513223	397214	300758
中卫市	Zhongwei	3076241	1350381	576435	327023	409861	267095
新疆维吾尔自治区	**Xinjiang**	**20139732**	**19632054**	**4230264**	**4206531**	**2835665**	**2811932**
乌鲁木齐市	Urumqi	17083873	16576195	3883661	3859928	2592258	2568525
克拉玛依市	Karamay	3055859	3055859	346603	346603	243407	243407

(七)教育、文化、卫生
Education, Culture and Public Health

2-30 学校数(一)
Number of Schools (Ⅰ)

单位：所 (unit)

城　市	City	普通高等学校 Regular Institutions of Higher Education	中等职业教育学校 Vocational Secondary Schools	
		全　市 Total City	全　市 Total City	市辖区 Districts under City
城市合计	**Prefecture Cities**	**2510**	**8717**	**4867**
北京市	**Beijing**	**90**	**122**	**122**
天津市	**Tianjin**	**55**	**90**	**90**
河北省	**Hebei**	**132**	**649**	**340**
石家庄市	Shijiazhuang	49	138	89
唐山市	Tangshan	7	66	46
秦皇岛市	Qinhuangdao	13	44	34
邯郸市	Handan	5	67	41
邢台市	Xingtai	4	65	21
保定市	Baoding	17	81	33
张家口市	Zhangjiakou	5	51	20
承德市	Chengde	4	30	16
沧州市	Cangzhou	8	45	18
廊坊市	Langfang	18	29	9
衡水市	Hengshui	2	33	13
山西省	**Shanxi**	**89**	**504**	**247**
太原市	Taiyuan	43	93	89
大同市	Datong	1	49	25
阳泉市	Yangquan	2	21	16
长治市	Changzhi	6	45	21
晋城市	Jincheng	1	15	7
朔州市	Shuozhou	3	22	10
晋中市	Jinzhong	16	23	7
运城市	Yuncheng	7	57	24
忻州市	Xinzhou	4	90	19
临汾市	Linfen	5	52	20
吕梁市	Lvliang	1	37	9
内蒙古自治区	**Inner Mongolia**	**49**	**217**	**92**
呼和浩特市	Hohhot	24	58	44
包头市	Baotou	5	20	16
乌海市	Wuhai	1	1	1
赤峰市	Chifeng	4	43	18
通辽市	Tongliao	3	26	2
鄂尔多斯市	Erdos	4	6	3
呼伦贝尔市	Hulunbuir	3	26	3
巴彦淖尔市	Bayannur	2	13	5
乌兰察布市	Ulanqab	3	24	
辽宁省	**Liaoning**	**119**	**360**	**291**
沈阳市	Shenyang	47	112	108
大连市	Dalian	30	76	65
鞍山市	Anshan	3	23	12
抚顺市	Fushun	5	16	13
本溪市	Benxi	7	13	11
丹东市	Dandong	3	16	13
锦州市	Jinzhou	9	9	5

2-30 续表 1 continued

单位：所 (unit)

城 市	City	普通高等学校 Regular Institutions of Higher Education	中等职业教育学校 Vocational Secondary Schools	
		全 市 Total City	全 市 Total City	市辖区 Districts under City
营口市	Yingkou	3	16	14
阜新市	Fuxin	2	14	12
辽阳市	Liaoyang	2	10	8
盘锦市	Panjin	2	7	3
铁岭市	Tieling	4	20	14
朝阳市	Chaoyang	1	16	11
葫芦岛市	Huludao	1	12	2
吉林省	**Jilin**	**56**	**265**	**173**
长春市	Changchun	37	103	91
吉林市	Jilin	8	35	22
四平市	Siping	4	34	16
辽源市	Liaoyuan	1	11	6
通化市	Tonghua	1	28	11
白山市	Baishan	1	16	11
松原市	Songyuan	1	20	8
白城市	Baicheng	3	18	8
黑龙江省	**Heilongjiang**	**98**	**252**	**144**
哈尔滨市	Harbin	50	93	81
齐齐哈尔市	Qiqihar	10	24	13
鸡西市	Jixi	1	11	6
鹤岗市	Hegang	1	6	3
双鸭山市	Shuangyashan	13	7	4
大庆市	Daqing	7	26	11
伊春市	Yichun	1	7	7
佳木斯市	Jiamusi	5	15	8
七台河市	Qitaihe	1	3	2
牡丹江市	Mudanjiang	7	23	5
黑河市	Heihe	1	24	3
绥化市	Suihua	1	13	1
上海市	**Shanghai**	**67**	**98**	**98**
江苏省	**Jiangsu**	**137**	**174**	**132**
南京市	Nanjing	44	23	23
无锡市	Wuxi	12	21	13
徐州市	Xuzhou	9	12	11
常州市	Changzhou	10	11	9
苏州市	Suzhou	21	23	14
南通市	Nantong	8	5	5
连云港市	Lianyungang	4	10	9
淮安市	Huai'an	7	16	10
盐城市	Yancheng	5	7	7
扬州市	Yangzhou	6	10	9
镇江市	Zhenjiang	5	11	8
泰州市	Taizhou	3	9	5
宿迁市	Suqian	3	16	9
浙江省	**Zhejiang**	**93**	**314**	**147**
杭州市	Hangzhou	39	63	51

2-30 续表 2 continued

单位：所 (unit)

城市	City	普通高等学校 Regular Institutions of Higher Education	中等职业教育学校 Vocational Secondary Schools	
		全市 Total City	全市 Total City	市辖区 Districts under City
宁波市	Ningbo	14	50	20
温州市	Wenzhou	8	43	17
嘉兴市	Jiaxing	6	19	5
湖州市	Huzhou	3	12	4
绍兴市	Shaoxing	9	20	11
金华市	Jinhua	2	33	11
衢州市	Quzhou	2	14	7
舟山市	Zhoushan	4	5	3
台州市	Taizhou	4	37	12
丽水市	Lishui	2	18	6
安徽省	**Anhui**	**110**	**419**	**210**
合肥市	Hefei	50	75	47
芜湖市	Wuhu	8	30	19
蚌埠市	Bengbu	5	27	13
淮南市	Huainan	5	22	19
马鞍山市	Maanshan	6	10	4
淮北市	Huaibei	3	12	10
铜陵市	Tongling	3	6	4
安庆市	Anqing	5	37	16
黄山市	Huangshan	2	20	9
滁州市	Chuzhou	4	22	6
阜阳市	Fuyang	5	43	21
宿州市	Suzhou	3	24	5
六安市	Lu'an	5	41	17
亳州市	Bozhou	2	29	10
池州市	Chizhou	3	8	5
宣城市	Xuancheng	1	13	5
福建省	**Fujian**	**86**	**226**	**125**
福州市	Fuzhou	32	53	35
厦门市	Xiamen	16	21	21
莆田市	Putian	2	19	13
三明市	Sanming	3	14	4
泉州市	Quanzhou	18	41	20
漳州市	Zhangzhou	7	24	8
南平市	Nanping	4	24	10
龙岩市	Longyan	2	18	11
宁德市	Ningde	2	12	3
江西省	**Jiangxi**	**95**	**373**	**174**
南昌市	Nanchang	53	56	41
景德镇市	Jingdezhen	4	18	13
萍乡市	Pingxiang	3	20	12
九江市	Jiujiang	7	26	10
新余市	Xinyu	5	19	19
鹰潭市	Yingtan	2	12	4
赣州市	Ganzhou	8	54	25
吉安市	Ji'an	2	50	13

2-30 续表 3 continued

单位：所 (unit)

城　市	City	普通高等学校 Regular Institutions of Higher Education	中等职业教育学校 Vocational Secondary Schools	
		全　市 Total City	全　市 Total City	市辖区 Districts under City
宜春市	Yichun	4	36	12
抚州市	Fuzhou	4	36	15
上饶市	Shangrao	3	46	10
山东省	**Shandong**	**177**	**538**	**338**
济南市	Jinan	72	66	53
青岛市	Qingdao	20	80	67
淄博市	Zibo	8	18	15
枣庄市	Zaozhuang	3	18	15
东营市	Dongying	4	10	7
烟台市	Yantai	10	54	26
潍坊市	Weifang	14	47	21
济宁市	Jining	7	23	8
泰安市	Tai'an	8	20	12
威海市	Weihai	9	21	16
日照市	Rizhao	2	14	11
莱芜市	Laiwu	3	9	9
临沂市	Linyi	3	44	26
德州市	Dezhou	4	26	12
聊城市	Liaocheng	3	35	12
滨州市	Binzhou	3	17	8
菏泽市	Heze	4	36	20
河南省	**Henan**	**129**	**761**	**324**
郑州市	Zhengzhou	56	129	83
开封市	Kaifeng	5	45	18
洛阳市	Luoyang	7	85	50
平顶山市	Pingdingshan	5	31	13
安阳市	Anyang	6	23	9
鹤壁市	Hebi	3	13	5
新乡市	Xinxiang	9	41	12
焦作市	Jiaozuo	7	30	12
濮阳市	Puyang	1	23	9
许昌市	Xuchang	4	28	11
漯河市	Luohe	3	31	14
三门峡市	Sanmenxia	1	21	8
南阳市	Nanyang	6	88	35
商丘市	Shangqiu	6	38	11
信阳市	Xinyang	5	54	12
周口市	Zhoukou	3	44	12
驻马店市	Zhumadian	2	37	10
湖北省	**Hubei**	**124**	**327**	**103**
武汉市	Wuhan	82	134	
黄石市	Huangshi	4	17	11
十堰市	Shiyan	8	20	10
宜昌市	Yichang	5	15	7
襄阳市	Xiangyang	5	31	20
鄂州市	Ezhou	1	10	10

2-30 续表 4 continued

单位：所 (unit)

城 市	City	普通高等学校 Regular Institutions of Higher Education	中等职业教育学校 Vocational Secondary Schools	
		全 市 Total City	全 市 Total City	市辖区 Districts under City
荆门市	Jingmen	1	12	5
孝感市	Xiaogan	3	17	9
荆州市	Jingzhou	8	21	7
黄冈市	Huanggang	4	27	14
咸宁市	Xianning	2	16	6
随州市	Suizhou	1	7	4
湖南省	**Hunan**	**110**	**473**	**211**
长沙市	Changsha	51	74	48
株洲市	Zhuzhou	12	22	12
湘潭市	Xiangtan	10	20	9
衡阳市	Hengyang	8	38	15
邵阳市	Shaoyang	3	60	25
岳阳市	Yueyang	4	34	17
常德市	Changde	5	47	21
张家界市	Zhangjiajie	1	12	7
益阳市	Yiyang	4	23	14
郴州市	Chenzhou	3	25	8
永州市	Yongzhou	3	40	10
怀化市	Huaihua	3	44	17
娄底市	Loudi	3	34	8
广东省	**Guangdong**	**144**	**516**	**349**
广州市	Guangzhou	81	86	86
韶关市	Shaoguan	2	21	14
深圳市	Shenzhen	12	15	15
珠海市	Zhuhai	10	7	7
汕头市	Shantou	1	25	24
佛山市	Foshan	3	48	48
江门市	Jiangmen	3	24	13
湛江市	Zhanjiang		57	27
茂名市	Maoming	2	22	10
肇庆市	Zhaoqing	5	20	14
惠州市	Huizhou	4	35	
梅州市	Meizhou	1	28	13
汕尾市	Shanwei	1	12	5
河源市	Heyuan	1	15	7
阳江市	Yangjiang	1	6	3
清远市	Qingyuan	1	16	8
东莞市	Dongguan	8	25	25
中山市	Zhongshan	4	11	11
潮州市	Chaozhou	1	9	5
揭阳市	Jieyang	2	20	12
云浮市	Yunfu	1	14	2
广西壮族自治区	**Guangxi**	**73**	**275**	**178**
南宁市	Nanning	32	73	65
柳州市	Liuzhou	6	27	20
桂林市	Guilin	10	30	17

2-30 续表 5 continued

单位：所 (unit)

城 市	City	普通高等学校 Regular Institutions of Higher Education	中等职业教育学校 Vocational Secondary Schools	
		全 市 Total City	全 市 Total City	市辖区 Districts under City
梧州市	Wuzhou	2	17	13
北海市	Beihai	4	7	5
防城港市	Fangchenggang	1	3	1
钦州市	Qinzhou	2	9	5
贵港市	Guigang		12	8
玉林市	Yulin	1	21	13
百色市	Baise	4	20	1
贺州市	Hezhou	1	14	12
河池市	Hechi	2	17	6
来宾市	Laibin	2	11	6
崇左市	Chongzuo	6	14	6
海南省	**Hainan**	**16**	**60**	**57**
海口市	Haikou	11	54	54
三亚市	Sanya	5	3	3
三沙市	Sansa			
儋州市	Danzhou		3	
重庆市	**Chongqing**	**64**	**214**	**98**
四川省	**Sichuan**	**105**	**451**	**241**
成都市	Chengdu	56	84	65
自贡市	Zigong	2	18	14
攀枝花市	Panzhihua	2	4	3
泸州市	Luzhou	5	22	12
德阳市	Deyang	6	19	12
绵阳市	Mianyang	10	29	18
广元市	Guangyuan	2	14	7
遂宁市	Suining	1	15	4
内江市	Neijiang	3	23	13
乐山市	Leshan	3	24	13
南充市	Nanchong	4	42	25
眉山市	Meishan	2	16	7
宜宾市	Yibin	2	27	12
广安市	Guang'an	1	21	4
达州市	Dazhou	2	36	10
雅安市	Ya'an	2	8	4
巴中市	Bazhong	1	33	15
资阳市	Ziyang	1	16	3
贵州省	**Guizhou**	**46**	**143**	**30**
贵阳市	Guiyang	29	62	
六盘水市	Liupanshui	2	21	6
遵义市	Zunyi	6	21	9
安顺市	Anshun	2	9	4
毕节市	Bijie	3	17	7
铜仁市	Tongren	4	13	4
云南省	**Yunnan**	**55**	**213**	**95**
昆明市	Kunming	42	79	51
曲靖市	Qujing	3	32	12

2-30 续表 6 continued

单位：所 (unit)

城 市	City	普通高等学校 Regular Institutions of Higher Education	中等职业教育学校 Vocational Secondary Schools	
		全 市 Total City	全 市 Total City	市辖区 Districts under City
玉溪市	Yuxi	2	9	3
保山市	Baoshan	2	7	2
昭通市	Zhaotong	1	29	9
丽江市	Lijiang	2	11	3
普洱市	Pu'er	2	26	8
临沧市	Lincang	1	20	7
西藏自治区	**Tibet**	**5**	**3**	**3**
拉萨市	Lasa	5	3	3
陕西省	**Shaanxi**	**91**	**370**	**257**
西安市	Xi'an	63	189	171
铜川市	Tongchuan	1	5	4
宝鸡市	Baoji	2	31	21
咸阳市	Xianyang	13	31	17
渭南市	Weinan	1	34	15
延安市	Yan'an	2	15	3
汉中市	Hanzhong	3	13	3
榆林市	Yulin	2	28	15
安康市	Ankang	2	15	5
商洛市	Shangluo	2	9	3
甘肃省	**Gansu**	**39**	**205**	**120**
兰州市	Lanzhou	20	61	51
嘉峪关市	Jiayuguan	1	3	3
金昌市	Jinchang	1	2	1
白银市	Baiyin	1	16	9
天水市	Tianshui	4	24	16
武威市	Wuwei	4	14	9
张掖市	Zhangye	1	11	5
平凉市	Pingliang	1	11	5
酒泉市	Jiuquan	1	9	4
庆阳市	Qingyang	3	13	10
定西市	Dingxi	1	20	5
陇南市	Longnan	1	21	2
青海省	**Qinghai**	**11**	**26**	**15**
西宁市	Xining	10	20	13
海东市	Haidong	1	6	2
宁夏回族自治区	**Ningxia**	**18**	**35**	**19**
银川市	Yinchuan	15	20	14
石嘴山市	Shizuishan	1	4	3
吴忠市	Wuzhong	1	3	
固原市	Guyuan	1	5	1
中卫市	Zhongwei		3	1
新疆维吾尔自治区	**Xinjiang**	**27**	**44**	**44**
乌鲁木齐市	Urumqi	25	43	43
克拉玛依市	Karamay	2	1	1

2-31 学校数(二)
Number of Schools (Ⅱ)

单位：所 (unit)

城市	City	普通中学 Regular Secondary Schools		小学 Primary Schools	
		全市 Total City	市辖区 Districts under City	全市 Total City	市辖区 Districts under City
城市合计	**Prefecture Cities**	**60482**	**21322**	**178960**	**44702**
北京市	**Beijing**	**646**	**646**	**996**	**996**
天津市	**Tianjin**	**509**	**509**	**849**	**849**
河北省	**Hebei**	**2956**	**747**	**12126**	**2185**
石家庄市	Shijiazhuang	406	155	1390	474
唐山市	Tangshan	328	130	1127	421
秦皇岛市	Qinhuangdao	154	83	416	173
邯郸市	Handan	385	81	1809	164
邢台市	Xingtai	278	44	1257	126
保定市	Baoding	447	109	2162	400
张家口市	Zhangjiakou	168	43	531	107
承德市	Chengde	122	23	447	53
沧州市	Cangzhou	316	26	1310	74
廊坊市	Langfang	176	26	809	138
衡水市	Hengshui	176	27	868	55
山西省	**Shanxi**	**2329**	**603**	**6563**	**1205**
太原市	Taiyuan	224	171	416	202
大同市	Datong	217	94	466	161
阳泉市	Yangquan	81	38	255	78
长治市	Changzhi	214	48	636	89
晋城市	Jincheng	160	31	543	68
朔州市	Shuozhou	93	27	383	77
晋中市	Jinzhong	224	32	674	100
运城市	Yuncheng	262	31	835	87
忻州市	Xinzhou	273	48	677	101
临汾市	Linfen	285	61	1012	197
吕梁市	Lvliang	296	22	666	45
内蒙古自治区	**Inner Mongolia**	**832**	**330**	**1640**	**523**
呼和浩特市	Hohhot	109	71	212	116
包头市	Baotou	93	80	138	107
乌海市	Wuhai	21	21	25	25
赤峰市	Chifeng	154	53	396	102
通辽市	Tongliao	136	27	353	54
鄂尔多斯市	Erdos	66	20	128	36
呼伦贝尔市	Hulunbuir	132	24	150	23
巴彦淖尔市	Bayannur	50	15	90	34
乌兰察布市	Ulanqab	71	19	148	26
辽宁省	**Liaoning**	**1929**	**847**	**4234**	**1146**
沈阳市	Shenyang	295	215	274	227
大连市	Dalian	285	157	526	240
鞍山市	Anshan	163	67	535	66
抚顺市	Fushun	105	61	123	60
本溪市	Benxi	57	36	70	41
丹东市	Dandong	125	36	448	66
锦州市	Jinzhou	130	44	378	60

2-31 续表 1 continued

单位：所 (unit)

城 市	City	普通中学 Regular Secondary Schools 全 市 Total City	普通中学 Regular Secondary Schools 市辖区 Districts under City	小 学 Primary Schools 全 市 Total City	小 学 Primary Schools 市辖区 Districts under City
营口市	Yingkou	102	40	157	52
阜新市	Fuxin	94	36	75	35
辽阳市	Liaoyang	78	37	168	35
盘锦市	Panjin	70	37	54	51
铁岭市	Tieling	126	17	298	31
朝阳市	Chaoyang	169	31	654	96
葫芦岛市	Huludao	130	33	474	86
吉林省	**Jilin**	**1270**	**408**	**4369**	**859**
长春市	Changchun	337	187	1126	381
吉林市	Jilin	180	69	607	140
四平市	Siping	184	28	875	78
辽源市	Liaoyuan	62	17	308	37
通化市	Tonghua	130	20	215	35
白山市	Baishan	107	30	181	46
松原市	Songyuan	148	27	712	87
白城市	Baicheng	122	30	345	55
黑龙江省	**Heilongjiang**	**1790**	**682**	**2832**	**843**
哈尔滨市	Harbin	483	255	590	263
齐齐哈尔市	Qiqihar	249	71	664	98
鸡西市	Jixi	93	36	71	25
鹤岗市	Hegang	40	28	82	54
双鸭山市	Shuangyashan	67	25	110	35
大庆市	Daqing	153	87	380	128
伊春市	Yichun	53	31	63	36
佳木斯市	Jiamusi	111	35	191	51
七台河市	Qitaihe	48	30	49	23
牡丹江市	Mudanjiang	132	41	191	60
黑河市	Heihe	98	7	184	10
绥化市	Suihua	263	36	257	60
上海市	**Shanghai**	**790**	**754**	**764**	**735**
江苏省	**Jiangsu**	**2660**	**1272**	**4068**	**1791**
南京市	Nanjing	223	223	350	350
无锡市	Wuxi	179	91	197	100
徐州市	Xuzhou	328	111	924	253
常州市	Changzhou	160	124	201	163
苏州市	Suzhou	283	139	387	199
南通市	Nantong	211	60	322	89
连云港市	Lianyungang	174	75	447	175
淮安市	Huai'an	179	115	282	131
盐城市	Yancheng	276	93	326	94
扬州市	Yangzhou	166	86	205	97
镇江市	Zhenjiang	111	42	113	47
泰州市	Taizhou	187	63	156	50
宿迁市	Suqian	183	50	158	43
浙江省	**Zhejiang**	**2275**	**867**	**3303**	**1111**
杭州市	Hangzhou	318	233	443	309

2-31 续表 2 continued

单位：所 (unit)

城市	City	普通中学 Regular Secondary Schools		小学 Primary Schools	
		全市 Total City	市辖区 Districts under City	全市 Total City	市辖区 Districts under City
宁波市	Ningbo	289	124	448	177
温州市	Wenzhou	458	97	563	132
嘉兴市	Jiaxing	173	57	154	28
湖州市	Huzhou	118	50	129	48
绍兴市	Shaoxing	185	85	369	166
金华市	Jinhua	244	63	396	73
衢州市	Quzhou	98	36	199	53
舟山市	Zhoushan	41	31	57	37
台州市	Taizhou	253	68	329	71
丽水市	Lishui	98	23	216	17
安徽省	**Anhui**	**3524**	**1030**	**9119**	**2340**
合肥市	Hefei	360	118	584	143
芜湖市	Wuhu	205	74	313	137
蚌埠市	Bengbu	169	52	661	134
淮南市	Huainan	130	97	330	194
马鞍山市	Maanshan	105	32	248	60
淮北市	Huaibei	128	73	321	137
铜陵市	Tongling	43	23	80	43
安庆市	Anqing	363	42	1125	109
黄山市	Huangshan	121	37	130	33
滁州市	Chuzhou	266	30	262	45
阜阳市	Fuyang	443	110	1659	356
宿州市	Suzhou	248	73	840	249
六安市	Lu'an	410	121	1009	225
亳州市	Bozhou	279	59	1154	302
池州市	Chizhou	96	41	225	112
宣城市	Xuancheng	158	48	178	61
福建省	**Fujian**	**1754**	**489**	**5098**	**1353**
福州市	Fuzhou	322	84	893	195
厦门市	Xiamen	92	92	302	302
莆田市	Putian	145	90	497	348
三明市	Sanming	156	20	233	25
泉州市	Quanzhou	325	46	1340	155
漳州市	Zhangzhou	207	30	877	86
南平市	Nanping	163	42	311	83
龙岩市	Longyan	170	57	367	130
宁德市	Ningde	174	28	278	29
江西省	**Jiangxi**	**2458**	**619**	**9454**	**1821**
南昌市	Nanchang	285	193	904	361
景德镇市	Jingdezhen	101	31	433	63
萍乡市	Pingxiang	106	40	384	146
九江市	Jiujiang	281	34	920	67
新余市	Xinyu	40	34	101	101
鹰潭市	Yingtan	82	17	255	46
赣州市	Ganzhou	462	65	1953	239
吉安市	Ji'an	306	30	735	92

2-31 续表 3 continued

单位：所 (unit)

城市	City	普通中学 Regular Secondary Schools		小学 Primary Schools	
		全市 Total City	市辖区 Districts under City	全市 Total City	市辖区 Districts under City
宜春市	Yichun	243	48	908	196
抚州市	Fuzhou	221	56	963	275
上饶市	Shangrao	331	71	1898	235
山东省	**Shandong**	**3410**	**1213**	**10404**	**3030**
济南市	Jinan	214	135	582	353
青岛市	Qingdao	293	147	772	293
淄博市	Zibo	186	133	311	202
枣庄市	Zaozhuang	125	78	520	310
东营市	Dongying	95	54	125	60
烟台市	Yantai	256	71	295	109
潍坊市	Weifang	319	73	818	183
济宁市	Jining	283	69	1068	160
泰安市	Tai'an	175	61	528	159
威海市	Weihai	102	49	89	61
日照市	Rizhao	95	43	297	116
莱芜市	Laiwu	49	49	126	126
临沂市	Linyi	332	75	1337	274
德州市	Dezhou	188	37	877	197
聊城市	Liaocheng	164	36	750	154
滨州市	Binzhou	163	48	353	78
菏泽市	Heze	371	55	1556	195
河南省	**Henan**	**5297**	**1071**	**24582**	**2871**
郑州市	Zhengzhou	411	184	935	320
开封市	Kaifeng	286	45	1281	124
洛阳市	Luoyang	421	103	1309	167
平顶山市	Pingdingshan	245	55	1399	155
安阳市	Anyang	298	56	1298	150
鹤壁市	Hebi	86	35	351	77
新乡市	Xinxiang	389	59	1556	136
焦作市	Jiaozuo	216	56	545	87
濮阳市	Puyang	213	67	1164	103
许昌市	Xuchang	239	26	1018	42
漯河市	Luohe	111	47	499	191
三门峡市	Sanmenxia	124	16	251	30
南阳市	Nanyang	503	95	3288	253
商丘市	Shangqiu	436	84	2151	474
信阳市	Xinyang	379	66	1656	221
周口市	Zhoukou	591	36	3573	144
驻马店市	Zhumadian	349	41	2308	197
湖北省	**Hubei**	**2248**	**754**	**4742**	**1327**
武汉市	Wuhan	361	239	591	308
黄石市	Huangshi	126	31	439	62
十堰市	Shiyan	168	60	428	149
宜昌市	Yichang	175	60	261	76
襄阳市	Xiangyang	239	92	462	160
鄂州市	Ezhou	50	50	246	246

2-31 续表 4 continued

单位：所 (unit)

城市	City	普通中学 Regular Secondary Schools		小学 Primary Schools	
		全市 Total City	市辖区 Districts under City	全市 Total City	市辖区 Districts under City
荆门市	Jingmen	124	31	223	58
孝感市	Xiaogan	220	46	450	73
荆州市	Jingzhou	240	52	394	61
黄冈市	Huanggang	302	25	709	34
咸宁市	Xianning	144	34	348	57
随州市	Suizhou	99	34	191	43
湖南省	**Hunan**	**3722**	**653**	**9322**	**1386**
长沙市	Changsha	296	113	939	363
株洲市	Zhuzhou	195	53	332	88
湘潭市	Xiangtan	172	38	410	55
衡阳市	Hengyang	427	42	1507	131
邵阳市	Shaoyang	462	35	1187	93
岳阳市	Yueyang	303	53	806	124
常德市	Changde	290	69	524	100
张家界市	Zhangjiajie	100	25	120	46
益阳市	Yiyang	228	56	420	131
郴州市	Chenzhou	286	49	489	57
永州市	Yongzhou	323	60	461	92
怀化市	Huaihua	355	33	1349	58
娄底市	Loudi	285	27	778	48
广东省	**Guangdong**	**4434**	**2639**	**10628**	**4993**
广州市	Guangzhou	510	510	941	941
韶关市	Shaoguan	152	44	184	64
深圳市	Shenzhen	335	335	334	334
珠海市	Zhuhai	71	71	116	116
汕头市	Shantou	295	290	748	744
佛山市	Foshan	199	199	407	407
江门市	Jiangmen	184	77	313	124
湛江市	Zhanjiang	306	90	1281	81
茂名市	Maoming	260	86	1389	307
肇庆市	Zhaoqing	176	63	218	74
惠州市	Huizhou	241	114	454	237
梅州市	Meizhou	229	46	447	64
汕尾市	Shanwei	166	26	458	61
河源市	Heyuan	183	27	316	48
阳江市	Yangjiang	107	60	139	64
清远市	Qingyuan	175	61	325	125
东莞市	Dongguan	218	218	327	327
中山市	Zhongshan	102	102	205	205
潮州市	Chaozhou	138	97	633	395
揭阳市	Jieyang	285	108	1231	250
云浮市	Yunfu	102	15	162	25
广西壮族自治区	**Guangxi**	**2256**	**726**	**12430**	**2834**
南宁市	Nanning	339	174	1379	455
柳州市	Liuzhou	158	63	577	128
桂林市	Guilin	212	40	855	90

2-31 续表 5 continued

单位：所 (unit)

城 市	City	普通中学 Regular Secondary Schools		小 学 Primary Schools	
		全 市 Total City	市辖区 Districts under City	全 市 Total City	市辖区 Districts under City
梧州市	Wuzhou	134	34	899	141
北海市	Beihai	94	52	386	109
防城港市	Fangchenggang	47	27	518	197
钦州市	Qinzhou	121	51	1282	369
贵港市	Guigang	226	87	1144	431
玉林市	Yulin	290	57	1423	235
百色市	Baise	161	15	1189	104
贺州市	Hezhou	108	46	647	304
河池市	Hechi	198	22	1339	43
来宾市	Laibin	82	43	423	164
崇左市	Chongzuo	86	15	369	64
海南省	**Hainan**	**197**	**147**	**617**	**316**
海口市	Haikou	101	101	200	200
三亚市	Sanya	46	46	115	115
三沙市	Sansa			1	1
儋州市	Danzhou	50		301	
重庆市	**Chongqing**	**1167**	**725**	**4170**	**1846**
四川省	**Sichuan**	**4283**	**1344**	**6039**	**1683**
成都市	Chengdu	494	273	523	315
自贡市	Zigong	137	52	171	60
攀枝花市	Panzhihua	54	41	65	35
泸州市	Luzhou	217	61	260	49
德阳市	Deyang	148	27	353	35
绵阳市	Mianyang	226	58	412	73
广元市	Guangyuan	179	53	255	89
遂宁市	Suining	166	61	201	74
内江市	Neijiang	181	58	284	93
乐山市	Leshan	213	73	325	65
南充市	Nanchong	500	115	264	95
眉山市	Meishan	218	45	208	51
宜宾市	Yibin	283	60	322	48
广安市	Guang'an	275	73	213	46
达州市	Dazhou	382	100	1566	351
雅安市	Ya'an	87	37	156	37
巴中市	Bazhong	214	88	203	47
资阳市	Ziyang	309	69	258	120
贵州省	**Guizhou**	**1822**	**329**	**6043**	**804**
贵阳市	Guiyang	306		546	
六盘水市	Liupanshui	227	50	614	77
遵义市	Zunyi	446	71	1321	124
安顺市	Anshun	144	69	562	211
毕节市	Bijie	454	105	2071	298
铜仁市	Tongren	245	34	929	94
云南省	**Yunnan**	**1306**	**312**	**8027**	**1931**
昆明市	Kunming	287	139	959	320
曲靖市	Qujing	244	32	1712	110

2-31 续表 6 continued

单位：所 (unit)

城　市	City	普通中学 Regular Secondary Schools		小 学 Primary Schools	
		全　市 Total City	市辖区 Districts under City	全　市 Total City	市辖区 Districts under City
玉溪市	Yuxi	107	24	535	75
保山市	Baoshan	121	36	904	306
昭通市	Zhaotong	224	34	1840	175
丽江市	Lijiang	74	11	479	42
普洱市	Pu'er	128	13	567	38
临沧市	Lincang	121	23	1031	865
西藏自治区	**Tibet**	**25**		**75**	
拉萨市	Lasa	25		75	
陕西省	**Shaanxi**	**2156**	**719**	**5831**	**1736**
西安市	Xi'an	422	291	1234	687
铜川市	Tongchuan	49	42	85	71
宝鸡市	Baoji	205	56	526	153
咸阳市	Xianyang	296	59	896	81
渭南市	Weinan	328	58	787	129
延安市	Yan'an	120	36	301	72
汉中市	Hanzhong	212	25	559	61
榆林市	Yulin	212	45	384	107
安康市	Ankang	200	79	631	280
商洛市	Shangluo	112	28	428	95
甘肃省	**Gansu**	**1728**	**532**	**8252**	**1494**
兰州市	Lanzhou	198	116	523	217
嘉峪关市	Jiayuguan	10	10	19	19
金昌市	Jinchang	21	11	27	13
白银市	Baiyin	143	35	685	89
天水市	Tianshui	257	81	1347	225
武威市	Wuwei	139	75	576	237
张掖市	Zhangye	64	38	221	86
平凉市	Pingliang	163	31	935	150
酒泉市	Jiuquan	59	20	146	43
庆阳市	Qingyang	170	26	1044	103
定西市	Dingxi	274	49	1056	68
陇南市	Longnan	230	40	1673	244
青海省	**Qinghai**	**239**	**59**	**533**	**121**
西宁市	Xining	137	49	160	67
海东市	Haidong	102	10	373	54
宁夏回族自治区	**Ningxia**	**298**	**130**	**1689**	**423**
银川市	Yinchuan	74	48	199	101
石嘴山市	Shizuishan	36	23	66	43
吴忠市	Wuzhong	58	19	309	59
固原市	Guyuan	66	15	819	157
中卫市	Zhongwei	64	25	296	63
新疆维吾尔自治区	**Xinjiang**	**172**	**166**	**161**	**150**
乌鲁木齐市	Urumqi	153	147	132	121
克拉玛依市	Karamay	19	19	29	29

2-32 专任教师数(一)
Number of Full-time Teachers (I)

单位：人 (person)

城市	City	普通高等学校 Regular Institutions of Higher Education		中等职业教育学校 Vocational Secondary Schools	
		全市 Total City	市辖区 Districts under City	全市 Total City	市辖区 Districts under City
城市合计	**Prefecture Cities**	**1559088**	**1294184**	**663177**	**366913**
北京市	**Beijing**	**65230**	**65230**	**8874**	**8874**
天津市	**Tianjin**	**31128**	**31128**	**7872**	**7872**
河北省	**Hebei**	**62902**	**60936**	**47360**	**21656**
石家庄市	Shijiazhuang	24517	23210	8158	4979
唐山市	Tangshan	5485	5485	6407	4017
秦皇岛市	Qinhuangdao	6469	6469	3695	2159
邯郸市	Handan	3518	3518	5165	2131
邢台市	Xingtai	2440	2440	4303	1508
保定市	Baoding	14080	14080	6568	2565
张家口市	Zhangjiakou	1197	1197	3125	1232
承德市	Chengde	2710	2710	2074	749
沧州市	Cangzhou	1703	1044	3474	916
廊坊市	Langfang			1719	368
衡水市	Hengshui	783	783	2672	1032
山西省	**Shanxi**	**51296**	**39975**	**29331**	**15086**
太原市	Taiyuan	22685	22685	6384	6177
大同市	Datong	1536	1536	3440	1583
阳泉市	Yangquan	551	328	990	727
长治市	Changzhi	2010	2010	2485	1329
晋城市	Jincheng	373	373	1503	749
朔州市	Shuozhou	556	556	1631	620
晋中市	Jinzhong	6897	4735	2834	738
运城市	Yuncheng	11237	2702	2759	1119
忻州市	Xinzhou	1900	1499	2610	613
临汾市	Linfen	3005	3005	2435	737
吕梁市	Lvliang	546	546	2260	694
内蒙古自治区	**Inner Mongolia**	**31688**	**22524**	**11657**	**4486**
呼和浩特市	Hohhot	12152	12152	2098	1139
包头市	Baotou	4373	4373	1333	1147
乌海市	Wuhai	228	228	187	187
赤峰市	Chifeng	1841	1841	2697	920
通辽市	Tongliao	1876	1876	1043	107
鄂尔多斯市	Erdos	832	832	126	126
呼伦贝尔市	Hulunbuir	990	615	1613	288
巴彦淖尔市	Bayannur	633	607	1185	572
乌兰察布市	Ulanqab	8763		1375	
辽宁省	**Liaoning**	**66540**	**66051**	**23757**	**18523**
沈阳市	Shenyang	27537	27537	6295	6044
大连市	Dalian	18351	18351	4081	3430
鞍山市	Anshan	2048	2048	1578	712
抚顺市	Fushun	2615	2615	1170	1015
本溪市	Benxi	2540	2540	2092	1859
丹东市	Dandong	1542	1542	1021	564
锦州市	Jinzhou	5013	5013	1169	817

2-32 续表 1 continued

单位：人 (person)

城　市	City	普通高等学校 Regular Institutions of Higher Education		中等职业教育学校 Vocational Secondary Schools	
		全　市 Total City	市辖区 Districts under City	全　市 Total City	市辖区 Districts under City
营口市	Yingkou	1022	1022	1331	1061
阜新市	Fuxin	2095	2095	1028	897
辽阳市	Liaoyang	1040	1040	900	732
盘锦市	Panjin	438	438	531	355
铁岭市	Tieling	1318	1318	372	236
朝阳市	Chaoyang	492	492	1358	698
葫芦岛市	Huludao	489		831	103
吉林省	**Jilin**	**37353**	**37353**	**14761**	**9362**
长春市	Changchun	26383	26383	4946	4090
吉林市	Jilin	5715	5715	2855	2170
四平市	Siping	2278	2278	1722	715
辽源市	Liaoyuan	332	332	474	286
通化市	Tonghua	802	802	1452	659
白山市	Baishan	250	250	800	576
松原市	Songyuan	507	507	1256	460
白城市	Baicheng	1086	1086	1256	406
黑龙江省	**Heilongjiang**	**48132**	**46304**	**13105**	**8618**
哈尔滨市	Harbin	32673	32173	6372	5685
齐齐哈尔市	Qiqihar	3587	3587	1333	760
鸡西市	Jixi	495		364	184
鹤岗市	Hegang	202	202	490	303
双鸭山市	Shuangyashan	1507	674	349	145
大庆市	Daqing	3758	3758	756	460
伊春市	Yichun	205	205	281	281
佳木斯市	Jiamusi	1483	1483	611	237
七台河市	Qitaihe	358	358	55	21
牡丹江市	Mudanjiang	2861	2861	714	192
黑河市	Heihe	498	498	795	226
绥化市	Suihua	505	505	985	124
上海市	**Shanghai**	**41570**	**41570**	**8337**	**8337**
江苏省	**Jiangsu**	**107154**	**103438**	**30418**	**21555**
南京市	Nanjing	47979	47979	3606	3606
无锡市	Wuxi	6213	5530	3904	2256
徐州市	Xuzhou	7879	7879	2103	2077
常州市	Changzhou	5343	5343	2480	1980
苏州市	Suzhou	11695	8887	4432	2413
南通市	Nantong	4888	4888	573	551
连云港市	Lianyungang	2166	2166	1526	1184
淮安市	Huai'an	3726	3571	2839	1554
盐城市	Yancheng	3049	2979	1260	1260
扬州市	Yangzhou	4781	4781	1688	1461
镇江市	Zhenjiang	5501	5501	1591	825
泰州市	Taizhou	3030	3030	1753	676
宿迁市	Suqian	904	904	2663	1712
浙江省	**Zhejiang**	**56871**	**45104**	**37538**	**17567**
杭州市	Hangzhou	28868	27351	6715	5508

2-32 续表 2 continued

单位：人 (person)

城市	City	普通高等学校 Regular Institutions of Higher Education 全市 Total City	市辖区 Districts under City	中等职业教育学校 Vocational Secondary Schools 全市 Total City	市辖区 Districts under City
宁波市	Ningbo	8417		5666	2510
温州市	Wenzhou	5209	5209	4186	1497
嘉兴市	Jiaxing	2384	1852	2903	742
湖州市	Huzhou	1483	1483	2184	696
绍兴市	Shaoxing	3952	3596	2868	1650
金华市	Jinhua	1951	1951	4596	1943
衢州市	Quzhou	667	667	1629	762
舟山市	Zhoushan	1223	1223	549	453
台州市	Taizhou	1633	688	4307	1369
丽水市	Lishui	1084	1084	1935	437
安徽省	**Anhui**	**57852**	**55133**	**30718**	**14114**
合肥市	Hefei	25639	24284	3476	2200
芜湖市	Wuhu	6738	6738	2056	1150
蚌埠市	Bengbu	2931	2871	1920	837
淮南市	Huainan	2929	2929	1372	1224
马鞍山市	Maanshan	2923	2923	1252	935
淮北市	Huaibei	2054	2054	807	689
铜陵市	Tongling	1429	1429	291	226
安庆市	Anqing	2307	2088	3968	805
黄山市	Huangshan	988	988	542	177
滁州市	Chuzhou	2301	1335	2255	447
阜阳市	Fuyang	1994	1971	3135	1829
宿州市	Suzhou	1215	1215	1975	575
六安市	Lu'an	2046	1950	2182	875
亳州市	Bozhou	736	736	3040	931
池州市	Chizhou	1292	1292	827	563
宣城市	Xuancheng	330	330	1620	651
福建省	**Fujian**	**44501**	**41559**	**17554**	**9539**
福州市	Fuzhou	19982	19982	4703	3228
厦门市	Xiamen	9303	9303	2026	2026
莆田市	Putian	791	606	1218	782
三明市	Sanming	1185	928	1309	238
泉州市	Quanzhou	6689	4934	3102	1065
漳州市	Zhangzhou	3786	3786	1350	571
南平市	Nanping	1221	476	1192	669
龙岩市	Longyan	953	953	1299	612
宁德市	Ningde	591	591	1355	348
江西省	**Jiangxi**	**55908**	**18686**	**15404**	**8191**
南昌市	Nanchang	33331		3789	2665
景德镇市	Jingdezhen	1592		499	423
萍乡市	Pingxiang	1026	1026	1020	641
九江市	Jiujiang	5369	4553	1425	534
新余市	Xinyu	2000	2000	773	773
鹰潭市	Yingtan	494	494	347	183
赣州市	Ganzhou	5963	5963	2558	1080
吉安市	Ji'an	1203	1203	1379	636

2-32 续表 3 continued

单位：人 (person)

城　市	City	普通高等学校 Regular Institutions of Higher Education 全　市 Total City	普通高等学校 Regular Institutions of Higher Education 市辖区 Districts under City	中等职业教育学校 Vocational Secondary Schools 全　市 Total City	中等职业教育学校 Vocational Secondary Schools 市辖区 Districts under City
宜春市	Yichun	2086	1888	1434	552
抚州市	Fuzhou	1559	1559	751	288
上饶市	Shangrao	1285		1429	416
山东省	**Shandong**	**106690**	**94823**	**60383**	**30167**
济南市	Jinan	31693	29727	6946	5787
青岛市	Qingdao	19213	19213	8324	4956
淄博市	Zibo	5411	5411	2511	1990
枣庄市	Zaozhuang	1504	1096	1745	929
东营市	Dongying	1858	1714	1052	520
烟台市	Yantai	9011	7492	7655	3505
潍坊市	Weifang	8635	5995	6120	1379
济宁市	Jining	5420	2103	3237	1102
泰安市	Tai'an	5566	5566	2361	1144
威海市	Weihai	3564	2650	1854	1246
日照市	Rizhao	1390	1390	1846	1257
莱芜市	Laiwu	644	644	411	411
临沂市	Linyi	2884	2884	3995	1445
德州市	Dezhou	2962	2282	2888	1238
聊城市	Liaocheng	2014	2014	4699	1408
滨州市	Binzhou	2837	2837	1989	740
菏泽市	Heze	2084	1805	2750	1110
河南省	**Henan**	**111258**	**86475**	**59841**	**26604**
郑州市	Zhengzhou	55040	31187	13248	9714
开封市	Kaifeng	5612	5612	3078	1009
洛阳市	Luoyang	5817	5405	4448	1727
平顶山市	Pingdingshan	3013	3013	2735	1617
安阳市	Anyang	3977	3977	2624	1035
鹤壁市	Hebi	1097	1097	1207	526
新乡市	Xinxiang	8040	7853	4012	1819
焦作市	Jiaozuo	6057	5957	2582	1308
濮阳市	Puyang	623	623	1883	717
许昌市	Xuchang	2142	2112	2251	695
漯河市	Luohe	1884	1884	1959	1041
三门峡市	Sanmenxia	838	838	1358	497
南阳市	Nanyang	4205	4099	4718	1406
商丘市	Shangqiu	4826	4826	2694	734
信阳市	Xinyang	3835	3740	4129	842
周口市	Zhoukou	3036	3036	3458	1008
驻马店市	Zhumadian	1216	1216	3457	909
湖北省	**Hubei**	**81414**	**23744**	**21127**	**6592**
武汉市	Wuhan	57205		7391	
黄石市	Huangshi	2477	2477	855	477
十堰市	Shiyan	2844	2812	1878	944
宜昌市	Yichang	3726	3726	1735	619
襄阳市	Xiangyang	2565	2565	1816	905
鄂州市	Ezhou	759	759	223	223

2-32 续表 4 continued

单位：人 (person)

城市	City	普通高等学校 Regular Institutions of Higher Education		中等职业教育学校 Vocational Secondary Schools	
		全市 Total City	市辖区 Districts under City	全市 Total City	市辖区 Districts under City
荆门市	Jingmen	706	706	1079	502
孝感市	Xiaogan	2161	2161	1126	451
荆州市	Jingzhou	4453	4453	1684	861
黄冈市	Huanggang	2370	2370	2360	1153
咸宁市	Xianning	1735	1715	691	351
随州市	Suizhou	413		289	106
湖南省	**Hunan**	**66822**	**59366**	**25791**	**11077**
长沙市	Changsha	32497	27235	3919	2113
株洲市	Zhuzhou	4192	4192	1598	1125
湘潭市	Xiangtan	7006	7006	1377	771
衡阳市	Hengyang	8056	6056	2248	1473
邵阳市	Shaoyang	1574	1574	2456	729
岳阳市	Yueyang	2278	2278	1926	714
常德市	Changde	2482	2288	2154	541
张家界市	Zhangjiajie	740	740	604	220
益阳市	Yiyang	1873	1873	1438	520
郴州市	Chenzhou	1447	1447	1715	847
永州市	Yongzhou	1575	1575	2313	468
怀化市	Huaihua	1590	1590	2456	1104
娄底市	Loudi	1512	1512	1587	452
广东省	**Guangdong**	**95325**	**95055**	**48266**	**34311**
广州市	Guangzhou	59088	59088	8077	8077
韶关市	Shaoguan	1699	1699	1516	934
深圳市	Shenzhen	4826	4826	2395	2395
珠海市	Zhuhai	5500	5500	1013	1013
汕头市	Shantou	884	884	1811	1800
佛山市	Foshan	1866	1866	4775	4775
江门市	Jiangmen	1803	1803	2636	1569
湛江市	Zhanjiang			3324	1792
茂名市	Maoming	1429	1429	2198	733
肇庆市	Zhaoqing	3077	3077	2502	1546
惠州市	Huizhou	1893	1893	3143	
梅州市	Meizhou	1243	1243	1624	930
汕尾市	Shanwei	253	253	745	309
河源市	Heyuan	531	531	1563	882
阳江市	Yangjiang	324	324	584	346
清远市	Qingyuan	560	560	1593	767
东莞市	Dongguan	6569	6569	2973	2973
中山市	Zhongshan	1747	1747	1498	1498
潮州市	Chaozhou	946	946	929	723
揭阳市	Jieyang	625	355	2215	912
云浮市	Yunfu	462	462	1152	337
广西壮族自治区	**Guangxi**	**39168**	**37252**	**21571**	**15152**
南宁市	Nanning	18411	18258	7753	6968
柳州市	Liuzhou	3422	3422	2350	1904
桂林市	Guilin	8263	8263	1748	981

2-32 续表 5 continued

单位：人 (person)

城市	City	普通高等学校 Regular Institutions of Higher Education 全市 Total City	普通高等学校 市辖区 Districts under City	中等职业教育学校 Vocational Secondary Schools 全市 Total City	中等职业教育学校 市辖区 Districts under City
梧州市	Wuzhou	677	677	1126	533
北海市	Beihai	1036	1036	782	661
防城港市	Fangchenggang	120	120	149	66
钦州市	Qinzhou	1007	1007	993	526
贵港市	Guigang			1029	497
玉林市	Yulin	873	873	1697	1104
百色市	Baise	1787	1475	723	59
贺州市	Hezhou	596	596	926	623
河池市	Hechi	733	179	1072	516
来宾市	Laibin	414	414	593	338
崇左市	Chongzuo	1829	932	630	376
海南省	**Hainan**	**8564**	**8564**	**3225**	**3095**
海口市	Haikou	6312	6312	2597	2597
三亚市	Sanya	2252	2252	498	498
三沙市	Sansa				
儋州市	Danzhou			130	
重庆市	**Chongqing**	**39891**	**39891**	**19620**	**11297**
四川省	**Sichuan**	**82423**	**30792**	**37962**	**19149**
成都市	Chengdu	48314		9641	7247
自贡市	Zigong	1971	1971	1122	755
攀枝花市	Panzhihua	1195	1195	865	865
泸州市	Luzhou	2257	2097	2272	1047
德阳市	Deyang	4086	2075	1276	420
绵阳市	Mianyang	7417	6992	1716	784
广元市	Guangyuan	649	649	1193	507
遂宁市	Suining	634	634	1518	567
内江市	Neijiang	1597	1355	1190	541
乐山市	Leshan	2483	2483	1565	817
南充市	Nanchong	4131	4131	3232	1714
眉山市	Meishan	1245	766	1345	480
宜宾市	Yibin	1290	1290	2742	1265
广安市	Guang'an	440	440	1372	247
达州市	Dazhou	1246	1246	3529	765
雅安市	Ya'an	2894	2894	407	206
巴中市	Bazhong	93	93	1654	452
资阳市	Ziyang	481	481	1323	470
贵州省	**Guizhou**	**25188**	**7112**	**13457**	**2944**
贵阳市	Guiyang	17127		5478	
六盘水市	Liupanshui	777		917	265
遵义市	Zunyi	3170	3170	2598	807
安顺市	Anshun	1142	1142	715	365
毕节市	Bijie	1315	1315	2196	896
铜仁市	Tongren	1657	1485	1553	611
云南省	**Yunnan**	**32079**	**31231**	**14386**	**8112**
昆明市	Kunming	27083	27083	5590	3831
曲靖市	Qujing	1255	1255	2587	1907

2-32 续表 6 continued

单位：人 (person)

城　市	City	普通高等学校 Regular Institutions of Higher Education		中等职业教育学校 Vocational Secondary Schools	
		全　市 Total City	市辖区 Districts under City	全　市 Total City	市辖区 Districts under City
玉溪市	Yuxi	840	840	1301	272
保山市	Baoshan	663	663	1024	324
昭通市	Zhaotong	459	459	1318	647
丽江市	Lijiang	848		614	319
普洱市	Pu'er	574	574	1267	555
临沧市	Lincang	357	357	685	257
西藏自治区	**Tibet**	**1903**	**1903**	**390**	**390**
拉萨市	Lasa	1903	1903	390	390
陕西省	**Shaanxi**	**64087**	**58763**	**17904**	**11153**
西安市	Xi'an	47768	42898	8426	7780
铜川市	Tongchuan	228	228	184	154
宝鸡市	Baoji	1814	1814	1879	939
咸阳市	Xianyang	6428	6428	1477	429
渭南市	Weinan	1455	1455	1909	655
延安市	Yan'an	1613	1613	756	149
汉中市	Hanzhong	2148	1694	989	211
榆林市	Yulin	913	913	596	450
安康市	Ankang	899	899	711	243
商洛市	Shangluo	821	821	977	143
甘肃省	**Gansu**	**22345**	**21098**	**15023**	**7476**
兰州市	Lanzhou	15620	15620	3101	2664
嘉峪关市	Jiayuguan	318	318	67	67
金昌市	Jinchang	131	131	234	89
白银市	Baiyin	172	172	1515	724
天水市	Tianshui	1722	1722	1995	1075
武威市	Wuwei	862		923	446
张掖市	Zhangye	765	765	747	333
平凉市	Pingliang	447	493	1525	619
酒泉市	Jiuquan	401	401	550	272
庆阳市	Qingyang	1073	1073	1500	687
定西市	Dingxi	403	403	1811	416
陇南市	Longnan	431		1055	84
青海省	**Qinghai**	**4092**	**4039**	**1900**	**1157**
西宁市	Xining	4039	4039	1484	1018
海东市	Haidong	53		416	139
宁夏回族自治区	**Ningxia**	**8063**	**7434**	**2638**	**1450**
银川市	Yinchuan	6937	6308	1187	878
石嘴山市	Shizuishan	371	371	331	231
吴忠市	Wuzhong	374	374	164	
固原市	Guyuan	381	381	607	165
中卫市	Zhongwei			349	176
新疆维吾尔自治区	**Xinjiang**	**11651**	**11651**	**3007**	**3007**
乌鲁木齐市	Urumqi	11367	11367	2783	2783
克拉玛依市	Karamay	284	284	224	224

2-33 专任教师数(二)
Number of Full-time Teachers (Ⅱ)

单位：人 (person)

城市	City	普通中学 Regular Secondary Schools		普通小学 Regular Primary Schools	
		全市 Total City	市辖区 Districts under City	全市 Total City	市辖区 Districts under City
城市合计	**Prefecture Cities**	**4910675**	**1938559**	**5075035**	**1825598**
北京市	**Beijing**	**63391**	**63391**	**50053**	**50053**
天津市	**Tianjin**	**42507**	**42507**	**40202**	**40202**
河北省	**Hebei**	**270513**	**78894**	**328275**	**74004**
石家庄市	Shijiazhuang	37084	16887	43396	16162
唐山市	Tangshan	29708	12670	30889	12806
秦皇岛市	Qinhuangdao	11927	6570	14408	7344
邯郸市	Handan	38155	10570	46331	6731
邢台市	Xingtai	26089	4872	33400	4274
保定市	Baoding	39536	9425	45940	10860
张家口市	Zhangjiakou	16455	4883	18955	3989
承德市	Chengde	12032	1976	17084	1693
沧州市	Cangzhou	23762	2975	36985	3520
廊坊市	Langfang	16215	3151	22219	3763
衡水市	Hengshui	19550	4915	18668	2862
山西省	**Shanxi**	**165536**	**53270**	**168681**	**45275**
太原市	Taiyuan	18792	15043	16379	11861
大同市	Datong	16114	8088	17982	9119
阳泉市	Yangquan	5841	2918	5643	2728
长治市	Changzhi	14126	4009	13802	2777
晋城市	Jincheng	11460	2934	9648	1901
朔州市	Shuozhou	11253	4455	8333	2857
晋中市	Jinzhong	15113	2665	14872	2597
运城市	Yuncheng	17454	2038	23098	3106
忻州市	Xinzhou	14283	3473	16379	2230
临汾市	Linfen	21623	5687	21966	4258
吕梁市	Lvliang	19477	1960	20579	1841
内蒙古自治区	**Inner Mongolia**	**82714**	**33820**	**85946**	**30207**
呼和浩特市	Hohhot	9767	6600	8955	5441
包头市	Baotou	10466	8790	8736	6673
乌海市	Wuhai	2259	2259	2184	2184
赤峰市	Chifeng	17480	5912	19029	5440
通辽市	Tongliao	11829	1997	15048	3440
鄂尔多斯市	Erdos	8711	2574	7925	2202
呼伦贝尔市	Hulunbuir	10462	2034	10115	1180
巴彦淖尔市	Bayannur	5107	1237	6007	2095
乌兰察布市	Ulanqab	6633	2417	7947	1552
辽宁省	**Liaoning**	**151366**	**73938**	**138047**	**55463**
沈阳市	Shenyang	24290	21047	22321	12453
大连市	Dalian	21987	12768	18255	10423
鞍山市	Anshan	12004	5879	10925	3540
抚顺市	Fushun	7187	4750	6661	3864
本溪市	Benxi	6238	3861	5967	3443
丹东市	Dandong	8355	2508	8070	1834
锦州市	Jinzhou	9231	3174	9747	2857

2-33 续表 1 continued

单位：人 (person)

城　市	City	普通中学 Regular Secondary Schools		普通小学 Regular Primary Schools	
		全　市 Total City	市辖区 Districts under City	全　市 Total City	市辖区 Districts under City
营口市	Yingkou	7996	3661	7451	2906
阜新市	Fuxin	6999	1878	4923	2183
辽阳市	Liaoyang	6949	3518	4533	2177
盘锦市	Panjin	6153	3848	5232	2986
铁岭市	Tieling	9992	1759	10301	1000
朝阳市	Chaoyang	13869	2730	13391	2244
葫芦岛市	Huludao	10116	2557	10270	3553
吉林省	**Jilin**	**95770**	**38391**	**91485**	**29252**
长春市	Changchun	30581	20360	26301	12614
吉林市	Jilin	15019	6185	14196	5114
四平市	Siping	11422	2325	13634	2468
辽源市	Liaoyuan	4419	1632	5440	1513
通化市	Tonghua	9944	1703	6539	1364
白山市	Baishan	5246	1426	5336	2065
松原市	Songyuan	10387	2719	11698	2380
白城市	Baicheng	8752	2041	8341	1734
黑龙江省	**Heilongjiang**	**135635**	**63778**	**108058**	**38911**
哈尔滨市	Harbin	39062	24592	29557	14332
齐齐哈尔市	Qiqihar	17249	8465	12568	3675
鸡西市	Jixi	7137	3765	3753	1563
鹤岗市	Hegang	2880	2085	2605	1648
双鸭山市	Shuangyashan	2910	1371	4151	1544
大庆市	Daqing	14582	9175	9338	4073
伊春市	Yichun	4416	2869	3842	1850
佳木斯市	Jiamusi	8075	2980	8163	2721
七台河市	Qitaihe	3091	2163	2462	1572
牡丹江市	Mudanjiang	8561	2941	7692	2952
黑河市	Heihe	6822	1190	7321	799
绥化市	Suihua	20850	2182	16606	2182
上海市	**Shanghai**	**54962**	**52840**	**52321**	**50496**
江苏省	**Jiangsu**	**268773**	**128793**	**277885**	**130810**
南京市	Nanjing	22549	22549	22474	22474
无锡市	Wuxi	19893	10013	19312	11160
徐州市	Xuzhou	33673	11298	40445	12740
常州市	Changzhou	13970	11164	13701	11335
苏州市	Suzhou	26772	14410	33969	17244
南通市	Nantong	24189	6800	19347	6284
连云港市	Lianyungang	19744	9392	21965	9626
淮安市	Huai'an	18712	10197	20712	10474
盐城市	Yancheng	26187	8615	25601	7257
扬州市	Yangzhou	16476	8720	13454	7503
镇江市	Zhenjiang	9889	3544	9385	3499
泰州市	Taizhou	19201	6552	14084	4868
宿迁市	Suqian	17518	5539	23436	6346
浙江省	**Zhejiang**	**191655**	**78152**	**189722**	**78779**
杭州市	Hangzhou	28539	21938	31280	25286

2-33 续表 2 continued

单位：人 (person)

城 市	City	普通中学 Regular Secondary Schools		普通小学 Regular Primary Schools	
		全 市 Total City	市辖区 Districts under City	全 市 Total City	市辖区 Districts under City
宁波市	Ningbo	23404	10488	25357	11495
温州市	Wenzhou	31674	8270	34502	9449
嘉兴市	Jiaxing	14465	4112	13915	3719
湖州市	Huzhou	10083	4203	8607	3861
绍兴市	Shaoxing	18498	9192	15714	7938
金华市	Jinhua	21002	5086	18100	3523
衢州市	Quzhou	8734	3288	8533	2961
舟山市	Zhoushan	3263	2508	3412	2587
台州市	Taizhou	23774	7185	20536	6104
丽水市	Lishui	8219	1882	9766	1856
安徽省	**Anhui**	**227197**	**74907**	**238259**	**72989**
合肥市	Hefei	29246	11148	24620	9929
芜湖市	Wuhu	12671	4595	11780	4721
蚌埠市	Bengbu	11822	3740	13572	4268
淮南市	Huainan	8980	6715	9219	6553
马鞍山市	Maanshan	8514	3448	7647	2920
淮北市	Huaibei	8644	4511	8005	4240
铜陵市	Tongling	3229	2028	2835	1691
安庆市	Anqing	24204	3366	20230	2448
黄山市	Huangshan	4973	1720	5181	1579
滁州市	Chuzhou	16088	2531	14288	2089
阜阳市	Fuyang	26123	7269	36613	8427
宿州市	Suzhou	16945	5392	21715	6070
六安市	Lu'an	23592	7665	22453	6356
亳州市	Bozhou	17228	5208	25260	6494
池州市	Chizhou	5866	2412	5636	2338
宣城市	Xuancheng	9072	3159	9205	2866
福建省	**Fujian**	**147762**	**50029**	**159414**	**54874**
福州市	Fuzhou	24091	8538	27251	10069
厦门市	Xiamen	10445	10445	14399	14399
莆田市	Putian	14333	9774	13968	9764
三明市	Sanming	11385	1525	11834	1304
泉州市	Quanzhou	30668	6491	33109	6071
漳州市	Zhangzhou	19911	3594	20229	2899
南平市	Nanping	11426	3209	12681	3396
龙岩市	Longyan	12457	4305	12133	4651
宁德市	Ningde	13046	2148	13810	2321
江西省	**Jiangxi**	**185510**	**53545**	**208683**	**48850**
南昌市	Nanchang	24218	16223	17547	9537
景德镇市	Jingdezhen	7388	3433	6440	1851
萍乡市	Pingxiang	7442	3470	8198	3550
九江市	Jiujiang	17134	3700	21117	3015
新余市	Xinyu	4238	3425	5084	3812
鹰潭市	Yingtan	4652	1141	5869	1369
赣州市	Ganzhou	40113	6902	43863	7694
吉安市	Ji'an	20017	2708	19528	2375

2-33 续表 3 continued

单位：人 (person)

城 市	City	普通中学 Regular Secondary Schools 全 市 Total City	普通中学 Regular Secondary Schools 市辖区 Districts under City	普通小学 Regular Primary Schools 全 市 Total City	普通小学 Regular Primary Schools 市辖区 Districts under City
宜春市	Yichun	19169	4105	25398	4078
抚州市	Fuzhou	14359	3038	20169	5242
上饶市	Shangrao	26780	5400	35470	6327
山东省	**Shandong**	**386568**	**142163**	**387500**	**138142**
济南市	Jinan	23643	14019	25795	15220
青岛市	Qingdao	32940	16379	33330	16657
淄博市	Zibo	21431	17349	15503	13252
枣庄市	Zaozhuang	13897	8413	18351	12008
东营市	Dongying	11175	5506	8221	4329
烟台市	Yantai	32919	8890	15017	5348
潍坊市	Weifang	40412	8826	37330	8464
济宁市	Jining	30738	8175	34468	7403
泰安市	Tai'an	22906	6892	18527	4366
威海市	Weihai	12605	6876	7651	4523
日照市	Rizhao	11450	5638	11538	5248
莱芜市	Laiwu	5934	5934	4374	4374
临沂市	Linyi	40656	9910	44478	13859
德州市	Dezhou	20680	4697	26117	5239
聊城市	Liaocheng	14361	4018	24960	5633
滨州市	Binzhou	16319	4356	16209	4579
菏泽市	Heze	34502	6285	45631	7640
河南省	**Henan**	**419543**	**98889**	**475595**	**91148**
郑州市	Zhengzhou	37710	17347	35757	16096
开封市	Kaifeng	19721	4097	22467	3281
洛阳市	Luoyang	31333	9681	27518	7056
平顶山市	Pingdingshan	17283	4294	26533	5909
安阳市	Anyang	21562	5114	24368	5627
鹤壁市	Hebi	6734	3248	7129	3003
新乡市	Xinxiang	23681	4543	26193	4307
焦作市	Jiaozuo	17125	5056	14115	3761
濮阳市	Puyang	17244	6221	19183	3000
许昌市	Xuchang	17836	2248	24195	1926
漯河市	Luohe	10173	5113	10685	5530
三门峡市	Sanmenxia	10425	1448	10017	1378
南阳市	Nanyang	40494	8410	51014	8315
商丘市	Shangqiu	34615	7481	46329	8924
信阳市	Xinyang	35694	7146	37512	5759
周口市	Zhoukou	44875	3368	52813	3418
驻马店市	Zhumadian	33038	4074	39767	3858
湖北省	**Hubei**	**182050**	**63894**	**165852**	**55100**
武汉市	Wuhan	31207	19890	27019	17633
黄石市	Huangshi	9696	2736	10548	2277
十堰市	Shiyan	13035	6021	12302	4673
宜昌市	Yichang	13081	5303	10936	3892
襄阳市	Xiangyang	21693	8455	21020	8890
鄂州市	Ezhou	3776	3776	5038	5038

2-33 续表 4 continued

单位：人 (person)

城 市	City	普通中学 Regular Secondary Schools		普通小学 Regular Primary Schools	
		全 市 Total City	市辖区 Districts under City	全 市 Total City	市辖区 Districts under City
荆门市	Jingmen	9773	2743	8778	2231
孝感市	Xiaogan	18306	3594	16603	3131
荆州市	Jingzhou	20644	4397	14185	2493
黄冈市	Huanggang	24739	1896	21637	878
咸宁市	Xianning	8740	2391	10651	1782
随州市	Suizhou	7360	2692	7135	2182
湖南省	**Hunan**	**233426**	**59977**	**230184**	**54390**
长沙市	Changsha	26534	14092	23056	12716
株洲市	Zhuzhou	12821	6025	12556	3865
湘潭市	Xiangtan	10150	3592	7507	2106
衡阳市	Hengyang	26180	4683	27397	4838
邵阳市	Shaoyang	25235	1702	27725	2651
岳阳市	Yueyang	19476	5077	18589	4201
常德市	Changde	20450	5144	16766	4114
张家界市	Zhangjiajie	5331	1950	5517	1910
益阳市	Yiyang	13724	4421	13756	4359
郴州市	Chenzhou	20606	3816	18027	4106
永州市	Yongzhou	20009	4257	23837	4847
怀化市	Huaihua	17469	2607	20190	2360
娄底市	Loudi	15441	2611	15261	2317
广东省	**Guangdong**	**433605**	**248515**	**457604**	**270252**
广州市	Guangzhou	41615	41615	49336	49336
韶关市	Shaoguan	12619	3885	13262	3915
深圳市	Shenzhen	29252	29252	42630	42630
珠海市	Zhuhai	6374	6374	6199	6199
汕头市	Shantou	31188	30817	21782	21420
佛山市	Foshan	22752	22752	23360	23360
江门市	Jiangmen	15899	6771	15422	7109
湛江市	Zhanjiang	34586	9371	35030	7890
茂名市	Maoming	37768	12227	31857	8964
肇庆市	Zhaoqing	18341	6294	18770	5813
惠州市	Huizhou	19532	9901	24970	12298
梅州市	Meizhou	22913	4957	19382	3770
汕尾市	Shanwei	14479	2710	15907	2473
河源市	Heyuan	18252	3398	15227	2429
阳江市	Yangjiang	10919	5294	10570	4694
清远市	Qingyuan	15935	6009	17193	6511
东莞市	Dongguan	17701	17701	30281	30281
中山市	Zhongshan	10772	10772	14039	14039
潮州市	Chaozhou	11602	7314	10452	6776
揭阳市	Jieyang	29870	9584	29554	8537
云浮市	Yunfu	11236	1517	12381	1808
广西壮族自治区	**Guangxi**	**170248**	**58922**	**220871**	**65912**
南宁市	Nanning	24158	11398	29474	14159
柳州市	Liuzhou	12784	6007	14411	5352
桂林市	Guilin	15677	3412	20109	3926

2-33 续表 5 continued

单位：人 (person)

城 市	City	普通中学 Regular Secondary Schools		普通小学 Regular Primary Schools	
		全 市 Total City	市辖区 Districts under City	全 市 Total City	市辖区 Districts under City
梧州市	Wuzhou	11488	4637	14581	3733
北海市	Beihai	6494	3184	7391	3438
防城港市	Fangchenggang	2900	1760	4359	2406
钦州市	Qinzhou	11332	4722	16920	6556
贵港市	Guigang	18932	8312	20696	7502
玉林市	Yulin	22702	4568	29052	4627
百色市	Baise	11053	1522	16149	1733
贺州市	Hezhou	7130	2777	9676	4669
河池市	Hechi	12136	1305	18559	1532
来宾市	Laibin	7206	4154	10059	4720
崇左市	Chongzuo	6256	1164	9435	1559
海南省	**Hainan**	**15658**	**11071**	**18570**	**13453**
海口市	Haikou	8016	8016	9797	9797
三亚市	Sanya	3055	3055	3650	3650
三沙市	Sansa			6	6
儋州市	Danzhou	4587		5117	
重庆市	**Chongqing**	**114709**	**73990**	**118897**	**71065**
四川省	**Sichuan**	**273319**	**108654**	**262030**	**92087**
成都市	Chengdu	46073	28753	41527	26526
自贡市	Zigong	7997	3495	8701	4254
攀枝花市	Panzhihua	5119	3404	4959	2831
泸州市	Luzhou	14958	5077	17953	5413
德阳市	Deyang	10885	2489	10931	2380
绵阳市	Mianyang	21484	9045	13949	3373
广元市	Guangyuan	11283	3811	11205	3912
遂宁市	Suining	12459	5483	11323	4652
内江市	Neijiang	13727	4632	12557	2619
乐山市	Leshan	10833	3883	9531	2792
南充市	Nanchong	13993	7356	22549	6439
眉山市	Meishan	10506	2991	9464	2316
宜宾市	Yibin	18820	5739	20312	4957
广安市	Guang'an	19100	5499	13445	3597
达州市	Dazhou	20599	5703	23396	6594
雅安市	Ya'an	5038	2004	6043	1906
巴中市	Bazhong	13837	5467	14637	4769
资阳市	Ziyang	16608	3823	9548	2757
贵州省	**Guizhou**	**137133**	**24849**	**131003**	**22593**
贵阳市	Guiyang	20581		15292	
六盘水市	Liupanshui	15457	3785	12914	3195
遵义市	Zunyi	33896	5356	30036	3598
安顺市	Anshun	9713	4780	12696	5614
毕节市	Bijie	38187	7780	39532	7677
铜仁市	Tongren	19299	3148	20533	2509
云南省	**Yunnan**	**109628**	**27942**	**139416**	**30338**
昆明市	Kunming	23278	10757	27161	12779
曲靖市	Qujing	24735	3792	31071	3303

2-33 续表 6 continued

单位：人 (person)

城 市	City	普通中学 Regular Secondary Schools		普通小学 Regular Primary Schools	
		全 市 Total City	市辖区 Districts under City	全 市 Total City	市辖区 Districts under City
玉溪市	Yuxi	9215	2197	10781	1991
保山市	Baoshan	10601	3708	11250	3813
昭通市	Zhaotong	20530	3598	28242	4527
丽江市	Lijiang	5293	1071	6751	984
普洱市	Pu'er	8041	1264	11483	1228
临沧市	Lincang	7935	1555	12677	1713
西藏自治区	**Tibet**	**3527**		**3764**	
拉萨市	Lasa	3527		3764	
陕西省	**Shaanxi**	**167376**	**58067**	**147719**	**50841**
西安市	Xi'an	33014	22519	28135	22697
铜川市	Tongchuan	3873	3483	3177	2727
宝鸡市	Baoji	16504	6240	13724	5202
咸阳市	Xianyang	26089	5459	22991	3510
渭南市	Weinan	25891	4735	19895	3140
延安市	Yan'an	9989	2815	11504	2816
汉中市	Hanzhong	14355	2206	13403	1827
榆林市	Yulin	17904	4084	15761	3442
安康市	Ankang	12859	5315	10395	3553
商洛市	Shangluo	6898	1211	8734	1927
甘肃省	**Gansu**	**122790**	**42973**	**118065**	**38942**
兰州市	Lanzhou	13965	9181	14085	8825
嘉峪关市	Jiayuguan	1078	1078	933	933
金昌市	Jinchang	2347	1305	1737	907
白银市	Baiyin	12440	3852	10226	2521
天水市	Tianshui	18019	6099	17314	5909
武威市	Wuwei	10632	5827	9802	5406
张掖市	Zhangye	5766	2575	6157	2492
平凉市	Pingliang	11982	2453	11908	2410
酒泉市	Jiuquan	5458	1972	4257	1939
庆阳市	Qingyang	12009	2894	13733	2594
定西市	Dingxi	17406	2909	13410	2131
陇南市	Longnan	11688	2828	14503	2875
青海省	**Qinghai**	**12495**	**3769**	**14973**	**5272**
西宁市	Xining	5741	2622	7989	3828
海东市	Haidong	6754	1147	6984	1444
宁夏回族自治区	**Ningxia**	**30716**	**14268**	**32765**	**13074**
银川市	Yinchuan	8537	5698	8280	4923
石嘴山市	Shizuishan	3616	2357	3110	2003
吴忠市	Wuzhong	5965	1874	7072	1978
固原市	Guyuan	6869	2357	8469	2529
中卫市	Zhongwei	5729	1982	5834	1641
新疆维吾尔自治区	**Xinjiang**	**14593**	**14361**	**13196**	**12824**
乌鲁木齐市	Urumqi	12139	11907	11334	10962
克拉玛依市	Karamay	2454	2454	1862	1862

2-34 在校学生数(一)
Number of Students Enrollment (I)

单位：人 (person)

城市	City	普通高等学校 Regular Institutions of Higher Education		中等职业教育学校 Vocational Secondary Schools	
		全市 Total City	市辖区 Districts under City	全市 Total City	市辖区 Districts under City
城市合计	**Prefecture Cities**				
北京市	**Beijing**	**593448**	**593448**	**134334**	**134334**
天津市	**Tianjin**	**512854**	**512854**	**113064**	**113064**
河北省	**Hebei**	**1314764**	**1216362**	**646836**	**348036**
石家庄市	Shijiazhuang	419787	401329	143071	118137
唐山市	Tangshan	111421	111421	68029	42578
秦皇岛市	Qinhuangdao	155192	155292	31560	18047
邯郸市	Handan	58496	58496	81204	36370
邢台市	Xingtai	47351	47351	40442	14587
保定市	Baoding	174568	174568	74863	32628
张家口市	Zhangjiakou	67806	67806	39127	23160
承德市	Chengde	41144	41144	36876	14233
沧州市	Cangzhou	55485	35050	72424	20096
廊坊市	Langfang	156178	96569	27947	8935
衡水市	Hengshui	27336	27336	31293	19265
山西省	**Shanxi**	**823428**	**773667**	**422000**	**270651**
太原市	Taiyuan	421429	421429	127907	124930
大同市	Datong	28752	28752	29875	18228
阳泉市	Yangquan	13726	10643	9565	7627
长治市	Changzhi	39659	39659	34782	23885
晋城市	Jincheng	6283	6283	25550	17069
朔州市	Shuozhou	10642	10642	18931	5932
晋中市	Jinzhong	162846	119816	42064	12416
运城市	Yuncheng	52265	52265	42451	20750
忻州市	Xinzhou	20251	16603	36753	17200
临汾市	Linfen	44675	44675	27246	13062
吕梁市	Lvliang	22900	22900	26876	9552
内蒙古自治区	**Inner Mongolia**	**426422**	**387743**	**181687**	**93727**
呼和浩特市	Hohhot	235188	235188	42102	22451
包头市	Baotou	72320	72320	27874	24803
乌海市	Wuhai	3536	3536	4221	4221
赤峰市	Chifeng	20400	20400	35919	19254
通辽市	Tongliao	37052	29000	16082	736
鄂尔多斯市	Erdos	5894	5894	8167	8167
呼伦贝尔市	Hulunbuir	21539	12641	18414	2427
巴彦淖尔市	Bayannur	9843	8764	18563	11668
乌兰察布市	Ulanqab	20650		10345	
辽宁省	**Liaoning**	**1035706**	**1027010**	**352489**	**275575**
沈阳市	Shenyang	404032	404032	91715	85978
大连市	Dalian	290025	290025	70702	63561
鞍山市	Anshan	35372	35372	17110	11045
抚顺市	Fushun	46035	46035	14571	12608
本溪市	Benxi	17974	17974	12299	11558
丹东市	Dandong	28487	28487	16807	12183
锦州市	Jinzhou	85209	85209	25166	20724

2-34 续表 1 continued

单位：人 (person)

城市	City	普通高等学校 Regular Institutions of Higher Education 全市 Total City	普通高等学校 市辖区 Districts under City	中等职业教育学校 Vocational Secondary Schools 全市 Total City	中等职业教育学校 市辖区 Districts under City
营口市	Yingkou	21303	21303	16599	10031
阜新市	Fuxin	41661	41661	16961	14711
辽阳市	Liaoyang	26616	26616	15552	12955
盘锦市	Panjin	7093	7093	9002	5195
铁岭市	Tieling	18011	18011	15157	7680
朝阳市	Chaoyang	5192	5192	18928	6468
葫芦岛市	Huludao	8696		11920	878
吉林省	**Jilin**	**611905**	**611905**	**125014**	**90812**
长春市	Changchun	426081	426081	42990	40586
吉林市	Jilin	104873	104873	27383	22975
四平市	Siping	38353	38353	26405	11336
辽源市	Liaoyuan	5794	5794	2758	1926
通化市	Tonghua	12598	12598	6717	3387
白山市	Baishan	1516	1516	4519	4519
松原市	Songyuan	2890	2890	6263	3043
白城市	Baicheng	19800	19800	7979	3040
黑龙江省	**Heilongjiang**	**923549**	**883044**	**206511**	**112997**
哈尔滨市	Harbin	663749	655875	103431	77400
齐齐哈尔市	Qiqihar	63745	63745	27433	5666
鸡西市	Jixi	8260	8260	3654	1913
鹤岗市	Hegang	2218	2218	2018	862
双鸭山市	Shuangyashan	21584	8475	4277	521
大庆市	Daqing	64552	45030	8703	8040
伊春市	Yichun	1030	1030	862	862
佳木斯市	Jiamusi	33834	33834	13791	11380
七台河市	Qitaihe	2886	2886	488	320
牡丹江市	Mudanjiang	51797	51797	11232	3748
黑河市	Heihe			18639	2016
绥化市	Suihua	9894	9894	11983	269
上海市	**Shanghai**	**511623**	**511623**	**119701**	**119701**
江苏省	**Jiangsu**	**1871309**	**1793730**	**518898**	**325345**
南京市	Nanjing	812619	812619	54787	54787
无锡市	Wuxi	115341	102446	42039	31950
徐州市	Xuzhou	137631	137631	39798	29816
常州市	Changzhou	102994	102533	36013	29682
苏州市	Suzhou	214147	157060	57001	28879
南通市	Nantong	83218	83218	51699	10735
连云港市	Lianyungang	38717	38717	34768	19934
淮安市	Huai'an	68011	67927	44927	13546
盐城市	Yancheng	57287	56142	23339	23339
扬州市	Yangzhou	81550	75643	44716	31675
镇江市	Zhenjiang	85340	85340	19535	10082
泰州市	Taizhou	56212	56212	17091	10359
宿迁市	Suqian	18242	18242	53185	30561
浙江省	**Zhejiang**	**1027164**	**823809**	**580973**	**277368**
杭州市	Hangzhou	475558	452034	106776	92534

2-34 续表 2 continued

单位：人 (person)

城 市	City	普通高等学校 Regular Institutions of Higher Education		中等职业教育学校 Vocational Secondary Schools	
		全 市 Total City	市辖区 Districts under City	全 市 Total City	市辖区 Districts under City
宁波市	Ningbo	155767		69026	31734
温州市	Wenzhou	83790	83790	64332	20233
嘉兴市	Jiaxing	52713	42704	48861	14514
湖州市	Huzhou	32199	32199	31893	9822
绍兴市	Shaoxing	83831	77655	51516	30260
金华市	Jinhua	34976	34976	68165	28917
衢州市	Quzhou	13681	13681	29006	14908
舟山市	Zhoushan	23468	23468	7721	7095
台州市	Taizhou	33567	25688	73779	20598
丽水市	Lishui	37614	37614	29898	6753
安徽省	**Anhui**	**1183386**	**1123925**	**841978**	**383872**
合肥市	Hefei	527104	495945	112467	75032
芜湖市	Wuhu	130181	130181	50270	26761
蚌埠市	Bengbu	61617	59907	58544	20581
淮南市	Huainan	77829	77829	32042	29257
马鞍山市	Maanshan	56187	56187	33420	21621
淮北市	Huaibei	38534	38534	23759	20369
铜陵市	Tongling	35658	35658	10401	9269
安庆市	Anqing	41497	37808	65164	11921
黄山市	Huangshan	22176	22176	15265	5021
滁州市	Chuzhou	49120	28031	62955	14884
阜阳市	Fuyang	36187	35678	104300	43221
宿州市	Suzhou	22604	22604	65102	23322
六安市	Lu'an	43111	41806	85039	34132
亳州市	Bozhou	12049	12049	72089	25244
池州市	Chizhou	22879	22879	17084	11038
宣城市	Xuancheng	6653	6653	34077	12199
福建省	**Fujian**	**759132**	**657093**	**402678**	**225763**
福州市	Fuzhou	320965	320965	101619	71768
厦门市	Xiamen	143992	143992	42668	42668
莆田市	Putian	21302	16262	33454	21532
三明市	Sanming	24654	18841	33720	9370
泉州市	Quanzhou	124078	48425	88582	41458
漳州市	Zhangzhou	71515	71515	31523	12492
南平市	Nanping	24476	8943	27159	4394
龙岩市	Longyan	17846	17846	24580	17085
宁德市	Ningde	10304	10304	19373	4996
江西省	**Jiangxi**	**974419**	**347941**	**421420**	**280463**
南昌市	Nanchang	587368		119853	95562
景德镇市	Jingdezhen	29320	29320	8009	6733
萍乡市	Pingxiang	11300	11300	24211	16391
九江市	Jiujiang	88784	77562	32506	16319
新余市	Xinyu	38504	38504	17411	17411
鹰潭市	Yingtan	8082	8082	7502	5800
赣州市	Ganzhou	91497	91497	85107	51905
吉安市	Ji'an	18745	18745	36399	28799

2-34 续表 3 continued

单位：人 (person)

城 市	City	普通高等学校 Regular Institutions of Higher Education		中等职业教育学校 Vocational Secondary Schools	
		全 市 Total City	市辖区 Districts under City	全 市 Total City	市辖区 Districts under City
宜春市	Yichun	44535	42813	33466	16089
抚州市	Fuzhou	30118	30118	13772	5963
上饶市	Shangrao	26166		43184	19491
山东省	**Shandong**	**2169479**	**1934981**	**1017206**	**573350**
济南市	Jinan	713965	676578	106075	90948
青岛市	Qingdao	322260	322260	119128	77086
淄博市	Zibo	102998	102998	37818	28016
枣庄市	Zaozhuang	30307	22700	49758	36473
东营市	Dongying	30019	26097	26275	15705
烟台市	Yantai	182629	150039	91441	46034
潍坊市	Weifang	198784	147258	125110	47881
济宁市	Jining	103965	40929	48710	14426
泰安市	Tai'an	109281	109281	53786	31892
威海市	Weihai	70678	50264	22077	15302
日照市	Rizhao	29539	29539	34478	30274
莱芜市	Laiwu	9893	9893	10909	10909
临沂市	Linyi	69602	69602	79657	38801
德州市	Dezhou	51250	39149	56634	30901
聊城市	Liaocheng	43671	43671	50485	16331
滨州市	Binzhou	51772	51772	46968	20336
菏泽市	Heze	48866	42951	57897	22035
河南省	**Henan**	**1810227**	**1575748**	**1159629**	**623246**
郑州市	Zhengzhou	824152	601523	278432	206950
开封市	Kaifeng	89321	89321	77587	29511
洛阳市	Luoyang	130773	129479	103230	68412
平顶山市	Pingdingshan	55169	55169	47245	28553
安阳市	Anyang	72862	72862	38496	20587
鹤壁市	Hebi	12135	12135	31511	18181
新乡市	Xinxiang	143288	141534	76825	17903
焦作市	Jiaozuo	97438	95852	50324	30705
濮阳市	Puyang	8401	8401	37926	19606
许昌市	Xuchang	35568	35392	43647	14354
漯河市	Luohe	26540	26540	37775	22400
三门峡市	Sanmenxia	13048	13048	22366	12391
南阳市	Nanyang	74511	72408	80022	39105
商丘市	Shangqiu	84205	80355	57892	26635
信阳市	Xinyang	62402	61315	60004	15112
周口市	Zhoukou	46142	46142	58670	35210
驻马店市	Zhumadian	34272	34272	57677	17631
湖北省	**Hubei**	**1417890**	**426731**	**445053**	**103004**
武汉市	Wuhan	956789		216882	
黄石市	Huangshi	43072	43072	15525	9936
十堰市	Shiyan	51286	51254	22025	6597
宜昌市	Yichang	58123	58123	26523	11450
襄阳市	Xiangyang	50957	50957	27641	17846
鄂州市	Ezhou	15255	15255	5913	5913

2-34 续表 4 continued

单位：人 (person)

城 市	City	普通高等学校 Regular Institutions of Higher Education		中等职业教育学校 Vocational Secondary Schools	
		全 市 Total City	市辖区 Districts under City	全 市 Total City	市辖区 Districts under City
荆门市	Jingmen	14078	14078	13796	5495
孝感市	Xiaogan	43805	43805	21300	10275
荆州市	Jingzhou	97457	97457	30278	17851
黄冈市	Huanggang	40849	40849	42991	10592
咸宁市	Xianning	40191	11881	15709	5120
随州市	Suizhou	6028		6470	1929
湖南省	**Hunan**	**1161098**	**1050100**	**629319**	**328550**
长沙市	Changsha	569400	461282	101402	66951
株洲市	Zhuzhou	82761	82761	43526	30805
湘潭市	Xiangtan	122300	122300	26863	15502
衡阳市	Hengyang	109023	109023	70854	41190
邵阳市	Shaoyang	28230	28230	71344	23998
岳阳市	Yueyang	43783	43783	51831	25633
常德市	Changde	44724	41844	47607	16303
张家界市	Zhangjiajie	12608	12608	10907	5520
益阳市	Yiyang	32568	32568	32886	16413
郴州市	Chenzhou	24460	24460	36271	23298
永州市	Yongzhou	25900	25900	53689	17274
怀化市	Huaihua	37570	37570	46866	24225
娄底市	Loudi	27771	27771	35273	21438
广东省	**Guangdong**	**1813813**	**1809085**	**1307275**	**907521**
广州市	Guangzhou	1043221	1043221	237130	237130
韶关市	Shaoguan	38509	38509	25003	16210
深圳市	Shenzhen	90112	90112	38145	38145
珠海市	Zhuhai	132000	132000	21326	21326
汕头市	Shantou	10005	10005	95027	94827
佛山市	Foshan	49395	49395	90724	90724
江门市	Jiangmen	39490	39490	59673	43083
湛江市	Zhanjiang			84010	55897
茂名市	Maoming	35712	35712	91679	35100
肇庆市	Zhaoqing	81441	81441	59057	43861
惠州市	Huizhou	34174	34174	83870	
梅州市	Meizhou	25303	25303	40439	23753
汕尾市	Shanwei	5626	5626	18438	3627
河源市	Heyuan	11350	11350	35369	27609
阳江市	Yangjiang	9703	9703	14196	7171
清远市	Qingyuan	13395	13395	39222	22118
东莞市	Dongguan	114626	114626	69734	69734
中山市	Zhongshan	39951	39951	24563	24563
潮州市	Chaozhou	19248	19248	13897	10547
揭阳市	Jieyang	12007	7279	135759	30244
云浮市	Yunfu	8545	8545	30014	11852
广西壮族自治区	**Guangxi**	**873463**	**807732**	**658206**	**435776**
南宁市	Nanning	375192	369242	235114	203916
柳州市	Liuzhou	72286	72286	77381	69537
桂林市	Guilin	227500	227500	44836	16918

2-34 续表 5 continued

单位：人 (person)

城 市	City	普通高等学校 Regular Institutions of Higher Education		中等职业教育学校 Vocational Secondary Schools	
		全 市 Total City	市辖区 Districts under City	全 市 Total City	市辖区 Districts under City
梧州市	Wuzhou	15967	15967	41404	14596
北海市	Beihai	24097	6628	29096	21890
防城港市	Fangchenggang	3561	3561	7726	3747
钦州市	Qinzhou	21956	19569	24163	9297
贵港市	Guigang			20929	10993
玉林市	Yulin	18120	18120	37333	27509
百色市	Baise	34219	27831	50360	2598
贺州市	Hezhou	11700	11700	31196	24529
河池市	Hechi	16617	4621	33069	12771
来宾市	Laibin	9498	9498	17088	10891
崇左市	Chongzuo	42750	21209	8511	6584
海南省	**Hainan**	**196918**	**196918**	**85917**	**83600**
海口市	Haikou	150559	150559	76547	76547
三亚市	Sanya	46359	46359	7053	7053
三沙市	Sansa				
儋州市	Danzhou			2317	
重庆市	**Chongqing**	**767114**	**767114**	**463028**	**262535**
四川省	**Sichuan**	**1366493**	**555313**	**947901**	**510139**
成都市	Chengdu	755767		232342	184572
自贡市	Zigong	36912	36912	30236	21966
攀枝花市	Panzhihua	23802	23802	17418	17418
泸州市	Luzhou	44142	40330	74869	35149
德阳市	Deyang	73084	41827	30233	10743
绵阳市	Mianyang	123937	117333	52076	25495
广元市	Guangyuan	13039	13039	28140	12625
遂宁市	Suining	14177	14177	31656	14254
内江市	Neijiang	26772	21591	24455	13178
乐山市	Leshan	49073	49073	40739	27121
南充市	Nanchong	71691	71691	68157	48457
眉山市	Meishan	23486	14927	41076	14782
宜宾市	Yibin	25409	25409	69675	27438
广安市	Guang'an	8590	8590	46101	8737
达州市	Dazhou	23228	23228	69546	12882
雅安市	Ya'an	46451	46451	12759	8790
巴中市	Bazhong	2386	2386	34727	10234
资阳市	Ziyang	4547	4547	43696	16298
贵州省	**Guizhou**	**491841**	**111450**	**428694**	**98242**
贵阳市	Guiyang	368536		152876	
六盘水市	Liupanshui	11078		46071	13051
遵义市	Zunyi	54492	54492	93921	22808
安顺市	Anshun	13865	13865	21834	13314
毕节市	Bijie	14738	14738	69977	30666
铜仁市	Tongren	29132	28355	44015	18403
云南省	**Yunnan**	**533935**	**509927**	**379919**	**253191**
昆明市	Kunming	436436	436436	176933	127752
曲靖市	Qujing	20815	20815	68784	53802

2-34 续表 6 continued

单位：人 (person)

城　　市	City	普通高等学校 Regular Institutions of Higher Education		中等职业教育学校 Vocational Secondary Schools	
		全　市 Total City	市辖区 Districts under City	全　市 Total City	市辖区 Districts under City
玉溪市	Yuxi	14923	14923	23149	10270
保山市	Baoshan	12362	12362	42116	15997
昭通市	Zhaotong	9537	9537	23085	13175
丽江市	Lijiang	24008		7372	5378
普洱市	Pu'er	10559	10559	21897	14957
临沧市	Lincang	5295	5295	16583	11860
西藏自治区	**Tibet**	**21358**	**21358**	**6378**	**6378**
拉萨市	Lasa	21358	21358	6378	6378
陕西省	**Shaanxi**	**1155434**	**1046072**	**370767**	**210168**
西安市	Xi'an	848958	752227	161498	136056
铜川市	Tongchuan	3007	3007	329	109
宝鸡市	Baoji	33267	33267	50417	31996
咸阳市	Xianyang	128747	128747	46751	12324
渭南市	Weinan	16200	16200	24013	10197
延安市	Yan'an	24489	24189	18893	3530
汉中市	Hanzhong	43553	31222	24063	1615
榆林市	Yulin	17253	17253	4943	4097
安康市	Ankang	21199	21199	22030	7091
商洛市	Shangluo	18761	18761	17830	3153
甘肃省	**Gansu**	**543450**	**522407**	**224489**	**123676**
兰州市	Lanzhou	416438	416438	59817	56316
嘉峪关市	Jiayuguan	2828	2828	4219	4219
金昌市	Jinchang	3304	3304	2681	954
白银市	Baiyin	3015	3015	14226	4630
天水市	Tianshui	37894	37894	37067	18788
武威市	Wuwei	18207		12576	6493
张掖市	Zhangye	19808	19808	8373	3421
平凉市	Pingliang	5367	5367	26430	6166
酒泉市	Jiuquan	8029	8029	11435	7126
庆阳市	Qingyang	17941	17941	16163	6960
定西市	Dingxi	4683	4683	15059	3387
陇南市	Longnan	5936	3100	16443	5216
青海省	**Qinghai**	**70710**	**69894**	**56795**	**28323**
西宁市	Xining	69894	69894	39838	22642
海东市	Haidong	816		16957	5681
宁夏回族自治区	**Ningxia**	**115620**	**104615**	**83895**	**51189**
银川市	Yinchuan	97996	86991	44739	32272
石嘴山市	Shizuishan	7755	7755	10385	6769
吴忠市	Wuzhong	3575	3575	8189	3035
固原市	Guyuan	6294	6294	12067	4031
中卫市	Zhongwei			8515	5082
新疆维吾尔自治区	**Xinjiang**	**185712**	**185712**	**61601**	**61601**
乌鲁木齐市	Urumqi	180484	180484	60772	60772
克拉玛依市	Karamay	5228	5228	829	829

2-35 在校学生数(二)
Number of Students Enrollment (Ⅱ)

单位：万人 (10 000 persons)

城 市	City	普通中学 Regular Secondary Schools		普通小学 Regular Primary Schools	
		全 市 Total City	市辖区 Districts under City	全 市 Total City	市辖区 Districts under City
城市合计	**Prefecture Cities**	**6178.69**	**2347.62**	**8983.43**	**3358.36**
北京市	**Beijing**	**45.28**	**45.28**	**85.03**	**85.03**
天津市	**Tianjin**	**42.70**	**42.70**	**60.21**	**60.21**
河北省	**Hebei**	**356.66**	**97.36**	**603.57**	**133.96**
石家庄市	Shijiazhuang	47.80	21.57	77.04	31.21
唐山市	Tangshan	33.33	13.79	49.97	20.43
秦皇岛市	Qinhuangdao	12.60	6.60	19.50	9.90
邯郸市	Handan	52.12	11.08	97.86	14.50
邢台市	Xingtai	35.22	7.41	62.03	8.58
保定市	Baoding	55.72	13.42	94.90	21.90
张家口市	Zhangjiakou	20.11	5.98	29.66	6.82
承德市	Chengde	16.48	2.29	27.22	3.21
沧州市	Cangzhou	36.94	4.64	71.26	5.49
廊坊市	Langfang	21.06	4.17	40.42	6.92
衡水市	Hengshui	25.28	6.41	33.71	5.00
山西省	**Shanxi**	**192.05**	**67.20**	**225.92**	**74.99**
太原市	Taiyuan	20.66	17.12	27.56	22.28
大同市	Datong	16.32	8.92	19.87	11.34
阳泉市	Yangquan	6.84	3.72	8.45	4.09
长治市	Changzhi	18.24	5.85	20.84	5.69
晋城市	Jincheng	13.69	3.93	12.31	3.62
朔州市	Shuozhou	13.18	4.69	11.81	4.52
晋中市	Jinzhong	15.82	2.77	23.39	4.15
运城市	Yuncheng	27.63	6.02	28.79	5.66
忻州市	Xinzhou	15.50	4.25	18.76	3.66
临汾市	Linfen	22.91	6.66	27.61	6.22
吕梁市	Lvliang	21.26	3.27	26.53	3.76
内蒙古自治区	**Inner Mongolia**	**93.73**	**43.84**	**115.75**	**48.22**
呼和浩特市	Hohhot	14.62	10.06	16.95	12.09
包头市	Baotou	11.79	10.25	13.33	11.27
乌海市	Wuhai	2.49	2.49	2.96	2.96
赤峰市	Chifeng	20.74	7.15	25.25	8.05
通辽市	Tongliao	15.64	3.10	18.49	4.20
鄂尔多斯市	Erdos	8.20	3.00	12.32	3.89
呼伦贝尔市	Hulunbuir	5.32	2.20	10.65	1.52
巴彦淖尔市	Bayannur	6.80	2.48	7.39	2.06
乌兰察布市	Ulanqab	8.13	3.11	8.41	2.18
辽宁省	**Liaoning**	**161.65**	**74.93**	**199.93**	**94.77**
沈阳市	Shenyang	26.73	20.14	36.51	27.67
大连市	Dalian	23.20	13.94	30.00	19.41
鞍山市	Anshan	13.45	5.26	16.63	5.66
抚顺市	Fushun	6.51	4.18	7.53	4.66
本溪市	Benxi	4.92	3.01	5.31	3.15
丹东市	Dandong	9.65	2.52	9.49	2.49
锦州市	Jinzhou	11.10	3.90	13.10	4.50

2-35 续表 1 continued

单位：万人 (10 000 persons)

城市	City	普通中学 Regular Secondary Schools 全市 Total City	普通中学 Regular Secondary Schools 市辖区 Districts under City	普通小学 Regular Primary Schools 全市 Total City	普通小学 Regular Primary Schools 市辖区 Districts under City
营口市	Yingkou	8.95	4.19	11.44	5.23
阜新市	Fuxin	4.52	1.60	8.31	3.09
辽阳市	Liaoyang	6.81	3.42	7.50	3.65
盘锦市	Panjin	6.93	4.46	6.80	4.24
铁岭市	Tieling	10.75	1.93	12.72	1.80
朝阳市	Chaoyang	15.83	3.60	19.07	4.03
葫芦岛市	Huludao	12.30	2.78	15.52	5.19
吉林省	**Jilin**	**92.64**	**37.33**	**119.16**	**44.55**
长春市	Changchun	29.89	17.69	39.57	23.04
吉林市	Jilin	14.40	6.25	17.85	7.25
四平市	Siping	12.61	2.89	17.88	2.59
辽源市	Liaoyuan	4.51	1.69	5.12	1.73
通化市	Tonghua	8.05	1.68	9.30	1.65
白山市	Baishan	4.32	1.01	4.58	1.89
松原市	Songyuan	12.01	4.07	15.95	3.95
白城市	Baicheng	6.85	2.05	8.91	2.45
黑龙江省	**Heilongjiang**	**136.58**	**59.49**	**142.57**	**56.23**
哈尔滨市	Harbin	37.40	24.00	42.19	23.95
齐齐哈尔市	Qiqihar	17.24	5.30	21.27	5.25
鸡西市	Jixi	6.80	3.30	5.00	2.20
鹤岗市	Hegang	2.87	2.03	2.87	1.96
双鸭山市	Shuangyashan	2.69	0.87	4.93	1.46
大庆市	Daqing	15.08	9.30	12.69	6.90
伊春市	Yichun	3.68	2.01	2.97	1.54
佳木斯市	Jiamusi	8.60	3.40	9.70	3.20
七台河市	Qitaihe	3.80	2.79	3.57	2.32
牡丹江市	Mudanjiang	8.72	3.51	9.96	3.45
黑河市	Heihe	8.50	0.84	8.72	1.00
绥化市	Suihua	21.20	2.14	18.70	3.00
上海市	**Shanghai**	**57.05**	**55.35**	**79.87**	**78.15**
江苏省	**Jiangsu**	**284.49**	**137.72**	**499.64**	**234.31**
南京市	Nanjing	21.99	21.99	35.80	35.80
无锡市	Wuxi	21.09	11.46	34.84	19.56
徐州市	Xuzhou	34.74	11.89	84.13	26.54
常州市	Changzhou	16.25	13.58	27.37	23.48
苏州市	Suzhou	29.25	14.57	65.07	32.86
南通市	Nantong	23.81	7.48	32.56	11.59
连云港市	Lianyungang	22.48	10.22	41.08	17.15
淮安市	Huai'an	21.19	11.56	34.43	17.64
盐城市	Yancheng	26.60	9.04	44.22	12.45
扬州市	Yangzhou	17.88	9.79	21.63	12.67
镇江市	Zhenjiang	9.41	3.59	14.13	5.46
泰州市	Taizhou	17.15	6.44	22.15	7.90
宿迁市	Suqian	22.65	6.11	42.23	11.21
浙江省	**Zhejiang**	**225.29**	**89.39**	**357.00**	**146.05**
杭州市	Hangzhou	32.13	25.01	52.45	43.42

2-35 续表 2 continued

单位：万人 (10 000 persons)

城市	City	普通中学 Regular Secondary Schools		普通小学 Regular Primary Schools	
		全市 Total City	市辖区 Districts under City	全市 Total City	市辖区 Districts under City
宁波市	Ningbo	27.39	12.13	48.02	21.16
温州市	Wenzhou	36.75	9.00	63.33	17.76
嘉兴市	Jiaxing	16.26	4.79	24.58	7.35
湖州市	Huzhou	11.64	4.72	15.58	6.86
绍兴市	Shaoxing	23.60	11.31	27.73	14.71
金华市	Jinhua	24.11	5.39	41.27	7.92
衢州市	Quzhou	10.98	3.97	14.25	5.14
舟山市	Zhoushan	3.25	2.56	4.77	3.81
台州市	Taizhou	28.50	8.30	48.09	14.34
丽水市	Lishui	10.68	2.21	16.93	3.58
安徽省	**Anhui**	**303.63**	**99.55**	**422.51**	**132.08**
合肥市	Hefei	36.46	15.32	46.37	22.89
芜湖市	Wuhu	15.22	5.46	18.73	7.47
蚌埠市	Bengbu	16.05	4.87	25.34	7.68
淮南市	Huainan	10.87	7.60	15.59	10.32
马鞍山市	Maanshan	10.14	4.26	11.77	4.70
淮北市	Huaibei	10.63	5.18	13.98	6.77
铜陵市	Tongling	3.50	2.46	3.83	2.56
安庆市	Anqing	27.88	3.92	30.57	3.77
黄山市	Huangshan	5.47	2.08	6.84	2.60
滁州市	Chuzhou	20.28	3.17	23.98	3.42
阜阳市	Fuyang	46.47	12.02	73.72	17.09
宿州市	Suzhou	26.59	7.98	42.25	12.55
六安市	Lu'an	28.94	10.39	39.35	10.91
亳州市	Bozhou	27.07	7.90	47.99	11.25
池州市	Chizhou	7.87	3.42	8.75	3.83
宣城市	Xuancheng	10.19	3.52	13.45	4.27
福建省	**Fujian**	**173.88**	**63.20**	**285.50**	**103.64**
福州市	Fuzhou	30.00	12.24	52.29	21.05
厦门市	Xiamen	14.03	14.03	27.89	27.89
莆田市	Putian	16.42	11.09	24.21	17.06
三明市	Sanming	12.28	2.09	17.64	2.43
泉州市	Quanzhou	37.58	7.98	68.82	11.69
漳州市	Zhangzhou	24.35	5.13	34.86	6.37
南平市	Nanping	13.59	3.81	20.03	5.59
龙岩市	Longyan	12.46	4.63	17.92	7.56
宁德市	Ningde	13.17	2.20	21.84	4.00
江西省	**Jiangxi**	**268.79**	**73.49**	**421.35**	**103.87**
南昌市	Nanchang	29.35	19.54	40.67	24.10
景德镇市	Jingdezhen	8.85	3.44	15.16	4.45
萍乡市	Pingxiang	9.85	4.31	15.14	5.95
九江市	Jiujiang	26.15	4.62	39.90	5.11
新余市	Xinyu	6.49	5.01	10.07	7.41
鹰潭市	Yingtan	6.06	1.90	11.27	3.09
赣州市	Ganzhou	59.45	10.63	91.59	16.16
吉安市	Ji'an	26.24	3.31	45.52	5.27

2-35 续表 3 continued

单位：万人 (10 000 persons)

城 市	City	普通中学 Regular Secondary Schools		普通小学 Regular Primary Schools	
		全 市 Total City	市辖区 Districts under City	全 市 Total City	市辖区 Districts under City
宜春市	Yichun	31.94	6.36	48.99	10.54
抚州市	Fuzhou	23.35	9.20	34.92	9.63
上饶市	Shangrao	41.06	5.17	68.12	12.16
山东省	**Shandong**	**469.74**	**175.07**	**674.89**	**237.28**
济南市	Jinan	30.16	17.47	41.44	26.84
青岛市	Qingdao	35.54	16.43	53.65	27.57
淄博市	Zibo	26.96	20.34	21.30	15.18
枣庄市	Zaozhuang	19.14	11.52	32.49	22.26
东营市	Dongying	13.14	6.74	11.89	6.80
烟台市	Yantai	29.83	9.21	26.72	9.16
潍坊市	Weifang	43.18	9.23	59.17	13.90
济宁市	Jining	39.54	11.10	63.53	13.79
泰安市	Tai'an	33.98	11.47	27.69	7.95
威海市	Weihai	11.23	6.53	11.10	7.09
日照市	Rizhao	13.81	6.93	19.75	9.19
莱芜市	Laiwu	8.50	8.50	5.59	5.59
临沂市	Linyi	50.16	13.87	90.95	30.23
德州市	Dezhou	28.13	7.06	41.56	9.25
聊城市	Liaocheng	17.99	4.82	51.40	11.69
滨州市	Binzhou	19.11	5.26	24.44	6.87
菏泽市	Heze	49.34	8.59	92.22	13.92
河南省	**Henan**	**595.07**	**140.95**	**931.95**	**196.00**
郑州市	Zhengzhou	51.19	26.46	79.10	37.60
开封市	Kaifeng	28.63	6.29	45.06	7.28
洛阳市	Luoyang	40.55	11.79	58.28	16.46
平顶山市	Pingdingshan	25.29	5.88	52.75	9.51
安阳市	Anyang	30.32	7.24	57.84	12.45
鹤壁市	Hebi	10.75	4.89	14.86	5.67
新乡市	Xinxiang	35.13	6.79	60.72	9.62
焦作市	Jiaozuo	21.58	5.75	25.00	6.89
濮阳市	Puyang	24.70	9.26	37.77	8.71
许昌市	Xuchang	23.23	3.34	40.21	4.38
漯河市	Luohe	13.89	8.10	19.74	10.52
三门峡市	Sanmenxia	11.99	2.14	14.60	2.50
南阳市	Nanyang	59.93	13.28	121.22	22.85
商丘市	Shangqiu	49.65	11.00	73.10	14.91
信阳市	Xinyang	48.80	8.38	66.81	12.19
周口市	Zhoukou	69.80	4.10	90.90	5.60
驻马店市	Zhumadian	49.64	6.26	73.99	8.86
湖北省	**Hubei**	**191.91**	**46.61**	**274.82**	**83.36**
武汉市	Wuhan	30.28		30.28	21.24
黄石市	Huangshi	10.39	3.23	19.67	4.39
十堰市	Shiyan	13.39	2.51	22.32	5.38
宜昌市	Yichang	13.43	5.77	16.16	6.56
襄阳市	Xiangyang	22.66	10.72	34.93	14.57
鄂州市	Ezhou	4.46	4.46	6.83	6.83

2-35 续表 4 continued

单位：万人 (10 000 persons)

城　市	City	普通中学 Regular Secondary Schools		普通小学 Regular Primary Schools	
		全　市 Total City	市辖区 Districts under City	全　市 Total City	市辖区 Districts under City
荆门市	Jingmen	9.97	3.32	12.71	3.65
孝感市	Xiaogan	17.12	4.21	24.70	5.29
荆州市	Jingzhou	22.27	4.90	30.34	5.02
黄冈市	Huanggang	28.09	1.00	43.20	1.40
咸宁市	Xianning	11.58	3.18	21.15	5.04
随州市	Suizhou	8.27	3.31	12.53	3.99
湖南省	**Hunan**	**306.19**	**77.12**	**468.51**	**111.10**
长沙市	Changsha	36.95	19.86	50.94	26.96
株洲市	Zhuzhou	9.31	5.10	25.31	8.21
湘潭市	Xiangtan	11.78	3.80	14.26	5.78
衡阳市	Hengyang	41.80	5.64	56.15	8.17
邵阳市	Shaoyang	40.62	4.45	61.33	5.91
岳阳市	Yueyang	24.52	6.10	34.21	8.08
常德市	Changde	20.75	5.18	28.60	6.60
张家界市	Zhangjiajie	5.10	1.91	11.11	4.23
益阳市	Yiyang	17.14	5.67	24.03	7.47
郴州市	Chenzhou	27.06	5.44	46.89	9.16
永州市	Yongzhou	28.46	5.98	49.66	9.60
怀化市	Huaihua	21.20	3.69	33.92	5.23
娄底市	Loudi	21.50	4.30	32.10	5.70
广东省	**Guangdong**	**560.73**	**326.98**	**868.86**	**558.93**
广州市	Guangzhou	51.52	51.52	93.79	93.79
韶关市	Shaoguan	15.48	5.19	21.82	7.10
深圳市	Shenzhen	38.52	38.52	86.48	86.48
珠海市	Zhuhai	8.76	8.76	14.88	14.88
汕头市	Shantou	38.61	38.36	50.04	49.74
佛山市	Foshan	30.60	30.60	49.01	49.01
江门市	Jiangmen	21.41	9.14	30.62	13.92
湛江市	Zhanjiang	48.07	12.93	57.03	14.11
茂名市	Maoming	49.51	15.32	57.72	18.63
肇庆市	Zhaoqing	24.94	8.13	34.28	11.53
惠州市	Huizhou	27.07	14.61	50.41	26.67
梅州市	Meizhou	24.62	5.59	31.25	6.61
汕尾市	Shanwei	19.88	3.74	24.48	3.71
河源市	Heyuan	17.64	3.43	27.75	6.23
阳江市	Yangjiang	12.91	6.04	20.69	9.95
清远市	Qingyuan	19.45	8.39	29.97	12.84
东莞市	Dongguan	28.76	28.76	71.93	71.93
中山市	Zhongshan	14.58	14.58	27.67	27.67
潮州市	Chaozhou	14.52	9.83	19.25	16.06
揭阳市	Jieyang	40.26	11.65	49.10	14.78
云浮市	Yunfu	13.62	1.89	20.69	3.29
广西壮族自治区	**Guangxi**	**276.68**	**90.28**	**440.07**	**137.17**
南宁市	Nanning	38.13	18.50	59.18	31.19
柳州市	Liuzhou	18.10	8.43	29.61	11.75
桂林市	Guilin	20.80	4.69	35.26	7.15

2-35 续表 5 continued

单位：万人 (10 000 persons)

城市	City	普通中学 Regular Secondary Schools		普通小学 Regular Primary Schools	
		全市 Total City	市辖区 Districts under City	全市 Total City	市辖区 Districts under City
梧州市	Wuzhou	18.64	4.45	28.19	6.70
北海市	Beihai	10.31	4.75	15.45	7.67
防城港市	Fangchenggang	5.24	3.10	8.98	5.02
钦州市	Qinzhou	21.73	8.20	34.29	13.45
贵港市	Guigang	34.78	14.16	44.45	16.05
玉林市	Yulin	40.43	7.61	60.27	10.86
百色市	Baise	14.70	1.51	34.52	3.36
贺州市	Hezhou	11.29	4.55	19.16	9.75
河池市	Hechi	21.12	2.13	35.35	2.82
来宾市	Laibin	11.94	6.42	18.29	8.56
崇左市	Chongzuo	9.47	1.78	17.07	2.84
海南省	**Hainan**	**20.26**	**14.58**	**39.70**	**31.40**
海口市	Haikou	10.24	10.24	17.94	17.94
三亚市	Sanya	4.34	4.34	6.46	6.46
三沙市	Sansa			7.00	7.00
儋州市	Danzhou	5.68		8.30	
重庆市	**Chongqing**	**158.36**	**96.20**	**207.33**	**126.15**
四川省	**Sichuan**	**363.73**	**141.11**	**469.25**	**173.42**
成都市	Chengdu	54.81	35.17	78.43	52.84
自贡市	Zigong	11.65	4.94	17.77	8.07
攀枝花市	Panzhihua	6.69	4.55	7.41	4.46
泸州市	Luzhou	25.25	7.73	41.36	11.54
德阳市	Deyang	13.19	3.42	16.89	3.57
绵阳市	Mianyang	25.09	12.05	25.02	8.81
广元市	Guangyuan	13.10	4.89	14.53	4.69
遂宁市	Suining	13.67	6.30	15.96	7.04
内江市	Neijiang	15.89	5.56	23.42	8.21
乐山市	Leshan	12.22	4.50	17.48	5.15
南充市	Nanchong	31.40	10.50	36.20	10.37
眉山市	Meishan	11.97	3.23	14.31	3.68
宜宾市	Yibin	25.68	7.03	37.61	8.94
广安市	Guang'an	22.48	7.12	23.84	6.59
达州市	Dazhou	31.40	7.99	41.89	12.40
雅安市	Ya'an	6.25	2.47	9.48	3.48
巴中市	Bazhong	21.31	8.29	19.88	6.98
资阳市	Ziyang	21.68	5.37	27.77	6.60
贵州省	**Guizhou**	**217.09**	**40.57**	**251.53**	**44.69**
贵阳市	Guiyang	24.57		33.01	
六盘水市	Liupanshui	24.91	6.77	25.30	6.36
遵义市	Zunyi	50.86	7.53	53.59	8.44
安顺市	Anshun	16.76	8.29	23.13	9.90
毕节市	Bijie	68.18	12.98	83.10	15.65
铜仁市	Tongren	31.81	5.00	33.40	4.34
云南省	**Yunnan**	**173.77**	**43.74**	**237.93**	**56.86**
昆明市	Kunming	31.58	14.80	48.44	25.21
曲靖市	Qujing	42.94	5.67	55.31	6.92

2-35 续表 6 continued

单位：万人 (10 000 persons)

城市	City	普通中学 Regular Secondary Schools		普通小学 Regular Primary Schools	
		全市 Total City	市辖区 Districts under City	全市 Total City	市辖区 Districts under City
玉溪市	Yuxi	13.41	5.62	15.41	3.53
保山市	Baoshan	15.39	5.38	18.72	6.20
昭通市	Zhaotong	40.71	6.48	55.35	8.20
丽江市	Lijiang	6.90	1.37	8.61	1.57
普洱市	Pu'er	11.35	2.00	17.60	2.55
临沧市	Lincang	11.49	2.42	18.49	2.68
西藏自治区	**Tibet**	**3.96**		**5.29**	
拉萨市	Lasa	3.96		5.29	
陕西省	**Shaanxi**	**188.65**	**74.34**	**231.86**	**92.85**
西安市	Xi'an	41.37	31.12	56.62	45.71
铜川市	Tongchuan	3.85	3.62	3.57	3.18
宝鸡市	Baoji	18.13	7.88	19.36	7.94
咸阳市	Xianyang	25.66	6.08	30.76	6.25
渭南市	Weinan	26.79	5.94	27.56	5.57
延安市	Yan'an	12.73	4.08	18.63	5.78
汉中市	Hanzhong	18.31	2.74	19.54	2.92
榆林市	Yulin	16.86	4.78	24.58	6.53
安康市	Ankang	14.11	5.67	17.83	6.23
商洛市	Shangluo	10.84	2.43	13.41	2.74
甘肃省	**Gansu**	**134.46**	**43.95**	**155.82**	**55.67**
兰州市	Lanzhou	17.01	11.58	20.80	15.01
嘉峪关市	Jiayuguan	1.46	1.46	1.65	1.65
金昌市	Jinchang	2.83	1.41	2.86	1.52
白银市	Baiyin	11.71	3.45	10.38	3.22
天水市	Tianshui	21.99	6.85	25.82	8.81
武威市	Wuwei	6.10	3.16	10.42	6.26
张掖市	Zhangye	6.85	2.87	7.53	3.10
平凉市	Pingliang	14.12	2.88	14.94	3.31
酒泉市	Jiuquan	6.27	2.71	6.88	2.76
庆阳市	Qingyang	13.51	2.94	17.48	3.50
定西市	Dingxi	17.81	2.61	17.47	2.15
陇南市	Longnan	14.80	2.03	19.59	4.38
青海省	**Qinghai**	**20.84**	**8.61**	**26.00**	**9.58**
西宁市	Xining	12.34	6.14	14.79	7.45
海东市	Haidong	8.50	2.47	11.21	2.13
宁夏回族自治区	**Ningxia**	**43.34**	**21.41**	**58.09**	**24.71**
银川市	Yinchuan	13.02	8.67	16.21	9.79
石嘴山市	Shizuishan	4.39	3.76	5.29	3.18
吴忠市	Wuzhong	9.13	2.87	13.64	4.06
固原市	Guyuan	9.63	3.65	12.54	4.57
中卫市	Zhongwei	7.17	2.46	10.41	3.11
新疆维吾尔自治区	**Xinjiang**	**19.49**	**19.27**	**23.52**	**23.13**
乌鲁木齐市	Urumqi	16.94	16.72	21.15	20.76
克拉玛依市	Karamay	2.55	2.55	2.37	2.37

2-36 在校学生数(三)
Number of Students Enrollment (Ⅲ)

单位：人 (person)

城　市	City	每万人在校大学生数 Students Enrollment of Regular Institutions of Higher Education Per 10 000 persons		每万人在校中等职业学生数 Students Enrollment of Vocational Secondary Schools Per 10 000 persons	
		全　市 Total City	市辖区 Districts under City	全　市 Total City	市辖区 Districts under City
城市合计	**Prefecture Cities**	**211.03**	**514.34**	**103.67**	**172.77**
北京市	**Beijing**	**441.16**	**441.16**	**99.86**	**99.86**
天津市	**Tianjin**	**499.42**	**499.42**	**110.10**	**110.10**
河北省	**Hebei**	**171.85**	**684.10**	**84.54**	**195.74**
石家庄市	Shijiazhuang	408.02	978.06	139.06	287.91
唐山市	Tangshan	147.59	333.32	90.11	127.37
秦皇岛市	Qinhuangdao	524.94	1105.05	106.75	128.42
邯郸市	Handan	55.73	332.91	77.36	206.99
邢台市	Xingtai	60.68	537.22	51.82	165.50
保定市	Baoding	145.21	618.49	62.27	115.60
张家口市	Zhangjiakou	144.57	743.16	83.42	253.84
承德市	Chengde	107.61	689.76	96.45	238.61
沧州市	Cangzhou	71.65	637.62	93.53	365.58
廊坊市	Langfang	338.69	1135.30	60.61	105.04
衡水市	Hengshui	60.44	489.02	69.19	344.63
山西省	**Shanxi**	**235.40**	**787.38**	**120.64**	**275.45**
太原市	Taiyuan	1147.09	1478.23	348.15	438.21
大同市	Datong	90.92	183.16	94.48	116.12
阳泉市	Yangquan	103.86	152.00	72.37	108.93
长治市	Changzhi	117.73	539.80	103.26	325.10
晋城市	Jincheng	28.63	166.44	116.43	452.16
朔州市	Shuozhou	65.89	159.38	117.21	88.84
晋中市	Jinzhong	493.98	1956.82	127.60	202.78
运城市	Yuncheng	102.44	766.69	83.20	304.39
忻州市	Xinzhou	66.07	306.72	119.90	317.75
临汾市	Linfen	103.75	552.02	63.28	161.40
吕梁市	Lvliang	59.10	816.69	69.36	340.66
内蒙古自治区	**Inner Mongolia**	**197.96**	**561.82**	**84.34**	**135.81**
呼和浩特市	Hohhot	985.78	1807.75	176.47	172.57
包头市	Baotou	323.06	464.72	124.52	159.38
乌海市	Wuhai	79.48	79.48	94.88	94.88
赤峰市	Chifeng	44.10	162.19	77.64	153.08
通辽市	Tongliao	116.02	339.42	50.36	8.61
鄂尔多斯市	Erdos	37.47	209.90	51.91	290.85
呼伦贝尔市	Hulunbuir	83.07	341.56	71.01	65.58
巴彦淖尔市	Bayannur	56.34	168.44	106.26	224.26
乌兰察布市	Ulanqab	75.40		37.77	
辽宁省	**Liaoning**	**244.87**	**536.72**	**83.34**	**144.02**
沈阳市	Shenyang	553.16	762.53	125.57	162.27
大连市	Dalian	488.62	951.21	119.12	208.47
鞍山市	Anshan	102.22	235.66	49.44	73.58
抚顺市	Fushun	213.36	325.96	67.53	89.27
本溪市	Benxi	118.87	194.23	81.34	124.90
丹东市	Dandong	119.62	365.22	70.57	156.19
锦州市	Jinzhou	281.63	876.73	83.18	213.23

2-36 续表 1 continued

单位：人 (person)

城 市	City	每万人在校大学生数 Students Enrollment of Regular Institutions of Higher Education Per 10 000 persons		每万人在校中等职业学生数 Students Enrollment of Vocational Secondary Schools Per 10 000 persons	
		全 市 Total City	市辖区 Districts under City	全 市 Total City	市辖区 Districts under City
营口市	Yingkou	91.58	229.58	71.36	108.10
阜新市	Fuxin	219.88	545.16	89.52	192.50
辽阳市	Liaoyang	148.73	305.26	86.90	148.58
盘锦市	Panjin	54.76	109.97	69.49	80.54
铁岭市	Tieling	59.96	413.86	50.46	176.47
朝阳市	Chaoyang	15.23	84.96	55.52	105.84
葫芦岛市	Huludao	31.05		42.56	9.33
吉林省	**Jilin**	**249.91**	**657.66**	**51.06**	**97.60**
长春市	Changchun	565.22	977.00	57.03	93.06
吉林市	Jilin	246.04	576.61	64.24	126.32
四平市	Siping	117.50	656.73	80.90	194.11
辽源市	Liaoyuan	47.96	124.28	22.83	41.31
通化市	Tonghua	56.98	285.99	30.38	76.89
白山市	Baishan	12.09	26.71	36.05	79.62
松原市	Songyuan	10.39	50.80	22.52	53.49
白城市	Baicheng	100.68	398.23	40.57	61.14
黑龙江省	**Heilongjiang**	**253.63**	**637.56**	**56.71**	**81.58**
哈尔滨市	Harbin	690.42	1195.28	107.59	141.06
齐齐哈尔市	Qiqihar	116.03	466.69	49.93	41.48
鸡西市	Jixi	45.46	99.14	20.11	22.96
鹤岗市	Hegang	21.00	34.20	19.11	13.29
双鸭山市	Shuangyashan	146.40	435.96	29.01	26.80
大庆市	Daqing	234.33	331.42	31.59	59.17
伊春市	Yichun	8.50	13.40	7.11	11.21
佳木斯市	Jiamusi	142.43	436.01	58.06	146.65
七台河市	Qitaihe	34.73	57.79	5.87	6.41
牡丹江市	Mudanjiang	197.70	586.60	42.87	42.45
黑河市	Heihe			110.95	100.80
绥化市	Suihua	18.04	118.49	21.85	3.22
上海市	**Shanghai**	**354.56**	**371.89**	**82.95**	**87.01**
江苏省	**Jiangsu**	**242.47**	**511.14**	**67.24**	**92.71**
南京市	Nanjing	1243.68	1243.68	83.85	83.85
无锡市	Wuxi	239.84	412.26	87.42	128.57
徐州市	Xuzhou	133.79	413.72	38.69	89.63
常州市	Changzhou	277.72	352.04	97.11	101.91
苏州市	Suzhou	321.06	460.24	85.46	84.62
南通市	Nantong	108.53	390.57	67.42	50.38
连云港市	Lianyungang	72.97	175.40	65.53	90.31
淮安市	Huai'an	120.49	231.35	79.59	46.14
盐城市	Yancheng	69.18	231.94	28.19	96.42
扬州市	Yangzhou	176.85	326.16	96.97	136.58
镇江市	Zhenjiang	314.13	827.10	71.91	97.71
泰州市	Taizhou	110.69	343.70	33.65	63.34
宿迁市	Suqian	31.11	104.80	90.72	175.58
浙江省	**Zhejiang**	**210.77**	**458.12**	**119.21**	**154.25**
杭州市	Hangzhou	657.26	848.32	147.57	173.66

2-36 续表 2 continued

单位：人 (person)

城市	City	每万人在校大学生数 Students Enrollment of Regular Institutions of Higher Education Per 10 000 persons		每万人在校中等职业学生数 Students Enrollment of Vocational Secondary Schools Per 10 000 persons	
		全市 Total City	市辖区 Districts under City	全市 Total City	市辖区 Districts under City
宁波市	Ningbo	265.56		117.68	136.71
温州市	Wenzhou	103.29	504.97	79.30	121.94
嘉兴市	Jiaxing	150.83	490.12	139.81	166.58
湖州市	Huzhou	122.10	290.97	120.94	88.76
绍兴市	Shaoxing	189.19	355.50	116.26	138.53
金华市	Jinhua	73.16	363.95	142.58	300.91
衢州市	Quzhou	53.36	161.73	113.14	176.24
舟山市	Zhoushan	241.04	330.72	79.30	99.99
台州市	Taizhou	56.18	161.27	123.48	129.31
丽水市	Lishui	141.20	937.07	112.24	168.24
安徽省	**Anhui**	**170.29**	**557.17**	**121.16**	**190.30**
合肥市	Hefei	734.41	1975.56	156.70	298.88
芜湖市	Wuhu	338.32	892.14	130.64	183.40
蚌埠市	Bengbu	163.72	527.26	155.56	181.14
淮南市	Huainan	316.12	422.27	130.15	158.74
马鞍山市	Maanshan	245.89	683.12	146.26	262.87
淮北市	Huaibei	177.99	367.59	109.74	194.31
铜陵市	Tongling	483.17	795.76	140.93	206.85
安庆市	Anqing	66.70	513.42	104.75	161.88
黄山市	Huangshan	150.15	492.03	103.36	111.40
滁州市	Chuzhou	109.38	521.90	140.19	277.12
阜阳市	Fuyang	34.71	160.31	100.03	194.21
宿州市	Suzhou	34.80	119.85	100.23	123.65
六安市	Lu'an	60.07	219.66	118.48	179.34
亳州市	Bozhou	18.98	73.92	113.53	154.87
池州市	Chizhou	141.57	342.60	105.71	165.29
宣城市	Xuancheng	23.76	76.69	121.73	140.62
福建省	**Fujian**	**204.04**	**612.70**	**108.23**	**210.51**
福州市	Fuzhou	473.15	1605.15	149.80	358.91
厦门市	Xiamen	681.94	681.94	202.07	202.07
莆田市	Putian	61.88	70.50	97.18	93.35
三明市	Sanming	86.77	666.94	118.68	331.68
泉州市	Quanzhou	171.75	450.42	122.61	385.62
漳州市	Zhangzhou	142.44	1206.60	62.78	210.76
南平市	Nanping	76.52	104.24	84.91	51.22
龙岩市	Longyan	57.68	175.43	79.45	167.94
宁德市	Ningde	29.53	214.09	55.52	103.80
江西省	**Jiangxi**	**198.28**	**290.51**	**85.75**	**234.17**
南昌市	Nanchang	1128.73		230.32	318.00
景德镇市	Jingdezhen	175.85	638.08	48.04	146.53
萍乡市	Pingxiang	56.97	127.99	122.07	185.65
九江市	Jiujiang	171.87	1158.51	62.92	243.75
新余市	Xinyu	311.72	430.26	140.96	194.56
鹰潭市	Yingtan	63.51	340.44	58.95	244.31
赣州市	Ganzhou	95.25	592.33	88.59	336.02
吉安市	Ji'an	35.34	322.25	68.63	495.08

2-36 续表 3 continued

单位：人 (person)

城 市	City	每万人在校大学生数 Students Enrollment of Regular Institutions of Higher Education Per 10 000 persons		每万人在校中等职业学生数 Students Enrollment of Vocational Secondary Schools Per 10 000 persons	
		全 市 Total City	市辖区 Districts under City	全 市 Total City	市辖区 Districts under City
宜春市	Yichun	74.60	377.84	56.06	141.99
抚州市	Fuzhou	75.43	254.70	34.49	50.43
上饶市	Shangrao	33.79		55.76	140.67
山东省	**Shandong**	**220.89**	**598.85**	**103.57**	**177.45**
济南市	Jinan	1141.01	1855.98	169.52	249.49
青岛市	Qingdao	411.52	864.34	152.13	206.75
淄博市	Zibo	239.75	360.38	88.03	98.03
枣庄市	Zaozhuang	74.32	95.41	122.02	153.30
东营市	Dongying	157.48	304.23	137.84	183.08
烟台市	Yantai	279.56	810.41	139.97	248.64
潍坊市	Weifang	222.43	786.05	139.99	255.58
济宁市	Jining	119.85	224.24	56.15	79.04
泰安市	Tai'an	193.17	674.37	95.08	196.80
威海市	Weihai	277.44	380.38	86.66	115.80
日照市	Rizhao	99.81	221.07	116.50	226.57
莱芜市	Laiwu	77.10	77.10	85.01	85.01
临沂市	Linyi	61.92	265.62	70.87	148.07
德州市	Dezhou	87.27	320.84	96.44	253.25
聊城市	Liaocheng	70.18	354.76	81.13	132.66
滨州市	Binzhou	133.07	480.26	120.72	188.65
菏泽市	Heze	48.72	271.55	57.72	139.31
河南省	**Henan**	**163.04**	**761.35**	**104.44**	**301.13**
郑州市	Zhengzhou	1016.86	1750.14	343.54	602.12
开封市	Kaifeng	161.28	1021.16	140.09	337.38
洛阳市	Luoyang	179.52	643.85	141.71	340.19
平顶山市	Pingdingshan	98.11	499.72	84.02	258.63
安阳市	Anyang	118.00	630.57	62.35	178.17
鹤壁市	Hebi	71.92	189.70	186.74	284.21
新乡市	Xinxiang	224.79	1344.87	120.52	170.12
焦作市	Jiaozuo	262.16	973.41	135.40	311.82
濮阳市	Puyang	19.58	118.89	88.40	277.47
许昌市	Xuchang	70.46	852.41	86.47	345.71
漯河市	Luohe	99.02	197.07	140.93	166.33
三门峡市	Sanmenxia	57.16	445.17	97.98	422.76
南阳市	Nanyang	62.69	384.76	67.33	207.80
商丘市	Shangqiu	87.61	441.85	60.24	146.46
信阳市	Xinyang	69.49	399.97	66.82	98.58
周口市	Zhoukou	37.08	769.67	47.15	587.32
驻马店市	Zhumadian	36.82	406.50	61.96	209.12
湖北省	**Hubei**	**267.13**	**269.14**	**83.85**	**64.97**
武汉市	Wuhan	1153.77		261.53	
黄石市	Huangshi	160.73	508.94	57.94	117.41
十堰市	Shiyan	148.25	434.65	63.67	55.94
宜昌市	Yichang	145.97	453.09	66.61	89.26
襄阳市	Xiangyang	86.14	226.84	46.72	79.44
鄂州市	Ezhou	138.32	138.32	53.61	53.61

2-36 续表 4 continued

单位：人 (person)

城 市	City	每万人在校大学生数 Students Enrollment of Regular Institutions of Higher Education Per 10 000 persons		每万人在校中等职业学生数 Students Enrollment of Vocational Secondary Schools Per 10 000 persons	
		全 市 Total City	市辖区 Districts under City	全 市 Total City	市辖区 Districts under City
荆门市	Jingmen	47.07	235.30	46.13	91.84
孝感市	Xiaogan	83.20	450.02	40.46	105.56
荆州市	Jingzhou	151.52	995.58	47.07	182.36
黄冈市	Huanggang	54.87	1173.15	57.75	304.19
咸宁市	Xianning	133.79	193.22	52.29	83.27
随州市	Suizhou	24.02		25.78	36.70
湖南省	**Hunan**	**167.14**	**754.81**	**90.59**	**236.16**
长沙市	Changsha	836.91	1448.30	149.04	210.21
株洲市	Zhuzhou	205.40	858.25	108.03	319.45
湘潭市	Xiangtan	422.76	1404.13	92.86	177.98
衡阳市	Hengyang	136.40	1086.21	88.65	410.38
邵阳市	Shaoyang	34.37	402.94	86.86	342.53
岳阳市	Yueyang	77.58	402.38	91.84	235.58
常德市	Changde	73.42	297.25	78.15	115.81
张家界市	Zhangjiajie	74.18	240.29	64.17	105.20
益阳市	Yiyang	67.73	238.86	68.40	120.37
郴州市	Chenzhou	46.30	318.24	68.66	303.12
永州市	Yongzhou	40.77	222.57	84.51	148.44
怀化市	Huaihua	72.52	985.83	90.47	635.66
娄底市	Loudi	62.03	566.64	78.79	437.42
广东省	**Guangdong**	**201.68**	**409.36**	**145.35**	**205.35**
广州市	Guangzhou	1221.30	1221.30	277.61	277.61
韶关市	Shaoguan	116.62	415.55	75.72	174.92
深圳市	Shenzhen	253.84	253.84	107.45	107.45
珠海市	Zhuhai	1173.86	1173.86	189.65	189.65
汕头市	Shantou	18.18	18.43	172.63	174.67
佛山市	Foshan	126.99	126.99	233.24	233.24
江门市	Jiangmen	100.89	281.29	152.46	306.88
湛江市	Zhanjiang			102.08	343.43
茂名市	Maoming	45.44	123.05	116.66	120.94
肇庆市	Zhaoqing	185.82	605.73	134.75	326.23
惠州市	Huizhou	95.71	234.99	234.88	
梅州市	Meizhou	46.53	261.48	74.37	245.46
汕尾市	Shanwei	15.67	107.80	51.37	69.50
河源市	Heyuan	30.98	361.46	96.53	879.27
阳江市	Yangjiang	33.22	80.68	48.60	59.63
清远市	Qingyuan	32.01	97.50	93.72	160.99
东莞市	Dongguan	587.80	587.80	357.59	357.59
中山市	Zhongshan	251.77	251.77	154.80	154.80
潮州市	Chaozhou	70.56	116.27	50.94	63.71
揭阳市	Jieyang	17.11	34.78	193.48	144.49
云浮市	Yunfu	28.59	256.45	100.40	355.70
广西壮族自治区	**Guangxi**	**158.29**	**528.05**	**119.28**	**284.88**
南宁市	Nanning	506.86	1271.23	317.62	702.05
柳州市	Liuzhou	189.42	604.90	202.77	581.90
桂林市	Guilin	430.08	1776.37	84.76	132.10

2-36 续表 5 continued

单位：人 (person)

城 市	City	每万人在校大学生数 Students Enrollment of Regular Institutions of Higher Education Per 10 000 persons		每万人在校中等职业学生数 Students Enrollment of Vocational Secondary Schools Per 10 000 persons	
		全 市 Total City	市辖区 Districts under City	全 市 Total City	市辖区 Districts under City
梧州市	Wuzhou	46.43	203.14	120.39	185.70
北海市	Beihai	140.13	102.17	169.20	337.44
防城港市	Fangchenggang	37.25	62.75	80.81	66.03
钦州市	Qinzhou	54.33	132.46	59.79	62.93
贵港市	Guigang			38.13	55.39
玉林市	Yulin	25.49	166.41	52.53	252.63
百色市	Baise	82.82	776.10	121.88	72.45
贺州市	Hezhou	48.79	99.11	130.10	207.78
河池市	Hechi	39.14	135.39	77.89	374.19
来宾市	Laibin	35.73	85.19	64.28	97.69
崇左市	Chongzuo	171.82	576.17	34.21	178.86
海南省	**Hainan**	**617.74**	**884.71**	**269.53**	**375.60**
海口市	Haikou	913.59	913.59	464.48	464.48
三亚市	Sanya	802.34	802.34	122.07	122.07
三沙市	Sansa				
儋州市	Danzhou			24.10	
重庆市	**Chongqing**	**227.51**	**360.30**	**137.32**	**123.31**
四川省	**Sichuan**	**162.73**	**198.95**	**112.88**	**182.76**
成都市	Chengdu	615.42		189.20	264.38
自贡市	Zigong	112.72	245.20	92.33	145.91
攀枝花市	Panzhihua	215.09	351.37	157.40	257.13
泸州市	Luzhou	87.29	268.72	148.06	234.20
德阳市	Deyang	187.40	604.52	77.52	155.27
绵阳市	Mianyang	227.21	915.73	95.47	198.98
广元市	Guangyuan	42.71	140.08	92.17	135.64
遂宁市	Suining	37.43	93.21	83.58	93.72
内江市	Neijiang	63.68	152.61	58.17	93.14
乐山市	Leshan	138.71	422.79	115.15	233.66
南充市	Nanchong	96.58	368.63	91.81	249.16
眉山市	Meishan	67.26	170.19	117.64	168.53
宜宾市	Yibin	46.02	199.96	126.20	215.93
广安市	Guang'an	18.38	67.85	98.63	69.01
达州市	Dazhou	34.02	128.92	101.85	71.50
雅安市	Ya'an	299.86	746.68	82.36	141.30
巴中市	Bazhong	6.29	17.54	91.50	75.23
资阳市	Ziyang	9.03	41.17	86.75	147.56
贵州省	**Guizhou**	**155.84**	**155.97**	**135.83**	**137.48**
贵阳市	Guiyang	940.65		390.20	
六盘水市	Liupanshui	33.23		138.19	279.82
遵义市	Zunyi	68.69	597.17	118.39	249.95
安顺市	Anshun	46.76	105.82	73.64	101.62
毕节市	Bijie	16.30	90.90	77.39	189.14
铜仁市	Tongren	66.69	598.46	100.76	388.41
云南省	**Yunnan**	**185.14**	**787.03**	**131.73**	**390.78**
昆明市	Kunming	785.56	1562.16	318.47	457.27
曲靖市	Qujing	32.13	284.36	106.17	735.00

2-36 续表 6 continued

单位：人 (person)

城市	City	每万人在校大学生数 Students Enrollment of Regular Institutions of Higher Education Per 10 000 persons		每万人在校中等职业学生数 Students Enrollment of Vocational Secondary Schools Per 10 000 persons	
		全市 Total City	市辖区 Districts under City	全市 Total City	市辖区 Districts under City
玉溪市	Yuxi	69.08	340.55	107.17	234.37
保山市	Baoshan	47.71	133.79	162.55	173.13
昭通市	Zhaotong	15.91	106.99	38.52	147.80
丽江市	Lijiang	198.64		61.00	350.13
普洱市	Pu'er	42.24	464.95	87.60	658.61
临沧市	Lincang	22.50	165.99	70.47	371.79
西藏自治区	**Tibet**	**402.75**	**1022.40**	**120.27**	**305.31**
拉萨市	Lasa	402.75	1022.40	120.27	305.31
陕西省	**Shaanxi**	**294.59**	**777.30**	**94.53**	**156.17**
西安市	Xi'an	1040.82	1210.57	198.00	218.96
铜川市	Tongchuan	35.95	40.43	3.93	1.47
宝鸡市	Baoji	86.51	233.76	131.11	224.83
咸阳市	Xianyang	244.03	1393.97	88.61	133.43
渭南市	Weinan	29.10	167.36	43.13	105.34
延安市	Yan'an	103.99	512.15	80.23	74.74
汉中市	Hanzhong	113.06	542.80	62.47	28.08
榆林市	Yulin	45.71	302.68	13.10	71.88
安康市	Ankang	69.55	210.22	72.28	70.32
商洛市	Shangluo	74.74	335.32	71.03	56.35
甘肃省	**Gansu**	**221.42**	**642.61**	**91.46**	**152.13**
兰州市	Lanzhou	1293.69	2033.98	185.82	275.06
嘉峪关市	Jiayuguan	139.65	139.65	208.35	208.35
金昌市	Jinchang	72.31	159.23	58.68	45.98
白银市	Baiyin	16.68	60.98	78.70	93.65
天水市	Tianshui	103.21	290.18	100.95	143.87
武威市	Wuwei	95.81		66.18	62.95
张掖市	Zhangye	152.29	389.77	64.37	67.32
平凉市	Pingliang	23.03	104.74	113.39	120.34
酒泉市	Jiuquan	71.98	193.47	102.52	171.71
庆阳市	Qingyang	67.12	470.15	60.47	182.39
定西市	Dingxi	15.56	101.65	50.05	73.52
陇南市	Longnan	20.77	55.13	57.54	92.76
青海省	**Qinghai**	**190.39**	**515.82**	**152.92**	**209.03**
西宁市	Xining	347.44	742.53	198.03	240.54
海东市	Haidong	4.79		99.61	137.32
宁夏回族自治区	**Ningxia**	**174.10**	**375.50**	**126.33**	**183.74**
银川市	Yinchuan	546.76	798.74	249.62	296.32
石嘴山市	Shizuishan	104.05	178.40	139.34	155.72
吴忠市	Wuzhong	25.46	89.11	58.32	75.65
固原市	Guyuan	42.02	138.15	80.57	88.48
中卫市	Zhongwei			70.86	125.36
新疆维吾尔自治区	**Xinjiang**	**625.71**	**639.26**	**207.55**	**212.04**
乌鲁木齐市	Urumqi	676.40	692.73	227.76	233.25
克拉玛依市	Karamay	174.44	174.44	27.66	27.66

2-37 公共图书馆图书藏量
Total Collections of Public Libraries

城　市	City	公共图书馆图书总藏量（千册、千件）Total Collections of Public Libraries (1000 copies,1000 pieces)		每百人公共图书馆藏书（册、件）Collections of Public Libraries per 100 Persons (copy,piece)	
		全　市 Total City	市辖区 Districts under City	全　市 Total City	市辖区 Districts under City
城市合计	**Prefecture Cities**				
北京市	**Beijing**	**59430**	**59430**	**441.79**	**441.79**
天津市	**Tianjin**	**16970**	**16970**	**165.25**	**165.25**
河北省	**Hebei**	**23927**	**9971**	**31.27**	**56.08**
石家庄市	Shijiazhuang	3543	2173	34.44	52.96
唐山市	Tangshan	2393	1436	31.70	42.96
秦皇岛市	Qinhuangdao	5862	1219	198.29	86.71
邯郸市	Handan	1726	642	16.44	36.53
邢台市	Xingtai	1491	392	19.11	44.44
保定市	Baoding	2201	146	18.30	5.17
张家口市	Zhangjiakou	1457	748	31.06	81.98
承德市	Chengde	914	402	23.90	67.35
沧州市	Cangzhou	1394	661	18.00	120.19
廊坊市	Langfang	2272	1660	49.28	195.19
衡水市	Hengshui	675	493	14.92	88.23
山西省	**Shanxi**	**17305**	**8621**	**49.47**	**87.74**
太原市	Taiyuan	6705	5945	182.51	208.54
大同市	Datong	716	380	22.64	24.21
阳泉市	Yangquan	607	429	45.91	61.24
长治市	Changzhi	1788	663	53.08	90.24
晋城市	Jincheng	481	110	21.93	29.14
朔州市	Shuozhou	572	115	35.44	17.21
晋中市	Jinzhong	1288	210	39.07	34.30
运城市	Yuncheng	1412	219	27.67	32.13
忻州市	Xinzhou	1056	206	34.45	38.05
临汾市	Linfen	1536	231	35.68	28.59
吕梁市	Lvliang	1144	113	29.52	40.23
内蒙古自治区	**Inner Mongolia**	**13396**	**6995**	**62.19**	**101.35**
呼和浩特市	Hohhot	3608	3432	151.24	263.81
包头市	Baotou	1398	1226	62.45	78.78
乌海市	Wuhai	600	600	134.95	134.95
赤峰市	Chifeng	1831	489	39.58	38.88
通辽市	Tongliao	1029	300	32.21	35.14
鄂尔多斯市	Erdos	2330	750	148.11	267.09
呼伦贝尔市	Hulunbuir	1642	68	63.32	18.38
巴彦淖尔市	Bayannur	700	60	40.07	11.53
乌兰察布市	Ulanqab	257	69	9.40	21.87
辽宁省	**Liaoning**	**40798**	**33735**	**96.46**	**176.30**
沈阳市	Shenyang	11205	10796	153.41	203.75
大连市	Dalian	16157	14681	272.20	481.49
鞍山市	Anshan	2729	1995	78.86	132.91
抚顺市	Fushun	1040	929	48.20	65.78
本溪市	Benxi	1360	1100	89.94	118.87
丹东市	Dandong	1510	107	63.41	13.72
锦州市	Jinzhou	1424	385	47.06	39.65

2-37 续表 1 continued

城 市	City	公共图书馆图书总藏量（千册、千件）Total Collections of Public Libraries (1000 copies,1000 pieces)		每百人公共图书馆藏书（册、件）Collections of Public Libraries per 100 Persons (copy,piece)	
		全 市 Total City	市辖区 Districts under City	全 市 Total City	市辖区 Districts under City
营口市	Yingkou	1369	1135	58.85	122.32
阜新市	Fuxin	488	363	25.76	47.49
辽阳市	Liaoyang	945	855	52.81	98.06
盘锦市	Panjin	655	462	50.60	71.61
铁岭市	Tieling	679	381	22.60	87.55
朝阳市	Chaoyang	895	510	26.26	83.48
葫芦岛市	Huludao	341	36	12.17	3.82
吉林省	**Jilin**	**11048**	**7880**	**45.12**	**84.69**
长春市	Changchun	4631	4310	61.44	98.82
吉林市	Jilin	2290	1671	53.73	91.88
四平市	Siping	698	498	21.38	85.27
辽源市	Liaoyuan	405	266	33.52	57.00
通化市	Tonghua	884	333	39.99	75.60
白山市	Baishan	845	236	67.41	41.66
松原市	Songyuan	773	292	27.81	51.29
白城市	Baicheng	521	274	26.47	55.02
黑龙江省	**Heilongjiang**	**18321**	**10547**	**50.31**	**76.15**
哈尔滨市	Harbin	8254	6760	85.86	123.20
齐齐哈尔市	Qiqihar	1788	1140	32.55	83.44
鸡西市	Jixi	388	135	21.35	16.17
鹤岗市	Hegang	440	310	41.66	47.80
双鸭山市	Shuangyashan	897	222	60.84	113.94
大庆市	Daqing	2550		92.57	
伊春市	Yichun	855	718	70.55	93.38
佳木斯市	Jiamusi	363	217	15.28	27.96
七台河市	Qitaihe	235	175	28.32	35.12
牡丹江市	Mudanjiang	1078	595	41.15	67.38
黑河市	Heihe	363	135	21.61	67.25
绥化市	Suihua	1109	141	20.23	16.89
上海市	**Shanghai**	**75682**	**75055**	**524.49**	**545.56**
江苏省	**Jiangsu**	**68469**	**47692**	**88.72**	**135.90**
南京市	Nanjing	16343	16343	250.12	250.12
无锡市	Wuxi	5186	3078	107.85	123.86
徐州市	Xuzhou	3163	1553	30.75	46.69
常州市	Changzhou	3140	2761	84.66	94.81
苏州市	Suzhou	17457	9608	261.72	281.56
南通市	Nantong	4703	1977	61.33	92.79
连云港市	Lianyungang	2660	2342	50.14	106.10
淮安市	Huai'an	2564	1749	45.43	59.57
盐城市	Yancheng	3253	1803	39.29	74.49
扬州市	Yangzhou	3211	2454	69.63	105.81
镇江市	Zhenjiang	3003	1885	110.55	182.69
泰州市	Taizhou	2570	1471	50.61	89.91
宿迁市	Suqian	1216	668	20.75	38.38
浙江省	**Zhejiang**	**61280**	**38685**	**125.75**	**215.13**
杭州市	Hangzhou	19850	17742	274.34	332.96

2-37 续表 2 continued

城　市	City	公共图书馆图书总藏量（千册、千件）Total Collections of Public Libraries (1000 copies,1000 pieces)		每百人公共图书馆藏书（册、件）Collections of Public Libraries per 100 Persons (copy,piece)	
		全　市 Total City	市辖区 Districts under City	全　市 Total City	市辖区 Districts under City
宁波市	Ningbo	6924	4903	118.04	211.20
温州市	Wenzhou	9326	5293	114.96	319.01
嘉兴市	Jiaxing	7474	2199	213.86	252.38
湖州市	Huzhou	1960	770	74.31	69.54
绍兴市	Shaoxing	3820	2613	86.21	119.61
金华市	Jinhua	3138	704	65.65	73.30
衢州市	Quzhou	1485	668	57.91	79.00
舟山市	Zhoushan	1651	1262	169.55	177.80
台州市	Taizhou	3788	2183	63.40	137.01
丽水市	Lishui	1864	349	69.97	87.01
安徽省	**Anhui**	**19144**	**11857**	**27.55**	**58.78**
合肥市	Hefei	4910	4253	68.41	169.41
芜湖市	Wuhu	1868	863	48.55	59.17
蚌埠市	Bengbu	1250	964	33.22	84.88
淮南市	Huainan	491	322	19.95	17.45
马鞍山市	Maanshan	1175	990	51.43	120.42
淮北市	Huaibei	888	811	41.00	77.36
铜陵市	Tongling	750	581	101.56	129.60
安庆市	Anqing	1841	650	29.59	88.26
黄山市	Huangshan	930	478	62.98	106.12
滁州市	Chuzhou	892	185	19.87	34.42
阜阳市	Fuyang	634	153	6.08	6.86
宿州市	Suzhou	721	462	11.10	24.49
六安市	Lu'an	704	190	9.80	10.00
亳州市	Bozhou	829	577	13.06	35.41
池州市	Chizhou	450	165	27.82	24.65
宣城市	Xuancheng	812	212	28.99	24.49
福建省	**Fujian**	**36780**	**12974**	**98.85**	**120.97**
福州市	Fuzhou	8358	1877	123.21	93.89
厦门市	Xiamen	5441	5441	257.66	257.66
莆田市	Putian	945	812	27.46	35.19
三明市	Sanming	4998	713	175.92	252.50
泉州市	Quanzhou	7306	1811	101.13	168.47
漳州市	Zhangzhou	4542	299	90.46	50.45
南平市	Nanping	2089	693	65.32	80.77
龙岩市	Longyan	1810	972	58.49	95.53
宁德市	Ningde	1291	356	36.99	73.96
江西省	**Jiangxi**	**21783**	**9868**	**44.32**	**82.39**
南昌市	Nanchang	5228	4427	100.47	147.33
景德镇市	Jingdezhen	1020	677	61.21	147.38
萍乡市	Pingxiang	1000	653	50.40	73.96
九江市	Jiujiang	2159	763	41.79	114.01
新余市	Xinyu	670	524	54.24	58.55
鹰潭市	Yingtan	473	212	37.17	89.30
赣州市	Ganzhou	3557	1005	37.02	65.09
吉安市	Ji'an	2592	930	48.87	159.88

2-37 续表 3 continued

城 市	City	公共图书馆图书总藏量 (千册、千件) Total Collections of Public Libraries (1000 copies,1000 pieces)		每百人公共图书馆藏书 (册、件) Collections of Public Libraries per 100 Persons (copy,piece)	
		全 市 Total City	市辖区 Districts under City	全 市 Total City	市辖区 Districts under City
宜春市	Yichun	1640	225	27.47	19.86
抚州市	Fuzhou	1423	221	35.63	18.66
上饶市	Shangrao	2021	230	26.10	16.61
山东省	**Shandong**	**77401**	**37419**	**78.81**	**115.81**
济南市	Jinan	11950	11495	190.98	315.33
青岛市	Qingdao	6039	5012	77.12	134.43
淄博市	Zibo	2481	1836	57.76	64.25
枣庄市	Zaozhuang	1390	1110	34.08	46.64
东营市	Dongying	2150	960	112.79	111.91
烟台市	Yantai	7028	4846	107.58	261.75
潍坊市	Weifang	27049	5513	302.65	294.28
济宁市	Jining	1883	299	21.70	16.38
泰安市	Tai'an	1583	756	27.97	46.66
威海市	Weihai	3400	1724	133.48	130.44
日照市	Rizhao	743	409	25.10	30.59
莱芜市	Laiwu	542	542	42.24	42.24
临沂市	Linyi	3520	1124	31.31	42.88
德州市	Dezhou	1450	234	24.69	19.18
聊城市	Liaocheng	3547	329	57.00	26.73
滨州市	Binzhou	1331	538	34.22	49.91
菏泽市	Heze	1316	693	13.12	43.81
河南省	**Henan**	**26155**	**16417**	**23.56**	**79.32**
郑州市	Zhengzhou	6360	5360	78.47	155.95
开封市	Kaifeng	2160	576	39.00	65.85
洛阳市	Luoyang	2216	1290	30.43	64.14
平顶山市	Pingdingshan	1427	795	25.37	71.98
安阳市	Anyang	1265	865	20.48	74.85
鹤壁市	Hebi	570	486	33.79	75.98
新乡市	Xinxiang	1342	845	21.05	80.33
焦作市	Jiaozuo	1209	1000	32.54	101.54
濮阳市	Puyang	608	378	14.17	53.50
许昌市	Xuchang	1132	583	22.43	140.41
漯河市	Luohe	476	342	17.76	25.38
三门峡市	Sanmenxia	1426	835	62.48	285.04
南阳市	Nanyang	1634	860	13.75	45.70
商丘市	Shangqiu	1099	319	11.44	17.54
信阳市	Xinyang	1011	298	11.26	19.41
周口市	Zhoukou	707	222	5.68	37.03
驻马店市	Zhumadian	1512	1363	16.24	161.68
湖北省	**Hubei**	**27622**	**6620**	**52.04**	**41.75**
武汉市	Wuhan	14454		174.30	
黄石市	Huangshi	1311	1085	48.92	128.21
十堰市	Shiyan	1224	858	35.38	72.74
宜昌市	Yichang	2072	1009	52.04	78.65
襄阳市	Xiangyang	1865	1137	31.53	50.62
鄂州市	Ezhou	410	410	37.17	37.17

2-37 续表 4 continued

城市	City	公共图书馆图书总藏量（千册、千件）Total Collections of Public Libraries (1000 copies,1000 pieces)		每百人公共图书馆藏书（册、件）Collections of Public Libraries per 100 Persons (copy,piece)	
		全市 Total City	市辖区 Districts under City	全市 Total City	市辖区 Districts under City
荆门市	Jingmen	878	540	29.37	90.26
孝感市	Xiaogan	992	498	18.84	51.16
荆州市	Jingzhou	1199	593	18.65	60.54
黄冈市	Huanggang	2063	104	27.71	29.87
咸宁市	Xianning	928	223	30.90	36.28
随州市	Suizhou	224	164	8.94	31.12
湖南省	**Hunan**	**24010**	**14555**	**34.56**	**104.62**
长沙市	Changsha	7973	7367	117.19	231.30
株洲市	Zhuzhou	1500	612	37.23	63.47
湘潭市	Xiangtan	1360	1120	47.01	128.59
衡阳市	Hengyang	1963	1075	24.57	107.11
邵阳市	Shaoyang	1460	516	17.78	73.65
岳阳市	Yueyang	1290	689	22.86	63.32
常德市	Changde	1570	624	25.77	44.33
张家界市	Zhangjiajie	216	49	12.73	9.33
益阳市	Yiyang	1130	520	23.50	38.14
郴州市	Chenzhou	1509	511	28.56	66.54
永州市	Yongzhou	1414	718	22.25	61.68
怀化市	Huaihua	1680	615	32.42	161.36
娄底市	Loudi	945	138	21.11	28.25
广东省	**Guangdong**	**93496**	**84944**	**103.96**	**192.21**
广州市	Guangzhou	21600	21600	252.87	252.87
韶关市	Shaoguan	1703	1027	51.56	110.82
深圳市	Shenzhen	32821	32821	924.57	924.57
珠海市	Zhuhai	3290	3290	292.57	292.57
汕头市	Shantou	2902	2430	52.72	44.76
佛山市	Foshan	4192	4192	107.76	107.76
江门市	Jiangmen	2584	1576	66.02	112.26
湛江市	Zhanjiang	1627	1125	19.77	69.12
茂名市	Maoming	1142		14.53	
肇庆市	Zhaoqing				
惠州市	Huizhou	1767	1163	49.49	79.97
梅州市	Meizhou	2076	1139	38.18	117.70
汕尾市	Shanwei	335	160	9.33	30.66
河源市	Heyuan	992	540	27.07	171.97
阳江市	Yangjiang	891	702	30.49	58.33
清远市	Qingyuan	1065	477	25.45	34.72
东莞市	Dongguan	10147	10147	520.32	520.32
中山市	Zhongshan	1703	1703	107.33	107.33
潮州市	Chaozhou	757		27.75	
揭阳市	Jieyang	1051	530	14.98	25.34
云浮市	Yunfu	851	322	28.48	96.76
广西壮族自治区	**Guangxi**	**27154**	**15561**	**49.21**	**101.73**
南宁市	Nanning	6628	5403	89.53	186.03
柳州市	Liuzhou	2031	1254	53.22	104.94
桂林市	Guilin	5200	2812	98.30	219.53

2-37 续表 5 continued

城 市	City	公共图书馆图书总藏量（千册、千件） Total Collections of Public Libraries (1000 copies,1000 pieces)		每百人公共图书馆藏书（册、件） Collections of Public Libraries per 100 Persons (copy,piece)	
		全 市 Total City	市辖区 Districts under City	全 市 Total City	市辖区 Districts under City
梧州市	Wuzhou	1071	582	31.14	74.02
北海市	Beihai	701		40.78	
防城港市	Fangchenggang	374	257	39.17	45.27
钦州市	Qinzhou	3301	2907	81.69	196.78
贵港市	Guigang	885	476	16.13	24.00
玉林市	Yulin	1747	663	24.58	60.89
百色市	Baise	1798	185	43.52	51.60
贺州市	Hezhou	723	259	30.16	21.90
河池市	Hechi	1182	231	27.85	67.79
来宾市	Laibin	809	382	30.43	34.26
崇左市	Chongzuo	703	150	28.26	40.75
海南省	**Hainan**	**2696**	**2576**	**84.58**	**115.74**
海口市	Haikou	2045	2045	124.09	124.09
三亚市	Sanya	531	531	91.92	91.92
三沙市	Sansa				
儋州市	Danzhou	120		12.48	
重庆市	**Chongqing**	**13038**	**9794**	**38.67**	**46.00**
四川省	**Sichuan**	**40402**	**9986**	**48.11**	**35.77**
成都市	Chengdu	22101		179.97	
自贡市	Zigong	508	392	15.52	26.04
攀枝花市	Panzhihua	847	596	76.56	87.97
泸州市	Luzhou	1339	863	26.49	57.47
德阳市	Deyang	1715	943	43.97	136.29
绵阳市	Mianyang	1933	653	35.44	50.96
广元市	Guangyuan	1151	465	37.71	49.99
遂宁市	Suining	564	330	14.90	21.71
内江市	Neijiang	567	317	13.49	22.43
乐山市	Leshan	742	380	20.98	32.73
南充市	Nanchong	1765	1214	23.78	62.43
眉山市	Meishan	374	48	10.70	5.46
宜宾市	Yibin	1274	646	23.07	50.83
广安市	Guang'an	1879	1400	40.19	110.58
达州市	Dazhou	969	210	14.19	11.66
雅安市	Ya'an	734	456	47.41	73.34
巴中市	Bazhong	681	175	17.93	12.86
资阳市	Ziyang	1259	897	25.00	81.23
贵州省	**Guizhou**	**12226**	**1640**	**38.74**	**22.95**
贵阳市	Guiyang	7271		185.57	
六盘水市	Liupanshui	465		13.94	
遵义市	Zunyi	2290	504	28.86	55.23
安顺市	Anshun	528	294	17.81	22.44
毕节市	Bijie	802	580	8.86	35.77
铜仁市	Tongren	872	262	19.95	55.21
云南省	**Yunnan**	**10669**	**4164**	**36.99**	**64.27**
昆明市	Kunming	3421	2521	61.58	90.22
曲靖市	Qujing	1388	102	21.42	13.93

2-37 续表 6 continued

城 市	City	公共图书馆图书总藏量（千册、千件）Total Collections of Public Libraries (1000 copies,1000 pieces)		每百人公共图书馆藏书（册、件）Collections of Public Libraries per 100 Persons (copy,piece)	
		全 市 Total City	市辖区 Districts under City	全 市 Total City	市辖区 Districts under City
玉溪市	Yuxi	1312	701	60.72	159.86
保山市	Baoshan	1403	239	54.14	25.87
昭通市	Zhaotong	819	74	13.67	8.31
丽江市	Lijiang	550	71	45.47	46.46
普洱市	Pu'er	932	48	37.29	21.33
临沧市	Lincang	844	408	35.88	128.03
西藏自治区	**Tibet**				
拉萨市	Lasa				
陕西省	**Shaanxi**	**16564**	**9457**	**42.23**	**70.27**
西安市	Xi'an	7975	6766	97.77	108.89
铜川市	Tongchuan	814	776	97.32	104.33
宝鸡市	Baoji	1506	238	39.16	16.75
咸阳市	Xianyang	1229	585	23.29	63.34
渭南市	Weinan	984	113	17.68	11.64
延安市	Yan'an	957	310	40.65	65.64
汉中市	Hanzhong	803	220	20.85	38.20
榆林市	Yulin	1169	186	30.97	32.63
安康市	Ankang	605	111	19.86	11.01
商洛市	Shangluo	521	152	20.77	27.16
甘肃省	**Gansu**	**8864**	**3874**	**36.12**	**47.65**
兰州市	Lanzhou	1050	1050	32.62	51.28
嘉峪关市	Jiayuguan	244	244	120.49	120.49
金昌市	Jinchang	631	489	138.07	235.85
白银市	Baiyin	719	447	39.78	90.41
天水市	Tianshui	808	526	22.01	40.29
武威市	Wuwei	511	347	26.89	33.59
张掖市	Zhangye	1472	234	113.17	46.00
平凉市	Pingliang	728	91	31.22	17.68
酒泉市	Jiuquan	401	113	35.92	27.26
庆阳市	Qingyang	724	25	27.08	6.63
定西市	Dingxi	739	130	24.57	28.20
陇南市	Longnan	838	178	29.32	31.66
青海省	**Qinghai**	**1728**	**696**	**46.53**	**51.39**
西宁市	Xining	1284	551	63.81	58.51
海东市	Haidong	445	146	26.11	35.18
宁夏回族自治区	**Ningxia**	**6790**	**4642**	**102.24**	**166.61**
银川市	Yinchuan	4117	3131	229.70	287.49
石嘴山市	Shizuishan	713	593	95.66	136.38
吴忠市	Wuzhong	902	401	64.26	99.98
固原市	Guyuan	604	257	40.32	56.39
中卫市	Zhongwei	454	260	37.78	64.13
新疆维吾尔自治区	**Xinjiang**	**4324**	**4323**	**145.69**	**148.81**
乌鲁木齐市	Urumqi	2124	2123	79.60	81.48
克拉玛依市	Karamay	2200	2200	734.07	734.07

2-38 医院、卫生院数，床位数和医生数
Number of Hospitals, Health Centers, Beds and Doctors

城　市	City	医院、卫生院数(个) Number of Hospitals and Health centers (unit)		医院、卫生院床位数(张) Number of Beds of Hospitals and Health Centers (bed)		医生数(执业医师+执业助理医师)(人) Number of Doctors (Licensed Doctors+ Assistant Doctors) (person)	
		全　市 Total City	市辖区 Districts under City	全　市 Total City	市辖区 Districts under City	全　市 Total City	市辖区 Districts under City
城市合计	**Prefecture Cities**	**63232**	**23314**	**6193214**	**3396037**	**2873065**	**1648925**
北京市	**Beijing**	**701**	**701**	**104644**	**104644**	**96445**	**96445**
天津市	**Tianjin**	**661**	**661**	**62495**	**62495**	**35871**	**35871**
河北省	**Hebei**	**3507**	**828**	**319682**	**104595**	**165519**	**55443**
石家庄市	Shijiazhuang	393	66	46744	5602	29579	3058
唐山市	Tangshan	350	152	37631	21334	18303	10508
秦皇岛市	Qinhuangdao	143	71	15210	9580	8347	6360
邯郸市	Handan	398	103	41040	14169	17691	6362
邢台市	Xingtai	316	59	29512	8385	15131	4249
保定市	Baoding	595	147	45300	12524	24250	9836
张家口市	Zhangjiakou	289	92	19790	9570	7463	3217
承德市	Chengde	251	31	17215	4949	8168	2599
沧州市	Cangzhou	320	24	32452	8840	17612	4160
廊坊市	Langfang	223	49	18073	4586	9434	2685
衡水市	Hengshui	229	34	16715	5056	9541	2409
山西省	**Shanxi**	**3764**	**946**	**175695**	**87984**	**100550**	**48595**
太原市	Taiyuan	247	183	35547	32353	20045	18352
大同市	Datong	254	104	16426	11745	9149	6838
阳泉市	Yangquan	82	46	6773	5348	2674	1999
长治市	Changzhi	248	110	16083	8336	7977	3980
晋城市	Jincheng	177	35	10126	3707	8133	2381
朔州市	Shuozhou	154	55	6903	3781	3513	1649
晋中市	Jinzhong	257	41	14668	4324	6819	2132
运城市	Yuncheng	440	97	27607	6882	11393	3154
忻州市	Xinzhou	872	140	12802	3920	13678	3777
临汾市	Linfen	327	73	17534	6041	10512	3445
吕梁市	Lvliang	706	62	11226	1547	6657	888
内蒙古自治区	**Inner Mongolia**	**1535**	**454**	**110664**	**64228**	**56483**	**32843**
呼和浩特市	Hohhot	174	96	16777	14513	8882	7745
包头市	Baotou	127	67	14756	13303	7752	6905
乌海市	Wuhai	28	28	3083	3083	1694	1694
赤峰市	Chifeng	328	88	23999	11461	11331	5140
通辽市	Tongliao	79	51	11507	7580	3466	2200
鄂尔多斯市	Erdos	176	37	10217	4439	7559	2913
呼伦贝尔市	Hulunbuir	232	20	14091	3396	7345	1624
巴彦淖尔市	Bayannur	163	46	8426	4484	4439	2957
乌兰察布市	Ulanqab	228	21	7808	1969	4015	1665
辽宁省	**Liaoning**	**2135**	**912**	**255077**	**170538**	**102697**	**70376**
沈阳市	Shenyang	327	192	58959	53198	24797	22396
大连市	Dalian	304	185	41569	27783	18724	14278

2-38 续表 1 continued

城 市	City	医院、卫生院数(个) Number of Hospitals and Health centers (unit)		医院、卫生院床位数(张) Number of Beds of Hospitals and Health Centers (bed)		医生数(执业医师+执业助理医师)(人) Number of Doctors (Licensed Doctors+ Assistant Doctors) (person)	
		全 市 Total City	市辖区 Districts under City	全 市 Total City	市辖区 Districts under City	全 市 Total City	市辖区 Districts under City
鞍山市	Anshan	162	60	20337	12441	5381	3319
抚顺市	Fushun	105	55	12315	9767	5322	4225
本溪市	Benxi	69	32	10654	8127	2640	1964
丹东市	Dandong	122	40	14878	7057	5062	2459
锦州市	Jinzhou	136	38	14668	8205	9343	5492
营口市	Yingkou	129	65	11581	7247	5236	3381
阜新市	Fuxin	115	46	10910	7906	2925	1920
辽阳市	Liaoyang	95	47	12533	8760	3986	2951
盘锦市	Panjin	74	38	8218	6419	3795	2913
铁岭市	Tieling	137	27	11457	3532	5769	2048
朝阳市	Chaoyang	195	27	15426	4753	6443	1957
葫芦岛市	Huludao	165	60	11572	5343	3274	1073
吉林省	**Jilin**	**1258**	**482**	**125175**	**76578**	**60787**	**34262**
长春市	Changchun	301	178	45787	37374	20571	16378
吉林市	Jilin	232	117	24449	15322	11499	7267
四平市	Siping	153	40	13754	6493	6721	2394
辽源市	Liaoyuan	60	16	5655	2714	2791	1569
通化市	Tonghua	151	30	12257	4224	5728	1532
白山市	Baishan	102	36	7781	4307	3482	1655
松原市	Songyuan	128	28	8450	3386	5440	1914
白城市	Baicheng	131	37	7042	2758	4555	1553
黑龙江省	**Heilongjiang**	**2655**	**1166**	**206458**	**126275**	**96052**	**53887**
哈尔滨市	Harbin	462	290	72951	53214	23664	18893
齐齐哈尔市	Qiqihar	988	429	25703	13890	7280	4011
鸡西市	Jixi	120	45	11315	6033	3943	1938
鹤岗市	Hegang	72	39	8150	5966	2832	1788
双鸭山市	Shuangyashan	54	36	9299	4497	9356	2844
大庆市	Daqing	162	95	16015	12529	20373	14413
伊春市	Yichun	54	41	6635	6038	2518	2186
佳木斯市	Jiamusi	175	60	13923	8300	3903	2019
七台河市	Qitaihe	47	32	3785	3445	1648	1275
牡丹江市	Mudanjiang	151	52	16868	10115	5475	2777
黑河市	Heihe	146	18	7960	995	7920	1195
绥化市	Suihua	224	29	13854	1253	7140	548
上海市	**Shanghai**	**644**	**601**	**120625**	**117499**	**50580**	**49427**
江苏省	**Jiangsu**	**2616**	**1204**	**384931**	**222228**	**189216**	**108256**
南京市	Nanjing	213	213	41987	41987	22307	22307
无锡市	Wuxi	179	95	33647	20773	16632	10393
徐州市	Xuzhou	283	106	44550	24554	20172	9357
常州市	Changzhou	107	82	22103	19975	12009	10229

2-38 续表 2 continued

城 市	City	医院、卫生院数(个) Number of Hospitals and Health centers (unit)		医院、卫生院床位数(张) Number of Beds of Hospitals and Health Centers (bed)		医生数(执业医师+执业助理医师)(人) Number of Doctors (Licensed Doctors+Assistant Doctors) (person)	
		全 市 Total City	市辖区 Districts under City	全 市 Total City	市辖区 Districts under City	全 市 Total City	市辖区 Districts under City
苏州市	Suzhou	271	119	56894	30857	26197	13174
南通市	Nantong	306	66	35042	14958	16790	7381
连云港市	Lianyungang	161	76	17372	9080	8701	5140
淮安市	Huai'an	184	86	23955	13417	12037	6868
盐城市	Yancheng	284	90	35642	12408	17767	6268
扬州市	Yangzhou	136	66	17864	11525	9826	6062
镇江市	Zhenjiang	91	38	12392	6821	7658	3909
泰州市	Taizhou	177	58	20295	8091	10176	4201
宿迁市	Suqian	224	109	23188	7782	8944	2967
浙江省	**Zhejiang**	**2439**	**851**	**261571**	**145012**	**158842**	**83461**
杭州市	Hangzhou	333	207	58982	51710	34832	30316
宁波市	Ningbo	243	101	31700	19497	21937	12396
温州市	Wenzhou	394	109	35182	16145	24310	9216
嘉兴市	Jiaxing	136	41	22148	8583	9837	3512
湖州市	Huzhou	124	30	13254	6415	7370	3622
绍兴市	Shaoxing	182	88	23159	12893	12911	6848
金华市	Jinhua	279	70	25372	7781	14756	3895
衢州市	Quzhou	180	59	10916	5226	7023	3364
舟山市	Zhoushan	67	48	5500	4702	3328	2720
台州市	Taizhou	262	67	23723	7556	15723	5244
丽水市	Lishui	239	31	11635	4504	6815	2328
安徽省	**Anhui**	**2616**	**969**	**254656**	**131457**	**107792**	**54163**
合肥市	Hefei	470	233	42113	30192	17730	12207
芜湖市	Wuhu	137	60	17986	13590	7558	5106
蚌埠市	Bengbu	141	63	17343	9436	6180	3611
淮南市	Huainan	113	89	11913	10264	5178	4434
马鞍山市	Maanshan	98	41	7995	4327	4362	2654
淮北市	Huaibei	101	62	11065	7209	4188	2725
铜陵市	Tongling	32	19	5197	4518	2218	1768
安庆市	Anqing	224	37	18683	6161	8753	2404
黄山市	Huangshan	132	46	6429	3203	3202	1555
滁州市	Chuzhou	161	16	15226	3472	6134	1485
阜阳市	Fuyang	261	77	29956	10531	11430	4148
宿州市	Suzhou	181	54	18848	7878	8400	3419
六安市	Lu'an	203	52	19381	7968	9137	3956
亳州市	Bozhou	147	52	15864	5670	5418	1806
池州市	Chizhou	91	37	6096	3190	2859	1366
宣城市	Xuancheng	124	31	10561	3848	5045	1519
福建省	**Fujian**	**1439**	**428**	**165959**	**81355**	**77463**	**43621**
福州市	Fuzhou	232	79	30946	20337	18307	12859

2-38 续表 3 continued

城 市	City	医院、卫生院数(个) Number of Hospitals and Health centers (unit)		医院、卫生院床位数(张) Number of Beds of Hospitals and Health Centers (bed)		医生数(执业医师+执业助理医师)(人) Number of Doctors (Licensed Doctors+ Assistant Doctors) (person)	
		全 市 Total City	市辖区 Districts under City	全 市 Total City	市辖区 Districts under City	全 市 Total City	市辖区 Districts under City
厦门市	Xiamen	58	58	13380	13380	9953	9953
莆田市	Putian	93	69	13168	9784	4879	3843
三明市	Sanming	165	13	12551	2615	4954	1231
泉州市	Quanzhou	248	59	33173	12761	14010	5817
漳州市	Zhangzhou	178	36	18942	5981	9412	3809
南平市	Nanping	159	40	15959	5605	5205	1753
龙岩市	Longyan	157	54	15690	7893	5660	3092
宁德市	Ningde	149	20	12150	2999	5083	1264
江西省	**Jiangxi**	**2159**	**478**	**183760**	**76879**	**74135**	**32331**
南昌市	Nanchang	195	87	27879	21262	12875	9699
景德镇市	Jingdezhen	73	20	7021	4150	3352	2015
萍乡市	Pingxiang	81	40	9564	6176	4273	2778
九江市	Jiujiang	259	29	20002	8690	6328	2718
新余市	Xinyu	47	30	4736	3591	2451	1825
鹰潭市	Yingtan	60	17	4723	1687	2346	813
赣州市	Ganzhou	381	47	36171	11365	11685	4238
吉安市	Ji'an	280	23	19660	3713	7694	1644
宜春市	Yichun	220	45	20104	5829	7863	1869
抚州市	Fuzhou	210	75	10583	3676	4872	1556
上饶市	Shangrao	353	65	23317	6740	10396	3176
山东省	**Shandong**	**3656**	**1476**	**481205**	**228699**	**240534**	**127150**
济南市	Jinan	269	206	45195	37560	32592	27288
青岛市	Qingdao	308	153	45066	27326	26270	19104
淄博市	Zibo	226	166	26639	20356	13366	10596
枣庄市	Zaozhuang	113	75	17932	10906	8197	5094
东营市	Dongying	106	66	12017	7780	4597	2966
烟台市	Yantai	272	76	37177	12818	16955	6942
潍坊市	Weifang	299	86	44667	11025	23456	6632
济宁市	Jining	294	76	44367	18340	19704	7611
泰安市	Tai'an	167	51	26210	10420	12537	5595
威海市	Weihai	93	48	15737	8714	7188	5346
日照市	Rizhao	84	37	11856	5895	5472	3290
莱芜市	Laiwu	43	43	5876	5876	3139	3139
临沂市	Linyi	343	98	48101	17082	17447	7154
德州市	Dezhou	218	62	20772	7483	11617	3961
聊城市	Liaocheng	325	98	25049	8874	10669	4326
滨州市	Binzhou	175	67	18744	8825	8852	3883
菏泽市	Heze	321	68	35800	9419	18476	4223
河南省	**Henan**	**3613**	**983**	**450561**	**192105**	**186149**	**76448**
郑州市	Zhengzhou	312	173	73539	55376	24449	18719

2-38 续表 4 continued

城 市	City	医院、卫生院数(个) Number of Hospitals and Health centers (unit)		医院、卫生院床位数(张) Number of Beds of Hospitals and Health Centers (bed)		医生数(执业医师+执业助理医师)(人) Number of Doctors (Licensed Doctors+ Assistant Doctors) (person)	
		全 市 Total City	市辖区 Districts under City	全 市 Total City	市辖区 Districts under City	全 市 Total City	市辖区 Districts under City
开封市	Kaifeng	178	69	23164	10714	7822	3510
洛阳市	Luoyang	282	98	36896	18568	16162	8260
平顶山市	Pingdingshan	214	74	26507	9465	10614	3938
安阳市	Anyang	160	42	23043	8905	11424	4084
鹤壁市	Hebi	59	30	7654	3602	3546	2056
新乡市	Xinxiang	252	53	29755	9903	9677	3353
焦作市	Jiaozuo	131	37	16540	7547	8994	3527
濮阳市	Puyang	135	40	17737	8149	7253	3361
许昌市	Xuchang	165	33	17162	5084	9262	2274
漯河市	Luohe	101	58	12543	8396	5679	4314
三门峡市	Sanmenxia	132	22	12620	4434	5218	1637
南阳市	Nanyang	386	93	37470	18056	16186	6951
商丘市	Shangqiu	271	50	30604	7412	13671	3341
信阳市	Xinyang	271	57	21307	6157	8881	2620
周口市	Zhoukou	314	31	34731	4286	15046	2266
驻马店市	Zhumadian	250	23	29289	6051	12265	2237
湖北省	**Hubei**	**2426**	**1188**	**281853**	**146569**	**121738**	**63093**
武汉市	Wuhan	372	266	71776	60603	32888	26982
黄石市	Huangshi	72	41	13233	8560	5232	3038
十堰市	Shiyan	176	58	26557	12491	9216	5127
宜昌市	Yichang	174	63	24008	11945	10089	5194
襄阳市	Xiangyang	220	85	31458	13778	12802	7178
鄂州市	Ezhou	479	479	5306	5306	2359	2359
荆门市	Jingmen	113	33	15579	6853	6820	2756
孝感市	Xiaogan	160	31	18124	4934	8203	1466
荆州市	Jingzhou	177	45	24500	9179	10962	4062
黄冈市	Huanggang	285	22	29696	3959	12654	1431
咸宁市	Xianning	95	21	11589	4232	6514	1679
随州市	Suizhou	103	44	10027	4729	3999	1821
湖南省	**Hunan**	**3173**	**1075**	**347077**	**146942**	**140290**	**60281**
长沙市	Changsha	284	172	59927	43560	25599	18552
株洲市	Zhuzhou	161	56	23252	14501	8453	5891
湘潭市	Xiangtan	109	46	15622	8456	6346	3238
衡阳市	Hengyang	322	217	37659	14984	17517	6787
邵阳市	Shaoyang	296	42	32998	8578	8476	3312
岳阳市	Yueyang	242	158	19489	10199	12352	3330
常德市	Changde	306	84	29408	9370	12620	3947
张家界市	Zhangjiajie	118	33	7266	2832	3088	1458
益阳市	Yiyang	159	53	19338	6688	9921	3626
郴州市	Chenzhou	339	66	24623	9916	9752	3218

2-38 续表 5 continued

城 市	City	医院、卫生院数(个) Number of Hospitals and Health centers (unit)		医院、卫生院床位数(张) Number of Beds of Hospitals and Health Centers (bed)		医生数(执业医师+执业助理医师)(人) Number of Doctors (Licensed Doctors+Assistant Doctors) (person)	
		全 市 Total City	市辖区 Districts under City	全 市 Total City	市辖区 Districts under City	全 市 Total City	市辖区 Districts under City
永州市	Yongzhou	315	62	30929	8162	10535	3148
怀化市	Huaihua	368	18	27293	4891	9615	2231
娄底市	Loudi	154	68	19273	4805	6016	1543
广东省	**Guangdong**	**2481**	**1314**	**398637**	**292340**	**220792**	**167285**
广州市	Guangzhou	259	259	75138	75138	42499	42499
韶关市	Shaoguan	161	51	14693	7638	4713	1982
深圳市	Shenzhen	125	125	31506	31506	29007	29007
珠海市	Zhuhai	54	54	7978	7978	5442	5442
汕头市	Shantou	72	68	14641	14525	8772	8640
佛山市	Foshan	116	116	31266	31266	15427	15427
江门市	Jiangmen	42	23	14434	9089	8927	4754
湛江市	Zhanjiang	187	52	28568	10761	8188	3514
茂名市	Maoming	159	59	24079	10421	11666	5237
肇庆市	Zhaoqing	146	53	13859	7681	4558	2491
惠州市	Huizhou	145	63	18937	11659	10458	6760
梅州市	Meizhou	165	42	14322	6352	9197	2551
汕尾市	Shanwei	74	13	7207	1853	4533	1373
河源市	Heyuan	130	16	9881	2478	5258	1509
阳江市	Yangjiang	80	43	9912	5518	4519	2624
清远市	Qingyuan	177	56	13842	5745	7225	3686
东莞市	Dongguan	85	85	26715	26715	15889	15889
中山市	Zhongshan	48	48	13259	13259	6684	6684
潮州市	Chaozhou	78	51	6270	4929	4261	3418
揭阳市	Jieyang	105	32	14357	6311	9380	3272
云浮市	Yunfu	73	5	7773	1518	4189	526
广西壮族自治区	**Guangxi**	**1821**	**519**	**202882**	**97345**	**87086**	**46965**
南宁市	Nanning	225	128	37964	27918	20169	16126
柳州市	Liuzhou	162	56	20460	12149	9533	6368
桂林市	Guilin	200	24	17916	6828	10857	5043
梧州市	Wuzhou	102	31	12082	5867	5577	2996
北海市	Beihai	52	25	7974	3150	2425	1404
防城港市	Fangchenggang	41	20	3955	2745	1833	1191
钦州市	Qinzhou	82	39	13486	10434	4979	2831
贵港市	Guigang	112	44	13737	5562	5893	2555
玉林市	Yulin	154	26	20816	6589	5743	2192
百色市	Baise	208	17	15348	3961	5823	1639
贺州市	Hezhou	86	36	7404	3457	3074	1279
河池市	Hechi	179	18	14667	3087	5700	1314
来宾市	Laibin	97	37	9414	4097	3430	1567
崇左市	Chongzuo	121	18	7659	1501	2050	460

2-38 续表 6 continued

城 市	City	医院、卫生院数(个) Number of Hospitals and Health centers (unit)		医院、卫生院床位数(张) Number of Beds of Hospitals and Health Centers (bed)		医生数(执业医师+执业助理医师)(人) Number of Doctors (Licensed Doctors+ Assistant Doctors) (person)	
		全 市 Total City	市辖区 Districts under City	全 市 Total City	市辖区 Districts under City	全 市 Total City	市辖区 Districts under City
海南省	**Hainan**	**623**	**160**	**21226**	**17448**	**16526**	**10882**
海口市	Haikou	133	133	14469	14469	8298	8298
三亚市	Sanya	26	26	2949	2949	2576	2576
三沙市	Sansa	1	1	30	30	8	8
儋州市	Danzhou	463		3778		5644	
重庆市	**Chongqing**	**1568**	**967**	**164368**	**120095**	**61013**	**47161**
四川省	**Sichuan**	**5147**	**1900**	**436969**	**227143**	**152935**	**85371**
成都市	Chengdu	768	421	107839	74122	50236	37838
自贡市	Zigong	167	88	16634	10787	4260	2750
攀枝花市	Panzhihua	74	34	10097	8391	3915	3078
泸州市	Luzhou	238	84	22453	10610	8627	4805
德阳市	Deyang	198	36	19201	5240	5773	1983
绵阳市	Mianyang	358	69	32110	11988	10945	4144
广元市	Guangyuan	324	109	17171	9703	4350	2254
遂宁市	Suining	175	73	16607	9177	6218	2757
内江市	Neijiang	187	74	20245	8798	4949	2468
乐山市	Leshan	302	101	17754	8593	7162	3466
南充市	Nanchong	577	158	31046	11790	7364	3082
眉山市	Meishan	183	181	15335	14914	4046	2153
宜宾市	Yibin	266	76	25437	11158	8034	3870
广安市	Guang'an	231	61	14127	4238	3557	1353
达州市	Dazhou	383	105	22994	9043	6282	2318
雅安市	Ya'an	186	63	11584	6287	3676	1712
巴中市	Bazhong	283	104	14780	5639	6400	3224
资阳市	Ziyang	247	63	21555	6665	7141	2116
贵州省	**Guizhou**	**1705**	**643**	**138732**	**61152**	**46400**	**25061**
贵阳市	Guiyang	262	176	29124	25600	14478	12219
六盘水市	Liupanshui	206	56	14075	5613	4505	1952
遵义市	Zunyi	384	75	35488	11160	9394	3474
安顺市	Anshun	148	71	10161	6006	3110	1984
毕节市	Bijie	499	219	31909	8150	7978	2065
铜仁市	Tongren	206	46	17975	4623	6935	3367
云南省	**Yunnan**	**1474**	**415**	**144162**	**63613**	**54243**	**29532**
昆明市	Kunming	392	195	51146	34920	24109	19027
曲靖市	Qujing	196	41	27002	6639	7525	2190
玉溪市	Yuxi	140	35	12436	4695	5336	2214
保山市	Baoshan	119	41	10757	4607	3546	1513
昭通市	Zhaotong	275	49	19532	5349	6695	2221
丽江市	Lijiang	87	16	4593	1516	1863	612
普洱市	Pu'er	139	17	9457	2950	2461	826
临沧市	Lincang	126	21	9239	2937	2708	929

2-38 续表 7 continued

城市	City	医院、卫生院数(个) Number of Hospitals and Health centers (unit)		医院、卫生院床位数(张) Number of Beds of Hospitals and Health Centers (bed)		医生数(执业医师+执业助理医师)(人) Number of Doctors (Licensed Doctors+Assistant Doctors) (person)	
		全市 Total City	市辖区 Districts under City	全市 Total City	市辖区 Districts under City	全市 Total City	市辖区 Districts under City
西藏自治区	**Tibet**	**78**	**23**	**3233**	**2755**	**2078**	**1637**
拉萨市	Lasa	78	23	3233	2755	2078	1637
陕西省	**Shaanxi**	**2953**	**821**	**198881**	**107316**	**82565**	**49074**
西安市	Xi'an	395	268	51345	48166	26626	24141
铜川市	Tongchuan	74	62	4729	4414	2158	2018
宝鸡市	Baoji	258	94	20732	10972	7924	4615
咸阳市	Xianyang	357	85	27007	11254	10219	4703
渭南市	Weinan	663	80	19032	6120	8267	3987
延安市	Yan'an	222	39	12252	5550	4466	2138
汉中市	Hanzhong	265	48	20960	7179	5757	2136
榆林市	Yulin	332	52	18301	4517	6151	2056
安康市	Ankang	216	60	12758	5441	7370	1991
商洛市	Shangluo	171	33	11765	3703	3627	1289
甘肃省	**Gansu**	**2733**	**539**	**108081**	**55291**	**44000**	**25495**
兰州市	Lanzhou	164	99	22409	19111	12354	10932
嘉峪关市	Jiayuguan	11	11	1527	1477	844	802
金昌市	Jinchang	25	10	2509	1629	1301	785
白银市	Baiyin	106	36	7326	3871	2656	1776
天水市	Tianshui	168	65	11647	6508	4521	2480
武威市	Wuwei	277	114	8698	5774	3120	1787
张掖市	Zhangye	124	36	7852	2877	2941	1590
平凉市	Pingliang	146	39	11888	4046	3896	1404
酒泉市	Jiuquan	508	35	4283	2645	2171	1198
庆阳市	Qingyang	153	21	8525	3182	3670	1401
定西市	Dingxi	175	29	13150	2531	4105	1030
陇南市	Longnan	876	44	8267	1640	2421	310
青海省	**Qinghai**	**276**	**45**	**23063**	**16016**	**12119**	**7217**
西宁市	Xining	123		17749	14344	7812	6367
海东市	Haidong	153	45	5314	1672	4307	850
宁夏回族自治区	**Ningxia**	**1192**	**389**	**33804**	**22428**	**15793**	**10996**
银川市	Yinchuan	92	56	14079	12499	7578	6664
石嘴山市	Shizuishan	55	35	4664	3757	2185	1696
吴忠市	Wuzhong	873	257	6033	2825	2303	1000
固原市	Guyuan	109	24	5104	1445	2103	933
中卫市	Zhongwei	63	17	3924	1902	1624	703
新疆维吾尔自治区	**Xinjiang**	**184**	**176**	**27088**	**27013**	**16372**	**16296**
乌鲁木齐市	Urumqi	175	167	25524	25449	13425	13349
克拉玛依市	Karamay	9	9	1564	1564	2947	2947

2-39 在岗职工人数及工资状况
Number and Wages of Staff and Workers

城 市	City	在岗职工平均人数(万人) Average Number of Employed Staff and Workers (10 000 persons)		在岗职工工资总额(万元) Total Wage Bill of Employed Staff and Workers (10 000 yuan)		职工平均工资(元) Average Wage of Employed Staff and Workers (yuan)	
		全 市 Total City	市辖区 Districts under City	全 市 Total City	市辖区 Districts under City	全 市 Total City	市辖区 Districts under City
城市合计	**Prefecture Cities**	**16149.53**	**10641.39**	**1010404941**	**733878557**		
北京市	**Beijing**	**727.40**	**727.40**	**82252242**	**82252242**	**113073**	**113073**
天津市	**Tianjin**	**246.36**	**246.36**	**20740170**	**20740170**	**84187**	**84187**
河北省	**Hebei**	**588.60**	**340.55**	**30341171**	**17456255**		
石家庄市	Shijiazhuang	96.09	67.81	5231077	3992290	54441	58876
唐山市	Tangshan	80.56	75.85	4521743	3269375	55565	61213
秦皇岛市	Qinhuangdao	32.07	26.68	1749277	1304481	57451	59618
邯郸市	Handan	71.56	38.99	3330996	1675374	46650	50642
邢台市	Xingtai	41.93	15.69	1968221	806898	46944	45961
保定市	Baoding	86.26	42.12	4354366	2253483	50477	53498
张家口市	Zhangjiakou	35.61	16.06	1741144	836716	48892	52899
承德市	Chengde	27.99	12.49	1373705	693965	49071	53445
沧州市	Cangzhou	48.08	16.06	2633671	883544	54779	55003
廊坊市	Langfang	41.29	19.91	2672182	1476328	64724	74128
衡水市	Hengshui	27.16	8.89	764790	263801	47174	53235
山西省	**Shanxi**	**420.98**	**227.07**	**22170297**	**12930719**		
太原市	Taiyuan	102.94	97.53	6229561	6005569	60516	61577
大同市	Datong	37.65	31.43	2211659	1902249	58750	32596
阳泉市	Yangquan	25.89	19.72	1206250	944349	46594	47888
长治市	Changzhi	41.62	14.00	2058857	651546	49468	46539
晋城市	Jincheng	34.69	16.71	1898208	997731	54721	59693
朔州市	Shuozhou	19.37	10.36	1007376	568120	52012	54836
晋中市	Jinzhong	31.51	8.42	1613055	469552	51189	55754
运城市	Yuncheng	35.44	9.21	1537942	452900	46807	49155
忻州市	Xinzhou	23.19	6.85	1040770	270287	44880	39458
临汾市	Linfen	35.02	8.23	1586503	442987	48051	53853
吕梁市	Lvliang	33.66	4.61	1780116	225429	52890	48923
内蒙古自治区	**Inner Mongolia**	**252.76**	**134.85**	**14091806**	**7583005**		
呼和浩特市	Hohhot	41.50	34.05	2227518	1870697	53698	54200
包头市	Baotou	38.36	34.98	2282799	2087167	59500	59700
乌海市	Wuhai	10.56	10.56	518060	518059	55577	55577
赤峰市	Chifeng	33.67	14.62	1864257	829738	55377	57075
通辽市	Tongliao	29.10	11.24	1545180	570874	53093	50804
鄂尔多斯市	Erdos	27.34	8.35	2006123	536417	73377	78084
呼伦贝尔市	Hulunbuir	41.95	8.03	2013647	484391	48001	60349
巴彦淖尔市	Bayannur	14.78	7.12	757286	378815	51169	53196
乌兰察布市	Ulanqab	15.50	5.90	876936	306849	56538	51878
辽宁省	**Liaoning**	**587.52**	**440.07**	**31286733**	**25464747**		
沈阳市	Shenyang	136.64	127.41	8448275	8041363	61827	63114
大连市	Dalian	108.24	88.98	7510398	6474245	69390	72758
鞍山市	Anshan	55.06	39.62	2403314	1800131	43652	45435
抚顺市	Fushun	27.57	23.57	1384624	1232187	50225	52273
本溪市	Benxi	25.14	20.60	1101673	928988	43822	
丹东市	Dandong	24.15	15.05	864368	507970	35790	33716
锦州市	Jinzhou	30.66	23.10	1453727	1173648	47416	50808

2-39 续表 1 continued

城　市	City	在岗职工平均人数(万人) Average Number of Employed Staff and Workers (10 000 persons)		在岗职工工资总额(万元) Total Wage Bill of Employed Staff and Workers (10 000 yuan)		职工平均工资(元) Average Wage of Employed Staff and Workers (yuan)	
		全　市 Total City	市辖区 Districts under City	全　市 Total City	市辖区 Districts under City	全　市 Total City	市辖区 Districts under City
营口市	Yingkou	24.19	18.35	1184847	944985	48978	51503
阜新市	Fuxin	18.10	13.56	831585	624831	45939	46080
辽阳市	Liaoyang	17.63	14.37	894268	729906	50716	50805
盘锦市	Panjin	45.16	22.60	1877790	1449200	41579	64111
铁岭市	Tieling	24.13	5.73	1024869	259029	42473	46619
朝阳市	Chaoyang	27.53	10.90	1209974	509232	43950	46698
葫芦岛市	Huludao	23.32	16.23	1097021	789032	47048	48614
吉林省	**Jilin**	**283.60**	**198.67**	**15052837**	**11453751**		
长春市	Changchun	123.46	111.37	7718309	7211657	62519	64751
吉林市	Jilin	41.04	27.42	2020554	1438195	49234	52463
四平市	Siping	19.07	6.91	876424	349426	45948	50557
辽源市	Liaoyuan	12.41	8.99	544543	396029	43872	44029
通化市	Tonghua	27.37	14.72	1215311	669766	44405	45501
白山市	Baishan	15.88	8.80	707181	371335	44532	42137
松原市	Songyuan	25.15	11.17	1211575	640044	48170	57295
白城市	Baicheng	19.22	9.29	758940	377299	39493	40600
黑龙江省	**Heilongjiang**	**368.57**	**252.56**	**18760175**	**14270937**		
哈尔滨市	Harbin	125.68	105.65	7340178	6476613	58405	61305
齐齐哈尔市	Qiqihar	36.27	24.44	1705245	1216924	47011	49797
鸡西市	Jixi	21.50	12.40	798504	538935	39891	45279
鹤岗市	Hegang	13.60	10.00	497177	407741	41066	40882
双鸭山市	Shuangyashan	14.22	9.30	544408	355730	42176	42555
大庆市	Daqing	52.68	46.50	3521280	3252738	66839	69948
伊春市	Yichun	15.90	12.00	566046	446487	35656	37071
佳木斯市	Jiamusi	18.19	8.89	778438	439653	46978	55832
七台河市	Qitaihe	11.20	9.78	462372	413532	41301	42287
牡丹江市	Mudanjiang	23.20	8.70	1099948	477808	47412	54889
黑河市	Heihe	11.50	2.20	460009	128690		
绥化市	Suihua	24.63	2.70	986570	116086	35229	43071
上海市	**Shanghai**	**681.94**	**671.22**	**68853038**	**68112955**	**100966**	**101476**
江苏省	**Jiangsu**	**1450.36**	**893.19**	**97492232**	**63471456**		
南京市	Nanjing	198.86	198.86	16122677	16122677	81075	81075
无锡市	Wuxi	111.35	72.70	8465094	5722346	76019	78708
徐州市	Xuzhou	85.47	46.80	4733174	2821959	54310	59373
常州市	Changzhou	67.14	61.40	4756976	4366703	70850	71120
苏州市	Suzhou	300.44	158.04	21718706	11745763	72291	74298
南通市	Nantong	195.85	73.30	13031015	5248072	66535	71595
连云港市	Lianyungang	43.16	29.53	2682899	2002815	56154	60373
淮安市	Huai'an	72.46	54.48	4001962	3071417	55232	56374
盐城市	Yancheng	80.47	34.73	4300491	2081475	53445	59928
扬州市	Yangzhou	101.84	70.20	6506688	4655841	63891	66321
镇江市	Zhenjiang	47.57	21.04	3014225	1386478	63367	65886
泰州市	Taizhou	97.28	46.53	5629940	2781553	57874	59781
宿迁市	Suqian	48.47	25.58	2528385	1464358	52161	57255
浙江省	**Zhejiang**	**929.37**	**563.14**	**64401368**	**41811358**		
杭州市	Hangzhou	264.75	244.71	20601998	19299899	77816	78868

2-39 续表 2 continued

城市	City	在岗职工平均人数(万人) Average Number of Employed Staff and Workers (10 000 persons)		在岗职工工资总额(万元) Total Wage Bill of Employed Staff and Workers (10 000 yuan)		职工平均工资(元) Average Wage of Employed Staff and Workers (yuan)	
		全市 Total City	市辖区 Districts under City	全市 Total City	市辖区 Districts under City	全市 Total City	市辖区 Districts under City
宁波市	Ningbo	143.15	84.05	10734918	6842881	74989	
温州市	Wenzhou	92.27	33.48	5943165	2652424	64412	79222
嘉兴市	Jiaxing	70.59	21.25	4778187	1571131	67689	73949
湖州市	Huzhou	42.25	21.58	2585986	1299860	61201	60228
绍兴市	Shaoxing	122.19	75.95	7175981	4542412	58728	59808
金华市	Jinhua	53.26	13.84	3557315	1044867	66782	75521
衢州市	Quzhou	16.95	9.23	1278757	715554	75447	77525
舟山市	Zhoushan	17.19	13.72	1284141	1055722	74717	76958
台州市	Taizhou	89.20	40.23	5104073	2342756	57215	58234
丽水市	Lishui	17.57	5.10	1356848	443852	77238	87037
安徽省	**Anhui**	**471.08**	**287.47**	**26921347**	**17322642**		
合肥市	Hefei	127.23	100.06	8372431	6922542	65806	69187
芜湖市	Wuhu	41.86	30.61	2401666	1835723	57372	59968
蚌埠市	Bengbu	20.64	13.96	1312134	734234	51146	52388
淮南市	Huainan	31.03	23.07	1844137	1367028	59424	59253
马鞍山市	Maanshan	21.79	15.58	1309431	956633	60093	61401
淮北市	Huaibei	23.93	19.91	1222695	1039345	51096	52191
铜陵市	Tongling	15.94	13.75	901370	790058	56543	57461
安庆市	Anqing	28.39		1413990		49802	
黄山市	Huangshan	10.30	6.45	571297	357710	55137	55020
滁州市	Chuzhou	23.74	9.28	1337179	556993	56336	55714
阜阳市	Fuyang	32.28	15.63	1568249	753266	48583	48187
宿州市	Suzhou	27.68	13.71	1263982	648923	45658	47323
六安市	Lu'an	20.40	7.90	1047886	425146	51354	53816
亳州市	Bozhou	20.70	7.76	981704	391863	47338	108081
池州市	Chizhou	11.00	6.00	526366	297274	49733	49996
宣城市	Xuancheng	14.17	3.80	846830	245904	56767	64681
福建省	**Fujian**	**584.90**	**321.09**	**34630821**	**20000955**		
福州市	Fuzhou	138.41	85.32	8647321	5391799	62478	63195
厦门市	Xiamen	115.33	115.33	7629654	7629654	66930	66930
莆田市	Putian	44.19	36.40	2304253	1937007	52149	53218
三明市	Sanming	21.20	7.12	1253747	464636	59166	65227
泉州市	Quanzhou	145.41	35.19	7858347	2046192	54044	58149
漳州市	Zhangzhou	44.46	12.70	2530948	759234	56931	59762
南平市	Nanping	20.64	8.29	1310438	501388	56381	60472
龙岩市	Longyan	27.83	11.57	1542620	712290	55430	61563
宁德市	Ningde	27.43	9.17	1553494	558755	56625	60904
江西省	**Jiangxi**	**424.29**	**195.98**	**21873704**	**11127210**		
南昌市	Nanchang	106.22	85.31	6132271	5126659	57730	60094
景德镇市	Jingdezhen	18.22	11.54	834634	535550	45814	46408
萍乡市	Pingxiang	19.60	14.27	942935	713716	48100	50025
九江市	Jiujiang	42.85	12.98	2188089	788736	51065	60781
新余市	Xinyu	13.37	10.28	698380	564888	51639	53750
鹰潭市	Yingtan	14.86	2.57	852849	154399	57623	60078
赣州市	Ganzhou	54.94	16.88	2764329	943672	50313	55904
吉安市	Ji'an	33.96	6.48	1640530	349630	48312	53992

2-39 续表 3 continued

城市	City	在岗职工平均人数(万人) Average Number of Employed Staff and Workers (10 000 persons)		在岗职工工资总额(万元) Total Wage Bill of Employed Staff and Workers (10 000 yuan)		职工平均工资(元) Average Wage of Employed Staff and Workers (yuan)	
		全市 Total City	市辖区 Districts under City	全市 Total City	市辖区 Districts under City	全市 Total City	市辖区 Districts under City
宜春市	Yichun	43.38	7.28	1974050	408713	45330	56166
抚州市	Fuzhou	35.03	15.07	1735392	785284	49522	51263
上饶市	Shangrao	41.86	13.32	2110245	755963	50414	56745
山东省	**Shandong**	**1162.97**	**634.62**	**66987504**	**40233172**		
济南市	Jinan	123.37	99.83	8512306	7385699	68997	73984
青岛市	Qingdao	143.00	97.40	9930101	7331017	69465	75262
淄博市	Zibo	83.97	55.64	4767966	3306739	56782	59428
枣庄市	Zaozhuang	45.85	29.87	2277375	1517779	49673	50810
东营市	Dongying	42.53	29.14	2869235	2118355	67466	72697
烟台市	Yantai	103.91	56.10	6224684	3665296	59906	65333
潍坊市	Weifang	77.41	32.07	4423691	1904846	57148	59395
济宁市	Jining	76.02	31.81	4148315	1881946	54077	59162
泰安市	Tai'an	70.64	24.28	3683577	1368034	51835	55915
威海市	Weihai	57.37	37.12	3068970	2007251	53494	54075
日照市	Rizhao	29.32	18.25	1604748	1074590	54734	58897
莱芜市	Laiwu	17.39	17.39	864338	864338	49713	49713
临沂市	Linyi	93.69	38.53	4855427	2270501	56312	58928
德州市	Dezhou	54.42	19.67	2644222	977356	48589	49705
聊城市	Liaocheng	44.18	13.34	2167954	802637	48070	58024
滨州市	Binzhou	50.33	17.51	2711046	967353	53865	55247
菏泽市	Heze	49.57	16.67	2233548	789434	45060	47359
河南省	**Henan**	**1015.72**	**448.45**	**44700201**	**22256226**		
郑州市	Zhengzhou	185.28	130.39	9817365	7498622	52987	57509
开封市	Kaifeng	38.08	23.48	1666373	1041613	43535	44004
洛阳市	Luoyang	70.08	37.80	3259676	2013056	46515	53232
平顶山市	Pingdingshan	53.69	31.51	2418333	1476861	45046	46871
安阳市	Anyang	54.19	18.42	2246620	850333	41379	46158
鹤壁市	Hebi	23.41	14.51	809958	590115	39646	40668
新乡市	Xinxiang	59.82	19.47	2445173	909042	40873	46698
焦作市	Jiaozuo	46.11	18.44	1943482	793032	42153	43006
濮阳市	Puyang	38.03	21.43	1657915	1064620	43587	49681
许昌市	Xuchang	43.77	11.41	1916884	535217	43792	46915
漯河市	Luohe	32.03	21.48	1325690	919881	41389	42825
三门峡市	Sanmenxia	26.31	5.81	1172807	310059	44573	53366
南阳市	Nanyang	94.52	27.49	3892411	1334957	43082	48560
商丘市	Shangqiu	61.41	17.33	2692527	732804	43845	42285
信阳市	Xinyang	58.51	18.77	2064397	795647	84289	42384
周口市	Zhoukou	66.54	11.61	2839149	608941	42666	52450
驻马店市	Zhumadian	63.94	19.10	2531442	781427	37680	40848
湖北省	**Hubei**	**732.32**	**397.31**	**35269933**	**21624745**		
武汉市	Wuhan	195.03	151.30	12817375	10712824	65720	70806
黄石市	Huangshi	45.96	32.23	1914462	1412638	41655	43830
十堰市	Shiyan	58.95	41.07	2515729	1823345	42676	44397
宜昌市	Yichang	92.94	36.61	4022548	1631175	43282	44555
襄阳市	Xiangyang	58.29	33.70	2798963	1795334	48022	53266
鄂州市	Ezhou	20.90	20.90	776734	776734	37215	37215

2-39 续表 4 continued

城 市	City	在岗职工平均人数(万人) Average Number of Employed Staff and Workers (10 000 persons)		在岗职工工资总额(万元) Total Wage Bill of Employed Staff and Workers (10 000 yuan)		职工平均工资(元) Average Wage of Employed Staff and Workers (yuan)	
		全 市 Total City	市辖区 Districts under City	全 市 Total City	市辖区 Districts under City	全 市 Total City	市辖区 Districts under City
荆门市	Jingmen	37.74	14.67	1491300	631015	39516	52364
孝感市	Xiaogan	76.29	24.65	2999232	1077007	39315	43683
荆州市	Jingzhou	37.22	13.35	1703899	655835	39565	
黄冈市	Huanggang	61.24	8.20	2398456	264464	39165	32252
咸宁市	Xianning	34.17	12.25	1259363	499331	36853	40755
随州市	Suizhou	13.59	8.38	571872	345044	39056	39516
湖南省	**Hunan**	**496.82**	**238.14**	**26368266**	**13884368**		
长沙市	Changsha	123.34	83.78	8296622	5986297	67266	71452
株洲市	Zhuzhou	42.45	25.15	2444644	1590553	57584	63241
湘潭市	Xiangtan	26.70	16.74	1381503	926190	51472	55725
衡阳市	Hengyang	50.21	19.66	2258721	1056217	44983	51792
邵阳市	Shaoyang	31.46	8.78	1503270	426699	47249	48617
岳阳市	Yueyang	40.27	16.97	1842893	857800	45757	53441
常德市	Changde	38.54	16.10	1874961	866414	48655	53815
张家界市	Zhangjiajie	8.65	4.65	400760	199990	46340	42009
益阳市	Yiyang	22.14	10.86	1080346	532453	48796	49029
郴州市	Chenzhou	32.44	13.29	1592517	736546	49086	55402
永州市	Yongzhou	29.51	9.02	1314854	43775	44553	48533
怀化市	Huaihua	23.74	5.88	1173240	343191	49006	57335
娄底市	Loudi	27.37	7.26	1203935	318243	43986	43843
广东省	**Guangdong**	**1886.86**	**1641.89**	**124451874**	**112810887**		
广州市	Guangzhou	306.45	306.45	24874876	24874876	81171	81171
韶关市	Shaoguan	32.12	17.92	1763947	1080727	54923	60297
深圳市	Shenzhen	452.00	452.00	36627244	36627244	81034	81034
珠海市	Zhuhai	69.05	69.05	4699146	4699146	67958	67958
汕头市	Shantou	51.87	51.38	2749816	2722956	52299	52299
佛山市	Foshan	168.84	168.84	10436199	10436199	61810	61810
江门市	Jiangmen	56.12	31.26	3036508	1862778	54106	59589
湛江市	Zhanjiang	48.89	21.88	2453144	1344287	50177	61440
茂名市	Maoming	42.88	21.42	2274228	1176990	53036	54957
肇庆市	Zhaoqing	41.46	20.72	2258166	1229070	54469	59321
惠州市	Huizhou	89.52	65.26	5246337	3961598	58607	60706
梅州市	Meizhou	28.18	10.73	1519988	709293	54018	66238
汕尾市	Shanwei	23.30	9.02	1122065	491157	48162	54448
河源市	Heyuan	26.47	13.21	1361800	731738	51456	55396
阳江市	Yangjiang	22.37	12.80	1122479	677830	50182	52947
清远市	Qingyuan	31.04	18.31	1855621	1120121	59788	61189
东莞市	Dongguan	231.26	231.26	12308012	12308012	53221	53221
中山市	Zhongshan	83.20	83.20	4890031	4890031	58776	58776
潮州市	Chaozhou	19.69	16.51	954541	827485	48471	50135
揭阳市	Jieyang	40.73	15.82	1828104	733703	44878	46375
云浮市	Yunfu	21.42	4.85	1069621	305645	49934	62983
广西壮族自治区	**Guangxi**	**327.69**	**192.67**	**18027989**	**11450179**		
南宁市	Nanning	72.78	59.18	4857782	4157496	66749	70253
柳州市	Liuzhou	39.65	30.29	2350802	1834440	54223	54156
桂林市	Guilin	40.22	23.06	2169061	1292471	53925	56057

2-39 续表 5 continued

城 市	City	在岗职工平均人数(万人) Average Number of Employed Staff and Workers (10 000 persons)		在岗职工工资总额(万元) Total Wage Bill of Employed Staff and Workers (10 000 yuan)		职工平均工资(元) Average Wage of Employed Staff and Workers (yuan)	
		全 市 Total City	市辖区 Districts under City	全 市 Total City	市辖区 Districts under City	全 市 Total City	市辖区 Districts under City
梧州市	Wuzhou	17.09	9.56	812068	457703	47517	47861
北海市	Beihai	12.13	9.23	604104	458845	49773	49682
防城港市	Fangchenggang	7.50	5.38	385518	287411	51432	109600
钦州市	Qinzhou	19.17	11.65	913830	575368	46703	49388
贵港市	Guigang	16.70	8.05	879473	475800	52653	59092
玉林市	Yulin	32.12	10.68	1530584	594436	47658	55638
百色市	Baise	21.32	6.69	1061695	326102	49809	48726
贺州市	Hezhou	8.91	5.09	497396	286763	55799	54321
河池市	Hechi	16.68	4.47	894481	250680	53638	56086
来宾市	Laibin	11.04	5.70	481413	258166	43588	45274
崇左市	Chongzuo	12.38	3.64	589782	194498	47630	53469
海南省	**Hainan**	**64.69**	**61.05**	**3768954**	**3555797**		
海口市	Haikou	49.13	49.13	2822584	2822584	57455	57455
三亚市	Sanya	11.92	11.92	733213	733213	61502	61502
三沙市	Sansa						
儋州市	Danzhou	3.64		213157		58847	
重庆市	**Chongqing**	**382.32**	**325.17**	**23738675**	**20529648**	**62091**	**63135**
四川省	**Sichuan**	**674.21**	**395.15**	**39460167**	**24850086**		
成都市	Chengdu	246.68	189.44	17051396	13191680	69123	69636
自贡市	Zigong	17.14	12.45	914314	665733	53344	53473
攀枝花市	Panzhihua	19.20	17.20	1186567	1047603	61915	60914
泸州市	Luzhou	35.24	20.02	1834131	1147118	52051	57305
德阳市	Deyang	30.78	13.29	1828475	876663	59411	65983
绵阳市	Mianyang	46.43	27.44	2743645	1775808	59093	64711
广元市	Guangyuan	14.77	8.39	841320	494234	56946	58907
遂宁市	Suining	17.32	7.50	861802	432144	49753	576545
内江市	Neijiang	26.19	7.35	1215892	425643	46430	57897
乐山市	Leshan	24.03	12.26	1310609	662351	54545	54012
南充市	Nanchong	43.85	19.66	2204780	1038681	50286	52825
眉山市	Meishan	18.51	10.22	1013229	493547	54451	48314
宜宾市	Yibin	33.36	16.45	1844513	979181	55288	59525
广安市	Guang'an	15.80		696448		44079	
达州市	Dazhou	28.73	11.66	1398585	600809	48672	51527
雅安市	Ya'an	9.96	3.40	494139	187184	49626	54990
巴中市	Bazhong	20.14	8.47	948413	411030	43825	49146
资阳市	Ziyang	26.08	9.95	1071910	420677	50455	53894
贵州省	**Guizhou**	**214.62**	**125.55**	**13402202**	**7229752**		
贵阳市	Guiyang	93.34	82.87	5813417	5196084	63949	64502
六盘水市	Liupanshui	20.48	7.97	1179787	477146	57597	59875
遵义市	Zunyi	38.76	12.15	2596856	82862	66991	68193
安顺市	Anshun	16.07	11.08	981469	673869	61092	60819
毕节市	Bijie	29.57	6.77	1692121	449138	57225	66295
铜仁市	Tongren	16.40	4.71	1138552	350653	69440	74438
云南省	**Yunnan**	**299.59**	**127.42**	**14250624**	**7442861**		
昆明市	Kunming	116.94	73.89	7254303	4811576	62033	65118
曲靖市	Qujing	42.30	14.72	1947070	681429	46684	46204

2-39 续表 6 continued

城市	City	在岗职工平均人数(万人) Average Number of Employed Staff and Workers (10 000 persons)		在岗职工工资总额(万元) Total Wage Bill of Employed Staff and Workers (10 000 yuan)		职工平均工资(元) Average Wage of Employed Staff and Workers (yuan)	
		全市 Total City	市辖区 Districts under City	全市 Total City	市辖区 Districts under City	全市 Total City	市辖区 Districts under City
玉溪市	Yuxi	65.00	12.50	1250352	587625	49597	56186
保山市	Baoshan	17.73	8.33	839670	412903	47295	49424
昭通市	Zhaotong	20.37	5.74	1081286	339420	53071	59082
丽江市	Lijiang	9.14	3.58	497181	182208	53866	50060
普洱市	Pu'er	15.46	5.12	760470	242310	48977	47026
临沧市	Lincang	12.65	3.54	620293	185390	49045	52441
西藏自治区	**Tibet**	**11.92**	**3.13**	**1366262**	**329211**		
拉萨市	Lasa	11.92	3.13	1366262	329211	114582	105293
陕西省	**Shaanxi**	**457.50**	**262.97**	**25546209**	**15810392**		
西安市	Xi'an	190.31	167.47	12020122	10938310	63193	65313
铜川市	Tongchuan	10.41	8.23	523868	383325	50310	50473
宝鸡市	Baoji	37.33	21.41	1844698	1069777	49414	49972
咸阳市	Xianyang	54.49	18.48	2468790	957724	45309	46383
渭南市	Weinan	42.26	8.42	1890140	432820	45775	51390
延安市	Yan'an	27.09	9.07	1659755	438620	61274	48364
汉中市	Hanzhong	26.97	9.35	1386742	488715	51411	52282
榆林市	Yulin	35.24	8.21	2160501	509494	61316	62023
安康市	Ankang	16.35	7.15	824278	360122	50410	50678
商洛市	Shangluo	17.05	5.18	767316	231485	45014	44674
甘肃省	**Gansu**	**206.93**	**123.09**	**11244677**	**6905852**		
兰州市	Lanzhou	58.46	51.19	3636023	3241224	62201	63313
嘉峪关市	Jiayuguan	4.82	4.82	274557	274557	53998	53998
金昌市	Jinchang	9.43	7.41	496670	400569	52683	54072
白银市	Baiyin	16.31	10.38	835012	549470	51196	52935
天水市	Tianshui	18.87	11.31	863206	482570	45546	42678
武威市	Wuwei	12.15	8.18	632087	411950	52009	50370
张掖市	Zhangye	11.30	5.58	586658	302207	51569	53650
平凉市	Pingliang	16.92	5.10	902465	220932	53028	42979
酒泉市	Jiuquan	12.80	5.30	703936	253190	54778	50297
庆阳市	Qingyang	16.69	7.27	934508	446635	56002	61439
定西市	Dingxi	15.05	4.41	727852	215359	4958	4792
陇南市	Longnan	14.13	2.14	651704	107189	46132	50000
青海省	**Qinghai**	**38.54**	**27.68**	**2265448**	**1648654**		
西宁市	Xining	31.52	25.22	1831084	1506192	58099	56777
海东市	Haidong	7.02	2.46	434364	142462	62591	57724
宁夏回族自治区	**Ningxia**	**63.97**	**42.80**	**3961215**	**2618499**		
银川市	Yinchuan	35.05	27.27	2300740	1821596	65643	64609
石嘴山市	Shizuishan	8.51	6.47	484055	323616	56881	53109
吴忠市	Wuzhong	8.83	3.34	499480	168630	54334	48820
固原市	Guyuan	5.78	2.31	344900	127235	63821	65195
中卫市	Zhongwei	5.80	3.41	332040	177423	56173	57949
新疆维吾尔自治区	**Xinjiang**	**95.13**	**94.68**	**6726802**	**6699825**		
乌鲁木齐市	Urumqi	79.65	79.20	5385478	5358501	67617	67655
克拉玛依市	Karamay	15.48	15.48	1341324	1341324	84559	84559

(八)人民生活、社会保障
People's Living Conditions and Social Security

2-40 社会保障主要指标
Main Indicators of Social Security

单位：人 (person)

城市	City	城镇职工基本养老保险参保人数 Number of Employees Joining Urban Basic Pension Insurance		城镇职工基本医疗保险参保人数 Number of Employees Joining Urban Basic Medical Care System		失业保险参保人数 Persons Covered of Unemployment Insurance	
		全市 Total City	市辖区 Districts under City	全市 Total City	市辖区 Districts under City	全市 Total City	市辖区 Districts under City
城市合计	**Prefecture Cities**	**288405378**	**188532572**	**267088373**	**184694235**	**163835257**	**117818050**
北京市	**Beijing**	**14242483**	**14242483**	**14756583**	**14756583**	**10822872**	**10822872**
天津市	**Tianjin**	**5651800**	**5651800**	**5220000**	**5220000**	**2953200**	**2953200**
河北省	**Hebei**	**11959667**	**6556469**	**9032143**	**5659716**	**5043378**	**2939232**
石家庄市	Shijiazhuang	2100300	1654200	1416300	1093700	916200	777600
唐山市	Tangshan	2161629	1511330	1552166	1152904	811356	589265
秦皇岛市	Qinhuangdao	778265	632939	614926	526303	328117	284554
邯郸市	Handan	1242670	719878	1055441	638662	685011	431984
邢台市	Xingtai	671600	348736	586543	296576	348389	177289
保定市	Baoding	1291346	347500	1109900	605500	521100	149292
张家口市	Zhangjiakou	847970	247445	647802	411992	385525	76069
承德市	Chengde	595323	291641	434725	213600	221532	119304
沧州市	Cangzhou	892379	314322	652573	274758	364325	56457
廊坊市	Langfang	863793	274923	613700	300955	277600	193346
衡水市	Hengshui	514392	213555	348067	144766	184223	84072
山西省	**Shanxi**	**5661018**	**1918041**	**6602737**	**2626256**	**4002949**	**1370362**
太原市	Taiyuan	1340637	295768	2421835	897197	867479	145567
大同市	Datong	643471	509917	816603	453809	450703	387978
阳泉市	Yangquan	265563	27843	377113	311070	250530	20872
长治市	Changzhi	447059	266982	555394	300768	407459	219116
晋城市	Jincheng	397690	217724	400171	224702	301244	201404
朔州市	Shuozhou	288786	101518	190446	107200	183028	49239
晋中市	Jinzhong	478914	134380	534193	74321	324251	74572
运城市	Yuncheng	516197	36106			338637	22735
忻州市	Xinzhou	414196	82980	398318	29544	208838	16861
临汾市	Linfen	558805	227623	574332	206444	349080	208918
吕梁市	Lvliang	309700	17200	334332	21201	321700	23100
内蒙古自治区	**Inner Mongolia**	**3616293**	**1846172**	**3905450**	**1915574**	**2181112**	**1155917**
呼和浩特市	Hohhot	438317	380221	584991	486114	472626	415638
包头市	Baotou	909338	826909	801961	753278	425200	402242
乌海市	Wuhai	109047	109047	217964	217964	92400	92400
赤峰市	Chifeng	369033	91794	512614	104663	267319	41556
通辽市	Tongliao	412475	110704	376240	38957	183107	34283
鄂尔多斯市	Erdos	333600	147814	350800	141106	201000	93785
呼伦贝尔市	Hulunbuir	593700	99536	571800	104605	306200	33091
巴彦淖尔市	Bayannur	311088	53695	217019	36687	104670	19770
乌兰察布市	Ulanqab	139695	26452	272061	32200	128590	23152
辽宁省	**Liaoning**	**14443008**	**8884720**	**16261130**	**11538656**	**6564640**	**4866794**
沈阳市	Shenyang	3706641	3486815	3514239	3327667	1395482	1320106
大连市	Dalian	1951420	1614340	3936058	3232838	1450783	1249933
鞍山市	Anshan	1166811	780105	1123030	925397	550293	473277
抚顺市	Fushun	924836		1098302		488015	
本溪市	Benxi	794848	641219	787421	610106	404029	364989
丹东市	Dandong	938023	514199	812000	500000	225000	158000
锦州市	Jinzhou	791111	111340	1003913	529672	331448	211900

2-40 续表 1 continued

单位：人 (person)

城市	City	城镇职工基本养老保险参保人数 Number of Employees Joining Urban Basic Pension Insurance		城镇职工基本医疗保险参保人数 Number of Employees Joining Urban Basic Medical Care System		失业保险参保人数 Persons Covered of Unemployment Insurance	
		全市 Total City	市辖区 Districts under City	全市 Total City	市辖区 Districts under City	全市 Total City	市辖区 Districts under City
营口市	Yingkou	775285	496352	711470	487910	240855	113056
阜新市	Fuxin	523845	386763	567547	486509	198140	152762
辽阳市	Liaoyang	652913	211472	605801	455211	227138	184341
盘锦市	Panjin	621465	148172	525616	401579	349498	293325
铁岭市	Tieling	447511	220088	581552	311974	234370	210120
朝阳市	Chaoyang	587452	178318	462057	162892	241343	97623
葫芦岛市	Huludao	560847	95537	532124	106901	228246	37362
吉林省	**Jilin**	**4490570**	**3068778**	**5748590**	**3029939**	**2172569**	**1542426**
长春市	Changchun	2042021	1722645	1614800	1396361	952861	800343
吉林市	Jilin	650679	429670	946391	610216	417350	300299
四平市	Siping	251018	149531	563108	235278	192989	114432
辽源市	Liaoyuan	255711	182291	264006	185905	77857	49427
通化市	Tonghua	546989	231922	1154812	15854	145076	76391
白山市	Baishan	214729	97716	429263	229227	115442	50300
松原市	Songyuan	353637	184604	404043	222891	161635	100579
白城市	Baicheng	175786	70399	372167	134207	109359	50655
黑龙江省	**Heilongjiang**	**5566980**	**1480894**	**5830805**	**3785711**	**2569514**	**2104620**
哈尔滨市	Harbin	2313162		2203870	1832315	970152	911616
齐齐哈尔市	Qiqihar	277947	264751	944200	661502	390800	390800
鸡西市	Jixi	248400	177600	238900	171700	158700	127096
鹤岗市	Hegang	119045	102497	226797	197990	77110	71020
双鸭山市	Shuangyashan	204612	116641	273944	105806	122500	78000
大庆市	Daqing	451787	357581			170025	155533
伊春市	Yichun	250207		268860		124700	
佳木斯市	Jiamusi	556400	87800	389248	252579	132100	107284
七台河市	Qitaihe	127412	110061	183696	151235	99068	87068
牡丹江市	Mudanjiang	332196	197741	537935	345263	152142	120260
黑河市	Heihe	323312	34593	212355	30366	72913	17698
绥化市	Suihua	362500	31629	351000	36955	99304	38245
上海市	**Shanghai**	**14114400**	**14114400**	**14463700**	**14463700**	**6417700**	**6417700**
江苏省	**Jiangsu**	**20645489**	**12850518**	**24289992**	**16090665**	**14909114**	**10227291**
南京市	Nanjing	2990401	2990401	3883716	3883716	2536069	2536069
无锡市	Wuxi	3071491	1937285	3075333	1893412	2003705	1302350
徐州市	Xuzhou	594646	411901	1560987	1089598	875797	556148
常州市	Changzhou	1038323	930496	1882401	1684473	1086719	963069
苏州市	Suzhou	5115681	2534207	5386682	3042911	3549261	2267913
南通市	Nantong	1468895	686901	1830045	849630	1007620	484800
连云港市	Lianyungang	782423	543945	742560	542488	391989	267849
淮安市	Huai'an	889000	550000	840065	502000	632007	395000
盐城市	Yancheng	1120722	507615	1274813	562993	726255	328643
扬州市	Yangzhou	1060001	641583	1209917	773825	636932	421819
镇江市	Zhenjiang	893518	413409	880673	505889	511406	276503
泰州市	Taizhou	1155907	505462	1176655	537441	637796	287381
宿迁市	Suqian	464481	197313	546145	222289	313558	139747
浙江省	**Zhejiang**	**22938566**	**12906024**	**19702522**	**11758240**	**12602485**	**7881095**
杭州市	Hangzhou	5690943	5022653	5002110	4474506	3494229	3211354

2-40 续表 2 continued

单位：人 (person)

城市	City	城镇职工基本养老保险参保人数 Number of Employees Joining Urban Basic Pension Insurance		城镇职工基本医疗保险参保人数 Number of Employees Joining Urban Basic Medical Care System		失业保险参保人数 Persons Covered of Unemployment Insurance	
		全市 Total City	市辖区 Districts under City	全市 Total City	市辖区 Districts under City	全市 Total City	市辖区 Districts under City
宁波市	Ningbo	4028555	2345635	3819704	2473114	2523072	1709881
温州市	Wenzhou	2569359	1038263	1629192	757379	1108028	502077
嘉兴市	Jiaxing	1721661	485201	1992616	614262	1149920	345902
湖州市	Huzhou	1333301	524594	1110060	444440	644948	264496
绍兴市	Shaoxing	2197115	1438694	1941977	1293987	1226457	819589
金华市	Jinhua	1722253	452691	1392140	366864	773454	245932
衢州市	Quzhou	664904	317263	642753	336968	255369	129294
舟山市	Zhoushan	542937	421096	381485	303427	212917	175637
台州市	Taizhou	1797098	680677	1407771	549702	993734	390681
丽水市	Lishui	670440	179257	382714	143591	220357	86252
安徽省	**Anhui**	**6278118**	**4437795**	**7263117**	**4889851**	**4366473**	**3012195**
合肥市	Hefei	1482471	1248265	1601322	1283698	1214628	1062699
芜湖市	Wuhu	547981	409304	699245	542261	401725	310436
蚌埠市	Bengbu	383867	295703	467342	367916	216877	166997
淮南市	Huainan	475162	398541	529747	467597	292300	256900
马鞍山市	Maanshan	607380	466801	480845	376008	248274	195205
淮北市	Huaibei	331484	286175	461000	416065	252300	232967
铜陵市	Tongling	248954	220557	291904	264246	162407	151024
安庆市	Anqing	432895	203443	461000	252832	254200	164886
黄山市	Huangshan	205544	120995	189476	112995	93000	57655
滁州市	Chuzhou	324750	110180	402000	156446	224000	62668
阜阳市	Fuyang	244846	148218	373000	195325	252800	50933
宿州市	Suzhou	201516	139070	300000	151388	201000	92700
六安市	Lu'an	230260	159875	349000	166886	190000	91156
亳州市	Bozhou	146419	73323	205000		152100	56817
池州市	Chizhou	110318	65086	137236	74851	72262	39762
宣城市	Xuancheng	304271	92259	315000	61337	138600	19390
福建省	**Fujian**	**7740486**	**5020504**	**7231917**	**4895641**	**5446747**	**3907790**
福州市	Fuzhou	1768446	1291466	1524422	1123523	1152718	921099
厦门市	Xiamen	2121800	2121800	2122300	2122300	1824100	1824100
莆田市	Putian	329109	265040	331251	257128	266300	221300
三明市	Sanming	327007	104376	403039	153488	305607	104366
泉州市	Quanzhou	1284862	487310	1151058	491453	652539	293756
漳州市	Zhangzhou	625342	214434	575386	240021	371161	162656
南平市	Nanping	566252	237498	420033	180646	340889	154159
龙岩市	Longyan	358506	202190	380125	224061	338906	183311
宁德市	Ningde	359162	96390	324303	103021	194527	43043
江西省	**Jiangxi**	**6785052**	**2998555**	**5655673**	**2489906**	**2764155**	**1211493**
南昌市	Nanchang	1162361	990691	981853	813797	608984	452806
景德镇市	Jingdezhen	412713	292934	265256	184302	136000	104963
萍乡市	Pingxiang	366305	271296	462635	333814	155041	123365
九江市	Jiujiang	663954	245313	638173	260117	342100	157200
新余市	Xinyu	301400	262430	275673	259477	108300	95635
鹰潭市	Yingtan	203555	82917	147690	52188	78007	34205
赣州市	Ganzhou	888939	312634	682366	227267	350500	66800
吉安市	Ji'an	479207	113715	496291	97482	220773	45730

2-40 续表 3 continued

单位：人 (person)

城 市	City	城镇职工基本养老保险参保人数 Number of Employees Joining Urban Basic Pension Insurance		城镇职工基本医疗保险参保人数 Number of Employees Joining Urban Basic Medical Care System		失业保险参保人数 Persons Covered of Unemployment Insurance	
		全 市 Total City	市辖区 Districts under City	全 市 Total City	市辖区 Districts under City	全 市 Total City	市辖区 Districts under City
宜春市	Yichun	786850	94991	704900	42340	261332	25100
抚州市	Fuzhou	622846	179764	379942	124911	202956	59063
上饶市	Shangrao	896922	151870	620894	94211	300162	46626
山东省	**Shandong**	**22485991**	**12620744**	**19060557**	**11333096**	**11221096**	**6505037**
济南市	Jinan	2661405	2318248	2080900	1822526	1300800	1142877
青岛市	Qingdao	4105293	3077314	3243718	2520788	1898035	1416453
淄博市	Zibo	1124165	902307	1316205	1108939	803040	636184
枣庄市	Zaozhuang	800130	509124	593659	419818	424089	299330
东营市	Dongying	518016	312025	667645	518157	275869	165773
烟台市	Yantai	2370134	1268413	2122297	1108597	1082691	632435
潍坊市	Weifang	1822785	279784	1641818	288992	927015	140843
济宁市	Jining	1436086	653380	1140041	641367	805506	320781
泰安市	Tai'an	1289190	449648	1043977	535871	613094	306671
威海市	Weihai	1148532	765882	916254	590653	560296	383478
日照市	Rizhao	648520	443577	380115	247391	260326	176906
莱芜市	Laiwu	415571	415571	274053	274053	210341	210341
临沂市	Linyi	1055486	396745	1093626	503068	592941	238293
德州市	Dezhou	790323	133796	694304	104576	360131	54888
聊城市	Liaocheng	731327	215426	598960	226447	333022	112778
滨州市	Binzhou	722801	259290	551282	229495	418000	160606
菏泽市	Heze	846227	220214	701703	192358	355900	106400
河南省	**Henan**	**12705378**	**6537972**	**10472359**	**5113473**	**7535592**	**3826557**
郑州市	Zhengzhou	3341060	1944267	1352000	1068606	1668081	1053058
开封市	Kaifeng	708400	439020	535952		350795	153567
洛阳市	Luoyang	1152701	829175	1094292	793979	636362	436826
平顶山市	Pingdingshan	721735	431401	994039	695761	455628	302140
安阳市	Anyang	731654	446482	591178	371945	417255	256627
鹤壁市	Hebi	202876	132471	156328	99620	142000	101000
新乡市	Xinxiang	883105	542079	833952	416946	443850	217808
焦作市	Jiaozuo	572051	317080	492977	237192	352846	202751
濮阳市	Puyang	320727	134167	335000	139600	297107	169323
许昌市	Xuchang	485744	167219	438651	176395	275000	88800
漯河市	Luohe	287900	235500	442878	296444	175408	120408
三门峡市	Sanmenxia	319802	129604	278221	122949	230671	69860
南阳市	Nanyang	862019	302309	812203	309241	614518	252533
商丘市	Shangqiu	577340	144670	482664	149124	343313	140900
信阳市	Xinyang	600898	125649	589826		376460	127556
周口市	Zhoukou	519045	91122	573014	91910	378275	42400
驻马店市	Zhumadian	418321	125757	469184	143761	378023	91000
湖北省	**Hubei**	**9379172**	**2972385**	**9527310**	**6250061**	**4560701**	**3132209**
武汉市	Wuhan	2659500		3902400	3589100	1840500	1713700
黄石市	Huangshi	629843	431028	506136	357996	278610	224139
十堰市	Shiyan	408048	189002	490204	248854	280073	161312
宜昌市	Yichang	1055043	471374	806659	413803	498389	304771
襄阳市	Xiangyang	979671	541607	788480	540493	414326	277711
鄂州市	Ezhou	246485	246485	172116	172116	73263	73263

2-40 续表 4 continued

单位：人 (person)

城市	City	城镇职工基本养老保险参保人数 Number of Employees Joining Urban Basic Pension Insurance		城镇职工基本医疗保险参保人数 Number of Employees Joining Urban Basic Medical Care System		失业保险参保人数 Persons Covered of Unemployment Insurance	
		全市 Total City	市辖区 Districts under City	全市 Total City	市辖区 Districts under City	全市 Total City	市辖区 Districts under City
荆门市	Jingmen	508761	234389	373865	186949	185957	89412
孝感市	Xiaogan	580282	165018	369238	128765	238837	53572
荆州市	Jingzhou	1092263	426329	1213249	406337	331293	153291
黄冈市	Huanggang	607500	50785	480400	60366	214700	9800
咸宁市	Xianning	391889	133572	255258	99664	133533	51728
随州市	Suizhou	219887	82796	169305	45618	71220	19510
湖南省	**Hunan**	**8078921**	**4378580**	**7997184**	**4153408**	**5022519**	**2790048**
长沙市	Changsha	2052118	1587806	1669224	1342381	1182321	942245
株洲市	Zhuzhou	595774	402907	588805	412141	364809	277236
湘潭市	Xiangtan	389576	279729	472344	339160	320948	251719
衡阳市	Hengyang	770801	378941	1339819	723021	610495	292212
邵阳市	Shaoyang	473723	176879	527226	200592	310769	121432
岳阳市	Yueyang	778749	260836	609962	63224	374830	28462
常德市	Changde	1010025	448104	552985	235111	291620	146803
张家界市	Zhangjiajie	101198	32312	102959	33780	102129	28140
益阳市	Yiyang	571500	249100	376500	123200	224900	92600
郴州市	Chenzhou	416426	209557	520287	267751	301512	187713
永州市	Yongzhou	517137	195379	442278	160472	301205	127114
怀化市	Huaihua	63546	20238	419659	102948	301099	97529
娄底市	Loudi	338348	136792	375136	149627	335882	196843
广东省	**Guangdong**	**47313050**	**40054449**	**34936487**	**31322961**	**29301287**	**26194992**
广州市	Guangzhou	10082417	10082417	6076242	6076242	4740721	4740721
韶关市	Shaoguan	455169	255987	540012	387691	291472	178249
深圳市	Shenzhen	9543359	9543359	10391166	10391166	9746880	9746880
珠海市	Zhuhai	1006727	1006727	1105038	1105038	895909	895909
汕头市	Shantou	1334120	1322842	516030	510836	750370	742456
佛山市	Foshan	4330233	4330233	2777424	2777424	2223240	2223240
江门市	Jiangmen	1919834	970271			747178	449937
湛江市	Zhanjiang	1111628	588123	633640	396633	384017	244738
茂名市	Maoming	812462	334547	422490	268910	257868	150916
肇庆市	Zhaoqing	763506	218039	618203	407386	430477	152956
惠州市	Huizhou	2018933		1618333		1273875	
梅州市	Meizhou	735375	310533	430967	204016	256098	128539
汕尾市	Shanwei	519194	151659	281330	109506	200091	74616
河源市	Heyuan	687173	426789	301132	140054	285627	140507
阳江市	Yangjiang	500184	289297	270819	169980	211165	121417
清远市	Qingyuan	1071102	665151	553793	332853	354238	233570
东莞市	Dongguan	6621614	6621614	6019153	6019153	4121413	4121413
中山市	Zhongshan	2092200	2092200	1575500	1575500	1418121	1418121
潮州市	Chaozhou	456397	353536	319119	255847	317797	260385
揭阳市	Jieyang	816230	352087	262883	115963	219564	110155
云浮市	Yunfu	435193	139038	223213	78763	175166	60267
广西壮族自治区	**Guangxi**	**4627007**	**2712105**	**4560830**	**2583736**	**2258745**	**1312299**
南宁市	Nanning	723326	602167	841637	646124	493053	401972
柳州市	Liuzhou	907016	694383	814788	647766	367898	287733
桂林市	Guilin	712770	438498	586653	319894	281831	174180

2-40 续表 5 continued

单位：人 (person)

城市	City	城镇职工基本养老保险参保人数 Number of Employees Joining Urban Basic Pension Insurance 全市 Total City	市辖区 Districts under City	城镇职工基本医疗保险参保人数 Number of Employees Joining Urban Basic Medical Care System 全市 Total City	市辖区 Districts under City	失业保险参保人数 Persons Covered of Unemployment Insurance 全市 Total City	市辖区 Districts under City
梧州市	Wuzhou	329952	222755	291808	185765	134954	78917
北海市	Beihai	206915	138397	206722	143702	104978	77955
防城港市	Fangchenggang	121897	87492	100926	67999	68557	48780
钦州市	Qinzhou	164155	88802	219637	139373	88340	45260
贵港市	Guigang	199034	104679	220100	110018	99585	45800
玉林市	Yulin	367162	136133	334828	136867	160792	63448
百色市	Baise	229222	29906	291913	24986	116686	9725
贺州市	Hezhou	120388	46064	129829	35803	72400	19600
河池市	Hechi	234340	22290	243313	23550	120537	10699
来宾市	Laibin	153195	62697	118807	59774	71185	35502
崇左市	Chongzuo	157635	37842	159869	42115	77949	12728
海南省	**Hainan**	**855127**	**706406**	**714038**	**581647**	**724158**	**674104**
海口市	Haikou	531680	531680	406326	406326	468101	468101
三亚市	Sanya	174564	174564	175029	175029	205841	205841
三沙市	Sansa	162	162	292	292	162	162
儋州市	Danzhou	148721		132391		50054	
重庆市	**Chongqing**	**8373800**	**7278700**	**5884600**	**5265900**	**4395200**	**4003900**
四川省	**Sichuan**	**14111382**	**6030240**	**11294868**	**5626356**	**6004564**	**3010621**
成都市	Chengdu	4176900	1820100	4687000	2153800	3323000	1563600
自贡市	Zigong	302486	208478	368420	293116	123605	97694
攀枝花市	Panzhihua	270283	224400	394093	358998	210006	153420
泸州市	Luzhou	784175	430775	419892	271466	203818	128598
德阳市	Deyang	613756	251331	665423	325188	320803	159866
绵阳市	Mianyang	1133021	510503	676210	388475	267387	167197
广元市	Guangyuan	435953	104076	313009	157132	141678	86884
遂宁市	Suining	691313	289646	248390	131419	93247	53558
内江市	Neijiang	626031	266775	381187	193137	125515	59467
乐山市	Leshan	503372	265324	550229	345824	216757	147322
南充市	Nanchong	1019125	442739	552596	306753	170352	77778
眉山市	Meishan	287213	68490	264926	57661	109265	25628
宜宾市	Yibin	745337	406161	484354	299381	235950	164504
广安市	Guang'an	501871	139462	181659	43492	70782	16966
达州市	Dazhou	893490	237956	369870	68210	158292	41092
雅安市	Ya'an	347606	103651	231444	48120	67602	12737
巴中市	Bazhong	447832	141723	176432	65942	74943	16536
资阳市	Ziyang	331618	118650	329734	118242	91562	37774
贵州省	**Guizhou**	**2920454**	**357460**	**2746939**	**332813**	**1449239**	**149135**
贵阳市	Guiyang	1559556		1264300		645800	
六盘水市	Liupanshui	282600	28435	303648	27611	162600	18053
遵义市	Zunyi	574436	154419	578701	105110	259575	42468
安顺市	Anshun	179745	126869	203583	148052	97179	60826
毕节市	Bijie	217305	30930	287529	31299	185987	17822
铜仁市	Tongren	106812	16807	109178	20741	98098	9966
云南省	**Yunnan**	**2491435**	**1174222**	**3007599**	**1235815**	**1741577**	**805880**
昆明市	Kunming	1308900	842077	1416105	923890	925291	624899
曲靖市	Qujing	269800	57649	429000	39156	239800	21176

2-40 续表 6 continued

单位：人 (person)

城 市	City	城镇职工基本养老保险参保人数 Number of Employees Joining Urban Basic Pension Insurance		城镇职工基本医疗保险参保人数 Number of Employees Joining Urban Basic Medical Care System		失业保险参保人数 Persons Covered of Unemployment Insurance	
		全 市 Total City	市辖区 Districts under City	全 市 Total City	市辖区 Districts under City	全 市 Total City	市辖区 Districts under City
玉溪市	Yuxi	304850	125411	246995	109443	147805	60162
保山市	Baoshan	125918	26738	147500	37500	84542	18040
昭通市	Zhaotong	132074	19823	217332	29299	120111	13021
丽江市	Lijiang	81072	19583	192105	51869	34732	10050
普洱市	Pu'er	165156	57174	206003	25056	102003	32750
临沧市	Lincang	103665	25767	152559	19602	87293	25782
西藏自治区	**Tibet**	**35951**		**52475**		**14820**	
拉萨市	Lasa	35951		52475		14820	
陕西省	**Shaanxi**	**6404865**	**4253177**	**5494152**	**3634659**	**3463355**	**2392723**
西安市	Xi'an	3353700	2681100	2140900	2039000	1496200	1439000
铜川市	Tongchuan	150970	149460	190158	136844	95631	87934
宝鸡市	Baoji	577943	435216	538700	359482	323400	258541
咸阳市	Xianyang	570251	294289	638468	341158	392105	190723
渭南市	Weinan	524296	193185	603225	196689	305962	97007
延安市	Yan'an	231410	31260	309386	129621	198804	26297
汉中市	Hanzhong	384800	214394	376000	158473	230000	143085
榆林市	Yulin	315490	154124	364864	139222	209500	60732
安康市	Ankang	168105	82750	188451	82750	97153	48682
商洛市	Shangluo	127900	17399	144000	51420	114600	40722
甘肃省	**Gansu**	**1710754**	**1152120**	**2481148**	**1622620**	**1399807**	**949784**
兰州市	Lanzhou	687583	635094	857246	807868	567531	545332
嘉峪关市	Jiayuguan	100941	100941	87452	87452	55546	55546
金昌市	Jinchang	63681	45162	120507	97601	75196	67548
白银市	Baiyin	85818	57568	224519	170094	124672	91441
天水市	Tianshui	119142	89976	276676	182517	63136	52724
武威市	Wuwei	122031	89177	131641	89131	71188	47998
张掖市	Zhangye	113340	66965	118531	58556	73413	37258
平凉市	Pingliang	103300	12730	119500	16173	86800	11997
酒泉市	Jiuquan	85759	23806	115207	23830	66962	14707
庆阳市	Qingyang	75676	6966	140965	48036	82600	5915
定西市	Dingxi	100188	16582	154770	23840	85536	13092
陇南市	Longnan	53295	7153	134134	17522	47227	6226
青海省	**Qinghai**	**416563**	**335371**	**365779**	**252798**	**213199**	**158577**
西宁市	Xining	356070	311293	294896	227608	168000	141252
海东市	Haidong	60493	24078	70883	25190	45199	17325
宁夏回族自治区	**Ningxia**	**1181450**	**811340**	**1134318**	**871083**	**771602**	**558309**
银川市	Yinchuan	697315	578164	644300	559800	435825	347879
石嘴山市	Shizuishan	167200	6310	187420	162022	124400	106500
吴忠市	Wuzhong	96440	96440	132077	59794	87605	33004
固原市	Guyuan	78329	45431	83126	43915	61921	35821
中卫市	Zhongwei	142166	84995	87395	45552	61851	35105
新疆维吾尔自治区	**Xinjiang**	**1180148**	**1180148**	**1393371**	**1393371**	**940888**	**940888**
乌鲁木齐市	Urumqi	1123974	1123974	1185750	1185750	780521	780521
克拉玛依市	Karamay	56174	56174	207621	207621	160367	160367

2-41 市政公用事业(市辖区)
Municipal Public Utilities(Districts under City)

城　市	City	城市维护建设资金支出(万元) Expenditure for Maintaining and Building Cities (10 000 yuan)	年末实有城市道路面积(万平方米) Area of City Paved Roads at Year-end (10 000 sq.m)	排水管道长度(公里) Length of City Sewage Pipes (km)
城市合计	**Prefecture Cities**	**120705612**	**550789**	**401769**
北京市	**Beijing**	**15536209**	**10029**	**15528**
天津市	**Tianjin**	**26419600**	**14019**	**19543**
河北省	**Hebei**	**2271104**	**23915**	**12915**
石家庄市	Shijiazhuang	1424309	5366	2168
唐山市	Tangshan	216926	3098	2402
秦皇岛市	Qinhuangdao	79950	2137	1561
邯郸市	Handan	4853	3161	1718
邢台市	Xingtai	48033	1519	845
保定市	Baoding	282914	3878	1498
张家口市	Zhangjiakou	79200	1375	676
承德市	Chengde	41658	734	475
沧州市	Cangzhou	76349	968	560
廊坊市	Langfang		937	624
衡水市	Hengshui	16912	742	388
山西省	**Shanxi**	**1842979**	**12150**	**6386**
太原市	Taiyuan	992643	4140	1946
大同市	Datong	237358	2058	638
阳泉市	Yangquan	42372	643	419
长治市	Changzhi	269280	736	467
晋城市	Jincheng	43640	577	367
朔州市	Shuozhou	61365	675	522
晋中市	Jinzhong		965	794
运城市	Yuncheng	6560	716	378
忻州市	Xinzhou	93632	583	423
临汾市	Linfen	47369	713	151
吕梁市	Lvliang	48760	344	281
内蒙古自治区	**Inner Mongolia**	**1012174**	**15772**	**8868**
呼和浩特市	Hohhot	187762	2506	811
包头市	Baotou	58456	2852	2207
乌海市	Wuhai	362635	1429	289
赤峰市	Chifeng	129186	2175	840
通辽市	Tongliao	30229	1189	737
鄂尔多斯市	Erdos	110775	2949	2169
呼伦贝尔市	Hulunbuir	16024	772	316
巴彦淖尔市	Bayannur	8304	1013	1181
乌兰察布市	Ulanqab	108803	887	318
辽宁省	**Liaoning**	**1487449**	**23858**	**13461**
沈阳市	Shenyang		9017	3909
大连市	Dalian	954194	4553	2744
鞍山市	Anshan	60825	1705	940
抚顺市	Fushun	48241	1403	945
本溪市	Benxi	54362	1042	362
丹东市	Dandong			
锦州市	Jinzhou	50816	1120	512

2-41 续表 1 continued

城 市	City	城市维护建设资金支出 (万元) Expenditure for Maintaining and Building Cities (10 000 yuan)	年末实有城市道路面积 (万平方米) Area of City Paved Roads at Year-end (10 000 sq.m)	排水管道长度 (公里) Length of City Sewage Pipes (km)
营口市	Yingkou	10637	720	553
阜新市	Fuxin	27483	967	596
辽阳市	Liaoyang	61686	1376	909
盘锦市	Panjin	86946	952	640
铁岭市	Tieling			
朝阳市	Chaoyang	28122	422	666
葫芦岛市	Huludao	104137	581	685
吉林省	**Jilin**	**889109**	**12553**	**7073**
长春市	Changchun	550262	7655	5358
吉林市	Jilin	76000	1595	396
四平市	Siping	31255	678	214
辽源市	Liaoyuan	32653	531	211
通化市	Tonghua	29346	414	165
白山市	Baishan	49088	426	160
松原市	Songyuan	6449	928	238
白城市	Baicheng	114056	326	331
黑龙江省	**Heilongjiang**	**761399**	**14646**	**8380**
哈尔滨市	Harbin		4915	2956
齐齐哈尔市	Qiqihar	97055	1156	1162
鸡西市	Jixi	53841	654	320
鹤岗市	Hegang	23909	457	313
双鸭山市	Shuangyashan	4868	426	272
大庆市	Daqing	191683	3637	1442
伊春市	Yichun		918	493
佳木斯市	Jiamusi	233861	582	508
七台河市	Qitaihe	55170	487	174
牡丹江市	Mudanjiang	87679	981	430
黑河市	Heihe	13333	179	106
绥化市	Suihua		254	204
上海市	**Shanghai**	**1281899**	**10949**	
江苏省	**Jiangsu**	**9841115**	**60406**	**55574**
南京市	Nanjing	2558589	14248	8308
无锡市	Wuxi	428743	6586	12963
徐州市	Xuzhou	514594	4484	2129
常州市	Changzhou	470383	4432	5503
苏州市	Suzhou	2027297	8534	8883
南通市	Nantong	1424649	4882	4253
连云港市	Lianyungang	218694	2388	1897
淮安市	Huai'an	337350	2977	2033
盐城市	Yancheng	197681	2895	2016
扬州市	Yangzhou	346832	2434	2400
镇江市	Zhenjiang	855245	2183	1954
泰州市	Taizhou	243171	2421	1738
宿迁市	Suqian	217887	1942	1497
浙江省	**Zhejiang**	**4999158**	**26273**	**25851**
杭州市	Hangzhou	1260890	6540	5370

2-41 续表 2 continued

城 市 City	城市维护建设资金支出(万元) Expenditure for Maintaining and Building Cities (10 000 yuan)	年末实有城市道路面积(万平方米) Area of City Paved Roads at Year-end (10 000 sq.m)	排水管道长度(公里) Length of City Sewage Pipes (km)
宁波市 Ningbo	723010	3119	4782
温州市 Wenzhou	1188482	3003	3292
嘉兴市 Jiaxing	72308	1309	819
湖州市 Huzhou	322489	2348	2033
绍兴市 Shaoxing	498045	2579	2792
金华市 Jinhua	182228	1724	1673
衢州市 Quzhou	138243	1149	1290
舟山市 Zhoushan	305491	1193	969
台州市 Taizhou	157265	2868	2274
丽水市 Lishui	150707	441	557
安徽省 Anhui	**6592593**	**27731**	**21885**
合肥市 Hefei	3584263	6348	5935
芜湖市 Wuhu	305536	3426	2807
蚌埠市 Bengbu	393863	1896	1193
淮南市 Huainan	208057	1616	738
马鞍山市 Maanshan	149445	1385	1501
淮北市 Huaibei	256934	1203	618
铜陵市 Tongling	196067	530	1313
安庆市 Anqing	133575	1168	1035
黄山市 Huangshan	86568	781	517
滁州市 Chuzhou	174655	1910	1537
阜阳市 Fuyang	153117	1842	911
宿州市 Suzhou	336134	1574	839
六安市 Lu'an	101986	1402	543
亳州市 Bozhou	99428	1477	1075
池州市 Chizhou	51965	769	565
宣城市 Xuancheng	361000	404	758
福建省 Fujian	**2883599**	**13062**	**9604**
福州市 Fuzhou	1518275	2834	2238
厦门市 Xiamen		4133	2873
莆田市 Putian	32201	860	1250
三明市 Sanming	30526	358	210
泉州市 Quanzhou	941034	2357	1391
漳州市 Zhangzhou	37027	1123	827
南平市 Nanping	3299	388	247
龙岩市 Longyan	199286	591	342
宁德市 Ningde	121951	418	226
江西省 Jiangxi	**2005457**	**13734**	**9948**
南昌市 Nanchang	9213	3158	2305
景德镇市 Jingdezhen	56449	808	728
萍乡市 Pingxiang	163180	727	550
九江市 Jiujiang	194330	1546	1161
新余市 Xinyu	156085	1133	819
鹰潭市 Yingtan	30809	375	174
赣州市 Ganzhou	80102	1735	1402
吉安市 Ji'an	192098	834	549

2-41 续表 3 continued

城 市	City	城市维护建设资金支出 (万元) Expenditure for Maintaining and Building Cities (10 000 yuan)	年末实有城市道路面积 (万平方米) Area of City Paved Roads at Year-end (10 000 sq.m)	排水管道长度 (公里) Length of City Sewage Pipes (km)
宜春市	Yichun	177312	833	622
抚州市	Fuzhou	66971	1152	606
上饶市	Shangrao	878908	1433	1032
山东省	**Shandong**	**5002369**	**58241**	**35866**
济南市	Jinan	1475851	8358	2634
青岛市	Qingdao	565007	7940	6993
淄博市	Zibo	200465	3924	2695
枣庄市	Zaozhuang	102426	2481	1245
东营市	Dongying	229132	2357	1122
烟台市	Yantai	231458	3516	2376
潍坊市	Weifang	254362	3666	2208
济宁市	Jining	161320	4456	1780
泰安市	Tai'an	285580	1739	898
威海市	Weihai	233861	3105	3691
日照市	Rizhao	102800	2055	1475
莱芜市	Laiwu	78827	1791	1085
临沂市	Linyi	593363	4146	2483
德州市	Dezhou	89584	2872	1179
聊城市	Liaocheng	135564	2351	1372
滨州市	Binzhou	80520	1953	1760
菏泽市	Heze	182249	1531	870
河南省	**Henan**	**1740424**	**22693**	**15634**
郑州市	Zhengzhou	543344	4720	3812
开封市	Kaifeng	84203	1611	963
洛阳市	Luoyang	66637	2369	1636
平顶山市	Pingdingshan	41122	1230	514
安阳市	Anyang	53620	1020	885
鹤壁市	Hebi	156944	755	424
新乡市	Xinxiang	36974	1110	848
焦作市	Jiaozuo	62181	1248	912
濮阳市	Puyang	81980	723	456
许昌市	Xuchang	95352	628	531
漯河市	Luohe	10189	984	880
三门峡市	Sanmenxia	78409	334	228
南阳市	Nanyang	205590	2189	1415
商丘市	Shangqiu	61395	944	421
信阳市	Xinyang	39527	891	349
周口市	Zhoukou	87417	819	630
驻马店市	Zhumadian	35540	1118	730
湖北省	**Hubei**	**2516663**	**11876**	**8503**
武汉市	Wuhan			
黄石市	Huangshi	100320	1630	1145
十堰市	Shiyan	241920	919	1265
宜昌市	Yichang	627188	2004	1067
襄阳市	Xiangyang	1051253	1705	1161
鄂州市	Ezhou	106781	509	707

2-41 续表 4 continued

城　市	City	城市维护建设资金支出（万元）Expenditure for Maintaining and Building Cities (10 000 yuan)	年末实有城市道路面积（万平方米）Area of City Paved Roads at Year-end (10 000 sq.m)	排水管道长度（公里）Length of City Sewage Pipes (km)
荆门市	Jingmen	116050	913	796
孝感市	Xiaogan	141599	1160	686
荆州市	Jingzhou	60578	1014	574
黄冈市	Huanggang	49520	975	384
咸宁市	Xianning	19720	554	324
随州市	Suizhou	1734	493	394
湖南省	**Hunan**	**2776670**	**18260**	**11752**
长沙市	Changsha	899874	4596	3172
株洲市	Zhuzhou	467856	2124	1216
湘潭市	Xiangtan	183377	1499	1067
衡阳市	Hengyang	78740	2257	1073
邵阳市	Shaoyang	149120	1180	544
岳阳市	Yueyang	208650	1195	1329
常德市	Changde	323696	1593	770
张家界市	Zhangjiajie	6150	396	455
益阳市	Yiyang	139335	823	363
郴州市	Chenzhou	198093	910	374
永州市	Yongzhou	30210	725	542
怀化市	Huaihua	56952	469	373
娄底市	Loudi	34617	493	474
广东省	**Guangdong**	**8936882**	**58527**	**43954**
广州市	Guangzhou	3045675	11230	10204
韶关市	Shaoguan		748	548
深圳市	Shenzhen	567823	11838	16523
珠海市	Zhuhai	718568	6099	1495
汕头市	Shantou	835100	2508	1693
佛山市	Foshan			2668
江门市	Jiangmen	207062	1937	1011
湛江市	Zhanjiang	306765	1282	643
茂名市	Maoming	30705		1558
肇庆市	Zhaoqing	355068	1444	908
惠州市	Huizhou	489806	2977	2321
梅州市	Meizhou	244982	740	560
汕尾市	Shanwei	13900	261	245
河源市	Heyuan			
阳江市	Yangjiang	38159	976	724
清远市	Qingyuan			
东莞市	Dongguan	2058155	14244	1568
中山市	Zhongshan	6917	771	1087
潮州市	Chaozhou			
揭阳市	Jieyang		1263	99
云浮市	Yunfu	18197	209	99
广西壮族自治区	**Guangxi**	**4517413**	**14887**	**8786**
南宁市	Nanning	2112981	4105	1482
柳州市	Liuzhou	987071	1963	1316
桂林市	Guilin	553216	1265	724

2-41 续表 5 continued

城　市	City	城市维护建设资金支出(万元) Expenditure for Maintaining and Building Cities (10 000 yuan)	年末实有城市道路面积(万平方米) Area of City Paved Roads at Year-end (10 000 sq.m)	排水管道长度(公里) Length of City Sewage Pipes (km)
梧州市	Wuzhou	137987	1053	430
北海市	Beihai	92981	909	819
防城港市	Fangchenggang	108535	664	494
钦州市	Qinzhou	11258	1192	684
贵港市	Guigang	60710	815	411
玉林市	Yulin	91750	1035	743
百色市	Baise	169594	449	339
贺州市	Hezhou	107434	321	329
河池市	Hechi	24353	262	296
来宾市	Laibin	6803	632	541
崇左市	Chongzuo	52740	222	178
海南省	**Hainan**	**39530**	**2112**	**2202**
海口市	Haikou	11940	1672	1525
三亚市	Sanya	27590	434	659
三沙市	Sansa		6	18
儋州市	Danzhou			
重庆市	**Chongqing**	**4059817**	**16128**	**12961**
四川省	**Sichuan**	**4996857**	**23146**	**19143**
成都市	Chengdu	3560628	7710	7878
自贡市	Zigong	31006	1566	39
攀枝花市	Panzhihua	53943	829	630
泸州市	Luzhou	182284	1422	1034
德阳市	Deyang	72994	684	555
绵阳市	Mianyang	66044	1616	1936
广元市	Guangyuan	123282	613	601
遂宁市	Suining	105067	2068	799
内江市	Neijiang	58871	523	399
乐山市	Leshan	36685	871	710
南充市	Nanchong	215400	1500	1385
眉山市	Meishan	73617	727	628
宜宾市	Yibin	12481	740	645
广安市	Guang'an	167569	692	273
达州市	Dazhou	4250	320	144
雅安市	Ya'an	126919	350	308
巴中市	Bazhong	3690	370	828
资阳市	Ziyang	102127	545	351
贵州省	**Guizhou**	**119154**	**5204**	**4259**
贵阳市	Guiyang	4881	2645	3523
六盘水市	Liupanshui	6119	566	78
遵义市	Zunyi	51944	552	
安顺市	Anshun	21691	630	484
毕节市	Bijie	32396	482	93
铜仁市	Tongren	2123	329	81
云南省	**Yunnan**	**1180935**	**8221**	**7158**
昆明市	Kunming	1007329	4902	4398
曲靖市	Qujing	52917	1095	724

2-41 续表 6 continued

城 市	City	城市维护建设资金支出（万元）Expenditure for Maintaining and Building Cities (10 000 yuan)	年末实有城市道路面积（万平方米）Area of City Paved Roads at Year-end (10 000 sq.m)	排水管道长度（公里）Length of City Sewage Pipes (km)
玉溪市	Yuxi	30035	667	440
保山市	Baoshan	4500	537	228
昭通市	Zhaotong	38775	410	250
丽江市	Lijiang	27852	180	451
普洱市	Pu'er	7407	216	487
临沧市	Lincang	12120	214	180
西藏自治区	**Tibet**		**931**	**317**
拉萨市	Lasa		931	317
陕西省	**Shaanxi**	**5887764**	**14239**	**8022**
西安市	Xi'an	4896817	7747	4688
铜川市	Tongchuan	208847	440	360
宝鸡市	Baoji	33092	1341	597
咸阳市	Xianyang	33165	978	379
渭南市	Weinan	14533	1547	710
延安市	Yan'an	37931	140	98
汉中市	Hanzhong	154847	309	160
榆林市	Yulin	160371	1015	678
安康市	Ankang	298161	535	216
商洛市	Shangluo	50000	187	136
甘肃省	**Gansu**	**441539**	**6619**	**3807**
兰州市	Lanzhou	229361	2025	1233
嘉峪关市	Jiayuguan	39576	405	381
金昌市	Jinchang	10738	478	99
白银市	Baiyin	22500	629	174
天水市	Tianshui	45848	604	315
武威市	Wuwei	3820	465	160
张掖市	Zhangye	11058	664	338
平凉市	Pingliang	33563	141	411
酒泉市	Jiuquan	5562	561	297
庆阳市	Qingyang	11857	309	205
定西市	Dingxi	26236	268	138
陇南市	Longnan	1420	70	56
青海省	**Qinghai**	**493537**	**960**	**831**
西宁市	Xining	493537	960	831
海东市	Haidong			
宁夏回族自治区	**Ningxia**	**58337**	**5323**	**1362**
银川市	Yinchuan	3735	1897	689
石嘴山市	Shizuishan	14784	1582	129
吴忠市	Wuzhong	8200	518	150
固原市	Guyuan	23611	784	297
中卫市	Zhongwei	8007	542	97
新疆维吾尔自治区	**Xinjiang**	**113877**	**4325**	**2196**
乌鲁木齐市	Urumqi		3224	1740
克拉玛依市	Karamay	113877	1101	456

(九)市政公用事业
Municipal Public Utilities

2-42 供水、用水及用电情况(市辖区)
Water Supply, Water Consumption and Electricity Consumption (Districts under City)

城　市	City	供水总量 (万吨) Water Supply (10 000 tons)	居民生活用水量 Water Consumption for Residential Use	全社会用电量 (万千瓦时) Annual Electricity Consumption (10 000 kwh)	工业用电 Electricity Consumption for Industrial	城乡居民生活用电 Household Electricity Consumption for Urban and Rural Residential
城市合计	**Prefecture Cities**	**4733235**	**1748679**	**265770450**	**173668743**	**35432016**
北京市	**Beijing**	**182547**	**69680**	**9527169**	**3030638**	**1747586**
天津市	**Tianjin**	**85260**	**38202**	**8006009**	**5522952**	**872934**
河北省	**Hebei**	**146622**	**39555**	**13920622**	**10530485**	**957550**
石家庄市	Shijiazhuang	49410	9125	2257985	1347414	279503
唐山市	Tangshan	28841	6259	4970925	4507711	103020
秦皇岛市	Qinhuangdao	10659	2896	934292	587009	113888
邯郸市	Handan	15050	5625	1588564	1324833	98047
邢台市	Xingtai	4583	1650	502759	352351	48274
保定市	Baoding	12735	5251	860936	507748	77010
张家口市	Zhangjiakou	8352	2228	674483	463729	56022
承德市	Chengde	6032	1749	437876	339179	34728
沧州市	Cangzhou	3782	1595	768523	509854	32562
廊坊市	Langfang	4515	1923	484631	288899	74474
衡水市	Hengshui	2664	1255	439648	301758	40022
山西省	**Shanxi**	**73523**	**31207**	**5476499**	**3748767**	**655771**
太原市	Taiyuan	32331	11823	2263614	1502621	293119
大同市	Datong	8720	3127	759032	510008	104702
阳泉市	Yangquan	4164	2709	489988	383319	34417
长治市	Changzhi	7634	4632	315461	217486	45634
晋城市	Jincheng	3046	1394	171874	121943	17063
朔州市	Shuozhou	2481	1227	628978	531307	19245
晋中市	Jinzhong	2712	1512			
运城市	Yuncheng	2315	1506	360009	209106	71814
忻州市	Xinzhou	6226	933	125080	76509	14721
临汾市	Linfen	2691	1693	284278	170289	55056
吕梁市	Lvliang	1203	652	78185	26179	
内蒙古自治区	**Inner Mongolia**	**62216**	**18129**	**7971676**	**6558488**	**597108**
呼和浩特市	Hohhot	13081	3813	666875	296833	120922
包头市	Baotou	17909	3839	3987210	3598478	240630
乌海市	Wuhai	5260	1720	1581939	1510889	29566
赤峰市	Chifeng	11397	2841	567008	358933	60285
通辽市	Tongliao	5231	1113	543552	422482	42018
鄂尔多斯市	Erdos	3651	2060	201013	106317	28738
呼伦贝尔市	Hulunbuir	2589	1291	173799	112532	28072
巴彦淖尔市	Bayannur	1548	667	159438	96818	29561
乌兰察布市	Ulanqab	1550	786	90842	55206	17316
辽宁省	**Liaoning**	**218511**	**57072**	**11859009**	**8472957**	**1211590**
沈阳市	Shenyang	54007	21183	2573527	1241167	469105
大连市	Dalian	36744	12573	2556320	1677576	307432

2-42 续表 1 continued

城 市	City	供水总量 (万吨) Water Supply (10 000 tons)	居民生活用水量 Water Consumption for Residential Use	全社会用电量 (万千瓦时) Annual Electricity Consumption (10 000 kwh)	工业用电 Electricity Consumption for Industrial	城乡居民生活用电 Household Electricity Consumption for Urban and Rural Residential
鞍山市	Anshan	30681	3946	1600251	1376108	93728
抚顺市	Fushun	18242	2691	1118977	848888	77364
本溪市	Benxi	25789	1907	1162230	1048092	53267
丹东市	Dandong					
锦州市	Jinzhou	13793	2409	473059	342061	54785
营口市	Yingkou	10097	2490	1448246	1229937	68231
阜新市	Fuxin	7343	3051	389899	266798	52668
辽阳市	Liaoyang	7235	1900			
盘锦市	Panjin	6701	1976	536500	442330	35010
铁岭市	Tieling					
朝阳市	Chaoyang	3063	854			
葫芦岛市	Huludao	4816	2093			
吉林省	**Jilin**	**109967**	**29166**	**3358652**	**2212342**	**402209**
长春市	Changchun	37596	10116	1421374	733616	210833
吉林市	Jilin	41894	9526	979313	797786	78102
四平市	Siping	7442	1687	196921	108055	23457
辽源市	Liaoyuan	3083	628			
通化市	Tonghua	8302	2728	198210	148861	30842
白山市	Baishan	4172	1482	206191	155608	27851
松原市	Songyuan	5369	2159	356643	268416	31124
白城市	Baicheng	2110	840			
黑龙江省	**Heilongjiang**	**126957**	**26193**	**5617725**	**3863174**	**791649**
哈尔滨市	Harbin	37429	8949	1862722	852681	407410
齐齐哈尔市	Qiqihar	9494	2461	406786	242541	68028
鸡西市	Jixi	4873	1617			
鹤岗市	Hegang	4023	1081	252668	188379	37059
双鸭山市	Shuangyashan	2539	1075	471166	351035	60277
大庆市	Daqing	25082	3565	1944520	1789402	77539
伊春市	Yichun	4899	1573			
佳木斯市	Jiamusi	6039	1546	185670	89694	43694
七台河市	Qitaihe	3791	830	238757	178257	30622
牡丹江市	Mudanjiang	23804	1809			
黑河市	Heihe	937	361	187601	152753	17617
绥化市	Suihua	4047	1327	67835	18432	49403
上海市	**Shanghai**	**304440**	**96428**	**14055500**	**7870200**	**1854900**
江苏省	**Jiangsu**	**417713**	**144847**	**26668022**	**19134079**	**2941398**
南京市	Nanjing	125255	39143	4951753	3005429	653471
无锡市	Wuxi	42493	14990	2796971	1981961	299077
徐州市	Xuzhou	24350	6331	2026364	1554067	205909
常州市	Changzhou	29537	15009	3399272	2680826	296591

2-42 续表 2 continued

城 市	City	供水总量 (万吨) Water Supply (10 000 tons)	居民生活用水量 Water Consumption for Residential Use	全社会用电量 (万千瓦时) Annual Electricity Consumption (10 000 kwh)	工业用电 Electricity Consumption for Industrial	城乡居民生活用电 Household Electricity Consumption for Urban and Rural Residential
苏州市	Suzhou	74925	24192	5679415	4328525	500268
南通市	Nantong	28150	10076	1429832	1026505	175631
连云港市	Lianyungang	12984	4006	658870	450259	82880
淮安市	Huai'an	16107	5211	970705	683777	143722
盐城市	Yancheng	10862	5463	993589	684717	135184
扬州市	Yangzhou	19051	7835	1134269	747645	177890
镇江市	Zhenjiang	17297	5885	1102841	861712	90455
泰州市	Taizhou	9343	3907	800883	569914	105863
宿迁市	Suqian	7358	2797	723258	558742	74457
浙江省	**Zhejiang**	**245432**	**87296**	**17455944**	**11902317**	**2121885**
杭州市	Hangzhou	66760	26162	5595438	3452332	782675
宁波市	Ningbo	55022	18398	3451618	2394546	316098
温州市	Wenzhou	27522	12599	1246010	725358	255942
嘉兴市	Jiaxing	8907	2666	1057122	820919	83976
湖州市	Huzhou	9019	3925	829917	592623	95636
绍兴市	Shaoxing	38029	6434	2531170	2074648	186185
金华市	Jinhua	8279	3989	521467	308270	93718
衢州市	Quzhou	7872	2337	735490	617113	51385
舟山市	Zhoushan	4757	1936	348853	181161	62681
台州市	Taizhou	15159	7010	954079	635014	158994
丽水市	Lishui	4105	1840	184780	100333	34595
安徽省	**Anhui**	**163284**	**62668**	**7955869**	**5274184**	**1083059**
合肥市	Hefei	43568	20951	1406197	624346	249159
芜湖市	Wuhu	18361	6585	966118	735189	87355
蚌埠市	Bengbu	17252	4560	432109	276873	56462
淮南市	Huainan	9566	4408	532541	377158	84137
马鞍山市	Maanshan	14652	4018	1252880	1142403	39811
淮北市	Huaibei	5535	2672	340303	248421	45473
铜陵市	Tongling	6556	2907	684374	594152	37599
安庆市	Anqing	9850	2380	372226	277016	39287
黄山市	Huangshan	4283	1622	136321	54465	29960
滁州市	Chuzhou	6158	1290	232407	136874	30883
阜阳市	Fuyang	7280	2158	437028	201556	84609
宿州市	Suzhou	4684	2428	341540	190578	73021
六安市	Lu'an	5548	2185	274086	129620	69776
亳州市	Bozhou	3417	1451	171087	54517	63859
池州市	Chizhou	2862	1360	168719	102701	12050
宣城市	Xuancheng	3713	1693	207933	128315	79618
福建省	**Fujian**	**129237**	**46487**	**7454512**	**4130982**	**1648616**
福州市	Fuzhou	40237	13802	1552008	522896	481105

2-42 续表 3 continued

城 市	City	供水总量 (万吨) Water Supply (10 000 tons)	居民生活用水量 Water Consumption for Residential Use	全社会用电量 (万千瓦时) Annual Electricity Consumption (10 000 kwh)	工业用电 Electricity Consumption for Industrial	城乡居民生活用电 Household Electricity Consumption for Urban and Rural Residential
厦门市	Xiamen	43223	15263	2112934	1144947	453778
莆田市	Putian	10211	2243	744580	436358	184748
三明市	Sanming	3401	1391	413694	330567	29291
泉州市	Quanzhou	12607	6452	979710	623223	186491
漳州市	Zhangzhou	5125	2656	525200	312084	106059
南平市	Nanping	3693	1650	392724	303799	61072
龙岩市	Longyan	8487	1792	539439	359891	98729
宁德市	Ningde	2252	1237	194223	97217	47343
江西省	**Jiangxi**	**97540**	**40933**	**4303781**	**2696596**	**708492**
南昌市	Nanchang	40329	14231	1321467	664865	247592
景德镇市	Jingdezhen	5215	2801	174366	127121	36972
萍乡市	Pingxiang	3733	1665	417179	321194	50385
九江市	Jiujiang	8403	3713	422600	308500	49961
新余市	Xinyu	6066	2399	776043	693497	39616
鹰潭市	Yingtan	2082	742	73344	25453	16672
赣州市	Ganzhou	10982	5192	404601	210925	96923
吉安市	Ji'an	3472	1297	160831	93396	25485
宜春市	Yichun	5106	2871	194016	90779	45748
抚州市	Fuzhou	5762	3207	155784	70116	43285
上饶市	Shangrao	6389	2814	203550	90750	55853
山东省	**Shandong**	**251274**	**80357**	**21092740**	**15586833**	**2329067**
济南市	Jinan	34754	12005	1870105	938307	364210
青岛市	Qingdao	46203	15381	2270034	1248507	419330
淄博市	Zibo	26611	6148	2412079	1993512	201260
枣庄市	Zaozhuang	10541	3645	615879	412663	96981
东营市	Dongying	9718	2715	1663123	1536771	44615
烟台市	Yantai	17264	5506	1373205	996256	152356
潍坊市	Weifang	13672	2378	1362674	990807	140620
济宁市	Jining	14955	6020	1050540	790510	107096
泰安市	Tai'an	7515	2256	419444	227718	85981
威海市	Weihai	10493	2473	681556	457558	92021
日照市	Rizhao	7293	2380	1310932	1090757	83474
莱芜市	Laiwu	4767	1759	996445	888938	52519
临沂市	Linyi	13872	8460	1486876	1091105	208581
德州市	Dezhou	12076	2075	751575	554168	64761
聊城市	Liaocheng	6944	2652	483462	329204	71182
滨州市	Binzhou	7349	2643	1639540	1516508	60197
菏泽市	Heze	7246	1861	705271	523544	83883
河南省	**Henan**	**149317**	**58451**	**11174675**	**7995235**	**1441066**
郑州市	Zhengzhou	35181	17381	3816596	2468384	503104

2-42 续表 4 continued

城市	City	供水总量 (万吨) Water Supply (10 000 tons)	居民生活用水量 Water Consumption for Residential Use	全社会用电量 (万千瓦时) Annual Electricity Consumption (10 000 kwh)	工业用电 Electricity Consumption for Industrial	城乡居民生活用电 Household Electricity Consumption for Urban and Rural Residential
开封市	Kaifeng	10594	3219			
洛阳市	Luoyang	16168	6941	1600727	1287196	127776
平顶山市	Pingdingshan	10190	3461			
安阳市	Anyang	5602	3002	1577446	1382104	95252
鹤壁市	Hebi	4147	1820	363961	287468	28095
新乡市	Xinxiang	13392	3541	571097	356841	81899
焦作市	Jiaozuo	8272	2708			
濮阳市	Puyang	5863	1952	475249	379290	44757
许昌市	Xuchang	5035	1778	278267	180605	47204
漯河市	Luohe	3690	1274	339775	214787	58954
三门峡市	Sanmenxia	1924	1402	173843	148068	24037
南阳市	Nanyang	9731	2775	636926	340479	257389
商丘市	Shangqiu	4335	2318	757226	556200	99986
信阳市	Xinyang	4279	2375			
周口市	Zhoukou	4309	991	144663	74714	28801
驻马店市	Zhumadian	6605	1513	438899	319099	43812
湖北省	**Hubei**	**85857**	**36664**	**8473007**	**5340247**	**1013983**
武汉市	Wuhan			3928378	2115824	542896
黄石市	Huangshi	9059	4952	654525	543722	53438
十堰市	Shiyan	11873	4894	407089	263454	63043
宜昌市	Yichang	11276	4589	768439	560452	
襄阳市	Xiangyang	17174	5999	615733	374047	112652
鄂州市	Ezhou	5111	2386	626478	527101	54063
荆门市	Jingmen	7205	2393	473439	387970	39894
孝感市	Xiaogan	5320	2598	186654	97094	56643
荆州市	Jingzhou	8462	3988	405404	264551	
黄冈市	Huanggang	3177	1617	123618	68851	26167
咸宁市	Xianning	3320	1600	151683	71454	32257
随州市	Suizhou	3879	1648	131567	65727	32930
湖南省	**Hunan**	**171026**	**83029**	**6589034**	**3727595**	**1301296**
长沙市	Changsha	57652	35138	1501794	423836	506081
株洲市	Zhuzhou	17413	9854	802654	420392	114325
湘潭市	Xiangtan	12385	4107	787192	621782	73021
衡阳市	Hengyang	18067	5533	617643	504609	88760
邵阳市	Shaoyang	8590	3757	164853	80994	44685
岳阳市	Yueyang	14340	4691	711974	502872	89091
常德市	Changde	8649	4062	304728	129556	80139
张家界市	Zhangjiajie	2722	1083	104980	27081	33452
益阳市	Yiyang	5188	2631	214634	134101	58786
郴州市	Chenzhou	6632	3370	383100	277000	38500

2-42 续表 5 continued

城 市	City	供水总量 (万吨) Water Supply (10 000 tons)	居民生活用水量 Water Consumption for Residential Use	全社会用电量 (万千瓦时) Annual Electricity Consumption (10 000 kwh)	工业用电 Electricity Consumption for Industrial	城乡居民生活用电 Household Electricity Consumption for Urban and Rural Residential
永州市	Yongzhou	9075	3369	212806	98881	68766
怀化市	Huaihua	5015	2484	189300	43700	55200
娄底市	Loudi	5298	2950	593376	462791	50490
广东省	**Guangdong**	**896630**	**338777**	**36428264**	**22779462**	**5581589**
广州市	Guangzhou	221543	105493	7793233	3937448	1613512
韶关市	Shaoguan	9289	5133	582226	403117	71538
深圳市	Shenzhen	169698	59459	8155442	4771034	1248873
珠海市	Zhuhai	34164	11189	1453705	882783	202253
汕头市	Shantou	28051	13067	1769414	1139207	388056
佛山市	Foshan	135712	48125			
江门市	Jiangmen	26235	7289	1208195	836381	147087
湛江市	Zhanjiang	13297	6582			
茂名市	Maoming	6303	3922	671829	470067	105766
肇庆市	Zhaoqing	12990	4287			
惠州市	Huizhou	29341	10579	1861589	1321171	252564
梅州市	Meizhou	5767	4773	287630	152625	72787
汕尾市	Shanwei	3801	1451	142600	48251	
河源市	Heyuan			224645	113596	52826
阳江市	Yangjiang	5755	2173	626460	452202	71817
清远市	Qingyuan	12089	4307	1067802	783486	120337
东莞市	Dongguan	155441	42685	6668438	4833053	845497
中山市	Zhongshan	15661	2730	2455075	1611559	378158
潮州市	Chaozhou			638534	411915	
揭阳市	Jieyang	8132	4186	767716	581780	
云浮市	Yunfu	3362	1346	53731	29787	10518
广西壮族自治区	**Guangxi**	**154256**	**67353**	**5804358**	**3504454**	**1044003**
南宁市	Nanning	50892	27094	1167542	355221	328045
柳州市	Liuzhou	44143	9437	832719	550530	132645
桂林市	Guilin	12849	6739	289399	91729	92620
梧州市	Wuzhou	7029	2913	261215	180395	33919
北海市	Beihai	6623	3313	383394	228716	71913
防城港市	Fangchenggang	4147	1536	403075	309589	36317
钦州市	Qinzhou	5091	2198	370296	210167	57968
贵港市	Guigang	5115	3165	424338	295465	75844
玉林市	Yulin	6155	3439	227119	101104	67389
百色市	Baise	3404	1998	298277	235374	35210
贺州市	Hezhou	2379	1220	480782	398215	49829
河池市	Hechi	2486	1679	22515	13406	5450
来宾市	Laibin	2446	1863	547943	475596	41426
崇左市	Chongzuo	1497	760	95744	58947	15428

2-42 续表 6 continued

城市	City	供水总量 (万吨) Water Supply (10 000 tons)	居民生活用水量 Water Consumption for Residential Use	全社会用电量 (万千瓦时) Annual Electricity Consumption (10 000 kwh)	工业用电 Electricity Consumption for Industrial	城乡居民生活用电 Household Electricity Consumption for Urban and Rural Residential
海南省	**Hainan**	**32392**	**14159**	**977679**	**209218**	**215889**
海口市	Haikou	20876	10181	650243	160917	123863
三亚市	Sanya	11516	3978	327436	48301	92026
三沙市	Sansa					
儋州市	Danzhou					
重庆市	**Chongqing**	**121494**	**58128**	**7590866**	**4940621**	**1145471**
四川省	**Sichuan**	**186021**	**96382**	**8429568**	**4734858**	**1552281**
成都市	Chengdu	86841	48215	2951764	996308	732908
自贡市	Zigong	5948	2786	208588	108891	52074
攀枝花市	Panzhihua	12762	3357	856304	758440	45846
泸州市	Luzhou	7966	4267	402039	264677	74499
德阳市	Deyang	5977	2489	264797	161756	46610
绵阳市	Mianyang	10357	5852	489624	270013	95624
广元市	Guangyuan	3898	2263	385477	284763	38356
遂宁市	Suining	5808	2104	189834	81691	42644
内江市	Neijiang	4498	2509	155037	64238	49242
乐山市	Leshan	5112	3148	765632	590343	88739
南充市	Nanchong	8550	4250	249609	138932	69692
眉山市	Meishan	3803	1889	188956	102138	44764
宜宾市	Yibin	6675	3338	328918	193891	
广安市	Guang'an	2470	1174	167190	132699	17016
达州市	Dazhou	5400	4300	409963	340754	47791
雅安市	Ya'an	2561	1276	245397	182043	41417
巴中市	Bazhong	4910	2017	70855	16924	32033
资阳市	Ziyang	2487	1149	99584	46357	33026
贵州省	**Guizhou**	**31714**	**6167**	**1334960**	**804658**	**232115**
贵阳市	Guiyang					
六盘水市	Liupanshui	3237	1728			
遵义市	Zunyi	6159		437513	208505	113020
安顺市	Anshun	3466	1539	430770	297683	33476
毕节市	Bijie	2680	1103	183573	80840	61152
铜仁市	Tongren	16172	1797	283104	217630	24467
云南省	**Yunnan**	**56822**	**21994**	**1013422**	**675703**	**184520**
昆明市	Kunming	41524	14239			
曲靖市	Qujing	4581	2391	249759	172798	42778
玉溪市	Yuxi	2647	1398	339855	309000	30855
保山市	Baoshan	2001	880	109792	64215	34571
昭通市	Zhaotong	1607	1036	135764	56566	33034
丽江市	Lijiang	2078	605	52392	6596	12679
普洱市	Pu'er	1660	885	80145	42782	17307
临沧市	Lincang	723	560	45715	23746	13296

2-42 续表 7 continued

城 市	City	供水总量 (万吨) Water Supply (10 000 tons)	居民生活用水量 Water Consumption for Residential Use	全社会用电量 (万千瓦时) Annual Electricity Consumption (10 000 kwh)	工业用电 Electricity Consumption for Industrial	城乡居民生活用电 Household Electricity Consumption for Urban and Rural Residential
西藏自治区	**Tibet**	**13191**	**5533**			
拉萨市	Lasa	13191	5533			
陕西省	**Shaanxi**	**89912**	**43308**	**4263243**	**1783270**	**1081403**
西安市	Xi'an	53237	29138	2434927	777750	739670
铜川市	Tongchuan	1732	751	271006	205758	32200
宝鸡市	Baoji	7127	3500	410478	252604	63125
咸阳市	Xianyang	10355	3577	155040	77986	36971
渭南市	Weinan	7533	1557	96722	24131	37885
延安市	Yan'an	2208	969	183719	128504	31796
汉中市	Hanzhong	2735	1347	90620	15201	38289
榆林市	Yulin	2688	1024	402184	267564	32201
安康市	Ankang	1397	925	179373	28628	51940
商洛市	Shangluo	900	520	39174	5144	17326
甘肃省	**Gansu**	**51532**	**21125**	**3178511**	**2050372**	**305223**
兰州市	Lanzhou	24735	10370	1315450	854660	146989
嘉峪关市	Jiayuguan	3746	374	254000	247000	7000
金昌市	Jinchang	2748	909			
白银市	Baiyin	7805	3358	735853	522537	32458
天水市	Tianshui	3265	1798			
武威市	Wuwei	2058	1303	125402	49080	22824
张掖市	Zhangye	1870	821	274825	92188	15824
平凉市	Pingliang	1173	497	117544	72277	19075
酒泉市	Jiuquan	2263	780	116700	72200	16500
庆阳市	Qingyang	745	419	171967	127180	18478
定西市	Dingxi	643	241	24800	2800	10700
陇南市	Longnan	481	256	41970	10450	15375
青海省	**Qinghai**	**15491**	**7149**	**1425438**	**1134429**	**121412**
西宁市	Xining	15491	7149	1067170	810018	108828
海东市	Haidong			358268	324411	12584
宁夏回族自治区	**Ningxia**	**20081**	**6603**	**2256405**	**1955351**	**73038**
银川市	Yinchuan	10824	2586			
石嘴山市	Shizuishan	4283	2068	1176297	1024108	21124
吴忠市	Wuzhong	2961	1058	186073	153507	11162
固原市	Guyuan	990	417	95729	49285	14567
中卫市	Zhongwei	1023	474	798306	728451	26185
新疆维吾尔自治区	**Xinjiang**	**42976**	**15637**	**2107291**	**1498276**	**214913**
乌鲁木齐市	Urumqi	29805	13820	1615085	1072985	184200
克拉玛依市	Karamay	13171	1817	492206	425291	30713

2-43 煤气及液化石油气供应及利用情况(市辖区)
Supply and Consumption of Coal Gas and Liquefied Petroleum Gas (Districts under City)

城　市	City	供气总量(人工、天然气)(万立方米) Total Gas Supply (Coal Gas, Natural Gas) (10 000 cubic meters)	家庭用量 Consumption of Gas for Residential Use	用气人口(人) Population with Access To Gas (person)	液化石油气供气总量(吨) Liquefied Petroleum Gas Supply (ton)	家庭用量 Consumption of Liquefied Petroleum Gas for Residential Use	用液化气人口(人) Population with Access To Liquefied Petroleum Gas (person)
城市合计	**Prefecture Cities**	**9343344**	**1932069**	**267020757**	**9108015**	**4742025**	**104529287**
北京市	**Beijing**	**1417557**	**137199**	**14458200**	**576306**	**189188**	**4318800**
天津市	**Tianjin**	**297416**	**36695**	**10281022**	**50494**	**28844**	**350389**
河北省	**Hebei**	**284602**	**54663**	**11253800**	**85841**	**49311**	**1867000**
石家庄市	Shijiazhuang	100133	13395	2325300	41695	8376	496400
唐山市	Tangshan	50445	6475	1896900	10087	7921	80000
秦皇岛市	Qinhuangdao	36591	2883	865000	1912	1482	91400
邯郸市	Handan	20959	7476	1550200	671	666	37600
邢台市	Xingtai	5426	176	862400	5677	5597	80000
保定市	Baoding	22618	10525	1566900	10147	9820	326900
张家口市	Zhangjiakou	5584	3500	432000	3134	3134	90000
承德市	Chengde	5531	1763	568600	3782	3579	366900
沧州市	Cangzhou	8172	1226	450000	3236	3236	130000
廊坊市	Langfang	25884	6883	512000	2650	2650	28000
衡水市	Hengshui	3259	361	224500	2850	2850	139800
山西省	**Shanxi**	**240745**	**53003**	**8449043**	**57399**	**43793**	**886654**
太原市	Taiyuan	83000	13913	3343600	30317	30223	415500
大同市	Datong	12815	4105	1202200	9157	2833	13264
阳泉市	Yangquan	82124	14855	589000	650	540	10000
长治市	Changzhi	5895	1705	558500	3774	3650	129000
晋城市	Jincheng	11774	2533	415600	1942	1260	62000
朔州市	Shuozhou	5151	2176	357800	1300	680	24700
晋中市	Jinzhong	10403	1894	438500	1993	950	51700
运城市	Yuncheng	8301	2982	425700			
忻州市	Xinzhou	7702	4318	248251	4045	2180	55890
临汾市	Linfen	11758	3234	613692	4221	1477	124600
吕梁市	Lvliang	1822	1288	256200			
内蒙古自治区	**Inner Mongolia**	**134236**	**26793**	**5381358**	**28573**	**26658**	**1302330**
呼和浩特市	Hohhot	50728	6386	1859300	160	136	20000
包头市	Baotou	54090	9083	1633000	6775	6763	186400
乌海市	Wuhai	4298	1847	496800			
赤峰市	Chifeng	2313	1515	205700	15816	14230	743600
通辽市	Tongliao	1967	683	384000	576	461	50000
鄂尔多斯市	Erdos	11131	2942	433120	650	650	60030
呼伦贝尔市	Hulunbuir	507	358	63100	4596	4418	242300
巴彦淖尔市	Bayannur	5502	464	190038			
乌兰察布市	Ulanqab	3700	3515	116300			
辽宁省	**Liaoning**	**196746**	**77238**	**15054800**	**404251**	**152183**	**3354300**
沈阳市	Shenyang	55510	18972	4627100	127590	20400	525000
大连市	Dalian	25197	18285	2318500	157912	52580	932000

2-43 续表 1 continued

城 市	City	供气总量（人工、天然气）（万立方米）Total Gas Supply (Coal Gas, Natural Gas) (10 000 cubic meters)	家庭用量 Consumption of Gas for Residential Use	用气人口（人）Population with Access To Gas (person)	液化石油气供气总量（吨）Liquefied Petroleum Gas Supply (ton)	家庭用量 Consumption of Liquefied Petroleum Gas for Residential Use	用液化气人口（人）Population with Access To Liquefied Petroleum Gas (person)
鞍山市	Anshan	19882	9707	1492000	5100	5100	90000
抚顺市	Fushun	43489	6198	729000	38374	24461	560000
本溪市	Benxi	4155	1662	794300	4358	2170	110000
丹东市	Dandong	5645	3618	702300	13680	4666	29000
锦州市	Jinzhou	10170	6701	943000	4	4	10000
营口市	Yingkou	2441	1588	720000	6005	6000	250000
阜新市	Fuxin	4893	1718	490000	5221	4850	170000
辽阳市	Liaoyang	8222	1218	417300	11315	11315	354500
盘锦市	Panjin	2542	2345	541000	13503	13422	190000
铁岭市	Tieling	4580	2537	340000	2850	1365	100000
朝阳市	Chaoyang	1175	734	478200	5674	3800	
葫芦岛市	Huludao	8845	1955	462100	12665	2050	33800
吉林省	**Jilin**	**103545**	**35823**	**6306100**	**92640**	**33885**	**1533400**
长春市	Changchun	50075	24026	3653300	37743	7634	316900
吉林市	Jilin	34328	4228	1115400	32913	6800	135500
四平市	Siping	3154	2310	506400	2230	2130	113600
辽源市	Liaoyuan	1507	40	114000	2064	1002	337000
通化市	Tonghua	3752	2575	410000	2037	1300	50000
白山市	Baishan	498	240	104000	4215	3585	233400
松原市	Songyuan	8030	2204	343000	6434	6434	137000
白城市	Baicheng	2201	200	60000	5004	5000	210000
黑龙江省	**Heilongjiang**	**120889**	**32689**	**8135320**	**238023**	**68355**	**2207611**
哈尔滨市	Harbin	58427	12674	4180000	72000	21000	400000
齐齐哈尔市	Qiqihar	20421	3626	1056820	47010	3000	31211
鸡西市	Jixi	35	31	12000	5852	4638	185000
鹤岗市	Hegang	1017	999	162100	7782	6305	193400
双鸭山市	Shuangyashan	975	740	114000	3250	3250	140000
大庆市	Daqing	27500	8594	1430000	63930	5270	130000
伊春市	Yichun				8801	7198	289000
佳木斯市	Jiamusi	4300	1550	502400	6000	2000	60000
七台河市	Qitaihe	3568	1728	226700	1311	1286	50000
牡丹江市	Mudanjiang	2719	1182	266000	17841	10564	410000
黑河市	Heihe				2400	2270	132000
绥化市	Suihua	1927	1565	185300	1846	1574	187000
上海市	**Shanghai**	**740085**	**137017**	**15941861**	**424112**	**252347**	**8210839**
江苏省	**Jiangsu**	**639436**	**127320**	**19270900**	**408599**	**232636**	**5057800**
南京市	Nanjing	104382	31803	4647000	88285	50481	1493000
无锡市	Wuxi	69963	16091	2239900	39995	20753	223100
徐州市	Xuzhou	26582	7256	1395300	26856	19714	450200
常州市	Changzhou	77578	10447	1743100	11069	3460	46600

2-43 续表 2 continued

城　　市	City	供气总量（人工、天然气）（万立方米）Total Gas Supply (Coal Gas, Natural Gas) (10 000 cubic meters)	家庭用量 Consumption of Gas for Residential Use	用气人口（人）Population with Access To Gas (person)	液化石油气供气总量（吨）Liquefied Petroleum Gas Supply (ton)	家庭用量 Consumption of Liquefied Petroleum Gas for Residential Use	用液化气人口（人）Population with Access To Liquefied Petroleum Gas (person)
苏州市	Suzhou	200918	23225	2805300	87259	17244	192800
南通市	Nantong	23415	4645	1293300	23129	13279	331200
连云港市	Lianyungang	12565	5735	750100	11882	9432	299200
淮安市	Huai'an	21042	8265	958600	28156	23985	502700
盐城市	Yancheng	14459	4191	1011000	27188	21020	340500
扬州市	Yangzhou	18812	6544	898200	19333	16863	189100
镇江市	Zhenjiang	34581	4296	628200	15916	10842	260800
泰州市	Taizhou	20363	3096	459200	21284	18117	469500
宿迁市	Suqian	14776	1726	441700	8247	7446	259100
浙江省	**Zhejiang**	**270760**	**51293**	**8337500**	**484574**	**304949**	**6834800**
杭州市	Hangzhou	77842	20659	4091400	123762	60812	1146600
宁波市	Ningbo	68377	9862	988300	110059	57424	913400
温州市	Wenzhou	3947	173	90000	44773	30084	1838100
嘉兴市	Jiaxing	17456	4203	710400	28570	12634	70500
湖州市	Huzhou	18210	1785	312000	4831	3149	590000
绍兴市	Shaoxing	61814	10982	845100	30104	23729	613000
金华市	Jinhua	5565	474	140900	27992	23695	512100
衢州市	Quzhou	8804	1062	271800	5475	5002	82900
舟山市	Zhoushan	2923	1504	500700	27158	27158	76900
台州市	Taizhou	5822	589	386900	66601	47116	646500
丽水市	Lishui				15249	14146	344800
安徽省	**Anhui**	**220977**	**62270**	**11067200**	**712535**	**86739**	**2380800**
合肥市	Hefei	52333	20930	3545200	30000	15000	235600
芜湖市	Wuhu	32568	6449	1290700	17349	10465	87000
蚌埠市	Bengbu	27660	8930	809800	2000	2000	140000
淮南市	Huainan	8869	3888	735000	10980	10620	295000
马鞍山市	Maanshan	22237	4408	721800			
淮北市	Huaibei	8108	2257	636200	9865	9505	167200
铜陵市	Tongling	16836	2131	474000	134	35	1300
安庆市	Anqing	6058	1310	665000	597844	1366	30000
黄山市	Huangshan	1062	164	49400	11374	11034	322000
滁州市	Chuzhou	14133	1942	364900	4524	3179	46100
阜阳市	Fuyang	7040	2828	494500	5415	3911	190000
宿州市	Suzhou	4664	1962	352600	6000	6000	228000
六安市	Lu'an	6162	966	297000	6700	6700	289600
亳州市	Bozhou	4306	1839	221900	3915	2260	80000
池州市	Chizhou	2300	2056	243200	2755	1914	59000
宣城市	Xuancheng	6641	210	166000	3680	2750	210000
福建省	**Fujian**	**69578**	**12795**	**3919579**	**238953**	**126455**	**5048000**
福州市	Fuzhou	18925	5246	1680800	54509	19547	729200

2-43 续表 3 continued

城 市	City	供气总量（人工、天然气）（万立方米） Total Gas Supply (Coal Gas, Natural Gas) (10 000 cubic meters)	家庭用量 Consumption of Gas for Residential Use	用气人口（人） Population with Access To Gas (person)	液化石油气供气总量（吨） Liquefied Petroleum Gas Supply (ton)	家庭用量 Consumption of Liquefied Petroleum Gas for Residential Use	用液化气人口（人） Population with Access To Liquefied Petroleum Gas (person)
厦门市	Xiamen	25042	3247	1189769	83869	32048	1690000
莆田市	Putian	7284	510	168800	16057	13797	455200
三明市	Sanming	3000	2305	213800	1505	1461	7900
泉州市	Quanzhou	8511	554	280910	43316	23673	1136200
漳州市	Zhangzhou	3446	455	161100	15495	12392	340000
南平市	Nanping	2244	12	4400	8480	8280	240000
龙岩市	Longyan	523	268	93000	10002	9600	323200
宁德市	Ningde	603	198	127000	5720	5657	126300
江西省	**Jiangxi**	**100399**	**23162**	**4770500**	**199939**	**171306**	**3521400**
南昌市	Nanchang	23932	7487	1773500	46283	41359	747900
景德镇市	Jingdezhen	25853	2150	301100	20203	18402	190000
萍乡市	Pingxiang	18835	3969	312800	17300	13800	133000
九江市	Jiujiang	8079	1834	302200	15000	10000	360000
新余市	Xinyu	4943	2480	460000	1104	1090	6800
鹰潭市	Yingtan	376	116	42000	6314	4000	175000
赣州市	Ganzhou	6910	1820	638600	15330	15016	640700
吉安市	Ji'an	1536	1056	293100	14091	9892	133100
宜春市	Yichun	5799	1003	250000	20558	19106	294000
抚州市	Fuzhou	2875	428	230000	23356	23356	330000
上饶市	Shangrao	1261	819	167200	20400	15285	510900
山东省	**Shandong**	**493883**	**130223**	**18051750**	**261478**	**151085**	**3721000**
济南市	Jinan	60852	15243	2260000	39200	14470	770000
青岛市	Qingdao	70311	18631	309300	35255	16385	289300
淄博市	Zibo	84547	16861	1504800	36495	16122	172200
枣庄市	Zaozhuang	9841	3555	851800	6045	4710	116200
东营市	Dongying	27931	13116	579600	9274	8767	98000
烟台市	Yantai	25572	6684	1466200	27812	7419	170600
潍坊市	Weifang	23772	4350	1049802	8590	8590	238100
济宁市	Jining	20930	2985	1276000	6390	6388	87400
泰安市	Tai'an	21273	8293	652000	2813	1600	21000
威海市	Weihai	10333	2826	929300	9440	1000	27500
日照市	Rizhao	14348	5820	384400	12416	10263	287200
莱芜市	Laiwu	9241	1463	300600	13353	9873	308900
临沂市	Linyi	52080	16087	1378000	39854	31508	580000
德州市	Dezhou	20387	4593	829500	6680	6640	39700
聊城市	Liaocheng	13703	3019	764400	1400	1120	95000
滨州市	Binzhou	13076	3426	589800	4812	4800	249500
菏泽市	Heze	15686	3271	142548	1649	1430	170400
河南省	**Henan**	**333376**	**100217**	**14013861**	**174775**	**139681**	**4281400**
郑州市	Zhengzhou	106894	34280	5130000	61615	43166	950000

2-43 续表 4 continued

城 市	City	供气总量(人工、天然气)(万立方米) Total Gas Supply (Coal Gas, Natural Gas) (10 000 cubic meters)	家庭用量 Consumption of Gas for Residential Use	用气人口(人) Population with Access To Gas (person)	液化石油气供气总量(吨) Liquefied Petroleum Gas Supply (ton)	家庭用量 Consumption of Liquefied Petroleum Gas for Residential Use	用液化气人口(人) Population with Access To Liquefied Petroleum Gas (person)
开封市	Kaifeng	11100	10095	797600	11100	10095	243000
洛阳市	Luoyang	22306	3606	1531000	20316	18200	312000
平顶山市	Pingdingshan	9321	3000	850000			
安阳市	Anyang	61477	6573	640100	6890	3250	71800
鹤壁市	Hebi	3832	2095	400000	1436	1436	43000
新乡市	Xinxiang	14891	9145	723000	1100	1100	32000
焦作市	Jiaozuo	17922	6135	741000			
濮阳市	Puyang	11973	4100	500000			
许昌市	Xuchang	6236	3330	274000	6943	6910	173000
漯河市	Luohe	9184	4794	642561	14400	9000	800000
三门峡市	Sanmenxia	11114	408	175000	2371	2070	140000
南阳市	Nanyang	15666	3297	593000	17758	17723	570000
商丘市	Shangqiu	6971	1381	300700	14036	11981	470000
信阳市	Xinyang	10955	3977	282200	9540	7490	204800
周口市	Zhoukou	7518	1254	194200	4000	4000	161800
驻马店市	Zhumadian	6016	2747	239500	3270	3260	110000
湖北省	**Hubei**	**272268**	**56324**	**10103100**	**279512**	**100021**	**3423300**
武汉市	Wuhan	152000	27360	5200000	180000	29700	1140000
黄石市	Huangshi	20726	1526	426900	33819	8710	427100
十堰市	Shiyan	3664	1565	543000	9609	9370	202000
宜昌市	Yichang	15611	4548	770100	4317	4316	90000
襄阳市	Xiangyang	19830	5925	999000	12626	11316	155000
鄂州市	Ezhou	3950	1700	135100	7110	5800	273900
荆门市	Jingmen	10541	2168	360000	5808	5773	136200
孝感市	Xiaogan	5800	1200	195000	9072	9072	290000
荆州市	Jingzhou	21512	3367	553000	5910	5910	220000
黄冈市	Huanggang	5858	4263	310000	3138	2835	103000
咸宁市	Xianning	10391	1907	163300	5131	4800	225900
随州市	Suizhou	2385	795	447700	2972	2419	160200
湖南省	**Hunan**	**343430**	**57288**	**8296180**	**254105**	**197416**	**3821174**
长沙市	Changsha	91940	27409	3180000	115838	94859	1080000
株洲市	Zhuzhou	22102	6663	1064500	4200	3300	33900
湘潭市	Xiangtan	150060	3665	581800	9765	9320	200000
衡阳市	Hengyang	14856	4519	838000	12800	7600	410000
邵阳市	Shaoyang	2912	2139	99700	4700	4100	67000
岳阳市	Yueyang	16297	4300	595000	4125	4120	11500
常德市	Changde	30864	2858	648000	11925	10217	538974
张家界市	Zhangjiajie	1059	339	69600	10900	5360	135000
益阳市	Yiyang	6118	1853	482880	7865	5675	64300
郴州市	Chenzhou	3044	890	222900	18000	18000	372700

2-43 续表 5 continued

城 市	City	供气总量(人工、天然气)(万立方米) Total Gas Supply (Coal Gas, Natural Gas) (10 000 cubic meters)	家庭用量 Consumption of Gas for Residential Use	用气人口(人) Population with Access To Gas (person)	液化石油气供气总量(吨) Liquefied Petroleum Gas Supply (ton)	家庭用量 Consumption of Liquefied Petroleum Gas for Residential Use	用液化气人口(人) Population with Access To Liquefied Petroleum Gas (person)
永州市	Yongzhou	938	438	69600	10418	9317	452800
怀化市	Huaihua	473	3	110000	37299	22598	320000
娄底市	Loudi	2767	2212	334200	6270	2950	135000
广东省	**Guangdong**	**803113**	**112267**	**19102364**	**3235808**	**1842740**	**28660714**
广州市	Guangzhou	174629	28785	6081700	970634	468499	6355400
韶关市	Shaoguan	2748	1436	255000	57500	54900	290000
深圳市	Shenzhen	312676	34624	5562025	363490	242896	5583814
珠海市	Zhuhai	12275	5895	520000	210900	100000	
汕头市	Shantou	2500	271	87300	309000	258000	4996000
佛山市	Foshan	125316	8637		314721	156950	
江门市	Jiangmen	10664	387	226700	64490	37547	901100
湛江市	Zhanjiang	9838	1596	539100	40100	35000	336500
茂名市	Maoming	1439	574	3021	41415	15683	686000
肇庆市	Zhaoqing						
惠州市	Huizhou	11659	4995	897600	68840	54510	713800
梅州市	Meizhou	979	676	122500	22160	22156	311300
汕尾市	Shanwei	173	82	25300	10075	10075	203000
河源市	Heyuan	1301	578	162400	31562	31025	160800
阳江市	Yangjiang	1466	524	123700	132688	15330	789000
清远市	Qingyuan	6385	1275	328300	19975	14191	482000
东莞市	Dongguan	73866	16400	1938600	289410	234500	4243300
中山市	Zhongshan	10714	2726	519100	35926	20092	197900
潮州市	Chaozhou	41160	6	1530718	228396	53637	1528600
揭阳市	Jieyang	2856	2511	49300	19226	14849	738200
云浮市	Yunfu	469	289	130000	5300	2900	144000
广西壮族自治区	**Guangxi**	**41786**	**18936**	**3627335**	**229133**	**180143**	**5218686**
南宁市	Nanning	18745	6656	1555400	53061	42337	1313700
柳州市	Liuzhou	10053	6376	927000	46832	19867	629000
桂林市	Guilin	4075	1657	374000	20879	19459	566000
梧州市	Wuzhou	1319	564	130400	6529	6520	448900
北海市	Beihai	2941	1095	117000	19502	14500	420000
防城港市	Fangchenggang	446	320	41000	10428	9626	140100
钦州市	Qinzhou	741	431	120915	10143	10019	200021
贵港市	Guigang	804	466	119200	12605	12600	271000
玉林市	Yulin	2176	1075	196000	29351	26350	475000
百色市	Baise	110	41	15000	5200	5150	125000
贺州市	Hezhou	13	5	2300	6850	6566	175900
河池市	Hechi	1	1	1173			120000
来宾市	Laibin	333	220	16747	4354	3751	214065
崇左市	Chongzuo	29	29	11200	3399	3398	120000

2-43 续表 6 continued

城 市	City	供气总量(人工、天然气)(万立方米) Total Gas Supply (Coal Gas, Natural Gas) (10 000 cubic meters)	家庭用量 Consumption of Gas for Residential Use	用气人口(人) Population with Access To Gas (person)	液化石油气供气总量(吨) Liquefied Petroleum Gas Supply (ton)	家庭用量 Consumption of Liquefied Petroleum Gas for Residential Use	用液化气人口(人) Population with Access To Liquefied Petroleum Gas (person)
海南省	**Hainan**	**18937**	**4290**	**1350853**	**58593**	**29550**	**71900**
海口市	Haikou	11303	3345	1060853	50943	28398	
三亚市	Sanya	7634	945	290000	7650	1152	71900
三沙市	Sansa						
儋州市	Danzhou						
重庆市	**Chongqing**	**349378**	**131562**	**11805600**	**76435**	**32805**	**950500**
四川省	**Sichuan**	**726215**	**209133**	**14632545**	**153646**	**80914**	**811356**
成都市	Chengdu	227092	99127	4886000	104422	48345	299000
自贡市	Zigong	27461	13538	1126700	1070	310	12940
攀枝花市	Panzhihua	165757	6154	530800	6649	5514	145800
泸州市	Luzhou	80524	10835	1036900	2149	1594	26500
德阳市	Deyang	52238	5540	480000	2590	2025	28000
绵阳市	Mianyang	39936	13259	1186900	4158	3250	50000
广元市	Guangyuan	9503	4555	369000	1415	1220	41300
遂宁市	Suining	14254	7061	632100			
内江市	Neijiang	11568	4108	562000	15360	6834	5900
乐山市	Leshan	22802	6594	696000	120	13	500
南充市	Nanchong	17320	7567	103000	5825	4750	50000
眉山市	Meishan	6093	3608	368400	771	737	2000
宜宾市	Yibin	16149	5551	626500	408	272	12400
广安市	Guang'an	7153	3797	289045			
达州市	Dazhou	11000	7000	780000	500	50	2500
雅安市	Ya'an	5298	3389	264000			
巴中市	Bazhong	7200	5400	463200	4300	3500	42516
资阳市	Ziyang	4867	2050	232000	3909	2500	92000
贵州省	**Guizhou**	**31502**	**13415**	**2708900**	**59889**	**53555**	**1231400**
贵阳市	Guiyang	20500	8658	2097800	42000	42000	720000
六盘水市	Liupanshui	5540	2820	310000	3000	2969	12000
遵义市	Zunyi	1722			1200		
安顺市	Anshun	1712	1164	178100	11939	7286	199400
毕节市	Bijie	1028	123	51000			
铜仁市	Tongren	1000	650	72000	1750	1300	300000
云南省	**Yunnan**	**33383**	**17035**	**3352400**	**187140**	**54168**	**2111400**
昆明市	Kunming	30542	16275	2418900	167386	36631	1079700
曲靖市	Qujing	1481	113	551200	4100	4100	296000
玉溪市	Yuxi	438	9	105000	4575	3730	173000
保山市	Baoshan	546	392	69000	2171	800	120000
昭通市	Zhaotong	295	165	178300	285	285	32900
丽江市	Lijiang	81	81	30000	2996	2995	121800
普洱市	Pu'er				1507	1507	178000
临沧市	Lincang				4120	4120	110000

2-43 续表 7 continued

城市	City	供气总量(人工、天然气)(万立方米) Total Gas Supply (Coal Gas, Natural Gas) (10 000 cubic meters)	家庭用量 Consumption of Gas for Residential Use	用气人口(人) Population with Access To Gas (person)	液化石油气供气总量(吨) Liquefied Petroleum Gas Supply (ton)	家庭用量 Consumption of Liquefied Petroleum Gas for Residential Use	用液化气人口(人) Population with Access To Liquefied Petroleum Gas (person)
西藏自治区	**Tibet**						
拉萨市	Lasa						
陕西省	**Shaanxi**	**298192**	**98424**	**7427510**	**27961**	**18747**	**476820**
西安市	Xi'an	193039	63053	4218600	1975	1198	20000
铜川市	Tongchuan	12851	3271	322800	1020	450	77500
宝鸡市	Baoji	20744	5379	815200	200	175	14000
咸阳市	Xianyang	23032	8382	898900	8650	4921	57300
渭南市	Weinan	5863	2623	157420	6935	6054	168700
延安市	Yan'an	14044	5642	324800	6001	3009	
汉中市	Hanzhong						
榆林市	Yulin	24820	8112	338000			
安康市	Ankang	922	411	207600	2465	2400	110000
商洛市	Shangluo	2877	1551	144190	715	540	29320
甘肃省	**Gansu**	**143478**	**28025**	**3116510**	**53207**	**47420**	**2209914**
兰州市	Lanzhou	125501	20817	1894200	28897	28600	132000
嘉峪关市	Jiayuguan	1800	1660	210100	46	17	9500
金昌市	Jinchang	1670	166	78000	315	108	58000
白银市	Baiyin	6270	2700	248200	1850	1850	116900
天水市	Tianshui	2410	512	230000	6169	6169	270000
武威市	Wuwei	2508	419	14000	3585	1280	90000
张掖市	Zhangye	906	905	90500	3800	3538	85000
平凉市	Pingliang	790	218	141300	4257	2840	1133000
酒泉市	Jiuquan	686	212	134510	900	900	19824
庆阳市	Qingyang	665	220	52000	1800	630	126890
定西市	Dingxi	67	1	3100	648	568	147800
陇南市	Longnan	205	195	20600	940	920	21000
青海省	**Qinghai**	**118871**	**17858**	**1151800**	**3989**	**3875**	**125400**
西宁市	Xining	113871	16383	1109800	3881	3875	115400
海东市	Haidong	5000	1475	42000	108		10000
宁夏回族自治区	**Ningxia**	**190428**	**27836**	**1934587**	**11868**	**8875**	**362500**
银川市	Yinchuan	162000	19785	1248000	6570	5528	135000
石嘴山市	Shizuishan	12322	4368	416000	211	211	10000
吴忠市	Wuzhong	6266	2878	122000	2833	1300	90000
固原市	Guyuan	241	241	25487	843	691	100000
中卫市	Zhongwei	9599	564	123100	1411	1145	27500
新疆维吾尔自治区	**Xinjiang**	**308133**	**41276**	**3313300**	**38237**	**34381**	**177700**
乌鲁木齐市	Urumqi	279168	37752	2969300	35563	31712	145000
克拉玛依市	Karamay	28965	3524	344000	2674	2669	32700

2-44 道路面积及公共汽车、出租车拥有情况(市辖区)
Area of Paved Roads, Number of Public Transportation Vehicles and Taxis (Districts under City)

城　市	City	年末实有城市道路面积(万平方米) Area of City Paved Roads at Year-end (10 000 sq.m)	年末实有公共汽(电)车营运车辆数(辆) Number of Buses and Trolley Buses under Operation at Year-end (unit)	全年公共汽(电)车客运总量(万人次) Total Annual Volume of Passengers Transported by Buses and Trolley Buses (10 000 person-times)	年末实有出租汽车数(辆) Number of Taxis at Year-end (unit)	每万人拥有公共汽车(辆) Number of Public Transportation Vehicles per 10 000 Population (unit)	人均城市道路面积(平方米) Per Capita Area of Paved Roads in City (sq.m)
城市合计	**Prefecture Cities**	**550789**	**475797**	**6467785**	**929373**	**10.66**	**12.34**
北京市	**Beijing**	**10029**	**23287**	**406003**	**68284**	**17.31**	**7.46**
天津市	**Tianjin**	**14019**	**11619**	**157002**	**31940**	**11.31**	**13.65**
河北省	**Hebei**	**23915**	**23027**	**200359**	**55135**	**12.95**	**13.45**
石家庄市	Shijiazhuang	5366	4403	58686	7645	10.73	13.08
唐山市	Tangshan	3098	3031	26693	7353	9.07	9.27
秦皇岛市	Qinhuangdao	2137	815	10698	3619	5.80	15.21
邯郸市	Handan	3161	3695	25196	7258	21.03	17.99
邢台市	Xingtai	1519	2184	12192	4677	24.78	17.23
保定市	Baoding	3878	3316	18489	6568	11.75	13.74
张家口市	Zhangjiakou	1375	1917	18036	5756	21.01	15.07
承德市	Chengde	734	723	13455	2540	12.12	12.31
沧州市	Cangzhou	968	1832	8624	7811	33.33	17.61
廊坊市	Langfang	937	556	4887	556	6.54	11.02
衡水市	Hengshui	742	555	3404	1352	9.93	13.27
山西省	**Shanxi**	**12150**	**7424**	**138325**	**26676**	**7.56**	**12.37**
太原市	Taiyuan	4140	2871	51071	8719	10.07	14.52
大同市	Datong	2058	983	22000	5038	6.26	13.11
阳泉市	Yangquan	643	787	17739	2236	11.24	9.18
长治市	Changzhi	736	731	12245	1801	9.95	10.02
晋城市	Jincheng	577	459	6468	1453	12.16	15.28
朔州市	Shuozhou	675	184	495	1273	2.76	10.11
晋中市	Jinzhong	965	390	13289	1330	6.37	15.76
运城市	Yuncheng	716	366	5200	1801	5.37	10.50
忻州市	Xinzhou	583	112	2580	713	2.07	10.77
临汾市	Linfen	713	425	5814	1862	5.25	8.81
吕梁市	Lvliang	344	116	1424	450	4.14	12.27
内蒙古自治区	**Inner Mongolia**	**15772**	**6654**	**92984**	**29765**	**9.64**	**22.85**
呼和浩特市	Hohhot	2506	1884	40366	6568	14.48	19.26
包头市	Baotou	2852	1387	17173	6379	8.91	18.33
乌海市	Wuhai	1429	398	4742	1054	8.95	32.12
赤峰市	Chifeng	2175	622	17430	3788	4.95	17.29
通辽市	Tongliao	1189	567	402	2589	6.64	13.92
鄂尔多斯市	Erdos	2949	510	5015	3540	18.16	105.02
呼伦贝尔市	Hulunbuir	772	467	2456	2432	12.62	20.86
巴彦淖尔市	Bayannur	1013	121	1731	1238	2.33	19.47
乌兰察布市	Ulanqab	887	698	3670	2177	22.09	28.07
辽宁省	**Liaoning**	**23858**	**20296**	**380929**	**72534**	**10.61**	**12.47**
沈阳市	Shenyang	9017	5381	104971	17844	10.16	17.02
大连市	Dalian	4553	5304	102596	11243	17.40	14.93

2-44 续表 1 continued

城 市	City	年末实有城市道路面积(万平方米) Area of City Paved Roads at Year-end (10 000 sq.m)	年末实有公共汽(电)车营运车辆数(辆) Number of Buses and Trolley Buses under Operation at Year-end (unit)	全年公共汽(电)车客运总量(万人次) Total Annual Volume of Passengers Transported by Buses and Trolley Buses (10 000 person-times)	年末实有出租汽车数(辆) Number of Taxis at Year-end (unit)	每万人拥有公共汽车(辆) Number of Public Transportation Vehicles per 10 000 Population (unit)	人均城市道路面积(平方米) Per Capita Area of Paved Roads in City (sq.m)
鞍山市	Anshan	1705	1790	28359	5375	11.93	11.36
抚顺市	Fushun	1403	1188	25000	4977	8.41	9.93
本溪市	Benxi	1042	715	26898	2744	7.73	11.26
丹东市	Dandong		931	13554	3354	11.94	
锦州市	Jinzhou	1120	631	13330	3904	6.49	11.52
营口市	Yingkou	720	882	13223	3091	9.51	7.76
阜新市	Fuxin	967	403	6823	2771	5.27	12.65
辽阳市	Liaoyang	1376	590	9514	2611	6.77	15.78
盘锦市	Panjin	952	491	9721	3238	7.61	14.76
铁岭市	Tieling		667	7905	4163	15.33	
朝阳市	Chaoyang	422	289	5620	1971	4.73	6.91
葫芦岛市	Huludao	581	1034	13414	5248	10.98	6.17
吉林省	**Jilin**	**12553**	**8400**	**131143**	**31820**	**9.03**	**13.49**
长春市	Changchun	7655	4852	71684	15401	11.13	17.55
吉林市	Jilin	1595	1300	26041	5259	7.15	8.77
四平市	Siping	678	337	5238	3062	5.77	11.61
辽源市	Liaoyuan	531	395	5298	1201	8.47	11.39
通化市	Tonghua	414	398	7780	1503	9.04	9.40
白山市	Baishan	426	338	3442	1402	5.95	7.51
松原市	Songyuan	928	546	9360	2177	9.60	16.31
白城市	Baicheng	326	234	2300	1815	4.71	6.56
黑龙江省	**Heilongjiang**	**14646**	**13181**	**223693**	**50015**	**9.52**	**10.57**
哈尔滨市	Harbin	4915	6923	134227	16527	12.62	8.96
齐齐哈尔市	Qiqihar	1156	1240	81	3400	9.08	8.46
鸡西市	Jixi	654	715	9359	2914	8.58	7.85
鹤岗市	Hegang	457	402	9626	2023	6.20	7.05
双鸭山市	Shuangyashan	426	338	4753	3578	17.39	21.91
大庆市	Daqing	3637	1406	20190	6352	10.35	26.77
伊春市	Yichun	918	385	5000	5233	5.01	11.94
佳木斯市	Jiamusi	582	457	9000	2559	5.89	7.50
七台河市	Qitaihe	487	315	7000	1000	6.31	9.75
牡丹江市	Mudanjiang	981	758	20593	2919	8.58	11.11
黑河市	Heihe	179	95	1100	957	4.75	8.95
绥化市	Suihua	254	147	2765	2553	1.76	3.04
上海市	**Shanghai**	**10949**	**16531**	**254852**	**49586**	**12.02**	**7.96**
江苏省	**Jiangsu**	**60406**	**31258**	**399706**	**43630**	**8.91**	**17.21**
南京市	Nanjing	14248	8395	102360	14239	12.85	21.81
无锡市	Wuxi	6586	3042	40370	4040	12.24	26.50
徐州市	Xuzhou	4484	2338	36258	4319	7.03	13.48
常州市	Changzhou	4432	2858	34054	3321	9.81	15.22

2-44 续表 2 continued

城　市	City	年末实有城市道路面积(万平方米) Area of City Paved Roads at Year-end (10 000 sq.m)	年末实有公共汽(电)车营运车辆数(辆) Number of Buses and Trolley Buses under Operation at Year-end (unit)	全年公共汽(电)车客运总量(万人次) Total Annual Volume of Passengers Transported by Buses and Trolley Buses (10 000 person-times)	年末实有出租汽车数(辆) Number of Taxis at Year-end (unit)	每万人拥有公共汽车(辆) Number of Public Transportation Vehicles per 10 000 Population (unit)	人均城市道路面积(平方米) Per Capita Area of Paved Roads in City (sq.m)
苏州市	Suzhou	8534	5007	67092	5638	14.67	25.01
南通市	Nantong	4882	1665	16320	1468	7.81	22.91
连云港市	Lianyungang	2388	1084	12401	1814	4.91	10.82
淮安市	Huai'an	2977	868	19265	1373	2.96	10.14
盐城市	Yancheng	2895	1035	11831	1450	4.28	11.96
扬州市	Yangzhou	2434	1742	22106	2461	7.51	10.49
镇江市	Zhenjiang	2183	1349	15160	1568	13.07	21.16
泰州市	Taizhou	2421	908	11276	1173	5.55	14.80
宿迁市	Suqian	1942	967	11213	766	5.56	11.16
浙江省	**Zhejiang**	**26273**	**22396**	**283103**	**28513**	**12.45**	**14.61**
杭州市	Hangzhou	6540	8555	142312	11963	16.05	12.27
宁波市	Ningbo	3119	4727	48559	4627	20.36	13.44
温州市	Wenzhou	3003	2348	29806	4045	14.15	18.10
嘉兴市	Jiaxing	1309	1122	9617	1073	12.88	15.02
湖州市	Huzhou	2348	768	4704	875	6.94	21.22
绍兴市	Shaoxing	2579	1975	21327	1746	9.04	11.81
金华市	Jinhua	1724	475	6500	976	4.94	17.94
衢州市	Quzhou	1149	577	3980	322	6.82	13.58
舟山市	Zhoushan	1193	669	6489	851	9.43	16.81
台州市	Taizhou	2868	817	6054	1626	5.13	18.00
丽水市	Lishui	441	363	3755	409	9.04	10.99
安徽省	**Anhui**	**27731**	**13330**	**189981**	**37514**	**6.61**	**13.75**
合肥市	Hefei	6348	4684	64016	9402	18.66	25.29
芜湖市	Wuhu	3426	1395	16388	3700	9.56	23.48
蚌埠市	Bengbu	1896	1187	21877	2600	10.45	16.69
淮南市	Huainan	1616	723	12560	3105	3.92	8.77
马鞍山市	Maanshan	1385	749	9982	3314	9.11	16.84
淮北市	Huaibei	1203	442	8254	1634	4.22	11.48
铜陵市	Tongling	530	491	7720	1584	10.96	11.83
安庆市	Anqing	1168	465	5921	1782	6.31	15.86
黄山市	Huangshan	781	189	2136	575	4.19	17.33
滁州市	Chuzhou	1910	513	4700	1357	9.55	35.56
阜阳市	Fuyang	1842	746	15100	1788	3.35	8.28
宿州市	Suzhou	1574	332	5750	1618	1.76	8.35
六安市	Lu'an	1402	306	6225	1850	1.61	7.37
亳州市	Bozhou	1477	306	1958	1151	1.88	9.06
池州市	Chizhou	769	557	3794	1055	8.34	11.52
宣城市	Xuancheng	404	245	3601	999	2.82	4.66
福建省	**Fujian**	**13062**	**12944**	**198663**	**18681**	**12.07**	**12.18**
福州市	Fuzhou	2834	4242	57530	6452	21.21	14.17

2-44 续表 3 continued

城 市	City	年末实有城市道路面积(万平方米) Area of City Paved Roads at Year-end (10 000 sq.m)	年末实有公共汽(电)车营运车辆数(辆) Number of Buses and Trolley Buses under Operation at Year-end (unit)	全年公共汽(电)车客运总量(万人次) Total Annual Volume of Passengers Transported by Buses and Trolley Buses (10 000 person-times)	年末实有出租汽车数(辆) Number of Taxis at Year-end (unit)	每万人拥有公共汽车(辆) Number of Public Transportation Vehicles per 10 000 Population (unit)	人均城市道路面积(平方米) Per Capita Area of Paved Roads in City (sq.m)
厦门市	Xiamen	4133	4691	91614	5667	22.22	19.57
莆田市	Putian	860	921	8117	1218	3.99	3.73
三明市	Sanming	358	357	6671	404	12.64	12.67
泉州市	Quanzhou	2357	1249	12110	2048	11.62	21.92
漳州市	Zhangzhou	1123	515	4054	1002	8.69	18.95
南平市	Nanping	388	426	7255	607	4.97	4.52
龙岩市	Longyan	591	297	6958	614	2.92	5.81
宁德市	Ningde	418	246	4355	669	5.11	8.68
江西省	**Jiangxi**	**13734**	**7251**	**120201**	**12351**	**6.05**	**11.47**
南昌市	Nanchang	3158	3305	58783	5453	11.00	10.51
景德镇市	Jingdezhen	808	514	6061	788	11.19	17.58
萍乡市	Pingxiang	727	404	7551	770	4.58	8.23
九江市	Jiujiang	1546	554	11764	1517	8.27	23.09
新余市	Xinyu	1133	428	4874	531	4.78	12.66
鹰潭市	Yingtan	375	144	2661	271	6.07	15.80
赣州市	Ganzhou	1735	695	6392	1088	4.50	11.23
吉安市	Ji'an	834	265	4126	405	4.56	14.34
宜春市	Yichun	833	333	4895	504	2.94	7.35
抚州市	Fuzhou	1152	320	6866	409	2.71	9.74
上饶市	Shangrao	1433	289	6227	615	2.09	10.34
山东省	**Shandong**	**58241**	**30907**	**333755**	**52529**	**9.57**	**18.02**
济南市	Jinan	8358	5284	75126	8955	14.49	22.93
青岛市	Qingdao	7940	6748	102402	10033	18.10	21.30
淄博市	Zibo	3924	2018	14817	6084	7.06	13.73
枣庄市	Zaozhuang	2481	1476	5764	834	6.20	10.43
东营市	Dongying	2357	1014	7766	3405	11.82	27.48
烟台市	Yantai	3516	2006	31209	2169	10.84	18.99
潍坊市	Weifang	3666	1074	12509	4902	5.73	19.57
济宁市	Jining	4456	1253	12541	1560	6.87	24.41
泰安市	Tai'an	1739	1643	9188	1292	10.14	10.73
威海市	Weihai	3105	1374	18357	1864	10.40	23.50
日照市	Rizhao	2055	625	6632	1068	4.68	15.38
莱芜市	Laiwu	1791	1099	5991	1600	8.56	13.96
临沂市	Linyi	4146	1664	13605	2750	6.35	15.82
德州市	Dezhou	2872	518	4060	2405	4.25	23.54
聊城市	Liaocheng	2351	1242	5085	1242	10.09	19.10
滨州市	Binzhou	1953	1119	4891	801	10.38	18.12
菏泽市	Heze	1531	750	3812	1565	4.74	9.68
河南省	**Henan**	**22693**	**22927**	**215952**	**39092**	**11.08**	**10.96**
郑州市	Zhengzhou	4720	6221	95387	10608	18.10	13.73

2-44 续表 4 continued

城　市	City	年末实有城市道路面积(万平方米) Area of City Paved Roads at Year-end (10 000 sq.m)	年末实有公共汽(电)车营运车辆数(辆) Number of Buses and Trolley Buses under Operation at Year-end (unit)	全年公共汽(电)车客运总量(万人次) Total Annual Volume of Passengers Transported by Buses and Trolley Buses (10 000 person-times)	年末实有出租汽车数(辆) Number of Taxis at Year-end (unit)	每万人拥有公共汽车(辆) Number of Public Transportation Vehicles per 10 000 Population (unit)	人均城市道路面积(平方米) Per Capita Area of Paved Roads in City (sq.m)
开封市	Kaifeng	1611	4860	982	2636	55.56	18.42
洛阳市	Luoyang	2369	2196	26993	4268	10.92	11.78
平顶山市	Pingdingshan	1230	795	12817	2479	7.20	11.14
安阳市	Anyang	1020	682	7550	1359	5.90	8.83
鹤壁市	Hebi	755	355	2519	673	5.55	11.80
新乡市	Xinxiang	1110	1082	10112	1738	10.28	10.55
焦作市	Jiaozuo	1248	696	9726	1398	7.07	12.67
濮阳市	Puyang	723	456	4540	1745	6.45	10.23
许昌市	Xuchang	628	860	4075	1396	20.71	15.13
漯河市	Luohe	984	1044	12000	1100	7.75	7.31
三门峡市	Sanmenxia	334	262	6300	600	8.94	11.40
南阳市	Nanyang	2189	551	6000	1860	2.93	11.63
商丘市	Shangqiu	944	1331	8180	2851	7.32	5.19
信阳市	Xinyang	891	368	4278	1905	2.40	5.81
周口市	Zhoukou	819	526	2618	928	8.77	13.66
驻马店市	Zhumadian	1118	642	1876	1548	7.61	13.26
湖北省	**Hubei**	**11876**	**16640**	**275996**	**29592**	**10.50**	**7.49**
武汉市	Wuhan		8301	143092	16747	16.09	
黄石市	Huangshi	1630	1267	16302	1902	14.97	19.26
十堰市	Shiyan	919	1305	26100	910	11.07	7.79
宜昌市	Yichang	2004	1163	18755	1857	9.07	15.62
襄阳市	Xiangyang	1705	1363	24000	2172	6.07	7.59
鄂州市	Ezhou	509	380	5562	520	3.45	4.62
荆门市	Jingmen	913	557	8800	800	9.31	15.26
孝感市	Xiaogan	1160	484	8900	900	4.97	11.92
荆州市	Jingzhou	1014	904	11625	1988	9.23	10.36
黄冈市	Huanggang	975	248	3448	593	7.12	28.00
咸宁市	Xianning	554	330	3012	656	5.37	9.01
随州市	Suizhou	493	338	6400	547	6.43	9.38
湖南省	**Hunan**	**18260**	**16972**	**267785**	**25482**	**12.20**	**13.13**
长沙市	Changsha	4596	6102	74324	7816	19.16	14.43
株洲市	Zhuzhou	2124	1462	27084	2796	15.16	22.03
湘潭市	Xiangtan	1499	1026	17092	1400	11.78	17.21
衡阳市	Hengyang	2257	1345	19794	1400	13.40	22.49
邵阳市	Shaoyang	1180	417	8885	1100	5.95	16.84
岳阳市	Yueyang	1195	1363	21287	2961	12.53	10.98
常德市	Changde	1593	775	10728	1146	5.51	11.32
张家界市	Zhangjiajie	396	374	9257	1091	7.13	7.55
益阳市	Yiyang	823	772	11398	867	5.66	6.04
郴州市	Chenzhou	910	1804	35245	1647	23.47	11.84

2-44 续表 5 continued

城 市	City	年末实有城市道路面积(万平方米) Area of City Paved Roads at Year-end (10 000 sq.m)	年末实有公共汽(电)车营运车辆数(辆) Number of Buses and Trolley Buses under Operation at Year-end (unit)	全年公共汽(电)车客运总量(万人次) Total Annual Volume of Passengers Transported by Buses and Trolley Buses (10 000 person-times)	年末实有出租汽车数(辆) Number of Taxis at Year-end (unit)	每万人拥有公共汽车(辆) Number of Public Transportation Vehicles per 10 000 Population (unit)	人均城市道路面积(平方米) Per Capita Area of Paved Roads in City (sq.m)
永州市	Yongzhou	725	614	14321	700	5.28	6.23
怀化市	Huaihua	469	351	7912	800	9.21	12.31
娄底市	Loudi	493	567	10458	1758	11.57	10.06
广东省	**Guangdong**	**58527**	**71335**	**756664**	**49811**	**16.14**	**13.24**
广州市	Guangzhou	11230	13930	254953	22022	16.31	13.15
韶关市	Shaoguan	748	459	5642	1029	4.95	8.07
深圳市	Shenzhen	11838	31716	246004		89.34	33.35
珠海市	Zhuhai	6099	1887	36150	3187	16.78	54.24
汕头市	Shantou	2508	1187	12320	1032	2.19	4.62
佛山市	Foshan		6666	66148	4140	17.14	
江门市	Jiangmen	1937	1017	9717	670	7.24	13.80
湛江市	Zhanjiang	1282	793	7558	1174	4.87	7.88
茂名市	Maoming		368	2806	400	1.27	
肇庆市	Zhaoqing	1444	627	7191	836	4.66	10.74
惠州市	Huizhou	2977	2372	25632	1970	16.31	20.47
梅州市	Meizhou	740	1016	2038	470	10.50	7.65
汕尾市	Shanwei	261	293	936	360	5.61	5.00
河源市	Heyuan		231	4209	495	7.36	
阳江市	Yangjiang	976	226	2004	427	1.88	8.12
清远市	Qingyuan		520	4684	483	3.78	
东莞市	Dongguan	14244	4904	41838	7761	25.15	73.04
中山市	Zhongshan	771	2411	23704	1760	15.19	4.86
潮州市	Chaozhou		192	1154	917	1.16	
揭阳市	Jieyang	1263	375	909	553	1.79	6.03
云浮市	Yunfu	209	145	1066	125	4.35	6.27
广西壮族自治区	**Guangxi**	**14887**	**7995**	**121220**	**16781**	**5.23**	**9.73**
南宁市	Nanning	4105	3103	45127	6720	10.68	14.13
柳州市	Liuzhou	1963	1300	23474	2379	10.88	16.43
桂林市	Guilin	1265	728	23065	1994	5.68	9.88
梧州市	Wuzhou	1053	430	6020	806	5.47	13.40
北海市	Beihai	909	400	3242	771	6.17	14.01
防城港市	Fangchenggang	664	301	1530	333	5.30	11.70
钦州市	Qinzhou	1192	303	2101	623	2.05	8.07
贵港市	Guigang	815	207	2176	365	1.04	4.11
玉林市	Yulin	1035	253	4000	699	2.32	9.51
百色市	Baise	449	169	2232	475	4.71	12.52
贺州市	Hezhou	321	174	1460	450	1.47	2.72
河池市	Hechi	262	162	2970	300	4.75	7.68
来宾市	Laibin	632	374	3418	714	3.35	5.67
崇左市	Chongzuo	222	91	405	152	2.47	6.03

2-44 续表 6 continued

城市	City	年末实有城市道路面积(万平方米) Area of City Paved Roads at Year-end (10 000 sq.m)	年末实有公共汽(电)车营运车辆数(辆) Number of Buses and Trolley Buses under Operation at Year-end (unit)	全年公共汽(电)车客运总量(万人次) Total Annual Volume of Passengers Transported by Buses and Trolley Buses (10 000 person-times)	年末实有出租汽车数(辆) Number of Taxis at Year-end (unit)	每万人拥有公共汽车(辆) Number of Public Transportation Vehicles per 10 000 Population (unit)	人均城市道路面积(平方米) Per Capita Area of Paved Roads in City (sq.m)
海南省	**Hainan**	**2112**	**2451**	**28404**	**5110**	**11.01**	**9.49**
海口市	Haikou	1672	1702	23597	2760	10.33	10.15
三亚市	Sanya	434	749	4807	2350	12.96	7.51
三沙市	Sansa	6					
儋州市	Danzhou						
重庆市	**Chongqing**	**16128**	**8754**	**192103**	**14834**	**4.11**	**7.58**
四川省	**Sichuan**	**23146**	**39737**	**357835**	**34117**	**14.24**	**8.29**
成都市	Chengdu	7710	11294	172950	17676	16.18	11.04
自贡市	Zigong	1566	849	19527	1294	5.64	10.40
攀枝花市	Panzhihua	829	662	13825	1417	9.77	12.24
泸州市	Luzhou	1422	1050	20306	1574	7.00	9.47
德阳市	Deyang	684	346	6053	850	5.00	9.89
绵阳市	Mianyang	1616	1384	28022	1775	10.80	12.61
广元市	Guangyuan	613	383	8460	627	4.11	6.59
遂宁市	Suining	2068	255	8407	783	1.68	13.60
内江市	Neijiang	523	825	12589	1250	5.83	3.70
乐山市	Leshan	871	497	14255	880	4.28	7.50
南充市	Nanchong	1500	707	16000	1207	3.64	7.71
眉山市	Meishan	727	19779	230	418	225.50	8.29
宜宾市	Yibin	740	682	15736	1436	5.37	5.82
广安市	Guang'an	692	169	2992	479	1.33	5.47
达州市	Dazhou	320	222	5798	1063	1.23	1.78
雅安市	Ya'an	350	111	2251	329	1.78	5.63
巴中市	Bazhong	370	280	7839	621	2.06	2.72
资阳市	Ziyang	545	242	2596	438	2.19	4.93
贵州省	**Guizhou**	**5204**	**5413**	**121229**	**14676**	**7.58**	**7.28**
贵阳市	Guiyang	2645	3185	64486	7849	13.49	11.20
六盘水市	Liupanshui	566	444		1337	9.52	12.14
遵义市	Zunyi	552	847	38600	2468	9.28	6.05
安顺市	Anshun	630	544	8947	1585	4.15	4.81
毕节市	Bijie	482	240	4170	677	1.48	2.97
铜仁市	Tongren	329	153	5026	760	3.23	6.94
云南省	**Yunnan**	**8221**	**7284**	**105804**	**12371**	**11.24**	**12.69**
昆明市	Kunming	4902	5645	80504	7651	20.21	17.55
曲靖市	Qujing	1095	461	10950	1639	6.30	14.96
玉溪市	Yuxi	667	209	2962	550	4.77	15.22
保山市	Baoshan	537	215	1893	450	2.33	5.81
昭通市	Zhaotong	410	194		581	2.18	4.60
丽江市	Lijiang	180	353	6335	776	22.98	11.72
普洱市	Pu'er	216	145	2300	324	6.38	9.51
临沧市	Lincang	214	62	860	400	1.94	6.71

2-44 续表 7 continued

城 市	City	年末实有城市道路面积(万平方米) Area of City Paved Roads at Year-end (10 000 sq.m)	年末实有公共汽(电)车营运车辆数(辆) Number of Buses and Trolley Buses under Operation at Year-end (unit)	全年公共汽(电)车客运总量(万人次) Total Annual Volume of Passengers Transported by Buses and Trolley Buses (10 000 person-times)	年末实有出租汽车数(辆) Number of Taxis at Year-end (unit)	每万人拥有公共汽车(辆) Number of Public Transportation Vehicles per 10 000 Population (unit)	人均城市道路面积(平方米) Per Capita Area of Paved Roads in City (sq.m)
西藏自治区	**Tibet**	**931**	**486**	**8648**	**1668**	**23.26**	**44.57**
拉萨市	Lasa	931	486	8648	1668	23.26	44.57
陕西省	**Shaanxi**	**14239**	**10959**	**230592**	**25268**	**8.14**	**10.58**
西安市	Xi'an	7747	7781	161032	14459	12.52	12.47
铜川市	Tongchuan	440	321	3655	1041	4.32	5.92
宝鸡市	Baoji	1341	962	23900	3447	6.76	9.42
咸阳市	Xianyang	978	527	14411	2719	5.71	10.59
渭南市	Weinan	1547	350	180	900	3.62	15.98
延安市	Yan'an	140	437	12709	850	9.25	2.96
汉中市	Hanzhong	309					5.37
榆林市	Yulin	1015	278	9016	1001	4.88	17.81
安康市	Ankang	535	200	3599	532	1.98	5.31
商洛市	Shangluo	187	103	2090	319	1.84	3.34
甘肃省	**Gansu**	**6619**	**5234**	**117260**	**18091**	**6.44**	**8.14**
兰州市	Lanzhou	2025	2662	74107	7446	13.00	9.89
嘉峪关市	Jiayuguan	405	138	2459	767	6.81	20.00
金昌市	Jinchang	478	116	1036	510	5.59	23.04
白银市	Baiyin	629	303	5538	2068	6.13	12.72
天水市	Tianshui	604	468	10724	999	3.58	4.63
武威市	Wuwei	465	378	4980	1145	3.66	4.51
张掖市	Zhangye	664	193	1700	1225	3.80	13.07
平凉市	Pingliang	141	224	4600	873	4.37	2.75
酒泉市	Jiuquan	561	331	4187	800	7.98	13.52
庆阳市	Qingyang	309	236	2029	1079	6.18	8.10
定西市	Dingxi	268	108	1040	504	2.34	5.82
陇南市	Longnan	70	77	4860	675	1.37	1.24
青海省	**Qlnghal**	**960**	**2826**		**6740**	**20.86**	**7.08**
西宁市	Xining	960	2726		6402	28.96	10.20
海东市	Haidong		100		338	2.42	
宁夏回族自治区	**Ningxia**	**5323**	**3062**	**38584**	**12901**	**10.99**	**19.11**
银川市	Yinchuan	1897	1949	30653	5364	17.90	17.42
石嘴山市	Shizuishan	1582	284	1790	2699	6.53	36.39
吴忠市	Wuzhong	518	431	3416	1042	10.74	12.91
固原市	Guyuan	784	156	469	2585	3.42	17.21
中卫市	Zhongwei	542	242	2257	1211	5.97	13.37
新疆维吾尔自治区	**Xinjiang**	**4325**	**5217**	**119009**	**13866**	**17.96**	**14.89**
乌鲁木齐市	Urumqi	3224	4684	114451	12338	17.98	12.37
克拉玛依市	Karamay	1101	533	4558	1528	17.78	36.74

2-45 绿地面积及建成区绿化覆盖面积(市辖区)
Area of Green Land and Green Covered Area of Completed Area (Districts under City)

城　市	City	绿地面积 (公顷) Area of Green Land (hectare)	公园绿地面积 Area of Parks and Green Land	建成区绿化覆盖面积 (公顷) Green Covered Area of Completed Area (hectare)	建成区绿化覆盖率 (%) Green Covered Area as % of Completed Area (%)
城市合计	**Prefecture Cities**	**2153559**	**496191**	**1562083**	**38.15**
北京市	**Beijing**	**81305**	**29503**		
天津市	**Tianjin**	**28406**	**8865**	**28406**	**32.65**
河北省	**Hebei**	**64416**	**19931**	**62015**	**41.68**
石家庄市	Shijiazhuang	12115	4393	12350	44.42
唐山市	Tangshan	9627	2981	10251	41.17
秦皇岛市	Qinhuangdao	6307	2131	5262	40.17
邯郸市	Handan	8159	3015	5923	46.64
邢台市	Xingtai	2966	1102	3255	36.17
保定市	Baoding	8025	1906	8719	38.41
张家口市	Zhangjiakou	3450	1094	3791	44.08
承德市	Chengde	4556	1399	5018	42.89
沧州市	Cangzhou	2292	602	2607	36.72
廊坊市	Langfang	4484	741	3005	45.53
衡水市	Hengshui	2435	567	1834	39.87
山西省	**Shanxi**	**31812**	**10687**	**36231**	**40.26**
太原市	Taiyuan	12264	3930	13702	40.30
大同市	Datong	4568	1356	5011	40.09
阳泉市	Yangquan	2272	648	2289	42.39
长治市	Changzhi	3162	924	2742	46.47
晋城市	Jincheng	1806	577	1915	42.56
朔州市	Shuozhou	1601	433	1784	42.48
晋中市	Jinzhong	2354	878	2643	36.71
运城市	Yuncheng	1738	457	1867	40.59
忻州市	Xinzhou	1180	480	1247	33.70
临汾市	Linfen		645	2041	37.80
吕梁市	Lvliang	867	359	990	38.08
内蒙古自治区	**Inner Mongolia**	**49001**	**14093**	**37716**	**35.48**
呼和浩特市	Hohhot	14077	3258	9620	37.00
包头市	Baotou	8009	2493	8390	42.81
乌海市	Wuhai	2572	1104	2629	42.40
赤峰市	Chifeng	3785	1844	4101	39.06
通辽市	Tongliao	2456	950	2602	42.66
鄂尔多斯市	Erdos	11577	1830	4920	31.95
呼伦贝尔市	Hulunbuir	1058	692	1093	9.59
巴彦淖尔市	Bayannur	1973	716	1978	38.78
乌兰察布市	Ulanqab	3494	1206	2383	39.72
辽宁省	**Liaoning**	**81844**	**15633**	**64386**	**33.00**
沈阳市	Shenyang				
大连市	Dalian	18378	3666	17770	44.87
鞍山市	Anshan	6741	1929	6844	40.02
抚顺市	Fushun	5162	1382	6195	44.89
本溪市	Benxi	23191	982	5274	48.39
丹东市	Dandong	3001	730	2908	
锦州市	Jinzhou	4413	1268	3246	36.89

2-45 续表 1 continued

城市	City	绿地面积（公顷）Area of Green Land (hectare)	公园绿地面积 Area of Parks and Green Land	建成区绿化覆盖面积（公顷）Green Covered Area of Completed Area (hectare)	建成区绿化覆盖率（%）Green Covered Area as % of Completed Area (%)
营口市	Yingkou	4146	1027	4386	39.87
阜新市	Fuxin	3159	985	3312	43.01
辽阳市	Liaoyang	4169	848	4410	42.00
盘锦市	Panjin	2831	902	3051	40.68
铁岭市	Tieling	2070	540	2245	44.90
朝阳市	Chaoyang	1406	624	1546	20.61
葫芦岛市	Huludao	3177	750	3199	34.77
吉林省	**Jilin**	**35283**	**10694**	**38210**	**35.98**
长春市	Changchun	18079	5897	19624	38.78
吉林市	Jilin	7311	1537	8088	31.23
四平市	Siping	1801	551	1827	31.50
辽源市	Liaoyuan	1816	451	1854	40.30
通化市	Tonghua	1871	605	2027	38.25
白山市	Baishan	1079	406	1283	27.30
松原市	Songyuan	2066	881	2163	43.26
白城市	Baicheng	1260	366	1344	31.26
黑龙江省	**Heilongjiang**	**63629**	**11371**	**35153**	**23.80**
哈尔滨市	Harbin	13514	4364		
齐齐哈尔市	Qiqihar	6097	615	5391	38.51
鸡西市	Jixi	2808	780	3184	39.31
鹤岗市	Hegang	2897	824	2253	42.51
双鸭山市	Shuangyashan	2318	690	2534	43.69
大庆市	Daqing	22410	2167	11172	45.60
伊春市	Yichun	154	64		
佳木斯市	Jiamusi	3878	85	4031	41.56
七台河市	Qitaihe	2679	497	2968	43.65
牡丹江市	Mudanjiang	5155	782	1696	20.68
黑河市	Heihe	719	194	811	42.68
绥化市	Suihua	1000	309	1113	31.80
上海市	**Shanghai**	**127332**	**18395**	**38452**	
江苏省	**Jiangsu**	**228917**	**36544**	**138335**	**42.92**
南京市	Nanjing	88910	9328	33588	44.49
无锡市	Wuxi	18724	3672	14159	43.04
徐州市	Xuzhou	15727	2865	11160	43.76
常州市	Changzhou	10768	2480	10783	43.13
苏州市	Suzhou	22133	4540	19419	42.40
南通市	Nantong	8898	2758	8755	42.71
连云港市	Lianyungang	22120	1514	8269	40.14
淮安市	Huai'an	6856	2022	6402	41.30
盐城市	Yancheng	6450	1687	5851	41.20
扬州市	Yangzhou	7159	2005	6120	43.71
镇江市	Zhenjiang	8194	1680	5882	42.62
泰州市	Taizhou	4047	933	4337	41.30
宿迁市	Suqian	8931	1060	3610	42.47
浙江省	**Zhejiang**	**96385**	**20763**	**75462**	**40.68**
杭州市	Hangzhou	33015	7640	20464	40.44

2-45 续表 2 continued

城　市	City	绿地面积 (公顷) Area of Green Land (hectare)	公园绿地面积 Area of Parks and Green Land	建成区绿化覆盖面积 (公顷) Green Covered Area of Completed Area (hectare)	建成区绿化覆盖率 (%) Green Covered Area as % of Completed Area (%)
宁波市	Ningbo	11865	2132	12333	38.30
温州市	Wenzhou	7976	2582	8865	37.25
嘉兴市	Jiaxing	4963	1144	4354	43.98
湖州市	Huzhou	4624	1496	4973	48.28
绍兴市	Shaoxing	7478	1968	8483	42.63
金华市	Jinhua	3042	851	3218	40.23
衢州市	Quzhou	2583	521	2897	40.80
舟山市	Zhoushan	13605	779	2396	38.65
台州市	Taizhou	5776	1270	5914	42.24
丽水市	Lishui	1458	380	1565	44.71
安徽省	**Anhui**	**88252**	**18308**	**72770**	**42.04**
合肥市	Hefei	17264	4951	18814	45.23
芜湖市	Wuhu	6427	1700	6350	38.48
蚌埠市	Bengbu	4798	1224	5365	38.88
淮南市	Huainan	4579	1325	4326	40.06
马鞍山市	Maanshan	5706	1101	4100	44.09
淮北市	Huaibei	4418	1240	3795	44.65
铜陵市	Tongling	5449	660	3475	45.72
安庆市	Anqing	3664	937	3666	43.13
黄山市	Huangshan	13264	556	3072	47.26
滁州市	Chuzhou	4175	559	3502	41.69
阜阳市	Fuyang	4676	955	4130	33.85
宿州市	Suzhou	3125	758	3338	44.51
六安市	Lu'an	3090	886	3070	41.49
亳州市	Bozhou	1961	450	2044	36.50
池州市	Chizhou	1951	518	1567	42.35
宣城市	Xuancheng	3705	488	2156	41.46
福建省	**Fujian**	**51728**	**11903**	**47618**	**42.78**
福州市	Fuzhou	11310	3273	11288	43.42
厦门市	Xiamen	18861	3518	13278	41.89
莆田市	Putian	3373	795	3749	43.09
三明市	Sanming	1693	324	1649	44.57
泉州市	Quanzhou	8736	1879	9366	43.16
漳州市	Zhangzhou	2659	732	2795	42.35
南平市	Nanping	1710	466	1861	45.39
龙岩市	Longyan	2259	517	2421	41.74
宁德市	Ningde	1127	399	1211	40.37
江西省	**Jiangxi**	**43661**	**11704**	**46974**	**44.61**
南昌市	Nanchang	11961	3191	12633	41.15
景德镇市	Jingdezhen	3270	738	4064	51.44
萍乡市	Pingxiang	2000	480	2097	41.12
九江市	Jiujiang	5053	1183	5297	49.97
新余市	Xinyu	3720	847	3815	50.20
鹰潭市	Yingtan	1383	350	1527	44.91
赣州市	Ganzhou	5151	1351	5652	40.09
吉安市	Ji'an	2445	746	2520	45.82

2-45 续表 3 continued

城市	City	绿地面积(公顷) Area of Green Land (hectare)	公园绿地面积 Area of Parks and Green Land	建成区绿化覆盖面积(公顷) Green Covered Area of Completed Area (hectare)	建成区绿化覆盖率(%) Green Covered Area as % of Completed Area (%)
宜春市	Yichun	2864	876	3031	44.57
抚州市	Fuzhou	2525	899	2747	46.56
上饶市	Shangrao	3289	1043	3591	46.64
山东省	**Shandong**	**160740**	**39246**	**142116**	**41.82**
济南市	Jinan	13755	3183	15720	40.00
青岛市	Qingdao	29117	4803	22339	39.47
淄博市	Zibo	17827	3078	11995	44.93
枣庄市	Zaozhuang	7179	1466	6295	42.25
东营市	Dongying	7367	1694	5266	44.25
烟台市	Yantai	11716	4364	11739	36.23
潍坊市	Weifang	10047	2308	7268	40.83
济宁市	Jining	7680	1996	8006	41.27
泰安市	Tai'an	5435	1359	5881	44.89
威海市	Weihai	9005	2424	8859	45.90
日照市	Rizhao	4323	1564	4530	44.85
莱芜市	Laiwu	6591	1396	5391	44.93
临沂市	Linyi	10449	3918	8370	41.44
德州市	Dezhou	6388	2171	6681	44.84
聊城市	Liaocheng	3818	1088	4402	44.46
滨州市	Binzhou	6050	1570	5205	46.06
菏泽市	Heze	3993	864	4169	41.69
河南省	**Henan**	**71308**	**19846**	**73989**	**38.68**
郑州市	Zhengzhou	16369	4720	17654	40.31
开封市	Kaifeng	4569	978	4184	32.43
洛阳市	Luoyang	6970	2227	8225	39.35
平顶山市	Pingdingshan	2679	978	2986	40.90
安阳市	Anyang	2796	765	3245	40.06
鹤壁市	Hebi	2280	688	2541	39.70
新乡市	Xinxiang	4261	805	4592	39.93
焦作市	Jiaozuo	3862	862	4448	38.68
濮阳市	Puyang	2067	743	2131	38.05
许昌市	Xuchang	3148	530	3452	38.36
漯河市	Luohe	2784	599	3013	45.65
三门峡市	Sanmenxia	1260	446	1410	42.73
南阳市	Nanyang	6439	2675	3825	25.67
商丘市	Shangqiu	2332	669	2630	41.75
信阳市	Xinyang	4481	758	3779	42.46
周口市	Zhoukou	2372	883	2840	41.76
驻马店市	Zhumadian	2639	520	3034	40.45
湖北省	**Hubei**	**57812**	**15402**	**53829**	**37.36**
武汉市	Wuhan	22447	7124	19356	42.54
黄石市	Huangshi	2714	968	2881	32.74
十堰市	Shiyan	3477	723	3561	33.91
宜昌市	Yichang	6076	1322	6833	41.41
襄阳市	Xiangyang	5561	1468	6239	33.19
鄂州市	Ezhou	1780	635	2080	32.50

2-45 续表 4 continued

城 市	City	绿地面积(公顷) Area of Green Land (hectare)	公园绿地面积 Area of Parks and Green Land	建成区绿化覆盖面积(公顷) Green Covered Area of Completed Area (hectare)	建成区绿化覆盖率(%) Green Covered Area as % of Completed Area (%)
荆门市	Jingmen	1962	576	2302	39.69
孝感市	Xiaogan	1560	453	1804	24.38
荆州市	Jingzhou	2669	782	2985	36.40
黄冈市	Huanggang	1104	330	1245	26.49
咸宁市	Xianning	3852	535	2562	38.82
随州市	Suizhou	4610	486	1981	40.43
湖南省	**Hunan**	**48102**	**11745**	**50376**	**37.26**
长沙市	Changsha	10586	3538	12278	33.73
株洲市	Zhuzhou	5302	1025	5342	38.71
湘潭市	Xiangtan	3027	746	3298	41.23
衡阳市	Hengyang	4205	1066	4588	28.86
邵阳市	Shaoyang	2129	670	2250	34.62
岳阳市	Yueyang	4580	690	3967	40.90
常德市	Changde	4441	1031	4106	45.62
张家界市	Zhangjiajie	1146	188	1362	40.06
益阳市	Yiyang	2914	553	3002	40.03
郴州市	Chenzhou	3166	740	3458	44.91
永州市	Yongzhou	2455	643	2556	41.23
怀化市	Huaihua	2105	397	2283	35.67
娄底市	Loudi	2046	458	1886	40.13
广东省	**Guangdong**	**391608**	**82330**	**208875**	**41.26**
广州市	Guangzhou	141041	27200	51464	41.60
韶关市	Shaoguan	4257	790	4557	46.03
深圳市	Shenzhen	97850	19241	40590	45.10
珠海市	Zhuhai		3594	7185	57.94
汕头市	Shantou	10311	3802	11091	43.67
佛山市	Foshan		2756	6388	
江门市	Jiangmen	12008	2041	6557	43.71
湛江市	Zhanjiang	4186	1243	4556	41.80
茂名市	Maoming	4055	910	3950	32.92
肇庆市	Zhaoqing	9770	1479	4205	35.94
惠州市	Huizhou	8358	2878	9299	42.85
梅州市	Meizhou	2213	748	2303	42.65
汕尾市	Shanwei	665	315	698	41.06
河源市	Heyuan				
阳江市	Yangjiang	2600	540	2585	40.39
清远市	Qingyuan	2263	787	2594	6.77
东莞市	Dongguan	82750	11536	41667	44.85
中山市	Zhongshan	4255	1332	4467	32.14
潮州市	Chaozhou				
揭阳市	Jieyang	3931	783	3822	29.63
云浮市	Yunfu	1095	355	897	42.71
广西壮族自治区	**Guangxi**	**70520**	**11010**	**44399**	**39.29**
南宁市	Nanning	39068	3663	12344	43.01
柳州市	Liuzhou	7746	2187	8024	43.61
桂林市	Guilin	3755	1114	3962	40.02

2-45 续表 5 continued

城市	City	绿地面积（公顷）Area of Green Land (hectare)	公园绿地面积 Area of Parks and Green Land	建成区绿化覆盖面积（公顷）Green Covered Area of Completed Area (hectare)	建成区绿化覆盖率(%) Green Covered Area as % of Completed Area (%)
梧州市	Wuzhou	3192	649	2251	40.20
北海市	Beihai	2490	447	2960	40.55
防城港市	Fangchenggang	1042	133	1183	31.13
钦州市	Qinzhou	3002	380	3370	36.24
贵港市	Guigang	1570	522	1676	23.61
玉林市	Yulin	2641	676	2527	37.16
百色市	Baise	1659	291	1615	35.89
贺州市	Hezhou	1131	194	1165	48.54
河池市	Hechi	808	213	832	36.17
来宾市	Laibin	1437	309	1321	32.22
崇左市	Chongzuo	979	232	1169	41.75
海南省	**Hainan**	**7377**	**2840**	**8249**	**38.91**
海口市	Haikou	5806	2109	6538	45.40
三亚市	Sanya	1571	718	1711	25.16
三沙市	Sansa		13		
儋州市	Danzhou				
重庆市	**Chongqing**	**55934**	**22733**	**53579**	**40.32**
四川省	**Sichuan**	**69932**	**19261**	**70395**	**36.63**
成都市	Chengdu	21902	7695	24530	39.82
自贡市	Zigong	4070	1195	3962	35.38
攀枝花市	Panzhihua	2798	763	2948	39.84
泸州市	Luzhou	4893	1144	4789	39.91
德阳市	Deyang	2532	564	2991	39.88
绵阳市	Mianyang	4501	1370	4838	38.70
广元市	Guangyuan	2019	529	2093	37.38
遂宁市	Suining	5967	593	2554	33.61
内江市	Neijiang	2549	596	2521	35.01
乐山市	Leshan	3120	525	2462	33.27
南充市	Nanchong	4464	1332	4971	43.23
眉山市	Meishan	1757	430	1828	38.89
宜宾市	Yibin	3774	830	3336	38.34
广安市	Guang'an	1768	602	1977	39.54
达州市	Dazhou				
雅安市	Ya'an	1238	272	1352	40.97
巴中市	Bazhong	890	413	1495	40.41
资阳市	Ziyang	1690	408	1748	38.84
贵州省	**Guizhou**	**11935**	**1658**	**7698**	**14.07**
贵阳市	Guiyang				
六盘水市	Liupanshui	3402	372	2598	36.08
遵义市	Zunyi				
安顺市	Anshun	4721	372	2437	36.92
毕节市	Bijie	1310	580	1298	30.19
铜仁市	Tongren	2502	334	1365	30.33
云南省	**Yunnan**	**23088**	**5956**	**25174**	**38.14**
昆明市	Kunming	15665	3765	17088	41.78
曲靖市	Qujing	2268	576	2460	36.18

2-45 续表 6 continued

城　市	City	绿地面积(公顷) Area of Green Land (hectare)	公园绿地面积 Area of Parks and Green Land	建成区绿化覆盖面积(公顷) Green Covered Area of Completed Area (hectare)	建成区绿化覆盖率(%) Green Covered Area as % of Completed Area (%)
玉溪市	Yuxi	1096	307	1095	36.50
保山市	Baoshan	580	216	810	23.82
昭通市	Zhaotong	765	212	1007	24.56
丽江市	Lijiang	962	424	943	32.52
普洱市	Pu'er	985	237	1027	38.04
临沧市	Lincang	767	219	744	33.82
西藏自治区	**Tibet**	**1665**	**182**	**1913**	
拉萨市	Lasa	1665	182	1913	
陕西省	**Shaanxi**	**34962**	**9491**	**37458**	**37.23**
西安市	Xi'an	19047	4974	21334	42.58
铜川市	Tongchuan	1893	473	1919	43.61
宝鸡市	Baoji	4017	1028	3603	40.48
咸阳市	Xianyang	2420	690	2759	30.66
渭南市	Weinan	1921	632	1632	22.05
延安市	Yan'an	1444	354	1501	41.69
汉中市	Hanzhong				
榆林市	Yulin	2199	682	2396	37.44
安康市	Ankang	1622	452	1743	43.58
商洛市	Shangluo	399	206	571	21.96
甘肃省	**Gansu**	**19840**	**5839**	**22357**	**31.80**
兰州市	Lanzhou	6590	2111	7795	34.49
嘉峪关市	Jiayuguan	2668	82	2747	39.24
金昌市	Jinchang	1355	407	1530	36.43
白银市	Baiyin	1952	407	2158	34.81
天水市	Tianshui	1893	656	2134	38.11
武威市	Wuwei		560	689	21.53
张掖市	Zhangye	1059	443	1218	19.03
平凉市	Pingliang	1304	213	682	18.94
酒泉市	Jiuquan	1629	403	1927	37.06
庆阳市	Qingyang	726	141	810	33.75
定西市	Dingxi	566	329	629	25.16
陇南市	Longnan	98	87	38	2.71
青海省	**Qinghai**	**3988**	**1698**	**3993**	**32.20**
西宁市	Xining	3515	1551	3503	38.92
海东市	Haidong	473	147	490	14.41
宁夏回族自治区	**Ningxia**	**20416**	**4713**	**15506**	**34.31**
银川市	Yinchuan	9023	2454	6821	40.84
石嘴山市	Shizuishan	5889	1111	4178	40.56
吴忠市	Wuzhong	2833	465	2201	22.46
固原市	Guyuan	1121	248	1121	21.56
中卫市	Zhongwei	1550	435	1185	37.03
新疆维吾尔自治区	**Xinjiang**	**32361**	**3847**	**20449**	**40.74**
乌鲁木齐市	Urumqi	27679	3409	17329	40.30
克拉玛依市	Karamay	4682	438	3120	43.33

(十)环境保护
Environmental Protection

2-46 工业废水排放量和二氧化硫产生及排放量(全市)
Industrial Waste Water Discharged, Industry Sulphur Dioxide Produced and Emission (Total City)

城 市	City	工业废水排放量 (万吨) Volume of Industrial Waste Water Discharged (10 000 tons)	工业二氧化硫产生量 (吨) Volume of Industry Sulphur Dioxide Produced (ton)	工业二氧化硫排放量 (吨) Volume of Sulphur Dioxide Emission (ton)
城市合计	**Prefecture Cities**	**1908327**	**54762829**	**14132718**
北京市	**Beijing**	**8978**	**64153**	**22070**
天津市	**Tianjin**	**18973**	**522273**	**154605**
河北省	**Hebei**	**94110**	**2847972**	**829414**
石家庄市	Shijiazhuang	21964	501117	113652
唐山市	Tangshan	11914	628018	214723
秦皇岛市	Qinhuangdao	7264	120882	46689
邯郸市	Handan	6101	538360	110193
邢台市	Xingtai	11979	185680	76035
保定市	Baoding	10913	156546	49850
张家口市	Zhangjiakou	4573	215975	61858
承德市	Chengde	1373	154262	55393
沧州市	Cangzhou	8926	151529	32712
廊坊市	Langfang	4549	79440	38390
衡水市	Hengshui	4554	116163	29919
山西省	**Shanxi**	**41338**	**3729248**	**920003**
太原市	Taiyuan	3544	403333	64656
大同市	Datong	3726	379510	95973
阳泉市	Yangquan	458	213631	78128
长治市	Changzhi	5816	387694	86495
晋城市	Jincheng	5673	240544	74377
朔州市	Shuozhou	1865	309196	64376
晋中市	Jinzhong	2884	456661	91219
运城市	Yuncheng	6127	721992	119527
忻州市	Xinzhou	2582		78967
临汾市	Linfen	5080	364047	68424
吕梁市	Lvliang	3583	252640	97861
内蒙古自治区	**Inner Mongolia**	**28797**	**3931892**	**917974**
呼和浩特市	Hohhot	3111	304917	67279
包头市	Baotou	4138	726457	176130
乌海市	Wuhai	1252	308784	80594
赤峰市	Chifeng	3713	1144214	105309
通辽市	Tongliao	3488	373732	91766
鄂尔多斯市	Erdos	2957	109718	199358
呼伦贝尔市	Hulunbuir	5778	135013	81404
巴彦淖尔市	Bayannur	2874	585249	60576
乌兰察布市	Ulanqab	1486	243808	55558
辽宁省	**Liaoning**	**82870**	**2492925**	**869326**
沈阳市	Shenyang	7990	273014	97839
大连市	Dalian	34565	294137	95796
鞍山市	Anshan	5604	151313	114229
抚顺市	Fushun	1792	132665	46684
本溪市	Benxi	5363	70583	52554
丹东市	Dandong	3625	82249	32721
锦州市	Jinzhou	3851	84441	42438

2-46 续表 1 continued

城 市	City	工业废水排放量 (万吨) Volume of Industrial Waste Water Discharged (10 000 tons)	工业二氧化硫产生量 (吨) Volume of Industry Sulphur Dioxide Produced (ton)	工业二氧化硫排放量 (吨) Volume of Sulphur Dioxide Emission (ton)
营口市	Yingkou	3041	104187	46052
阜新市	Fuxin	2399	149065	93342
辽阳市	Liaoyang	6156	97187	43606
盘锦市	Panjin	4038	85389	50123
铁岭市	Tieling	1393	153904	36739
朝阳市	Chaoyang	648	120968	63451
葫芦岛市	Huludao	2405	693823	53752
吉林省	**Jilin**	**33095**	**638657**	**269047**
长春市	Changchun	3769	137383	52369
吉林市	Jilin	8478	182591	63191
四平市	Siping	2130	63723	34056
辽源市	Liaoyuan	1611	36702	19438
通化市	Tonghua	12078	58489	40201
白山市	Baishan	1542	79327	14123
松原市	Songyuan	2131	42728	30115
白城市	Baicheng	1355	37714	15554
黑龙江省	**Heilongjiang**	**32937**	**502791**	**255729**
哈尔滨市	Harbin	4809	105642	49346
齐齐哈尔市	Qiqihar	5174	67726	32861
鸡西市	Jixi	1413	32398	17665
鹤岗市	Hegang	3746	27582	13740
双鸭山市	Shuangyashan	3476	35666	18086
大庆市	Daqing	3695	77690	34170
伊春市	Yichun	1059	19241	17778
佳木斯市	Jiamusi	672	17343	10008
七台河市	Qitaihe	1572	34593	14280
牡丹江市	Mudanjiang	1108	36926	21546
黑河市	Heihe	1597	33029	17488
绥化市	Suihua	4616	14955	8761
上海市	**Shanghai**	**46900**		**104900**
江苏省	**Jiangsu**	**204917**	**3129681**	**814439**
南京市	Nanjing	23216	312605	101021
无锡市	Wuxi	21993	290621	76092
徐州市	Xuzhou	10968	419694	102162
常州市	Changzhou	12977	115078	34420
苏州市	Suzhou	60506	661600	150010
南通市	Nantong	15470	262711	55062
连云港市	Lianyungang	7339	96321	41579
淮安市	Huai'an	6984	113037	68540
盐城市	Yancheng	16193	183001	41338
扬州市	Yangzhou	8871	216162	42415
镇江市	Zhenjiang	9059	241513	46329
泰州市	Taizhou	6943	182475	34170
宿迁市	Suqian	4397	34863	21301
浙江省	**Zhejiang**	**147353**	**1597798**	**526049**
杭州市	Hangzhou	33807	140100	63814

2-46 续表 2 continued

城　市	City	工业废水排放量 (万吨) Volume of Industrial Waste Water Discharged (10 000 tons)	工业二氧化硫产生量 (吨) Volume of Industry Sulphur Dioxide Produced (ton)	工业二氧化硫排放量 (吨) Volume of Sulphur Dioxide Emission (ton)
宁波市	Ningbo	16098	507373	101980
温州市	Wenzhou	6278	131729	37316
嘉兴市	Jiaxing	21947	178125	67924
湖州市	Huzhou	8611	87347	40226
绍兴市	Shaoxing	26069	129453	59980
金华市	Jinhua	7638	98515	39542
衢州市	Quzhou	12742	86591	46792
舟山市	Zhoushan	2202	68860	12379
台州市	Taizhou	6251	143954	31868
丽水市	Lishui	5710	25751	24228
安徽省	**Anhui**	**71436**	**3345038**	**420038**
合肥市	Hefei	5335	119283	40829
芜湖市	Wuhu	4933	105450	38064
蚌埠市	Bengbu	2474	45895	15926
淮南市	Huainan	9112	234192	60934
马鞍山市	Maanshan	7695	164727	48713
淮北市	Huaibei	5378	76541	45320
铜陵市	Tongling	5338	2123459	27813
安庆市	Anqing	4470	126564	14738
黄山市	Huangshan	737	2971	2971
滁州市	Chuzhou	5860	38136	18516
阜阳市	Fuyang	2946	47356	16827
宿州市	Suzhou	6127	65656	25897
六安市	Lu'an	2443	42447	14290
亳州市	Bozhou	3502	15911	12660
池州市	Chizhou	1422	100457	17345
宣城市	Xuancheng	3665	35993	19195
福建省	**Fujian**	**90407**	**891914**	**316967**
福州市	Fuzhou	4439	176146	55370
厦门市	Xiamen	21398	54057	17028
莆田市	Putian	2644	32980	11082
三明市	Sanming	9986	101592	37567
泉州市	Quanzhou	19185	300811	94699
漳州市	Zhangzhou	21198	103441	35538
南平市	Nanping	6219	20360	20029
龙岩市	Longyan	3807	49645	27976
宁德市	Ningde	1530	52882	17678
江西省	**Jiangxi**	**76913**	**2578715**	**515660**
南昌市	Nanchang	10016	91485	30399
景德镇市	Jingdezhen	6720	73625	29515
萍乡市	Pingxiang	1549	108398	83117
九江市	Jiujiang	16784	369764	79995
新余市	Xinyu	5654	115660	54027
鹰潭市	Yingtan	2531	1326991	21564
赣州市	Ganzhou	12510	75132	57431
吉安市	Ji'an	3733	117487	38322

2-46 续表 3 continued

城　市	City	工业废水排放量 (万吨) Volume of Industrial Waste Water Discharged (10 000 tons)	工业二氧化硫产生量 (吨) Volume of Industry Sulphur Dioxide Produced (ton)	工业二氧化硫排放量 (吨) Volume of Sulphur Dioxide Emission (ton)
宜春市	Yichun	7824	188210	66593
抚州市	Fuzhou	3057	24042	19676
上饶市	Shangrao	6534	87921	35021
山东省	**Shandong**	**185494**	**7075764**	**1219965**
济南市	Jinan	7415	243133	70327
青岛市	Qingdao	10566	296032	64029
淄博市	Zibo	15556	536628	158349
枣庄市	Zaozhuang	9485	259631	59560
东营市	Dongying	7819	456406	47860
烟台市	Yantai	9762	558352	67531
潍坊市	Weifang	27402	454718	106599
济宁市	Jining	16663	498139	83194
泰安市	Tai'an	9771	242404	43417
威海市	Weihai	2598	127371	24663
日照市	Rizhao	6735	180430	42128
莱芜市	Laiwu	1654	221905	64055
临沂市	Linyi	10830	344655	88976
德州市	Dezhou	7930	285179	69924
聊城市	Liaocheng	8892	631746	70863
滨州市	Binzhou	22522	1528878	93909
菏泽市	Heze	9894	210157	64581
河南省	**Henan**	**126718**	**2933530**	**884823**
郑州市	Zhengzhou	19394	339627	106498
开封市	Kaifeng	7166	124563	41152
洛阳市	Luoyang	6844	376923	119073
平顶山市	Pingdingshan	5252	302178	113094
安阳市	Anyang	4208	354757	94295
鹤壁市	Hebi	3640	124271	37425
新乡市	Xinxiang	15155	167685	49020
焦作市	Jiaozuo	13928	237752	38881
濮阳市	Puyang	7024	63980	21449
许昌市	Xuchang	7039	100935	34469
漯河市	Luohe	1676	35845	11565
三门峡市	Sanmenxia	7321	301716	70259
南阳市	Nanyang	6322	124292	46828
商丘市	Shangqiu	4863	97668	33202
信阳市	Xinyang	2086	96200	23958
周口市	Zhoukou	8818	18926	18870
驻马店市	Zhumadian	5983	66212	24785
湖北省	**Hubei**	**76394**	**2050354**	**449583**
武汉市	Wuhan	15452	240635	75035
黄石市	Huangshi	5313	807180	63048
十堰市	Shiyan	2105	26291	15986
宜昌市	Yichang	18130	226869	72771
襄阳市	Xiangyang	8184	89870	33617
鄂州市	Ezhou	1734	110821	38776

2-46 续表 4 continued

城市	City	工业废水排放量（万吨） Volume of Industrial Waste Water Discharged (10 000 tons)	工业二氧化硫产生量（吨） Volume of Industry Sulphur Dioxide Produced (ton)	工业二氧化硫排放量（吨） Volume of Sulphur Dioxide Emission (ton)
荆门市	Jingmen	3568	87946	34602
孝感市	Xiaogan	4540	121798	34081
荆州市	Jingzhou	10897	183153	39744
黄冈市	Huanggang	2989	54366	16746
咸宁市	Xianning	1876	98453	22400
随州市	Suizhou	1606	2972	2777
湖南省	**Hunan**	**74660**	**1553620**	**511481**
长沙市	Changsha	5102	47813	15952
株洲市	Zhuzhou	3967	293208	36464
湘潭市	Xiangtan	5165	97034	38038
衡阳市	Hengyang	6103	154172	73232
邵阳市	Shaoyang	4732	47894	15612
岳阳市	Yueyang	11375	123881	43084
常德市	Changde	9799	96853	33333
张家界市	Zhangjiajie	541	32821	25652
益阳市	Yiyang	5388	112095	44136
郴州市	Chenzhou	8682	293555	36337
永州市	Yongzhou	3619	26064	22303
怀化市	Huaihua	5382	56125	39561
娄底市	Loudi	4806	172105	87777
广东省	**Guangdong**	**164630**	**2592112**	**626074**
广州市	Guangzhou	18608	436882	47846
韶关市	Shaoguan	5600	92049	33099
深圳市	Shenzhen	19077	36247	4132
珠海市	Zhuhai	5934	87884	21946
汕头市	Shantou	5840	71798	22423
佛山市	Foshan	16336	185163	67108
江门市	Jiangmen	14055	139309	45590
湛江市	Zhanjiang	6049	104192	29599
茂名市	Maoming	4111	469897	31793
肇庆市	Zhaoqing	8097	47265	30944
惠州市	Huizhou	8595	62177	28683
梅州市	Meizhou	3743	114157	27213
汕尾市	Shanwei	2074	89524	12807
河源市	Heyuan	1482		11739
阳江市	Yangjiang	2966	80428	24066
清远市	Qingyuan	4864	30170	21325
东莞市	Dongguan	20429	288924	84940
中山市	Zhongshan	7455	33174	24430
潮州市	Chaozhou	2544	67741	12868
揭阳市	Jieyang	5594	95311	22906
云浮市	Yunfu	1179	59820	20617
广西壮族自治区	**Guangxi**	**62551**	**1291694**	**385508**
南宁市	Nanning	7198	106351	30678
柳州市	Liuzhou	7354	116597	41865
桂林市	Guilin	3008	71145	32204

2-46 续表 5 continued

城 市	City	工业废水排放量 (万吨) Volume of Industrial Waste Water Discharged (10 000 tons)	工业二氧化硫产生量 (吨) Volume of Industry Sulphur Dioxide Produced (ton)	工业二氧化硫排放量 (吨) Volume of Sulphur Dioxide Emission (ton)
梧州市	Wuzhou	3652	13918	10817
北海市	Beihai	1817	36950	12184
防城港市	Fangchenggang	1441	65291	27855
钦州市	Qinzhou	3712	39572	15967
贵港市	Guigang	3243	69419	24007
玉林市	Yulin	2378	11501	9944
百色市	Baise	4200	201022	56359
贺州市	Hezhou	2984	56026	9193
河池市	Hechi	12051	284394	46824
来宾市	Laibin	6772	208696	60145
崇左市	Chongzuo	2740	10812	7466
海南省	**Hainan**	**1069**	**4533**	**3399**
海口市	Haikou	697	3504	2517
三亚市	Sanya	53	1029	208
三沙市	Sansa			
儋州市	Danzhou	319		674
重庆市	**Chongqing**	**35524**	**1178991**	**426800**
四川省	**Sichuan**	**77513**	**1431590**	**571603**
成都市	Chengdu	11454	116920	37224
自贡市	Zigong	1693	21396	17732
攀枝花市	Panzhihua	2432	139682	82227
泸州市	Luzhou	3745	129549	30076
德阳市	Deyang	5411	33314	18570
绵阳市	Mianyang	6890	67169	32026
广元市	Guangyuan	407	24182	18807
遂宁市	Suining	1419	11414	6658
内江市	Neijiang	2617	121467	70516
乐山市	Leshan	5098	72411	45402
南充市	Nanchong	2614	8063	7091
眉山市	Meishan	6402	27932	20159
宜宾市	Yibin	22125	320138	84078
广安市	Guang'an	1337	212366	41366
达州市	Dazhou	2068	86402	45767
雅安市	Ya'an	815	29647	5277
巴中市	Bazhong	165	2039	2037
资阳市	Ziyang	822	7499	6590
贵州省	**Guizhou**	**20689**	**1813116**	**450422**
贵阳市	Guiyang	2700	103564	57192
六盘水市	Liupanshui	4099	563462	136992
遵义市	Zunyi	2447	308211	74921
安顺市	Anshun	1429	156559	33221
毕节市	Bijie	9103	572477	123308
铜仁市	Tongren	911	108843	24788
云南省	**Yunnan**	**31722**	**1290532**	**358428**
昆明市	Kunming	3917	400153	74017
曲靖市	Qujing	3847	712158	171413

2-46 续表 6 continued

城　市	City	工业废水排放量（万吨）Volume of Industrial Waste Water Discharged (10 000 tons)	工业二氧化硫产生量（吨）Volume of Industry Sulphur Dioxide Produced (ton)	工业二氧化硫排放量（吨）Volume of Sulphur Dioxide Emission (ton)
玉溪市	Yuxi	5352	36993	32385
保山市	Baoshan	6727	14204	14131
昭通市	Zhaotong	1540	92842	25273
丽江市	Lijiang	309	6748	6748
普洱市	Pu'er	3588		7718
临沧市	Lincang	6441	27434	26743
西藏自治区	**Tibet**			
拉萨市	Lasa			
陕西省	**Shaanxi**	**33911**	**1637475**	**483813**
西安市	Xi'an	5204	138258	38691
铜川市	Tongchuan	398	79617	16891
宝鸡市	Baoji	5445	91003	31706
咸阳市	Xianyang	5646	246090	52734
渭南市	Weinan	4363	452362	118845
延安市	Yan'an	2510	23535	19314
汉中市	Hanzhong			
榆林市	Yulin	7224	421903	174540
安康市	Ankang	479	14097	11274
商洛市	Shangluo	2643	170610	19818
甘肃省	**Gansu**	**17383**	**2494375**	**437991**
兰州市	Lanzhou	4138	153484	61240
嘉峪关市	Jiayuguan	2743	125547	59247
金昌市	Jinchang	2027	1450374	101975
白银市	Baiyin	569	538025	91141
天水市	Tianshui	495	15227	6715
武威市	Wuwei	946	17656	17501
张掖市	Zhangye	1918	33255	25297
平凉市	Pingliang	1886	105892	27802
酒泉市	Jiuquan	947	18367	24584
庆阳市	Qingyang	252	8692	6233
定西市	Dingxi	246	11137	9447
陇南市	Longnan	1214	16719	6809
青海省	**Qinghai**	**2523**	**132547**	**71047**
西宁市	Xining	2200	119196	57696
海东市	Haidong	323	13351	13351
宁夏回族自治区	**Ningxia**	**13557**	**589434**	**231312**
银川市	Yinchuan	4874		64883
石嘴山市	Shizuishan	2369	313240	84650
吴忠市	Wuzhong	1811	209106	45940
固原市	Guyuan	553	40634	10326
中卫市	Zhongwei	3951	26454	25513
新疆维吾尔自治区	**Xinjiang**	**4963**	**420105**	**84248**
乌鲁木齐市	Urumqi	3521	279813	58978
克拉玛依市	Karamay	1442	140292	25270

2-47 工业烟(粉)尘产生及排放量(全市)
Industrial Soot(dust) Produced and Discharged(Total City)

单位：吨 (ton)

城 市	City	工业烟(粉)尘产生量 Volume of Industrial Soot(dust) Produced	工业烟(粉)尘排放量 Volume of Industrial Soot(dust) Emission
城市合计	**Prefecture Cities**	**655728800**	**13991482**
北京市	**Beijing**	**1461648**	**12987**
天津市	**Tianjin**	**4315652**	**73795**
河北省	**Hebei**	**43241109**	**2936210**
石家庄市	Shijiazhuang	7486919	87128
唐山市	Tangshan	15185393	466902
秦皇岛市	Qinhuangdao	34702	1859866
邯郸市	Handan	7812778	191713
邢台市	Xingtai	2515733	100738
保定市	Baoding	2209535	31698
张家口市	Zhangjiakou	3006891	35693
承德市	Chengde	1626751	50907
沧州市	Cangzhou	1160990	50879
廊坊市	Langfang	1447955	48205
衡水市	Hengshui	753462	12481
山西省	**Shanxi**	**38508097**	**891665**
太原市	Taiyuan	5246343	34473
大同市	Datong	5993180	58299
阳泉市	Yangquan	1693348	31096
长治市	Changzhi	6042986	195489
晋城市	Jincheng	1739244	51043
朔州市	Shuozhou	4987258	30564
晋中市	Jinzhong	3311732	80364
运城市	Yuncheng	3607531	100864
忻州市	Xinzhou		73397
临汾市	Linfen	2374761	81053
吕梁市	Lvliang	3511714	155023
内蒙古自治区	**Inner Mongolia**	**41768152**	**515839**
呼和浩特市	Hohhot	5701152	37983
包头市	Baotou	4216201	104177
乌海市	Wuhai	4293383	57359
赤峰市	Chifeng	4310555	48763
通辽市	Tongliao	5305588	41752
鄂尔多斯市	Erdos	8040326	45994
呼伦贝尔市	Hulunbuir	3844650	92456
巴彦淖尔市	Bayannur	2199506	37700
乌兰察布市	Ulanqab	3856791	49655
辽宁省	**Liaoning**	**32178414**	**836729**
沈阳市	Shenyang	2334267	84871
大连市	Dalian	7366014	54112
鞍山市	Anshan	1888674	91225
抚顺市	Fushun	2056574	71426
本溪市	Benxi	2669598	166611
丹东市	Dandong	1145180	28820
锦州市	Jinzhou	844310	40391

2-47 续表 1 continued

单位：吨 (ton)

城市	City	工业烟(粉)尘产生量 Volume of Industrial Soot(dust) Produced	工业烟(粉)尘排放量 Volume of Industrial Soot(dust) Emission
营口市	Yingkou	2696106	89121
阜新市	Fuxin	1836238	30062
辽阳市	Liaoyang	2396946	41207
盘锦市	Panjin	632349	15334
铁岭市	Tieling	3296167	39438
朝阳市	Chaoyang	1626376	62519
葫芦岛市	Huludao	1389615	21592
吉林省	**Jilin**	**13338057**	**297575**
长春市	Changchun	3717363	80781
吉林市	Jilin	2934920	89241
四平市	Siping	1683520	30628
辽源市	Liaoyuan	866698	18500
通化市	Tonghua	1430439	25433
白山市	Baishan	1254067	14173
松原市	Songyuan	721348	28621
白城市	Baicheng	729702	10198
黑龙江省	**Heilongjiang**	**16234675**	**320005**
哈尔滨市	Harbin	3148205	67433
齐齐哈尔市	Qiqihar	1565112	58069
鸡西市	Jixi	2140164	34945
鹤岗市	Hegang	1448019	17455
双鸭山市	Shuangyashan	1576453	37697
大庆市	Daqing	1640692	19776
伊春市	Yichun	588557	15870
佳木斯市	Jiamusi	1261846	16563
七台河市	Qitaihe	880454	15705
牡丹江市	Mudanjiang	1237481	30311
黑河市	Heihe	606405	1011
绥化市	Suihua	141287	5170
上海市	**Shanghai**		**111400**
江苏省	**Jiangsu**	**47216493**	**607022**
南京市	Nanjing	5357300	84128
无锡市	Wuxi	4764700	82859
徐州市	Xuzhou	7987091	60490
常州市	Changzhou	4067111	97999
苏州市	Suzhou	10061067	75406
南通市	Nantong	2485741	31664
连云港市	Lianyungang	1825028	33979
淮安市	Huai'an	2104539	17152
盐城市	Yancheng	2311278	36416
扬州市	Yangzhou	1907204	13917
镇江市	Zhenjiang	3645751	24230
泰州市	Taizhou	469729	13880
宿迁市	Suqian	229954	34902
浙江省	**Zhejiang**	**26259582**	**311320**
杭州市	Hangzhou	4051457	49176

2-47 续表 2 continued

单位：吨 (ton)

城 市	City	工业烟(粉)尘产生量 Volume of Industrial Soot(dust) Produced	工业烟(粉)尘排放量 Volume of Industrial Soot(dust) Emission
宁波市	Ningbo	5442015	28128
温州市	Wenzhou	1284938	16449
嘉兴市	Jiaxing	1904108	20975
湖州市	Huzhou	3494066	28855
绍兴市	Shaoxing	1495554	32588
金华市	Jinhua	2459854	39659
衢州市	Quzhou	3700211	62115
舟山市	Zhoushan	569783	3050
台州市	Taizhou	1717268	16263
丽水市	Lishui	140328	14062
安徽省	**Anhui**	**40026620**	**477965**
合肥市	Hefei	2885409	85036
芜湖市	Wuhu	7329900	39513
蚌埠市	Bengbu	321846	23596
淮南市	Huainan	6391684	18853
马鞍山市	Maanshan	5389014	75916
淮北市	Huaibei	1662324	18730
铜陵市	Tongling	5165042	23136
安庆市	Anqing	3562187	24978
黄山市	Huangshan	43019	3395
滁州市	Chuzhou	2334058	35263
阜阳市	Fuyang	1060486	14861
宿州市	Suzhou	1274283	18059
六安市	Lu'an	513355	33407
亳州市	Bozhou	57222	10518
池州市	Chizhou	729013	13950
宣城市	Xuancheng	1307778	38754
福建省	**Fujian**	**16695487**	**302615**
福州市	Fuzhou	2350083	90911
厦门市	Xiamen	382164	2414
莆田市	Putian	209743	4909
三明市	Sanming	3755142	62656
泉州市	Quanzhou	1960612	65568
漳州市	Zhangzhou	733393	20687
南平市	Nanping	482502	17095
龙岩市	Longyan	6296387	29903
宁德市	Ningde	525461	8472
江西省	**Jiangxi**	**18758118**	**433360**
南昌市	Nanchang	1054130	24818
景德镇市	Jingdezhen	1027688	15590
萍乡市	Pingxiang	1510709	43277
九江市	Jiujiang	1987152	50987
新余市	Xinyu	1787351	75389
鹰潭市	Yingtan	1032990	5024
赣州市	Ganzhou	3153445	62177
吉安市	Ji'an	1006798	27236

2-47 续表 3 continued

单位：吨 (ton)

城市	City	工业烟(粉)尘产生量 Volume of Industrial Soot(dust) Produced	工业烟(粉)尘排放量 Volume of Industrial Soot(dust) Emission
宜春市	Yichun	3258673	69471
抚州市	Fuzhou	141773	23487
上饶市	Shangrao	2797409	35904
山东省	**Shandong**	**70647032**	**913054**
济南市	Jinan	3767260	92900
青岛市	Qingdao	2086111	28767
淄博市	Zibo	7370423	90347
枣庄市	Zaozhuang	6045562	29462
东营市	Dongying	1479335	5156
烟台市	Yantai	4533270	30316
潍坊市	Weifang	5695250	55380
济宁市	Jining	5752961	54597
泰安市	Tai'an	1331415	16190
威海市	Weihai	1321194	12542
日照市	Rizhao	3682298	103306
莱芜市	Laiwu	3724701	144785
临沂市	Linyi	4972378	109750
德州市	Dezhou	2389303	39637
聊城市	Liaocheng	4174764	17749
滨州市	Binzhou	10201990	30123
菏泽市	Heze	2118817	52047
河南省	**Henan**	**51040141**	**622135**
郑州市	Zhengzhou	9804325	71794
开封市	Kaifeng	1021103	26561
洛阳市	Luoyang	5668806	43053
平顶山市	Pingdingshan	5083848	100599
安阳市	Anyang	3981374	137852
鹤壁市	Hebi	1675491	13775
新乡市	Xinxiang	3762698	22380
焦作市	Jiaozuo	3982090	23292
濮阳市	Puyang	1965889	21676
许昌市	Xuchang	2468794	18337
漯河市	Luohe	642703	3979
三门峡市	Sanmenxia	3685267	32796
南阳市	Nanyang	3401715	22260
商丘市	Shangqiu	1136173	35662
信阳市	Xinyang	1194797	16415
周口市	Zhoukou	79027	8513
驻马店市	Zhumadian	1486041	23191
湖北省	**Hubei**	**20594953**	**280533**
武汉市	Wuhan	3760858	20811
黄石市	Huangshi	3874211	43718
十堰市	Shiyan	925820	7960
宜昌市	Yichang	1364681	30060
襄阳市	Xiangyang	2114827	14014
鄂州市	Ezhou	1720825	45389

2-47 续表 4 continued

单位：吨 (ton)

城 市	City	工业烟(粉)尘产生量 Volume of Industrial Soot(dust) Produced	工业烟(粉)尘排放量 Volume of Industrial Soot(dust) Emission
荆门市	Jingmen	3299372	33790
孝感市	Xiaogan	926530	17536
荆州市	Jingzhou	449198	21238
黄冈市	Huanggang	332778	16679
咸宁市	Xianning	1768257	18800
随州市	Suizhou	57596	10538
湖南省	**Hunan**	**16848218**	**1706819**
长沙市	Changsha	1034284	11641
株洲市	Zhuzhou	25973	1347367
湘潭市	Xiangtan	2201067	57173
衡阳市	Hengyang	772059	39852
邵阳市	Shaoyang	557213	19367
岳阳市	Yueyang	1422969	19967
常德市	Changde	1201528	17636
张家界市	Zhangjiajie	442628	3039
益阳市	Yiyang	1077610	31911
郴州市	Chenzhou	2575147	20865
永州市	Yongzhou	1522170	30694
怀化市	Huaihua	687060	37418
娄底市	Loudi	3328510	69889
广东省	**Guangdong**	**19810731**	**293372**
广州市	Guangzhou	3115823	9227
韶关市	Shaoguan	1336921	34161
深圳市	Shenzhen	267496	1079
珠海市	Zhuhai	832981	10446
汕头市	Shantou	602944	4352
佛山市	Foshan	1310850	29321
江门市	Jiangmen	1410625	13031
湛江市	Zhanjiang	1010989	9361
茂名市	Maoming	707061	11476
肇庆市	Zhaoqing	538425	30554
惠州市	Huizhou	2212279	15715
梅州市	Meizhou	254749	14272
汕尾市	Shanwei	564553	3657
河源市	Heyuan		6160
阳江市	Yangjiang	619505	19577
清远市	Qingyuan	390916	40878
东莞市	Dongguan	1547217	14412
中山市	Zhongshan	324205	12276
潮州市	Chaozhou	631470	2214
揭阳市	Jieyang	271517	3375
云浮市	Yunfu	1860205	7828
广西壮族自治区	**Guangxi**	**18204488**	**329218**
南宁市	Nanning	332452	26008
柳州市	Liuzhou	2810612	80978
桂林市	Guilin	404832	12200

2-47 续表 5 continued

单位：吨 (ton)

城 市	City	工业烟(粉)尘产生量 Volume of Industrial Soot(dust) Produced	工业烟(粉)尘排放量 Volume of Industrial Soot(dust) Emission
梧州市	Wuzhou	133417	8000
北海市	Beihai	255655	4692
防城港市	Fangchenggang	1273600	48784
钦州市	Qinzhou	205320	4624
贵港市	Guigang	7084873	73541
玉林市	Yulin	1424707	15726
百色市	Baise	2069890	17944
贺州市	Hezhou	221236	4868
河池市	Hechi	540393	13613
来宾市	Laibin	1108944	2970
崇左市	Chongzuo	338557	15270
海南省	**Hainan**	**67329**	**2636**
海口市	Haikou	3457	854
三亚市	Sanya	63872	935
三沙市	Sansa		
儋州市	Danzhou		847
重庆市	**Chongqing**	**15726149**	**196416**
四川省	**Sichuan**	**17893914**	**295363**
成都市	Chengdu	1389828	20607
自贡市	Zigong	235581	7171
攀枝花市	Panzhihua	1610717	32650
泸州市	Luzhou	333124	7310
德阳市	Deyang	1118702	18409
绵阳市	Mianyang	2255500	13522
广元市	Guangyuan	512383	9003
遂宁市	Suining	40815	2552
内江市	Neijiang	1469577	31519
乐山市	Leshan	1484933	35530
南充市	Nanchong	12072	4310
眉山市	Meishan	363770	17030
宜宾市	Yibin	2405613	14415
广安市	Guang'an	2986521	14714
达州市	Dazhou	1196815	46321
雅安市	Ya'an	85572	11652
巴中市	Bazhong	342145	1971
资阳市	Ziyang	50246	6677
贵州省	**Guizhou**	**19264483**	**143336**
贵阳市	Guiyang	28960	23545
六盘水市	Liupanshui	7165953	61707
遵义市	Zunyi	4286329	11486
安顺市	Anshun	2252979	8635
毕节市	Bijie	4579048	17596
铜仁市	Tongren	951214	20367
云南省	**Yunnan**	**14571436**	**156851**
昆明市	Kunming	1674205	24533
曲靖市	Qujing	8014328	41457

2-47 续表 6 continued

单位：吨 (ton)

城　市	City	工业烟(粉)尘产生量 Volume of Industrial Soot(dust) Produced	工业烟(粉)尘排放量 Volume of Industrial Soot(dust) Emission
玉溪市	Yuxi	2317432	37818
保山市	Baoshan	652410	13776
昭通市	Zhaotong	1823560	12972
丽江市	Lijiang	50511	9342
普洱市	Pu'er		12197
临沧市	Lincang	38990	4756
西藏自治区	**Tibet**		
拉萨市	Lasa		
陕西省	**Shaanxi**	**19069877**	**371739**
西安市	Xi'an	1474034	16444
铜川市	Tongchuan	1035659	54209
宝鸡市	Baoji	2334265	29334
咸阳市	Xianyang	3604913	35353
渭南市	Weinan	2786765	11343
延安市	Yan'an	143846	11339
汉中市	Hanzhong		
榆林市	Yulin	7151106	200517
安康市	Ankang	57971	8829
商洛市	Shangluo	481318	4371
甘肃省	**Gansu**	**14244720**	**198122**
兰州市	Lanzhou	3636636	45209
嘉峪关市	Jiayuguan	2450385	48670
金昌市	Jinchang	1141987	10350
白银市	Baiyin	2083733	9894
天水市	Tianshui	549282	7037
武威市	Wuwei	355297	8643
张掖市	Zhangye	473074	11415
平凉市	Pingliang	1721627	34689
酒泉市	Jiuquan	193491	8385
庆阳市	Qingyang	101823	4323
定西市	Dingxi	698299	4612
陇南市	Longnan	839086	4895
青海省	**Qinghai**	**4486953**	**126479**
西宁市	Xining	2797449	61783
海东市	Haidong	1689504	64696
宁夏回族自治区	**Ningxia**	**9206482**	**175849**
银川市	Yinchuan		18795
石嘴山市	Shizuishan	3821992	82686
吴忠市	Wuzhong	3080369	11547
固原市	Guyuan	246782	2799
中卫市	Zhongwei	2057339	60022
新疆维吾尔自治区	**Xinjiang**	**4049790**	**51073**
乌鲁木齐市	Urumqi	3469204	45969
克拉玛依市	Karamay	580586	5104

2-48 工业固体废物综合利用率和污水及生活垃圾处理率(全市)

Ratio of Industrial Solid Wastes Utilized, Ratio of Waste Water and Consumption (Total City)

单位：% (%)

城 市	City	一般工业固体废物综合利用率 Ratio of Industrial Solid Wastes Comprehensively Utilized	污水处理厂集中处理率 Ratio of waste Water Centralized Treated of Sewage Work	生活垃圾无害化处理率 Ratio of Consumption Wastes Treated
城市合计	**Prefecture Cities**			
北京市	**Beijing**	**83.33**	**87.90**	**99.80**
天津市	**Tianjin**	**98.58**	**99.00**	**99.00**
河北省	**Hebei**			
石家庄市	Shijiazhuang	98.00	95.42	95.41
唐山市	Tangshan	72.50	95.00	100.00
秦皇岛市	Qinhuangdao	68.55	96.17	100.00
邯郸市	Handan	97.00	97.62	100.00
邢台市	Xingtai	95.31	96.35	100.00
保定市	Baoding	93.00	81.76	99.99
张家口市	Zhangjiakou	57.16	94.42	95.00
承德市	Chengde	24.00	91.56	89.02
沧州市	Cangzhou	100.00	100.00	100.00
廊坊市	Langfang	97.00	92.01	58.95
衡水市	Hengshui	99.30	80.00	100.00
山西省	**Shanxi**			
太原市	Taiyuan	56.00	93.24	100.00
大同市	Datong	91.61	78.54	67.02
阳泉市	Yangquan	18.61	86.00	88.00
长治市	Changzhi	67.66	92.32	84.27
晋城市	Jincheng	78.19	95.00	100.00
朔州市	Shuozhou	88.70	97.50	92.01
晋中市	Jinzhong	95.93	95.21	94.00
运城市	Yuncheng	41.23	98.80	100.00
忻州市	Xinzhou	70.93	95.06	48.66
临汾市	Linfen	73.65	86.70	79.39
吕梁市	Lvliang	73.34	81.11	83.78
内蒙古自治区	**Inner Mongolia**			
呼和浩特市	Hohhot	33.00	91.59	99.83
包头市	Baotou	72.11	90.09	96.56
乌海市	Wuhai	55.11	95.47	96.00
赤峰市	Chifeng	33.13	89.35	93.86
通辽市	Tongliao	80.84	97.34	95.74
鄂尔多斯市	Erdos	39.10	94.71	95.57
呼伦贝尔市	Hulunbuir	51.45	91.05	94.45
巴彦淖尔市	Bayannur	51.27	97.84	97.25
乌兰察布市	Ulanqab	69.74	94.40	94.20
辽宁省	**Liaoning**			
沈阳市	Shenyang	92.02	95.00	100.00
大连市	Dalian	78.45	95.00	100.00
鞍山市	Anshan	23.45	86.49	100.00
抚顺市	Fushun	60.14	85.00	100.00
本溪市	Benxi	16.10	95.12	100.00
丹东市	Dandong	90.21	57.62	100.00
锦州市	Jinzhou	89.72	91.00	81.30

2-48 续表 1 continued

单位：% (%)

城　市	City	一般工业固体废物综合利用率 Ratio of Industrial Solid Wastes Comprehensively Utilized	污水处理厂集中处理率 Ratio of waste Water Centralized Treated of Sewage Work	生活垃圾无害化处理率 Ratio of Consumption Wastes Treated
营口市	Yingkou	90.49	98.20	77.78
阜新市	Fuxin	89.87	90.20	100.00
辽阳市	Liaoyang	11.47	100.00	100.00
盘锦市	Panjin	95.73	100.00	100.00
铁岭市	Tieling	65.08	100.00	100.00
朝阳市	Chaoyang	77.36	99.00	100.00
葫芦岛市	Huludao	75.14	89.39	86.50
吉林省	**Jilin**			
长春市	Changchun	96.50	90.00	100.00
吉林市	Jilin	57.90	91.84	72.86
四平市	Siping	83.99	82.53	40.70
辽源市	Liaoyuan	88.65	81.80	100.00
通化市	Tonghua	88.89	89.80	97.82
白山市	Baishan	46.56	79.32	26.99
松原市	Songyuan	99.39	95.90	95.75
白城市	Baicheng	70.40	80.03	84.51
黑龙江省	**Heilongjiang**			
哈尔滨市	Harbin	99.80	90.14	91.63
齐齐哈尔市	Qiqihar	95.30	65.00	58.00
鸡西市	Jixi			
鹤岗市	Hegang	90.21	68.04	
双鸭山市	Shuangyashan	89.42	80.00	
大庆市	Daqing	95.85	95.61	90.50
伊春市	Yichun	83.60	71.44	100.00
佳木斯市	Jiamusi	62.93	66.93	100.00
七台河市	Qitaihe	88.90	43.90	98.18
牡丹江市	Mudanjiang	99.32	65.52	95.98
黑河市	Heihe	100.00	92.90	100.00
绥化市	Suihua	97.94	100.00	100.00
上海市	**Shanghai**	**96.15**	**91.00**	**100.00**
江苏省	**Jiangsu**			
南京市	Nanjing	90.50	64.49	100.00
无锡市	Wuxi	94.40	89.40	100.00
徐州市	Xuzhou	99.40	88.21	100.00
常州市	Changzhou	98.32	90.39	100.00
苏州市	Suzhou	98.11	82.55	100.00
南通市	Nantong	98.87	91.58	100.00
连云港市	Lianyungang	93.40	78.40	100.00
淮安市	Huai'an	97.30	79.28	90.52
盐城市	Yancheng	95.56	81.75	100.00
扬州市	Yangzhou	97.50	85.45	100.00
镇江市	Zhenjiang	95.18	81.40	94.68
泰州市	Taizhou	98.51	64.43	95.32
宿迁市	Suqian	95.51	83.65	100.00
浙江省	**Zhejiang**			
杭州市	Hangzhou	88.60	94.28	100.00

2-48 续表 2 continued

单位：% (%)

城 市	City	一般工业固体废物综合利用率 Ratio of Industrial Solid Wastes Comprehensively Utilized	污水处理厂集中处理率 Ratio of waste Water Centralized Treated of Sewage Work	生活垃圾无害化处理率 Ratio of Consumption Wastes Treated
宁波市	Ningbo	94.80	79.44	100.00
温州市	Wenzhou	97.96	89.73	100.00
嘉兴市	Jiaxing	94.37	90.19	99.78
湖州市	Huzhou	97.87	92.50	100.00
绍兴市	Shaoxing	96.90	90.57	100.00
金华市	Jinhua	94.95	88.52	97.54
衢州市	Quzhou	92.79	83.68	100.00
舟山市	Zhoushan	99.60	64.80	97.20
台州市	Taizhou	97.58	90.95	100.00
丽水市	Lishui	95.14	82.61	100.00
安徽省	**Anhui**			
合肥市	Hefei	91.65	92.12	100.00
芜湖市	Wuhu	86.44	90.79	97.48
蚌埠市	Bengbu	96.36	93.53	99.09
淮南市	Huainan	86.10	88.55	95.30
马鞍山市	Maanshan	86.51	92.10	98.59
淮北市	Huaibei	92.70	90.26	100.00
铜陵市	Tongling	90.58	92.07	100.00
安庆市	Anqing	96.80	88.18	90.16
黄山市	Huangshan	74.80	92.19	100.00
滁州市	Chuzhou	96.36	88.55	95.30
阜阳市	Fuyang	99.26	88.41	69.63
宿州市	Suzhou	68.92	85.85	86.87
六安市	Lu'an	75.84	91.90	92.19
亳州市	Bozhou	97.50	95.67	97.75
池州市	Chizhou	93.97	93.58	92.92
宣城市	Xuancheng	90.46	96.34	100.00
福建省	**Fujian**			
福州市	Fuzhou	95.35	88.20	97.81
厦门市	Xiamen	93.10	93.62	100.00
莆田市	Putian	87.73	85.00	98.50
三明市	Sanming	92.50	85.19	98.51
泉州市	Quanzhou	97.99	86.51	98.59
漳州市	Zhangzhou	96.45	88.06	98.88
南平市	Nanping	50.11	86.53	97.82
龙岩市	Longyan	99.32	88.67	99.48
宁德市	Ningde	81.90	84.31	95.50
江西省	**Jiangxi**			
南昌市	Nanchang	97.10	97.72	100.00
景德镇市	Jingdezhen	98.94	74.00	100.00
萍乡市	Pingxiang	97.64	83.50	98.60
九江市	Jiujiang	60.36	88.01	84.44
新余市	Xinyu	89.70	95.62	100.00
鹰潭市	Yingtan	87.97	86.70	100.00
赣州市	Ganzhou	82.74	73.47	57.84
吉安市	Ji'an	95.61	86.83	99.18

2-48 续表 3 continued

单位：% (%)

城　　市	City	一般工业固体废物综合利用率 Ratio of Industrial Solid Wastes Comprehensively Utilized	污水处理厂集中处理率 Ratio of waste Water Centralized Treated of Sewage Work	生活垃圾无害化处理率 Ratio of Consumption Wastes Treated
宜春市	Yichun	93.76	81.49	65.99
抚州市	Fuzhou	76.75	83.77	100.00
上饶市	Shangrao	10.11	86.32	99.13
山东省	**Shandong**			
济南市	Jinan	99.38	95.85	100.00
青岛市	Qingdao	93.76	95.86	100.00
淄博市	Zibo	95.75	96.14	100.00
枣庄市	Zaozhuang	100.00	95.70	100.00
东营市	Dongying	96.69	95.88	100.00
烟台市	Yantai	78.26	76.06	81.29
潍坊市	Weifang		96.15	100.00
济宁市	Jining	91.54	95.66	100.00
泰安市	Tai'an	98.76	95.67	100.00
威海市	Weihai	94.77	96.01	100.00
日照市	Rizhao	99.05	97.58	100.00
莱芜市	Laiwu	96.32	93.67	100.00
临沂市	Linyi	99.21	94.74	100.00
德州市	Dezhou	98.69	94.35	98.68
聊城市	Liaocheng	97.64	95.57	100.00
滨州市	Binzhou	82.59	95.66	100.00
菏泽市	Heze	99.12	93.63	99.77
河南省	**Henan**			
郑州市	Zhengzhou	77.36	96.04	100.00
开封市	Kaifeng	99.28	94.11	100.00
洛阳市	Luoyang	61.96	93.75	92.35
平顶山市	Pingdingshan	99.96	94.91	92.87
安阳市	Anyang	89.40	95.57	94.92
鹤壁市	Hebi	95.11	93.64	89.47
新乡市	Xinxiang	99.97	90.00	100.00
焦作市	Jiaozuo	59.01	90.24	97.50
濮阳市	Puyang	98.75	93.58	86.44
许昌市	Xuchang	99.20	97.00	96.54
漯河市	Luohe	99.88	97.50	95.00
三门峡市	Sanmenxia	32.88	85.00	87.00
南阳市	Nanyang	87.15	84.33	85.17
商丘市	Shangqiu	99.74	91.40	90.49
信阳市	Xinyang	99.32	87.78	76.38
周口市	Zhoukou	96.36	90.50	92.00
驻马店市	Zhumadian	97.46	92.50	92.52
湖北省	**Hubei**			
武汉市	Wuhan	97.96	95.00	100.00
黄石市	Huangshi	92.03	91.70	100.00
十堰市	Shiyan	52.82	88.66	83.45
宜昌市	Yichang	26.27	91.68	93.63
襄阳市	Xiangyang	92.19	89.56	70.65
鄂州市	Ezhou	98.16	82.05	100.00

2-48 续表 4 continued

单位: % (%)

城市	City	一般工业固体废物综合利用率 Ratio of Industrial Solid Wastes Comprehensively Utilized	污水处理厂集中处理率 Ratio of waste Water Centralized Treated of Sewage Work	生活垃圾无害化处理率 Ratio of Consumption Wastes Treated
荆门市	Jingmen	94.00	84.35	83.70
孝感市	Xiaogan	66.35	85.00	100.00
荆州市	Jingzhou	30.90	88.53	42.28
黄冈市	Huanggang	90.35	65.29	62.66
咸宁市	Xianning	0.49	91.00	100.00
随州市	Suizhou		90.00	96.00
湖南省	**Hunan**			
长沙市	Changsha	86.20	99.80	100.00
株洲市	Zhuzhou	90.52	95.23	100.00
湘潭市	Xiangtan	96.10	89.82	100.00
衡阳市	Hengyang	86.49	73.00	100.00
邵阳市	Shaoyang	74.00	81.40	83.21
岳阳市	Yueyang	85.54	75.64	100.00
常德市	Changde	95.26	92.54	100.00
张家界市	Zhangjiajie	99.30	83.37	100.00
益阳市	Yiyang	85.00	92.00	93.00
郴州市	Chenzhou	56.80	91.80	100.00
永州市	Yongzhou	82.80	88.81	100.00
怀化市	Huaihua	45.00	80.26	91.68
娄底市	Loudi	96.00	61.00	99.20
广东省	**Guangdong**			
广州市	Guangzhou	95.15	92.09	95.24
韶关市	Shaoguan	90.32	81.77	95.00
深圳市	Shenzhen	99.86	96.63	100.00
珠海市	Zhuhai	94.38		100.00
汕头市	Shantou	97.97		92.60
佛山市	Foshan	84.70	96.49	100.00
江门市	Jiangmen	85.08	90.30	100.00
湛江市	Zhanjiang	95.97	86.69	73.62
茂名市	Maoming	97.70	86.40	100.00
肇庆市	Zhaoqing	75.00		
惠州市	Huizhou	95.50	96.02	100.00
梅州市	Meizhou	95.00	90.80	99.33
汕尾市	Shanwei	100.00	89.09	100.00
河源市	Heyuan	96.56		86.00
阳江市	Yangjiang	94.20	85.86	100.00
清远市	Qingyuan	90.94	91.14	91.20
东莞市	Dongguan	88.65	95.00	74.87
中山市	Zhongshan	92.59	96.00	100.00
潮州市	Chaozhou	99.90		
揭阳市	Jieyang	99.05	44.60	58.90
云浮市	Yunfu	66.31	74.41	100.00
广西壮族自治区	**Guangxi**			
南宁市	Nanning	99.92	76.75	98.17
柳州市	Liuzhou	97.48	49.63	99.68
桂林市	Guilin	82.86	88.81	95.89

2-48 续表 5 continued

单位：% (%)

城 市	City	一般工业固体废物综合利用率 Ratio of Industrial Solid Wastes Comprehensively Utilized	污水处理厂集中处理率 Ratio of waste Water Centralized Treated of Sewage Work	生活垃圾无害化处理率 Ratio of Consumption Wastes Treated
梧州市	Wuzhou	75.00	69.75	96.27
北海市	Beihai	98.88	87.50	100.00
防城港市	Fangchenggang	99.96	59.21	94.44
钦州市	Qinzhou	97.79	80.00	89.00
贵港市	Guigang	98.03	44.30	100.00
玉林市	Yulin	90.00	97.21	100.00
百色市	Baise	30.01	86.24	96.65
贺州市	Hezhou	75.00	86.82	100.00
河池市	Hechi	56.94	81.42	96.40
来宾市	Laibin	64.50	85.00	100.00
崇左市	Chongzuo	62.97	67.64	80.86
海南省	**Hainan**			
海口市	Haikou	99.99		100.00
三亚市	Sanya	100.00	86.00	100.00
三沙市	Sansa		100.00	100.00
儋州市	Danzhou		84.00	100.00
重庆市	**Chongqing**	**84.45**	**93.67**	**98.85**
四川省	**Sichuan**			
成都市	Chengdu	96.06		100.00
自贡市	Zigong	95.02	88.96	84.90
攀枝花市	Panzhihua	22.00	35.97	99.59
泸州市	Luzhou	97.15	58.91	89.80
德阳市	Deyang	94.80	100.00	100.00
绵阳市	Mianyang	99.66	86.97	94.01
广元市	Guangyuan	99.00	94.10	91.80
遂宁市	Suining	100.00	99.11	95.22
内江市	Neijiang	91.72	88.30	97.65
乐山市	Leshan	95.36	80.22	74.47
南充市	Nanchong	92.96	85.19	94.78
眉山市	Meishan	100.00	59.13	100.00
宜宾市	Yibin	96.44	80.97	98.70
广安市	Guang'an	83.84	100.00	100.00
达州市	Dazhou	98.70	65.00	92.00
雅安市	Ya'an	79.81	82.56	99.00
巴中市	Bazhong	85.00	89.00	97.00
资阳市	Ziyang	99.18	83.18	91.07
贵州省	**Guizhou**			
贵阳市	Guiyang	48.15	98.50	95.13
六盘水市	Liupanshui	57.94	88.50	89.06
遵义市	Zunyi	63.00	89.90	90.90
安顺市	Anshun	96.00	91.30	85.20
毕节市	Bijie	67.81	90.41	
铜仁市	Tongren	69.30	86.62	82.30
云南省	**Yunnan**			
昆明市	Kunming	36.36	91.97	93.26
曲靖市	Qujing	92.00	96.00	100.00

2-48 续表 6 continued

单位: % (%)

城 市	City	一般工业固体废物综合利用率 Ratio of Industrial Solid Wastes Comprehensively Utilized	污水处理厂集中处理率 Ratio of waste Water Centralized Treated of Sewage Work	生活垃圾无害化处理率 Ratio of Consumption Wastes Treated
玉溪市	Yuxi	39.62	97.00	98.00
保山市	Baoshan	81.02	85.00	99.00
昭通市	Zhaotong	100.00	77.72	53.95
丽江市	Lijiang	81.30	86.93	94.45
普洱市	Pu'er		87.17	94.88
临沧市	Lincang	80.48	80.86	90.80
西藏自治区	**Tibet**			
拉萨市	Lasa			
陕西省	**Shaanxi**			
西安市	Xi'an	90.82	91.82	98.09
铜川市	Tongchuan	98.47	89.08	90.59
宝鸡市	Baoji	37.37	92.40	99.18
咸阳市	Xianyang	95.33	92.15	96.75
渭南市	Weinan	99.99	95.72	90.81
延安市	Yan'an	89.00	87.59	92.75
汉中市	Hanzhong			
榆林市	Yulin	93.29	86.82	90.09
安康市	Ankang	85.93	92.53	100.00
商洛市	Shangluo	21.90	89.04	96.22
甘肃省	**Gansu**			
兰州市	Lanzhou	98.40	88.96	19.65
嘉峪关市	Jiayuguan	48.59	100.00	100.00
金昌市	Jinchang	13.09	95.86	100.00
白银市	Baiyin	74.19	72.98	95.65
天水市	Tianshui	84.47	89.80	70.27
武威市	Wuwei	90.30	100.00	96.00
张掖市	Zhangye	75.79	90.50	98.01
平凉市	Pingliang	98.84	76.17	100.00
酒泉市	Jiuquan	90.00	90.00	90.00
庆阳市	Qingyang	95.69	61.42	55.75
定西市	Dingxi	90.39	87.50	68.39
陇南市	Longnan	24.32	83.72	61.54
青海省	**Qinghai**			
西宁市	Xining		74.44	95.27
海东市	Haidong	94.20	100.00	
宁夏回族自治区	**Ningxia**			
银川市	Yinchuan		93.80	100.00
石嘴山市	Shizuishan	77.34	94.50	97.26
吴忠市	Wuzhong	59.50	94.58	100.00
固原市	Guyuan	98.64	73.11	100.00
中卫市	Zhongwei	96.17	96.20	94.85
新疆维吾尔自治区	**Xinjiang**			
乌鲁木齐市	Urumqi	90.37	84.23	95.80
克拉玛依市	Karamay	85.68	95.26	98.98

三、县级城市统计资料

Statistical Data of County-level Cities

3-1 人口状况
Population

单位：万人 (10 000 persons)

城　　市	City	年末户籍人口 Household Registered Population at Year-end	城　　市	City	年末户籍人口 Household Registered Population at Year-end
河北省	**Hebei**		普兰店市	Pulandian	91.6
晋州市	Jinzhou	56.7	庄河市	Zhuanghe	90.1
新乐市	Xinle	51.4	海城市	Haicheng	107.9
遵化市	Zunhua	75.8	东港市	Donggang	60.9
迁安市	Qian'an	76.2	凤城市	Fengcheng	56.8
武安市	Wu'an	83.7	凌海市	Linghai	51.5
南宫市	Nangong	50.2	北镇市	Beizhen	51.7
沙河市	Shahe	44.5	盖州市	Gaizhou	69.9
涿州市	Zhuozhou	68.1	大石桥市	Dashiqiao	69.9
安国市	Anguo	41.8	灯塔市	Dengta	44.9
高碑店市	Gaobeidian	57.9	调兵山市	Diaobingshan	23.5
泊头市	Botou	63.4	开原市	Kaiyuan	58.0
任丘市	Renqiu	89.2	北票市	Beipiao	57.7
黄骅市	Huanghua	47.7	凌源市	Lingyuan	68.9
河间市	Hejian	88.2	兴城市	Xingcheng	54.3
霸州市	Bazhou	64.5	**吉林省**	**Jilin**	
三河市	Sanhe	65.2	榆树市	Yushu	126.3
冀州市	Jizhou	34.7	德惠市	Dehui	93.8
深州市	Shenzhou	57.6	蛟河市	Jiaohe	44.0
定州市	Dingzhou	124.4	桦甸市	Huadian	44.3
辛集市	Xinji	63.7	舒兰市	Shulan	64.0
山西省	**Shanxi**		磐石市	Panshi	52.9
古交市	Gujiao	21.8	公主岭市	Gongzhuling	105.7
潞城市	Lucheng	22.5	双辽市	Shuangliao	37.4
高平市	Gaoping	48.2	梅河口市	Meihekou	61.1
介休市	Jiexiu	42.8	集安市	Ji'an	21.6
永济市	Yongji	44.3	临江市	Linjiang	16.5
河津市	Hejin	39.9	扶余市	Fuyu	72.4
原平市	Yuanping	48.9	洮南市	Taonan	43.1
侯马市	Houma	24.2	大安市	Daan	40.9
霍州市	Huozhou	30.8	延吉市	Yanji	54.0
孝义市	Xiaoyi	49.6	图们市	Tumen	11.9
汾阳市	Fenyang	42.6	敦化市	Dunhua	47.0
内蒙古自治区	**Inner Mongolia**		珲春市	Hunchun	27.0
霍林郭勒市	Huolinguole	8.2	龙井市	Longjing	16.6
满洲里市	Manzhouli	17.1	和龙市	Helong	18.0
牙克石市	Yakeshi	33.9	**黑龙江省**	**Heilongjiang**	
扎兰屯市	Zhalantun	41.1	尚志市	Shangzhi	58.4
额尔古纳市	Eerguna	8.1	五常市	Wuchang	91.9
根河市	Genhe	14.2	讷河市	Nehe	71.4
丰镇市	Fengzhen	31.9	虎林市	Hulin	15.5
乌兰浩特市	Wulanhaote	31.9	密山市	Mishan	34.5
阿尔山市	Aershan	4.7	铁力市	Tieli	37.0
二连浩特市	Erlianhaote	3.1	同江市	Tongjiang	10.8
锡林浩特市	Xilinhaote	18.4	富锦市	Fujin	38.0
辽宁省	**Liaoning**		绥芬河市	Suifenhe	7.0
新民市	Xinmin	68.3	海林市	Hailin	38.7
瓦房店市	Wafangdian	99.7	宁安市	Ning'an	42.5

3-1 续表 1 continued

单位：万人 (10 000 persons)

城 市	City	年末户籍人口 Household Registered Population at Year-end	城 市	City	年末户籍人口 Household Registered Population at Year-end
穆棱市	Muling	29.2	龙泉市	Longquan	29.0
北安市	Bei'an	38.4	**安徽省**	**Anhui**	
五大连池市	Wudalianchi	35.7	巢湖市	Chaohu	85.5
安达市	Anda	47.2	桐城市	Tongcheng	75.4
肇东市	Zhaodong	90.7	天长市	Tianchang	63.2
海伦市	Hailun	78.2	明光市	Mingguang	64.0
江苏省	**Jiangsu**		界首市	Jieshou	80.2
江阴市	Jiangyin	124.1	宁国市	Ningguo	38.6
宜兴市	Yixing	108.3	**福建省**	**Fujian**	
新沂市	Xinyi	112.7	福清市	Fuqing	134.4
邳州市	Pizhou	187.5	长乐市	Changle	71.3
溧阳市	Liyang	79.6	永安市	Yong'an	33.2
常熟市	Changshu	106.8	石狮市	Shishi	32.8
张家港市	Zhangjiagang	92.3	晋江市	Jinjiang	118.8
昆山市	Kunshan	78.7	南安市	Nan'an	159.1
太仓市	Taicang	48.0	龙海市	Longhai	86.2
启东市	Qidong	112.1	邵武市	Shaowu	30.9
如皋市	Rugao	143.6	武夷山市	Wuyishan	24.1
海门市	Haimen	100.0	建瓯市	Jian'ou	55.3
东台市	Dongtai	112.7	漳平市	Zhangping	29.5
仪征市	Yizheng	56.5	福安市	Fu'an	66.5
高邮市	Gaoyou	81.6	福鼎市	Fuding	59.4
丹阳市	Danyang	81.2	**江西省**	**Jiangxi**	
扬中市	Yangzhong	28.2	乐平市	Leping	93.2
句容市	Jurong	59.1	瑞昌市	Ruichang	46.1
兴化市	Xinghua	158.2	共青城市	Gongqingcheng	7.3
靖江市	Jingjiang	66.6	贵溪市	Guixi	64.0
泰兴市	Taixing	119.5	瑞金市	Ruijin	69.8
浙江省	**Zhejiang**		井冈山市	Jinggangshan	16.9
建德市	Jiande	50.9	丰城市	Fengcheng	149.4
临安市	Lin'an	52.9	樟树市	Zhangshu	61.4
余姚市	Yuyao	83.7	高安市	Gaoan	87.0
慈溪市	Cixi	104.7	德兴市	Dexing	33.7
奉化市	Fenghua	48.3	**山东省**	**Shandong**	
瑞安市	Rui'an	123.3	章丘市	Zhangqiu	102.6
乐清市	Yueqing	128.0	胶州市	Jiaozhou	82.8
海宁市	Haining	67.7	即墨市	Jimo	114.9
平湖市	Pinghu	49.0	平度市	Pingdu	138.6
桐乡市	Tongxiang	68.9	莱西市	Laixi	74.0
诸暨市	Zhuji	107.9	滕州市	Tengzhou	169.9
嵊州市	Shengzhou	73.1	龙口市	Longkou	63.6
兰溪市	Lanxi	66.3	莱阳市	Laiyang	86.4
义乌市	Yiwu	77.2	莱州市	Laizhou	85.1
东阳市	Dongyang	83.6	蓬莱市	Penglai	44.9
永康市	Yongkang	59.7	招远市	Zhaoyuan	56.7
江山市	Jiangshan	61.1	栖霞市	Qixia	61.3
温岭市	Wenling	121.5	海阳市	Haiyang	65.5
临海市	Linhai	119.6	青州市	Qingzhou	93.7

3-1 续表 2 continued

单位：万人 (10 000 persons)

城 市	City	年末户籍人口 Household Registered Population at Year-end	城 市	City	年末户籍人口 Household Registered Population at Year-end
诸城市	Zhucheng	110.2	汉川市	Hanchuan	111.7
寿光市	Shouguang	107.4	石首市	Shishou	62.9
安丘市	Anqiu	95.5	洪湖市	Honghu	92.7
高密市	Gaomi	89.0	松滋市	Songzi	83.7
昌邑市	Changyi	58.5	麻城市	Macheng	116.7
曲阜市	Qufu	64.4	武穴市	Wuxue	81.7
邹城市	Zoucheng	118.5	赤壁市	Chibi	53.1
新泰市	Xintai	141.3	广水市	Guangshui	92.7
肥城市	Feicheng	99.0	恩施市	Enshi	80.6
荣成市	Rongcheng	66.8	利川市	Lichuan	91.6
乳山市	Rushan	55.8	仙桃市	Xiantao	156.1
乐陵市	Laoling	70.7	潜江市	Qianjiang	101.8
禹城市	Yucheng	52.5	天门市	Tianmen	162.8
临清市	Linqing	80.2	**湖南省**	**Hunan**	
河南省	**Henan**		浏阳市	Liuyang	146.9
巩义市	Gongyi	83.6	醴陵市	Liling	106.0
荥阳市	Xingyang	68.3	湘乡市	Xiangxiang	92.4
新密市	Xinmi	88.7	韶山市	Shaoshan	11.8
新郑市	Xinzheng	60.9	耒阳市	Leiyang	142.0
登封市	Dengfeng	72.1	常宁市	Changning	95.5
偃师市	Yanshi	62.6	武冈市	Wugang	84.1
舞钢市	Wugang	44.5	汨罗市	Miluo	75.3
汝州市	Ruzhou	114.7	临湘市	Linxiang	53.8
林州市	Linzhou	112.6	津市市	Jinshi	25.1
卫辉市	Weihui	54.2	沅江市	Yuanjiang	75.1
辉县市	Huixian	86.7	资兴市	Zixing	37.8
沁阳市	Qinyang	49.3	洪江市	Hongjiang	50.3
孟州市	Mengzhou	38.3	冷水江市	Lengshuijiang	37.2
禹州市	Yuzhou	132.0	涟源市	Lianyuan	117.5
长葛市	Changge	78.5	吉首市	Jishou	31.1
义马市	Yima	15.9	**广东省**	**Guangdong**	
灵宝市	Lingbao	75.2	增城市	Zengcheng	61.5
邓州市	Dengzhou	177.0	从化市	Conghua	87.0
永城市	Yongcheng	157.5	乐昌市	Lechang	53.2
项城市	Xiangcheng	124.4	南雄市	Nanxiong	48.1
济源市	Jiyuan	70.7	台山市	Taishan	96.8
湖北省	**Hubei**		开平市	Kaiping	68.3
大冶市	Daye	97.4	鹤山市	Heshan	37.0
丹江口市	Danjiangkou	46.3	恩平市	Enping	51.3
宜都市	Yidu	39.7	廉江市	Lianjiang	179.6
当阳市	Dangyang	47.4	雷州市	Leizhou	177.4
枝江市	Zhijiang	48.7	吴川市	Wuchuan	118.8
老河口市	Laohekou	52.2	高州市	Gaozhou	178.4
枣阳市	Zaoyang	113.6	化州市	Huazhou	172.6
宜城市	Yicheng	56.3	信宜市	Xinyi	144.7
钟祥市	Zhongxiang	105.9	四会市	Sihui	45.7
应城市	Yingcheng	66.7	兴宁市	Xingning	118.4
安陆市	Anlu	62.2	陆丰市	Lufeng	187.0

3-1 续表 3 continued

单位：万人 (10 000 persons)

城 市	City	年末户籍人口 Household Registered Population at Year-end	城 市	City	年末户籍人口 Household Registered Population at Year-end
阳春市	Yangchun	122.0	楚雄市	Chuxiong	52.1
英德市	Yingde	110.4	个旧市	Gejiu	38.8
连州市	Lianzhou	53.4	开远市	Kaiyuan	28.4
普宁市	Puning	246.0	蒙自市	Mengzi	39.7
罗定市	Luoding	128.5	弥勒市	Mile	53.8
广西壮族自治区	**Guangxi**		文山市	Wenshan	48.9
岑溪市	Cenxi	94.7	景洪市	Jinghong	41.7
东兴市	Dongxing	14.5	大理市	Dali	61.8
桂平市	Guiping	199.6	瑞丽市	Ruili	13.2
北流市	Beiliu	147.8	芒市	Mangshi	38.5
靖西市	Jingxi	65.6	香格里拉市	Shangri-la	14.7
宜州市	Yizhou	66.2	**陕西省**	**Shaanxi**	
合山市	Heshan	13.8	兴平市	Xingping	61.7
凭祥市	Pingxiang	11.4	韩城市	Hancheng	39.9
海南省	**Hainan**		华阴市	Huayin	25.5
五指山市	Wuzhishan	11.0	**甘肃省**	**Gansu**	
琼海市	Qionghai	51.0	玉门市	Yumen	16.0
文昌市	Wenchang	57.4	敦煌市	Dunhuang	14.3
万宁市	Wanning	63.8	临夏市	Linxia	24.7
东方市	Dongfang	44.4	合作市	Hezuo	8.6
四川省	**Sichuan**		**青海省**	**Qinghai**	
都江堰市	Dujiangyan	62.1	玉树市	Yushu	11.2
彭州市	Pengzhou	80.8	格尔木市	Golmud	13.5
邛崃市	Qionglai	65.9	德令哈市	Delingha	7.7
崇州市	Chongzhou	66.9	**宁夏回族自治区**	**Ningxia**	
广汉市	Guanghan	60.7	灵武市	Lingwu	24.6
什邡市	Shifang	43.5	青铜峡市	Qingtongxia	28.2
绵竹市	Mianzhu	50.5	**新疆维吾尔自治区**	**Xinjiang**	
江油市	Jiangyou	88.6	哈密市	Hami	42.9
峨眉山市	Emeishan	43.1	昌吉市	Changji	37.1
阆中市	Langzhong	86.1	阜康市	Fukang	16.7
华蓥市	Huaying	36.1	博乐市	Bole	25.8
万源市	Wanyuan	58.8	库尔勒市	Korla	48.7
简阳市	Jianyang	148.7	阿克苏市	Akesu	50.8
康定市	Kangding	11.1	阿图什市	Atus	26.9
西昌市	Xichang	65.3	喀什市	Kashi	62.8
贵州省	**Guizhou**		和田市	Hetian	34.8
清镇市	Qingzhen	51.9	伊宁市	Yining	54.8
赤水市	Chishui	31.4	奎屯市	Kuitun	15.8
仁怀市	Renhuai	69.6	霍尔果斯市	Horgos	6.9
兴义市	Xingyi	84.9	塔城市	Tacheng	15.2
凯里市	Kaili	57.0	乌苏市	Wusu	22.5
都匀市	Duyun	49.1	阿勒泰市	Aletai	19.8
福泉市	Fuquan	33.2	石河子市	Shihezi	39.1
云南省	**Yunnan**		阿拉尔市	Alar	21.8
安宁市	Anning	27.2	图木舒克市	Tumushuke	16.5
宣威市	Xuanwei	153.0	五家渠市	Wujiaqu	9.3
腾冲市	Tengchong	67.4	北屯市	Beitun	5.0

3-2 劳动力就业状况
Labour Force and Employment

单位：人 (person)

城　市	City	第二产业 Secondary Industry	第三产业 Tertiary Industry	城　市	City	第二产业 Secondary Industry	第三产业 Tertiary Industry
河北省	**Hebei**			普兰店市	Pulandian	210938	118477
晋州市	Jinzhou	137483	68256	庄河市	Zhuanghe	121415	152074
新乐市	Xinle	115212	75346	海城市	Haicheng	261721	266251
遵化市	Zunhua	157767	191769	东港市	Donggang	80210	106912
迁安市	Qian'an	183771	196293	凤城市	Fengcheng	59968	99502
武安市	Wu'an	233342	277193	凌海市	Linghai	50720	71343
南宫市	Nangong	89425	75026	北镇市	Beizhen	25553	57496
沙河市	Shahe	93170	103298	盖州市	Gaizhou	67626	141791
涿州市	Zhuozhou	159626	114447	大石桥市	Dashiqiao	86939	90267
安国市	Anguo	88948	47970	灯塔市	Dengta	49782	63839
高碑店市	Gaobeidian	110750	66196	调兵山市	Diaobingshan	59177	33832
泊头市	Botou	147806	137724	开原市	Kaiyuan	50622	78987
任丘市	Renqiu	201598	140973	北票市	Beipiao	41921	67422
黄骅市	Huanghua	118149	94035	凌源市	Lingyuan	71733	66913
河间市	Hejian	223756	116572	兴城市	Xingcheng	44809	55285
霸州市	Bazhou	168229	124487	**吉林省**	**Jilin**		
三河市	Sanhe	162640	112476	榆树市	Yushu	157766	132615
冀州市	Jizhou	72922	40965	德惠市	Dehui	124679	101205
深州市	Shenzhou	132404	146395	蛟河市	Jiaohe	45781	88878
定州市	Dingzhou	382910	193448	桦甸市	Huadian	43403	84409
辛集市	Xinji	207715	116231	舒兰市	Shulan	40492	52415
山西省	**Shanxi**			磐石市	Panshi	61171	104407
古交市	Gujiao			公主岭市	Gongzhuling	106809	109926
潞城市	Lucheng	28837	18400	双辽市	Shuangliao	10579	28975
高平市	Gaoping	93299	61485	梅河口市	Meihekou	85786	45475
介休市	Jiexiu	55448	34942	集安市	Ji'an	25409	26876
永济市	Yongji	33511	76229	临江市	Linjiang	23421	36536
河津市	Hejin	40614	31053	扶余市	Fuyu	64955	117701
原平市	Yuanping	69677	81841	洮南市	Taonan	25027	63946
侯马市	Houma	28060	69108	大安市	Daan	37038	21592
霍州市	Huozhou	38002	65833	延吉市	Yanji	51490	296848
孝义市	Xiaoyi	78699	80356	图们市	Tumen	10831	27788
汾阳市	Fenyang	39874	37510	敦化市	Dunhua	45753	104890
内蒙古自治区	**Inner Mongolia**			珲春市	Hunchun	31815	24557
霍林郭勒市	Huolinguole	28375	27517	龙井市	Longjing	9113	20917
满洲里市	Manzhouli	17667	84221	和龙市	Helong	11146	38219
牙克石市	Yakeshi	69383	100546	**黑龙江省**	**Heilongjiang**		
扎兰屯市	Zhalantun	25062	63305	尚志市	Shangzhi	59442	135273
额尔古纳市	Eerguna	5808	24839	五常市	Wuchang	112856	120614
根河市	Genhe	10579	32624	讷河市	Nehe	49224	62727
丰镇市	Fengzhen	39000	35694	虎林市	Hulin	4289	13191
乌兰浩特市	Wulanhaote	22539	97531	密山市	Mishan	12091	65308
阿尔山市	Aershan	1640	13167	铁力市	Tieli	2239	7775
二连浩特市	Erlianhaote	2649	33594	同江市	Tongjiang	4947	19118
锡林浩特市	Xilinhaote	26005	79170	富锦市	Fujin	10494	43557
辽宁省	**Liaoning**			绥芬河市	Suifenhe	1171	8875
新民市	Xinmin	94950	71613	海林市	Hailin	51686	58250
瓦房店市	Wafangdian	169625	148478	宁安市	Ning'an	56028	73319

3-2 续表 1 continued

单位：人 (person)

城 市	City	第二产业 Secondary Industry	第三产业 Tertiary Industry
穆棱市	Muling	63691	65384
北安市	Bei'an	27817	90010
五大连池市	Wudalianchi	31932	34692
安达市	Anda	8440	16046
肇东市	Zhaodong	20647	23056
海伦市	Hailun	50684	49476
江苏省	**Jiangsu**		
江阴市	Jiangyin	622000	325600
宜兴市	Yixing	410900	245300
新沂市	Xinyi	151700	155700
邳州市	Pizhou	226600	230100
溧阳市	Liyang	254100	124500
常熟市	Changshu	646365	360805
张家港市	Zhangjiagang	468457	260718
昆山市	Kunshan	747245	396052
太仓市	Taicang	269597	162384
启东市	Qidong	294000	195000
如皋市	Rugao	348000	202000
海门市	Haimen	315000	170000
东台市	Dongtai	228400	254000
仪征市	Yizheng	180900	123900
高邮市	Gaoyou	191900	138800
丹阳市	Danyang	339600	232100
扬中市	Yangzhong	117900	84200
句容市	Jurong	156700	135000
兴化市	Xinghua	294900	236800
靖江市	Jingjiang	207700	134200
泰兴市	Taixing	263400	217100
浙江省	**Zhejiang**		
建德市	Jiande	87600	84200
临安市	Lin'an	201900	118700
余姚市	Yuyao	339700	275000
慈溪市	Cixi	487000	238000
奉化市	Fenghua	183100	119300
瑞安市	Rui'an	428499	371383
乐清市	Yueqing	320507	334978
海宁市	Haining	376800	206600
平湖市	Pinghu	265723	135592
桐乡市	Tongxiang	385350	238387
诸暨市	Zhuji	464537	205862
嵊州市	Shengzhou	240500	125300
兰溪市	Lanxi	139200	109500
义乌市	Yiwu	561200	317000
东阳市	Dongyang	262600	171900
永康市	Yongkang	290700	117800
江山市	Jiangshan	105900	65800
温岭市	Wenling	439300	341400
临海市	Linhai	350300	107100
龙泉市	Longquan	42500	50800
安徽省	**Anhui**		
巢湖市	Chaohu	194313	147779
桐城市	Tongcheng	174116	112024
天长市	Tianchang	198100	135092
明光市	Mingguang	40570	143740
界首市	Jieshou		
宁国市	Ningguo	93178	89448
福建省	**Fujian**		
福清市	Fuqing	218639	290286
长乐市	Changle	151316	118546
永安市	Yong'an	63382	63685
石狮市	Shishi	258172	124978
晋江市	Jinjiang	800696	308308
南安市	Nan'an	553826	329424
龙海市	Longhai	247732	173278
邵武市	Shaowu	19044	68784
武夷山市	Wuyishan	23425	50377
建瓯市	Jian'ou	59102	79411
漳平市	Zhangping	30683	46255
福安市	Fu'an	104888	83312
福鼎市	Fuding	107757	97429
江西省	**Jiangxi**		
乐平市	Leping	170100	194900
瑞昌市	Ruichang	108336	98948
共青城市	Gongqingcheng	30382	3362
贵溪市	Guixi	115380	131421
瑞金市	Ruijin	107443	132698
井冈山市	Jinggangshan	28213	26268
丰城市	Fengcheng	183479	311677
樟树市	Zhangshu	88711	150176
高安市	Gaoan	127228	167800
德兴市	Dexing	9795	14719
山东省	**Shandong**		
章丘市	Zhangqiu	307052	265386
胶州市	Jiaozhou	266920	154220
即墨市	Jimo	377800	248100
平度市	Pingdu	221050	149267
莱西市	Laixi	100907	107815
滕州市	Tengzhou	358179	361812
龙口市	Longkou	229880	95302
莱阳市	Laiyang	175704	88808
莱州市	Laizhou	175536	169307
蓬莱市	Penglai	116221	76333
招远市	Zhaoyuan	107137	59010
栖霞市	Qixia	26755	112555
海阳市	Haiyang	160392	131386
青州市	Qingzhou	190297	141865
诸城市	Zhucheng	273692	227931
寿光市	Shouguang	190849	255447

3-2 续表 2 continued

单位：人 (person)

城　市	City	第二产业 Secondary Industry	第三产业 Tertiary Industry	城　市	City	第二产业 Secondary Industry	第三产业 Tertiary Industry
安丘市	Anqiu	81991	68472	洪湖市	Honghu	15266	27325
高密市	Gaomi	255870	128038	松滋市	Songzi	18789	23270
昌邑市	Changyi	113845	122065	麻城市	Macheng	258657	194671
曲阜市	Qufu	171942	137585	武穴市	Wuxue	151450	131280
邹城市	Zoucheng	305346	312465	赤壁市	Chibi	77300	117840
新泰市	Xintai	326332	335494	广水市	Guangshui	177807	330954
肥城市	Feicheng	176263	182073	恩施市	Enshi	98227	150057
荣成市	Rongcheng	180612	93900	利川市	Lichuan	160858	154342
乳山市	Rushan	56124	48275	仙桃市	Xiantao	351200	378800
乐陵市	Laoling	104421	145900	潜江市	Qianjiang	217400	230500
禹城市	Yucheng	108965	109926	天门市	Tianmen	230011	347312
临清市	Linqing	136960	112839	**湖南省**	**Hunan**		
河南省	**Henan**			浏阳市	Liuyang	398668	256235
巩义市	Gongyi	242521	143827	醴陵市	Liling	240161	175290
荥阳市	Xingyang	162574	143210	湘乡市	Xiangxiang	153620	128101
新密市	Xinmi	203450	217856	韶山市	Shaoshan	17930	13858
新郑市	Xinzheng	69299	69315	耒阳市	Leiyang	190348	314768
登封市	Dengfeng	71239	41257	常宁市	Changning	76841	202837
偃师市	Yanshi	218434	130847	武冈市	Wugang	98412	168772
舞钢市	Wugang	29604	13622	汨罗市	Miluo	161790	185292
汝州市	Ruzhou	172797	159314	临湘市	Linxiang	56000	68400
林州市	Linzhou	147473	28946	津市市	Jinshi	36311	30235
卫辉市	Weihui	80874	90805	沅江市	Yuanjiang	82719	161908
辉县市	Huixian	158312	138533	资兴市	Zixing	98443	66152
沁阳市	Qinyang			洪江市	Hongjiang	70060	83435
孟州市	Mengzhou	103566	52560	冷水江市	Lengshuijiang	80736	50626
禹州市	Yuzhou			涟源市	Lianyuan	135700	122400
长葛市	Changge	208987	178026	吉首市	Jishou	32800	116100
义马市	Yima	76489	12786	**广东省**	**Guangdong**		
灵宝市	Lingbao	65991	55952	增城市	Zengcheng	107368	68778
邓州市	Dengzhou			从化市	Conghua	292862	180875
永城市	Yongcheng	345640	342047	乐昌市	Lechang	33879	60080
项城市	Xiangcheng	251716	210203	南雄市	Nanxiong	32867	552009
济源市	Jiyuan	178029	199576	台山市	Taishan	132430	109128
湖北省	**Hubei**			开平市	Kaiping	182747	96322
大冶市	Daye	273398	335168	鹤山市	Heshan	149540	57145
丹江口市	Danjiangkou	91373	85103	恩平市	Enping	65616	81139
宜都市	Yidu	123700	121943	廉江市	Lianjiang	214387	309510
当阳市	Dangyang	97044	79372	雷州市	Leizhou	60038	144573
枝江市	Zhijiang	120033	123672	吴川市	Wuchuan	98286	90147
老河口市	Laohekou	115800	142100	高州市	Gaozhou	132460	150536
枣阳市	Zaoyang	240466	262892	化州市	Huazhou	114191	136799
宜城市	Yicheng	101957	94923	信宜市	Xinyi	95463	114307
钟祥市	Zhongxiang	165698	246109	四会市	Sihui	175029	94761
应城市	Yingcheng	168864	126558	兴宁市	Xingning	131498	181736
安陆市	Anlu	116538	110564	陆丰市	Lufeng	160671	200839
汉川市	Hanchuan	263531	249940	阳春市	Yangchun	148748	109819
石首市	Shishou	11329	18138	英德市	Yingde	84518	101354

3-2 续表 3 continued

单位：人 (person)

城市	City	第二产业 Secondary Industry	第三产业 Tertiary Industry	城市	City	第二产业 Secondary Industry	第三产业 Tertiary Industry
连州市	Lianzhou	41183	56667	个旧市	Gejiu	77239	54012
普宁市	Puning	283206	246948	开远市	Kaiyuan	44000	81900
罗定市	Luoding	254619	135764	蒙自市	Mengzi	28545	135827
广西壮族自治区	**Guangxi**			弥勒市	Mile	11483	22964
岑溪市	Cenxi	179609	84551	文山市	Wenshan	32318	94203
东兴市	Dongxing	10970	15169	景洪市	Jinghong	25100	130000
桂平市	Guiping	212847	311300	大理市	Dali	107403	102349
北流市	Beiliu	224413	136880	瑞丽市	Ruili	3829	39454
靖西市	Jingxi	76856	60142	芒市	Mangshi	28000	66832
宜州市	Yizhou	41789	90720	香格里拉市	Shangri-la	12359	24371
合山市	Heshan	4601	8197	**陕西省**	**Shaanxi**		
凭祥市	Pingxiang	20403	20123	兴平市	Xingping	74932	81587
海南省	**Hainan**			韩城市	Hancheng	92302	119852
五指山市	Wuzhishan	1092	10156	华阴市	Huayin	14755	60228
琼海市	Qionghai	33822	103511	**甘肃省**	**Gansu**		
文昌市	Wenchang	31054	70086	玉门市	Yumen	28833	36740
万宁市	Wanning	38444	96412	敦煌市	Dunhuang	12232	38922
东方市	Dongfang	12185	44403	临夏市	Linxia	18600	26080
四川省	**Sichuan**			合作市	Hezuo	1568	1978
都江堰市	Dujiangyan	150600	216600	**青海省**	**Qinghai**		
彭州市	Pengzhou	164800	144300	玉树市	Yushu	286	5023
邛崃市	Qionglai	92800	176000	格尔木市	Golmud	7531	6770
崇州市	Chongzhou	280000	148000	德令哈市	Delingha	5263	9603
广汉市	Guanghan	119410	119410	**宁夏回族自治区**	**Ningxia**		
什邡市	Shifang	92998	69967	灵武市	Lingwu	24794	25100
绵竹市	Mianzhu	83653	103012	青铜峡市	Qingtongxia	42542	41185
江油市	Jiangyou	168160	172707	**新疆维吾尔自治区**	**Xinjiang**		
峨眉山市	Emeishan	71141	121711	哈密市	Hami	51040	99518
阆中市	Langzhong	102383	225900	昌吉市	Changji	33483	70171
华蓥市	Huaying	63500	55086	阜康市	Fukang	38729	32667
万源市	Wanyuan	41000	132000	博乐市	Bole	2070	26932
简阳市	Jianyang	177986	283420	库尔勒市	Korla	36834	62879
康定市	Kangding	4952	25563	阿克苏市	Akesu	17222	49124
西昌市	Xichang	80300	212800	阿图什市	Atus	12616	23742
贵州省	**Guizhou**			喀什市	Kashi	51176	155302
清镇市	Qingzhen	77800	98500	和田市	Hetian	19997	25380
赤水市	Chishui	35203	78520	伊宁市	Yining	34911	105183
仁怀市	Renhuai	105120	128460	奎屯市	Kuitun	6901	25091
兴义市	Xingyi	91128	92832	霍尔果斯市	Horgos	1819	15367
凯里市	Kaili	59802	120686	塔城市	Tacheng	2635	19576
都匀市	Duyun	51742	134980	乌苏市	Wusu	9573	31563
福泉市	Fuquan	49267	44994	阿勒泰市	Aletai	4915	30968
云南省	**Yunnan**			石河子市	Shihezi	62629	38953
安宁市	Anning	60307	81386	阿拉尔市	Alar	39400	79400
宣威市	Xuanwei	104674	133008	图木舒克市	Tumushuke	17222	21822
腾冲市	Tengchong	37813	69795	五家渠市	Wujiaqu	25605	36358
楚雄市	Chuxiong	62351	176844	北屯市	Beitun	6464	12394

3-3 行政区域土地面积
Total Land Area of Administrative region

单位：平方公里 (sq.km)

城　　市	City	行政区域土地面积 Total Land Area of Administrative Region
河北省	**Hebei**	
晋州市	Jinzhou	619
新乐市	Xinle	525
遵化市	Zunhua	1513
迁安市	Qian'an	1227
武安市	Wu'an	1806
南宫市	Nangong	861
沙河市	Shahe	859
涿州市	Zhuozhou	751
安国市	Anguo	486
高碑店市	Gaobeidian	618
泊头市	Botou	1009
任丘市	Renqiu	1012
黄骅市	Huanghua	1545
河间市	Hejian	1333
霸州市	Bazhou	802
三河市	Sanhe	634
冀州市	Jizhou	878
深州市	Shenzhou	1245
定州市	Dingzhou	1284
辛集市	Xinji	951
山西省	**Shanxi**	
古交市	Gujiao	1584
潞城市	Lucheng	630
高平市	Gaoping	980
介休市	Jiexiu	744
永济市	Yongji	1208
河津市	Hejin	593
原平市	Yuanping	2571
侯马市	Houma	221
霍州市	Huozhou	764
孝义市	Xiaoyi	938
汾阳市	Fenyang	1175
内蒙古自治区	**Inner Mongolia**	
霍林郭勒市	Huolinguole	585
满洲里市	Manzhouli	732
牙克石市	Yakeshi	27803
扎兰屯市	Zhalantun	16800
额尔古纳市	Eerguna	28958
根河市	Genhe	20012
丰镇市	Fengzhen	2722
乌兰浩特市	Wulanhaote	2728
阿尔山市	Aershan	7409
二连浩特市	Erlianhaote	4015
锡林浩特市	Xilinhaote	14780
辽宁省	**Liaoning**	
新民市	Xinmin	3407
瓦房店市	Wafangdian	3643
普兰店市	Pulandian	3375
庄河市	Zhuanghe	4114
海城市	Haicheng	2566
东港市	Donggang	2399
凤城市	Fengcheng	5515
凌海市	Linghai	2585
北镇市	Beizhen	1694
盖州市	Gaizhou	2946
大石桥市	Dashiqiao	1598
灯塔市	Dengta	1156
调兵山市	Diaobingshan	262
开原市	Kaiyuan	2838
北票市	Beipiao	4419
凌源市	Lingyuan	3282
兴城市	Xingcheng	2119
吉林省	**Jilin**	
榆树市	Yushu	4712
德惠市	Dehui	3435
蛟河市	Jiaohe	6370
桦甸市	Huadian	6625
舒兰市	Shulan	4557
磐石市	Panshi	3895
公主岭市	Gongzhuling	4141
双辽市	Shuangliao	3121
梅河口市	Meihekou	2179
集安市	Ji'an	3341
临江市	Linjiang	3009
扶余市	Fuyu	4654
洮南市	Taonan	5031
大安市	Daan	4879
延吉市	Yanji	1748
图们市	Tumen	1143
敦化市	Dunhua	11957
珲春市	Hunchun	5184
龙井市	Longjing	2208
和龙市	Helong	5069
黑龙江省	**Heilongjiang**	
尚志市	Shangzhi	8891
五常市	Wuchang	7512
讷河市	Nehe	6660
虎林市	Hulin	9334
密山市	Mishan	7731
铁力市	Tieli	6443
同江市	Tongjiang	6229
富锦市	Fujin	8224
绥芬河市	Suifenhe	422
海林市	Hailin	8816
宁安市	Ning'an	7227

3-3 续表 1 continued

单位：平方公里 (sq.km)

城市	City	行政区域土地面积 Total Land Area of Administrative Region
穆棱市	Muling	6247
北安市	Bei'an	7194
五大连池市	Wudalianchi	9874
安达市	Anda	3586
肇东市	Zhaodong	4332
海伦市	Hailun	4667
江苏省	**Jiangsu**	
江阴市	Jiangyin	987
宜兴市	Yixing	1997
新沂市	Xinyi	1592
邳州市	Pizhou	2085
溧阳市	Liyang	1535
常熟市	Changshu	1276
张家港市	Zhangjiagang	987
昆山市	Kunshan	932
太仓市	Taicang	810
启东市	Qidong	1715
如皋市	Rugao	1576
海门市	Haimen	1144
东台市	Dongtai	3176
仪征市	Yizheng	902
高邮市	Gaoyou	1922
丹阳市	Danyang	1047
扬中市	Yangzhong	327
句容市	Jurong	1378
兴化市	Xinghua	2395
靖江市	Jingjiang	656
泰兴市	Taixing	1170
浙江省	**Zhejiang**	
建德市	Jiande	2364
临安市	Lin'an	3124
余姚市	Yuyao	1501
慈溪市	Cixi	1361
奉化市	Fenghua	1268
瑞安市	Rui'an	1350
乐清市	Yueqing	1385
海宁市	Haining	668
平湖市	Pinghu	537
桐乡市	Tongxiang	727
诸暨市	Zhuji	2311
嵊州市	Shengzhou	1789
兰溪市	Lanxi	1312
义乌市	Yiwu	1105
东阳市	Dongyang	1747
永康市	Yongkang	1048
江山市	Jiangshan	2019
温岭市	Wenling	836
临海市	Linhai	2171
龙泉市	Longquan	3059
安徽省	**Anhui**	
巢湖市	Chaohu	2046
桐城市	Tongcheng	1546
天长市	Tianchang	1751
明光市	Mingguang	2350
界首市	Jieshou	667
宁国市	Ningguo	2487
福建省	**Fujian**	
福清市	Fuqing	1518
长乐市	Changle	664
永安市	Yong'an	2931
石狮市	Shishi	178
晋江市	Jinjiang	650
南安市	Nan'an	1985
龙海市	Longhai	1315
邵武市	Shaowu	2859
武夷山市	Wuyishan	2803
建瓯市	Jian'ou	4233
漳平市	Zhangping	2976
福安市	Fu'an	1880
福鼎市	Fuding	1526
江西省	**Jiangxi**	
乐平市	Leping	1980
瑞昌市	Ruichang	1419
共青城市	Gongqingcheng	64
贵溪市	Guixi	2493
瑞金市	Ruijin	2441
井冈山市	Jinggangshan	1298
丰城市	Fengcheng	2836
樟树市	Zhangshu	1289
高安市	Gaoan	2429
德兴市	Dexing	2082
山东省	**Shandong**	
章丘市	Zhangqiu	1719
胶州市	Jiaozhou	1324
即墨市	Jimo	1921
平度市	Pingdu	3176
莱西市	Laixi	1568
滕州市	Tengzhou	1495
龙口市	Longkou	901
莱阳市	Laiyang	1731
莱州市	Laizhou	1928
蓬莱市	Penglai	1129
招远市	Zhaoyuan	1432
栖霞市	Qixia	2016
海阳市	Haiyang	1910
青州市	Qingzhou	1569
诸城市	Zhucheng	2151
寿光市	Shouguang	1990

3-3 续表 2 continued

单位：平方公里 (sq.km)

城　　市	City	行政区域土地面积 Total Land Area of Administrative Region	城　　市	City	行政区域土地面积 Total Land Area of Administrative Region
安丘市	Anqiu	1712	洪湖市	Honghu	2444
高密市	Gaomi	1527	松滋市	Songzi	2177
昌邑市	Changyi	1628	麻城市	Macheng	3747
曲阜市	Qufu	815	武穴市	Wuxue	1246
邹城市	Zoucheng	1617	赤壁市	Chibi	1723
新泰市	Xintai	1934	广水市	Guangshui	2647
肥城市	Feicheng	1277	恩施市	Enshi	3967
荣成市	Rongcheng	1526	利川市	Lichuan	4607
乳山市	Rushan	1665	仙桃市	Xiantao	2538
乐陵市	Laoling	1173	潜江市	Qianjiang	2004
禹城市	Yucheng	992	天门市	Tianmen	2622
临清市	Linqing	950	**湖南省**	**Hunan**	
河南省	**Henan**		浏阳市	Liuyang	4997
巩义市	Gongyi	1043	醴陵市	Liling	2157
荥阳市	Xingyang	943	湘乡市	Xiangxiang	1966
新密市	Xinmi	1001	韶山市	Shaoshan	247
新郑市	Xinzheng	885	耒阳市	Leiyang	2648
登封市	Dengfeng	1217	常宁市	Changning	2048
偃师市	Yanshi	669	武冈市	Wugang	1539
舞钢市	Wugang	641	汨罗市	Miluo	1670
汝州市	Ruzhou	1572	临湘市	Linxiang	1719
林州市	Linzhou	2062	津市市	Jinshi	556
卫辉市	Weihui	859	沅江市	Yuanjiang	2129
辉县市	Huixian	2007	资兴市	Zixing	2730
沁阳市	Qinyang	595	洪江市	Hongjiang	2283
孟州市	Mengzhou	524	冷水江市	Lengshuijiang	438
禹州市	Yuzhou	1469	涟源市	Lianyuan	1912
长葛市	Changge	650	吉首市	Jishou	1078
义马市	Yima	112	**广东省**	**Guangdong**	
灵宝市	Lingbao	3011	增城市	Zengcheng	1975
邓州市	Dengzhou	2369	从化市	Conghua	1619
永城市	Yongcheng	2006	乐昌市	Lechang	2421
项城市	Xiangcheng	1083	南雄市	Nanxiong	2326
济源市	Jiyuan	1899	台山市	Taishan	3286
湖北省	**Hubei**		开平市	Kaiping	1657
大冶市	Daye	1566	鹤山市	Heshan	1083
丹江口市	Danjiangkou	3121	恩平市	Enping	1698
宜都市	Yidu	1357	廉江市	Lianjiang	2867
当阳市	Dangyang	2159	雷州市	Leizhou	3662
枝江市	Zhijiang	1310	吴川市	Wuchuan	870
老河口市	Laohekou	1032	高州市	Gaozhou	3316
枣阳市	Zaoyang	3277	化州市	Huazhou	2357
宜城市	Yicheng	2115	信宜市	Xinyi	3081
钟祥市	Zhongxiang	4488	四会市	Sihui	1263
应城市	Yingcheng	1103	兴宁市	Xingning	2075
安陆市	Anlu	1355	陆丰市	Lufeng	1542
汉川市	Hanchuan	1659	阳春市	Yangchun	4054
石首市	Shishou	1406	英德市	Yingde	5634

3-3 续表 3 continued

单位：平方公里 (sq.km)

城　　市	City	行政区域土地面积 Total Land Area of Administrative Region
连州市	Lianzhou	2668
普宁市	Puning	1620
罗定市	Luoding	2328
广西壮族自治区	**Guangxi**	
岑溪市	Cenxi	2784
东兴市	Dongxing	589
桂平市	Guiping	4071
北流市	Beiliu	2472
靖西市	Jingxi	3326
宜州市	Yizhou	3857
合山市	Heshan	366
凭祥市	Pingxiang	645
海南省	**Hainan**	
五指山市	Wuzhishan	1131
琼海市	Qionghai	1710
文昌市	Wenchang	2485
万宁市	Wanning	4444
东方市	Dongfang	2272
四川省	**Sichuan**	
都江堰市	Dujiangyan	1208
彭州市	Pengzhou	1421
邛崃市	Qionglai	1377
崇州市	Chongzhou	1090
广汉市	Guanghan	549
什邡市	Shifang	820
绵竹市	Mianzhu	1246
江油市	Jiangyou	2720
峨眉山市	Emeishan	1181
阆中市	Langzhong	1875
华蓥市	Huaying	464
万源市	Wanyuan	4053
简阳市	Jianyang	2214
康定市	Kangding	11486
西昌市	Xichang	2657
贵州省	**Guizhou**	
清镇市	Qingzhen	1387
赤水市	Chishui	1852
仁怀市	Renhuai	1788
兴义市	Xingyi	2908
凯里市	Kaili	1571
都匀市	Duyun	2286
福泉市	Fuquan	1692
云南省	**Yunnan**	
安宁市	Anning	1301
宣威市	Xuanwei	6053
腾冲市	Tengchong	5845
楚雄市	Chuxiong	4433
个旧市	Gejiu	1587
开远市	Kaiyuan	1957
蒙自市	Mengzi	2228
弥勒市	Mile	4004
文山市	Wenshan	2977
景洪市	Jinghong	6959
大理市	Dali	1815
瑞丽市	Ruili	1020
芒市	Mangshi	2987
香格里拉市	Shangri-la	11419
陕西省	**Shaanxi**	
兴平市	Xingping	508
韩城市	Hancheng	1621
华阴市	Huayin	817
甘肃省	**Gansu**	
玉门市	Yumen	13496
敦煌市	Dunhuang	31200
临夏市	Linxia	89
合作市	Hezuo	2291
青海省	**Qinghai**	
玉树市	Yushu	15412
格尔木市	Golmud	119263
德令哈市	Delingha	27358
宁夏回族自治区	**Ningxia**	
灵武市	Lingwu	3846
青铜峡市	Qingtongxia	2525
新疆维吾尔自治区	**Xinjiang**	
哈密市	Hami	85587
昌吉市	Changji	8215
阜康市	Fukang	8529
博乐市	Bole	7790
库尔勒市	Korla	7267
阿克苏市	Akesu	15033
阿图什市	Atus	16151
喀什市	Kashi	1059
和田市	Hetian	466
伊宁市	Yining	761
奎屯市	Kuitun	1110
霍尔果斯市	Horgos	1909
塔城市	Tacheng	4357
乌苏市	Wusu	14394
阿勒泰市	Aletai	11481
石河子市	Shihezi	460
阿拉尔市	Alar	5264
图木舒克市	Tumushuke	2003
五家渠市	Wujiaqu	740
北屯市	Beitun	911

3-4 城市地区生产总值
Gross Regional Product

单位：万元 (10 000 yuan)

城 市	City	地区生产总值 Gross Regional Product	第一产业增加值 Value-added of the Primary Industry	第二产业增加值 Value-added of the Secondary Industry
河北省	**Hebei**			
晋州市	Jinzhou	2767978	341430	1538534
新乐市	Xinle	1901622	290291	1038073
遵化市	Zunhua	4837673	422688	2275338
迁安市	Qian'an	8910563	424677	5273144
武安市	Wu'an	6000642	216718	3751906
南宫市	Nangong	1013292	190362	423100
沙河市	Shahe	2269924	77654	1275465
涿州市	Zhuozhou	2615967	216248	994988
安国市	Anguo	1091507	167654	561673
高碑店市	Gaobeidian	1236592	155352	651946
泊头市	Botou	1955000	241779	1011220
任丘市	Renqiu	5650287	204704	3323972
黄骅市	Huanghua	2462954	324994	1028216
河间市	Hejian	2650600	259649	1195534
霸州市	Bazhou	3644642	188142	2266554
三河市	Sanhe	5100515	349530	2456149
冀州市	Jizhou	920173	96796	449890
深州市	Shenzhou	1361070	285330	522286
定州市	Dingzhou	3002185	799218	1449285
辛集市	Xinji	3861339	504448	2271491
山西省	**Shanxi**			
古交市	Gujiao	219944	17288	58329
潞城市	Lucheng	784995	44351	453694
高平市	Gaoping	1997282	149528	1240831
介休市	Jiexiu	1353550	59294	720374
永济市	Yongji	1329241	205493	684620
河津市	Hejin	1698515	79462	1025951
原平市	Yuanping	1095541	113460	470939
侯马市	Houma	888905	32934	234242
霍州市	Huozhou	745602	33781	486164
孝义市	Xiaoyi	3351059	112022	2105875
汾阳市	Fenyang	915988	72147	417118
内蒙古自治区	**Inner Mongolia**			
霍林郭勒市	Huolinguole	2802800	32600	1834100
满洲里市	Manzhouli	2257860	38093	580178
牙克石市	Yakeshi	2308754	375877	1128569
扎兰屯市	Zhalantun	1815034	421598	941656
额尔古纳市	Eerguna	461181	154073	130203
根河市	Genhe	412394	105237	109840
丰镇市	Fengzhen	1420483	166648	810290
乌兰浩特市	Wulanhaote	1618518	97744	762174
阿尔山市	Aershan	168104	27258	40058
二连浩特市	Erlianhaote	1007308	6276	357991
锡林浩特市	Xilinhaote	2101811	155966	1056385
辽宁省	**Liaoning**			
新民市	Xinmin	4563837	861698	2667692
瓦房店市	Wafangdian	9620162	943210	5909195

3-4 续表 1 continued

单位：万元 (10 000 yuan)

城 市	City	地区生产总值 Gross Regional Product	第一产业增加值 Value-added of the Primary Industry	第二产业增加值 Value-added of the Secondary Industry
普兰店市	Pulandian	6872701	980254	3921754
庄河市	Zhuanghe	6519470	1270383	3078274
海城市	Haicheng	8162023	467300	3790798
东港市	Donggang	3347171	775879	1325368
凤城市	Fengcheng	2548445	321307	1115820
凌海市	Linghai	2542552	552864	1331563
北镇市	Beizhen	1597800	516095	574011
盖州市	Gaizhou	1967873	377750	775337
大石桥市	Dashiqiao	4002413	457666	2195003
灯塔市	Dengta	2722765	287799	1572914
调兵山市	Diaobingshan	949460	59964	596489
开原市	Kaiyuan	1211704	477263	235805
北票市	Beipiao	1670545	474726	583815
凌源市	Lingyuan	1471459	441692	409717
兴城市	Xingcheng	1239447	198855	431567
吉林省	**Jilin**			
榆树市	Yushu	4055378	1049965	1071523
德惠市	Dehui	4050499	715515	1598052
蛟河市	Jiaohe	2016636	365640	955676
桦甸市	Huadian	2616882	435216	1413017
舒兰市	Shulan	1998684	548996	625810
磐石市	Panshi	2503887	468648	1047657
公主岭市	Gongzhuling	4480518	1026614	1803871
双辽市	Shuangliao	1694381	463622	811152
梅河口市	Meihekou	3297783	253240	1592836
集安市	Ji'an	1020839	95825	425989
临江市	Linjiang	978651	82071	528991
扶余市	Fuyu	3575094	834495	1324711
洮南市	Taonan	1395378	267752	631028
大安市	Daan	1418453	200809	801945
延吉市	Yanji	3092579	55417	1283246
图们市	Tumen	437406	18427	248610
敦化市	Dunhua	1760677	311491	831614
珲春市	Hunchun	1423353	57503	1007821
龙井市	Longjing	389719	48876	150948
和龙市	Helong	556015	63242	336082
黑龙江省	**Heilongjiang**			
尚志市	Shangzhi	2206742	571124	633105
五常市	Wuchang	3882535	1001056	1164948
讷河市	Nehe	1104870	374959	327267
虎林市	Hulin	658282	340748	89705
密山市	Mishan	938662	323827	195242
铁力市	Tieli	740029	378099	125810
同江市	Tongjiang	468697	196622	78748
富锦市	Fujin	1533301	717681	302986
绥芬河市	Suifenhe	1321161	10053	147655
海林市	Hailin	2076783	409364	973985
宁安市	Ning'an	1981550	561718	740994
穆棱市	Muling	1820925	305714	914779

3-4 续表 2 continued

单位：万元 (10 000 yuan)

城市	City	地区生产总值 Gross Regional Product	第一产业增加值 Value-added of the Primary Industry	第二产业增加值 Value-added of the Secondary Industry
北安市	Bei'an	875392	219846	213271
五大连池市	Wudalianchi	601844	359230	58568
安达市	Anda	3281711	593675	1592169
肇东市	Zhaodong	4155504	1042114	1796854
海伦市	Hailun	1239662	708125	334378
江苏省	**Jiangsu**			
江阴市	Jiangyin	28808600	462800	15844200
宜兴市	Yixing	12856600	503400	6590500
新沂市	Xinyi	5076300	619300	2123600
邳州市	Pizhou	7317100	1045900	3135900
溧阳市	Liyang	7381500	463200	3670700
常熟市	Changshu	20448818	407618	10642700
张家港市	Zhangjiagang	22298192	303392	11907600
昆山市	Kunshan	30800198	288898	16956800
太仓市	Taicang	11000826	372126	5645300
启东市	Qidong	8031445	654460	3891337
如皋市	Rugao	8124608	604732	4015732
海门市	Haimen	9150197	517975	4715945
东台市	Dongtai	6702300	879195	2792105
仪征市	Yizheng	4081900	216900	1864400
高邮市	Gaoyou	4838579	663419	2155320
丹阳市	Danyang	10702500	509400	5409500
扬中市	Yangzhong	4758000	118700	2498200
句容市	Jurong	4685000	413200	2238500
兴化市	Xinghua	6674000	936200	2684900
靖江市	Jingjiang	7483200	205500	3840800
泰兴市	Taixing	7407700	491000	3579700
浙江省	**Zhejiang**			
建德市	Jiande	3187469	304848	1660233
临安市	Lin'an	4675658	397159	2448061
余姚市	Yuyao	8262132	423578	4683538
慈溪市	Cixi	11370699	497096	6560527
奉化市	Fenghua	3198019	290288	1432944
瑞安市	Rui'an	7216040	206440	3290000
乐清市	Yueqing	7745958	209106	3909661
海宁市	Haining	7011530	215675	3844508
平湖市	Pinghu	4836440	147090	2846236
桐乡市	Tongxiang	6531198	281385	3281392
诸暨市	Zhuji	10266139	506045	5427959
嵊州市	Shengzhou	4449206	378643	2202493
兰溪市	Lanxi	2853557	243987	1492200
义乌市	Yiwu	10450512	211028	3814850
东阳市	Dongyang	4643063	175878	2233117
永康市	Yongkang	4834534	87187	2905470
江山市	Jiangshan	2580549	213941	1302187
温岭市	Wenling	8271472	623656	3563446
临海市	Linhai	4648445	402896	2061729
龙泉市	Longquan	1076856	134027	461605

3-4 续表 3 continued

单位：万元 (10 000 yuan)

城 市	City	地区生产总值 Gross Regional Product	第一产业增加值 Value-added of the Primary Industry	第二产业增加值 Value-added of the Secondary Industry
安徽省	**Anhui**			
巢湖市	Chaohu	2477175	290601	1304453
桐城市	Tongcheng	2271328	272795	1460818
天长市	Tianchang	2912851	317604	1918481
明光市	Mingguang	1202101	327205	412607
界首市	Jieshou	1452667	236723	845355
宁国市	Ningguo	2340731	207631	1463144
福建省	**Fujian**			
福清市	Fuqing	7832130	909498	3996381
长乐市	Changle	5703646	432828	3731900
永安市	Yong'an	3145799	279358	1834435
石狮市	Shishi	6762803	200167	3835133
晋江市	Jinjiang	16204660	195941	10324385
南安市	Nan'an	8433901	247201	5180200
龙海市	Longhai	6403575	575369	3636115
邵武市	Shaowu	1919811	309011	923400
武夷山市	Wuyishan	1351436	245381	517819
建瓯市	Jian'ou	1986678	512678	778900
漳平市	Zhangping	1861947	253747	834900
福安市	Fu'an	3548642	438556	2214758
福鼎市	Fuding	3058320	412684	1866289
江西省	**Jiangxi**			
乐平市	Leping	2650783	343131	1488225
瑞昌市	Ruichang	1500359	136888	1015416
共青城市	Gongqingcheng	788681	24691	602001
贵溪市	Guixi	3470225	186254	2432317
瑞金市	Ruijin	1221244	189475	409933
井冈山市	Jinggangshan	575711	49046	190978
丰城市	Fengcheng	3914471	603510	2058518
樟树市	Zhangshu	3092753	310048	1771620
高安市	Gaoan	1901545	337913	966200
德兴市	Dexing	1150296	102514	471610
山东省	**Shandong**			
章丘市	Zhangqiu	8707800	826550	5216518
胶州市	Jiaozhou	9811788	532000	5178000
即墨市	Jimo	11008922	601922	5980400
平度市	Pingdu	7792500	1040600	4088500
莱西市	Laixi	5260200	633600	2547400
滕州市	Tengzhou	10050500	714657	5132557
龙口市	Longkou	10413067	361854	6064091
莱阳市	Laiyang	3258820	448185	1522801
莱州市	Laizhou	7170480	681153	3734380
蓬莱市	Penglai	4712973	280713	2485597
招远市	Zhaoyuan	6398396	400114	3383443
栖霞市	Qixia	2322255	471113	931196
海阳市	Haiyang	2793342	629594	1045117
青州市	Qingzhou	5787600	506741	2794330
诸城市	Zhucheng	7464700	610200	4024700
寿光市	Shouguang	8069400	931600	3675400

3-4 续表 4 continued

单位：万元 (10 000 yuan)

城　市	City	地区生产总值 Gross Regional Product	第一产业增加值 Value-added of the Primary Industry	第二产业增加值 Value-added of the Secondary Industry
安丘市	Anqiu	2865900	484000	1235700
高密市	Gaomi	5865614	498014	3138400
昌邑市	Changyi	3760350	347350	2040400
曲阜市	Qufu	3865069	343369	1368000
邹城市	Zoucheng	8306900	514800	4505400
新泰市	Xintai	7744800	560909	3878100
肥城市	Feicheng	6993256	505956	3488000
荣成市	Rongcheng	10222628	831341	4747443
乳山市	Rushan	4771847	395467	2266586
乐陵市	Laoling	2189835	336735	1025300
禹城市	Yucheng	2405974	322974	1151900
临清市	Linqing	3697698	245690	2170250
河南省	**Henan**			
巩义市	Gongyi	6254991	112630	3870061
荥阳市	Xingyang	6127512	305022	3986092
新密市	Xinmi	6516731	201012	3662956
新郑市	Xinzheng	8769222	211061	5664241
登封市	Dengfeng	5223046	163490	3076086
偃师市	Yanshi	4141779	203345	2212154
舞钢市	Wugang	1181578	117969	571340
汝州市	Ruzhou	3623272	370731	1677259
林州市	Linzhou	4554663	203456	2515254
卫辉市	Weihui	965470	230613	216782
辉县市	Huixian	3067775	381766	1773314
沁阳市	Qinyang	3521001	199114	2284921
孟州市	Mengzhou	2676271	203995	1856763
禹州市	Yuzhou	5123810	302284	2982469
长葛市	Changge	4942234	251368	3637374
义马市	Yima	1371191	10444	1041132
灵宝市	Lingbao	4585668	524157	2890139
邓州市	Dengzhou	3474836	974632	1256773
永城市	Yongcheng	4300286	645949	2142283
项城市	Xiangcheng	2597722	425342	1249583
济源市	Jiyuan	4942704	216804	3309400
湖北省	**Hubei**			
大冶市	Daye	5099800	498800	3355400
丹江口市	Danjiangkou	1830222	268989	923127
宜都市	Yidu	5009967	421380	3154758
当阳市	Dangyang	4350361	742716	2375530
枝江市	Zhijiang	4296985	728047	2300844
老河口市	Laohekou	2913410	408921	1568201
枣阳市	Zaoyang	5198478	893564	2496555
宜城市	Yicheng	2810950	499015	1620382
钟祥市	Zhongxiang	3827840	597540	2150300
应城市	Yingcheng	2390778	420252	1336716
安陆市	Anlu	1722157	351735	704869
汉川市	Hanchuan	4161341	560534	2492687
石首市	Shishou	1497697	329197	674000

3-4 续表 5 continued

单位：万元 (10 000 yuan)

城市	City	地区生产总值 Gross Regional Product	第一产业增加值 Value-added of the Primary Industry	第二产业增加值 Value-added of the Secondary Industry
洪湖市	Honghu	1964376	589076	675800
松滋市	Songzi	2187160	392567	1057714
麻城市	Macheng	2537815	601978	1037954
武穴市	Wuxue	2418716	510073	1177812
赤壁市	Chibi	3413600	457300	1593700
广水市	Guangshui	2462200	486800	1184900
恩施市	Enshi	1713913	263577	685179
利川市	Lichuan	988587	308944	278383
仙桃市	Xiantao	5976069	863052	3181400
潜江市	Qianjiang	5575660	698720	3051700
天门市	Tianmen	4400980	769180	2214600
湖南省	**Hunan**			
浏阳市	Liuyang	11127590	934015	7815822
醴陵市	Liling	5315568	484304	3404207
湘乡市	Xiangxiang	3285838	549678	1695765
韶山市	Shaoshan	705209	60989	398564
耒阳市	Leiyang	3899472	628421	1466657
常宁市	Changning	2696016	472650	1088783
武冈市	Wugang	1194200	422024	238298
汨罗市	Miluo	3976414	483142	2417411
临湘市	Linxiang	2135699	287570	1183985
津市市	Jinshi	1152962	177915	557398
沅江市	Yuanjiang	2325590	517174	912026
资兴市	Zixing	2982323	228152	1972282
洪江市	Hongjiang	1292417	204150	581007
冷水江市	Lengshuijiang	2681936	97939	1807652
涟源市	Lianyuan	2404879	493464	1103067
吉首市	Jishou	1228167	66076	368312
广东省	**Guangdong**			
增城市	Zengcheng	3502705	237235	1563391
从化市	Conghua	9456634	473076	4913722
乐昌市	Lechang	1070713	215511	240277
南雄市	Nanxiong	1262695	258583	506909
台山市	Taishan	3278471	564884	1725306
开平市	Kaiping	2883217	281200	1415823
鹤山市	Heshan	2612804	197178	1418391
恩平市	Enping	1505308	200362	515142
廉江市	Lianjiang	4117509	947462	1775284
雷州市	Leizhou	2544268	950578	383995
吴川市	Wuchuan	2209300	280913	953563
高州市	Gaozhou	4568117	1009944	1411572
化州市	Huazhou	4033889	812787	1264733
信宜市	Xinyi	3668601	801808	1181217
四会市	Sihui	5438884	459926	3460130
兴宁市	Xingning	1527578	410494	386235
陆丰市	Lufeng	2317164	491261	1048885
阳春市	Yangchun	3709849	656030	1472396
英德市	Yingde	2374232	511654	767620

3-4 续表 6 continued

单位：万元 (10 000 yuan)

城　市	City	地区生产总值 Gross Regional Product	第一产业增加值 Value-added of the Primary Industry	第二产业增加值 Value-added of the Secondary Industry
连州市	Lianzhou	1256292	308296	280473
普宁市	Puning	5911581	364950	3860892
罗定市	Luoding	1777821	392364	706144
广西壮族自治区	**Guangxi**			
岑溪市	Cenxi	2396129	335895	1530320
东兴市	Dongxing	856053	156155	362265
桂平市	Guiping	2954931	601286	1439350
北流市	Beiliu	2844394	428033	1438777
靖西市	Jingxi	1274459	150632	823348
宜州市	Yizhou	1106749	372847	260802
合山市	Heshan	299021	37908	126245
凭祥市	Pingxiang	569310	49949	164172
海南省	**Hainan**			
五指山市	Wuzhishan	222609	54237	46452
琼海市	Qionghai	2008914	721525	273935
文昌市	Wenchang	1690587	669711	413954
万宁市	Wanning	1654105	521005	354400
东方市	Dongfang	1442700	379493	687921
四川省	**Sichuan**			
都江堰市	Dujiangyan	2753768	238325	1018388
彭州市	Pengzhou	3335497	446075	1973643
邛崃市	Qionglai	2042066	332821	941974
崇州市	Chongzhou	2260951	313787	1099917
广汉市	Guanghan	3239278	306681	1963559
什邡市	Shifang	2338242	255350	1397840
绵竹市	Mianzhu	2153723	268526	1308323
江油市	Jiangyou	3227387	408241	1623422
峨眉山市	Emeishan	2110344	164479	1185069
阆中市	Langzhong	1788278	434261	841673
华蓥市	Huaying	1344099	114947	877771
万源市	Wanyuan	1187788	275720	605976
简阳市	Jianyang	4013714	707585	2271011
康定市	Kangding	504611	45259	217101
西昌市	Xichang	4264741	412205	2147150
贵州省	**Guizhou**			
清镇市	Qingzhen	2533349	209712	1160129
赤水市	Chishui	841091	150835	366545
仁怀市	Renhuai	5057200	263000	3521800
兴义市	Xingyi	3186005	324501	1153763
凯里市	Kaili	2102102	127141	679073
都匀市	Duyun	1716712	148644	607223
福泉市	Fuquan	1244342	129543	557775
云南省	**Yunnan**			
安宁市	Anning	2601520	125576	1196042
宣威市	Xuanwei	2238424	529715	594449
腾冲市	Tengchong	1458963	321669	522472
楚雄市	Chuxiong	2990945	235721	1604055

3-4 续表 7 continued

单位：万元 (10 000 yuan)

城　市	City	地区生产总值 Gross Regional Product	第一产业增加值 Value-added of the Primary Industry	第二产业增加值 Value-added of the Secondary Industry
个旧市	Gejiu	2061934	127031	1115318
开远市	Kaiyuan	1545497	172607	558848
蒙自市	Mengzi	1440257	219900	659939
弥勒市	Mile	2757743	270483	1846462
文山市	Wenshan	1900958	169077	929236
景洪市	Jinghong	1768196	319760	545311
大理市	Dali	3379780	225633	1561576
瑞丽市	Ruili	771411	92215	141172
芒市	Mangshi	842693	211013	173301
香格里拉市	Shangri-la	992758	40475	342836
陕西省	**Shaanxi**			
兴平市	Xingping	1916993	249283	1052950
韩城市	Hancheng	3112887	143256	2307700
华阴市	Huayin	804221	56300	372594
甘肃省	**Gansu**			
玉门市	Yumen	1095639	105672	547133
敦煌市	Dunhuang	1021740	136008	289232
临夏市	Linxia	614250	33105	103856
合作市	Hezuo	334246	19902	57395
青海省	**Qinghai**			
玉树市	Yushu	123879	50435	56853
格尔木市	Golmud	2852412	42364	2008084
德令哈市	Delingha	455014	50476	163721
宁夏回族自治区	**Ningxia**			
灵武市	Lingwu	3574542	99458	3042911
青铜峡市	Qingtongxia	1293100	169350	786542
新疆维吾尔自治区	**Xinjiang**			
哈密市	Hami	3307375	243603	1725646
昌吉市	Changji	3935802	399071	2032713
阜康市	Fukang	1404974	274511	765410
博乐市	Bole	1448654	302012	458342
库尔勒市	Korla	6637443	400500	4939658
阿克苏市	Akesu	1727801	208866	473417
阿图什市	Atus	445760	64300	109082
喀什市	Kashi	2165000	81200	674300
和田市	Hetian	653384	38761	123223
伊宁市	Yining	2053177	68879	440159
奎屯市	Kuitun	1203643	71148	479365
霍尔果斯市	Horgos	415049	80298	163781
塔城市	Tacheng	878829	181672	187041
乌苏市	Wusu	1375175	418782	645314
阿勒泰市	Aletai	607916	88424	110053
石河子市	Shihezi	3157844	107541	1854032
阿拉尔市	Alar	2502806	1025116	964995
图木舒克市	Tumushuke	667071	197759	317954
五家渠市	Wujiaqu	1230328	66502	851105
北屯市	Beitun	310878	47331	156505

3-5 公共财政收支
Public Finance Income and Expenditure

单位：万元 (10 000 yuan)

城　市	City	公共财政收入 Public Finance Income	各项税收 Various Kinds of Tax	公共财政支出 Public Finance Expenditure
河北省	**Hebei**			
晋州市	Jinzhou	77459	55038	213113
新乐市	Xinle	61811	64641	182006
遵化市	Zunhua	96500	125562	278736
迁安市	Qian'an	351694	521856	589250
武安市	Wu'an	345401	206294	624009
南宫市	Nangong	36929	41481	194059
沙河市	Shahe	80618	150657	201280
涿州市	Zhuozhou	187768	272890	305163
安国市	Anguo	51511	39765	167877
高碑店市	Gaobeidian	95423	136678	209822
泊头市	Botou	73736	102719	227276
任丘市	Renqiu	255314	1071626	451464
黄骅市	Huanghua	130088	186515	344852
河间市	Hejian	107355	31062	298114
霸州市	Bazhou	192785	280265	356170
三河市	Sanhe	723101	977882	1253986
冀州市	Jizhou	72710	85064	224935
深州市	Shenzhou	60321	73984	247663
定州市	Dingzhou	160083	254607	462290
辛集市	Xinji	121893	183797	312641
山西省	**Shanxi**			
古交市	Gujiao	77693	31407	175826
潞城市	Lucheng	55553	109826	124777
高平市	Gaoping	125616	60633	263240
介休市	Jiexiu	100208	61018	202401
永济市	Yongji	40593	90500	196445
河津市	Hejin	190127	163894	194713
原平市	Yuanping	104379	59100	248731
侯马市	Houma	57820	95818	162480
霍州市	Huozhou	67018	122808	161825
孝义市	Xiaoyi	182154	120089	308441
汾阳市	Fenyang	57073	189465	199182
内蒙古自治区	**Inner Mongolia**			
霍林郭勒市	Huolinguole	303014	149035	338858
满洲里市	Manzhouli	149565	203628	401001
牙克石市	Yakeshi	59859	20318	291990
扎兰屯市	Zhalantun	48719	34285	333523
额尔古纳市	Erguna	24402	14616	146492
根河市	Genhe	17991	11963	134419
丰镇市	Fengzhen	49405	40070	253924
乌兰浩特市	Wulanhaote	77397	57407	367640
阿尔山市	Aershan	10148	7712	141058
二连浩特市	Erlianhaote	52023	34207	166913
锡林浩特市	Xilinhaote	264530	358279	317942
辽宁省	**Liaoning**			
新民市	Xinmin	99969	80334	330891
瓦房店市	Wafangdian	376450	268707	621085

3-5 续表 1 continued

单位：万元 (10 000 yuan)

城 市	City	公共财政收入 Public Finance Income	各项税收 Various Kinds of Tax	公共财政支出 Public Finance Expenditure
普兰店市	Pulandian	224795	154304	379886
庄河市	Zhuanghe	229103	258987	449470
海城市	Haicheng	260161	300019	435029
东港市	Donggang	132195	104115	471413
凤城市	Fengcheng	92078	63246	298087
凌海市	Linghai	85678	66484	308553
北镇市	Beizhen	51373	34251	233450
盖州市	Gaizhou	101239	87522	306272
大石桥市	Dashiqiao	147756	125920	274058
灯塔市	Dengta	119279	80940	246101
调兵山市	Diaobingshan	60005	52526	92839
开原市	Kaiyuan	74505	54189	152043
北票市	Beipiao	60098	43978	314797
凌源市	Lingyuan	78777	57321	293329
兴城市	Xingcheng	119665	91817	318213
吉林省	**Jilin**			
榆树市	Yushu	88403	47903	525428
德惠市	Dehui	111189	74644	486921
蛟河市	Jiaohe	74134	47014	296299
桦甸市	Huadian	131018	71936	346962
舒兰市	Shulan	65224	40264	343352
磐石市	Panshi	94370	60573	290083
公主岭市	Gongzhuling	210283	122399	620777
双辽市	Shuangliao	47489	32884	257990
梅河口市	Meihekou	281120	183961	564271
集安市	Ji'an	64395	43865	221748
临江市	Linjiang	62333	43390	252638
扶余市	Fuyu	48469	27024	280787
洮南市	Taonan	68888	37291	385787
大安市	Daan	70418	51229	362598
延吉市	Yanji	275383	197628	560096
图们市	Tumen	23593	14128	169159
敦化市	Dunhua	144531	87496	458801
珲春市	Hunchun	203771	85863	411329
龙井市	Longjing	32913	14043	198141
和龙市	Helong	47315	20876	224817
黑龙江省	**Heilongjiang**			
尚志市	Shangzhi	56504	37746	304964
五常市	Wuchang	87177	79839	455543
讷河市	Nehe	44182	60161	338445
虎林市	Hulin	50007	38045	217781
密山市	Mishan	40150	24457	253118
铁力市	Tieli	27238	29673	186658
同江市	Tongjiang	24389	18817	195901
富锦市	Fujin	50239	33572	381428
绥芬河市	Suifenhe	44522	64412	194806
海林市	Hailin	62123	150209	254393
宁安市	Ning'an	48948	28842	286076
穆棱市	Muling	64228	137385	288501

3-5 续表 2 continued

单位：万元 (10 000 yuan)

城　市	City	公共财政收入 Public Finance Income	各项税收 Various Kinds of Tax	公共财政支出 Public Finance Expenditure
北安市	Bei'an	62100	27089	336428
五大连池市	Wudalianchi	29121	16303	263572
安达市	Anda	110580	64570	356327
肇东市	Zhaodong	199989	154228	446476
海伦市	Hailun	40687	41024	385474
江苏省	**Jiangsu**			
江阴市	Jiangyin	2189154	3634678	2053514
宜兴市	Yixing	1025002	1525581	1091081
新沂市	Xinyi	513316	506822	825003
邳州市	Pizhou	623846	640469	1034275
溧阳市	Liyang	561868	714371	613819
常熟市	Changshu	1576969	2602006	1552550
张家港市	Zhangjiagang	1742188	3094023	1713442
昆山市	Kunshan	2847589	4983119	2553588
太仓市	Taicang	1145366	1981414	1090697
启东市	Qidong	768609	932299	862358
如皋市	Rugao	771021	921378	1010202
海门市	Haimen	783980	983044	855534
东台市	Dongtai	715512	796042	1017151
仪征市	Yizheng	394435	772182	468268
高邮市	Gaoyou	332443	446981	536214
丹阳市	Danyang	670582	948296	800700
扬中市	Yangzhong	340328	465824	385260
句容市	Jurong	400109	491348	494889
兴化市	Xinghua	408500	507030	824996
靖江市	Jingjiang	616119	764075	699536
泰兴市	Taixing	527888	737488	674479
浙江省	**Zhejiang**			
建德市	Jiande	211944	191593	410936
临安市	Lin'an	325622	285065	501607
余姚市	Yuyao	750989	673028	925207
慈溪市	Cixi	1122589	960601	1254760
奉化市	Fenghua	338192	259631	607125
瑞安市	Rui'an	547214	497851	733731
乐清市	Yueqing	955544	706002	702225
海宁市	Haining	691221	643457	765612
平湖市	Pinghu	505780	461303	538324
桐乡市	Tongxiang	550005	498785	630759
诸暨市	Zhuji	715894	624193	809001
嵊州市	Shengzhou	291745	232396	411737
兰溪市	Lanxi	221966	193997	387705
义乌市	Yiwu	792511	724112	965186
东阳市	Dongyang	486173	427936	610386
永康市	Yongkang	444860	368142	493282
江山市	Jiangshan	242590	135172	380000
温岭市	Wenling	541213	472627	726079
临海市	Linhai	380108	325235	586904
龙泉市	Longquan	71445	61928	268264

3-5 续表 3 continued

单位：万元 (10 000 yuan)

城市	City	公共财政收入 Public Finance Income	各项税收 Various Kinds of Tax	公共财政支出 Public Finance Expenditure
安徽省	**Anhui**			
巢湖市	Chaohu	280526	230182	398609
桐城市	Tongcheng	142205	96317	350010
天长市	Tianchang	375518	297538	430221
明光市	Mingguang	98368	69860	315129
界首市	Jieshou	212246	83970	315673
宁国市	Ningguo	390650	324970	373115
福建省	**Fujian**			
福清市	Fuqing	812583	668392	698100
长乐市	Changle	336452	203977	473385
永安市	Yong'an	172142	92506	253307
石狮市	Shishi	592933	496363	483711
晋江市	Jinjiang	1172008	1798500	1297465
南安市	Nan'an	627698	549412	621394
龙海市	Longhai	480409	673831	442963
邵武市	Shaowu	178781	84361	268703
武夷山市	Wuyishan	117296	91374	219408
建瓯市	Jian'ou	119388	88556	261643
漳平市	Zhangping	63826	89431	197817
福安市	Fu'an	235026	119196	418564
福鼎市	Fuding	203375	119452	355983
江西省	**Jiangxi**			
乐平市	Leping	300917	238092	503462
瑞昌市	Ruichang	268069	227927	339358
共青城市	Gongqingcheng	151921	116970	198034
贵溪市	Guixi	467525	360455	461008
瑞金市	Ruijin	117077	141291	370492
井冈山市	Jinggangshan	55990	53940	163038
丰城市	Fengcheng	623017	336650	749297
樟树市	Zhangshu	502205	420921	522226
高安市	Gaoan	350174	214656	476117
德兴市	Dexing	277310	157608	603327
山东省	**Shandong**			
章丘市	Zhangqiu	469917	585182	630605
胶州市	Jiaozhou	800616	969874	929001
即墨市	Jimo	930493	749662	1148887
平度市	Pingdu	580239	389165	836603
莱西市	Laixi	475080	343986	575517
滕州市	Tengzhou	705028	550332	853484
龙口市	Longkou	900517	706430	869280
莱阳市	Laiyang	138376	210569	295820
莱州市	Laizhou	572757	813559	619232
蓬莱市	Penglai	300017	375784	376966
招远市	Zhaoyuan	502200	529438	534618
栖霞市	Qixia	100006	86345	248418
海阳市	Haiyang	269567	216567	333557
青州市	Qingzhou	419550	326819	468763
诸城市	Zhucheng	682416	467156	702156
寿光市	Shouguang	900517	712037	948700

3-5 续表 4 continued

单位：万元 (10 000 yuan)

城　市	City	公共财政收入 Public Finance Income	各项税收 Various Kinds of Tax	公共财政支出 Public Finance Expenditure
安丘市	Anqiu	190617	157802	355472
高密市	Gaomi	453730	361122	492785
昌邑市	Changyi	273326	222772	421786
曲阜市	Qufu	256928	246462	413363
邹城市	Zoucheng	671366	462391	697551
新泰市	Xintai	417017	306348	652256
肥城市	Feicheng	388306	282212	537287
荣成市	Rongcheng	672789	557942	1006177
乳山市	Rushan	310358	264478	406036
乐陵市	Laoling	100775	81243	296492
禹城市	Yucheng	181827	204400	272866
临清市	Linqing	176020	123242	317421
河南省	**Henan**			
巩义市	Gongyi	347335	173969	504288
荥阳市	Xingyang	316038	338822	407939
新密市	Xinmi	303097	156372	479293
新郑市	Xinzheng	600369	414624	703274
登封市	Dengfeng	262810	142881	411552
偃师市	Yanshi	159098	106037	279937
舞钢市	Wugang	88031	55871	172393
汝州市	Ruzhou	206616	141433	451946
林州市	Linzhou	153238	113251	391572
卫辉市	Weihui	80809	54087	218510
辉县市	Huixian	240033	137746	375962
沁阳市	Qinyang	124399	59940	230574
孟州市	Mengzhou	111339	68126	229862
禹州市	Yuzhou	320609	218142	525586
长葛市	Changge	195866	143789	342368
义马市	Yima	127808	74229	152444
灵宝市	Lingbao	182688	115024	353464
邓州市	Dengzhou	127738	88166	624086
永城市	Yongcheng	335186	218113	673260
项城市	Xiangcheng	93955	67496	398325
济源市	Jiyuan	385858	254714	593228
湖北省	**Hubei**			
大冶市	Daye	451832	509820	668939
丹江口市	Danjiangkou	132058	196753	415490
宜都市	Yidu	449742	325356	560566
当阳市	Dangyang	312922	220463	528834
枝江市	Zhijiang	316827	204492	489682
老河口市	Laohekou	286035	197767	503860
枣阳市	Zaoyang	306400	215400	696499
宜城市	Yicheng	259693	141892	528650
钟祥市	Zhongxiang	223532	124400	603231
应城市	Yingcheng	158166	127993	343987
安陆市	Anlu	102700	71974	272924
汉川市	Hanchuan	202612	239629	359107
石首市	Shishou	73404	98838	232017

3-5 续表 5 continued

单位：万元 (10 000 yuan)

城 市	City	公共财政收入 Public Finance Income	各项税收 Various Kinds of Tax	公共财政支出 Public Finance Expenditure
洪湖市	Honghu	80262	83886	302977
松滋市	Songzi	126600	172704	414139
麻城市	Macheng	149942	149942	517527
武穴市	Wuxue	152422	97000	379700
赤壁市	Chibi	170158	108620	335802
广水市	Guangshui	106027	69712	390233
恩施市	Enshi	214378	175088	749306
利川市	Lichuan	97390	70465	506274
仙桃市	Xiantao	276853	362714	697412
潜江市	Qianjiang	228510	154503	654265
天门市	Tianmen	252375	136720	647326
湖南省	**Hunan**			
浏阳市	Liuyang	498532	686556	851019
醴陵市	Liling	344386	230118	595706
湘乡市	Xiangxiang	137080	116917	385484
韶山市	Shaoshan	42850	33191	105137
耒阳市	Leiyang	183090	153627	551910
常宁市	Changning	127208	104195	512003
武冈市	Wugang	66589	51338	344542
汨罗市	Miluo	108661	117249	334208
临湘市	Linxiang	39445	58554	273756
津市市	Jinshi	41011	49223	197063
沅江市	Yuanjiang	79102	69863	382659
资兴市	Zixing	223428	132728	411242
洪江市	Hongjiang	54045	64484	317413
冷水江市	Lengshuijiang	93465	128210	297295
涟源市	Lianyuan	73447	80538	494442
吉首市	Jishou	77306	74093	294917
广东省	**Guangdong**			
增城市	Zengcheng	250912	477429	452657
从化市	Conghua	721136	876825	1057125
乐昌市	Lechang	59728	35642	235501
南雄市	Nanxiong	59963	38125	277014
台山市	Taishan	247639	465342	431940
开平市	Kaiping	215356	155171	336431
鹤山市	Heshan	242489	169815	300014
恩平市	Enping	98898	74873	248023
廉江市	Lianjiang	110682	160045	568868
雷州市	Leizhou	58675	31760	553702
吴川市	Wuchuan	68972	39124	316117
高州市	Gaozhou	150225	94130	621545
化州市	Huazhou	113734	62964	514946
信宜市	Xinyi	95355	59277	531398
四会市	Sihui	328751	159429	477986
兴宁市	Xingning	100053	75714	592005
陆丰市	Lufeng	58865	39848	613238
阳春市	Yangchun	125994	68113	446923
英德市	Yingde	169939	103513	534984

3-5 续表 6 continued

单位：万元 (10 000 yuan)

城市	City	公共财政收入 Public Finance Income	各项税收 Various Kinds of Tax	公共财政支出 Public Finance Expenditure
连州市	Lianzhou	72038	42286	279532
普宁市	Puning	203171	141455	750697
罗定市	Luoding	114900	142039	428492
广西壮族自治区	**Guangxi**			
岑溪市	Cenxi	200035	103524	437824
东兴市	Dongxing	118487	93191	252486
桂平市	Guiping	100401	118592	557850
北流市	Beiliu	183717	148768	459886
靖西市	Jingxi	101633	7566	395100
宜州市	Yizhou	65906	25655	256789
合山市	Heshan	10050	7482	97749
凭祥市	Pingxiang	74666	37452	160186
海南省	**Hainan**			
五指山市	Wuzhishan	55695	23686	158653
琼海市	Qionghai	182342	128152	430873
文昌市	Wenchang	212983	99035	459660
万宁市	Wanning	164010	130818	414196
东方市	Dongfang	131999	103151	429060
四川省	**Sichuan**			
都江堰市	Dujiangyan	229593	169004	384838
彭州市	Pengzhou	194725	131846	394710
邛崃市	Qionglai	135511	94061	367730
崇州市	Chongzhou	151448	114447	381381
广汉市	Guanghan	146265	98327	342000
什邡市	Shifang	157782	96526	277564
绵竹市	Mianzhu	106639	95725	266927
江油市	Jiangyou	163116	99429	368363
峨眉山市	Emeishan	142017	88981	252061
阆中市	Langzhong	87487	66222	427690
华蓥市	Huaying	57177	35725	234616
万源市	Wanyuan	37241	21369	302243
简阳市	Jianyang	178655	142129	555550
康定市	Kangding	48457	40843	297126
西昌市	Xichang	352584	171798	577292
贵州省	**Guizhou**			
清镇市	Qingzhen	136465	108174	330520
赤水市	Chishui	56540	87494	224198
仁怀市	Renhuai	283130	245709	510989
兴义市	Xingyi	743806	465141	626026
凯里市	Kaili	584400	191800	538100
都匀市	Duyun	156472	126471	325474
福泉市	Fuquan	135500	87500	281900
云南省	**Yunnan**			
安宁市	Anning	264509	211248	291983
宣威市	Xuanwei	112828	84980	619129
腾冲市	Tengchong	159364	184047	453664
楚雄市	Chuxiong	200026	150382	362197

3-5 续表 7 continued

单位：万元 (10 000 yuan)

城　市	City	公共财政收入 Public Finance Income	各项税收 Various Kinds of Tax	公共财政支出 Public Finance Expenditure
个旧市	Gejiu	111131	132271	330720
开远市	Kaiyuan	164640	63148	255030
蒙自市	Mengzi	246970	88560	316861
弥勒市	Mile	150115	85089	357558
文山市	Wenshan	321005	123303	380795
景洪市	Jinghong	120953	59009	339383
大理市	Dali	291900	231029	465185
瑞丽市	Ruili	73001	47886	179451
芒市	Mangshi	58046	40166	259577
香格里拉市	Shangri-la	55049	47358	389686
陕西省	**Shaanxi**			
兴平市	Xingping	52000	26507	251300
韩城市	Hancheng	301044	218130	344626
华阴市	Huayin	39314	6640	135994
甘肃省	**Gansu**			
玉门市	Yumen	48203	29645	168429
敦煌市	Dunhuang	53007	40803	149914
临夏市	Linxia	93133	33802	246936
合作市	Hezuo	17456	12572	158130
青海省	**Qinghai**			
玉树市	Yushu	19781	17253	158901
格尔木市	Golmud	209416	786941	424883
德令哈市	Delingha	92860	87558	147285
宁夏回族自治区	**Ningxia**			
灵武市	Lingwu	186642	154418	422880
青铜峡市	Qingtongxia	69944	53257	239445
新疆维吾尔自治区	**Xinjiang**			
哈密市	Hami	418729	283197	523170
昌吉市	Changji	352991	225301	495190
阜康市	Fukang	202599	120597	269291
博乐市	Bole	90632	69070	267435
库尔勒市	Korla	311000	254438	446322
阿克苏市	Akesu	160063	120990	344383
阿图什市	Atus	61853	41136	449835
喀什市	Kashi	173183	140700	598300
和田市	Hetian	84722	55349	590089
伊宁市	Yining	246891	220005	454948
奎屯市	Kuitun	113659	94642	210364
霍尔果斯市	Horgos	34759	31129	77272
塔城市	Tacheng	50530	39497	188735
乌苏市	Wusu	133377	90730	290137
阿勒泰市	Aletai	62000	51321	238169
石河子市	Shihezi	368259	291093	445887
阿拉尔市	Alar	66882	57581	93548
图木舒克市	Tumushuke	31040	28224	53854
五家渠市	Wujiaqu	117059	108957	139434
北屯市	Beitun	22634	21755	30456

3-6 年末金融机构存贷款余额
Deposits and Loans of National Banking System at Year-end

单位：万元 (10 000 yuan)

城 市	City	居民人民币储蓄存款余额 household saving deposits	年末金融机构各项贷款余额 Loans of National Banking System at Year-end
河北省	**Hebei**		
晋州市	Jinzhou	1773840	918986
新乐市	Xinle	1137324	711508
遵化市	Zunhua	3299087	1825501
迁安市	Qian'an	4828676	4329977
武安市	Wu'an	3716964	2665693
南宫市	Nangong	1233166	642501
沙河市	Shahe	1714609	1887680
涿州市	Zhuozhou	2673883	2117741
安国市	Anguo	1377961	533139
高碑店市	Gaobeidian	2589017	3568312
泊头市	Botou	2053549	843603
任丘市	Renqiu	3861202	1410409
黄骅市	Huanghua	1825714	2253299
河间市	Hejian	2952595	811201
霸州市	Bazhou	3075533	3302742
三河市	Sanhe	3842367	9937592
冀州市	Jizhou	1530060	861334
深州市	Shenzhou	1478732	843147
定州市	Dingzhou	3267497	1665808
辛集市	Xinji	2781329	1490896
山西省	**Shanxi**		
古交市	Gujiao	1242395	533553
潞城市	Lucheng	642610	382379
高平市	Gaoping	1755873	1148242
介休市	Jiexiu	1916969	1919579
永济市	Yongji	985107	654186
河津市	Hejin	1321214	1216652
原平市	Yuanping	1813631	994715
侯马市	Houma	1235697	859823
霍州市	Huozhou	1010735	756560
孝义市	Xiaoyi	2821818	1763992
汾阳市	Fenyang	1469405	606786
内蒙古自治区	**Inner Mongolia**		
霍林郭勒市	Huolinguole	443800	1165200
满洲里市	Manzhouli	1239581	1172200
牙克石市	Yakeshi	1145496	738066
扎兰屯市	Zhalantun	762291	1584528
额尔古纳市	Eerguna	277223	217249
根河市	Genhe	519815	213261
丰镇市	Fengzhen	624509	493576
乌兰浩特市	Wulanhaote		3278697
阿尔山市	Aershan	150076	150071
二连浩特市	Erlianhaote	413508	666302
锡林浩特市	Xilinhaote	1400778	2849841
辽宁省	**Liaoning**		
新民市	Xinmin	1716490	1206661
瓦房店市	Wafangdian	4521622	4057333
普兰店市	Pulandian	3512906	2147119
庄河市	Zhuanghe	3676449	2919413
海城市	Haicheng	5298915	2551148
东港市	Donggang	2889532	2295328
凤城市	Fengcheng	2033164	1254394
凌海市	Linghai	1378622	1080213
北镇市	Beizhen	1606139	990458
盖州市	Gaizhou	1681040	1021961
大石桥市	Dashiqiao	2731189	2290393
灯塔市	Dengta	1505018	1214965
调兵山市	Diaobingshan	1316615	100857
开原市	Kaiyuan	1376442	1305250
北票市	Beipiao	1398831	865724
凌源市	Lingyuan	1838818	1113134
兴城市	Xingcheng	1760213	1627553
吉林省	**Jilin**		
榆树市	Yushu	1722896	2511978
德惠市	Dehui	1915624	1432748
蛟河市	Jiaohe	1016016	1011425
桦甸市	Huadian	975757	811421
舒兰市	Shulan	1147288	971611
磐石市	Panshi	921825	1065223
公主岭市	Gongzhuling	2381764	2658359
双辽市	Shuangliao	662327	1277767
梅河口市	Meihekou	1880487	1273163
集安市	Ji'an	830100	594134
临江市	Linjiang	510752	302673
扶余市	Fuyu	827687	1267178
洮南市	Taonan	574055	1167922
大安市	Daan	742703	1155854
延吉市	Yanji	4041695	3387626
图们市	Tumen	453611	199242
敦化市	Dunhua	1586535	1537950
珲春市	Hunchun	1009878	1068446
龙井市	Longjing	585185	244991
和龙市	Helong	475084	427332
黑龙江省	**Heilongjiang**		
尚志市	Shangzhi	1297003	672554
五常市	Wuchang	1521878	1091117
讷河市	Nehe	905122	1687826
虎林市	Hulin	1266956	1780826
密山市	Mishan	1369252	641828
铁力市	Tieli	994546	413430
同江市	Tongjiang	350244	669671
富锦市	Fujin	954098	782367
绥芬河市	Suifenhe	854957	724556
海林市	Hailin	982057	381651
宁安市	Ning'an	940050	433152

3-6 续表 1 continued

单位：万元 (10 000 yuan)

城　市	City	居民人民币储蓄存款余额 household saving deposits	年末金融机构各项贷款余额 Loans of National Banking System at Year-end
穆棱市	Muling	558614	304124
北安市	Bei'an	977970	2109176
五大连池市	Wudalianchi	782165	396951
安达市	Anda	940243	476325
肇东市	Zhaodong	1512634	1638235
海伦市	Hailun	888724	1237282
江苏省	**Jiangsu**		
江阴市	Jiangyin	10275065	23961714
宜兴市	Yixing	9098278	13730570
新沂市	Xinyi	1926070	2218496
邳州市	Pizhou		3195690
溧阳市	Liyang	4626481	6987175
常熟市	Changshu	11046000	19309070
张家港市	Zhangjiagang	9587678	18246883
昆山市	Kunshan	10460263	21745394
太仓市	Taicang	4864881	11394610
启东市	Qidong	7158474	6448460
如皋市	Rugao	6496400	6028795
海门市	Haimen	6996568	6883961
东台市	Dongtai	4800179	3477617
仪征市	Yizheng	2732089	3062193
高邮市	Gaoyou	3098544	2784407
丹阳市	Danyang	5083965	8580815
扬中市	Yangzhong	2600316	3841076
句容市	Jurong	2656911	3718591
兴化市	Xinghua	4305717	3929793
靖江市	Jingjiang	4338674	6151135
泰兴市	Taixing	4286037	5022357
浙江省	**Zhejiang**		
建德市	Jiande	1967229	2366913
临安市	Lin'an	2352425	3767974
余姚市	Yuyao	6829588	12484124
慈溪市	Cixi	9690239	17944332
奉化市	Fenghua	2677971	5516975
瑞安市	Rui'an	6627221	9363135
乐清市	Yueqing	6428968	10982194
海宁市	Haining	5899904	9175151
平湖市	Pinghu	3604629	5600374
桐乡市	Tongxiang	5673514	8137709
诸暨市	Zhuji	6425501	11977049
嵊州市	Shengzhou	3402481	451541
兰溪市	Lanxi	2069022	3464221
义乌市	Yiwu	12410721	20953187
东阳市	Dongyang	4813345	7019285
永康市	Yongkang	5225461	9544609
江山市	Jiangshan	2188507	3108598
温岭市	Wenling	7347077	10561400
临海市	Linhai	4092873	6066856
龙泉市	Longquan	838993	1335929
安徽省	**Anhui**		
巢湖市	Chaohu	2508647	2829266
桐城市	Tongcheng	2511143	1972282
天长市	Tianchang	1576215	1848370
明光市	Mingguang	1111705	926590
界首市	Jieshou	1420064	829559
宁国市	Ningguo	1081331	1665835
福建省	**Fujian**		
福清市	Fuqing	5738036	6464265
长乐市	Changle	2618514	6030171
永安市	Yong'an	933700	1965095
石狮市	Shishi	4167376	6395428
晋江市	Jinjiang	7584824	11563838
南安市	Nan'an	5278382	7703747
龙海市	Longhai	2352172	3758851
邵武市	Shaowu	927299	968563
武夷山市	Wuyishan	782393	1100055
建瓯市	Jian'ou	1020342	1138745
漳平市	Zhangping	576161	803085
福安市	Fu'an	1080807	2452061
福鼎市	Fuding	1032222	3801827
江西省	**Jiangxi**		
乐平市	Leping	1782663	1138318
瑞昌市	Ruichang	936843	961524
共青城市	Gongqingcheng	277100	468535
贵溪市	Guixi	1199129	1428760
瑞金市	Ruijin	1222478	1148734
井冈山市	Jinggangshan	481609	604490
丰城市	Fengcheng	2844193	2288218
樟树市	Zhangshu	1828830	1840753
高安市	Gaoan	1990643	2059062
德兴市	Dexing	883947	719039
山东省	**Shandong**		
章丘市	Zhangqiu	3688111	3092192
胶州市	Jiaozhou	3564428	4783729
即墨市	Jimo	4714297	6977152
平度市	Pingdu	4050501	2622648
莱西市	Laixi	2489474	2478837
滕州市	Tengzhou	3895082	4155001
龙口市	Longkou	4479320	5966273
莱阳市	Laiyang	2659740	1790438
莱州市	Laizhou	4627974	2657652
蓬莱市	Penglai	2375874	2815622
招远市	Zhaoyuan	2961871	2707661
栖霞市	Qixia	1788045	1173063
海阳市	Haiyang	2334439	2126139
青州市	Qingzhou	4545235	4566884
诸城市	Zhucheng	3605571	4913435
寿光市	Shouguang	4680394	7488103

3-6 续表 2 continued

单位：万元 (10 000 yuan)

城　市	City	居民人民币储蓄存款余额 household saving deposits	年末金融机构各项贷款余额 Loans of National Banking System at Year-end	城　市	City	居民人民币储蓄存款余额 household saving deposits	年末金融机构各项贷款余额 Loans of National Banking System at Year-end
安丘市	Anqiu	2630491	2806871	洪湖市	Honghu	1508162	1065992
高密市	Gaomi	2747248	3424372	松滋市	Songzi	2042977	988065
昌邑市	Changyi	2670400	2261971	麻城市	Macheng	2143400	1643500
曲阜市	Qufu	1803577	1410519	武穴市	Wuxue	1747100	991800
邹城市	Zoucheng	3252634	5393450	赤壁市	Chibi	1148400	1030270
新泰市	Xintai	3681687	3601810	广水市	Guangshui	2216000	778000
肥城市	Feicheng	3040122	2691311	恩施市	Enshi	1703244	3160540
荣成市	Rongcheng	3194390	4161188	利川市	Lichuan	1202802	907741
乳山市	Rushan	1957131	1890954	仙桃市	Xiantao	3601600	1823000
乐陵市	Laoling	1354743	1218504	潜江市	Qianjiang	3290500	1581800
禹城市	Yucheng	1259243	1528509	天门市	Tianmen	3808900	1344600
临清市	Linqing	2190270	1690927	**湖南省**	**Hunan**		
河南省	**Henan**			浏阳市	Liuyang	3290663	4358795
巩义市	Gongyi	2245779	1823956	醴陵市	Liling	1940429	1314482
荥阳市	Xingyang	1861481	1470658	湘乡市	Xiangxiang	1802962	1330772
新密市	Xinmi	2520102	1723939	韶山市	Shaoshan	387973	397548
新郑市	Xinzheng	2498288	3469376	耒阳市	Leiyang	2294400	1085000
登封市	Dengfeng	1974639	1195482	常宁市	Changning	1606600	818500
偃师市	Yanshi	1989117	1167196	武冈市	Wugang	1191177	594340
舞钢市	Wugang	901388	847434	汨罗市	Miluo	1148308	740699
汝州市	Ruzhou	1593016	1479787	临湘市	Linxiang	866245	516355
林州市	Linzhou	3214795	1371691	津市市	Jinshi	676222	327828
卫辉市	Weihui	843624	569065	沅江市	Yuanjiang	1274973	775620
辉县市	Huixian	1852996	1331285	资兴市	Zixing	1171104	772474
沁阳市	Qinyang	1132898	836803	洪江市	Hongjiang	1215438	817480
孟州市	Mengzhou	857254	651549	冷水江市	Lengshuijiang	1117458	1325683
禹州市	Yuzhou	2254460	1806192	涟源市	Lianyuan	1086745	957990
长葛市	Changge	1733965	1685380	吉首市	Jishou	1379782	1459256
义马市	Yima	594670	848715	**广东省**	**Guangdong**		
灵宝市	Lingbao	1853679	1641867	增城市	Zengcheng	1949132	2373618
邓州市	Dengzhou	2126809	1371333	从化市	Conghua	5523012	8325547
永城市	Yongcheng	2552404	2456711	乐昌市	Lechang	1016855	650371
项城市	Xiangcheng	1988003	563669	南雄市	Nanxiong	871661	495784
济源市	Jiyuan	2108855	2273618	台山市	Taishan	3597933	2419286
湖北省	**Hubei**			开平市	Kaiping	3486871	2251214
大冶市	Daye	1905300	2587400	鹤山市	Heshan	2202456	2203808
丹江口市	Danjiangkou	1482810	1422459	恩平市	Enping	1563212	621075
宜都市	Yidu	1301464	1267769	廉江市	Lianjiang	2398707	1256611
当阳市	Dangyang	1567714	1129657	雷州市	Leizhou	1743998	1059797
枝江市	Zhijiang	1630008	1030915	吴川市	Wuchuan	1696296	751873
老河口市	Laohekou	1246887	965158	高州市	Gaozhou	3258622	1387598
枣阳市	Zaoyang	2455440	1488295	化州市	Huazhou	2297201	1150266
宜城市	Yicheng	1348917	1008095	信宜市	Xinyi	2238463	1141826
钟祥市	Zhongxiang	2980571	1268726	四会市	Sihui	2117691	3415221
应城市	Yingcheng	1636300	1079100	兴宁市	Xingning	2042838	1017682
安陆市	Anlu	1591000	1165700	陆丰市	Lufeng	1088324	584395
汉川市	Hanchuan	2040080	1683760	阳春市	Yangchun	1848661	1314087
石首市	Shishou	1534756	633138	英德市	Yingde	2058145	1498926

3-6 续表 3 continued

单位：万元 (10 000 yuan)

城市	City	居民人民币储蓄存款余额 household saving deposits	年末金融机构各项贷款余额 Loans of National Banking System at Year-end
连州市	Lianzhou	1129815	632343
普宁市	Puning	4387863	2701531
罗定市	Luoding	1852959	1292974
广西壮族自治	**Guangxi**		
岑溪市	Cenxi	1281930	1127443
东兴市	Dongxing	928933	732004
桂平市	Guiping	2433536	1512534
北流市	Beiliu	2152040	1507683
靖西市	Jingxi	642497	563804
宜州市	Yizhou	998811	819475
合山市	Heshan	240338	149036
凭祥市	Pingxiang	573159	332842
海南省	**Hainan**		
五指山市	Wuzhishan	292068	215820
琼海市	Qionghai	1771048	1283331
文昌市	Wenchang	1710554	939947
万宁市	Wanning	1116300	827200
东方市	Dongfang	641988	574289
四川省	**Sichuan**		
都江堰市	Dujiangyan	3322325	2315318
彭州市	Pengzhou	3112800	2059573
邛崃市	Qionglai	2119538	1597312
崇州市	Chongzhou	2855431	1761741
广汉市	Guanghan	2726921	2167900
什邡市	Shifang	1601188	1261050
绵竹市	Mianzhu	1570114	1309129
江油市	Jiangyou	2835652	1698697
峨眉山市	Emeishan	2019428	1467407
阆中市	Langzhong	1976265	1355812
华蓥市	Huaying	1079337	672452
万源市	Wanyuan	904339	688498
简阳市	Jianyang	3110904	2121272
康定市	Kangding	473819	1076132
西昌市	Xichang	2287641	3458588
贵州省	**Guizhou**		
清镇市	Qingzhen	900500	1507400
赤水市	Chishui	725861	851160
仁怀市	Renhuai	1301628	2339613
兴义市	Xingyi	1904207	3510803
凯里市	Kaili	1780700	2772000
都匀市	Duyun	1545746	2377574
福泉市	Fuquan	511099	997800
云南省	**Yunnan**		
安宁市	Anning	1630187	2584952
宣威市	Xuanwei	1746100	1644700
腾冲市	Tengchong	1405933	1730449
楚雄市	Chuxiong	1659077	2704773
个旧市	Gejiu	1489501	1908912
开远市	Kaiyuan	998504	934775
蒙自市	Mengzi	1392556	2797371
弥勒市	Mile	1006270	1231293
文山市	Wenshan	1450283	2677296
景洪市	Jinghong	1777400	2160200
大理市	Dali	2892138	4785693
瑞丽市	Ruili	1314436	1387057
芒市	Mangshi	942187	1363183
香格里拉市	Shangri-la	546313	1260548
陕西省	**Shaanxi**		
兴平市	Xingping	1488100	619485
韩城市	Hancheng	1684800	1546183
华阴市	Huayin	673291	630818
甘肃省	**Gansu**		
玉门市	Yumen	520267	697883
敦煌市	Dunhuang	1301210	1222797
临夏市	Linxia	83206	370698
合作市	Hezuo	240165	495321
青海省	**Qinghai**		
玉树市	Yushu	207938	17181
格尔木市	Golmud	1077320	3022333
德令哈市	Delingha	376978	1141187
宁夏回族自治区	**Ningxia**		
灵武市	Lingwu	995474	2373471
青铜峡市	Qingtongxia	781035	1313557
新疆维吾尔自治区	**Xinjiang**		
哈密市	Hami	2384679	4343289
昌吉市	Changji	2058250	4356584
阜康市	Fukang	585292	812808
博乐市	Bole	689593	846805
库尔勒市	Korla	3293640	3428528
阿克苏市	Akesu	2123767	2453530
阿图什市	Atus	416330	349427
喀什市	Kashi	1779700	2245500
和田市	Hetian	886321	557968
伊宁市	Yining	2058208	4379961
奎屯市	Kuitun	1212675	1960054
霍尔果斯市	Horgos	74000	124200
塔城市	Tacheng	526900	744000
乌苏市	Wusu	660984	784501
阿勒泰市	Aletai	546418	748976
石河子市	Shihezi	2245559	2434222
阿拉尔市	Alar	660604	679000
图木舒克市	Tumushuke	244108	308834
五家渠市	Wujiaqu	578104	1117752
北屯市	Beitun	486072	625843

3-7 规模以上工业企业情况
Basic Conditions of Industrial enterprises above Designated Size

城　市	City	规模以上工业企业单位数 (个) Number of Industrial Enterprises above Designated Size (unit)	规模以上工业总产值 (万元) Gross Industrial Output Value above Designated Size (10 000 yuan)
河北省	**Hebei**		
晋州市	Jinzhou	262	6137125
新乐市	Xinle	172	4608908
遵化市	Zunhua	153	4878359
迁安市	Qian'an	179	12367345
武安市	Wu'an	103	10783274
南宫市	Nangong	83	1542007
沙河市	Shahe	90	3272639
涿州市	Zhuozhou	76	2621789
安国市	Anguo	82	2075828
高碑店市	Gaobeidian	49	1249325
泊头市	Botou	247	3882053
任丘市	Renqiu	318	8750178
黄骅市	Huanghua	116	1837434
河间市	Hejian	263	4124101
霸州市	Bazhou	204	10025097
三河市	Sanhe	181	9119029
冀州市	Jizhou	100	1592158
深州市	Shenzhou	91	1630880
定州市	Dingzhou	219	3595463
辛集市	Xinji	318	8916709
山西省	**Shanxi**		
古交市	Gujiao	11	226000
潞城市	Lucheng	50	1396400
高平市	Gaoping	51	1171200
介休市	Jiexiu	85	2166600
永济市	Yongji	48	2446900
河津市	Hejin	71	2857100
原平市	Yuanping	39	1536300
侯马市	Houma	28	775455
霍州市	Huozhou	19	833984
孝义市	Xiaoyi	197	4329300
汾阳市	Fenyang	39	851700
内蒙古自治区	**Inner Mongolia**		
霍林郭勒市	Huolinguole	69	4101835
满洲里市	Manzhouli	90	1231250
牙克石市	Yakeshi	66	2507967
扎兰屯市	Zhalantun	62	2406412
额尔古纳市	Eerguna	12	296805
根河市	Genhe	13	137994
丰镇市	Fengzhen	45	1993122
乌兰浩特市	Wulanhaote	52	1370257
阿尔山市	Aershan	2	9433
二连浩特市	Erlianhaote	34	705486
锡林浩特市	Xilinhaote	72	1700401
辽宁省	**Liaoning**		
新民市	Xinmin	270	10340896
瓦房店市	Wafangdian	829	15937233

3-7 续表 1 continued

城　市	City	规模以上工业企业单位数 (个) Number of Industrial Enterprises above Designated Size (unit)	规模以上工业总产值 (万元) Gross Industrial Output Value above Designated Size (10 000 yuan)
普兰店市	Pulandian	333	8593783
庄河市	Zhuanghe	404	7197219
海城市	Haicheng	453	9781909
东港市	Donggang	185	1030300
凤城市	Fengcheng	146	633474
凌海市	Linghai	188	6522281
北镇市	Beizhen	114	3064819
盖州市	Gaizhou	127	2471588
大石桥市	Dashiqiao	255	5886035
灯塔市	Dengta	105	6155948
调兵山市	Diaobingshan	24	800969
开原市	Kaiyuan	54	580018
北票市	Beipiao	97	896372
凌源市	Lingyuan	87	850756
兴城市	Xingcheng	87	1402088
吉林省	**Jilin**		
榆树市	Yushu	100	1967727
德惠市	Dehui	151	4495021
蛟河市	Jiaohe	122	2554790
桦甸市	Huadian	154	3290904
舒兰市	Shulan	119	1938213
磐石市	Panshi	129	2876822
公主岭市	Gongzhuling	166	5120203
双辽市	Shuangliao	65	3100846
梅河口市	Meihekou	144	6231057
集安市	Ji'an	54	800986
临江市	Linjiang	65	2099423
扶余市	Fuyu	113	3996049
洮南市	Taonan	52	1340000
大安市	Daan	72	1622453
延吉市	Yanji	75	3404771
图们市	Tumen	36	793481
敦化市	Dunhua	119	3073617
珲春市	Hunchun	100	3522842
龙井市	Longjing	28	563481
和龙市	Helong	27	870348
黑龙江省	**Heilongjiang**		
尚志市	Shangzhi	129	1641371
五常市	Wuchang	217	4648124
讷河市	Nehe	35	865604
虎林市	Hulin	23	433328
密山市	Mishan	21	231202
铁力市	Tieli	31	249646
同江市	Tongjiang	29	30036
富锦市	Fujin	56	618064
绥芬河市	Suifenhe	17	173165
海林市	Hailin	98	2430659
宁安市	Ning'an	93	1706913
穆棱市	Muling	97	2807624

3-7 续表 2 continued

城 市	City	规模以上工业企业单位数（个）Number of Industrial Enterprises above Designated Size (unit)	规模以上工业总产值（万元）Gross Industrial Output Value above Designated Size (10 000 yuan)
北安市	Bei'an	27	425017
五大连池市	Wudalianchi	9	83053
安达市	Anda	61	2116201
肇东市	Zhaodong	79	2718052
海伦市	Hailun	36	853854
江苏省	**Jiangsu**		
江阴市	Jiangyin	1368	57449619
宜兴市	Yixing	897	27791828
新沂市	Xinyi	485	15992491
邳州市	Pizhou	524	22251006
溧阳市	Liyang	392	12127345
常熟市	Changshu	1387	36125437
张家港市	Zhangjiagang	1126	44857381
昆山市	Kunshan	1880	82709675
太仓市	Taicang	1096	19930836
启东市	Qidong	505	16313567
如皋市	Rugao	824	17594308
海门市	Haimen	623	18712973
东台市	Dongtai	545	10604657
仪征市	Yizheng	358	14620962
高邮市	Gaoyou	542	11573230
丹阳市	Danyang	788	25122296
扬中市	Yangzhong	468	12559099
句容市	Jurong	573	13611913
兴化市	Xinghua	597	15586916
靖江市	Jingjiang	481	20028296
泰兴市	Taixing	654	25895022
浙江省	**Zhejiang**		
建德市	Jiande	356	4183598
临安市	Lin'an	607	6827161
余姚市	Yuyao	1186	13689226
慈溪市	Cixi	1445	21545316
奉化市	Fenghua	437	3701916
瑞安市	Rui'an	1078	8933745
乐清市	Yueqing	1154	12871130
海宁市	Haining	1196	14159347
平湖市	Pinghu	648	12363158
桐乡市	Tongxiang	1111	13584093
诸暨市	Zhuji	1134	23001761
嵊州市	Shengzhou	519	4195522
兰溪市	Lanxi	494	7862771
义乌市	Yiwu	826	7782362
东阳市	Dongyang	538	5164720
永康市	Yongkang	648	10099000
江山市	Jiangshan	284	3312577
温岭市	Wenling	876	6657063
临海市	Linhai	484	6884205
龙泉市	Longquan	178	1499378

3-7 续表 3 continued

城 市	City	规模以上工业企业单位数 (个) Number of Industrial Enterprises above Designated Size (unit)	规模以上工业总产值 (万元) Gross Industrial Output Value above Designated Size (10 000 yuan)
安徽省	**Anhui**		
巢湖市	Chaohu	158	3601752
桐城市	Tongcheng	375	5681036
天长市	Tianchang	371	8395982
明光市	Mingguang	107	1244543
界首市	Jieshou	238	4435540
宁国市	Ningguo	290	5501716
福建省	**Fujian**		
福清市	Fuqing	350	14869235
长乐市	Changle	426	19557707
永安市	Yong'an	275	7595155
石狮市	Shishi	391	9118905
晋江市	Jinjiang	1459	36165800
南安市	Nan'an	768	16133053
龙海市	Longhai	446	12183749
邵武市	Shaowu	218	3951985
武夷山市	Wuyishan	83	1075085
建瓯市	Jian'ou	151	2166951
漳平市	Zhangping	122	1393935
福安市	Fu'an	354	10186236
福鼎市	Fuding	328	8953494
江西省	**Jiangxi**		
乐平市	Leping	115	3699924
瑞昌市	Ruichang	111	4464239
共青城市	Gongqingcheng	111	4296322
贵溪市	Guixi	83	12520105
瑞金市	Ruijin	48	1110227
井冈山市	Jinggangshan	27	298088
丰城市	Fengcheng	185	6899775
樟树市	Zhangshu	157	5400116
高安市	Gaoan	157	4799300
德兴市	Dexing	80	1249000
山东省	**Shandong**		
章丘市	Zhangqiu	594	16176350
胶州市	Jiaozhou	932	26281633
即墨市	Jimo	870	31121334
平度市	Pingdu	663	17261484
莱西市	Laixi	662	11576800
滕州市	Tengzhou	477	13878466
龙口市	Longkou	313	30731328
莱阳市	Laiyang	224	8502216
莱州市	Laizhou	370	15790861
蓬莱市	Penglai	262	14206668
招远市	Zhaoyuan	309	17670411
栖霞市	Qixia	208	2843438
海阳市	Haiyang	178	2859522
青州市	Qingzhou	506	14687975
诸城市	Zhucheng	560	24675593
寿光市	Shouguang	455	18605072

3-7 续表 4 continued

城　　市	City	规模以上工业企业单位数（个）Number of Industrial Enterprises above Designated Size (unit)	规模以上工业总产值（万元）Gross Industrial Output Value above Designated Size (10 000 yuan)
安丘市	Anqiu	363	4847264
高密市	Gaomi	582	19265923
昌邑市	Changyi	266	9436498
曲阜市	Qufu	197	2398099
邹城市	Zoucheng	324	8169998
新泰市	Xintai	426	17179611
肥城市	Feicheng	415	13313156
荣成市	Rongcheng	582	29218016
乳山市	Rushan	362	7709114
乐陵市	Laoling	225	8486307
禹城市	Yucheng	327	10530841
临清市	Linqing	454	13516500
河南省	**Henan**		
巩义市	Gongyi	477	19808761
荥阳市	Xingyang	411	16413728
新密市	Xinmi	486	14700270
新郑市	Xinzheng	292	12344214
登封市	Dengfeng	354	13055856
偃师市	Yanshi	325	11330864
舞钢市	Wugang	78	2316334
汝州市	Ruzhou	141	2943458
林州市	Linzhou	251	10278310
卫辉市	Weihui	56	735813
辉县市	Huixian	189	8182240
沁阳市	Qinyang	204	9011911
孟州市	Mengzhou	200	8576844
禹州市	Yuzhou	419	14412317
长葛市	Changge	413	18103782
义马市	Yima	84	3559916
灵宝市	Lingbao	221	15308502
邓州市	Dengzhou	161	4304516
永城市	Yongcheng	166	7630954
项城市	Xiangcheng	162	5704776
济源市	Jiyuan	239	15185552
湖北省	**Hubei**		
大冶市	Daye	373	10703965
丹江口市	Danjiangkou	191	2887651
宜都市	Yidu	253	10515341
当阳市	Dangyang	295	8522183
枝江市	Zhijiang	249	8406606
老河口市	Laohekou	223	6373467
枣阳市	Zaoyang	274	8743000
宜城市	Yicheng	207	6200194
钟祥市	Zhongxiang	312	9603856
应城市	Yingcheng	215	5793151
安陆市	Anlu	106	2200970
汉川市	Hanchuan	432	10633086
石首市	Shishou	153	2628955

3-7 续表 5 continued

城　市	City	规模以上工业企业单位数 (个) Number of Industrial Enterprises above Designated Size (unit)	规模以上工业总产值 (万元) Gross Industrial Output Value above Designated Size (10 000 yuan)
洪湖市	Honghu	124	2451249
松滋市	Songzi	161	3391402
麻城市	Macheng	276	3889671
武穴市	Wuxue	205	3557000
赤壁市	Chibi	201	5258551
广水市	Guangshui	218	4227000
恩施市	Enshi	88	1194953
利川市	Lichuan	62	523578
仙桃市	Xiantao	386	9965487
潜江市	Qianjiang	267	10003600
天门市	Tianmen	296	8327500
湖南省	**Hunan**		
浏阳市	Liuyang	824	19812745
醴陵市	Liling	531	8951824
湘乡市	Xiangxiang	223	6570684
韶山市	Shaoshan	57	1758882
耒阳市	Leiyang	120	2166790
常宁市	Changning	70	1777233
武冈市	Wugang	61	836246
汨罗市	Miluo	251	8625138
临湘市	Linxiang	129	3534946
津市市	Jinshi	103	1785092
沅江市	Yuanjiang	129	2933892
资兴市	Zixing	146	6020923
洪江市	Hongjiang	72	1239554
冷水江市	Lengshuijiang	111	3783338
涟源市	Lianyuan	135	2469317
吉首市	Jishou	74	784575
广东省	**Guangdong**		
增城市	Zengcheng	192	7396271
从化市	Conghua	942	18311388
乐昌市	Lechang	48	644275
南雄市	Nanxiong	95	1453742
台山市	Taishan	185	5757228
开平市	Kaiping	257	4758854
鹤山市	Heshan	355	4678543
恩平市	Enping	106	1416000
廉江市	Lianjiang	250	5997628
雷州市	Leizhou	62	933477
吴川市	Wuchuan	137	1834175
高州市	Gaozhou	228	2646009
化州市	Huazhou	189	2433276
信宜市	Xinyi	186	3272500
四会市	Sihui	380	15060064
兴宁市	Xingning	50	602685
陆丰市	Lufeng	78	3241535
阳春市	Yangchun	131	4435861
英德市	Yingde	94	2676370

3-7 续表 6 continued

城　市	City	规模以上工业企业单位数 (个) Number of Industrial Enterprises above Designated Size (unit)	规模以上工业总产值 (万元) Gross Industrial Output Value above Designated Size (10 000 yuan)
连州市	Lianzhou	29	494139
普宁市	Puning	579	16274772
罗定市	Luoding	144	14164818
广西壮族自治区	**Guangxi**		
岑溪市	Cenxi	89	4771582
东兴市	Dongxing	30	1279664
桂平市	Guiping	105	3316041
北流市	Beiliu	168	3611463
靖西市	Jingxi	21	2674378
宜州市	Yizhou	47	468408
合山市	Heshan	8	189375
凭祥市	Pingxiang	12	273836
海南省	**Hainan**		
五指山市	Wuzhishan	4	26288
琼海市	Qionghai	11	122693
文昌市	Wenchang	16	311646
万宁市	Wanning	10	120700
东方市	Dongfang	13	1857509
四川省	**Sichuan**		
都江堰市	Dujiangyan	95	1654317
彭州市	Pengzhou	139	5943559
邛崃市	Qionglai	152	1988555
崇州市	Chongzhou	159	2616755
广汉市	Guanghan	331	8375397
什邡市	Shifang	203	4432569
绵竹市	Mianzhu	134	4749666
江油市	Jiangyou	201	4814930
峨眉山市	Emeishan	80	2473148
阆中市	Langzhong	56	1381116
华蓥市	Huaying	105	3045152
万源市	Wanyuan	37	520538
简阳市	Jianyang	191	7551164
康定市	Kangding	15	133946
西昌市	Xichang	64	2922800
贵州省	**Guizhou**		
清镇市	Qingzhen	76	1387505
赤水市	Chishui	57	740166
仁怀市	Renhuai	100	5263900
兴义市	Xingyi	117	3234813
凯里市	Kaili	67	2056736
都匀市	Duyun	33	1059791
福泉市	Fuquan	80	2081700
云南省	**Yunnan**		
安宁市	Anning	118	4227807
宣威市	Xuanwei	103	1233000
腾冲市	Tengchong	44	928283
楚雄市	Chuxiong	77	2692531

3-7 续表 7 continued

城市	City	规模以上工业企业单位数 (个) Number of Industrial Enterprises above Designated Size (unit)	规模以上工业总产值 (万元) Gross Industrial Output Value above Designated Size (10 000 yuan)
个旧市	Gejiu	58	2611692
开远市	Kaiyuan	39	967571
蒙自市	Mengzi	27	1840615
弥勒市	Mile	33	2475675
文山市	Wenshan	28	1576000
景洪市	Jinghong	38	711280
大理市	Dali	71	3307725
瑞丽市	Ruili	20	164299
芒市	Mangshi	36	436298
香格里拉市	Shangri-la	21	273785
陕西省	**Shaanxi**		
兴平市	Xingping	115	3615860
韩城市	Hancheng	98	7150632
华阴市	Huayin	16	1075400
甘肃省	**Gansu**		
玉门市	Yumen	61	1660856
敦煌市	Dunhuang	54	822829
临夏市	Linxia	5	241559
合作市	Hezuo	8	182440
青海省	**Qinghai**		
玉树市	Yushu		
格尔木市	Golmud	68	3950215
德令哈市	Delingha	23	421943
宁夏回族自治区	**Ningxia**		
灵武市	Lingwu	122	6113799
青铜峡市	Qingtongxia	126	2563352
新疆维吾尔自治区	**Xinjiang**		
哈密市	Hami	82	2595146
昌吉市	Changji	139	3516996
阜康市	Fukang	68	2203975
博乐市	Bole	39	248753
库尔勒市	Korla	48	5493293
阿克苏市	Akesu	60	1257188
阿图什市	Atus	15	140071
喀什市	Kashi	26	359272
和田市	Hetian	8	25655
伊宁市	Yining	33	332955
奎屯市	Kuitun	33	577180
霍尔果斯市	Horgos	2	8044
塔城市	Tacheng	5	42643
乌苏市	Wusu	17	723804
阿勒泰市	Aletai	11	33257
石河子市	Shihezi	100	4775122
阿拉尔市	Alar	144	1753455
图木舒克市	Tumushuke	38	529504
五家渠市	Wujiaqu	44	2987371
北屯市	Beitun	12	137302

3-8 固定资产投资情况
Basic Conditions of Investment in Fixed Assets

单位：万元 (10 000 yuan)

城　市	City	固定资产投资（不含农户）Investment in Fixed Assets (Excluding Rural Households)	城　市	City	固定资产投资（不含农户）Investment in Fixed Assets (Excluding Rural Households)
河北省	**Hebei**		普兰店市	Pulandian	5952733
晋州市	Jinzhou	2702009	庄河市	Zhuanghe	4200489
新乐市	Xinle	2333607	海城市	Haicheng	6470440
遵化市	Zunhua	2697119	东港市	Donggang	1472184
迁安市	Qian'an	5897805	凤城市	Fengcheng	1042295
武安市	Wu'an	3191664	凌海市	Linghai	1747219
南宫市	Nangong	1065648	北镇市	Beizhen	1340586
沙河市	Shahe	2167916	盖州市	Gaizhou	1468903
涿州市	Zhuozhou	1975462	大石桥市	Dashiqiao	1400260
安国市	Anguo	1006296	灯塔市	Dengta	1289602
高碑店市	Gaobeidian	1247072	调兵山市	Diaobingshan	362772
泊头市	Botou	1930932	开原市	Kaiyuan	581120
任丘市	Renqiu	1725199	北票市	Beipiao	1177338
黄骅市	Huanghua	2315716	凌源市	Lingyuan	751491
河间市	Hejian	2024089	兴城市	Xingcheng	549721
霸州市	Bazhou	2860990	**吉林省**	**Jilin**	
三河市	Sanhe	4903198	榆树市	Yushu	2151386
冀州市	Jizhou	1120953	德惠市	Dehui	2334126
深州市	Shenzhou	914853	蛟河市	Jiaohe	2052317
定州市	Dingzhou	2489644	桦甸市	Huadian	2138411
辛集市	Xinji	2119720	舒兰市	Shulan	1821974
山西省	**Shanxi**		磐石市	Panshi	2502600
古交市	Gujiao	642663	公主岭市	Gongzhuling	3078500
潞城市	Lucheng	1511315	双辽市	Shuangliao	890283
高平市	Gaoping	1493576	梅河口市	Meihekou	2772005
介休市	Jiexiu	1417015	集安市	Ji'an	1127435
永济市	Yongji	1156273	临江市	Linjiang	940015
河津市	Hejin	1490025	扶余市	Fuyu	1846397
原平市	Yuanping	1635931	洮南市	Taonan	1447478
侯马市	Houma	829151	大安市	Daan	1175604
霍州市	Huozhou	1648586	延吉市	Yanji	2440309
孝义市	Xiaoyi	2680188	图们市	Tumen	445657
汾阳市	Fenyang	848796	敦化市	Dunhua	1525147
内蒙古自治区	**Inner Mongolia**		珲春市	Hunchun	1340012
霍林郭勒市	Huolinguole	1845275	龙井市	Longjing	455285
满洲里市	Manzhouli	1101250	和龙市	Helong	565508
牙克石市	Yakeshi	1120805	**黑龙江省**	**Heilongjiang**	
扎兰屯市	Zhalantun	1164217	尚志市	Shangzhi	1036197
额尔古纳市	Eerguna	286629	五常市	Wuchang	2170817
根河市	Genhe	308600	讷河市	Nehe	861468
丰镇市	Fengzhen	696629	虎林市	Hulin	379016
乌兰浩特市	Wulanhaote	963084	密山市	Mishan	384672
阿尔山市	Aershan	370000	铁力市	Tieli	195596
二连浩特市	Erlianhaote	388198	同江市	Tongjiang	677364
锡林浩特市	Xilinhaote	1492101	富锦市	Fujin	845098
辽宁省	**Liaoning**		绥芬河市	Suifenhe	900045
新民市	Xinmin	3961078	海林市	Hailin	2169006
瓦房店市	Wafangdian	6285094	宁安市	Ning'an	1894996

3-8 续表 1 continued

单位：万元 (10 000 yuan)

城市	City	固定资产投资（不含农户） Investment in Fixed Assets (Excluding Rural Households)	城市	City	固定资产投资（不含农户） Investment in Fixed Assets (Excluding Rural Households)
穆棱市	Muling	1764638	**安徽省**	**Anhui**	
北安市	Bei'an	691420	巢湖市	Chaohu	2380790
五大连池市	Wudalianchi	385860	桐城市	Tongcheng	2557184
安达市	Anda	1400012	天长市	Tianchang	2924377
肇东市	Zhaodong	1630483	明光市	Mingguang	1244271
海伦市	Hailun	539887	界首市	Jieshou	817672
江苏省	**Jiangsu**		宁国市	Ningguo	2832619
江阴市	Jiangyin	11285875	**福建省**	**Fujian**	
宜兴市	Yixing	6635525	福清市	Fuqing	7654790
新沂市	Xinyi	4736939	长乐市	Changle	4472228
邳州市	Pizhou	6526898	永安市	Yong'an	2585887
溧阳市	Liyang	4423952	石狮市	Shishi	4082839
常熟市	Changshu	6224665	晋江市	Jinjiang	9058834
张家港市	Zhangjiagang	7337859	南安市	Nan'an	4983461
昆山市	Kunshan	7991497	龙海市	Longhai	5012462
太仓市	Taicang	4834835	邵武市	Shaowu	3446960
启东市	Qidong	5390609	武夷山市	Wuyishan	3010061
如皋市	Rugao	5031504	建瓯市	Jian'ou	2556401
海门市	Haimen	5653176	漳平市	Zhangping	1868124
东台市	Dongtai	5105355	福安市	Fu'an	2335009
仪征市	Yizheng	3831131	福鼎市	Fuding	2666253
高邮市	Gaoyou	3605040	**江西省**	**Jiangxi**	
丹阳市	Danyang	4577399	乐平市	Leping	3285197
扬中市	Yangzhong	2561921	瑞昌市	Ruichang	2273485
句容市	Jurong	3064386	共青城市	Gongqingcheng	1462900
兴化市	Xinghua	3496256	贵溪市	Guixi	3320287
靖江市	Jingjiang	4958555	瑞金市	Ruijin	680388
泰兴市	Taixing	5606223	井冈山市	Jinggangshan	630279
浙江省	**Zhejiang**		丰城市	Fengcheng	3407399
建德市	Jiande	1758713	樟树市	Zhangshu	2489422
临安市	Lin'an	2312053	高安市	Gaoan	1917619
余姚市	Yuyao	5637170	德兴市	Dexing	1319859
慈溪市	Cixi	7189587	**山东省**	**Shandong**	
奉化市	Fenghua	1823195	章丘市	Zhangqiu	5634895
瑞安市	Rui'an	4966108	胶州市	Jiaozhou	8980124
乐清市	Yueqing	5551525	即墨市	Jimo	9479045
海宁市	Haining	5144859	平度市	Pingdu	6778909
平湖市	Pinghu	3612816	莱西市	Laixi	6019000
桐乡市	Tongxiang	4281450	滕州市	Tengzhou	6017086
诸暨市	Zhuji	6490347	龙口市	Longkou	5947851
嵊州市	Shengzhou	2230187	莱阳市	Laiyang	1588261
兰溪市	Lanxi	1738668	莱州市	Laizhou	4402366
义乌市	Yiwu	5122450	蓬莱市	Penglai	4011424
东阳市	Dongyang	2542050	招远市	Zhaoyuan	4032102
永康市	Yongkang	2080692	栖霞市	Qixia	1416603
江山市	Jiangshan	1724685	海阳市	Haiyang	3882949
温岭市	Wenling	3661243	青州市	Qingzhou	4895968
临海市	Linhai	2865694	诸城市	Zhucheng	5617980
龙泉市	Longquan	892362	寿光市	Shouguang	5755595

3-8 续表 2 continued

单位：万元 (10 000 yuan)

城　市	City	固定资产投资(不含农户) Investment in Fixed Assets (Excluding Rural Households)	城　市	City	固定资产投资(不含农户) Investment in Fixed Assets (Excluding Rural Households)
安丘市	Anqiu	2701300	洪湖市	Honghu	1680321
高密市	Gaomi	4795111	松滋市	Songzi	2491506
昌邑市	Changyi	3236545	麻城市	Macheng	3112658
曲阜市	Qufu	2379433	武穴市	Wuxue	2473000
邹城市	Zoucheng	4171171	赤壁市	Chibi	3416698
新泰市	Xintai	5800915	广水市	Guangshui	2783300
肥城市	Feicheng	5473192	恩施市	Enshi	1577773
荣成市	Rongcheng	7336383	利川市	Lichuan	1028897
乳山市	Rushan	4750000	仙桃市	Xiantao	4455000
乐陵市	Laoling	2071016	潜江市	Qianjiang	4388986
禹城市	Yucheng	2082012	天门市	Tianmen	3921000
临清市	Linqing	2689918	**湖南省**	**Hunan**	
河南省	**Henan**		浏阳市	Liuyang	8590051
巩义市	Gongyi	4754894	醴陵市	Liling	3599764
荥阳市	Xingyang	4832388	湘乡市	Xiangxiang	1915593
新密市	Xinmi	4536940	韶山市	Shaoshan	875379
新郑市	Xinzheng	4731540	耒阳市	Leiyang	3514379
登封市	Dengfeng	4047692	常宁市	Changning	1608365
偃师市	Yanshi	2890933	武冈市	Wugang	1432573
舞钢市	Wugang	1910206	汨罗市	Miluo	3522240
汝州市	Ruzhou	2827794	临湘市	Linxiang	1691184
林州市	Linzhou	5270258	津市市	Jinshi	921245
卫辉市	Weihui	873747	沅江市	Yuanjiang	2045929
辉县市	Huixian	2803567	资兴市	Zixing	2954952
沁阳市	Qinyang	2856779	洪江市	Hongjiang	947861
孟州市	Mengzhou	2934019	冷水江市	Lengshuijiang	1984258
禹州市	Yuzhou	5169320	涟源市	Lianyuan	1900869
长葛市	Changge	3538500	吉首市	Jishou	985291
义马市	Yima	2125989	**广东省**	**Guangdong**	
灵宝市	Lingbao	3484717	增城市	Zengcheng	2080062
邓州市	Dengzhou	2807423	从化市	Conghua	3955777
永城市	Yongcheng	3071314	乐昌市	Lechang	322537
项城市	Xiangcheng	1614396	南雄市	Nanxiong	984834
济源市	Jiyuan	4750479	台山市	Taishan	2072775
湖北省	**Hubei**		开平市	Kaiping	2091117
大冶市	Daye	6455514	鹤山市	Heshan	1538207
丹江口市	Danjiangkou	1883854	恩平市	Enping	1073509
宜都市	Yidu	5504772	廉江市	Lianjiang	4543794
当阳市	Dangyang	4256826	雷州市	Leizhou	626325
枝江市	Zhijiang	4424888	吴川市	Wuchuan	1690449
老河口市	Laohekou	2609936	高州市	Gaozhou	1884953
枣阳市	Zaoyang	4480773	化州市	Huazhou	1808367
宜城市	Yicheng	2511146	信宜市	Xinyi	1938520
钟祥市	Zhongxiang	3581639	四会市	Sihui	4411959
应城市	Yingcheng	2627474	兴宁市	Xingning	851130
安陆市	Anlu	2262598	陆丰市	Lufeng	1606543
汉川市	Hanchuan	3640299	阳春市	Yangchun	1462597
石首市	Shishou	1775359	英德市	Yingde	1179673

3-8 续表 3 continued

单位：万元 (10 000 yuan)

城 市	City	固定资产投资（不含农户）Investment in Fixed Assets (Excluding Rural Households)
连州市	Lianzhou	347263
普宁市	Puning	3692292
罗定市	Luoding	1461935
广西壮族自治区	**Guangxi**	
岑溪市	Cenxi	2553300
东兴市	Dongxing	1167794
桂平市	Guiping	2173643
北流市	Beiliu	2175984
靖西市	Jingxi	1481809
宜州市	Yizhou	582720
合山市	Heshan	222626
凭祥市	Pingxiang	927237
海南省	**Hainan**	
五指山市	Wuzhishan	338963
琼海市	Qionghai	1742472
文昌市	Wenchang	1600166
万宁市	Wanning	1580638
东方市	Dongfang	473927
四川省	**Sichuan**	
都江堰市	Dujiangyan	1801383
彭州市	Pengzhou	1804640
邛崃市	Qionglai	2050258
崇州市	Chongzhou	2158349
广汉市	Guanghan	1559745
什邡市	Shifang	1513820
绵竹市	Mianzhu	1601819
江油市	Jiangyou	1595889
峨眉山市	Emeishan	1408556
阆中市	Langzhong	1897830
华蓥市	Huaying	1601111
万源市	Wanyuan	1162350
简阳市	Jianyang	3181358
康定市	Kangding	1024247
西昌市	Xichang	2898735
贵州省	**Guizhou**	
清镇市	Qingzhen	2430606
赤水市	Chishui	1826500
仁怀市	Renhuai	3446230
兴义市	Xingyi	3647625
凯里市	Kaili	4504206
都匀市	Duyun	2260323
福泉市	Fuquan	1389767
云南省	**Yunnan**	
安宁市	Anning	2738917
宣威市	Xuanwei	2432234
腾冲市	Tengchong	1523666
楚雄市	Chuxiong	2602204
个旧市	Gejiu	2125066
开远市	Kaiyuan	2122982
蒙自市	Mengzi	2147441
弥勒市	Mile	2143201
文山市	Wenshan	1661863
景洪市	Jinghong	2370643
大理市	Dali	2827737
瑞丽市	Ruili	741829
芒市	Mangshi	843127
香格里拉市	Shangri-la	1479108
陕西省	**Shaanxi**	
兴平市	Xingping	2517400
韩城市	Hancheng	3112607
华阴市	Huayin	1443800
甘肃省	**Gansu**	
玉门市	Yumen	2612052
敦煌市	Dunhuang	1713982
临夏市	Linxia	608659
合作市	Hezuo	348525
青海省	**Qinghai**	
玉树市	Yushu	102900
格尔木市	Golmud	1916173
德令哈市	Delingha	726829
宁夏回族自治区	**Ningxia**	
灵武市	Lingwu	4884051
青铜峡市	Qingtongxia	1149200
新疆维吾尔自治区	**Xinjiang**	
哈密市	Hami	3458843
昌吉市	Changji	3178810
阜康市	Fukang	2251000
博乐市	Bole	1381992
库尔勒市	Korla	4070311
阿克苏市	Akesu	1693028
阿图什市	Atus	464191
喀什市	Kashi	1601100
和田市	Hetian	811003
伊宁市	Yining	1840315
奎屯市	Kuitun	702989
霍尔果斯市	Horgos	254478
塔城市	Tacheng	552909
乌苏市	Wusu	860640
阿勒泰市	Aletai	40365
石河子市	Shihezi	2588937
阿拉尔市	Alar	1705623
图木舒克市	Tumushuke	852030
五家渠市	Wujiaqu	1388178
北屯市	Beitun	516490

3-9 在校学生数
Number of Strdents Enrollment

单位：人 (person)

城 市	City	普通中学 Regular Secondary Schools	普通小学 Regular Primary Schools
河北省	**Hebei**		
晋州市	Jinzhou	19006	36542
新乐市	Xinle	23506	45534
遵化市	Zunhua	39531	60039
迁安市	Qian'an	34910	58827
武安市	Wu'an	46776	77037
南宫市	Nangong	23413	29894
沙河市	Shahe	29511	40384
涿州市	Zhuozhou	25615	38834
安国市	Anguo	18171	28439
高碑店市	Gaobeidian	23834	37458
泊头市	Botou	25675	58089
任丘市	Renqiu	36691	77018
黄骅市	Huanghua	20826	34957
河间市	Hejian	24140	74339
霸州市	Bazhou	31822	70309
三河市	Sanhe	39050	50500
冀州市	Jizhou	33523	24554
深州市	Shenzhou	19557	31850
定州市	Dingzhou	69601	97672
辛集市	Xinji	30925	40788
山西省	**Shanxi**		
古交市	Gujiao	12096	17895
潞城市	Lucheng	11543	15136
高平市	Gaoping	29657	25617
介休市	Jiexiu	19300	35100
永济市	Yongji	18675	21184
河津市	Hejin	25202	30256
原平市	Yuanping	20520	26670
侯马市	Houma	10753	13734
霍州市	Huozhou	14475	20346
孝义市	Xiaoyi	33586	38671
汾阳市	Fenyang	22531	27257
内蒙古自治区	**Inner Mongolia**		
霍林郭勒市	Huolinguole	6158	7654
满洲里市	Manzhouli	10336	9548
牙克石市	Yakeshi	12216	8283
扎兰屯市	Zhalantun	12165	17955
额尔古纳市	Eerguna	3124	3218
根河市	Genhe	1739	2458
丰镇市	Fengzhen	7874	10412
乌兰浩特市	Wulanhaote	21775	19773
阿尔山市	Aershan	550	1005
二连浩特市	Erlianhaote	3987	5466
锡林浩特市	Xilinhaote	21255	17053
辽宁省	**Liaoning**		
新民市	Xinmin	15951	32506
瓦房店市	Wafangdian	30489	39549
普兰店市	Pulandian	18109	33288
庄河市	Zhuanghe	28646	29670
海城市	Haicheng	34299	65887
东港市	Donggang	18069	25389
凤城市	Fengcheng	15369	25676
凌海市	Linghai	19226	19945
北镇市	Beizhen	19769	24464
盖州市	Gaizhou	15560	27886
大石桥市	Dashiqiao	25519	31778
灯塔市	Dengta	11256	21099
调兵山市	Diaobingshan	5005	10211
开原市	Kaiyuan	13138	24982
北票市	Beipiao	22754	22333
凌源市	Lingyuan	30200	41786
兴城市	Xingcheng	15418	28452
吉林省	**Jilin**		
榆树市	Yushu	45703	54889
德惠市	Dehui	36051	56357
蛟河市	Jiaohe	12032	20477
桦甸市	Huadian	17443	23358
舒兰市	Shulan	19762	33651
磐石市	Panshi	17826	21859
公主岭市	Gongzhuling	41191	63848
双辽市	Shuangliao	14545	22515
梅河口市	Meihekou	21199	25649
集安市	Ji'an	5003	8299
临江市	Linjiang	5986	5590
扶余市	Fuyu	24348	35771
洮南市	Taonan	14674	20649
大安市	Daan	7414	14539
延吉市	Yanji	22875	28632
图们市	Tumen	2172	2814
敦化市	Dunhua	9319	21199
珲春市	Hunchun	7956	10509
龙井市	Longjing	2856	3669
和龙市	Helong	2143	4092
黑龙江省	**Heilongjiang**		
尚志市	Shangzhi	19278	21388
五常市	Wuchang	18621	38026
讷河市	Nehe	13670	27096
虎林市	Hulin	8279	6273
密山市	Mishan	15411	12322
铁力市	Tieli	11544	10210
同江市	Tongjiang	3410	7165
富锦市	Fujin	15385	19773
绥芬河市	Suifenhe	5935	7647
海林市	Hailin	4860	9423
宁安市	Ning'an	7388	14245
穆棱市	Muling	7900	11418
北安市	Bei'an	6762	12862

3-9 续表 1 continued

单位：人 (person)

城市	City	普通中学 Regular Secondary Schools	普通小学 Regular Primary Schools	城市	City	普通中学 Regular Secondary Schools	普通小学 Regular Primary Schools
五大连池市	Wudalianchi	7528	8649	**安徽省**	**Anhui**		
安达市	Anda	15882	20266	巢湖市	Chaohu	36941	42034
肇东市	Zhaodong	37059	32559	桐城市	Tongcheng	22746	31687
海伦市	Hailun	19407	23668	天长市	Tianchang	28883	30251
江苏省	**Jiangsu**			明光市	Mingguang	27202	35132
江阴市	Jiangyin	54657	92329	界首市	Jieshou	30360	51936
宜兴市	Yixing	41716	60418	宁国市	Ningguo	13577	18438
新沂市	Xinyi	31345	114163	**福建省**	**Fujian**		
邳州市	Pizhou	68993	181920	福清市	Fuqing	64922	109118
溧阳市	Liyang	26710	38898	长乐市	Changle	25877	51610
常熟市	Changshu	42775	82337	永安市	Yong'an	15797	24279
张家港市	Zhangjiagang	40360	78042	石狮市	Shishi	27704	58259
昆山市	Kunshan	43439	119432	晋江市	Jinjiang	83527	176966
太仓市	Taicang	20260	42357	南安市	Nan'an	60707	110769
启东市	Qidong	29058	37514	龙海市	Longhai	38236	60482
如皋市	Rugao	47313	61988	邵武市	Shaowu	12764	17940
海门市	Haimen	33268	47231	武夷山市	Wuyishan	10366	18004
东台市	Dongtai	31850	34975	建瓯市	Jian'ou	21911	36355
仪征市	Yizheng	19545	23924	漳平市	Zhangping	10821	16466
高邮市	Gaoyou	28385	27620	福安市	Fu'an	29441	51196
丹阳市	Danyang	31860	48529	福鼎市	Fuding	22943	36458
扬中市	Yangzhong	9423	14171	**江西省**	**Jiangxi**		
句容市	Jurong	16892	23991	乐平市	Leping	42062	87213
兴化市	Xinghua	39337	62531	瑞昌市	Ruichang	23080	39356
靖江市	Jingjiang	23763	29414	共青城市	Gongqingcheng	5166	9574
泰兴市	Taixing	44005	50556	贵溪市	Guixi	24005	48843
浙江省	**Zhejiang**			瑞金市	Ruijin	43281	64795
建德市	Jiande	19400	20990	井冈山市	Jinggangshan	7975	14831
临安市	Lin'an	20755	29679	丰城市	Fengcheng	84341	100189
余姚市	Yuyao	38318	68064	樟树市	Zhangshu	27019	41796
慈溪市	Cixi	45686	82679	高安市	Gaoan	46435	71919
奉化市	Fenghua	19469	32898	德兴市	Dexing	14045	29616
瑞安市	Rui'an	56551	97221	**山东省**	**Shandong**		
乐清市	Yueqing	58586	103661	章丘市	Zhangqiu	53672	55471
海宁市	Haining	27300	43500	胶州市	Jiaozhou	40910	64124
平湖市	Pinghu	19752	27420	即墨市	Jimo	54247	84169
桐乡市	Tongxiang	32682	45318	平度市	Pingdu	59040	75769
诸暨市	Zhuji	72634	69317	莱西市	Laixi	36864	36695
嵊州市	Shengzhou	30000	35200	滕州市	Tengzhou	75680	102289
兰溪市	Lanxi	23380	34153	龙口市	Longkou	30374	30428
义乌市	Yiwu	44373	99062	莱阳市	Laiyang	36288	33738
东阳市	Dongyang	42715	71582	莱州市	Laizhou	39822	32106
永康市	Yongkang	22905	54965	蓬莱市	Penglai	12955	17406
江山市	Jiangshan	27496	34099	招远市	Zhaoyuan	27172	22088
温岭市	Wenling	53024	95842	栖霞市	Qixia	22403	17381
临海市	Linhai	55777	86705	海阳市	Haiyang	28773	21037
龙泉市	Longquan	10900	17200	青州市	Qingzhou	45136	49623

3-9 续表 2 continued

单位：人 (person)

城　　市	City	普通中学 Regular Secondary Schools	普通小学 Regular Primary Schools	城　　市	City	普通中学 Regular Secondary Schools	普通小学 Regular Primary Schools
诸城市	Zhucheng	54298	79422	汉川市	Hanchuan	30975	52937
寿光市	Shouguang	33018	66518	石首市	Shishou	20744	26266
安丘市	Anqiu	40261	67041	洪湖市	Honghu	28592	42080
高密市	Gaomi	45646	66413	松滋市	Songzi	26375	32932
昌邑市	Changyi	25627	33243	麻城市	Macheng	42033	54113
曲阜市	Qufu	25130	29593	武穴市	Wuxue	30086	61127
邹城市	Zoucheng	47658	68164	赤壁市	Chibi	25313	33327
新泰市	Xintai	83573	75489	广水市	Guangshui	29874	45817
肥城市	Feicheng	52059	66243	恩施市	Enshi	41989	51340
荣成市	Rongcheng	30015	26085	利川市	Lichuan	40679	66668
乳山市	Rushan	16960	13983	仙桃市	Xiantao	53812	78426
乐陵市	Laoling	25856	50691	潜江市	Qianjiang	37800	47300
禹城市	Yucheng	25914	31899	天门市	Tianmen	53797	73211
临清市	Linqing	32268	91365	**湖南省**	**Hunan**		
河南省	**Henan**			浏阳市	Liuyang	63847	99562
巩义市	Gongyi	37595	51340	醴陵市	Liling	35612	60398
荥阳市	Xingyang	30878	44652	湘乡市	Xiangxiang	37118	43840
新密市	Xinmi	46097	67439	韶山市	Shaoshan	2910	5436
新郑市	Xinzheng	42558	68556	耒阳市	Leiyang	73954	112978
登封市	Dengfeng	57320	78439	常宁市	Changning	48285	74453
偃师市	Yanshi	30632	38241	武冈市	Wugang	48720	62843
舞钢市	Wugang	14678	26689	汨罗市	Miluo	29051	43353
汝州市	Ruzhou	50616	115529	临湘市	Linxiang	22865	34774
林州市	Linzhou	55912	101212	津市市	Jinshi	6402	9021
卫辉市	Weihui	22676	59172	沅江市	Yuanjiang	21997	30080
辉县市	Huixian	40756	83845	资兴市	Zixing	15452	24373
沁阳市	Qinyang	29933	32806	洪江市	Hongjiang	17556	23673
孟州市	Mengzhou	16829	19515	冷水江市	Lengshuijiang	20903	33046
禹州市	Yuzhou	57816	105231	涟源市	Lianyuan	46221	63255
长葛市	Changge	36202	66321	吉首市	Jishou	23066	27918
义马市	Yima	6121	9408	**广东省**	**Guangdong**		
灵宝市	Lingbao	36144	48280	增城市	Zengcheng	31391	41599
邓州市	Dengzhou	82593	180047	从化市	Conghua	51996	81952
永城市	Yongcheng	70395	148609	乐昌市	Lechang	22366	33957
项城市	Xiangcheng	76207	92214	南雄市	Nanxiong	22048	27772
济源市	Jiyuan	40065	50725	台山市	Taishan	37158	49066
湖北省	**Hubei**			开平市	Kaiping	42212	53694
大冶市	Daye	34968	62512	鹤山市	Heshan	22051	33884
丹江口市	Danjiangkou	15354	28107	恩平市	Enping	20983	31225
宜都市	Yidu	10802	14708	廉江市	Lianjiang	90507	119839
当阳市	Dangyang	14880	18267	雷州市	Leizhou	92853	120662
枝江市	Zhijiang	13070	15453	吴川市	Wuchuan	74902	74288
老河口市	Laohekou	18585	33992	高州市	Gaozhou	111594	119204
枣阳市	Zaoyang	38543	69590	化州市	Huazhou	112750	136504
宜城市	Yicheng	19336	28256	信宜市	Xinyi	99762	104061
钟祥市	Zhongxiang	33921	45488	四会市	Sihui	27063	48163
应城市	Yingcheng	20150	24921	兴宁市	Xingning	44292	61698
安陆市	Anlu	19898	28908	陆丰市	Lufeng	92910	115327

3-9 续表 3 continued

单位：人 (person)

城 市	City	普通中学 Regular Secondary Schools	普通小学 Regular Primary Schools	城 市	City	普通中学 Regular Secondary Schools	普通小学 Regular Primary Schools
阳春市	Yangchun	45132	73741	楚雄市	Chuxiong	39800	37329
英德市	Yingde	51144	70363	个旧市	Gejiu	20422	33724
连州市	Lianzhou	15663	28905	开远市	Kaiyuan	15820	24965
普宁市	Puning	165035	184848	蒙自市	Mengzi	20556	38329
罗定市	Luoding	63783	90810	弥勒市	Mile	30261	42652
广西壮族自治区	**Guangxi**			文山市	Wenshan	32701	48488
岑溪市	Cenxi	37950	82165	景洪市	Jinghong	27315	42699
东兴市	Dongxing	9205	20054	大理市	Dali	40398	43263
桂平市	Guiping	113638	166334	瑞丽市	Ruili	10078	17164
北流市	Beiliu	92024	163211	芒市	Mangshi	13540	34282
靖西市	Jingxi	27914	46132	香格里拉市	Shangri-la	5438	12267
宜州市	Yizhou	31314	48700	**陕西省**	**Shaanxi**		
合山市	Heshan	3746	7495	兴平市	Xingping	28150	36081
凭祥市	Pingxiang	4634	9966	韩城市	Hancheng	19848	21010
海南省	**Hainan**			华阴市	Huayin	7932	13482
五指山市	Wuzhishan	8201	9508	**甘肃省**	**Gansu**		
琼海市	Qionghai	29176	42576	玉门市	Yumen	9875	7446
文昌市	Wenchang	28695	42176	敦煌市	Dunhuang	9638	10006
万宁市	Wanning	27618	43100	临夏市	Linxia	21620	22387
东方市	Dongfang	29496	37709	合作市	Hezuo	7861	8451
四川省	**Sichuan**			**青海省**	**Qinghai**		
都江堰市	Dujiangyan	24615	27682	玉树市	Yushu	5780	15140
彭州市	Pengzhou	24693	34645	格尔木市	Golmud	12363	18207
邛崃市	Qionglai	22709	23775	德令哈市	Delingha	4918	6231
崇州市	Chongzhou	22745	27580	**宁夏回族自治区**	**Ningxia**		
广汉市	Guanghan	18834	25452	灵武市	Lingwu	11404	20542
什邡市	Shifang	13568	15634	青铜峡市	Qingtongxia	14636	20787
绵竹市	Mianzhu	13897	17864	**新疆维吾尔自治区**	**Xinjiang**		
江油市	Jiangyou	29963	33210	哈密市	Hami	27278	27066
峨眉山市	Emeishan	15951	17842	昌吉市	Changji	29599	29453
阆中市	Langzhong	29816	46221	阜康市	Fukang	8189	8497
华蓥市	Huaying	17474	22537	博乐市	Bole	10531	14651
万源市	Wanyuan	28136	36472	库尔勒市	Korla	26236	47636
简阳市	Jianyang	56746	82870	阿克苏市	Akesu	28417	51535
康定市	Kangding	8437	10803	阿图什市	Atus	19033	28314
西昌市	Xichang	54098	76773	喀什市	Kashi	49841	73888
贵州省	**Guizhou**			和田市	Hetian	22363	40314
清镇市	Qingzhen	30086	33672	伊宁市	Yining	38063	51631
赤水市	Chishui	14490	20766	奎屯市	Kuitun	17390	12084
仁怀市	Renhuai	49409	47235	霍尔果斯市	Horgos	1039	2307
兴义市	Xingyi	78823	77250	塔城市	Tacheng	10480	10336
凯里市	Kaili	50237	52609	乌苏市	Wusu	12602	16361
都匀市	Duyun	44867	28599	阿勒泰市	Aletai	9676	11989
福泉市	Fuquan	9962	20668	石河子市	Shihezi	28527	22000
云南省	**Yunnan**			阿拉尔市	Alar	24930	20400
安宁市	Anning	17046	23940	图木舒克市	Tumushuke	9685	17424
宣威市	Xuanwei	100460	126279	五家渠市	Wujiaqu	10106	6500
腾冲市	Tengchong	45101	55856	北屯市	Beitun	5182	4165

附录　主要统计指标解释

Appendix
Explanatory Notes on Main Statistical Indicators

主要统计指标解释

行政区划

所辖行政区、县（旗）、县级市数 指报告期内经民政部门批准，本市所管辖的行政区域内所有的区、县（旗）、县级市。

人口、劳动力及土地资源

年末总人口 是指本市本年12月31日24时的人口总数，为公安部门的户籍人口数。

年平均人口 指一年内各个时点的人口的平均数。年平均人口数是综合反映年内的人口规模的主要指标，也是计算出生率、死亡率、自然增长率、人均国内生产总值等经济指标的必要指标。其计算方法可利用一年中12个月的月末人口相加除以12求得，在实际工作中，经常根据年初人口数加年末人口数除以2计算求得。

从业人员期末人数 指报告期末最后一日24时在本单位工作，并取得工资或其他形式劳动报酬的人员数。该指标为时点指标，不包括最后一日当天及以前已经与单位解除劳动合同关系的人员，是在岗职工、劳务派遣人员及其他从业人员之和。从业人员不包括：1.离开本单位仍保留劳动关系，并定期领取生活费的人员；2.利用课余时间打工的学生及在本单位实习的各类在校学生；3.本单位因劳务外包而使用的人员，如：建筑业整建制使用的人员。

城镇登记失业人员数 是指有非农业户口，在一定的劳动年龄内（16周岁至退休年龄），有劳动能力，无业而要求就业，并在当地就业服务机构进行求职登记的人员。

行政区域土地面积 指辖区内的全部陆地面积和水域面积。包括耕地、荒山、荒地、山林、草原、滩涂、道路和建筑物占地等陆地面积，以及河流、湖泊、水库等水域面积。数据来自国土资源部。

建成区面积 指实际已成片开发建设、市政公用设施和公共设施基本具备的区域。

居住用地面积 指在城市中包括住宅、居住小区及公共服务设施、道路和绿地等设施的建设用地。

综合经济

地区生产总值(GRP) 指按市场价格计算的一个地区所有常住单位在一定时期内生产活动的最终成果。

地方公共财政收入 包括：（1）税收收入；（2）社会保险基金收入；（3）非税收入；（4）贷款转贷回收本金收入（5）转移性收入。回收

地方公共财政支出 包括一般公共服务、国防、公共安全、教育、科学技术、文化体育与传媒、社会保障就业、医疗卫生、环境保护、城乡社区事务、农林水事务、交通运输等方面的支出。

科学技术支出 即公共财政预算支出中的科学技术支出项目。指用于科学技术方面的支出，包括科学技术管理事务、基础研究、应用研究、技术研究与开发、科技条件与服务、社会科学、科学技术普及、科技交流与合作等。

教育支出 即公共财政预算支出中的教育支出项目。指政府教育事务支出，包括教育行政管理、学前教育、小学教育、初中教育、普通高中教育、普通高等教育、初等职业教育、中专教育、技校教育、职业高中教育、高等职业教育、广播电视教育、留学生教育、特殊教育、干部继续教育、教育机关服务等。

年末金融机构各项人民币存款余额 指企业、机关、团体和居民根据可以收回的原则，把人民币存入银行或其他信用机构保管并取得一定利息的年末人民币总量。

居民储蓄年末余额 指年终时城乡居民在银行和其他金融机构的人民币储蓄存款总额。不包括居民的手存现金和工矿企业、部队、机关、团体等单位存款。

年末金融机构人民币各项贷款余额 指年终时银行或其他信用机构根据必须归还的原则，按一定利率，为企业、个人等提供人民币贷款的总额。

工业

工业企业数 包括独立核算法人工业企业和附营工业生产单位。独立核算法人工业企业是指从事生产经营活动的单位，它同时具备以下条件：①依法成立，有自己的名称、组织机构和场所，能够独立承担民事责任；②独立拥有和使用资产，承担负债，有权与其他单位签订合同；③会计上独立核算，能够编制资产负债表。

工业总产值 指工业企业在报告期内生产的以货币形式表现的工业最终产品和提供工业劳务活动的总价值量。工业总产值的内容包括三部分：生产的成品价值、对外加工费收入、自制半成品在制品期末期初差额价值。

从业人员年平均人数 指报告期内平均拥有的从业人员数。年平均人数是以 12 个月的平均人数相加之和除以 12 求得，或以 4 个季度的平均人数之和除以 4 求得。在年内新成立的单位年平均人数计算方法为：从实际开工之月起到年底的月平均人数相加除以 12 个月。

流动资产 资产满足以下条件之一应归为流动资产：(1) 预计在一个正常营业周期中变现、出售或耗用，主要包括存货、应收账款等；（2）主要为交易目的而持有；（3）预计在资产负债表日起一年内（含一年）变现；（4）自资产负债日起一年内，交换其他资产或清偿负债的能力不受限制的现金或现金等价物。包括货币资金、应收票据、应收账款、存货等项目。根据会计“资产负债表”中“流动资产合计”项目的期末余额数填报。

固定资产 指企业为生产商品、提供劳务、出租或经营管理而持有的，使用寿命超过一个会计年度的有形资产。包括使用期限超过一年的房屋、建筑物、机器、机械、运输工具以及其他与生产、经营有关的设备、器具、工具等。固定资产合计是时点指标，表示固定资产经过扣减折旧、减值准备等后的期末余额。根据会计“资产负债表”中“固定资产”项目的期末余额数填报。

主营业务税金及附加 指企业经营主要业务应负担的营业税、消费税、城市维护建设税、教育费附加等。根据会计“主营业务税金及附加”科目的期末借方余额（结转前）填报。

利润总额 指企业在一定会计期间的经营成果，是生产经营过程中各种收入扣除各种耗费后的盈余，反映

交通运输、邮电通信

货(客)运量 指在一定时期内，各种运输工具实际运送的货物重量（旅客数量）。该指标是反映运输业为国民经济和人民生活服务的数量指标，也是制定和检查运输生产计划、研究运输发展规模和速度的重要

指标。货运按吨计算，客运按人计算。货物不论运输距离长短、货物类别，均按实际重量统计。旅客不论行程远近或票价多少，均按一人一次客运量统计；半价票、小孩票也按一人统计。

邮政、电信业务收入 指邮电、通信企业通过生产经营活动所取得的全部业务收入，包括邮政、长途电信、本地电话等各项主营业务收入和地方国有通信收入。统计范围改为全社会所有从事电信运营的企业（即中国电信、中国移动、中国联通三家基础电信企业），邮政企业和年业务收入 200 万元以上的快递企业。

固定电话用户 指报告期末在电信运营企业营业网点办理开户登记手续并已接入固定电话网上的全部电话用户。包括普通电话用户、公用电话用户、窄带综合业务数字网（N—ISDN）用户、智能网专用接入终端用户等。

移动电话用户 指在电信运营企业营业网点办理开户登记手续，通过移动电话交换机进入移动电话网，占用移动电话号码的各类电话用户。包括各类签约用户，智能网预付费用户、无线上网卡用户。

互联网宽带接入用户 指报告期末在电信企业登记注册，通过 XDSL、FTTX+LAN、WLAN 等方式接入中国互联网的用户，主要包括 XDSL 用户、LAN 专线用户、LAN 终端用户及无线接入用户。

贸易、外经

限额以上批发零售贸易业商品销售总额 限额以上批发和零售业统计单位是指：批发业，年主营业务收入 2000 万元及以上；零售业，年主营业务收入 500 万元及以上。商品销售额指对本单位以外的单位和个人出售的商品金额（包括售给本单位消费用的商品，含增值税）。商品销售包括：（1）售给城乡居民和社会集团消费用的商品；（2）售给农业、工业、建筑业、服务业等国民经济各行业用于生产、经营用的商品，包括售予批发和零售业作为转卖或加工后转卖的商品；（3）对国（境）外直接出口的商品。商品销售不包括：（1）未通过买卖行为付出的商品，如随机构变动移交给其他企业单位的商品、借出的商品、归还受其他单位委托代保管的商品、付出的加工原料和赠送给其他单位的样品等；（2）经本单位介绍，由买卖双方直接结算，本单位只收取手续费的业务；（3）购货退回的商品；（4）商品损耗和损失；（5）出售本单位自用的废旧物资。

社会消费品零售总额 指企业（单位、个体户）通过交易直接售给个人、社会集团非生产、非经营用的实物商品金额，以及提供餐饮服务所取得的收入金额。个人包括城乡居民和入境人员，社会集团包括机关、社会团体、部队、学校、企事业单位、居委会或村委会等。数据来自贸易制度的 E101-9，E130 表。

限额以上批发零售企业数 批发和零售业法人企业按法人经营地原则统计，即按法人企业主要经营活动所在地进行统计，其所属全部产业活动单位（含异地）由法人企业统一组织填报；非批发和零售业法人单位附营的批发和零售业产业活动单位按产业经营地的原则统计。全面统计范围扩大到统计上达到规模标准的个体经营户，其规模标准参照《批发和零售业、住宿和餐饮业统计限额标准》执行。

当年实际使用外资金额 是指批准的合同外资金额的实际执行数，外国投资者根据批准外商投资企业的合同（章程）的规定实际缴付的出资额和企业投资总额内外国投资者以自己的境外自有资金实际直接向企业提供的贷款。

固定资产投资

固定资产投资（不含农户） 指以货币形式表现的在一定时期内建造和购置固定资产的工作量以及与此有关的费用的总称。包括城镇和农村各种登记注册类型的企业、事业、行政单位及城镇个体户进行的计划总投资 500 万元及 500 万元以上的建设项目投资和房地产开发投资。包括原口径的城镇固定资产投资加上农村企事业组织项目投资，不含农户投资。该口径自2011年起开始使用。

房地产开发投资完成额 指各种登记注册类型的房地产开发公司、商品房建设公司及其他房地产开发法人单位和附属于其他法人单位实际从事房地产开发或经营活动的单位统一开发的包括统代建、拆迁还建的住宅、厂房、仓库、饭店、宾馆、度假村、写字楼、办公楼等房屋建筑物和配套的服务设施，土地开发工程（如道路、给水、排水、供电、供热、通讯、平整土地等基础设施工程）的投资；不包括单纯的土地交易活动。

住宅 指专供居住的房屋，包括别墅、公寓、职工家属宿舍和集体宿舍（包括职工单身宿舍和学生宿舍）等，但不包括住宅楼中作为人防用、不住人的地下室等。住宅按照性质可以划分为普通住房、经济适用住房和别墅、高档公寓。

教育、文化、卫生

普通高等学校 是指通过国家普通高等教育招生考试、招收高级中等学校毕业生为主要培养对象，实施高等学历教育的全日制大学、独立设置的学院和高等专科学校、高等职业学校和其他机构。

中等职业教育学校 是指按国家规定的设置标准和审批程序批准建立的，招收初中(或部分高中)毕业生或同等学历者，实施中等职业技术教育，培养中等职业技术人才的学校。招收初中毕业生的，修业年限一般为三至四年；招收高中毕业生的，修业年限一般为二年至三年。包括中等专业学校、技工学校、职业中学（高中）等。

普通中学 指经过县及县以上教育部门批准，以招收小学毕业生为主实施中学教学计划的学校数，包括初级中学和完全中学。

普通小学 指经过县及县以上教育部门批准，以招收适龄儿童为主，实施小学教学计划的学校。

专任教师 指主要从事教学工作的人员。包括临时(一年以内)调去帮助做其他工作的教学人员。

在校学生数 指学年开学后，在各类学校学习具有学籍的学生总数，包括留级生，不包括复读生和补习生。

剧场、影剧院数 是指独立核算的专用剧场和属文化部门主管的能演出戏剧的影剧院、兼映电影的剧场，以及附属在剧院、团公开营业的非独立核算的剧场、排演场。

公共图书馆图书总藏量 指图书馆已编目的古籍、图书、期刊和报纸的合订本、小册子、手稿以及缩微制品、录像带、录音带、光盘等听视文献资料数量总和。

医院、卫生院数 指报告期末辖区范围内的医院、卫生院总数。

医院、卫生院床位数 指报告期末医院、卫生院的固定实有床位数。包括正规床、简易床、监护床、正在消毒和修理的床位、因扩建或大修而停用的床位，不包括产科的新生儿床、病人家属的陪侍床、病人的观察床、接产室的待产床。

人民生活、社会保障

在岗职工平均人数 在岗职工是指在本单位工作且与本单位签订劳动合同，并由单位支付各项工资和社会保险、住房公积金的人员，以及上述人员中由于学习、病伤、产假等原因暂未工作仍由单位支付工资的人员。在岗职工还包括：1.应订立劳动合同而未订立劳动合同人员（如使用的农村户籍人员）；2.处于试用期人员；3.编制外招用的人员，如临时人员；4.派往外单位工作，但工资仍由本单位发放的人员（如挂职锻炼、外派工作等情况）。在岗职工不包括：1.本单位使用的且由本单位直接支付工资的劳务派遣人员，应统计在本单位“劳务派遣人员”指标中；2.本单位因劳务外包而使用的人员，由承包劳务的单位统计为在岗职工。年平均人数是以 12 个月的平均人数相加之和除以 12 求得，或以 4 个季度的平均人数之和除以 4 求得。

在岗职工工资总额 指本单位在报告期内直接支付给本单位全部在岗职工的劳动报酬总额。在岗职工工资总额由基本工资、绩效工资、工资性津贴和补贴、其他工资四部分组成。工资总额不包括病假、事假等情况的扣款。各单位在填报在岗职工工资总额四项构成时，应根据实际情况调整对应项目；如不能确定调整项，可扣减基本工资项。

城镇职工基本养老保险参保人数 指报告期末按照法律、法规和有关政策规定参加城镇基本养老保险并在社保经办机构已建立缴费记录档案的职工人数(包括中断缴费但未终止养老保险关系的职工人数，不包括只登记未建立缴费记录档案的人数)和离休、退休和退职人员的人数。取自人力资源和社会保障部统计年报。

失业保险参保人数 指报告期末按照法律、法规和有关政策规定参加了失业保险的城镇企业、事业单位的职工及地方政府规定参加失业保险的其他人员的人数。取自人力资源和社会保障部统计年报。

市政公用事业

城市维护建设资金支出 指用于城市维护和建设的资金支出。包括基本建设支出、更新改造支出和维护支出。

年末实有城市道路面积 是指路面经过铺筑的路面宽度在 3.5 米以上(含 3.5 米)的道路。包括高级、次高级道路和普通道路，不包括街道内部路面宽度不足 3.5 米的胡同、里弄。道路面积只包括路面面积和与道路相通的广场、桥梁、停车场面积，不包括街心花坛、侧石、人行道和路肩的面积。

排水管道长度 指所有排水总管、干管、支管、检查井以及连接井进出口等长度之和。

供水总量 是指自来水厂供出厂外的全部水量，包括有效供水量及损失水量。

居民生活用水量 指城市范围内所有居民家庭的日常生活用水。包括城市居民、农民家庭、公共供水站用水。

全社会用电量 指各行业用电量和城乡居民生活用电量合计。

供气总量（人工、天然气） 是指城市煤气企业向城市生产用户、家庭用户和其他用户供应的全部煤气量，包括外购及损失量。

用气人口 指报告期末家庭用户的用气人口。

年末实有公共汽(电)车运营车辆数 是指城市公共交通企业可参加营运的全部车辆数。包括技术完好的、在修的、待修的、长期停驶的，以及拟报废尚未经上级主管部门批准报废的运营车辆数。不包括公交企业的油罐车、货车和其他专用车等非运营车，也不包括借入、租入的客运车辆。

全年公共汽(电)车客运总量 指运送乘客的总人数。包括普通票乘客人次，月票乘客人次和包车乘客人次。普通票乘客人次按上车付现金购票，一张票计算一个人次；月票日乘车次按 5 个人次计算；团体包车，一个乘客按一个人次计算，往返按二个人次计算。

年末实有出租汽车数 指经有关部门批准的专门从事出租业务的一切营业车辆。包括轿车、面包车、大客车。

绿地面积 指用作绿化的各种绿地面积。包括公园绿地、单位附属绿地、居住区绿地、生产绿地、防护绿地和风景林地的总面积。

公园绿地面积 指开放的各级各类公园绿地。

建成区绿化覆盖面积 根据《城市绿化条例》规定，建成区绿化覆盖面积包括公共绿地、居住区绿地、单位附属绿地、防护绿地、生产绿地、风景林地六类绿化面积之和。

环境保护

工业废水排放量 是指经过工业企业厂区所有排放口排放到企业外部的全部废水总量。包括外排的生产废水和厂区生活污水，也包括外排的直接冷却水和矿区的超过排放标准的有毒有害的矿井地下水；不包括外排的间接冷却水。有些企业间接冷却水和直接冷却水混合排放分不开的，可以合并统计在内。

工业二氧化硫排放量 指工业企业在厂区内的生产工艺过程和燃料燃烧过程中排入大气的二氧化硫总量。

工业烟(粉)尘排放量 烟（粉）尘排放量指报告期内企业在燃料燃烧和生产工艺过程中排入大气的烟尘及工业粉尘的总质量之和。

一般工业固体废物综合利用率 指一般工业固体废物综合利用量占一般固体废物产生量与综合利用往年贮存量之和的百分率。

污水处理厂集中处理率 指报告期内通过污水处理厂处理的污水量与污水排放总量的比率。

生活垃圾无害化处理率 指报告期生活垃圾无害化处理量与生活垃圾产生量的比率。

Explanatory Notes on Main Statistical Indicators

Divisions of Administrative Areas of Cities in China

The Districts, Counties(Qi), and County-level Cities under City refer to all the districts, counties(Qi), and county-level cities under this city, which had been approved by civil affairs department during the reporting period.

Population, Labour Force and Land Resources

Total Population at Year-end refer to the population at the 24 clock, December 31, of the reporting year. The data are register population from public security department.

Annual average population refer to the average number of the population at every time point. This index is the main index to illustrate synthetically the population of the reporting year, and it is the necessary index to calculate the birth rate, death rate, natural growth rate, per capita GDP and so on. The calculating method is the sum of the 12 months of population at month-end which is divided by 12. In the practical work, the index is the number population early and late which is divided by 2.

Persons Employed in Various Units at Year-end refer to the total number of employees who work at his unit and obtain wages or other forms of payment at the end of the reporting period. This indicator is a kind of time point index and it equals to the sum of the number of employed staff and workers, labor dispatch personnel and other employed persons. Employed persons do not include:1)persons who have left their working units while keeping their labor contract (employment relation) unchanged and receiving regular alimony; 2)students who do part-time jobs in spare time and all kinds of enrolled students who do internship in various units; 3)persons employed due to labor outsourcing; 4)persons who dissolve labor contracts with their units on the last day of reporting or before.

Registered Unemployed Persons in Urban Areas refer to the persons with non-agricultural household registration at certain working ages (16 years old to retirement age), who are capable of working, unemployed and willing to work, and have been registered at local employment service agencies to apply for a job.

Total Land Area of Administrative Region refer to the all land and water area under city, including and land area such as cultivated land, barren hills and mountains, grasslands, wasteland, tidal flats, covers an area of roads and buildings, and water area such as rivers, lakes and reservoirs. Data are from the department of land and resources.

Area of Built District refer to the region that had been developed and constructed on a large scale, with the basic municipal public facilities and public facilities.

Residential Land Area refer to the construction land that includes the residences, residential communities, public service facilities, roads, green spaces and so on.

General Economy

Gross Regional Product(GRP) or Regional GDP refer to the final products at market prices produced by all resident units in a region during a certain period of time.

Revenue of the Local Governments included are tax revenue, social insurance fund revenue, non-tax revenue, principal income from loan and sub-loan and transfer revenue.

Expenditure of the Local Governments included are expenditure for general public services, expenditure for national defense, expenditure for public security, expenditure for education, expenditure for science and technology, expenditure for culture, sport and media, expenditure for social safety net and employment effort, expenditure for medical and health care, expenditure for energy conservation and environment protection, expenditure for urban and rural community affairs, expenditure for agriculture, forestry water conservancy, expenditure for transportation and so on.

Expenditure for Science and technology one item of expenditure of the local governments, refer to the spending on science and technology, including the science and technology management, basic research, applied research, technology research and development, science and technology condition and services, social science, science and technology popularization, technology exchanges and cooperation, etc.

Expenditure for Education one item of expenditure of the local governments, refer to the government spending on education affairs, including education administration, pre-school education, primary education, junior middle school education, ordinary senior high school education, ordinary higher education, elementary vocational education, secondary professional education, vocational education, vocational high school education, higher vocational education, broadcasting television education, foreign students education, special education, continuing education for cadre, education services, etc.

Deposits of National Banking System at Year-end refer to CNY aggregates at year-end that had been deposited banks or taken good care by other financial institutions at a certain interest by enterprise, state organs, public organizations and citizens, on the basis of the principle of can take back.

Household Saving Deposits at Year-end refer to CNY aggregates at year-end that had been deposited banks or other financial institutions by urban and rural residents, excluding the cash in hand of the residents and the units’ deposits of industrial and mining enterprises, army, state organs, public organizations.

Loans of National Banking System at Year-end refer to CNY aggregates at year-end that had been loaned to enterprises and individuals by banks and other financial institution at a certain interest, on the basis of the principle of must be returned.

Industry

Number of Industrial Enterprises include independent accounting corporate industrial enterprises and affiliated industrial production units. Independent accounting corporate industrial enterprises refer to the units engaging in the production and business operation activities, which also meet the following conditions:1) Established in accordance with the law, with their own name, organization and location, can independently bear civil liability; (2) independently having and using the assets, bearing the liability, and having the right to sign a contract with other units; (3) independently accounting on accounting, can prepare Assets and Liability Table.

Gross Industrial Output Value refer to the final industrial products and services at market prices produced by industrial enterprises in a region during a certain period of time. It means the total scale and total results of industrial production. Gross industrial output value consists of three parts: the final product value of the production, the revenue of external processing fee, the balance value of self-made semi-manufactured goods between the beginning and the end.

The Average Number of Persons Employed in Various Units refer to the average number of persons employed in various units during the reporting period. The average number is equal to the sum of 12 months divided by 12 or the sum of 4 quarters divided by 4.

Total Current Assets refer to the assets that meet one of the following requirements:(1)expected to be cashed, sold or used in a normal operating cycle, mainly including inventory and accounts receivable; (2) be owned for trading purposes mainly; (3) expected to be cashed in one year(including one year) from the day of the Assets and Liability Table; (4) unlimited cash or cash equivalents that can be exchanged with other assets or being capable of setting debts during one year since the day of Assets and Liability Table. Monetary assets, notes receivable, accounts receivable and inventories are included. Data on this indicator can be abstained by the year-end figures of total liabilities from the Assets and Liability Table of the accounting records of enterprises.

Total Fixed Assets refer to the amount of the tangible assets which service life is over a fiscal year. Enterprise hold them for producing goods, providing labor services, renting or business management. Including some things which service life is more than a year, such as houses, buildings, machines, machinery, transportation facilities and other equipment, instruments, tools that related to production and management . The indicator of fixed assets is a point indicator, and is the ending balance after deducting the depreciation and impairment. Data on this indicator can be abstained by the year-end figures of total liabilities from the Assets and Liability Table of the accounting records of enterprises.

Tax and Extra Charges from Principal Business refer to the sales tax, consumption tax, urban maintenance and construction tax and education expenses shouldered by the enterprise from its principal business. Data are obtained from the year-end debit balance of "tax and extra charges from principal business" in the accounting record of enterprise.

Total Profits refer to the operation results in a certain accounting period, and it is the balance of various incomes minus various spending in the course of operation, reflecting the total profits and losses of enterprises in reference period. Data are obtained from the amount of "total profits" in the "profit table" of the accounting record of enterprise.

Transport, Postal and Telecommunication Services

Freight(Passenger) Traffic refer to the weight of freight(number of passenger) transported with various means within a specific period of time. This indicator reflects the service of transport industry towards the national economy and people' s living conditions, as well as an important indictor used in formulating and monitoring transport production plans and research into the scale and pace of transport development. Freight transport is calculated in tons and passenger traffic is calculated in terms of number of persons. Freight transport is calculated in terms of the actual weight of the goods and takes no account of the type of freight and distance of travel. Passenger traffic is calculated by the principal that one person can be counted only once in one trip and takes no account of the travelling distance and ticket price. The passengers who travel with a half price ticket or a child' s ticket is also calculated as one person.

Revenue from Postal Services and Telecommunication Services refer to all business income of post and communication enterprises by production and operation activities, including the revenue from the principal business such as the postal service, long-distance telecommunications, local telephone call, and the revenue from local state-owned telecommunication.

Number of Local Telephone Subscribers refer to all subscribers at year-end who have gone through registration procedures in the operation points of enterprises engaged in telecommunications and are hence connected to the local telecommunications services provider through fixed line network. Included are general subscribers, wireless local telephone subscribers, public telephone subscribers, N-ISDN subscribers and intelligent network terminal subscribers.

Number of Mobile Telephone Subscribers refer to persons at year-end who have gone through registration procedures in the operation points of enterprises engaged in telecommunications and are hence connected to the mobile telephone communications network through telephone switchboards and occupy mobile phone numbers. Included are various of types of subscriber, prepaid users for intelligent network and wireless network card users.

Subscribers of Internet Service refer to all subscribers at year-end who have gone through registration procedures in the operation points of enterprises engaged in telecommunications and are hence connected to Chinese internets。Included are XDSL subscribers, LAN individual line subscribers, LAN terminal subscribers and wireless subscribers.

Trade and Foreign Trade and Economic Cooperation

Total sales of Commodities of Enterprises above Designated Size in Wholesale and Retail Trades the criteria for wholesale and retail trades above designated size are as follows: wholesale trade with annual principal business sales over 20 million yuan; retail trade, with annual principal business sales over 5 million yuan. Total sales of commodities refer to value of commodities sold by the establishments to other establishments and individuals(including goods sold for self consumption, including the value-added tax). The commodities include: (1) commodities sold to urban and rural residents and social groups for their consumption; (2)commodities sold to establishments in all industries for their production, and catering services including commodities sold to wholesale and retail establishments for reselling, with or without further processing; and(3)commodities for direct export to abroad. Excluded are (1)extended commodities without trading, such as goods handed over to other enterprises and institutions because of the change of organizations, lent goods, returned goods preserved for others, extended processing materials and samples donated to others;(2) goods of direct settlement between buyer and seller with handing fees introduced by others;(3) goods returned after purchase;(4) damaged and spoiled goods;(5) waste and used goods of self use.

Total Retail Sales of Consumer Goods refer to the amount obtained by enterprises(units, self-employed individuals) through direct sales of non-production and non-business physical commodity to individuals, social institutions, and revenue from providing catering services. Individuals include rural and urban households, population from abroad, social institutions include government agencies, social organizations, military units, schools, institutions, and neighborhood (village) committees.

Enterprises above Designated Size of Wholesale and Retail Trades the data of wholesale and retail enterprises above designated size are collected in accordance with the principle of business location of legal person, which means with the location of the main business activities. Corporate enterprises provide the statistical data of all affiliated industry activities(including different place) in a unified manner. Wholesale and retail industry units of non-wholesale and non-retail trade are also collected in accordance with the principle of business location of industry units. Comprehensive statistics scope include self-employment ventures above designated size, the criteria for self-employment ventures above designated size are accordance with The Statistical Quota Standards for Wholesale and Retail Trade, Accommodation and Catering Industry.

Amount of Foreign Capital Actually Utilized refer to the foreign capital actually utilized of approved contracts, which are the actual payment amount by foreign investors according to the regulations of approved contracts, and one part of the total amount of enterprise investment-loans from foreign investors' own funds overseas.

Investment in Fixed Assets

Investment in Fixed Assets (Excluding Rural Household) refer to the investment in construction projects with a total planned investment of 5 million yuan and over by enterprises of various ownerships, institutions, administrative units and urban self-employed individuals, and investment in real estate development in both urban and rural areas. Since 2011, it covers the urban investment in fixed assets under the previous statistical coverage plus project investments by rural enterprises and institutions.

Investment in Real Estate Development refer to investment by real estate development companies, commercialized buildings constructions and other estate development units of various types of ownership in the construction of buildings, such as residential buildings, factory buildings, warehouses, hotels, guesthouses, holiday villages, office buildings, the complementary service facilities and land development projects, such as roads, water supply, water drainage, power supply, heating supply, telecommunications, land leveling and other infrastructural projects. It does not include activities in pure land transactions.

Residential Buildings refer to the buildings specially for living, including houses, apartments, dormitory and staff dormitories, excluding the basements of residential buildings for civil air defense and without people living. residential buildings can be classified four types: ordinary apartments, affordable apartments and villas, and luxury apartments.

Education, Culture and Public Health

Regular Institutions of Higher Education refer to educational establishments recruiting graduates from senior secondary schools as the main target through National Matriculation TEST. They include full-time universities, independently established colleges, colleges, and institutions of higher professional education, institutions of higher vocational education and others.

Vocational Secondary Schools refer to educational establishments founded according to the set standards of the state and approval procedures, recruiting graduates from junior high schools (partly senior high schools) or people at the same degree, with the secondary vocational education. The period of schooling for recruiters from junior high schools is 3-4years, and the period of schooling for recruiters from senior high schools is 2-3years. Included are secondary vocational schools, technical schools, vocational high school (high school).

Number of Regular Secondary Schools refer to educational establishments founded by the approval of education sector at the county level and above, recruiting graduates from primary schools, with middle school teaching plan. Included are junior high school and six-year high school.

Number of Regular Primary Schools refer to educational establishments founded by the approval of education sector at the county level and above, mainly recruiting children of school age, with primary school teaching plan.

Number of Full-time teachers refer to staff mainly engaged in teaching work. The teaching staff sent to help to do other work temporarily(within a year) are included .

Number of Students Enrollment refer to the total number of various of students enrolled in kinds of school, including repeated students, not including the tutorial raw.

Number of Theaters, Music Halls and Cinemas refer to special theatres with independent accounting system, theaters that can perform dramas being in charge of the culture Sector, theaters with the films, and theaters and rehearsal fields that attached to the theatres, regiment, operated openly, with independent accounting.

Total Collection of Public Libraries refer to the total number of material that have been cataloged by libraries, such as the ancient books, books, periodicals and newspapers volume, pamphlets, manuscripts and miniature products, video tapes, disks.

Number of Hospitals and Health Centers refer to all the number of hospitals and health centers at the area under administration during the reporting period.

Number of Beds of Hospitals and Health Centers refer to the actual number of beds of hospitals and health centers at year-end. Included are regular beds, simple beds, guardian beds, beds under sterilization and repair, and disabled beds for extension or overhaul. Excluded are beds for neonatal baby, escort beds for patients’ family, beds for observing patients, and beds of delivery room.

People’s Living Conditions and Social Security

The Average Number of Employed Staff and Workers employed staff and workers refer to persons who signed labor contracts with working units would pay wages, social insurance and housing funds for them. Persons who have their work posts but are temporarily absent from work for reasons of study or on sick, injury or maternal leave and still receive wages from their working units are also included. Employed staff and workers also include:1)persons who should have signed the labor contracts but not (like people with rural household registration);2)Employees on probation;3) Employees beyond the staffing quota;4)employees who are sent to other working units but still obtain wages from their original units (situations like on-the-job placement, expatriated assignment, etc.). Employed Staff and Workers do not include: 1)dispatched personnel who work and are paid directly by the working units; they should be counted into "labor dispatch personnel" of working units;2)personnel through labor outsourcing, they shall be counted into "Employed Staff and Worker" of the units which contracted them. The annual average number is equal to the sum of 12 months divided by 12 or the sum of 4 quarters divided by 4.

Total Wage Bill of Employed Staff and Workers refer to the total remuneration payment to all employed staff and workers during the reporting year, including basic salary, performance salary, salary allowances and subsidies, and excluding the deductions for personal leave, sick leave and so on. Units should adjust the corresponding projects when calculating the compositions of total wage bill, and they can minus the basic salary if they can't identify the adjusting projects.

Number of Staff and Workers Covered by the Urban Basic Pension Insurance refer to staff and workers or retirees participating in the basic pension insurance for urban staff and workers programme according to national laws, regulations and related policies at the end of reference period, who have already had payment records in social security management agencies, including those who interrupt payment without terminating the insurance programme. Those who have registered in the programme but without payment records are not included.

Number of People Covered by Unemployment Insurance refer to staff and workers in urban enterprises or institutions who have participated in the unemployment insurance programme according to related policies and regulations and other people who have participated according to local government regulations at the end of reference period.

Municipal Public Utilities

Expenditure for Maintaining and Building City refer to expenditure for maintenance and construction of city. Included are expenditure for basic construction, expenditure for upgrading and maintenance.

Area of Urban Paved Roads at Year-end refer to paved roads with width of 3.5 meters (3.5 m included). Included are high-ranking roads, sub-high roads, and ordinary roads.

Length of Urban Sewage Pipes refer to the total length of general drainage, trunks, branch and inspection wells, connection wells, inlets and outlets, etc.

Total Volume of Water Supply refer to the total volume of water supplied by water-works(units) during the reference period, including both the effective water supply and loss during the water supply,

Consumption of Water for Households Use refer to consumption of water for daily life of all households in cities, including households of urban residents and farmers, and public water supply stations.

Annual Electricity Consumption refer to combination of various industries electricity power consumption and living power of urban and rural residents.

Total Volume of Gas Supply refer to the total volume of gas provided to users by gas-producing enterprises(units) during the reporting period, including the volume sold and the volume lost.

Population with Access to Gas refer to the population of households with access to gas.

Number of Buses and Trolley buses under operation at year-end refer to the total number of vehicles under operation by public transport enterprises (units) at the end of year, on the basis of the records of operational vehicles by the enterprises(units). Included are the vehicles of technology intact, the vehicles in repair, the vehicles being repaired, the vehicles stopped for a long time, and the vehicles under operation that have not yet been approved scrap by the competent department. Excluded are the oil tank trucks, trucks and other special vehicles that are not under operation and owned by bus companies, and the borrowing, leasing, passenger vehicles.

Passenger Traffic by Public Buses and Trolley Buses refer to number of passengers transported by public buses and trolley buses. Included are ordinary tickets passengers, commuters and passenger chartered. Ordinary ticket passengers purchase tickets by cash when getting on buses, one ticket is calculated as one passenger; The passengers of commuters are calculated as five passengers daily; passengers chartered are calculated as one passenger when one way, and as two passengers when round trip.

Number of Taxis at Year-end refer to various vehicles specializing in rental services with the approval of related departments. Included are cars, vans, and buses.

Area of Urban Green Land refer to the total area occupied for green projects at the end of the reference period, including park green land, production green land, protection green land, green land attached to institutions, and other green areas.

Park Green Area refer to the green area of various open parks.

Green Coverage Area of Complete Region included are public green area, residential area, green land attached to institutions, protection green land, production green land, and scenic forest land, according to the Urban Greening Regulations.

Environmental Protection

Volume of Industrial Waste Water Discharged refer to the aggregate of waste water discharged to outsides through all factory drains by industrial enterprises. Included are discharged waste water of production and factory sanitary drainage, direct cooling water, and the poisonous and harmful mine groundwater discharged by mining areas. Excluded are the indirect cooling water discharged to outsides.

Volume of Industrial Sulfur Dioxide Discharged refer to the aggregate of sulfur dioxide emission to the air during the production and fuels combustion at factory.

Volume of Industrial Soot(Dust) Emission refer to the aggregate of industrial soot(dust) emission to the air during the production and fuels combustion at factory.

Comprehensively Utilized Rate of General Industrial Solid Wastes refer to the percentage ratio of general industrial solid waste comprehensively utilized to the sum of production amount of general solid waste and the previous storage capacity.

Centralized Treatment Rate of Waste-water Treatment Plants refer to the ratio of waste treated by waste-water treatment plants to the quantity of wastewater effluent during the reporting period.

Domestic Garbage Harmless Treatment rate refer to the ratio of households garbage harmless treated to domestic garbage output.